先秦文学与文化研究丛书

赵逵夫／主编

古史钩沉

祝中熹／著

上海古籍出版社

图书在版编目(CIP)数据

古史钩沉 / 祝中熹著. —上海：上海古籍出版社，2018.11
（先秦文学与文化研究丛书）
ISBN 978-7-5325-9035-3

Ⅰ.①古… Ⅱ.①祝… Ⅲ.①中国历史-古代史-研究 Ⅳ.①K220.7

中国版本图书馆 CIP 数据核字（2018）第 257915 号

先秦文学与文化研究丛书
古史钩沉
祝中熹 著
上海古籍出版社出版发行
（上海瑞金二路 272 号 邮政编码 200020）
（1）网址：www.guji.com.cn
（2）E-mail：guji1@guji.com.cn
（3）易文网网址：www.ewen.co
常熟文化印刷厂印刷
开本 635×965 1/16 印张 38 插页 2 字数 547,000
2018 年 11 月第 1 版 2018 年 11 月第 1 次印刷
ISBN 978-7-5325-9035-3
K·2577 定价：138.00 元
如有质量问题，请与承印公司联系

序

与祝中熹先生相识相知，最初缘于秦史、秦文化研究。我是学古文字的，在陕西工作，研究的重点是周秦文字。20世纪90年代初，甘肃礼县大堡子山盗掘出大批春秋初期秦青铜器，祝先生和我都曾撰文讨论。后来我与几位朋友去礼县、兰州看相关铜器，曾与祝先生切磋。再后来我读过他诸多文章，他也有文章在我编辑的《考古与文物》上刊发。祝先生大著《早期秦史》、《秦史求知录》出版，曾蒙赐读。从后书《前言》中，已知道他有待刊早期论著《古史钩沉》，久已期待。

近日，祝先生电话告知，《古史钩沉》将在上海印行，并请我作序。对此，我不敢答应，又不敢不答应。我知道，祝先生是山东大学历史系1961年级毕业生，而我是陕西师大中文系1967年级毕业生，从学历上说，祝先生不说是前辈，起码也是学兄。祝先生读本科适逢古史分期大讨论的热潮，书生意气，挥斥方遒。其时我还在读中学，懵懵懂懂。后来本科读中文系，虽也读过几篇古史分期的文章，但非兴趣所在，只是看热闹。再后来有了兴趣，然时过境迁，也就没有了激情。从这个角度说，对祝先生这方面的很多文章，我实在不具备评判的学力与资格。祝先生说："你是历史学家徐中舒先生的高足，古文字也与历史关系密切，你对我的文章总能说几句话的。什么话都可以直说，想怎么说就怎么说。"既然祝先生这样客气，我也就不敢推托了。只是以下所说，仅仅是我认真拜读后一点极其粗浅的想法，绝对不敢称序，就算是读后感罢。

先说有关社会形态的几篇。《对中国古代社会性质的一点浅见》发表于1980年，与此同时写作而当时未能发表的还有《郭沫若"商周奴隶社会说"质疑》。1987年发表的《关于西周农业生产者身份的辨析——与顾孟武先生商榷》，2004年发表的《张广志著〈中国古史分期讨论的回顾与反思〉读后》,则是对前二文的进一步阐发与补充。如《前言》所说,祝先生在学生时代,已开始思索这一问题,很多想法久已潜伏于胸,有大量札记,所以这几篇材料丰富、说理透彻、文笔犀利,极有分量。

这几篇讨论商周社会生产者的身份、生产数据的所有制、何谓"五种生产方式",以及其时社会的性质,而其重点,则是对郭沫若先生商周奴隶社会说的质疑与批评。

郭先生及其追随者(下文仅提郭先生)说商周时代的社会生产者众、民、臣、庶人等都是奴隶,其理由之一是他们所谓的文字本义。比如郭先生说臣字古文字形,"像一只竖立的眼睛,十分形象地表示了对主人要俯首屈从之义";民字像"目中着刺",是盲其一目以为奴的象征;众字甲骨文像三人在烈日下劳作,这些字的本义都是指奴隶。郭先生对三字本义的说法新颖而大胆,迥异于《说文》等早期字书的说法。但正如祝先生所说,这都是"断字取义"。试问:在太阳下劳作的人谁能肯定是奴隶而不是农民?刺伤了眼睛,还能很好地为主人干活吗?俯首屈从于主人(包括君主、上级)者,有各种人,高级贵族、大臣屈从于君上,他们也是奴隶吗?祝先生引用大量甲骨文材料及早期文献如《尚书·盘庚》、《多士》、《多方》、《酒诰》、《诗·周颂·臣工》、《周礼·地官》等,说商周时"众"既参与农作,也参加征战;"臣"协助王处理政事、杂务,地位颇高;"庶民"是与统治阶级对立的劳苦群众,亦即农夫,有自己的劳动工具及独立的经济;"民"指人民大众。四者皆非奴隶,不可随便赏赐、买卖,更不可任意杀戮。这些说法都极有道理。

为了证成己说,郭先生引用古籍,多"断章取义"。《尚书·盘庚中》:"古我先后既劳乃祖乃父,汝共作我畜民。"《礼记·祭统》:"顺与礼,不逆于伦,是之谓畜。"郑玄注:"畜,顺于道也。"祝先生也解"畜"为"关顾、照抚"。郭先生却别出心裁,说"畜"即畜牲,说盘庚把民像畜牲一样对待,可见其地位之低。像这样乱解古书的例子很多。

也许有人要问:郭先生是历史学家、文学家、诗人、戏剧学家、古文字学家,一代文化名人、大才子,为什么会犯这些在我们今天看来难以理解的错误呢?这可能有三方面的原因:

第一，如祝先生所说，郭先生没有把马克思主义关于奴隶制的论述同中国古代社会的实际情况相结合，对之做了机械化、片面化的理解。马克思、恩格斯固然说过，人类社会发展中存在五种生产方式，由此决定了社会可以划分为五个时期，前三个即原始公社制社会、奴隶制社会、封建制社会。郭先生认为这是绝对真理，"放之四海而皆准"，"在我们中国就不能要求例外"，"中国历代的生产方式，经过了原始公社制、奴隶制、封建制等，一直发展到现阶段，在今天是无可争辩的事实了"。郭先生以"五种生产方式"作为研究的前提，先给自己划下了框框，然后再找材料来证明它；而不是先研究中国古代社会的实际，由事实得出恰当的结论，这就犯了一个逻辑上的大错误。既然先认定了结论，再去找事实，当事实与结论不符时，必然要对之加以曲解，以削足适履，证成己说，这不是一个严肃的学者所应采取的治学态度。

祝先生说："无庸讳言，关于原始社会瓦解之后形成奴隶社会的问题，马克思、恩格斯都曾有过明确阐述。但能否把这看作各地区、各民族历史发展中毫无例外的普遍真理呢？我说不能……当马克思、恩格斯明确阐述原始社会瓦解后形成奴隶社会时，他们主要依据的是古代希腊、罗马的历史……当马克思、恩格斯把历史研究的目光转向希腊、罗马之外的世界时……他们的阐述就不那么明确了……革命导师对待科学研究的态度是非常实事求是的，在尚未自信问题已彻底搞清以前，他们并不急于给古代东方的社会性质下结论，而只用'亚细亚生产方式'这个地域性的名称来表明那是不同于希腊、罗马奴隶制生产方式的另一种经济构成。"马克思主义的精髓在于实事求是，具体问题具体分析，而不是盲从其个别具体结论。祝先生又说："一百多年前的马克思、恩格斯把古代希腊、罗马毒瘤般膨胀起来的奴隶制视为人类社会发展的必经阶段，这在当时的背景下是可以理解的，但我们今天的眼光如果再囿于马克思主义理论白玉上这点微小的瑕斑中，恐怕要受到后代的嘲笑了。"说马克思主义还有"瑕斑"，这在今天可能没有什么，但在36年前的1980年，仍然可能是犯忌的。所以，读祝先生的文章，除了钦佩其广博的知识、严谨的治学态度外，我更钦佩其不畏权威、敢讲真话的学术勇气。1980年尚是改革开放初期,虽然1978年5月《光明日报》已发表了《实践是检验真理的唯一标准》的文章,在该年末召开的中共十一届三中全会上也批判了"两个凡是",但社会仍弥漫着各种"左倾"思潮,人们的思想并未完全解放,不但不能怀疑马列主义的个别结论,即使像郭先生那样的革命历史学家,也是不能轻易质疑的。《质疑》一文当时寄给某权威历史刊物,不能刊发,恐怕主要是因为政治原因,而不是学术水平。

第二个原因是我想到的,比较简单:郭先生是诗人,诗人多浪漫;郭先生是文学家,文学家善想象;郭先生是才子,才子皆自负。郭先生集三者于一身,所以自视甚高,喜自创新说,不甘像乾嘉学人那样拘谨。

第三个原因,我想也是最根本的原因,是当时的社会环境或学术氛围对一个人的影响。

清末民初,西方的各种政治、思想、经济、文化观念大量输入中国,求民主,要自由、力争解放的口号高唱入云,各种旧思想、旧观念都成为批判的对象,封建大厦,轰然倒塌。"五四"前后,各种资产阶级思想及马克思主义同时传入中国,在各个领域都产生了重大影响,学术风气也发生翻天覆地的变化。在历史研究领域,人们不再是"从文献到文献",而是要以出土材料(甲骨、金文、简帛)与传世文献互证,即王国维所倡导的"史学二重证据法";稍后更扩大到大量运用考古资料,即傅斯年所倡导的"上穷碧落下黄泉,动手动脚找东西"。一部分进步的历史学者,也尝试用西方的史学理论甚或马克思主义理论来改造中国旧史学,这在当时,是有积极意义的。郭先生早年参加过北伐战争,1927年以后研究中国古代文字、古代历史,试图运用马克思的观点来解析出土和传世史料,不能不说是一种有益的尝试。在尝试中出一点偏差,犯一点错误,也不值得大惊小怪,就算是交一点学费罢。只要日后研究工作中,能逐渐吸取教训,逐渐成熟,人们是能理解的。祝先生也说,像郭先生这样的进步的史学家研究中国古代史分期,"最初是解决中国革命性质问题的需要,是回击反革命逆流的需要;后来则是宣传、维护马克思主义的需要"。建国初期,党中央提倡"百家争鸣,百花齐放",郭先生的"殷周奴隶社会"说,尽管有毛病,作为一家之言,也是完全可以的。问题在于,1957年以后,高层领导的"左倾"思想逐渐抬头,反右,强化阶级斗争,乃至最后发动了祸国殃民的"文化大革命"。这段时间,郭先生原来的一些不妥说法不但未纠正,反而被他的一些追随者放大了,"商周奴隶社会"说一家独尊,《中国史稿》成为官方教科书,不容批评。郭先生也志得意满,俨然史坛霸主,哪里还会想到要理性思考呢!作为一代文化名人,郭先生有很多优点,但也有未加深思、紧跟形势的缺点,有时甚至跟得违心,极不自然。比如郭先生原先对杜甫很是推崇,后来毛泽东主席说他喜欢三李(李白、李贺、李商隐),郭先生马上说杜甫"屋上还有三重茅","是一个地主",骂贫下中农子女(南村小儿)是"盗贼",这就完全没必要了。但形势的发展有时出乎人意料,以至于"文革"中一切都乱了,郭先生也逐渐跟不上了,他和他的子女也遭了很多罪,这可能也是剧作家郭先生的一出悲剧。事隔多年以后,冷静地看,郭先生的某些错误,也是时代的印记,历史的伤痕。现实是历史的发展,历史是现实的昨天,郭先生是研究历史的,而今也已走入历史了。对历史人物,也要历史地看,郭先生是文化名人,成绩卓越,贡献巨大,但金无足赤,人无完人,连毛泽东、鲁迅都是人,不是神,更何况郭先生。

《〈周礼〉社会制度论略》、《乡遂制度与周代社会性质》、《试论乡遂制度与亚细亚生产方式》三篇可以看作一个单元,主要依据《周礼》一书讨论周代的乡遂制度及其社会性质。作者以为《周礼》虽可能成书较晚,但它反映"西周末及春秋时代的社会情况,则是完全可信的"。当时的行政区域可划分为:王都称"国",国外称"野";近国百里称"乡",距国一百至二百里称"遂",遂之外为"都鄙",是王子弟及贵族的封邑,亦即王畿内许多规模不等的小邦国。《周礼》时代耕地的主体是村社的份地,乡、遂之间份地与分配原则虽有差异,但均不推行孟子所说的"井田"制,井田制只存在于此前,是孟子为滕文公提供的理想治国方案。当时的两大阶级是贵族与庶民,庶民除承担十分之一或二的剥削率之外,还要服兵役和各种劳役。作者说其时不是奴隶社会,因为奴隶虽有,但非社会生产主体;也不是封建社会,因为封建社会要在农村公社彻底瓦解,自耕农两极分化的情况下才能产生。作者早期称这种社会为庶民社会,后来又称之为贵族社会。

作者讨论这些问题时，从《周礼》本身出发，也引用了同时代文献如《左传》《国语》等，反复申说，层层剖析，有很强的思辨性，其结论虽然仍可讨论，但无论深度还是广度，都是目前最好的，卓然为一家之言。

要研究"西周末至春秋"时代历史，《周礼》是重要典籍，但其成书年代却不能不讨论。现在多数学者认为《周礼》成书于战国时期，它利用了很多早期数据，也有战国时期制度的影子，还有编者理想化的成分，所以对它的内容要具体问题具体分析。斯维至、刘雨、张亚初等先生拿西周金文中的官制材料同《周礼》比对，合者几近一半，说明它的某些材料也反映"周末"以前的情况。而《周礼》中某些内容，则绝对反映的是战国中晚期的情况，与"春秋时代"无涉。《周礼·地官·司稼》："司稼掌巡邦野……巡邦野观稼，以年之上下出敛法。"郑玄注："此观稼亦谓秋熟时观稼善恶，以知年上下丰凶，以此而出税敛之法。"祝先生也说："有了剥削率，还必须了解每家份地的粮食总产量，然后才能确定税收的具体数字。为此，政府设有'司稼'一官……"观稼决定税率，我不知道西周春秋时有无其例，但战国中晚期明确有类似例子。龙岗秦简 150："租者且出以律，告典、田典，典、田典令黔首皆知之。"简 154："黔首皆从千（阡）百（陌）强畔之其☐。"杨振红说简文"律"就是《史记·汉兴以来将相名臣年表》所说的"田租税律"。"大概每年要收田租的时候，乡部啬夫都要将国家颁布的'田租税率'先传达给'典'和'田典'，由他们再普告百姓。""部佐进行'程田'、'程租'时，要把百姓召集到田间地头，部佐和民户共同核准应交纳田租的土地数量（即当年耕种的土地），测评亩产量和田租率。"简文年代在战国末乃至秦代，它反映的可能是战国时的情况。

书中纵论史事、人物，有几篇相当精彩。

《史记·殷本纪》《周本纪》《齐世家》记载牧野之战前，武王曾东伐至盟津，诸侯不期而会者八百，武王以天命未集，乃班师而还。《武王观兵还师说质疑》以为揆诸当时情势，此事绝无可能。考之殷、周之际甲骨、金文，乃至稍晚的《诗》、《书》、《易》、《礼》及更晚的《左传》、《国语》、诸子，也不见其影踪。唯见于古文本《尚书·泰誓》、《尚书序》伪孔传、《今本竹书纪年》，皆伪书。司马迁误信伏生弟子所作《尚书大传》及汉武帝时始出的《泰誓》,而有此说。此文考据精审,极可信从。

前人皆说周文王受天命,称王翦商。何尊:"文(玟)王受兹〔大令(命)〕。"大盂鼎:"不(丕)显玟(文)王受天有大命(令)。"《尚书·无逸》:"文王受命惟中身,厥享国五十年。"《武成》:"我文考文王克成厥勋,诞膺天命,以抚方夏。"《文王受命说新探》说征诸殷墟甲骨文、周原甲骨文,文王时商、周关系甚好,文王恭谨事商,所谓"受命",乃受商纣"为西伯"之命。武王以后,欲制造灭商的气氛,才造出文王受天命的说法。此说极有道理。何尊是成王时器,大盂鼎是康王时器,《无逸》据《书序》说乃"周公作",《武成》是古文体,总之,都不是文王时作品。祝先生说:"这是周人为胜利唱的赞歌,也是为新政权的神圣性所造的舆论。"换一个角度看问题,也可以说所谓"文王受天命"的说法是后人造出来的,在文王生前根本不存在。近年刊布的清华楚简《保训》称:"隹(惟)王五十年。不瘳。"简文刊布后,又有很多人热议过《无逸》中的那句话,说文王曾受天命称王。其实,《保训》是战国人的作品,是战国人代周文王所拟的遗训,绝非周初的文献。《大雅》中的几首诗,如《大明》、《文王》,也应作如是观,其时代早不过西周晚期。

《密须史事考述》、《豳国史事考述》、《西戎与犬戎》、《嬴秦崛起史事述略》四篇综论商、周时代甘肃古史,视野宽阔,引据丰富,开掘很深。姞姓密须一度颇有实力,有发达的手工业和工艺技术,终因不顺从(狂)周而亡其国。作者引灵台白草坡出土铜器,特别是一件兵器銎锋上饰高耳巨鼻头像,讨论密须与商、周时鬼方的关系,别具只眼。作者指出,先周文化的前身为客省庄二期文化,而甘肃的齐家文化又为客省庄二期文化的源头。夏末,周人先祖公刘迁居于豳。《括地志》(《史记·匈奴列传》正义引)云:"宁州、庆州、原州,古西戎之地,即公刘邑城,周时为义渠国,秦为北地郡。"作者据此推论早期豳地在今陕西、甘肃相邻地区,包括今甘肃的宁县、正宁,陕西旬邑、长武、彬县一带;说西戎与周、秦的斗争除了历史原因外,还有农耕经济同牧猎经济的矛盾;说犬戎的活动中心地域"太原"在"泾渭之间"即今甘肃平凉、庆阳地区,见解独到。作者推断商代中期至春秋中后期流行于甘肃中东部乃至陕西宝鸡西部地区的寺洼文化是犬戎族的遗存,也不失为一种有益的探索。

在《从黄帝传说看甘肃古史影迹》、《伏羲女娲传说与甘肃远古史》、《禹的功业及其与甘肃地区的关系》三篇中,作者试图追寻黄帝、伏羲、女娲、大禹这些神话传说人物事迹中的甘肃古史影迹。神话传说产生的时代及其与客观现实的关系极为复杂,这就决定了以之证史难度很大,风险极高。我向来不敢涉猎这一领域,就是胆子太小,怕无法驾驭。作者说:"司马迁以黄帝为纽总结的上古史脉一元化体系,不单纯是秦汉时代大统一精神的产物,实际上更是史前多元文化区系汇聚成华夏文明中心的史态反映。"这就比较客观。《国语·晋语》:"黄帝以姬水成,炎帝以姜水成。"姜水公认在宝鸡,姬水已难详考。比较保守、深受古史辨派影响的学者刘起釪先生说:"今甘肃临夏就有姬家川的地名,而流过临夏注入黄河就有一条大夏河,夏与姬的渊源关系很深,则姬水也有可能就是这条水。"《水经·渭水注》:"(渭水)又西北入泾谷水,乱流西北出泾谷峡,又西北,轩辕谷水注之,水出南轩辕溪。南安姚瞻以为黄帝生于天水,在上邽城七十里轩辕谷。皇甫谧云生寿丘,丘在鲁东门北。未知孰是也。"祝先生说:"黄帝族原来生长活动地区,自今渭水北境,陕西中部,向西至甘肃之境,恰好就是齐家文化区域。"古史学家吕振羽、范文澜等亦主张夏族自西而来。所以,在甘肃境内寻找黄帝部族踪迹不失为一种有益的工作。但也不要把话说死,连郦道元都不敢肯定黄帝是生在上邽还是山东寿丘,我们还是不妨稍留余地。

伏羲、女娲的传说产生时代较晚,大约始见于《庄子》、《楚辞·天问》、《大招》等。《帝王世纪》、《路史·后记》都说伏羲为华胥氏子,"生于成纪",在今甘肃秦安、静宁间,今天水市又有伏羲庙。此地为大地湾文化流行区,属石器时代,约与伏羲、女娲生育人类的时代相当,说亦平实。

禹是半人半神的传说人物,其事见于《尚书·禹贡》、《诗·商颂·殷武》、《长发》、《大雅·文王有声》,及西周中期铜器豳公盨、春秋中期铜器秦公簋等,可见其影响之大。作者说:"禹的时代是国家机构趋于形成的时代,各主要部族已被纳入一个权威性统属体制之内,地域观念已开始在社会政治思想中凸显出来。"甚有见地。说《禹贡》九州之重在梁、雍二州,可见禹部族最早可能在甘肃。《史记·六国年表》说"禹兴于西羌",或非无根之谈。徐中舒师以为羌有二支,后来一支留居西方,另一支"以羌族为主建立夏王朝,在进入中原后接受龙山文化的影响,可能就逐渐改变其习俗,形成中原文化。而仍居于西方的羌族则仍保留其文化"。陈梦家先生有类似说法。祝先生重证此说,不无意义。

值得一提的是,作者据神话讨论古史,都是基于对典籍与考古数据的比对与解析,而且一再声明这只是"假说",是一种"尝试",尽量减少想象与附会,而且完全把这些讨论都限制在纯学术的范围内,如徐旭生先生《中国古史的传说时代》所做的那样,绝不受现实政治、经济的干扰。这种良好的作风如今已被糟蹋得不像样子了。君不见,近时很多地方政府和学术机构争相召开研讨会,或斥巨资修建陵墓。说黄帝应出于河南新郑,陵在灵宝;或说黄帝封于浙江缙云。炎帝出生或活动地,或说在陕西宝鸡,或说在湖北随州,或说在湖南炎陵(原酃县),每年各处动辄数千人公祭炎帝。很多学者也推波助澜,喋喋不休,造成了"拨不开的迷雾"(同门赵世超先生语)。这些活动与学术已相去甚远,已堕落为"文化搭台,经济唱戏"的配角,令人叹息。鉴于这种情况,我觉得发扬良好学风,实有必要。

因为自己久作文字考释,所以我最感兴趣的是书中有关语疑故实考辨的几篇。

《也来说"发"》引甲骨文"𤼇"字字形,阐释《说文》"癹"字本义。又引段玉裁注,纠正今人误说。作者文字学功底委实不低。

《先秦独特的挑战方式——致师》引《左传》《史记》《后汉书》诸多战例,分析致师在战国之前战争中的"励气"作用,及其在春秋以后逐渐消失的原因,并辨别"致师"与"挑战"的异同。这可以看作运用先秦战争史来研究训诂的一个佳例。

《"面缚"辨义》说面缚多用于降者,突出被缚者身体的正面,绑绳在胸前作结,显示自身受制之义。此文可以看作作者研究训诂学的努力。至于"面缚"的确切含义,此可谓一说,但仍有讨论的余地。黄金贵先生有《"面缚"考》,刊于《文史》1985年第2辑;张维慎先生有

《面缚——古代投降仪式的解读》，刊于《中州学刊》2004年第2期，2014年又加增补，收入《沙苑子文史论集》。黄文以为面缚系颈或系首，张文以为面缚既系双臂于背，又系脖颈。一个小问题，能在30年间引起几代学者的关注（还不说更远的杜预、司马贞、黄生），迄今未定论。感慨之余，不能不敬佩学人的较真与执著，这正是训诂学不断前进的原动力。

《文史名篇语疑考辨》"举趾"条解《诗·七月》"四之日举趾"。作者重申毛传、郑笺，说"举趾"应与踏耜联系起来，批评北大中文系编《先秦文学史参考资料》、《古代汉语》"举足下田"说，发人深省。

《"振旅"新解》据甲骨、金文，说旅、旂二字一形分化，从二人在旂下，会以旂致众之意，旅即军队。振本扬举义，引申有奋发、奋扬、整治义，所以"振旅"即"整治军队"。《左传·隐公五年》："三年而治兵，入而振旅。"《公羊传》、《谷梁传》、《尔雅·释天》、《周礼·夏官·大司马》郑玄注都说"入曰振旅"，是片面的。整顿军队，出入皆可，不能只强调一个方面。所说亦是。

《关于〈诗·卫风·氓〉的几个问题》讨论"氓"的身份，方法是考据。"抱布贸丝"之"布"，前人或说是金属货币，或说指一般布匹。作者举睡虎地秦简《金布律》为证，说诗中之"布"乃指一种可作货币流通的纺织品，极有说服力。北京杨广泰先生藏秦封泥有"御府金府"、"御府帑府"。御府是王之府库，其"金府"藏金，即铜半两钱。"帑府"、"金府"同时设立在御府，其职能应接近而又有所分别，帑字从巾，"帑府"极可能藏一种纺织品形式的货币。此篇重点在考据故实，与社会形态较为疏远，似可移入下编。

祝先生的考据文章，用的虽也是传统的方法，但探讨的问题与运用的资料多与历史有关，和一般语言文字学者不尽相同。徐中舒师的某些文章，如《士王皇三字之探原》、《结绳遗俗考》、《黄河流域穴居遗俗考》、《古井杂谈》，乃至其代表作《耒耜考》、《禹鼎考释》，虽多处考释文字，但目的仍在考史。这种优良传统也是应该发扬的。

《从〈尧典〉光被四表说开去》提出了一个严肃的问题：如何评价乾嘉之学？或者说，如何评价考据之学？

《尚书·尧典》开头说："曰若稽古帝尧，曰放勋。钦明文思安安，允恭克让,光被四表,格于上下。"伪孔传:"允、信;克、能;光、充;格、至也。"释"光"为"充",又见《尔雅·释言》。又《诗·周颂·噫嘻》:"噫嘻成王,既昭假尔!"郑玄笺:"噫嘻乎,能成周王之功,其德已着至矣,谓光被四表,格于上下也。"孔颖达疏:"此王既已政教光明,至于天下。德既光明显著如此,犹能敬重农事。"郑笺引了"光被四表"的话,来说明周成王之德远播,但未明确"光"如何解释,真正解"光"为"光明",应是孔疏。此后学人或信郑笺孔疏说,或信孔传、《尔雅》说。清代戴震为文,力证孔传、《尔雅》"充"义之训,赞成者有之,反对者亦有之,遂成清代学术公案之一。

我对这一公案,以往虽也略知一二,但并未深思。读祝先生文,才认真想了一下。我以为,释"光"为"光明",虽其说晚出(我从孔疏算起),但文从字顺,也符合《尧典》的时代背景,是很好的。我这样想,主要是根据古文字材料。

西周、春秋,乃至战国时人,常说其父、祖或君上、国家有光:

1. 史墙盘:"亚且(祖)辛……橚角龏(炽)光。"
2. 禹鼎:"敢对扬武公不(丕)显耿光。"
3. 戎生编钟:"至于垩辞(台)皇考邵(昭)白(伯),趩趩(桓桓)穆穆……今余弗敢灋(废)其覭(耿)光。"
4. 虢季子白盘:"白(伯)父孔覭(耿)有光。"
5. 晋姜鼎:"余隹(惟)司(嗣)朕先姑君晋邦,余不敢妄荒宁……每(敏)扬氒(厥)光剌(烈)。"
6. 秦子簋盖:"秦子之光,邵(照)于囗(夏?)四方。"
7. 中山王䦰大鼎:"惮惮慄慄,㤅(恐)陨社稷之光。"
8. 中山王䦰方壶:"(余)亡又(有)囗息,以明辟(闢)光。"

以上八例,"光"皆指光明,或英明。特别是秦子簋盖一例,与"光被四表"语意极近。秦子是谁,有争议,多数人认为是春秋初年的一位秦君或未即位的文公太子静公。他"昷(温)恭囗(穆),秉德受命屯(纯)鲁"(亦簋盖语),与《尧典》颂扬尧德光明显著如出一辙。秦子之德"温恭",尧德"允恭",完全一致。秦子之光辉能照耀到华夏四方这样极远之地(春秋初年秦人尚在西陲,距中原华夏尚远),而尧之光辉能施及(被)四表荒裔(清俞樾《群经评议·尚书一》:"表与裔本义皆属衣，以其在极外而言则曰四表，犹衣之有表也；以其在极末而言则曰四裔，犹衣之有裔也。"）语例正同。

《尧典》为战国作品，学人几无异议。《典》文"允恭克让"，让这种品德不见于西周文字，而出土战国文字却有大量用例。上博楚竹简《容成氏》简10："（尧）以求叚（贤）者而壤（让）焉。尧以天下壤于叚者，天下之叚者莫之能受也。"简33："垦（禹）于是虗（乎）壤益，启于是虗攻益自取。"莒叔之中子平钟："圣智龏（恭）叀（让）。"战国作品用语同于春秋战国习惯，是正常的。

戴震据伪孔传"光，充也"的说法，推断"光"应即《尔雅·释言》、《说文》"桄，充也"之"桄"，与横音近通用，而"光被"即横被、广被。其后钱大昕、段玉裁等又找到了多例"光被"作"横被"、"广被"的异文，于是戴说被很多人所认可。

我不认可戴氏的意见，但我并不贬低他的治学方法。我以为在学术问题上有不同见解，是很正常的，对与己不同的意见，应该摆事实、讲道理，进行商榷，而不能一开始就先裁定别人的不对，更不能攻击对方的人格，否定他以及他所代表的那个时代的主流学派的学术成就。但正如祝先生已经指出的，张岩先生《评戴震考据"光被四表"》却正是这样的。

张文对戴说的有些批评是对的，如说戴氏未能举出"光被"作"桄被"的证据，异文"横被"、"广被"的时代较晚（前者见《汉书·王莽传》，后者见《成阳灵台碑》、《唐扶颂》），可以看作后人的一种理解。但说戴氏"隐瞒证据"、"巧避反证"、"知错不改"，则是言过其实。张文由此批评清代考据学派学者，说他们"自作聪明"、"强行立论"、"捕风捉影"、"深文周纳"、"牵强附会"，这就不是学术讨论了。

考据之学是乾嘉学派的主流，但并非其全体。一代有一代之学术，乾嘉之学是对宋、明时程、朱、陆、王之学的反动，是在此基础上发展起来的学术。宋、元以来，学人援佛入儒，创立道学、理学，玄学与禅宗大行其是。到了明代。王阳明倡"明心见性"，成为学术主流；政府八股取士，一般读书人更是"束书不观，游谈无根"。清初，顾炎武、黄宗羲、王船山对其流弊痛加指斥，提倡"经世致用"之学，学术风气为之一变。康熙、雍正年间，江、浙学人标举汉学，反对宋学。乾隆年间开四库馆,编《四库全书》,汉学终得正统地位。乾嘉学派虽有皖派、吴派、浙派之分,但其总的精神是实事求是,用梁启超《中国近三百年学术史》的说法就是:"厌倦主观的冥想而倾向于客观的考察。"乾嘉学派在经书笺释、史料搜补鉴别、辨伪、辑佚、校勘、文字训诂、音韵,乃至金石、地理、方志诸方面都取得了极其辉煌的成绩,甚至可以说前无古人,后无来者,这些在梁先生书中都有详细的叙述。我们知道,梁先生深受西方学术思潮影响,在学术上走的是与乾嘉学人不同的路,但他仍对乾嘉之学表达了崇高的敬意,这就证明了乾嘉之学的主要遗产是值得我们学习、继承并发扬光大的。

　　乾嘉之学有无流弊呢?这是肯定的。其主要流弊是:过分强调考据,以"襞襀补苴"为学术的第一要务;同时,轻视理论,不明白学术的目的是要明道——为社会服务。不过这一缺点在考据派大师戴震身上表现得并不明显。戴氏博闻强识,于天文、地理、数学、音韵、训诂、文字皆考证精微,成绩卓著,有今人难以企及的成就。但他并未忘记"学以明道",他的名著《孟子字义疏证》看似讲训诂,实际上却是哲学书。其言:"今之……学者以理责卑,长者以理责幼,贵者以理责贱,虽失,谓之顺。卑者幼者贱者以理争之,虽得,谓之逆。于是下之人不能以天下之同情,天下之同欲,达之于上。上以理责其下,而在下之罪,人人不胜指数。人死于法,犹有怜之者;死于理,其谁怜之?呜呼,杂乎老释之言以为言,其祸甚于申韩如是也。"又曰:"酷吏以法杀人,后儒以理杀人,浸浸乎舍法而论理,死矣!更无可救矣!"痛批程、朱"存天理,去人欲"之说。"五四"时代胡适、鲁迅反礼教,争自由、民主,戴震在一百四五十年前已发其先声了。我对戴震极其崇拜(这并不是说我赞成他的每一句话),曾有笔记文《戴震之学为清代学术之缩影》,就是这种心情的表露。

　　比起戴震时代,当前学术界(这里主要指历史文化学界)已有极大进步,这是毋庸置疑的。但在不少地方,似乎也存在着急功近利的浮躁的毛病,不是扎扎实实地做学问,而是轻率立论,不负责任地批评别人,以求轰动效应。就说疑古辨伪罢,唐柳宗元、宋朱熹已开其端,清阎若璩、惠栋、崔述发扬光大,民国年间钱玄同、顾颉刚为其余绪,《古史辨》出了多册,影响巨大。20世纪70年代以来,地下出土了很多前人判为"伪书"的简牍,证明疑古派疑古过了头,于是有人大声疾呼,要"走出疑古时代",一时学风丕变。应该说,这种呼吁在一段时间内确有必要,也推动了学术的发展。但任何事物都有一个度,超过了度,走到另一个极端,对疑古派完全否定,由过分疑古走到一味信古,则不但未完全走出旧的迷雾,反而又走入了新的雾霾,让人愈加糊涂了。比如有人根据新出豳公盨及部分战国简牍,便绝对肯定禹是真实的历史人物,而非传说人物;又如据清华简《保训》断定周文王乃至舜已以中道治国,古文《尚书·大禹谟》"允执厥中"的话不伪;又有人说清华简《耆夜》、《周公之琴舞》中的诗都是周武王、周成王、周公、毕公亲作,而非后人代拟;又如据出土材料,肯定唐、虞、夏、商、周、秦、楚、蜀都是黄帝之后,力图恢复被顾先生等推翻的黄帝一元、三代同源的古史体系;近年,又有不少人为已成定论的伪古文《尚书》案翻案。

张岩先生的书《审核古文〈尚书〉案》我未读过,不敢妄下雌黄。我最近读到上海一位杨先生批评阎若璩《古文尚书疏证》的文章,该文批评阎氏的辨伪方法是"捏造事实"、"蒙骗读者"、"胡说"、"无中生有"、"吹毛求疵",与张文所加给考据学派的罪名略同,猜想二位应系一派。杨文虽气势很大,但其例证却并不令人信服。如《疏证》说:"'汤之官刑'者,正作于商之叔世,其不为汤所制明矣。"杨文说:"《吕氏春秋·孝行览》引《商书》曰:'罪三百,罪莫重于不孝。'高诱注:'商汤所制法也。'《墨子·非乐》也称'先王之书'有《汤之官刑》,然则汤时制有刑法是不可否认的。"阎氏只是说《汤之官刑》是商末之书,不是商汤之书,杨氏并未找到新的证据(《汉书·艺文志》记录过?内容如何?)仍是根据后世的高诱注,及《墨子》的模糊说法("先王"可以泛指,无法肯定是汤。《神农本草》、《黄帝素问》就是神农、黄帝等"先王"所作吗?)就反驳阎氏,也太轻率了。汤时有无文字还无法肯定,西周金文才提到墨刑,春秋时郑子产、晋范匄"铸刑书"、"为刑书"于鼎上,字也不会多,刑法真正成"书",已是战国中期以后的事了。所以,阎氏的话还太保守了,杨氏所谓"汤时制有刑法"之"书"是完全可以否认的。

当今是信息爆炸时代,收集资料极容易,这为研究提供了更好的条件,但光靠这个显然不行。张岩先生说,钱、段帮戴氏查"光被"异文,用了十年时间,他用计算机检索,十天就完成了。但这只能说时代进步了,却并不表示你的研究水平就超过了前人。其实,像我这样的笨人,不用计算机,只查几本工具书,也就一天多时间就查到了,根本不要十天。我们的运气比前人好,能看到很多戴震、王念孙、段玉裁,甚至王国维没有看到的出土资料,但我们的国学功底,比他们差远了。有些人说要超越他们,勇气可嘉,但学术研究,光靠勇气不行。所以对考据学,首先要认真学习,继承其成果,取其精华。在"弃其糟粕"时,也要更加理性一点,不要走到另一个极端去。更不要用讽刺、挖苦、攻击这些低劣的手法。只有这样,才能建立新的历史学,新的文化。

已经写得不短了,赶快打住,也完全是乱说一气,请祝先生与朋友们指正。

王　辉

2016 年 12 月 18 日

前　　言

在《秦史求知录》前言的开端，我曾不无感慨地诉说了自己是如何踏入史学这片园林的，尤其是诉说了中国古史分期这朵"金花"，以何等魅力，吸引并纠牵了我求知的触须。但该前言接下来必须谈我与嬴秦考古的缘分，所以在由古史分期说到先秦社会性质时，便不得不数语带过，匆匆打住。其实，如一直沿那段文字的思路写下去的话，就应该提及张广志君对我的影响。好在本书收入了《张广志著〈中国古史分期讨论的回顾与反思〉读后》一文，其中约略表述了我同广志君的学术交往，读者如有兴趣，随时可以翻阅，这里还是免赘为宜。

广志君是我山东大学历史系求学时几乎无话不谈的同窗，我们对中国古史分期及先秦社会实况的认识，在基本点上高度一致。但广志君探究问题的执著精神和敢向权威挑战的果敢魄力，却远非我所能及。我们毕业于1961年，从那时起一直到"文革"期间，我国的政治文化大背景，人们都很清楚，真正的人文研究是没有多少生存空间的。特别是在中国古代史领域内，郭沫若先生为代表的学派早已一统天下，商周为典型奴隶社会、春秋战国之际转化为封建社会，已成学界共尊的"通识"。广志君却没有在这种政治化了的史学"定势"中止步，他继续沿着学生时代我们共同躅躅过的路径探索、思考，积聚着学术能量。所以，当中国政治航向初露转机，意识形态铸成的文化禁锢开始松动时，他便能夺时代之先声，勃发惊人之举，在《青海师范学院学报》和《四川大学学报》两家刊物上，发表了《略论奴隶制的历史地位》那篇令史界瞠目的长文，公然向长期以来被认为是马克思主义史论定律的"五种生产方式"递接说挑战，宣称奴隶社会并非人类社会发展的必经阶段。就在此时，他致函于我，吐露了他酝酿此举的心声,坦示了他为真理而战的壮志,并要求我撰文响应,披挂上阵,别让他孤军陷入重围。显然,他对此举可能招致的后果是有思想准备的。这绝非广志多虑,据说当时中国社科院已在一定范围内印发过他那篇文章,着手组织力量进行"反击",后因政治文化气候变化较快而作罢。

广志的信和文章,对我是一种精神震撼。我惊异于他不畏险阻的勇气,敬佩他求真求实的信念;同时,他唤醒了我山大求学时代的记忆,激发了我沉寂多年的思辨冲动,曾经汹涌过的古史情怀被重新打开。因此,响应广志的提议已是不言而喻的事,何况这也不难。对我来说,这是片过于熟悉的天地,往昔积累的大量笔录、札记都在,论证脉络也早就潜伏在胸。于是屏诸冗务,伏案挥毫,畅言己见,一口气竟写了4万多字,当即给他寄了过去。广志读后认为,这种篇幅不合时宜,日后可充实成个小册子。建议我择其精要,压缩成一篇马上可发表的东西。我接受了他的意见,打破原稿结构,重新布局,改写成内容各有侧重的两篇文章。这便是本书上编最前面的《对中国古代社会性质的一点浅见》和《郭沫若"商周奴隶社会说"质疑》。前者经广志推荐发表在《青海师范学院学报》1980年第3期上;后者,虽明知文题即犯忌,但还是怀着试一试的心态寄给了一家权威杂志。退回后便压在屉底,置诸脑后了。即使后来这类文章有了发表可能时,我也再未触动它,因为我对自己的治学方向产生了新的想法。

我觉得,过多地纠缠于郭氏学派的观点已没有多大意义。这个学派虽长期表现出巨大的强势,实际上却是幢空中楼阁,因为它是以五种生产方式递接乃放之四海而皆准的真理为前提的。在高层政治需要决定人文学科基本理念的时代,它应运而盛,取得了"正统"地位,但从根基上说,并没有多少坚实史料和科学论证支撑其貌似宏伟的结构。失却了五种生产方式递接这个史论前提,其殿宇将自行坍塌。而它所凭靠的这个"定律",已经被张广志君所摧毁。从理论到实据,广志对先秦奴隶社会说的解构或者说"破"的工作,已做得相当到位,相当出色,其为学界普遍接受,只是个时间问题,我对此坚信不疑。既然如此,与其耗时费力去清理断柱颓垣,不如踏踏实实在"立"字上下些功夫。也就是说,应当摆脱政治性框架,对古代社会实况作认真的考察和分析，尽力勾勒出清晰的面貌。你说先秦不存在奴隶社会，那它是怎样一种社会呢？对于否认先秦奴隶社会的学者来说，必须作出回答。在《对中国古代社会性质的一点浅见》一文中，我已初步涉及了这个问题，但提供的答案是粗线条的，推论多而实证少。我给自己规定了今后的努力方向：通过对相关史料的多渠道汇聚和解析，辨明先秦各个时期生产者与生产资料的结合方式，理清统治集团治理国家的结构和凭借，把握社会制度演变的状况和机制。《〈周礼〉社会制度论略》①是我沿这个方向迈出的关键一步。本书所收许多篇文章内容，都直接或间接地体现了上述指导思想。

我对先秦社会面貌的勾绘，是以农村公社为核心的。传统观念把农村公社视为由原始社会向阶级社会的过渡阶段，强调其公有制和私有制的二重性。这种认识，仍属奴隶社会乃人类历史发展必经阶段的史观体系，至少和中国古代社会实情并不相符。社会发展的阶段划分，决不如刀切豆腐那样整齐，原始社会向阶级社会演进，当然要经历过渡期，但这过渡期却并非以农村公社为特征并以农村公社的存在为时段的。在中国，农村公社存现期间，不仅国家早已产生，被公认为文明社会特征的诸要素也早已具备。庶民阶级即广大村社成员，在定量份地基础上建立起自给自足的家庭经济，实为社会机体的最小细胞。村社成员对份地的使用，是更古老的家族公社共用耕地历史的惯性延续，是不言而喻而且不可剥夺的公民权利。贵族阶级以血缘宗法为纽带，构筑了以国君为金字塔顶端的等级权利体系，分层掌管着所有的村社。先是通过公田劳作，后是通过田税征收，占有村社成员的剩余劳动。庶民大众是社会生产的主要承担者，他们所提供的税赋、兵役和徭务，是支撑国家机器运作的三根巨柱。从村社耕地分配形式的演变，以及贵族阶级剥削方式的转换，可以划分农村公社从形成到繁荣到衰落的各个发展阶段。奴隶制度是存在的，但主要体现在政府掌控的公务劳作和贵族家庭的奴婢驱使这两

---

① 1981年，一批先秦史学者在西安举行了一次含有筹备中国先秦史学会意向的学术研讨会，本文系与会时提交的论文，发表于《人文杂志》先秦史专刊（1982年），并有幸作为重点推荐文章，与诸名家大作同列题于封面。意想不到的是，此文排印出现页码与文字数处错位的失误，使内容表达被严重破坏，乃至难以卒读。中熹为此曾久怀耿耿。本书为之正容，聊慰旧憾。

个领域内,至多可视为社会经济构成中的补充因素,而非决定社会性质的主体经济。这样一种国家机器成熟,生产结构稳定,阶级对立分明,演化轨迹清晰的社会,怎么能把它说成是个过渡阶段呢?毫无疑问,它是中国进入文明时代后的正常发展历程,是具有质的规定性的第一个阶级社会形态。

这样的社会,应当有个什么名称呢?其实它就是马克思所说的"亚细亚生产方式"。关于"亚细亚生产方式",长期以来被不同程度地误解。马克思的有关论述,不仅受到许多反马克思主义史学家的强烈批评,也屡遭一些坚持历史唯物论的学者质疑。他们指责这一概念与马克思人类社会普世化系统模式不符,且含有"内在稳定性"之类的错误认知。这其实是对马克思的浅视和妄判。马克思主义历史观认为人类社会发展具有方向性和规律性,但决非一种固定模式的线性程序;机械地把人类历史定格为五种生产方式递接,决非马克思的本意。马克思从未写过史论著作,他的历史观渗透在众多政治、经济著作之内,其唯物性与辩证性,主要表现在对劳动与分配、生产力与生产关系、社会生活与思想意识、经济基础与上层建筑、阶级与阶级斗争等观念的论析上,而和社会形态的模式化程序无涉,不存在其对某种社会的表述同模式程序相符与否的问题。何况,马克思对人类社会的认知一直在发展中,"亚细亚生产方式"是他开始走出欧洲中心论、目光转向古代东方时提出的概念,是一项进行中的还很不成熟的研究;后来又因国际共产主义内部斗争,这项研究被热炒、被扭曲,越来越政治化,已远远背离了马克思的初衷。如果跳出意识形态的圈子,实事求是地考察,应当承认,马克思提出这个概念加以探讨,正说明他意识到了人类成长过程中社会形态的多元化,存在着不同于欧洲模式的东方模式。至于所谓"内在稳定性",本应正面理解为社会结构具有自我调节的生命力,却被那些霍夫曼鲍姆称之为"庸俗马克思主义",[①]史学家渲染、傅会为停滞与落后。这也难怪,他们只知道用西欧社会演变的尺度去衡量,并未认真研究过古代东方特别是中国先秦社会形态的实情。不论经济、政治还是思想、文化,华

---

① 艾瑞克·霍布斯鲍姆《论历史》,中信出版社,2015年,第220页。

夏文明所达到的高度,绝不比希腊、罗马逊色。各地区、各民族的社会演进,各有其个性特色,这是由生态环境、人文传统、地缘政治等多重因素互动而造成的。每个经济体在历史上都是独特的,在特定历史阶段的社会发展中,由特定社会劳动者所进行的物质生产,形成经济形态的独特性。这正是马克思坚持的主张。

尽管如此,我们却不宜用"亚细亚生产方式"来指称我国进入文明期后的第一个社会形态。因为它毕竟是个不成熟的概念,学界对其内涵缺乏统一的认识;而且,用一个地域性名称标示一种社会模式,也不够严谨。那么,当何以名之呢? 我曾主张称之为"庶民社会",这是套用"奴隶社会"的称谓,都是着眼于创造社会财富的主要群体,且都是对原始社会的承接。但人微言轻,这一定名并未受到学界重视,以至于后来我自己也不再使用该称,而顺时从众,文章中恒用"贵族社会"一语。此称也有理可依:贵族阶级居统治地位,是社会发展的主导性力量;而且,庶民社会在被视为奴隶社会时,贵族也被公认是主导社会的统治阶级。一提贵族社会,人们都知道是指原始社会之后的第一个历史阶段。

本书一大特色是收入了一组考据性质的文章;这反映了我颇受传统史学,尤其是清代特盛行的考据风气的影响。自从踏入史学园林之后,我就对考据学读物情有所钟。最初是偶然有机会接触到了三部书:俞正燮的《癸巳类稿》《癸巳存稿》和赵翼的《陔余丛考》。随后慕名购阅了顾炎武的《日知录》和王念孙的《读书杂志》。再之后,王引之、孙诒让、钱大昕、王鸣盛、桂馥、黄生……有清一代学者的考据类名著,一经到手便如获至宝。随着文史阅历的增长,涉猎面放宽到略具考据性质的学术笔记,范围也由清代扩展至宋、明。在敬佩先贤博学多思的同时,更赞赏这种文体的优势:既传播了一般阅读难以获得的知识,提高了人们掌握古文献的能力;又能开阔读者的视野,培养读者的求实精神。考据学不仅是华夏深厚文化积淀的衍生品,又对文化传承发挥着助推作用。

由于有这种感受和认知,故也学着写点考据性文章,并力求让考据能洋溢点新时代的气息。我从人们阅读率较高的几种古文献里取材,立意于析辨、澄清一些被后人误释或久悬未解的文字疑案。有的选题虽然难下定论,至少可列示相异的诸说,起到集释供查的作用。在我精力充沛的年龄段,还产生过毕生坚持此类写作,沐承乾嘉前辈遗风,积墨至晚年,争取完成一部考据专集的念头。为此,曾作过规划,拟先从《诗经》《左传》《国语》《论语》《孟子》《史记》等一批常用古籍中选题,广泛阅读,积累资料,成熟一则写一则。实事求是地说,以我的生活条件和学识气质而言,这种"宏愿"不可能实现。但我还是付出过不少时间和精力:初选了数百个案目,并缀附了近千条资料出处备查,且已写成并发表过五六十则小题。后来因工作性质有变,接触考古实物较多,遂又向结合物质遗存解读古词语的方向发展,写了不少此类文字。本书对这两方面的内容各选了一部分。为了能涵盖所选文章,名之为"语疑故实考辨"。

学界早就有人论说过乾嘉学派兴盛的社会背景,指出那是清王朝思想文化禁锢政策造成的畸形学术,反映了知识分子逃避现实的倾向。也早就有人批判过考据繁冗琐碎的风习,说它引导学人埋头故纸堆,钻牛角尖,非史学正途。这些责难虽不乏精义,却都失之片面。在统治集团政治高压态势下,你能要求知识阶层做些什么?高举言论自由旗帜,制造反清复国的舆论?或者加入御用行列,为专制主义皇权歌功颂德?为什么做点有利于文化事业且为当权者所容的学问就不可取呢?至于学风文习,更是个伪问题。考据学怎么兴盛也仅仅是考据而已,从来不是也不可能是学术主流,为什么要把它同宏观史学对立起来呢?其立实、求真、重证、存疑的精神,难道不正是史学崇尚的要素?考据学当然不能取代历史学,历史学却永远需要考据学的辅佐。这种信念不曾动摇过。

所以,尽管成一考据类专著的宏愿未遂,我却并不后悔在这方面的努力,也就是说,并不轻视自己的这类作品。然而,不久前读到一位知名学者的文章,谈到考据学时,说它表现了"创造力的贫乏"。这使我心头微微一震,考据学原来如此卑微?脑海中随即浮现出余秋雨大师的高论。若干年前,当余先生文运正昌的时候,学界不少人指出他文章中的一些失误;余先生颇为恼火,曾公开宣告拒绝一切指误,理由是那些指误"是记忆性文化族群对创造性文化族群的一种强加"。考据学缺乏创造力的判识,呼应了余秋雨先生的卓见。因为考据和指误性质相同,都是对已有知识的运用,而已有知识全都存在于记忆中(文籍不过是记忆的物化载体)。因此,搞考据的人和"创造性"无缘,理当属于"记忆性族群"。中熹不才,钟情于考据,无疑忝居于该族群之列。深感惭愧的是自己的记忆力其实很差,有点对不住所属族称。又觉遗憾的是至今不知,这"记忆性"与"创造性"两大"族群"的区分,是由先天性生理基因决定的呢,还是后天性文化育养所造成的?思来想去觉得自己的归属可能是学了历史专业的缘故,因为史学领域内全是已有的知识,凭借的全是记忆。不论古今中外,所有的史家似乎都承认有个"历史本体"(即发生过的事情)存在,史学的核心任务就是尽可能地复现那个本体。所以不管什么性质的史著,都不外乎是对已发生事情的陈述、阐释、充实、纠误、解构、重组和演绎,这是个历代都在施工却永远完不成的重塑"本体"的工程。而这一切都离不开已有知识的记忆。按余秋雨大师一类学者的判断,这些都是记忆性族群所为,谈不上什么创造。看来搞了历史,"族"性便命中注定了,奈何!好在考据还没有被大师们彻底否定,缺乏点"创造性"似也无妨。反观当下学界,尤其在人文领域,浮躁学风和虚夸文风,时见嚣扬。有感于某些文著的读后印象,我曾戏拟十六字韵语以写之:泛言无据,袭言隐处,大言失度,善言拒顾。医治这类学术弊病,愚见提倡点"记忆性"族群的精神,也许有效;否则,"创造性"难免要被架空。

书中文章大致以发表先后为序。唯《郭沫若"商周奴隶社会说"质疑》一文,未曾发表过,缘由前面已作交代。更正了已发现的技术性错误。初刊时漏印、误删及删改后衔接不当处,本着对读者负责的宗旨,作了必要的补联,尽量恢复原稿面目。窃以为一篇文章,不论水平高低,都如同一株植物,是个完整的生命机体。如无充分理由,不宜对它截枝捋叶。

祝中熹

乙未年春初稿

丙申年夏改定

目　录

序 …………………………………………………… 王　辉　1
前言 ……………………………………………………………… 1

上编　社会形态探研

对中国古代社会性质的一点浅见 …………………………… 3
郭沫若"商周奴隶社会说"质疑 ……………………………… 25
《周礼》社会制度论略 ………………………………………… 56
乡遂制度与周代社会性质 …………………………………… 74
试论乡遂制度与亚细亚生产方式 …………………………… 93
关于《诗·卫风·氓》的几个问题 …………………………… 110
论周代军事编制中的"卒" …………………………………… 120
评商代社会性质研究中的几种倾向 ………………………… 129
关于西周农业生产者身份的辨析——与顾孟武先生商榷 … 139
先秦"爰田"制评析 …………………………………………… 154
张广志著《中国古史分期讨论的回顾与反思》读后 ………… 167
嬴秦对汉渭文化圈的历史影响 ……………………………… 173

中编　史事人物述论

武王观兵还师说质疑 ………………………………………… 199
文王受命说新探 ……………………………………………… 210
公刘与先周史 ………………………………………………… 219

从史学角度论后羿 ……………………………………… 231
儒学先行者季札 ……………………………………… 246
从黄帝传说看甘肃古史影迹 ………………………… 259
伏羲女娲传说与甘肃远古史 ………………………… 272
禹的功业及其与甘肃地区的关系 …………………… 297
密须史事考述 ………………………………………… 308
豳国史事考述 ………………………………………… 323
西戎与犬戎 …………………………………………… 343
嬴秦崛起史事述略 …………………………………… 365
太昊与少昊——兼论五帝时代东西文化的交融 …… 388

下编　语疑故实考辨

也来说"发" …………………………………………… 415
先秦独特的挑战方式——致师 ……………………… 419
"面缚"辨义 …………………………………………… 424
《逸周书》浅探 ………………………………………… 430
古语辩义（四则）……………………………………… 446
文史名篇语疑考辨 …………………………………… 458
"振旅"新解 …………………………………………… 469
王杖鸠首说 …………………………………………… 476
从神判到人判——漫谈獬豸与法 …………………… 481
玉琮浅说 ……………………………………………… 488
试说秦人葬圭习俗的文化渊源 ……………………… 496
古文籍语疑四题 ……………………………………… 514
从《尧典》"光被四表"说开去 ………………………… 530
嶓冢山与汉水古源——对一桩史地疑案的梳理 …… 551

后记 …………………………………………………… 577

# 上编　社会形态探研

对中国古代社会性质的一点浅见

自马克思列宁主义传入我国之后,史学界关于先秦社会性质问题的研究沛然勃兴,诸家立说,众口纷纭,卓见竞出。近十几年来,以郭沫若同志为代表的主张从夏代到春秋末为我国奴隶社会阶段的学说,影响越来越大,颇有成定论之势。这种统一于郭氏学派的趋向,是表明了我国古史研究的成熟呢,还是某种政治气候下形成的暂时假象?我觉得,这是个值得深思的问题。

史学工作者常说的一句话是:用马克思主义指导历史研究。这句话自不容置疑,但怎么个"指导"法?是从理论出发,先定下结论,然后寻找史实证明这结论呢;还是从史实出发,用历史唯物主义观点分析史实,然后得出结论来呢?许多同志承认后者是正确的治学方法,但却自觉或不自觉地在按前者办事。遗憾的是,郭老及其代表的学派就多少具有这种倾向。他们从五种生产方式的理论出发,脑子里先给自己定下中国存在奴隶社会阶段的框框,然后从浩如烟海的古史资料中撷拾若干零碎的片断,去填充这个框框。这样的研究结果,很难不令人产生怀疑。

五种生产方式的理论,是无产阶级革命导师研究人类历史得出来的具体结论。它是研究的结果,而不是研究的前提。这个具体结论是否正确,有赖于历史科学进一步发展的检验,也有赖于人类社会进一步发展的检验。结论应当服从史实,而不是像许多同志习惯了的那样,让史实服从结论。奴隶社会是否人类历史发展的必经阶段?中国先秦是否存在过一个奴隶社会?答案应当在研究结束时作出。

笔者试图从这个立场出发,对战国前的中国社会作一番粗略的探索,提出个人的一点浅见,就教于史学界。

商周时代是奴隶社会吗?

我们首先应明确什么是奴隶社会。对什么是奴隶社会,讲得最详明的是斯大林同志:

> 在奴隶社会制度下,生产关系的基础是奴隶主占有生产资料和占有生产工作者,这生产工作者便是奴隶主所能当作牲畜来买卖屠杀的奴隶。这样的生产关系基本上是与当时的生产力状况相适合的。此时人们所拥有的已经不是石器,而是金属工具;此时所有的已不是那种不知畜牧业为何物,也不知农业为何物的贫乏原始的狩猎经济,而是已经出现了的畜牧业、农业、手工业以及这些生产部门彼此间的分工……这里已不是社会中一切成员在生产过程中共同地和自由地劳动,而是由那些被不劳而获的奴隶主所剥削的奴隶们的强迫劳动占主要地位。因此也就没有了生产资料和生产品的公有制。
>
> 富人和穷人,剥削者和被剥削者,享有完全权利的人和毫无权利的人,他们彼此间的残酷阶级斗争,——这就是奴隶制度的情景。①

由此我们知道,如果断定某一社会为奴隶制社会,那么它至少必须具备三方面的要素:一、生产力水平:已广泛使用金属工具,农业、畜牧业、手工业已有明确的分工;二、生产资料所有制:生产资料及社会产品为奴隶主阶级私人占有,不存在生产资料及产品的公有制;三、阶级对立:存在着不劳而获的奴隶主和社会生产事业主要承担者奴隶这样两大对立阶级,奴隶们本身就是奴隶主的财产,没有自己的家庭经济,也毫无人身自由和政治权利,他们被迫进行劳动,可以被当作牲畜一样买卖和屠杀。

---

① 《辩证唯物主义与历史唯物主义》,人民出版社,1956年版,第34页。

让我们看一看战国前的中国社会,其基本构成是否如此。夏代古远渺茫,史迹难征,在地下发掘尚未提供更多足以说明夏代社会情况的材料以前,我们对夏代社会性质暂时可"姑存勿论"。且看商周两代。

商周两代的生产力状况,大体上可以和斯大林同志阐述的奴隶制社会生产力水平相应。但我觉得,生产力并非判定社会性质的症结所在,决定社会性质的是该社会的生产关系。

下面,我们从两个方面考察一下战国前的生产关系。

一、社会主要生产者的身份

大家公认,商周两代社会生产事业的主要承担者是所谓"众"、"民"和"庶人"。以郭沫若同志为代表的商周奴隶社会论者,认为"众"、"民"和"庶人"都是奴隶。

先谈"众"。甲骨卜辞中关于"众"或"众人"的记载很多:

乙巳卜彀贞,王大令众人曰:"叶田,其受年?"("粹"八六八)

戊寅卜疛贞,王往,以众黍于冈。("前"五、二十、二)

贞,叀小臣令众黍,一月。("前"四、三十、二)

癸巳卜疛贞,令众人□入羌方(授)田。贞勿令众人,六月。("甲"三五一二)

令众人伐羌。("甲"三五一〇)

贞,王勿令禽以众伐舌方。("后"上一六、一〇)

贞,我其丧众人?("佚"四八七)

伐苩弗雉王众。("邺"三下、三八、二)

这些材料告诉我们:"众"或"众人"总是同两项事业联系在一起的,一项是农作,一项是征战。"众"或"众人"既是农业生产的承担者,又是商王的基本战斗力量,但却没有任何证据说明他们是奴隶。《尚书·盘庚》上篇:

王命众悉至于庭。王若曰:"格汝众,予告汝训汝:猷黜乃心,无傲从康……汝不和吉言于百姓,惟汝自生毒,乃败祸奸宄,以自灾于厥身。乃既先恶于民,乃奉其恫,汝悔身何及……古我先王,暨乃祖乃父,胥及逸勤,予敢动用非罚?世选尔劳,予不掩尔善。兹于大享于先王,尔祖其从与享之。作福作灾,予亦不敢动用非德……邦之臧,惟汝众;邦之不臧,惟予一人有佚罚。凡尔众,其惟致告:自今至于后日,各恭尔事,齐乃位,度乃口,罚及尔身,弗可悔!"

这里的"众",不但不是奴隶身份的人,甚至也不是平民,他们的地位比较高。商王能直接把他们召集到宫廷训话,说明他们的人数并不是很多的;商王埋怨他们"不和吉言于百姓,惟汝自生毒",说明他们在群众中有相当大的影响和号召力(关于"百姓",郭老主编的《中国史稿》认为是贵族的总称。[1] 实际上,"百姓"是指众多的氏族或部落。人类由原始社会进入阶级社会后,氏族组织的形式曾长期地、顽强地存在过);"世选尔劳,予不掩尔善。兹予大享于先王,尔祖其从与享之",说明他们的祖先,世代与商王共事,并可以和"先王"共享隆重的祭祀;"邦之臧,惟汝众","各恭尔事,齐乃位,度乃口",说明他们担负着与国家兴亡有关的重要职务。正如不少学者早已指出的那样,《尚书·盘庚》上篇里的"众",是一些王室权贵。从《盘庚》中篇看,"众"的身份问题更复杂化了。但不管怎么说,"众"不是指奴隶,则是确定无疑的。有人据《盘庚》中篇"予岂汝威,用奉畜汝众","古我先后既劳乃祖乃父,汝共作我畜民"等语,便认为"众"、"民"受的待遇像牲畜一样;据"我乃劓殄灭之,无遗育,无俾易种于兹新邑"便断定"众"、"民"可以被随意屠杀,由此证明"众"、"民"是奴隶。这样的论证,比"断章取义"更进了一步,已经是"断字取义"了。正如不少学者所指出,"奉畜汝众"、"汝共作我畜民"的"畜"字,是关顾、照抚的意思,不能理解为"牲畜"。此类文例甚多,不须赘举。而且,通观《盘庚》中篇,盘庚对听众一再用拉拢、爱护的口气,把"奉畜汝众"、解释作"像牲畜一样对待你们",和整体口气无法协调。至于"劓殄灭

---

[1] 《中国史稿》第一册,人民出版社,1977年版,第171页。

之"一类的话,也绝对不能证明听众是可以被随意屠杀的奴隶。在专制主义王权时代,最高统治者在认为必要的时候,以刑戮胁迫部下或人民服从他的决定,是一种通常现象。在中国,直到解放前,统治者的政令、文告一类的东西不还常有"违者格杀勿论"式的语言吗?至于《盘庚》下篇,听众为百官及族体首领,一望而知,无可争议。

　　总之,甲骨卜辞和《尚书·盘庚》都不能证明"众"是奴隶,相反地,我们看出"众"有时还指比社会主要生产者更高的身份。于是人们进一步着眼于周代的文献。大约是语言演变进化的关系罢,周代文献中出现的"众",大都是"多数人"的意思,对什么身份的人都适用。最引起大家注意的是《诗·周颂·臣工》篇的"命我众人,庤乃钱镈,奄观铚艾"一句。但这一句和甲骨卜辞中"王大令众人曰劦田"一样,除了说明"众人"是统一指挥下的农业劳动者之外,在身份问题上仍不能前进一步。那么,"众"的身份问题怎么办?郭沫若同志说:"可幸有一个有名的曶鼎。"这曶鼎的一段铭文,实际上成了商周奴隶社会论者判定"众"为奴隶的最坚强的论据。那段铭文被认为是"众"可以被他的主人当作财富抵偿给别人的确证。果真如此,这可以说是向着"众"为奴隶的结论跨出了很有意义的一步。但我们还是先细心地分析一下铭文再下论断罢:

　　　　昔饉岁,匡众厥臣廿夫寇曶禾十秭,以匡季告东宫。东宫迺曰"求乃人!乃弗得,汝匡罚大!"匡迺稽首于曶,用五田,用众一夫曰益,用臣曰疐,[曰]朏,曰奠。曰:"用兹四夫。"稽首曰:"余无攸具寇正□□不□□余。"曶或以匡季告东宫。曶曰:"必唯朕[禾是]偿。"东宫迺曰:"偿曶禾十秭,遗十秭,为廿秭。[如]来岁弗偿,则付四十秭"迺或即曶用田二,又臣[一夫],凡用即曶田七田,人五夫。曶觅匡三十秭。①

　　这段有意思的铭文,确实比甲骨卜辞关于"众"的记载说明的问题多:一、"众一夫"的语法结构表明"众"并不单纯是"多数人"的概

---

① 　□为缺字,[　]为郭沫若同志据上下文义补出的缺字,重点号为笔者所加。

念,它具体代表了某种身份的人;二、"众"与"臣"明确分列、分述,表明二者的身份有严格区别,不容混同;三、当时已有类似法院的权力机构,负责解决民事纠纷;此外,商周奴隶社会论者认为还有最重要的一点,我们权且列出作四、"众"与"臣"完全受他们的主人支配,可以作为财产赔偿品转让给别的主人。但这最后一点却有点经不住分析,"赔偿品"的说法,很站不住脚。上引曶鼎铭文,是关于曶与匡季在"东宫"面前打官司的记载。"东宫"是掌握裁决权的法官,但大家大都忽视了铭文中东宫的这句话:"求乃人!乃弗得,汝匡罚大!"这是东宫的初次裁决,他很严厉地命令匡交出"寇禾"的罪犯,根本未涉及赔偿的问题。裁决后,匡季由于某种原因不想或不能交出寇禾的全部"廿夫",只交出了"四夫",考虑到"四夫"恐怕交不了差,所以给曶"五田",企图以此了事。请注意匡季赔情道歉后的那一句话或两句话。那一句或两句话由于缺了四个字而语义难明,一般引文时都把它删掉了;但这一句话或两句话十分重要,它是匡季向曶作的解释。据存文猜其意思可能是:我实在无法交出全部寇禾之人,请不要强逼我。匡季之所以要这样解释,因为东宫的判决是"求乃人!"交不出人犯来就要"罚大!"于是曶与匡又二次到东宫面前交涉。曶知道匡不可能交出全部寇禾之人,所以只强调赔偿自己的"损失"。"东宫"尊重曶的意见,在人犯未全的情况下,重新作出关于物质赔偿的判决。曶和匡私下交易的结果是匡赔偿十秭禾,再增赔两块田,再交出一个寇禾的犯人,了结了这段纠纷。至于交出的"人五夫"由谁处置,铭文未明言,从文义推,该是由曶处置的罢,当时可能有这种法律规定。实际上真正的罪犯是匡季,但他是贵族,"刑不上大夫",只好由他的部下(主要是"臣")来当替罪羊。东宫的两次裁决,一次严令追寻罪犯,一次定了重额实物赔偿,都不牵扯用人作赔偿品的问题。那唯一的一名"众",是作为罪犯交出去,而不是作为财产赔偿交出去的。曶鼎铭文前一部分有用匹马束丝或孚买"五夫"的记载,但未言明"五夫"是什么人,因而对于澄清"众"的身份问题不起作用,我们不再引述。总之,从商周两代文献中,我们寻不出一条说明"众"是奴隶的史料。

再看"民"。郭老谓金文之"民"字为"目中着刺"形,说这是盲其一目以为奴征。但"民"究竟是不是奴隶，主要应在社会生活中考察，单凭简单的字形作判断是很危险的。从商周两代文献中可以看出，"民"泛指人民大众，并非奴隶的专称。商周时代是有奴隶的，奴隶当然也包括在人民大众的范围内，所以有时也称奴隶为"人民"。如《周礼·地官》："质人掌成市之货贿、人民、牛马、兵器、珍异，凡卖儥者，质剂焉。"这里的"人民"是可以买卖的奴隶，但并不能说所有的人民是奴隶。观《尚书·盘庚》，"民"与"众"并称而同义，看不出有什么身份上的区别。"众"既非奴隶，我们也没有理由认为"民"是奴隶。盘庚讲话中不厌其烦地声言要"施实德于民"，"恭承民命"，"式敷民德，永肩一心"，表白商王历来"罔不惟民之承"，"视民利用迁"。这都绝不可能是对奴隶讲话的语言。我们还应该注意到盘庚对民众讲话内容中有一个重要特点，就是他极力强调王的祖先与听众祖先之间的密切关系："古我前后，罔不惟民之承"，"汝曷弗念我古后之闻"，"予念我先神后之劳尔先，予丕克羞尔，用怀尔然"，"古我先后，既劳乃祖乃父，汝共作我畜民"，"我先后绥乃祖乃父，乃祖乃父乃断弃汝，不救乃死"，"乃祖乃父丕告我高后曰：作丕刑于朕孙。迪高后丕乃崇降弗祥"——盘庚一再说这些话是什么意思？很明显，他是通过氏族社会的传统关系，唤起听众的家族感，用宗法纽带联结听众统一行动，用祖先的神秘力量强化王权的威势，以完成迁都重举。如果听众是奴隶，盘庚这些话既不可能讲，也没有必要讲。只有当王和听众属于同一个部族，也就是说，只有当王和听众的关系，尚在某种程度上保有部落首领与其成员关系的性质时，这些话才有意义。因此我们说，《盘庚》篇中的"民"是公社成员而非奴隶。在周代文献中，"民"的地位被提得更高："敛时五福，用敷锡厥庶民"，"天子作民父母"，①"若保赤子，惟民其康乂"，"天棐忱辞，其考我民"，②"彼裕我民，无远用戾"，③"怀保小民，惠鲜鳏寡……咸和万民"，④"民之所欲，天必从之"，"天视自我民视，天听自我民听"，"惟天惠民，惟辟奉

---

① 《尚书·洪范》。
② 《尚书·大诰》。
③ 《尚书·洛诰》。
④ 《尚书·无逸》。

天",①"夫民,神之主也",②"非德,民不和矣,神不享也"。③ 这些话,我们不能简单地用"统治者的花言巧语"一句话盖过,任何一种统治术,总是该社会经济构成的反映。正因为"民"在事实上并不处于可以被买卖、被屠杀,没有独立经济和任何政治权利的奴隶地位,所以统治者的头脑中才不可能产生出那种以皮鞭和屠刀为象征的政治指导思想,而是形成了一套通过"保民"、"裕民"达到"治民"、"使民"目的的温和的政治原则。但是主张商周为奴隶社会的学者们并不这样考虑问题,他们引用《尚书》中的一些文字,说明周代的"民"可以被随便屠杀:

> 告尔殷多士,今予惟不尔杀,予惟时命有申……尔不克敬,尔不啻不有尔土,予亦致天之罚于尔躬。
>
> (《多士》)
>
> 今尔尚宅尔宅,畋尔畋,尔曷不惠王熙天之命?……乃有不用我降尔命,我乃其大罚殛之。非我有周秉德不康宁,乃惟尔自速辜!
>
> (《多方》)
>
> 群饮,汝勿佚,尽执拘以归于周,予其杀!
>
> (《酒诰》)

《多士》是周公平定"三监"叛乱之后,迁殷民于洛时对上层殷民的讲话。这是战胜者对战败者的讲话,口吻当然带有杀气。古代屠杀战败的叛敌,本属常事,周公说"今予惟不尔杀",是为了显示自己的宽大。《多方》是五年之后,殷人联合相邻部族第二次叛乱被镇压,周公对叛乱者讲话。这仍是战胜者对战败者的讲话,而不是对奴隶的讲话。考虑到对付这种部族叛乱,不能一味用杀戮的办法,所以周公使用了劝喻、和解的口气,虽也发出了"我乃其大罚殛之"一类的威胁,但也有利诱:"尔乃自时洛邑,尚永力畋尔田,天惟畀矜尔,我有周

---

① 《尚书·泰誓》。
② 《左传·桓公六年》。
③ 《左传·僖公五年》。

惟其大介赉尔,迪简在王庭,尚尔事,有服在大僚。"意思是:只要你们在洛邑安心生产,上天会可怜你们,政府也会大大地赏赐你们,还要把你们之中表现好的选到朝廷上来,分配给重要的官职。这显然不是对奴隶的态度。至于《酒诰》中说的"予其杀",也绝不是"随便屠杀"的意思。周灭殷后,鉴于殷王纵酒淫逸,导致亡国的教训,开展了一场严厉的戒酒运动,不惜动用极刑对付不听训诫的酒鬼们(可能当时酗酒成风,已成严重的社会问题)。这纯粹是个维护社会治安,巩固新政权统治的刑法问题,与人民的身份无涉。近代史上林则徐禁烟时规定卖鸦片者处死刑,谁也不会以此推论说当时的中国人都是可以被屠杀的奴隶。何况《酒诰》明言:即使犯了"群饮"罪的人,也不能随便杀,要"尽执拘以归于周,予其杀!"如果"民"是奴隶的话,犯了死罪,何至于要押送京都,由周公亲自处置。

现在谈"庶人"。"庶人"是周代的农业生产者,是与统治阶级相对立的基本劳动群众,这是大家都承认的事实。这个事实,在先秦文籍中反映得十分清楚:

蔼蔼王多吉士,维君子使,媚于天子……
蔼蔼王多吉人,维君子命,媚于庶人……

(《诗·卷阿》)

庶人力于农穑。

(《左传·襄公九年》)

公食贡,大夫食邑,士食田,庶人食力……

(《国语·晋语》)

礼不上庶人,刑不上大夫。

(《礼记·曲礼》)

天下有道,则庶人不议。

(《论语·季氏》)

庶人安政,然后君子安位。传曰:君者,舟也;庶人者,水也。水则载舟,水则覆舟。

(《荀子·王制》)

《左传·昭公七年》无宇所说的十等人中之所以没有庶人,那是因为他是从宫廷生活的统属关系角度上立言,不涉及农业生产领域,这也正可以反证"庶人"不可与皁、舆、隶、僚、臣、仆、台等家内奴隶相提并语。周代的"庶人",也就是商代的"众人",是平民,是农村公社的成员。《史记·五帝本纪》列举从黄帝子至舜七代世系之后说:"自从穷蝉以至帝舜,皆微为庶人。"这表明在司马迁眼里,庶人是指平民而非奴隶。《尚书·蔡仲之命》:谓周公平定"三监"叛乱后,"降霍叔于庶人,三年不齿";《荀子·王制》:"虽王公士大夫之子孙也,不够属于礼义,则归之庶人;虽庶人之子孙也,积文学,正身行,能属于礼义,则归之卿相士大夫。"《孟子·万章》:"下士与庶人在官者同禄,禄足以代其耕也。"这些资料说明了庶人是劳动者,但可以做官;贵族也可以降为庶人。奴隶社会中的奴隶,不可能有这样的地位。

"庶人"也就是《诗经》中常提到的"农人","农夫"。从《诗经》中的许多诗篇反映的情况分析,"农人""农夫"们有自己的家庭,有自己的劳动工具,有自己独立的经济。他们受着多种剥削,生活极其困苦,但却绝不是一无所有,在皮鞭下干活的奴隶。《七月》诗中云"同我妇子,馌彼南亩","言私其豵,献豣于公","为此春酒,以介眉寿","朋酒斯飨,曰杀羔羊,跻彼公堂,称彼兕觥,万寿无疆";《大田》篇云:"以我覃耜,俶载南亩,播厥百谷","雨我公田,遂及我私";《载芟》篇云:"有飶其馌,思媚其妇;有依其士,有略其耜";《良耜》篇云:"或来瞻汝,载筐及筥,其馕伊黍","百室盈止,妇子宁止"。这些诗句都表明农夫们有自己独立的家庭经济,非奴隶之可比。有人据《七月》篇中"采荼薪樗,食我农夫",和《甫田》篇中"我取其陈,食我农人"等句,证明农夫们吃的是奴隶主的饭,而且吃的是树皮、腐粮之类。这是未深察诗意的误解。《七月》一诗为农夫自嗟自述的口气,讲的是自己一年忙到头的辛苦生活。"荼"为一种野菜,"樗"是不能用于材料的树木,伐来作薪的。农夫们需要烧柴煮野菜吃,这固然说明其生活困苦,但却不能解释为奴隶主用野菜树皮喂养农民。《甫田》为贵族们歌颂藉田丰收的雅乐,渲染了一片升平气象。藉田是周代邦畿所在地的大面积公田,由农村公社的成员(即"庶人")集体耕种,收获归公。每年春耕开始,天子或诸侯率领百官,亲自参加,并进行象征性的劳动,这就是所谓藉田礼。西周时行藉田礼是一件大事,那天执政者要破费破费,管一顿饭,犒劳一下农民。《国语·周语》记此事说:"王耕一墢,班三之,庶人终于千亩……毕,宰夫陈馂,膳宰监之。膳夫赞王,王歆太牢,班尝之,庶人终食。"《甫田》篇所谓"我取其陈,食我农人",指的就是这顿饭。此诗是夸耀丰收的,所以说"自古有年",表示粮食年年有余,并非一直用腐烂的粮食喂养农民的意思。"陈"不能释作"腐",非当年收获的粮食皆可称之为"陈粮"。而且,释"陈"为"腐"与全诗康乐的情调无法兼容。

认庶人为奴隶的学者们常引用大盂鼎的铭文,证明周代的庶人可以用作赏赐品:"锡汝邦司四伯,人鬲自驭至于庶人六百又五十又九夫……锡夷司王臣十又三伯,人鬲千又五十夫。"但是,被用作赏赐品的人并不一定就是奴隶。从铭文本身看,"邦司四伯"和"夷司王臣十又三伯"也是赏赐品,他们却分明不是奴隶。周代文献中凡是以"伯"称之者都是地位较高的人,与以"夫"称之者迥然有别。上述"伯"们可以作赏赐品,为什么其他作赏赐品的人就是奴隶呢?大盂鼎的铭文是康王"受民受疆土"的记载。那时的周王朝,正处在胜利地扩大疆域,巩固其对周围各部族统治的兴盛时代。王室需要把本部族的贵族,连同其氏族成员,派往广大新控制的领域中去管理当地的人民,以"屏藩王室"。这就是周初分封的实质。大盂鼎铭文前面谈到"受民受疆土",后面又说"□□□自厥土",表明盂受赐的不仅是邦司人鬲,还有土地。当时的周族和殷族,都还保留着氏族组织的形式(在前期农村公社阶段,氏族形式顽强地保留了相当长的历史时期),被封贵族前往封地时,他所属的氏族(或其中一部分成员)是要随之迁去的。《诗·崧高》叙述申伯封谢时说:"王命傅御,迁其私人。"这"私人"正就是申伯的氏族成员。西周时"国人"与"野人"的区别也由此而来:所谓"国人",其主体就是封国建邦时被封诸侯所带去的氏族成员;所谓"野人",就是当地土著居民。在"普天之下,莫非王土;率土之滨,莫非王臣"[1]的周天子看来,凡周族势力所及的地盘,连同那地盘上生活着的人民,都可以算作给他部下大小贵族的赏赐

---

[1] 《诗·北山》。

品；被封贵族前往封地时统率的氏族成员及身边的全套侍从，也都算是周天子的赏赐。因此，这种封赏，与奴隶制度毫无关系。

综上所述，结论是：商周两代的社会主要生产者并不是奴隶。

二、生产资料的所有制

商周时代的主要生产事业是农业，当时的农业生产工具非常简陋，不过是耒、耜、钱、镈之类。据我们前引《诗经》中的有关资料来看，如果不戴奴隶制的有色眼镜去曲解文义，那么，农业劳动者拥有自己的生产工具是不成问题的。所以，这里我们讨论商周时代生产资料的所有制，可以抛开生产工具问题，专谈土地的所有或占有情况。

先秦的土地所有制，是个十分复杂的问题，大家的认识相当混乱。这既有史料方面的原因，也有理论方面的原因。众所周知，马克思认为包括中国在内的古代东方是以土地国有为特征的。他说："没有土地私有制之存在，这的确是了解全东方情形的关键。"①"在这里，主权就是在全国范围内集中的土地所有权"。② 马克思认为，这种情况与公社对土地的实际使用并不矛盾，他写道："在大多数亚细亚的形态里面，那高居在所有这一切小集体之上的结合的统一体以最高的所有者或唯一的所有者资格而出现，实际的公社却因此不过作为承袭的占有者而出现。"③这种土地的国有，实际上也就是王有。我国史学界有的同志据此认为，周初分封的实施，即表示国王对全国土地之最高所有权已经形成。然而，照这样理解，那么土地私有制又是怎样发生的呢？战国时开始的土地买卖及兼并现象又如何解释？而且，尚未产生分封的商代，土地是一种什么所有制呢？难道商代还是以土地公有为基础的原始社会？我认为，把古代中国的土地所有形态，简单地归结为土地国有或王有，是不符合史实的，是混淆了专制主义王权与土地所有权这两个不同的概念。周王的分封，行使的是行政管理权而不是土地所有权。

商周时代的土地制度是农村公社所有制，是一种由公社所有向家庭所有转化过程中的土地所有制。对于这种土地形态，马克思和

---

① 《马克思恩格斯论中国》，人民出版社，1954年版，第20页。
② 《资本论》第三卷，人民出版社，1958年版，第1032页。
③ 《资本主义生产以前各形态》，人民出版社，1957年版，第5页。

恩格斯曾多次作过明确的论述：

> 各个家庭首长之间的财产差别，在旧的共产制的家庭公社还保存着的地方都突破了它。同时，这种公社所行的共同耕作制也灭亡了。耕地分配给各个家庭使用——起初是暂时的，后来便成为永久的，终于随着对偶婚的进到一夫一妻制而逐渐地并平行地进到完全的私人所有制了。个体家庭便成为社会的经济单位了。①

> 在农村公社中，虽然耕地仍归村社公有，但在村社各个成员之间已经进行定期分配，因此，每一个农民是用自己的力量来耕种分配给他的一份田地，并且把从耕作得来的果实留为己有。②

> 土地一部分当作自由的私田，由共同体诸成员独立去耕作，一部分当作公田，由他们共同去耕作。这种共同劳动的生产物，一部分当作收获不足时或他种意外事情的准备基金，一部分当作国家贮藏，为了应付战争，宗教，及其他各种共同事务的费用。在时间的进行中，这种公地，被军事上宗教上的高官侵夺了。在公地上从事的劳动，也被他们侵夺了。自由农民在他们的公地上做的劳动，变成他们替公地盗占者做的徭役劳动了。③

> 所有文明的各族人民都是从土地的公社所有制开始的。各族人民经过了原始状态的一定阶段之后，土地的公社所有制在农业的发展进程中变成为生产的桎梏，它被废除、被否定，并且经过了较长或较短的中间阶段之后转变为私有制。④

战国前中国的土地所有形态正是如此。在由家族公社向农村公社的转化过程中，血缘关系和地域关系并不矛盾，父系家长宗法制一直到农村公社彻底瓦解前，都在发挥着作用。份地的出现，才是农村

---

① 恩格斯《家庭、私有制和国家的起源》，人民出版社，1957年版，第157页。
② 马克思《答维拉·查苏里奇的信和草稿》，见《史学译丛》，1955年第3期，第23页。
③ 马克思《资本论》第一卷，人民出版社，1958年版，第269页。
④ 恩格斯《反杜林论》，人民出版社，1956年版，第142页。

公社定型化的标志。前期农村公社的份地是不巩固的,需要用定期轮换耕地的办法解决土质优劣的矛盾,史籍所载"三年爰土易居",反映的就是这一阶段的情况。后来,随着农作技术的提高和人们私有欲望的增长,土地的使用逐渐固定,公社成员在自己的份地范围内用二圃制或三圃制的办法调节土质的差异,史籍所载"自爰其处",反映的就是这一阶段的情况。

史学界许多同志认为,商代的"邑",就是公社。但究竟是家族公社还是农村公社?目前这还是难以判定的,因为没有确凿的史料根据说明商代的公社成员已经有自己的份地。甲骨卜辞中反映的是在商王统一指挥下的大规模集体农业生产的情况。但这也并不能反过来证明商代还没有份地,因为卜辞记载的都是王室的军政大事,所反映的集体生产情况可能是马克思所说的农村公社公有地上的劳动情况。唯一肯定商代农业生产者有自己的份地的史料是孟子的井田说。孟子说"殷人七十而助",什么是"助"呢?他解释说:"方里而井,井九百亩,其中为公田,八家皆私百亩,同养公田,公事毕,然后敢治私事……此其大略也。"①孟子是当时的"历史通",不至凭空臆造。他的井田说可能源于早期农村公社模式化的传说,细节不必如是,概貌似应非虚。不论从有关记载还是从地下考古资料来看,商代社会生活的最小细胞已经是一夫一妻制的小家庭。根据恩格斯的论述,农村公社的份地必须是同这种小家庭相适应的。所以,在没有更新的可靠资料证明商代农业劳动者没有份地之前,我们没有理由否定孟子的井田说。孟子所说的"八家皆私百亩",就是农村公社成员的份地。

周代的情况比较清楚。大约除了郭老代表的学派外,史学界大部分同志都承认周代的农业生产者有自己的份地,从而有自己独立的家庭经济,这从《周礼》、《诗经》等先秦文献中可以找到无数确证。周灭殷后,对同姓、异姓贵族实行过"授民授疆土"的大分封,这使许多同志误认为周代的土地所有权集中在周天子一个人的手中。其实,这种分封只不过是按宗法等级关系而实施的行政管理权的分配,

---

① 《孟子·滕文公》。

周天子行使的只是专制主义至高无上的王权,并非严格意义上的土地所有权。周天子也好,各级贵族也好,都无权剥夺农村公社成员们对其份地的占有和使用(这种占有和使用权,后来便转化为所有权。战国时土地开始自由买卖,就是这种土地私有权最后形成的标志)。至于周王、诸侯给贵族臣属赏赐的那些"田"或"社",只不过说明了受赏者管理领域的扩大而已。至战国时期,赏田才具有土地所有权转移的意义。战国前,王公贵族可以把若干公社连同公社的土地和人民封赐给他的臣僚,但这种封赐丝毫也不影响公社成员对自己份地的权利。受封者只控制了公社的公有地即所谓"公田",以及组织、监督乃至强迫公社成员在公田上进行无偿劳动的权利。

总之,周代的农业生产者是有自己的份地的(数量大体上是一家百亩),这是人类生产力发展到一定程度时的必然结果,而不是专制主义王权的恩赐。恰恰相反,专制主义王权正是在这种份地和公田并存为标志的农村公社的基础上建立起来的。先秦史籍上所说的给"夫家""授田"的规定,不过是农村公社内部份地划分的文字反映,国家只是对这种份地划分制度加以条文化罢了。因此我们说,商周两代的农业生产者是有生产资料的个体劳动者,而不是一无所有的奴隶。

郭老所代表的学派也认为商周都存在过井田制,但他们所说的井田不过是若干块方田而已,他们不承认井田中有份地和公有地之分。这样的"井田制"有和没有是一样的。自古至今,凡是农业已经发展起来的地区,哪里的耕地不是被阡陌沟渠分割成若干方块形状呢? 郭老的学派着眼点就在于否定掉商周农村公社成员们的份地,为其"奴隶集体劳动"说扫清道路。因为一旦承认了商周存在着农村公社,承认了商周公社主要生产者是农村公社的成员,承认了那些公社成员各自有其份地,那么,商周奴隶社会论就成了沙上之塔。所以他们说"井田即方块田……是课取奴隶的耕作单位",[1]"周王把井田分封诸侯和百官,用作计算俸禄的单位",[2]"所谓'公田',就是周王

---

[1] 《中国史稿》第一册,人民出版社,1977年版,第183页。
[2] 同上,第244页。

赐给诸侯和百官的井田",①"藉田就是井田,因为是借助(强迫)民力耕耘,所以称为藉田"。② 这样一来,所有的土地便都属于王和贵族,劳动者一无所有。难怪有的同志讽刺郭老学派的商周奴隶社会论为"超奴隶社会论"了。其实,所谓"公田",正就是农村公社的公有地,最初它是由于共同事业特别是对祖先祭祀的需要而保留下来的,因此公社成员对公田有一种神圣感,而公田也必然是公社土地中最肥沃、最居中的一块,数量当然要比一家的份地量大得多。王畿邦国所在都是较为开阔的平原地区,人烟稠密,故辟有大规模的公田,常以"千亩"为单位,也即《诗经》中所说的"大田"、"甫田"。这些地区的公社成员每家有份地一百亩,另外平均负担十余亩公田的耕作任务,即所谓"什一而藉"。大规模的集体劳动景象,只有在这些大型公田上才能看到。在广大的鄙野,地形复杂,耕地宽狭不一,农村公社的规模也较小,公田不可能连片太大,其井田形态恐怕就接近于孟子所说的情况了。公田最初可能都称之为"藉田",后来由天子、诸侯只能参加王畿邦国所在地区公田的藉田礼,所以习惯上只把这些地区的大型公田称为藉田。韦昭注《国语》说:"藉,借也;借民力以为之。"后人多从此说。但这很可能是据事附义。观甲骨文"藉"字,为双手持耒操作之象,本有耕义。孟子说"助者藉也",他是把藉田劳动同井田中的助法一样看待的。"助"字从"且"从"力","且"即"祖"字,可见助法在开始是打着"为祖先而出力劳动"的旗号的。

　　藉田为大型公田,附近的公社成员都要参加劳动,因此必然有登记名单、统计出勤的管理工作,后来"户籍"的"籍"就是由此引申出来的。商代已有藉田,卜辞中常有"王观耤"、"耤受年"、"王往萑藉","王其萑藉"、"人三千耤"等记载,并有"小耤臣"、"耤臣"的官职。卜辞记载多把"王"与"耤"联系在一起,表明商代已有类似周代籍田礼的仪式。这是往昔部落氏族首领和氏族成员共同劳动的"太古遗风"。周代籍田劳动的规模是相当大的,这在《诗经》之《甫田》、《大田》、《噫嘻》、《载芟》、《良耜》诸篇中,有鲜明的反映。韦昭说"天子

---

① 《中国史稿》第一册,人民出版社,1977年版,第245页。
② 同上,第247页。

藉田千亩,诸侯百亩",这可能是指藉田的原始规模,或者是说以"千亩"、"百亩"作单位计。从《诗经》上述诸篇看,藉田数量远远超过了韦昭说的数字。周代亩小,据杨宽先生考证,周亩约合当今市亩的三分之一,①那么,"千亩"也不过相当于今天三百多市亩大的地方。但《史记·周本纪》记载宣王不藉千亩之事时却说:"三十九年,战于千亩,王师败绩于姜氏之戎。"今市亩三百多亩大的地方,是不可能成为一次大战的战场的。可见"千亩"泛指一大片藉田,并非恰好一千亩地。但不管怎样,"藉田"、"公田"只是商周时代耕地的一小部分,绝非全部井田,它就是马克思所说的"在时间的进行中","被军事上宗教上的高官侵夺了"的农村公社公有地。这些"藉田"、"公田",成为商周两代以"王"为首的贵族阶级剥削农村公社成员剩余劳动的物质手段。

上面,我从社会主要生产者的身份以及生产资料的占有情况两个方面,分析了商周两代的生产关系。分析是很粗略的,但足以证明,商周两代的生产关系并非奴隶制的。此外,商周奴隶社会论者的理论体系中还有一根重要的支柱,即人祭、人殉问题,本应论及,但限于篇幅,只好另作专文了。

商周时代是什么社会?

长期以来,五种生产方式的理论,被认为是历史唯物主义的基本定则,是"放之四海而皆准"的真理,因此,在解放后的中国,怀疑奴隶社会的普遍性,往往要以牺牲自己的政治生命作代价。然而,态度较为认真的古史研究者又无法闭目不看农村公社构成商周时代社会基础这一事实,无法否认社会主要生产者是公社成员而非奴隶这一事实,于是出现了"早期奴隶制"的说法。这种说法,承认商周时代奴隶数量较少,且多用于家内,社会主要生产的承担者是农村公社的成员。但我们细阅持此说的诸名家的文章,就会发现他们大都有意无

---

① 见其《战国时代社会性质的讨论》一文,《中国奴隶制与封建制分期问题论文选集》,生活·读书·新知三联书店,1956年版,第297页。

意、羞羞答答地否定了中国奴隶社会的存在。所谓"早期奴隶制",不过挂了个"奴隶制"的名,内容完全是另一回事。翦伯赞同志在论证两汉非奴隶社会时,曾顺带非难过这种"早期奴隶社会"说:"如果一个社会已经有了奴隶的存在,但奴隶的数量少于自由民,那就表示在当时还没有真正把生产资料积累于少数人手中,还没有可能把大多数人变为奴隶,亦即氏族社会还没有彻底地被瓦解,因而我们就没有理由不称它作氏族社会而硬称它作奴隶社会。"①郭沫若同志也深知这种"早期奴隶制"说法的靠不住,并且深知其祸根就在于所谓农村公社。他曾很坦率地说:"我认为,中国奴隶社会不像'古代东方型'的奴隶社会那样;只有家内奴隶,而生产者则是'公社成员'。严格按照马克思的意见来说,只有家内奴隶的社会,是不成其为奴隶社会的。……如果太强调了'公社',认为中国奴隶社会的生产者都是'公社成员',那中国就会没有奴隶社会。"②显然,郭老这段话是从证成奴隶社会的需要出发,而不是从中国古代社会的实际出发讲出来的,这也就是郭老的学派创立的"超奴隶社会"论的指导思想。但是,如果我们不硬给自己规定"奴隶社会是人类历史发展的必经阶段"这个框框,情形就会完全不同,我们就可以不必再去徒劳地补缀商周奴隶社会那件"黄帝的新衣",转而以严肃的治学态度正视一下中国古代社会的史实。

我认为,奴隶身份的人和使用奴隶的现象,在人类历史上无疑存在过而且曾经长期存在过,就是在今天,这种现象也还并未在世界上绝迹。但一般说来奴隶制度只能作为某种社会经济构成的补充,而很难成为占主导地位的生产方式。从人类社会自身经济发展规律上说,贫富分化现象产生自氏族公社的内部,剩余产品为少数人占有即剥削现象产生也起源于氏族公社内部。最早的阶级对立是氏族贵族与公社成员的对立,最早的剥削是贵族集团对公社成员的剥削。贵族阶级的原胎,就是各氏族、部落、部落联盟的大小首领。他们在以往世代中领导生产,主持祭祀,指挥作战,处理公共事务,从而形成了公认的权力。在生产力不断发展,剩余产品逐渐增多,私有制日趋形

---

① 《关于两汉的官私奴婢问题》,《历史研究》,1954 年第 4 期。
② 《奴隶制时代》,人民出版社,1973 年版,第 231—232 页。

成的过程中，他们的权力性质也随之发生转化，即转化为控制公有生产资料的权力，转化为侵夺剩余产品的权力。这种权力逐步强化，为巩固和扩展剥削而采取的措施以及增设的机构也越来越完善。专制主义王权的最后形成，就是贵族阶级作为一个强有力的剥削阶级和广大公社成员相对立的标志。因此我们没有理由要坚持说最早的剥削方式是奴隶制的剥削方式，最早的阶级对立是奴隶主与奴隶的对立。再从奴隶的来源上看，大家都说奴隶开始时来自战俘，这也就是说，来自对外部的暴力掠夺。而且，掠夺了奴隶之后，要榨取他们的剩余劳动，还要靠暴力强迫。我们知道，皮鞭和死刑可以暂时地起些作用，但却很难以此创建一种占支配地位的生产方式，超经济的强制力量无法长期支撑巨大的社会经济构成。所以，奴隶制度绝不是人类成长过程中必经的一个合理阶段。

马克思、恩格斯的时代，社会科学的研究中心在欧洲。欧洲被看作人类文明的摇篮，而希腊、罗马又被看作是欧洲文明的摇篮。一百多年前的马克思、恩格斯，把古代希腊罗马毒瘤般膨胀起来的奴隶制，视为人类历史发展的必经阶段，这在当时的背景下是可以理解的，但我们今天的眼光如果再囿于马克思主义理论白玉上这点微小的瑕斑中，恐怕要受到后代的嘲笑了。

最近，张广志同志勇敢地冲破史学禁区，在其《略论奴隶制的历史地位》①一文中，提出了中国原始社会瓦解后并未经过奴隶制社会阶段而直接进入封建社会的新见解。张广志同志关于奴隶制问题的论述，我完全赞同；但对其原始社会解体后直接进入封建社会的看法，则不敢轻从。张广志同志认为原始社会脱胎而出的古代东方封建社会是建筑在土地国有制基础上的，但正如我在前文中曾论及的那样，先秦历史上的所谓土地国有应当打问号。公社成员可以被连同土地封赐，这是事实，但我觉得这不过是带有专制主义王权色彩的行政管理权的等级分配，不能以此就把公社成员们看作附于封建领主的农奴。让我们再看斯大林同志给封建社会下的定义：

---

① 见《青海师范学院学报》（哲学社会科学版），1980年第一、二期。

在封建制度下,生产关系的基础是封建主占有生产资料和不完全占有生产工作者,这生产工作者便是封建主虽已不能屠杀,但仍可以买卖的农奴。当时除封建所有制外,还存在有农民和手工业者以本身劳动为基础占有生产工具和自己私有经济的个人所有制。①

斯大林承认在封建社会里有劳动者的"个人所有制",但他是把这排斥在"封建所有制"之外的。他认为封建制最本质的特点是:一、封建主占有生产资料而农奴不占有生产资料,后者至多有一点简单的劳动工具;二、农奴已不能被屠杀,但仍可被买卖。然而商周时代的情况并非如此。商周时代的农村公社成员有自己的份地,这份地不仅被公社成员占有和使用,而且渐渐地转化为公社成员私有的土地。份地是氏族公社公有制瓦解后生产发展的自然形成,并不依赖于任何政治力量。份地与封建主所有而交给农奴使用的土地有着本质的区别。商周时代贵族阶级对公社成员们的剥削,主要依靠的是他们对农村公社公有地(即藉田和公田)的控制,而不是依靠对份地的控制,对份地他们是无权的。既然如此,是什么力量使村社成员的劳动力同贵族们控制的公田结合起来,从而为贵族们提供了剩余产品呢?如恩格斯所说,这"最初也完全不是基于暴力,而是基于自愿和习惯"。② 公社公有地最初是作为公益事业特别是祭祀祖先的需要而保留的。那时人们对祖先之"灵"有一种神秘的敬畏与崇拜。在血缘社会中,种族绵延具有第一要义,对祖先的敬畏,其实就是一种生殖崇拜。人们认为年成丰歉,战争胜负,部族盛衰,都与祖先的"福佑"或"降灾"紧密相关,所以祭祀先祖,就成为当时社会生活中的头等大事。商代甲骨卜辞中,"卜祭"内容占了绝对优势,《左传·成公三年》也说"国之大事,在祀与戎"。商周时代宗庙规模之大,奉献给先祖的人畜牺牲之多,王公贵族们举行祭礼之频繁与隆重,都令今人瞠目。这其中暗含着商周时代剥削关系的契机。一切开支从哪里来?来自公社成员的剩余劳动。这剩余劳动一部分以零星贡纳和各种公役的

---

① 《辩证唯物主义与历史唯物主义》,人民出版社,1956年版,第34—35页。
② 《反杜林论》,人民出版社,1970年版,第160页。

形式表现出来,而大部分则通过在公田上的无偿劳作表现出来。谁掌握了管理公益事业特别是祭祀的大权,谁也就控制了公社成员剩余劳动所创造的财富。生产力越发展,公社成员剩余劳动所创造的财富就越多,其中只有一部分开支于公益事业,大部分供养了漫长历史时期中形成的以王为首的贵族阶级。不时奉献到宗庙之中的那些丰美的祭品,实际上享受者也是王公贵族。直到春秋末,孔子不还因为鲁君没有分配给他一份祭肉而大闹其情绪吗?①

农村公社的二重性在其"公田"上表现得最为鲜明:一方面它是氏族公有制社会人们共同劳动的历史遗留,另一方面它又是阶级社会萌生的剥削关系赖以存在的基石。公社的公田是共同体本身的象征,是公社成员共同祖先的象征,同时也是他们被奴役的象征。

贵族阶级通过掌握公田榨取公社成员剩余劳动的剥削方式,在很大程度上借助于氏族社会集体劳动的惯性力量和庶民大众对共同祖先的神圣崇拜。但这种剥削方式终归不能永远保持下去。随着氏族血缘关系的日趋松弛,随着私有观念对社会各个领域的渗透,公社成员对公田劳作越来越厌倦,对贵族阶级的反感和憎恨也与日俱增。《诗经》中的所谓"变风",就是这种阶级矛盾日益激化的生动写照。于是统治阶级便将剥削方式由"助"法改为"彻"法。所谓"彻",是指一种固定比率的实物税,农官"巡野视稼",估计年成好坏,按产量的十分之一,确定每年的租税额。此时公田已消融在农民的份地之中(或把公田分开来作为份地的加额,或作为新的份地交给新增添的劳力使用),代表贵族阶级利益的国家,就这样巧妙地把公田上的剥削延伸为所有耕地上的剥削,既解决了农民厌倦公田劳动的危机,又迅速扩大了剥削量,因为在生产力不断提高的情况下,农民在自己的份地上也能提供剩余产品了。至春秋后期,"彻"法进而演变为"履亩而税",这可以看作是公田剥削方式的彻底结束。此时,各国相继变法,贵族势力由于失去了公田剥削的经济基础和宗法系统的权力纽带而日渐崩溃,土地私有制逐步确立,新兴地主阶级的力量迅速壮大,农村公社渐次瓦解,村社农民完全成为向国家交纳赋税的自耕农。从

---

① 见《孟子·告子》。

社会各条渠道中抛掷出来的游民(包括原来的一部分奴隶),为新兴地主阶级的封建性奴役提供了对象。在这个社会变动中,国家政权的性质也发生了转化,为保护土地私有制度而建成了新的法律体制,伴随着贵族封邑的衰落,郡县制应运而生。就这样,以农村公社为基础的社会,逐渐转化为封建社会。

那么,这以农村公社为基础的商周社会究竟是什么社会呢?其实这就是马克思、恩格斯所说的"亚细亚生产方式",不过人们由于某些原因总不愿把它理解为一种非过渡性的独立的社会构成罢了。把商周社会称之为"亚细亚社会"也许最易为人们所接受,但一来"亚细亚生产方式"在传统理解上总是和土地国有联系在一起,容易发生误解;二来用地域范围称呼一种社会形态也是不够确切的。应当为商周社会另外命名。二十多年前,雷海宗同志曾建议把铜器时代称之为"部民社会",理由是中国历史上曾用"部民"一词称呼半自由身份的人,日本也曾借用这个词称呼氏族成员转变出来的一种半自由身份的人。① 但我想,"部民"一词表义含混,没有"庶民"一词好,"庶民"意思明确而又带有商周的时代色彩,所以我主张称以农村公社为基础,以贵族与庶民两个阶级对立为主体的商周社会为"庶民社会"。这种庶民社会是否人类进入阶级社会时的必经阶段?庶民社会之后的社会是否必然是封建社会?笔者不敢妄断,我只能说,至少中国是如此。

以上是我跟随史学界前辈们的足迹,在先秦社会史中作了一番初步探索之后形成的一点看法。由于自己理论修养低陋,史料知识浅薄,所以在结论的正确性上,并不敢存什么奢望。如能引起部分史学工作者的兴趣,从而展开这方面问题的深入研究,我也就心满意足了。

1980年1月初稿,7月定稿
(原载《青海师范学院学报》[哲学社会科学版]1980年第3期)

---

① 《世界史分期与上古中古史中的一些问题》,载《历史教学》1957年七月号。

郭沫若"商周奴隶社会说"质疑

50年代初期,郭沫若同志通过《奴隶制时代》等一系列论著,奠定了商周奴隶社会说的基础。郭老的观点影响很大,形成了中国古史研究中的"郭氏学派"。然而,不同意见还是存在的,曾经有过相当热烈的论争。后来,由于某些学术范畴之外的原因,论争沉寂下去,郭老的观点越来越具有权威性,发展成为史学领域中的"正统"体系。特别是"文化大革命"之后,商周奴隶社会说在我国史学界已成定论,几乎所有的历史教科书和古史专著都采用郭老的看法,依据郭老勾画的奴隶制图案,叙述我国原始社会瓦解后的社会构成。

但我觉得郭老商周奴隶社会说的许多基本论点很值得商榷。现在我不揣简陋,想就几个方面的问题提出几点异议,并向郭氏学派的同志们求教。本文论述范围大致只限于郭老50年代初以《奴隶制时代》一文为中心发表的一些观点。因为,直到今天,商周奴隶社会说的基本体系,仍是以郭老当年那些论述作柱础而兴建起来的。

一、对"五种生产方式"的认识

郭沫若同志说:"今天要研究中国的历史或从事地下的发掘,不掌握着马克思列宁主义的方法是得不到正确的结论的。"[①]这话一点不错。但怎样才算是"掌握着马克思列宁主义的方法"呢?是从史实出发,根据马克思列宁主义的原则,对历史实况作具体的分析,从而得出结论来呢;还是从理论出发,研究前即已认定了结论,然后从史

---

① 《读了"记殷周殉人之史实"》,见《中国的奴隶制与封建制分期问题论文选集》,生活·读书·新知三联书店,1956年版,第57页。

实中选取某些材料去证明那结论呢？郭沫若同志研究中国古代社会性质时，用的正是这后一种方法。他以"五种生产方式"作研究的前提，首先给自己定下了"奴隶制生产方式"的框框。他说：

> 中国历代的生产方式，经过了原始公社制、奴隶制、封建制等，一直发展到现阶段，在今天是无可争辩的事实了。①
>
> 我们今天既承认了马克思学说是真理，社会发展可以划分为五个时期，在我们中国就不能要求例外。②
>
> 我们中国社会的发展是经过了原始公社制、奴隶制、封建制而来的，证明马克思学说确实是放诸四海而皆准。③

郭沫若同志的逻辑是：马克思主义是真理，那么五种生产方式的提法就是真理；既然五种生产方式的提法是真理，那么中国古代必然经历过奴隶社会的阶段；中国经历了奴隶社会，又可反过来证明五种生产方式的学说是放诸四海而皆准的真理。

这种逻辑犯了以部分代全体以及循环论证的错误，姑且勿论。单以对五种生产方式的认识来说，就不太符合马克思主义的辩证精神。五种生产方式的学说，究竟是不是"放诸四海而皆准"的真理，现在还不能下结论，因为它还有待于两个方面实践的检验：一个是人类过去历史研究的实践，一个是人类未来历史发展的实践。就目前来说，这两方面的实践都还不能说是已经完成。退一步说，即使我们承认五种生产方式的学说是真理，却也不能因此就否认它的相对性，而认为它再也没有需要补正和完善之处。事实上，马克思和恩格斯从来没有把五种生产方式的理论看作是人类历史发展的普遍规律。恩格斯有这样一段精辟的表述：

> 正像达尔文发现有机界的发展规律一样，马克思发现了人

---

① 《奴隶制时代》，见《中国的奴隶制与封建制分期问题论文选集》，第1页。
② 《关于周代社会的商讨》，见《中国的奴隶制与封建制分期问题论文选集》，第96页。
③ 见《中国的奴隶制与封建制分期问题论文选集》，第100页。

类历史的发展规律,即历来为繁茂芜杂的意识形态所掩盖着的一个简单事实:人们首先必须吃、喝、住、穿,然后才能从事政治、科学、艺术、宗教等等;所以,直接的物质的生活资料的生产,因而一个民族或一个时代的一定的经济发展阶段,便构成为基础,人们的国家制度、法的观点、艺术以至宗教观念,就是从这个基础上发展起来的,因而,也必须由这个基础来解释,而不是像过去那样做得相反。①

这才是我们研究历史所必须遵循的原则。史学界盛言"以论带史",如此语成立,所言之"论"即当指这种从事实出发的辩证精神;遗憾的是,郭沫若同志及其学派所持之"论",却只是既定的、不可动摇的模式,所谓"带史",实际上成了依模造史。

无庸讳言,关于原始社会瓦解之后形成奴隶社会的问题,马克思、恩格斯都曾有过明确的阐述。但能否把这看作各地区、各民族历史发展中毫无例外的普遍真理呢？我说不能,因为马克思、恩格斯本人首先就不是这样看的。他们提出的而且后来又慎重调整了认识的所谓"亚细亚生产方式",就是有力的说明。当马克思、恩格斯明确阐述原始社会瓦解后形成奴隶社会时,他们主要依据的是古代希腊、罗马的历史。我们不要忽视当时的学术背景。那时,自然科学和社会科学的研究中心在欧洲,欧洲被看作人类文明的摇篮,而希腊、罗马文明又被看作是欧洲文明的摇篮,所以恩格斯说:"没有奴隶制,就没有希腊国家,就没有希腊的艺术和科学;没有奴隶制,就没有罗马帝国。没有希腊文化和罗马帝国所奠定的基础,也就没有现代的欧洲。我们永远不应该忘记,我们的全部经济、政治和智慧的发展,是以奴隶制既为人所公认、同样又为人所必需这种状况为前提的。"②然而,当马克思、恩格斯把历史研究的目光转向希腊、罗马之外的世界,特别是转向古代东方世界时,他们的阐述就不那么明确了。古代东方世界原始社会瓦解之后的社会构成,完全不同于希腊、罗马的情况,

---

① 《在马克思墓前的讲话》,见《马克思恩格斯选集》第三卷,人民出版社,1976年版,第574页。

② 《反杜林论》,人民出版社,1970年版,第178页。

马克思、恩格斯为此感到困惑。他们做过许多解释,试图把问题搞清,但由于当时各种主、客观条件的限制,他们这方面的研究未能进入完全成熟的阶段,有些见解,尚属思想酝酿过程中的素材而非定论,所以前后常有不一致的地方,而且他们两人的看法有时也相径庭。须特别指出的是,马克思晚年受了摩尔根《古代社会》一书的启发,对古代东方社会发展道路特殊性问题做了更深入的探讨,反对以西欧模式为尺度去衡量东方社会,认为不同民族在不同历史环境中会走不同的道路。可以说,晚年的马克思对西方中心论已有所批判。

革命导师对待科学研究的态度是非常实事求是的,在尚未自信问题已彻底搞清以前,他们并不急于给古代东方的社会性质下结论,而只用"亚细亚生产方式"这个地域性名称来表明那是不同于希腊、罗马奴隶制生产方式的另一种经济构成。马克思、恩格斯关于"亚细亚生产方式"的研究,虽然未臻完善和明确,却给后人开拓了一个极有意义的领域。在他们对这个问题的许多论述中,虽然还没有摆脱基于希腊、罗马的历史而形成的关于奴隶制生产方式的先入之见,但已开始显露了最终将导致否定古代东方为奴隶制社会的倾向。譬如,马克思称古代东方为"存在普遍奴隶的东方",①这"普遍奴隶"指的是广大农村公社成员,但马克思同时又承认公社成员都占有并使用一块份地,有着自己独立的家庭经济。把这样的公社成员称之为"普遍奴隶",显然具有某种夸张的、象征性的含义,是在强调公社成员对公社的隶属性。所以,当马克思在认真地谈到严格意义上的奴隶经济时,他是把古代东方的所谓奴隶经济排斥在外的。②

恩格斯的认识则与马克思不同,他称古代东方的奴隶制是"家庭奴隶制"。③ 这样的家庭奴隶制,并不直接构成生产的基础。恩格斯的这种看法,对于我国的商周奴隶社会说是很不利的,所以侯外庐同志曾分辩道:"照恩格斯说,古代东方是家内奴隶制,但是这里却要明白,所谓家内的并非指不事生产的仆役,而是指家族的集团。"④侯氏

---

① 《资本主义生产以前各形态》,人民出版社,1956年版,第33页。
② 参阅《资本论》第三卷,人民出版社,1958年版,第771页。
③ 《家庭、私有制和国家的起源》,人民出版社,1957年版,第151页。
④ 《中国古代社会史论》,人民出版社,1956年版,第29页。

的解释固然使恩格斯与马克思的认识统一了起来,但可惜这却并非恩格斯的原意。恩格斯明确地把"东方的家庭奴隶制"与"古代的劳动奴隶制"(着重号笔者所加)相对列举,显然是考虑到了前者用之于家庭生活、后者用之于生产劳动的区别。恩格斯在谈到奴隶劳动使自由人认为劳动丧失体面的时候,说得更加清楚:"家奴制是另外一回事,例如在东方:在这里它不是直接地,而是间接地构成生产的基础,作为家庭的组成部分,不知不觉地转入家庭(例如内宅的女奴)。"①这种"家庭"的或"家内"的奴隶制,并不能构成主导型的生产方式。连郭沫若同志也不得不承认,"严格按照马克思的意见来说,只有家内奴隶的社会,是不成其为奴隶社会的。"②何况恩格斯还说过这样的话:"在古代的自发的土地公有的公社中,奴隶制或是根本没有出现过,或是只起极其从属的作用。"③

关于"亚细亚生产方式",过去在国内外都开展过讨论,但参加讨论的各家着眼点多在推断马克思、恩格斯究竟是在什么意义上使用这一名词的,而很少注意继承马克思、恩格斯并未完成的事业,踏踏实实地研究一下古代东方社会的实际状况。在斯大林同志明确宣布人类历史上有五种生产关系(原始公社制的、奴隶制的、封建制的、资本主义的、社会主义的)④之后,关于"亚细亚生产方式"的讨论也就很难再开展下去。猜谜一样在五种生产方式的圈子里转了一番之后,苏联的史学家们削足适履,硬是把"亚细亚生产方式"与奴隶制画了等号,后来则干脆避而不谈这个问题。

避而不谈,是最简捷的办法,但却不是严肃的科学态度。遗憾的是郭沫若同志也采用了这个办法。他避开了革命导师们在这个问题上的各种探索性的论述,径直认定原始社会瓦解之后必然是奴隶社会,并把这作为自己古史研究的大前提。我觉得这实在难以说是"掌握着马克思列宁主义的方法"。

我是这样认识的:五种生产方式的理论,不可能也不应该结束人

---

① 《"反杜林论"材料》,见《马克思恩格斯全集》第二十卷,第676页。
② 《关于中国古史研究中的两个问题》,《文史论集》,人民出版社,1961年版。
③ 《反杜林论》,第158页。
④ 《辩证唯物主义与历史唯物主义》,人民出版社,1956年版,第33页。

类历史的研究,这个理论本身也还有商榷的余地。马克思、恩格斯提出"亚细亚生产方式"的问题,就是对古代东方社会性质的一种拓荒般的探索。我们应当继承这一探索事业,不应当简单化地把"亚细亚生产方式"归结为奴隶制而了事。因此,在研究中国古代社会性质时,不能先给自己定下奴隶制生产方式的框框。

二、商周两代"没有私有财产"吗?

郭沫若同志说:"殷周两代是没有私有财产的,'普天之下莫非王土,率土之滨莫非王臣',一切财产都是国有的,王有的。臣下受着土地和奴隶的赏赐或分封,只有享有权而没有私有权。春秋中叶以后,私有财产才被正式公认,于是保护私有财产的观念便成为新时代的特征。"①

各民族原始社会末期的历史告诉我们:在生产力达到一定程度的时候,剩余产品的积累,导致财富的私有,然后有贫富的分化,然后有剥削的产生,然后有阶级的对立,伴随着这个过程,国家和王权逐步形成。私有制度,是阶级社会的基础。恩格斯说:"一夫一妻制不是以自然条件为基础,而是以经济条件为基础,即以私人所有制对原始的天然长成的共同所有制的胜利为基础的头一个家庭形式。"②"随父权制而发生的私有财富,在氏族制度上打开了头一个缺口。"③没有个体生产和私有制的出现,社会就不会分裂成对立的阶级,当然也就更不会产生国家,因为阶级对立是以剥削为前提的,没有财富的私有制,就不存在剥削的可能。但郭沫若同志却认为在中国是先有国家和专制主义王权,也就是说,先有阶级对立和剥削,然后才有私有制,才有保护私有财产的观念。这是对历史的大颠倒,对历史唯物主义的大背离,在事实上和理论上都不能成立。试问,那掌握了"一切财产"的国王和政府,是怎样产生的?是从天上掉下来的吗?是公有制

---

① 《奴隶制时代》,见《中国的奴隶制与封建制分期问题论文选集》,第42页。
② 《家庭、私有制和国家的起源》,第62页。
③ 《家庭、私有制和国家的起源》,第95页。

的原始社会一开始就具有的吗？国王对财产的最高所有权是从哪里来的？是上帝赐予的吗？是靠超经济的政治暴力掠夺来的吗？但我们知道，政治暴力可以保护剥削，却不能引起剥削，它是财产私有的结果，而不是财产私有的前提。郭老非常强调掌握马克思列宁主义，但他这种"商周无私产"的说法，却十分明显地是反马克思列宁主义的。

我国直到战国时期土地才开始自由买卖，从而严格的土地私有权才算正式确立，这是事实。但这只能说明我国古代农村公社份地私有化经历了一个漫长的历史过程，并不能由此推断战国以前土地完全归国家和国王所有。国家也好，国王也好，谁也不能剥夺农村公社成员各自对其份地的实际占有和使用。王和各级贵族能够支配并用来作为剥削公社成员剩余劳动手段的，只是那些"公田"，即公社的公有地而已。国王将土地连同土地上的人民一起分封、赏赐给部下，实际上是行使国家行政管理权，并未触动土地上那些公社成员的家庭经济，也并未剥夺他们对份地的权利。所谓"普天之下莫非王土，率土之滨莫非王臣"一类的话，如同秦始皇《琅玡台刻石》中所说的"六合之内，皇帝之土，……人迹所至，无不臣者"①一样，不过是对版图辽阔、王权显赫的颂词罢了，不能当作土地所有权去看待。

郭老说商周两代无私产，在理论上大约是根据马克思的这段话：

> 在大多数基本的亚细亚的形态里面，那高居在所有这一切小集体之上的结合的统一体以最高的所有者或唯一的所有者的资格而出现，实际的公社却因此不过作为承袭的占有者而出现，……在这些集体里边，每一个单独的人事实上已经失去了财产，或者说，由这单独的人在无机自然界的形态中发现的、作为他的主体的一种物体的财产（亦即这单独的人把劳动的和再生产的自然条件看作他的所有物，看做客观条件），在他也只是间接的财产，因为那是由以作为这许多集体之父的专制君主实现出来的统一体通过这单独的人所属的公社而分配给他的。②

---

① 《史记·秦始皇本纪》。
② 《资本主义生产以前各形态》，第5—6页。

马克思这里说的是古代东方早期农村公社时代的情况。这时，整个社会结构具有鲜明的二重性。在经济上，作为主要生产资料的土地为公社集体所有，但已经不再是原始社会中的那种共同劳作、共同分配、无贫富差别的公有制了，公社已经把土地分成若干小块，交给各个家庭使用，同时为了共同事业的需要（愈到后来，这种需要愈成为名义和幌子，事实上变成了王权的需要）而保留相当数量的公有地即"公田"，公田上的劳作任务则仍由全体公社成员集体承担。这种经济形态的二重性，不仅表现在公田上（它既是以往公有制社会人们共同劳动的历史遗留，又是日渐成长起来的剥削关系赖以实现的经济基石；它既是具有共同祖先的公社本身的象征，又是公社成员们被奴役的象征），也表现在公社成员的份地上：一方面，这份地是由公社分配给各个家庭使用的，并非各个家庭所有的，公社作为"天然的集体"，是使用土地的前提，因此不存在脱离开公社的土地所有权；另一方面，份地开始是定期分配，后来则渐趋固定，每个家庭对份地的权力越来越明确和牢固，实际的占有和使用，在漫长的岁月里世代相袭，最后终于完成了由"占有"向"所有"的转化，土地私有制正式形成（一般说，是以土地的自由买卖作标志的）。马克思说公社成员具有"间接的财产"，就是考虑到这种公社财产的二重性。只要公社存在一天，公社成员的财产私有就还受公社这个公有躯壳的束缚。然而马克思的意思绝不是说公社成员被王权剥夺了一切，从而成为一无所有的奴隶。在同一著作中，马克思又说：

> 劳动者把自己劳动的客观条件看作自己的财产；这也就是劳动和劳动物质前提的天然统一。所以劳动者有与劳动独立的、客观的存在。个人把自己看作所有者，看作自己现实条件的主人，他看待他人也是这样……公共财产本身在特殊的 ager publicus（即公有地——引者）的形式中，变成与这些为数甚多的私有土地所有者并列了。①

---

① 《资本主义生产以前各形态》，第 3—4 页。

可见马克思是承认公社成员的公民身份和财产权利的。他又写道：

> 在那里（指古代东方——引者），财产仅仅作为公社的财产而存在，单独的成员本身只是一块特殊土地的占有者，或是继承的，或不是继承的，因为财产的每一小部分都不属于任何一个单独的成员，而属于作为公社的直接成员的个人，也就是说，属于与公社统一生活而不与公社有分别的人。因此这种单独的人只是占有者。只有集体的财产，也只有私人的占有存在。①

马克思在这段话中把自己的意思表达得很清楚：公社成员只有和公社融合成一体，他的财产所有才成为可能，每一个公社成员都是公社生命的组成部分，他之所以能进行生产，能创造财富并享有财富，是以公社的存在为前提的。财产既是个人的，又是集体的，脱离开共同体而谈论个人财产是没有意义的。因此我们说，马克思强调"结合的统一体"是财产的"最高的"或"唯一的"所有者，本意并非否认古代东方的私有制，而在于指出古代东方经济结构的特征，即说明这是一种建立在公社经济之上的王权社会。公社是由公社成员组成的，公社统一体的财产所有权，不过是公社成员财产所有权的总和。这种社会与古希腊、罗马的社会决然不同，后者由于商品经济的急速发展，农村公社老早就瓦解成许多独立的、财产私有的自由民，从而为奴隶劳动创造了条件。我们还可以再引恩格斯的一段话，来帮助说明这个问题：

> 私有财产在历史上的出现，决不是掠夺和暴力的结果。相反地，在一切文明民族的古代的自发的公社中，私有财产已经存在了，……公社的产品愈是采取商品的形式，就是说，产品中为自己消费的部分愈小，为交换目的而生产的部分愈大，在公社内部，原始的自发的分工被交换排挤的愈多，公社各个社员的财产

---

① 《资本主义生产以前各形态》，第 11 页注文。

状况就愈加不平等,旧的土地公有制就被埋葬的愈深,公社也就愈加迅速地瓦解为小农的乡村。①

我之所以要用这么多篇幅阐述这个问题,是想说明郭沫若同志对马克思的某些话作了简单化的理解,而这种简单化的理解,却构成了商周奴隶社会论体系中的一根重要支柱——一无所有的广大农业劳动者,不是奴隶又是什么呢?

三、几项重要史料的辨析

斯大林同志在《辩证唯物主义与历史唯物主义》一书中,曾对奴隶社会的本质特征作过完整而扼要的表述。依据斯大林同志的表述,奴隶社会里必然存在这样一个奴隶阶级:他们是社会生产的主要承担者,但却不占有任何生产资料,没有自己的家庭经济,也没有任何政治权利和人身自由,他们像牲畜一样可以被主人随意卖掉或屠杀。郭沫若同志在商周两代找到了这样一个奴隶阶级,那就是所谓"众"、"臣"、"民"以及"庶人"。

为了证明"众"、"臣"、"民"、"庶人"的身份符合斯大林同志给奴隶下的定义,郭老罗举了几项被认为有代表性的史料。这几项史料后来一直为史学界拥护郭老观点的人们所引用。但我觉得郭老对这些史料的解释和使用都存在问题,因而常怀疑:依据它们建造的商周奴隶社会,是不是沙上之塔?

(一) 曶鼎铭文

郭沫若同志在《奴隶制时代》一文中,先引了"王大令众人曰协田,其受年","王往,以众黍于囧","贞维小臣令众黍"几段甲骨卜辞,然后说:"这'众'和'众人'究竟是怎样身份的人呢? 单从卜辞中看不出来。要解决这个问题,须得参考周代的材料。""可幸有一个有名的曶鼎……"②接着便引出了曶鼎的一段铭文:

---

① 《反杜林论》,第159页。
② 见《中国的奴隶制与封建制分期问题论文选集》,第8页。

昔饉岁,匡眔厥臣廿夫寇曶禾十秭,以匡季告东宫。东宫乃曰:"求乃人,乃(如)弗得,汝匡罚大。"匡廼稽首于曶,用五田,用众一夫曰益,用臣曰疐、[曰]朏、曰奠,曰:"用兹四夫,稽首。"……

郭沫若同志认为铭文里说的一个"众"和三个"臣",都是用来作赔偿品的。他说:"'臣'向来是奴隶的称谓,在此与'臣'同其身份的'众'可见也是奴隶了。"这里,有三点值得深究:

首先,说"臣向来是奴隶的称谓",根据是什么? 从《奴隶制时代》一文中找不到答案,参阅郭老主编的《中国史稿》(第一册),根据大约在此:"人在低头的时候,眼睛就处于竖立的位置。'臣'字正像一只竖立的眼睛,十分形象地表示了对主人要俯首屈从之义。"[1]从字形上猜度"臣"的身份是否科学,此处不谈,有一点是肯定的: 俯首屈从者不一定就是奴隶。事实上,不论是从甲骨卜辞中还是从其他先秦文献中,我们找不到一条能确证"臣"为奴隶的材料。我们看到的"臣",虽然要对王公贵族"俯首屈从",但他却又可以对更多的人发号施令,他们是王公贵族的亲信,有较高的地位,有相当的权势,并常常受到赏赐:

贞叀小臣令众黍,一月。(《前》四、三〇、二)
王疾,夕告小臣。(《佚》三七三)
丁巳王省夔且,王赐小臣艅夔贝,惟王来正夷方,惟十祀又五乡日。(艅尊铭)
癸巳王锡小臣邑贝十朋,用作母癸障彝,惟王六祀彡日在三月。(邑罕铭)
小臣屏侯、甸。(《尚书·君奭》)
余有乱臣十人,同心同德。(《尚书·秦誓》)
小臣掌王之小命,……凡大事,佐大仆。(《周礼·夏官》)
嗟嗟臣工,敬尔在公。王釐尔成,来咨来茹。(《诗·臣工》)
内宠之妾肆夺于市,外宠之臣僭令于鄙。私欲养求,不给则应,民人苦病。(《左传·昭公二十年》)

---

[1] 《中国史稿》(第一册),人民出版社,1977年版,第175页。

> 子疾病,子路使门人为臣。病间曰:"久矣哉,由之行诈也。无臣而为有臣,吾谁欺?"(《论语·子罕》)

另外,我们知道,辅佐商汤建树王业的伊尹,开始的职位就是所谓"小臣";商末的小臣吾,本身就是商王的子孙。他们怎么会是奴隶呢?《左传·昭公七年》:"王臣公,公臣大夫,大夫臣士",当然不能解释为"公是王的奴隶,大夫是公的奴隶,士是大夫的奴隶",《史记》载孔子适齐,曾"为高昭子家臣",谁也不会以此证明孔子当过高昭子的奴隶。先秦文献中的"臣",其含义具有两重性:它有协助王公贵族指挥政事、处理杂务的含义,后世"臣僚"的"臣"继承的就是这一含义;它也有受支配、供驱使、俯首听命的含义,后世"臣仆"的"臣"继承的就是这一含义。但无论如何不能说"臣向来是奴隶的称谓"。

其次,"臣"与"众"是不是"同其身份"的呢?回答也是否定的。商周时代文字简约,甲骨周金用字尤吝,决不会在同一段文字中故弄玄虚,用两个词去表示同一种身份。而且,"众一夫"的语法结构本身就表示"众"具体表述一种独立身份,它与"臣"明确地分列、分述,二者有严格区别,不容混同。

第三,铭文中的"众"与"臣",是不是可以由主人任意支配的"赔偿品"呢?粗看似乎是的,但细味铭文,则会发现"赔偿品"的说法并不可靠。为了说明问题,让我们把这段曶鼎铭文引得更全一些:

> 昔饉岁,匡暨厥臣廿夫寇曶禾十秭,以匡季告东宫。东宫乃曰:"求乃人!乃(如)弗得,汝匡罚大!"匡廼稽首于曶,用五田,用众一夫曰益,用臣曰疐,[曰]朏,曰奠,曰:"用兹四夫。"稽首曰"余无攸具寇正□□不□□余"曶或(又)以匡季告东宫。曶曰:"必唯朕[禾是]偿。"东宫乃曰:"偿曶禾十秭,遗十秭,为廿秭。[如]来岁弗偿,则付卌秭。"乃或即曶用田二,又臣[一夫],凡用即曶田七田,人五夫。曶觅匡卅秭。①

---

① 铭文中□为缺字,[ ]中为郭沫若同志据上下文义所补缺字,( )中为郭沫若同志对前字的隶识。我对某些标点据自己的理解加以改动。另外,"匡暨厥臣"的"暨"字,疑为"众"字,如是才与下文相符。

这段铭文是关于智和匡在"东宫"面前打官司的记载。必须注意其中的这句话"求乃人！乃弗得,汝匡罚大！"掌握裁决大权的东宫,只是严厉地命令匡交出"寇禾"的罪犯,并未言及赔偿问题。但匡交不出全部罪犯,只能或只想交出四个人来,于是便与智进行私下交易,企图用赠"五田"的办法对付过去。铭文中有一两句匡赔情道歉的话,因缺四字而语义难明,据存文度其义,当为匡向智解释自己为什么不能按东宫的裁决办。但智不答应,两人二次到东宫面前交涉。由于知道匡不可能交出全部罪犯,所以这次智直接提出"必唯朕禾是偿"。于是东宫才又针对赔偿问题重作了判决:"偿智禾十秭,遗十秭,为廿秭。如来岁弗偿,则付卅秭。"我要强调指出的是常被人们忽略了的一点：在专言赔偿问题时,东宫根本没有涉及人,而是具体指定了赔偿的禾数。可见在裁决人东宫的心目中,"众"与"臣"的交出,只具有追查罪犯的意义,与赔偿的意义无关。判决后匡同智继续进行私下交易,结果是匡再多交出一名寇禾的犯人,增赔两块田,赔偿十秭禾,这样了结了这场纠纷。所以,从整段铭文内容来看,匡交出来的"人五夫",是作为"罪犯"交出来的,而不是作为赔偿品交出来的。当然,真正的罪犯是匡本人,他是这次"寇禾"事件的主谋,但他是贵族,"刑不上大夫",只好由他的部下来当替罪羊了。

总之,智鼎铭文并不能解决"众"的身份问题,尤其不能证明"众"是奴隶。

(二)《尚书·盘庚》中篇

在按照自己的方式"解决"了"众"的身份问题之后,郭沫若同志接着说：

> 了解了"众"或"众人"的本义,读《尚书·盘庚》中篇便可以增加领会。那是盘庚将要迁于殷的时候向民众的告诫,里面说着"奉畜汝众","汝共作我畜民",可见这些人的身份是和牲畜一样的。这些人假使听话,那就可以好好活下去；假使不听话,那就要"劓殄灭之,无遗育,无俾易种于兹新邑"(杀尽斩绝,绝子绝孙,不使坏种留传)。这就是所谓"当作牲

畜来屠杀"了。①

　　说句对先辈不够尊重的话：郭老在这里不仅是断章取义，简直是"断字取义"了。"畜"字在古代有养育、关怀、爱护的含义，作为古文字学专家的郭老当然是清楚的。《礼记》："孝者，畜也。顺于道，不逆于伦，是谓之畜。"《诗·蓼莪》："父兮生我，母兮鞠我，拊我畜我，长我育我，顾我复我，出入腹我。"《诗·日月》："父兮母兮，畜我不卒"，《孟子》："仰足以事父母，俯足以畜妻子"，这都是明证。另外，段玉裁注《说文》还引《孟子·梁惠王》所载晏子的话"畜君者，好君也"，证明"畜"字还可理解为"好"字。《盘庚》中篇是盘庚迁都时对王室本部族成员们的讲话。为了用残存的氏族社会之血缘关系唤起民众的家族感，用宗法纽带联结民众的统一行动，用先祖的神秘力量强化王权的威势，盘庚讲话时极力强调王的祖先与听众的祖先之间非同一般的密切关系："古我前后，罔不唯民之承。保后胥戚，鲜以不浮于天时。""汝曷弗念我古后之闻？承汝俾汝，惟喜康共。""失于政，陈于兹，高后丕乃崇降罪疾，曰：'曷虐朕民！'""我先后绥乃祖乃父，乃祖乃父乃断弃汝，不救乃死。""乃祖乃父丕乃告我高后曰：'作丕刑于朕孙！'迪高后丕乃崇降弗祥。"这些话的基调是披沥商王历来为民众造福，现在迁都也是为了"奉畜汝众"，"永建乃家"，所以用的完全是亲切、拉拢、讨好的口气，并未含有半点要像牲畜一样对待听众的意思。可是，郭沫若同志为了证成己说，竟不惜歪曲《盘庚》中篇的文义，硬把"畜"字解释成了"牲畜"或像牲畜一样对待。

　　至于"劓殄灭之，无遗育"一类的话，这是专制主义时代王训的习惯用语，并不能具体而确切地说明听众的身份。在阶级社会里，最高统治者扬言用极刑处置不服从某项重大政治决定的人，这是通常现象。且不说商代，解放前蒋介石政府的军政文告中也不乏这类语言。它们在某种程度上能揭示讲话人的身份，但却不能揭示听众的身份。盘庚对民众的讲话固然有狠毒的一面，但他对贵族权臣们的讲话又何尝客气："矧予制乃短长之命！""罚及尔身弗可悔！"②因此我们不

---

① 见《中国的奴隶制与封建制分期问题论文选集》，第9页。
② 见《尚书·盘庚》上篇。

能根据盘庚的一半句威胁性训辞,就把听众与奴隶联系起来。

(三)大盂鼎铭文

大盂鼎铭文中有这么一段:

> 锡汝邦司四伯,人鬲自驭至于庶人六百又五十又九夫。锡夷司王臣十又三伯,人鬲千又五十夫。

郭老据此说:"人鬲既包含'自驭至于庶人'可见庶人是人鬲中的最下等。"①既然是最下等的人,可见其为奴隶。

可是,要把庶人说成是奴隶,却实在困难得很,因为先秦文献中大量材料表明庶人是占有一定生产资料、有自己独立的家庭经济、有相当政治权利的农业生产者,而找不到一条材料表明庶人是奴隶。当有人指出这一点来时,郭老是这样解释的:"这当从发展上来看。'庶人'从西周初年到春秋末年,地位和身份都已经不同了。'庶人'……在西周初年居于'人鬲'中的最下等,……但在春秋末年却生了变化。庶人被提升到贵族或奴隶主之下,家内奴隶之上去了。"②然而对于庶人身份的这种"变化",郭老却拿不出证据来,纯粹是一种任由己意的判断。作为社会生产主要承担者的一个阶级,竟然能不声不响地由奴隶地位上升到了仅次于贵族的地位,而在历史上又不留下一丝痕迹,这实在难以理解。只靠一段大盂鼎铭文中的人称排列顺序,证明庶人在西周是奴隶,是不能令人信服的。先秦文籍中有时"大夫"被放到"士"之后表述,可谁也不据此说大夫比士的地位低。被认为是周初作品的《诗·卷阿》中有这样的句子:"蔼蔼王多吉人,维君子命,媚于庶人。"倒适可证明即使在周初,庶人也并非奴隶。产生时代虽有争论,但大体当为春秋中期以前作品的《尚书·洪范》篇也说:"皇建其有极,敛时五福,用敷锡厥庶民。""汝则有大疑,谋及乃心,谋及卿士,谋及庶人,谋及卜筮。"这都告诉我们庶人的公民身份本来就有,并非春秋末年才"提升"上去的。

---

① 见《中国的奴隶制与封建制分期问题论文选集》,第10页。
② 《关于周代社会的商讨》,见《中国的奴隶制与封建制分期问题论文选集》,第99页。

大盂鼎铭文无疑表明庶人可以用作"赏赐品",但这种"赏赐",实质上是当时以王为首的贵族阶级等级分配权力的一种形式,是一种涂上了"皇恩"色彩的行政任命。因此,被用作"赏赐品"的人不一定就是奴隶(当然,其中可能包含有奴隶)。大盂鼎铭文记载的是周初康王"授民授疆土"的一例。郭老主编的《中国史稿》(第一册)说铭文"没有谈到土地,说明有了奴隶,就可以把土地垦出来。"①此言欠妥。我们只要把大盂鼎铭文的引用范围扩大一下,就可以明白:

王曰:於,令汝盂型乃嗣祖南公。王曰:盂,酒绍夹死司戎,敏谏罚讼,夙夕昭我一人烝四方,粤我其遹省先王,受民受疆土。锡汝鬯一卣、冕衣、市舄、车马,锡乃祖南公旂用兽。锡汝邦司四伯,人鬲自驭至于庶人六百又五十又九夫。锡夷司王臣十又三伯,人鬲千又五十夫。□□□自厥土。王曰:盂,若敬乃正,勿废朕命。

康王时周王朝正处在胜利地扩大疆域,忙于巩固其对新征服部族统治的兴盛时代,王室需要把本部族的贵族首领,连同其所属氏族的成员,派往新控制的地区去管理当地的人民,以"屏藩王室"。盂受赐的不仅有"邦伯"、"人鬲",还有礼器和土地(前面说"粤我其遹省先王,受民受疆土"后面说"□□□自厥土",分明是封有土地的。)。所谓"邦司四伯,人鬲自驭至于庶人六百又五十又九夫",是指盂前往封地时随身带去的本氏族的首领和成员,包括盂的全套侍卫和仆从;所谓"夷司王臣十又三伯,人鬲千又五十夫",则指封地的土著氏族的首领和成员。对于至高无上的周天子来说,这两批人都可以算作他对盂的赏赐品。因此,和土地联结在一起的庶人,被王赏赐给某一个贵族,这在当时是正常的社会制度,是专制主义王权治理国家的一种方式,这种"赏赐"没有也不可能改变庶人本来的公社成员身份。

(四)《汉书·食货志》

郭沫若同志承认我国商周时代实行过"井田制",但他说的"井

---

① 见该书第239页。

田",只不过是井字形的方块耕地而已,与孟子所说的井田无关。郭老描绘的"井田制"是这样的:所有的井田都是公田,归王所有,由王分赐给各级贵族;一无所有的奴隶在井田上进行大规模的集体劳作,收获全归王及贵族们。郭老不承认劳动者有"私田",他认为所谓"私田",是贵族们利用奴隶劳动力在井田旁边新开出来的耕地,它们未被王室明确认可,实际上成了各级贵族的私产。郭老及其所代表的学派讳言农村公社,因为农村公社的成员们各自有一块份地,从而各自有独立的家庭经济,这不是任何人的恩赐,而是原始社会瓦解后历史发展的自然形成。所谓土地私有,就是公社成员的份地逐渐固定化的必然结果。承认了农村公社,郭氏印记的"井田制"便无立足之处。郭老曾极其坦率地承认了这一点:"如果太强调了'公社',认为中国奴隶社会的生产者都是'公社成员',那中国就会没有奴隶社会。"①所以他着力勾画没有人身自由的生产者在井田上进行大规模集体劳作的图景。他写道:"井田制耕作时规模是很宏大的,动辄就是两千人('千耦其耘')或两万人('十千维耦')同时耕作。那些耕作者在农忙时是聚居在一个集中地点的,一出一入都有人监管着。"②接着就引用《汉书·食货志》中的一段文字作证:

殷周之盛,诗书所述,要在安民,富而教之。……

民,年二十受田,六十归田。七十以上,上所养也。十岁以下,上所长也。十一以上,上所强也。……

春,令民毕出在野,冬则毕入于邑。……

春将出民,里胥平旦坐于右塾,邻长坐于左塾,毕出然后归。夕亦如之。……

冬,民既入,妇人同巷相从夜绩。女工一月得四十五日。必相从者,所以省费燎火,同巧拙而合习俗也。

班固的这些叙述,粗看起来确有点像奴隶主畜养大批奴隶,并强迫他们从事集体劳动的情景。但我们用心推敲,就会发现不少的矛

---

① 《关于中国古史研究中的两个问题》,第117页。
② 见《中国的奴隶制与封建制分期问题论文选集》,第14页。

盾。首先,"民,年二十受田,六十归田。"作为一种设想,是可以的,但在事实上,却难以行通。因为土地并非货币或什么证券,可以随意收发。除非土地所有者掌握有大量的备用土地,随时授给年满二十岁的人,而年满六十告老上交的土地,如不凑巧偏偏没有刚满二十岁的人来接班的话,则让它荒废在那里,等待着某个青年长足二十岁。其次,既然是如此大规模的集体劳作,而劳作者又像犯人一样被监管押送,那么,又何必分配给他们土地呢?又何必自找无谓的麻烦,搞什么"二十受田,六十归田"呢?只要是劳力,押到地里干活不就得了吗?再次,"要在安民,富而教之",像这种出入监押,集体住宿,双手空空,一无所有,连饭也要主人管的奴隶,何所谓之"富"?何所谓之"教"?

郭老对孟子的井田说是取否定态度的,直斥之为"乌托邦式的理想化",但对上引班固的井田说,郭老却称赞有加:"这项资料虽然不见于先秦文献,但班固必有所本。……班固号称'良史',自应有所依据,不能作无根之谈。"①一抑一扬,泾渭分明。但我们翻查一下《汉书·食货志》的原文,才知道郭老简直是在和读者开玩笑,这个"玩笑"的秘密就隐藏在引文中的那许多省略号里面。原来,班固的这番"有"根之谈,其主要根须,就是孟子的井田说。就在郭老引的:"要在安民,富而教之"之后,"民,年二十受田"之前,班固写道:

> 理民之道,地著为本。故必建步立亩,正其经界。六尺为步,步百为亩,亩百为夫。八家共之,各受私田百亩,公田十亩,是为八百八十亩,余二十亩为庐舍。出入相友,守望相助,疾病相救,民是以和睦而教化齐同,力役生产可得而平也。

这分明是孟子井田说的补充发挥与修葺。在关于"受田"的一段文字之后,班固又写道:

> 环庐树桑,菜茹有畦,瓜瓠果蓏,殖于疆易,鸡豚狗彘,毋失

---

① 见《中国的奴隶制与封建制分期问题论文选集》,第15页。

其时,女修蚕织,则五十可以衣帛,七十可以食肉。

这差不多是孟子的原话照搬了。此外,班氏还谈到,"农民户人已受田,其家众男为余夫,亦以口受田如比",而且"有赋有税,税谓公田什一","八岁入小学,学六甲五方书计之事,始知室家长幼之节。十五入大学,学先圣礼乐,而知朝庭君臣之礼","故民皆劝功乐业,先公而后私。……民三年耕,则余一年之畜。衣食足而知荣辱,廉让生而争讼息。"这些都反映了孟子的社会理想。班固的这些叙述是否是史实,姑且勿论;我们看到的却是一幅以家庭为单位的、小农经济的美好图画,找不到奴隶制的半点踪影。

其实,"号称良史"的班固,不过是浏览了商周土地制度的有关文献,以孟子的井田说为基础,结合早期农村公社的一些史影传闻,下了一番参融补缀的工夫罢了。李剑农先生曾十分确当地指出:"此为班氏理想中之井田制。一望而知其为合《韩诗外传》、《周礼》、《孟子》诸书而一炉冶之者。"①为了强证典型奴隶制经济的需要,郭沫若同志引用班固文章时,采取了片断截割的办法,有意剔去了孟子井田说的成分,然后掺上西周藉田"千耦其耘"的集体劳作景象,拼凑成了想象中的"奴隶社会"。这个玩笑实在开得有点过大了。

现在我们再回过头来看郭老所引班固的那些话,就会明白:所谓"受田",其实就是前期农村公社定期分配份地的史实反映,只不过班固站在王权立场上把它僵化了。班固的受田说脱胎于《周礼》。像《周礼》所介绍的那么严密、那么具体的受田制,如说没有后儒杜撰圆通的成分,是很难令人相信的。后儒笔下的受田,不过表明了国家对公社成员占有、使用其份地的认可罢了。至于班固描述的里胥、邻长之类监督下农民集中劳作的情况,如非太古氏族公社人们共同劳动的史影,就是西周公田上耕作的写照,更大的可能则是这二者的结合。总之,同奴隶制是无关的。

(五)《左传》

郭沫若同志认为我国的奴隶制瓦解于春秋战国之交,而公元前

---

① 《先秦两汉经济史稿》,生活·读书·新知三联书店,1957年版,第109—110页。

594年鲁国的"初税亩"则起了带头作用。郭老说:"'初税亩'的意思是表明鲁国正式宣布废除井田制,合法地承认公田和私田的私有权,而一律取税,这就是地主制度的正式成立。"但这一制度的改革对"私家"不利,所以,"'初税亩'之后三十二年,季孙、叔孙、孟孙氏三家来一次总反攻,'三分公室而各有其一,三子各毁其乘;季氏使其乘之人以其役邑入者无征,不入者倍征;孟氏使半为臣,若子若弟;叔孙氏使尽为臣,不然不舍'(襄公十一年)。季孙氏是采取新制,征税的办法;叔孙氏采用旧制,化为奴隶的办法;孟孙氏走的中间路线。昭公五年的传文也同样说到这件事:'三分公室而各有其一,季氏尽征之,叔孙氏臣其子弟,孟氏取其半焉。'再隔二十五年,也就是昭公五年,三家又来一次对于公室的瓜分:'四分公室,季氏择二,二子各一,皆尽征之,而贡于公。'实行新制度的季孙氏执掌了霸权,三家都采取了征税制,而鲁国的政府实际上变成为地主政权机构,政府的基础是建立在地主的贡税上了。"①

关于三家瓜分公室问题,我们放到后面谈,先看一看所谓"初税亩"。按照郭沫若同志的井田说,"初税亩"意味着国家不再计较井田的原有数量,承认了贵族们在井田旁边给自己开出来的那些"私田",一律按亩征税。注意:郭老说的国家承认了"私有权",是各级贵族的私有权,而不是生产者的"私有权";国家征税是向土地所有者即贵族们征税,而不是向生产者征税。按这种理解,"初税亩"的结果只不过是:一、国家增加了收入;二、加深了王室与贵族们的矛盾。此外毫不关涉生产者身份的变化,毫不关涉生产关系性质的变化,因为生产者照样是一无所有的奴隶,按亩而税也好,不按亩而税也好,对奴隶来说是无所谓的。然而郭老却极其肯定地说:"初税亩"表明了"地主制度的正式成立"。如果这"地主制度"可以理解作"封建制度"的话,我们不禁要问:脱离开直接的生产者人与生产资料土地的关系,能谈得到生产方式的质的转变吗?难道只是由于国家开始向那些一直"漏税"的土地征税,奴隶的身份就忽然改变了?马克思说过:"不论生产的社会形态如何,劳动者和生产资料都总是生产的因素,……不

---

① 见《中国的奴隶制与封建制分期问题论文选集》,第19页。

管要生产什么,它们都总是必须结合起来。实行这种结合的特殊方法和方式,区别着社会结构上各个不同的经济时期。"①"初税亩"怎样反映了劳动者和生产资料结合方式的变化?而且,按郭老的理解,原来的所有贵族,原封不动地全部又成了地主,那我们再奢谈什么"贵族阶级的没落","新型地主阶级的抬头",岂不是痴人说梦?

问题的症结在于,郭沫若同志置农村公社的经济结构于不顾,完全曲解了"公田"与"私田"的含义,从而把当时本来很明确的剥削关系搞混乱了。因此,为了澄清"初税亩"的意义,我们不妨再回到本文第二大部分谈到的关于农村公社的问题上来。商周时代的"私田",其实就是农村公社成员占有和使用的那块份地。马克思说:

> 在农村公社中,虽然耕地仍旧归村社公有,但在村社各个成员之间已经进行定期分配,因此,每一个农民是用自己的力量来耕种分配给他们的一份田地,并且把从耕作得来的果实留为己有。②

我国古代史籍上所说的"受田","三年换庐易居",指的正就是这种定期重划份地的制度。后来,随着生产力的进一步发展,随着农作技术的日益提高,随着人们私有欲望的不断增长,定期重划份地的制度逐渐被抛弃。从最后一次土地调整起,公社土地便以用数量调剂质量的方式,固定给各个家庭,由各个家庭世代相袭地占有和使用。古籍中所说的"自爱其处",指的就是这种份地的固定化。每家在自己的份地范围内,用二圃或三圃休耕轮作的办法,解决土质差异的矛盾,而不再像过去那样用各家之间轮换土地的办法解决。土地的私有权就是这样产生的。商周时代的"公田",最初就是各个农村公社在划分份地时给集体保留的公有地,它们逐渐被掌管它们的氏族贵族所侵夺,成为贵族们剥削公社成员剩余劳动的经济依据。马克思曾以古罗马尼亚为例,谈到过这种"公田":

---

① 《资本论》第二卷,人民出版社,1964年版,第18页。
② 《答维拉·查苏里奇的信和草稿》,见《史学译丛》,1955年第三期,第7页。

土地一部分当作自由的私田,由共同体诸成员独立去耕作,一部分当作公田,由他们共同去耕作。这种共同劳动的生产物,一部分当作收获不足时或他种意外事情的准备基金,一部分当作国家贮藏,为了应付战争、宗教及其他各种共同事务的费用。在时间的进行中,这种公地,被军事上宗教上的高官侵夺了。在公地上从事的劳动,也被他们侵夺了。①

商周时代的情况也正如此。孟子描述的"井田制",就是这种农村公社制度,孟子不过把它模式化了而已。公田剥削,是商周时代阶级榨取的基本形式(另有某些实物贡纳及他种徭役作补充)。邦国都邑所在地人民众多,土地辽阔,公社规模大而密集,所以公田集中连片,史称"藉田"(也即《诗经》中许多篇章提到的"大田"、"甫田")。所谓大规模的集体劳作——"千耦其耘"的景象,只有在藉田上才能看到。公田剥削形式,在中国被称作"助"法,这是以王为首的贵族阶级用神的名义攫取庶民剩余劳动的主要手段。当时,"国之大事,在祀与戎,"②公田最初主要就是由于祭祀共同祖先的需要而保留的,所以《周礼·地官》说:"不耕者,无盛",所以把"藉田"称为"帝藉",把公田的粮仓称为"神仓"。"助"字从"且"从"力","且"即古"祖"字,"助"字的原始意义恐怕就与这种为先祖之灵而进行的公田劳动有关。《周礼·地官》"里宰"条载:"掌比其邑之众寡……以岁时合耦于锄,以治稼穑。"所谓"锄",就是指助法的公田劳动。郑众读"锄"为"藉",并非没有道理。公田劳动和神权的联系,马克思讲得很清楚:

公社的一部分剩余劳动属于这个最终作为一个人而存在的最高集体,而这种剩余劳动在贡赋等等的形式中表现出来,也在集体的劳动形式中表现出来,这种集体的劳动形式是用以表彰统一体的——一部分是现实的专制君主,一部分是想象的部落本体,也就是神。③

---

① 《资本论》第一卷,人民出版社,1958年版,第269页。
② 《左传·成公十三年》。
③ 《资本主义生产以前各形态》,第6页。

但"助"法剥削不能永远保持下去,道理很简单:生产力愈是发展,私有观念愈是强化,贵族与庶民的血缘纽带愈是松散,劳动者对公田的神圣感便愈是淡漠。公田劳动必然越来越遭到劳动者的厌弃,以至于公田"维莠骄骄",人们发出了"无田甫田"的呼声。① 于是统治者不得不改变剥削方式,用"彻"法代替了"助"法。所谓"彻"法,就是取消公田,大体依据原来"助"法的剥削率,向公社成员征收实物税。其办法是:每年农官"巡野观稼",估计年成好坏,按估计产量的十分之一,确定当年的租税额。剥削方式的这种变化,始于何时? 史籍未载,连战国时的历史通孟子也搞不清楚。他虽然说"夏后氏五十而贡,殷人七十而助,周人百亩而彻",但接着又作了个小考证,说:"《诗》云:'雨我公田,遂及我私',惟助为有公田,由此观之,虽周亦助也。"自己打乱了自己的看法。我们今天所能肯定的是:孟子时代早已不行助法了,但他认为周初还是用助法的。不过他除了引诗之外,也没有确切的证据。

实行"彻"法,公田就失去了作用,所以孟子说"惟助为有公田"。实行彻法后,公田怎样处置了呢? 文献无征。据理推之,既然彻法依据的就是原来公田上的剥削率,那么公田当已消融在农民的份地之中:或把公田分开来作为份地的加额,或也作为份地交给新增添的劳动力使用。这样,代表贵族阶级利益的国家,便巧妙地把公田上的剥削转移到份地上,既解决了农民厌倦公田劳动的剥削危机,又扩大了剥削量,因为在生产力不断提高的情况下,劳动者在自己的份地上也能提供剩余产品了。但"彻"法剥削仍跟不上日益增长的政府开支及王室和贵族们挥霍的需要。而且,彻法征取实物是以整块份地为单位的,也就是说,依据的仍是农村公社行"助"法时的基本结构。后来原有的结构在不断变化,新垦的土地日益增多,但在"彻"法上却没有相应的反映。所以,春秋后期各国相继又把彻法演进为"履亩而税",即清查所有耕地,不管原井田内的还是原井田外的土地,不管是否为当初的份地,一律按亩征税(税率不得而知,可能仍为"什一")。宣公十五年鲁国"初税亩",带的就是这个头。这可以看作是公田剥削的

---

① 《诗经·齐风·甫田》。

彻底结束。

由此可知,"初税亩"只是表明了贵族阶级对庶民阶级(即农村公社成员)的剥削形式演变到一个新的阶段,并不直接反映生产关系的变化,也并未加深王室和贵族们的矛盾(因为各级贵族在自己的采邑封地中,也照样实行按亩征税的新制。和王室一样,他们的收入也随之增加。)"初税亩"某种程度上标明国家在法律上承认了土地的私有权,但承认的是公社成员的土地私有权,而不是贵族们的私有权。至于新兴地主阶级,那是在公社成员份地私有权确立之后,自耕农阶层两极分化的基础上才发展起来的。

有了这样的认识,再来看鲁国三家瓜分公室的事,就比较容易懂了。我们先要明确什么是"公室"。在先秦文籍中,"公室"常用来指代诸侯的政权;但"三家分公室"的"公室",则分明是指人而言,即指直属鲁公统辖的民众。从《诗经》中大量的关于"室"、"家"的描写来看,把"室"看作家庭或家族,不会有问题的。被季氏等三家分掉的"公室",溯其源,当是鲁国建国时国公所率的那个氏族的成员。他们居于国中或近郊,是所谓"国人"的主要成分。在施行"助"法的时代里,他们在直属鲁君的大型公田即"藉田"上提供自己的剩余劳动,并承担军赋及另外一些公役。公田剥削废除后,他们直接向鲁君交纳"什一"税。那么,"三分公室"是怎么一回事呢?这是一场以改编军队为表现形式的、统治阶级内部争夺生产者的政治斗争。马克思曾经指出:农村公社最初是按军事方式组织成的,"住宅集中于城市,是这种战斗组织的基础。"① 战国前的中国正是如此,战士和军赋都按井邑的结构征调。《周礼·地官》记载:"乃会万民之卒伍而用之。五人为伍,五伍为两,四两为卒,五卒为旅,五旅为师,五师为军。以起军旅,以作田役,以比追胥,以令贡赋。"《周礼》一书所记各种制度,肯定有许多后儒增饰的成分,但田税、军赋、兵役、力役,均按农村公社的统一编制结构征发,则是完全可信的。因此,鲁君的"公室",也就是他的"国军"的战士及其家属。据《春秋左传集解》:"鲁本无中军,唯上下二军,皆属于公。有事,三卿更帅以征伐。季氏欲专其民人,故

---

① 《资本主义生产以前各形态》,第8页。

假立中军,因以改作。""征,赋税也。三家各征其军之家属。"季氏扩军的目的是"欲专其民人",因为谁控制了军队,谁也就同时控制了这支军队成员家族的赋税和力役。季氏取得了孟孙和叔孙氏的支持,解散了原直属鲁君管制的军队,扩编为三军,三家各掌握一军,控制了对公室劳动力的支配权,从而扩大了各自的经济利益。

　　三家对新归自己控制的劳动力,采取了各自不同的处理方式:季氏"使其乘之人,以其役邑入者,无征;不入者,倍征。"季氏表面上给了他统率的那一军民众选择归属的自由,但正如《集解》所说的,由于他"设利病,欲驱使入己",所以其军乘家室都被迫接受了他的管理,成了"季氏之民"。孟孙氏呢?他的胃口略小,"使半为臣,若子若弟。"《春秋左传集解》拘泥于"若子若弟"一句,说这是"取其子弟之半也。四分其乘之人,以三归公,而取其一。"传文明明说"使半为臣",怎么成了四分之一了呢?这解释显然与传文原意不符。愚谓"若"字释为"或","若子若弟",是说或者取其子,或者取其弟,总之是取了其军乘家室之半。这里的"臣"字,用的是"归属"义,而不是"奴隶"义。只有叔孙氏最干脆,他"使尽为臣,不然不舍。"《集解》释"不然不舍"一句为:"不如是,则三家不舍其故而改作也,此盖三家盟诅之本言。"这样解释"舍"字是不妥当的。其实,"不然不舍"专言叔孙氏的态度,《周礼·地官》:"国中自七尺以及六十,野自六尺以及六十有五,皆征之。其舍者,国中贵者,贤者,能者,服公事者,疾者,皆舍。"郑玄注:"郑司农云:征之者,给公上事也。舍者,谓有复除。舍,不收役事也。"贾疏:"云其舍者,谓不给徭役。"这里说的"征",和传文"以其役邑入者,无征"的"征"一样,指的是劳役的征调,而非田税的征调。按规定,"服公事者"应当免除家室的劳役,军乘之人的家室,自在此列,本当"舍"之;但叔孙氏为了控制公室民众,以"不舍"胁迫他们完全归属自己,这和季氏的手法基本相同。

　　这一次以扩编军队为幌子的瓜分公室劳动力,三家还多少有所顾忌,未敢完全放手。随着鲁君地位的日益衰微,三家力量越来越强大。到昭公五年,他们再以缩编军队为名"四分公室"时,就已肆无忌惮了:"舍中军,卑公室也","四分公室,季氏择二,二子各一。皆尽征之,而贡于公。"所有军乘的家室,三子完全控制在手。这里的"征"

字,指的是征取田税。征来的田税虽要"贡于公",但上交的并非全部。周制,贵族们封地采邑上收入的田税,上交部分与留用部分有一定的比率。《周礼·地官》:"凡建邦国,以土圭土其地,而制其域。诸公之地,封疆方五百里,其食者半;诸侯之地,封疆方四百里,其食者参之一;诸伯之地,封疆方三百里,其食者参之一;诸子之地,封疆方二百里,其食者四之一;诸男之地,封疆方百里,其食者四之一。"《周礼·夏官》也说:"凡颁赏地,参之一食。"大夫的收入要上交多少,尚无史料可说明。如以"参之一"来估计,那么,季氏等三家贵族每多统属一家公室的公社成员,就多给自己的收入增加一家剩余产品的三分之一。由此我们可以明白,为什么他们要挖空心思争夺对军乘家室的控制权了。

郭沫若同志基于其"臣是奴隶"的错误认识,把传文中的"尽为臣"解作"化为奴隶",显然是曲解。"臣"字的含义,前面我已作过粗略的分析,这里不再重述。单从逻辑推理上讲,"化为奴隶"说也不能成立。在正常的社会经济结构中,绝不会有这样的事:只凭某个权贵一声令下,那么多的公民便无缘无故地变成了奴隶。那些军乘家室,在鲁君手里尚且不是奴隶,到了以"得民"相标榜的"三家"手里,怎么反而一下子倒了霉,成为奴隶了呢? 他们有家庭,有份地,服军役,交赋税,世界上有这样的奴隶吗?

我认为,春秋后期鲁国三家分公室一事,是围绕着掌控公室生产者而展开的一场政治斗争。它反映了氏族形式的血缘纽带残留已消失净尽,国君已日益失去其对同族人的控制,原先以公田劳动为联结枢纽的农村公社已趋析离。但它与"初税亩"并无直接的联系,更谈不到是三家对税亩制的"总反攻"。三家分不分公室,都不影响税亩制的推行。原属鲁君的那些被分的民众,不论归谁管理,总是要按其土地数量缴纳田税的,被瓜分前与被瓜分后,他们的身份并未发生质的变化。

四、人殉、人祭问题

斯大林同志表述奴隶社会时曾指出,奴隶的特征之一是"能当作牲畜来买卖、屠杀"。但在中国战国前的社会史料中,实在找不到生产者可以被买卖、屠杀的证据。商周奴隶社会论者只好求救于商代的人殉、人祭现象——既然有那么多人被残酷地杀害,那还不是奴隶社会吗?于是,用人殉、人祭现象来论证商代是奴隶社会,在史学界不仅成了一种风气,而且简直成了一条法规。包括教科书在内的各种中国古代史论著,几乎都毫无例外地要把人殉、人祭现象同奴隶制生产方式联系在一起。《中国史稿》(第一册)"商代的社会阶级关系"一节,内容共十五页,叙述人殉、人祭现象的即达七八页之多。不久前出版的刘泽华等同志集体编写的《中国古代史》上册"商代的阶级对立和阶级斗争"一节,内容共五页,描写人殉、人祭的文字竟占了四页半,给人一种"此外无可述者"的印象。可见此风之盛。

开此风之先河的是郭沫若同志:

> 殷墟……发掘的结果,发现了殷代的陵墓和宫室遗址中有大量的人殉,或者是得全首领的生殉,或者是身首异地的杀殉。每一大墓的人殉有的多至三四百人。殉者每每还随身带有武器。这些惊人事迹的发现足以证明殷代是有大量的奴隶存在的。①

参加过殷墟发掘工作的考古学家郭宝钧同志,对这种人殉现象抱慎重态度,他说:"此一段史实,对于古代史研究,究能说明何事,所殉之人,是否皆奴隶,是否皆从事生产之奴隶,作者未敢进一步推断。"②这种慎重,在我们看来是无可非议的,然而竟遭到郭沫若同志的责难,说"这未免慎重得有点成问题了",甚至说郭宝钧同志"缺乏马克思列宁主义的掌握","从旧史学的束缚中并未得到充分的解脱","抱着一大堆奴隶社会的材料,却不敢下出奴隶社会的判断。"③恕我不敬:这似乎有点以权威压人的味道了。挟有这种隐含

---

① 见《中国的奴隶制与封建制分期问题论文选集》,第4页。
② 《记殷周殉人之史实》,见《中国的奴隶制与封建制分期问题论文选集》,第60页。
③ 《读"记殷周殉人之史实"》,见《中国的奴隶制与封建制分期问题论文选集》,第55、57页。

政治性高压态势的学说,其内涵往往是空虚而苍白的。

在郭老看来:"这些毫无人身自由,甚至连保全首领的自由都没有的殉葬者,除掉可能有少数近亲者之外,必然是一大群奴隶,有何可疑呢? 奴隶社会里面,工农兵是没有十分分工的,耕田时是农,服役时是工,有事时披坚执锐便是兵。所以这些带武器的殉葬者也可能都是生产奴隶。即便是已经脱离了生产的,有如此多的脱离生产者拱卫死的国王,必然还有更多的脱离生产者拱卫活的国王。靠谁的力量来养活这些脱离生产者呢? 当然要靠从事生产的人。脱离生产者都还是这样毫无自由的奴隶,从事生产者应该更贱,难道还不会是奴隶吗?"①

郭老这段话的漏洞很多。最大的漏洞就是他首先肯定殉葬着"必然是一大群奴隶"。论据只有两点:这些人毫无人身自由;这些人被杀掉了。何以见得这些人"毫无人身自由"呢? 因为他们被杀掉了。所以,真正的论据只有一条:他们被杀了,因此他们是奴隶。

这样的论证,当然是站不住脚的。因为,奴隶尽管可以被杀掉,但被杀掉的却不一定就是奴隶。

其实,人殉、人祭现象并非说明商代社会性质的关键所在。郭老本人就曾说过:"殉葬人数的多寡,并不能作为奴隶制的盛衰或有无的依据。照严密的辩证逻辑讲来,倒应该是反比。"②这话很对,事实就是如此。在典型的奴隶社会中,奴隶是生产事业的主要承担者,是奴隶主的宝贵财富,并不经常地、大批地被杀掉。试看古希腊、罗马,可曾有中国商代那样的人殉、人祭现象? 但郭老这话是在反驳范文澜同志以周代少殉葬证周代非奴隶社会时说的,不过说说而已,并不准备坚持的,所以我们还有必要对这个问题作点具体的分析。

必须指出,人祭和人殉,在性质上是不同的两码事。人祭本是原始社会的产物,起源于人们对敌人的仇恨和对祖先神灵的迷信。恩格斯在论述恺撒时代的德意志人时,就曾指出:"……以人作祭品的习惯,还没有打破。一句话,在这里我们看到,这是一种才由野蛮时

---

① 见《中国的奴隶制与封建制分期问题论文选集》,第 55 页。
② 《关于周代社会性质的商讨》,见《中国的奴隶制与封建制分期问题论文选集》,第 86 页。

代的中级阶段进到高级阶段的民族。"①战俘用于人祭,这是氏族社会中的普遍现象。人们杀掉俘虏,以告慰祖先的"在天之灵",并向祖先显示英武,夸耀战功,以求祖先神灵的福佑。这与奴隶制度并没有必然的联系。郭沫若同志以及后来许多史著所引述的杀殉现象,有许多就是这种人祭。如《奴隶制时代》一文中谈到的侯家庄殷陵亚字形大墓,其墓道中和墓道外身首异地而成排埋葬的死者,以及大墓周围葬坑中的死者,可能都是杀祭的牺牲,而非人殉。据考古工作者们的看法,这种杀祭,在宗庙和王墓周围,分期分批地进行,死者大部分是男性青壮年。"不少骨架是砍断、肢解后凌乱地扔在坑中的。有的骨架上肢骨或下肢骨被砍,有的手指被砍去,有的脚趾被砍去,还有的人架被腰斩。有的双手背缚,有的双手上举,脊椎扭转,作挣扎状。"②种种迹象表明这些牺牲者是战俘,有些是在战场上负伤之后被俘作人牲的。当时,每次战争之后向祖先献牲告捷,可能是一项必行的仪式。另外还有一种更大规模、更隆重的定期祭祀,也需用人牲,用的是事前抓来备用的战俘。甲骨卜辞中有一条"不其降酓千牛千人"的记载,《商周考古》介绍日本学者白川静的考释,说:"这是以牢栏养兽备供牺牲挑选的礼仪。就是说,平时用栏牢把千人与千牛一道关起来,以备他日举行杀殉(当为杀祭——笔者)时挑选牺牲之用。"③此说如可靠,亦可佐证当时被用作人牲的不是奴隶。定期的祭祀日,不一定正好有战争,即使有战争,也不一定获得足够的战俘,所以才需要事先储存。如人牲用奴隶的话,可随时牵来用祭,何必提前关养备用呢?

  人殉虽也基于人死后灵魂仍存的迷信观念,但已是阶级对立社会的产物,和人祭有着不同的意义。人殉反映了权势者的贪婪、凶残和愚昧,反映了王公贵族们生前与民众的对立。权贵们活着的时候钟鸣鼎食,仆卫簇拥,妃舞妾笑,享尽了荣华,他们很自然地幻想着死后也能继续过这种生活,这是人殉的社会根源和思想根源。他们按生前的日常需要,安排陪葬的物和陪葬的人。死者的权势愈显赫,这

---

① 《家庭、私有制和国家的起源》,第138页。
② 《商周考古》,文物出版社,1979年版,第116—117页。
③ 《商周考古》,第108页。

种安排的规模也越盛大,如《墨子·节葬》篇所言:"天子杀殉,众者数百,寡者数十;将军大夫杀殉,众者数十,寡者数人。"他们即使不能把生前身边的全部服务人员带进坟墓,至少也要尽可能地"配套",带进一部分去,包括他们平日最宠爱、最贴心、最信任的妃妾、近臣、侍卫和仆役。殉葬人中是不包括直接生产者的,这倒并非由于生产者不是奴隶所以不能被屠杀,而是由于当时贵族们的宗教观念中,阴间是不进行物质资料生产的,齿舌方面的享受,当由其后代通过定期和不定期的祭祀来供应。人殉的目的,是让殉死者在冥世继续为墓主服务,所以要把殉人和他所用的物品安放在一起,并使他的躯体保持"活"的形态。因此,我说那些诸如首身分离、肢体残缺、双手反剪之类的死者,应是杀祭而非人殉。

细阅关于商墓人殉情况的考古记实,就会发现情况相当复杂,决非"殉者均为奴隶"一语可以包揽。如有的殉者有棺木,有的和成套的贵重礼器列在一起,有的头旁有玉簪,有的口衔绿松石,有的身边有武器,有的殉葬者本人又有"陪葬人(?)"。这些殉葬人恐怕都很难说成是奴隶。春秋时秦穆公杀殉一百七十七人,连秦国人人敬慕的"三良"也成了牺牲品。《礼记·檀弓下》有这样一段记载:"陈子车死于卫。其妻与其家大夫谋以殉葬。定而后陈子亢至,以告曰:'夫子疾,莫养于下,请以殉葬。'子亢曰:'以殉葬,非礼也。虽然,则彼疾当养者,孰若妻与宰?得已,则吾欲已;不得已,则吾欲以二子者之为之也。'于是弗果用。"这表明殉者常常是墓主生前所需要、所喜爱、所信赖的人,甚至可以用其"妻与宰"充殉。我们不能说殉葬者的身份地位就一定是低贱的。当然,有些殉者是仆役、御夫之类的人,可归属奴隶范畴,但也只能算是家内奴隶。在贵族社会中,权势者使用大批家内奴隶,这是历史上长期存在的通常现象,并不能说明社会性质。不久前《中国青年报》给我们提供了一项资料,说东汉时皇宫里的服务人员有数可计的即达七千六百人之多,如果连宫娥彩女、仆驭杂役算在内,整个侍从队伍人员要过万的。① 这些人毫无疑问是脱离生产劳动的,正如郭老所说,当然要更多的从事生产的人来养活;但包括

---

① 李炎锟《东汉宫廷有多少人为皇室服务》,《中国青年报》,1980 年 8 月 23 日。

郭老在内,我们却都不认为东汉是奴隶社会。

我的看法是:中国古代,人祭的牺牲是战俘,人殉的牺牲是死者生前的妃妾、近臣、侍卫和仆役,其中包括一部分家内奴隶,但却不能由此证明当时是奴隶社会。人殉现象是专制主义制度的产物,是愚昧和落后的产物,并不必然是奴隶制度的产物。商周奴隶社会论者在社会生产领域中拿不出有说服力的材料来,不得不到祭祀坑中去寻找证据,只能说明其学说内涵的虚弱。

以上是我对郭沫若同志的商周奴隶社会说基本论据的几点质疑。错谬之处,望史学界的同志们给予指正。至于我国原始社会瓦解后究竟形成了什么样的社会形态,我在《对中国古代社会性质的一点浅见》①一文中,提出了些很不成熟的看法,这里不再赘述。

1980 年 10 月

---

① 见本书第 3 页。

《周礼》社会制度论略

《周礼》扼要而完整地记述了周代的政权结构及百官职事,涉及当时政治、经济、军事、宗教、文化等社会构成的诸多方面,反映了周代生产资料所有制与阶级对立的基本状况。近世治先秦史的学者们很少有人以《周礼》作为研究周代社会的依据,主要是因为对该书的可靠程度历来存在不同看法。当代已有不少学者认为《周礼》成书于战国时代,这推论虽然还有待于史学界的深入考证,但根据考古发现的新材料说它所反映的是西周末及春秋时代的社会情况,则是完全可信的,《周礼》应是我们研究周代社会的宝贵的史料依据。

一、《周礼》记载的行政结构

《周礼》对全国行政区域的划分,大体是:政治中心即王都称"国",国之外的广大农村称"野"。近"国"的四野称为"郊"。距国百里(周里约合今里的三分之二)范围内的区域为"近郊",设"六乡";距国百里至二百里范围内的区域为"远郊",设"六遂"。遂之外,即为"都鄙"。"都鄙"具有某种程度的行政独立性,多是王子弟及公卿大夫们的采邑。都鄙之外,是许多大小不等的诸侯邦国,已不属王畿的范围。每个诸侯国又各有自己的国都、乡遂、都鄙,不过其规模比王畿小一些罢了。

《周礼》常以邦国、都鄙、官府三者并举联提。《天官·冢宰》:

> 掌建邦之六典,以佐王治邦国……以八法治官府……以八则治都鄙。

凡治：以典待邦国之治，以则待都鄙之治，以法待官府之治。

这告诉我们：全国总分三种类型的行政区域。所谓"官府"，实指乡遂的行政管理，这是《周礼》通例。治邦国用"典"，治都鄙用"则"，治乡遂用"法"。越靠近王都的区域，政治控制越严密。这种分层的行政区划，是与周初的社会情况、历史背景相联系的。灭商时的周族，还牢固地保留着家族公社的宗法体系。王都中的居民，即所谓"国人"，基本上就是周王本身所属的那个大家族，被称为"公族"或"王之同姓"。《地官·小司寇》说："凡王之族有罪，不即市。"《礼记·文王世子》也说："公族其有死罪，则磬于甸人。"（注："磬，悬杀之也。"）公族的死刑为什么要到郊外隐蔽处，由甸师执行？《文王世子》解释说："刑于隐者，不与国人虑兄弟也。"这说明国人多为王之同家族。由此可以理解，为什么《周礼》中对国人规定了那么多的优待，直到春秋晚期，国人的地位还是那么重要。

国周围的乡遂，是整个周部族的居住区域，是周王朝的行政重心。从《地官·大司徒》看，乡区的行政结构是这样的：

令五家为比，使之相保；五比为闾，使之相受；四闾为族，使之相葬；五族为党，使之相救；五党为州，使之相赒；五州为乡，使之相宾。

这种行政编制与军事编制合为一体的形式，是古代农村公社社会形态的一个重要特征。"家"是社会生产的最小单位，国家需要时，每家至少出一名战士或役夫。《地官·小司徒》：

乃会万民之卒伍而用之：五人为伍，五伍为两，四两为卒，五卒为旅，五旅为师，五师为军。以起军旅，以作田役，以比追胥，以令贡赋。

每乡构成一军，六乡组成先秦史上常提到的天子所掌的"六军"。六乡庶民是周王的基本群众，所以《地官·大司徒》载："若国有大故，则致万民于王门。"六乡区域不过今日方圆三十多华里的地方,有要事召集于"王门",是完全可以办到的。遂区的行政编制与乡区一样,只是在名称上有别。《地官·遂人》:

> 五家为邻,五邻为里,四里为酇,五酇为鄙,五鄙为县,五县为遂。

周制最初只有六乡出兵,故遂区的军事编制《周礼》未言。六遂居民多为从六乡中分析出来的庶子。在重嫡长系血缘的宗法制度下,遂区的重要性远逊于乡区。在中央行政领导系统中,六乡设有三名"公"级的"乡老"分管,六遂则没有;每乡的长官"乡大夫"为"卿"级,而每遂的长官"遂大夫"却只是"中大夫"级;六乡的居民称"民",六遂的居民称"氓"。这些都说明乡与遂的政治、经济分量大不相同。

都鄙是分散在边远地区的居民中心,实际上是王畿内的许多规模不等的小邦国,按宗法等级关系,由各采邑主掌握。郑玄说:"都鄙,王子弟公卿大夫采地,其界曰都;鄙,所居也。"似有不妥处。"都"字含美盛之意,是较大的邑城。《左传》谓:"凡邑有宗庙先君之主曰都。""鄙"字在甲、金文中都像某种建筑物,且含有边、狭的意思。愚疑"鄙"可能是小型的邑城,与"保"字为一音之转。《左传·襄公八年》:"焚我城保,冯陵我城郭。"郑玄谓"小城曰保"。都鄙最初可能是属于周部落联盟的一些小部落,因此后来便具有一定的独立性。都鄙另成系统,所以常与邦国、乡遂并列,并由大司徒总掌,不再具体委派行政官员。

邦国即各诸侯国,是周初分封的产物。所谓"分封",对宗法制度来说,是大家族的分业;对专制主义王权来说,是行政管理权的等级分割。被封诸侯,有的是王族血亲,有的是异姓权贵。《地官·大司徒》记载了邦国的不同级别和规模:

> 凡建邦国,以土圭土其地而制其域:诸公之地,封疆方五百里,其食者半;诸侯之地,封疆方四百里,其食者参之一;诸伯之地,封疆方三百里,其食者参之一;诸子之地,封疆方二百里,其

食者四之一;诸男之地,封疆方百里,其食者四之一。

这些邦国,不仅要起屏藩王室的作用,还要向王室交纳其总收入的四分之一到二分之一。周王朝对邦国的控制,有如下几种形式:规定治国的总原则(《天官·冢宰》所谓"掌建邦之六典","施典于邦国");二、派官员监督(《天官·冢宰》所谓"建其牧,立其监",《礼记·王制》:"天子使其大夫为三监,监于方伯之国,国三人");三、周王定期视察(即巡狩制度);四、诸侯定期与不定期地晋见(即朝觐会同制度)。

《周礼》的行政结构分中有合,合中有分。这种情况既是往昔部落联盟时代各部落相对独立的历史遗留,也是专制主义国家成长期的客观需要,虽为日后东周多国纷争埋下了种子,却也给秦以后的大一统王朝孕育了雏形。

二、《周礼》记载的土地制度

《周礼》田制历来被认为错乱难明,研究者伤透了脑筋。我觉得人们大都吃了东汉几位经学家的亏,而那几位经学家错在误解了孟子关于田制的解说,硬要《周礼》去附就被他们误解了的孟子的话。研究《周礼》田制,当然不能完全否定经学家们的研究成果,但不要拘泥于那些传统的"定论",而应直接从《周礼》原文入手。

各邦国的田制,《周礼》未言。邦国是小型化了的王畿,其田制和王畿内不会有什么质的差别,故可勿论。

不知何故,从郑玄开始,大家都把《地官·小司徒》职下关于六乡田制的一段话,硬归之于都鄙,从而得出"乡遂行沟洫法,都鄙行井田法"的结论。其实,从《周礼》原文中根本找不到都鄙行井田法的根据。《地官·小司徒》只是说:

凡造都鄙,制其地域而封沟之,以其室数制之。不易之地家百亩,一易之地家二百亩,再易之地家三百亩。乃分地职,奠地守，制地贡，而颁职事焉，以为地法而待政令。

可见都鄙的生产是以户（家、室）为单位的，每个独立的家庭都拥有一块份地，份地数量因土质优劣而不等，有的需采用二圃或三圃轮作的休耕制，这表明份地已经固定化。经文不提"公田"而说"地贡"，表明都鄙已不行"助"法。这里并未看到井田制的迹象。

再看乡遂。《地官·遂人》：

> 以岁时稽其人民而授之田野，简其兵器，教之稼穑。凡治野，以下剂致氓，以田里安氓，以乐昏扰氓，以土宜教氓稼穑，以兴锄利氓，以时器劝氓，以疆予任氓。以土均平政，辨其野之土（上地、中地、下地）以颁田里：上地，夫一廛，田百亩，莱五十亩，余夫亦如之；中地，夫一廛田百亩，莱百亩，余夫亦如之；下地，夫一廛，田百亩，莱二百亩，余夫亦如之。

这是遂区情况。《地官·小司徒》：

> 乃均土地，以稽其人民而周知其数：上地家七人，可任也者家三人；中地家六人，可任也者二家五人，下地家五人，可任也者家二人。凡起徒役，毋过家一人，以其余为羡……凡国之大事，致民；大故，致余子。

这是乡区的情况。将乡区与遂区的情况对照分析一下便知道：一、遂区有莱田，乡区没有。二、遂区和都鄙一样，用调整土地数量的办法来解决土质差异的矛盾，而乡区却是按家庭人口的多少分配不同质量的土地，也就是说，乡区每家份地数量相等。三、遂区每夫有"一廛"，即有一块包括场圃在内的宅地。《孟子·滕文公上》所载许行"愿受一廛而为氓"，正就是欲在遂区安家务农的意思。乡区则没有"廛"的规定。这与乡遂居民居住情况不同有关。四、遂区份地按"夫"计，且"余夫"和正夫享受同样的份地权利；而乡区份地则按"家"计，余夫包括在家中，不再授田。五、遂区居民要"教之稼穑"，且在许多方面需要政府扶植帮助，而乡区则不须如此。综上五条可以得出结论：遂区是由郊区人口繁殖增多后，"余夫"迁徙出来而逐渐发展起来的，"遂"字本来就包含"渐趋形成"和"连接延伸"的意思，后世"烽燧"一词的"燧"即用此义。六乡土地有限而人口众多，户口编制极其严格，每家嫡长子之外的"余夫"要独立成家的话，必将破坏乡区原有的方田结构，且也容纳不下，所以只能向远郊区域发展。《地官·载师》职下的郑注直言："余夫在遂地之中。"《地官·旅师》说："凡新氓之治，皆听之，使无征役。"郑注："新氓，新徙来者也。"遂区地广人稀，经常有新迁来的劳动者，所以遂区行政官员有帮助他们组织家庭、学习生产技术的任务，并按最低的征役标准要求他们，即所谓"以下剂致氓"。

但不管乡与遂有何种区别，其皆不行井田制则是事实。令人难解的是，《周礼》经文在叙述了小司徒掌理六乡的各种职守之后，又有这么一段话：

> 乃经土地而井牧其田野：九夫为井，四井为邑，四邑为丘，四丘为甸，四甸为县，四县为都，以任地事而令贡赋，凡税敛之事。

这段文字向来被理解为井田制度，而一提及井田，又向来要和孟子的"请野九一而助，国中什一使自赋"联系起来。"国中"被认为是指乡遂，"野"被认为是指都鄙。既然乡遂是什一自赋，则肯定不是井田法。但《周礼》关于井田的这段文字又偏偏出现在掌理六乡的小司徒职下。为了解决这个矛盾，郑玄等人便武断地把这段文字说成是都鄙之制。问题的症结在于他们误解了孟子"国中什一使自赋"，杜撰出两种田制并存的说法。其实孟子只谈到井田制一种田制，并未说周代曾有两种田制并存。"国中什一使自赋"，是说国中从事非农业生产的居民，应按什一比率交纳赋税。孟子时代，国中居民成分已十分复杂，有些居民不从事正规农业生产，因此要设法把他们纳入孟子所理想的"助"法剥削之中。他说"什一"，也是按井田助法剥削的比率而得出的数字，并不意味着存在由两种田制造成的两种税制。孟子所谓"国中"是和田野相对的，他在下文明言"乡田同井"，其"国中"不包括乡遂是很清楚的。郑玄等人的都鄙、乡遂并行两种田制的说法,是没有根据的。

总观《周礼》全书,既未提及"公田",也未提及"助"法剥削,而没有公田与助法剥削的井田,即不成其为"井田制"。前引小司徒职下的那段话说"九夫"而不说"八夫",已明白地显示是时已不再行井田制了。井田制在周代确是存在过的,但《周礼》时代,劳役剥削已为实物剥削所取代,井田制已成为历史。公田消融在份地中之后,开始实行五进位编制,但在一个相当长的时间内,旧的编制在人们习惯中仍未完全消失。尤其是井田制的物质躯壳,即阡陌纵横的田亩规划,其历史惯性是相当顽强的。因此,《周礼》在叙述乡制时掺入了一条旧时的井田编制史料,并非不可理解的事情。

乡遂地区,人烟稠密,耕地平沃,沟洫严整,形成了一些大型方块田域。尤其在乡区,每家份地数量相等,方形田域十分规范化。《地官·遂人》这样叙述:

> 凡治野:夫间有遂,遂上有径;十夫有沟,沟上有畛;百夫有洫,洫上有涂;千夫有浍,浍上有道;万夫有川,川上有路,以达于畿。

"治野"乃遂人官的职掌,经文所言泛指王畿耕地,不是专指遂区。这种大块方形田域,渠道纵横,阡陌交错其上,恰似围棋的棋盘。大棋盘中的最小方格,即一个家庭的份地。份地中如包括莱田,那就不止百亩。实际情况是复杂的,不同地形、不同质量的土地,其治理规模当也有异。甲骨文"田"字之所以有多种字形,盖亦土地不同规划之反映。不过《周礼》是以正统大典的面貌出现的,它必然选择最正规、最具有代表性的田型来叙述。因此我们有理由认为《遂人》所述的大型方田,是以夫家百亩为基本单位的,这是王畿附近的样板性土地规划:以一条河流(即"川"),为中心坐标,在河流两岸辟地。以百亩为单位,垂直于河流,排列十个百亩,百亩与百亩之间,以"遂"为界,遂中出土,培于其旁,即所谓"遂上有径",田中积水,流入遂中。这样,十家之田,列一纵行,为"千亩"。以这种千亩纵行为单位,平行于河流,排列十个千亩,千亩与千亩之间,以"沟"为界,沟中出土,培于其旁,即所谓"沟上有畛",遂中之水,流入沟中。这样,百家之田,成一方区,为万亩。以这种百家万亩的方田为单位,垂直于河流,纵向排列十个万亩,万亩与万亩之间,以"洫"为界,洫中出土,培于其旁,即所谓"洫上有涂",沟中之水,流入洫中。这样,千夫之田,列一纵行,为十万亩。以这种十万亩纵行为单位,平行于河流,排列十个十万亩,十万亩与十万亩之间,以"浍"为界,浍中出土,培于其旁,即所谓"浍上有道",洫中之水,流入浍中。这样,万家之田,成一大方域,为百万亩。浍垂直于河流,其水直接流入川中。

这种万家百万亩的大型方田,纵横各三十余里,为周代村社土地连片规划的最高规模。方田中的生产者,再加上周围不规则的土地上的生产者,即大体与行政编制中一乡之民相应。周代西都镐京,东都洛邑,一处泾渭平原,一处三河平原,均为多河流的广平原野,为这种大块方形田域的份地连片制,提供了优越的天然条件。

顺便谈一下对"阡、陌"的解释。阡、陌即上述大块方形田域中纵横交错的道路。徐中舒先生曾指出陌是夫与夫的田界,阡是十夫与十夫的田界,这是极正确的。① 但徐先生认为阡与陌是平行的,这就不对了。陌是百亩与百亩之界,故称"陌";阡是千亩与千亩之界,故称"阡"。陌为遂上之路,阡为沟上之路。遂注入沟,则陌必然垂直于阡。因此,应邵在《风俗通》中所说的"南北曰阡,东西为陌;河东以东西为阡,南北为陌"是符合古制的。因为川的方向不一,遂与沟的方向也随之而异,所以陌与阡的方向就不可能固定,但它们垂直相交则是无疑的。

乡遂耕地未被划入大型方田之内的肯定还有不少。那些余地,有一些当然也可以作村社成员的份地,而更多的则为政府所另行掌握。《地官·载师》:

> 以廛里任国中之地,以场圃任园地,以宅田、士田、贾田任近郊之地,以官田、牛田、赏田、牧田任远郊之地⋯⋯

---

① 《试论周代田制及其社会性质》,《四川大学学报》(哲学社会科学版)1955年第2期。

对这许多名目繁多的"田",诸儒解释不一。但有一点是肯定的:这些田不在按行政编制严格规划的大型方田之内,而是方田外的不规则的余田。这些土地,政府有权灵活支配。

综合上述情况来看,《周礼》时代耕地的主体是村社的份地。马克思说过:"如果你在某一地方看到有垄沟痕迹的小块土地组成的棋盘状耕地,那就不必怀疑,这就是已经消失了的农业公社的地产!"①《周礼》田制简直像是给马克思这段话作了图解。

三、从《周礼》看当时的阶级对立

《周礼》所反映的社会,无疑是阶级对立的社会,但其对立的两大阶级,既非奴隶主与奴隶,也非地主与农奴,而是贵族与庶民。奴隶是存在的,但处于从属地位,在整个经济构成中不起决定作用。

以周王为首的贵族阶级,建立了完整的统治体制,这个统治体制有两个权力系统:一为宗法权力系统,其权力来自血缘关系;一为行政权力系统,其权力来自政府的职能。

宗法权力系统,表现为公、侯、伯、子、男、五等爵制。《春官·大宗伯》:

> 以玉作六瑞,以等邦国:王执镇圭,公执桓圭,侯执信圭,伯执躬圭,子执谷璧,男执蒲璧。

关于五等爵制,学者们多表示怀疑,因为从《左传》等史籍及周金中看,周代爵称混乱,似无定制。我认为五等爵制决非捏造,因为它反映了宗法社会统治层中必有的等级关系。周王朝的政治体制是靠宗法纽带联结的,实为一家族统治之扩大。在宗法体制中,父系家长制、嫡长子继承制、爵位等级制,本是三位一体的。在统治层中分配权力和利益时,很难设想不按等级关系行事。按等级关系行事就必

---

① 《马克思恩格斯全集》卷十九,第 452 页。

然要给不同的级层确定不同的爵称,而且必然的要像《周礼》所反映的那样,不同级层间有严格的、不容混淆的界限。这些王公贵族,有的是周王家族的分蘖,有的是原周部落联盟中的大小部落长的嫡系后代,他们各自控制与自己的爵位相称的邦国或采邑,享受着种种特权,过着奢华的生活。《冬官·考工记》说:"坐而论道,谓之王公。"他们连行政管理事务也懒于承担,是个典型的寄生阶层。

行政权力系统,即中央及地方政府中的大小官员,分公、卿、大夫、士四大级层,每个大级层中又分若干个级别。他们组成政府的官僚体系。《冬官·考工记》说:"作而行之,谓之士大夫。"他们是行政事务的具体承担者。这套体系,各诸侯邦国中也都规模不等地存在着,但以中央政府最为完备。中央政府共分六大部门:天官(冢宰)掌邦事,御众官;地官(司徒)掌邦教,安万民;春官(宗伯)掌邦礼,事鬼神;夏官(司马)掌邦政,统六师;秋官(司寇)掌邦刑,驱耻恶;冬官(司空)掌邦事,充国富。每一个部门,都拥有一个庞大的官吏集团,并分工负责各种职守。我粗略地统计了一下,除冬官因阙文不计外,五个部门的官员,下士以上超过两万六千人。如冬官未阙估计至少总数要达三万人以上,此外还有一个比这数字大好多倍的府吏胥徒的从属队伍。这仅就中央政权的体系而言,如把各诸侯国的官员们也包括在内的话,数字将更为惊人。

宗法权力系统与行政权力系统是互相渗透的,且在身份地位上有着相互对应的关系。事实上,他们都是贵族,都在以周王为总纽结的宗法网络中行使其权力。就是这个庞大而组织严密的贵族官僚层,占有着劳动人民的全部剩余产品。

《天官·冢宰》把被统治的人民大众分为九类人:

> 以九职任万民:一曰三农,生九谷;二曰园圃,毓草木;三曰虞衡,作山泽之材;四曰薮牧,养蕃鸟兽;五曰百工,饬化八材;六曰商贾,阜通货贿;七曰嫔妇,化治丝枲;八曰臣妾,聚敛疏材;九曰闲民,无常职,转移执事。

这九类人中,与社会经济结构关系较大的是农民、商贾和百工

（臣妾也即奴隶，将在下节论及，此处从略）。当时的商品经济还很原始，商业尚处在政府的严格控制之下，商人也为数不多。百工是聚居于国中的手工业劳动者，由政府统一管理，其生活资料也由政府供给。《考工记》说："知者创物，巧者述之，守之世，谓之工。"可见百工的手艺是家传的，世代居官府。《考工记》把百工与士大夫、农民等并列为六职之一，可见他们并非奴隶。由于《周礼》阙失掌职百工的《冬官》一篇，所以关于百工我们知道的较少，不宜强为之说。占当时人口大多数而且是社会主要生产事业承担者的，是广大农村公社成员即庶民阶级，他们是贵族官僚阶级的主要对立面。贵族官僚们靠庶民养活，政府一切开支靠庶民提供。《天官·冢宰》：

> 以九赋敛财贿：一曰邦中之赋，二曰四郊之赋，三曰邦甸之赋，四曰家削之赋，五曰邦县之赋，六曰邦都之赋，七曰关市之赋，八曰山泽之赋，九曰币余之赋。

这九项财政收入，除"山泽"、"关市"、"币余"可列为特别项目外，其他六项均来自庶民大众，只不过是按地域分列开来罢了。国家的另一项重要收入是"九贡"，即前面提到过的各诸侯国给王室上交的那四分之一到二分之一的剥削所得。那自然也还是落在各邦国的庶民阶级的头上。

"九赋"、"九贡"的收入，除了一些必要的公益事业开支外，全供贵族阶级挥霍之用。《周礼》记载贵族生活之奢华的文字很多，这里仅举《天官·膳夫》关于周王膳食之例：

> 凡王之馈，食用六谷，膳用六牲，饮用六清，羞用百二十品，珍用八物，酱用百有二十瓮。五日一举（郑注：杀牲盛馔曰举），鼎十有二，物皆有俎。以乐侑食。

周王如此，各级贵族也都饮食十分考究，各种美味要经过精心搭配。据《天官·医师》：

凡会膳之宜：牛宜稌，羊宜黍，豕宜稷，犬宜粱，雁宜麦，鱼宜菰。凡君子之食，恒放焉。

多高的剥削率才能维持王公贵族们这种钟鸣鼎食的生活呢？据《地官·载师》：

凡任地：国宅无征，园廛二十而一，近郊十一，远郊二十而三，甸稍县都皆无过十二。唯其漆林之征，二十而五。

剥削率是十分之一至十分之二。有了剥削率，还必须了解每家份地的粮食总产量，然后才能确定税收的具体数字。为此，政府设有"司稼"一官："掌巡邦野之稼，而辨穜稑之种，周知其名，与其所宜地，以为法，而悬于邑闾。巡野观稼，以年之上下出敛法。"这就是孟子所说的"周人百亩而彻"的彻法。

《周礼》时代尚无铁制农具和牛耕，生产力水平还相当低下，十分之二的剥削率可以说已达到了极限。此外，庶民阶级还要服各种劳役，还要出支役的牲口和车辆（《地官·均人》）。《地官·小司徒》虽说"凡起徒役，无过家一人"，但又说"唯田与追胥，竭作"，"凡国之大事致民，大故致余子"。事实上，庶民全家主要劳动力是经常被全部征调的。如上引文所说的"田"（狩猎），即是庶民们的一项沉重负担。据《地官·乡师》：

凡四时之田，前期出田法于州里，简其鼓铎、旗物、兵器，修其卒伍。及期以司徒之大旗致众庶，而陈之以旗物，辨乡邑，而治其政令刑禁，巡其前后之屯，而戮其犯命者。

当时没有常备军，是寓兵于农的。一般说来，庶民每家出一人服兵役，而且一切军需品自备。《地官·县师》：

若将有军旅会同，田役之戒，则受法于司马，以作其众庶，及马牛车辇，会其卒伍，使皆备旗鼓兵器，以帅而至。

对于应服劳役及兵役的人,《地官·乡大夫》有明确规定：

> 以岁时登其夫家之众寡,辨其可任者。国中自七尺以及六十,野自六尺以及六十有五,皆征之。其舍者,国中贵者、贤者、能者、服公事者、老者、疾者,皆舍。以岁时入其书。

在确定"可任者"(服役对象)与"舍者"(免役对象)时,既用身材高度作标尺,又用年龄作标尺。由此亦可看出,当时贵族官僚阶级役使庶民,抠得多么精细。《周礼》一书对庶民的户口问题是极为重视的,"登其夫家之众寡","以岁时入其书,"几乎是各级行政长官的一条必有的任务。这是因为田赋、力征、兵役是王朝政权赖以存在的三根支柱,而这三根支柱都需直接与庶民的户籍统计相联结。

《周礼》是用渲染升平的笔调写成的政典,自然不会描述人民的痛苦与反抗;但该书中以严刑峻法维护统治的许多条文,已足能透露当时阶级对立之严酷。《地官·小司徒》规定"以乡八刑纠万民",不孝、不睦、不姻、不弟、不任、不恤、造言、乱民,都在犯法之列。国家还设有监狱(圜土),庶民稍不注意就会被看作"罢民"而关进去,"上罪三年而舍,中罪二年而舍,下罪一年而舍",这是对小过失而言,重罪要受各种刑罚,包括死刑在内。《秋官·司刑》职下规定的刑律竟达两千五百条之多:

> 掌五刑之法,以丽万民之罪：墨罪五百,劓罪五百,宫罪五百,刖罪五百,杀罪五百。

除了死刑之外,触法者服刑后还要被没为官奴,即所谓"男子入于罪隶,女子入于舂槁"(《秋官·司隶》),"墨者使守门,劓者使守关,宫者使守内,刖使守囿,髡者使守积"(《秋官·掌戮》)。在如此残酷的压迫统治下,庶民阶级的悲惨处境是可想而知的。《夏官·大司马》职对各邦国有这样一条规定："野荒民散,则削之。"这至少表明当时是确有田园荒芜、人民流离失所这种惨象的。

四、从《周礼》看当时的社会性质

判定一个社会究属什么性质,关键要看该社会的生产者与生产资料是怎样结合的。关于这点,马克思曾有如下一段话:

> 不论生产的社会形态如何,劳动者和生产资料都总是生产的因素。但在彼此互相分离的状态中,它们之中任何一个也不过在可能性上是生产的因素。不管要生产什么,它们就总是必须结合起来。实行这种结合的特殊方法和方式,区别着社会结构上各个不同的经济时期。①

《周礼》时代社会经济构成的基础是农村公社,这已为越来越多的古史研究者所承认。《地官·大司徒》:

> 辨其邦国都鄙之数,制其畿疆而沟封之,设其社稷之壝,而树之田主,各以其野之所宜木,遂以名其社与其野。

这说的是都鄙立社的形式。各社之间,疆域有封界,每社都设有"田主"(即田祖)的坛位,以备祭祀、祈年之用。每个社都以当地之"所宜木"命名,属于该社的田野,即以该社之名名之。这可能是我国古代立社的通习。史传商汤之社为"桑林",《论语》:"哀公问社于宰我,对曰:'夏后氏以松,殷人以柏,周人以栗,曰:使民战栗。'"都可为证。不过社址以树,最初不过是社称,"使民战栗"之类说法,是后来的附会。而且,随着人口的繁衍,社的数量会逐渐增多,不可能都以"所宜木"为名,但以某种树作为群居的标志(即所谓"社树"),当已成习俗。在乡遂地区的大型方田中,村社的形式是怎样的呢? 我认为,乡遂地区行政编制中的"族"与"鄹"(相应的军事编制称"卒",

---

① 《资本论》卷二,人民出版社,1964 年版,第 18 页。

实皆一音之转),就是村社单位,族与鄰是百家万亩的区域,这最初可能是一个家族公社的规模,演变为农村公社后,沿习惯称之为"族"。《诗经》中常提到的所谓"百室",指的就是这种百家万亩的公社。《礼记·祭法》:"大夫以下,成群立社,曰置社。"疏曰:"大夫以下,包士庶成群聚而居,满百家以上得立社。"这可作"族"为一社的旁证。尤可注意者,在《周礼》中对"族"这一级编制特别重视,有一些为其他各级行政结构所没有的条文。如《族师》职下说:

　　五家为比,十家为联;五人为伍,十人为联;四闾为族,八闾为联。使之相保相爱,刑罚庆赏相及相共,以受邦职,以役国事,以相埋葬。若作民而师田行役,则令其卒伍,简其兵器,以鼓铎旗物帅而至,掌其治令、戒禁、刑罚。

作战、田猎、徭役等重大活动,人员的征调集中和支配,都以"族"为单位。一族之中,甚至连"刑罚庆赏"都要"相及相共",其重要性是显而易见的。另外,经文多处提到族内"相葬",我们都知道,在宗法社会中,只有同一个家族公社的人才有共同的墓地,族内相葬显然是由家族公社时代保留下来的风习。有了这样的认识,我们便会明白,为什么乡遂地区整个是五进位的编制体系,却偏偏在"族、卒、鄰"这一环节上变成了四进位。原来不这样的编制田域不能成方,只有"四闾为族"才恰好形成一块百家万亩的方形区域,这正好是一个规则的村社。

周代农业生产者与生产资料(主要是土地)的结合,是在农村公社的经济结构中实现的。每一家村社成员,都有一块定量的份地,并有建立在份地生产上的独立的家庭经济。村社成员对份地的占有和使用,开始是不稳定的,后来渐趋固定,最后终于转化为私有,这种经济演变是历史进程中的必然结果。所谓"授田",至多不过是政府对村社自然形成的份地制度的一种认可罢了。人们习惯于把周代的分封制、采邑制、授田制看作是土地国有或王有的标志,并由此得出村社成员生产资料一无所有的结论。这种认识是错误的。所谓分封或赐部下以采邑,如前所说不过是宗法制度下贵族阶级的权力分配。

周王行使的是行政管理权,而不是土地所有权。这种行政管理权的分配,丝毫也没有触动各行政区域的经济结构。

主张周代为奴隶制社会的同志,常喜欢引用《周礼》中"掌成市之货贿、人民、牛马、兵器、珍异,凡卖儥者,质剂焉"(《地官·质人》)和"凡得获货贿、人民、六畜者,委于朝,告于士,旬而举之。大者公之,小者庶民私之"(《秋官·朝士》)这两段文字作证。我认为上述两段记载中的"人民"虽然无疑是奴隶,但有奴隶存在的社会却不一定就是奴隶社会,因为我们首先要看社会主要生产者的身份如何。《周礼》时代社会主要生产者是村社庶民,而不是奴隶。在《天官·冢宰》的"九职"中,奴隶被排在第八位,与"闲民"并列。通观《周礼》全书,找不到一条用奴隶于生产的史料。奴隶的使用,皆不出王宫、官府及贵族之家,他们承担的一般也都是公共劳役和服侍性的卑贱杂务,应当视之为官奴。《秋官·禁暴氏》条下规定:"凡奚隶聚而出入者,则司牧之,戮其犯禁者。"出入由司法部门统一监管,犯禁即戮,其为官奴甚明。

郭沫若等一些同志,在确定周代是奴隶社会时,干脆把周代的庶民阶级也看作奴隶。这说法就更难以成立了。周代的庶民阶级的确遭受着残酷的压榨,然而他们毕竟是村社成员,不仅有自己独立的份地经济,而且也有一定的政治权利。如在国有大事时,周王要"大询于众庶",乡大夫要"各帅其乡之众寡而致于朝",这分明是氏族社会民主政治的历史遗留。《地官·乡大夫》还规定对庶民"三年则大比,考其德行道艺,而兴贤者、能者,乡老及乡大夫帅其吏,与其众寡,以礼礼宾之"。这绝不是奴隶身份的人所能享受的待遇。《大司徒》条文规定的"十有二教"(即对庶民大众的十二条治理原则)中,有"以乐礼教和"、"以贤制爵"、"以庸制禄"等条文,这也可作庶民非奴隶的证明,因为对奴隶是谈不到什么"礼、爵、禄"的。此外,《地官·闾师》还说:"凡庶民,不畜者祭无牲,不耕者祭无盛,不树者无椁,不蚕者不帛,不绩者不衰。"这就是说,在正常情况下,庶民们祭有牲,棺有椁。世界上不会有这样的奴隶。

既然《周礼》时代社会主要生产者庶民阶级与生产资料结合的方式,并不是奴隶制的生产方式,那我们就没有理由硬把该社会说成是奴隶社会。① 它是不是封建社会呢？也不是。因为贵族阶级与庶民的关系，并不是领主与农奴的关系。贵族们的剥削之所以能够实现，一方面依靠了氏族社会遗留下来的宗法体制，另一方面还有赖于他们本身就是政府成员，就是国家的治理者。他们的权利是族权、神权和政权的结合，并不取决于对土地的所有。他们并不是在土地私有制基础上，通过土地兼并而成长起来的地主阶级；而广大庶民也并非通过自耕农的动荡阶段以后，因失去土地而沦落的人身依附者如农奴。视《周礼》时代为封建社会，庶民阶级是农奴，那至少有三个问题没法解释：一、如果说庶民阶级是村社成员又是农奴，那么，他们在沦为农奴前的身份是什么？是天生的农奴还是奴隶解放后的转化？如是后者，那他们在什么时候曾经当过奴隶？二、如果说村社成员是农奴，而农奴是没有土地的，那我们如何解释春秋末战国初份地转化为私有的事实？马克思说："关于自由的土地私有权的法律观念，在古代世界，只出现在有机体的社会秩序解体的时期。"②能不能说战国时代中国的封建社会已经解体？三、如果说贵族们都是领主，始终握有对土地的支配权，那么，从经济角度讲，是什么原因导致了他们的没落？他们是怎样失去了土地的？所谓战国时的"新兴地主阶级"又"新"在什么地方？

我认为，《周礼》时代这种以农村公社为基础的经济结构，就是马克思所说的"亚细亚生产方式"，我把它称之为"庶民社会"。庶民社会以血缘性家族公社过渡为地域性农村公社为起点，王权的完全形成是它政治上的标志，份地与公田并存是它经济上的标志。份地固定化以前，是它的早期阶段；份地固化之后到公田消失，是它的中期阶段，也是它的黄金时代；公田消失之后，即"助"法剥削转化为"彻"法剥削之后，直到土地自由买卖、村社解体，是它的后期阶段。《周礼》所反映的，正是庶民社会后期的情形。

《周礼》一书启示我们重新探讨先秦的社会性质问题。本文不揣浅陋，在这方面作了点尝试，错误之处，尚望史学工作者批评

---

① 关于这个问题，请参阅拙文《对中国古代社会性质的一点浅见》，见本书第3页。
② 《资本论》卷三，人民出版社，1958年版，第804页。

指正。

1981 年 4 月草稿、9 月修成

【附记】

  此文初刊排印时出现页码与文字数处错位的失误,严重影响了内容的表达,现据原文复正。

(原载《人文杂志》1982 年专刊《先秦史论文集》)

乡遂制度与周代社会性质

周代乡遂制度，不单纯是一种行政区划和居民编制，它直接反映了当时社会的经济结构及其性质，因此我们有必要把它弄清楚。

一、国、乡、郊、遂、都鄙的划分

按汉代经学家们的意见，周王畿和各诸侯邦国的政治中心称为"国"，是当时人口集中、经济文化繁荣的城市。"国"外的土地为"乡"，"乡"外的土地为"遂"。周王畿内有六乡六遂；各邦国的乡遂数目因该国地位、规模的大小而多少不等：公国有三乡三遂，侯、伯之国有二乡二遂，子、男之国有一乡一遂。"遂"外为"都鄙"，那是王室权贵、公卿大夫们的采邑地，政治上具有一定的独立性。这就是说，如果把"国"看成圆心的话，乡、遂、都鄙三大区域由内到外构成环绕"国"的三个同心圆。但先秦文籍中还有"郊"与"野"的名称，把郊野概念引入乡遂制度中，情状就复杂起来，不仅经学家们意见纷纭，今日研究先秦史的学者们看法也多歧异。一般说来，强调乡遂同制的史学家，多认为"郊"包括乡遂，"野"指都鄙；强调乡遂异制的史学家，多认为"郊"即乡，遂与都鄙合称为"野"，《尚书·费誓》篇中所谓"鲁人三郊三遂"，就是三乡三遂。

然而，谓郊即乡，征之先秦经籍原文，有许多难解之处。《周礼·地官·小司徒》言"及大比六乡、四郊之吏"，分明说乡、郊非同一地域。《地官·遗人》："掌邦之委积，以待施惠：乡里之委积，以恤民之艰阨；门关之委积，以养老孤；郊里之委积，以待宾客；野鄙之委积，以待羁旅；县都之委积，以待凶荒。"乡里、郊里、野鄙、县都并举连提，显然是指四种不同的地域。《礼记·王制》中有一段关于"不帅教者"（犯了过失而不接受教戒的人）的话："不变,命国之右乡,简不帅教者移之左;命国之左乡,简不帅教者移之右,如初礼。不变,移之郊,如初礼。不变,移之遂,如初礼。不变,屏之远方,终身不齿。"更清楚不过地说明乡、郊、遂确为三种地域。

事实上,"郊"是个独立的地域概念,表示的是乡与遂之间的地带。清代学者们早已注意到此,孙诒让《周礼正义》泉府条下就说："郊,六乡外之余地。"段玉裁曾经说："郊之为言交也,谓乡与遂相交接之处也。故《说文》曰:'距国百里为郊',此郊之本义也。"[①]人类的天性是群居的,愈是远古,群居性愈强,这是幼年期人类同大自然作斗争的需要。就是发展到农村公社阶段,最初也还是聚族而居的,血缘关系同地域关系不仅不相排斥,而且相依赖。《汉书·食货志》谓："圣王域民,筑城郭以居之,制庐井以均之。"周代乡遂制度下户籍编制那么严密细致,如民众不聚居是很难设想的。当然,后来随着人口的增长,随着村社的解体,零散的居民点便渐渐到处萌生起来;但在乡遂制度的成形期,民众聚居是肯定的。因此,乡民最初不会散居在各乡之广阔地域,而是集处于国城内,他们就是先秦文籍上所说的"国人"。同理,遂民最初也不会散居在各遂的地域中,而是集处于郊邑内,被称为"郊人"。《周礼·地官·泉府》："买者各从其抵：都鄙从其主,国人、郊人从其有司。"贾疏："云国人者,谓住在国城之内,即六乡之民也;云郊人者,即远郊之外,六遂之民也。"《周礼·秋官·乡士》："掌国中,各掌其乡之民数,而纠戒之……凡国有大事,则戮其犯命者。"而《秋官·遂士》则说："掌四郊,各掌其遂之民数,而纠其戒令……凡郊有大事,则戮其犯命者。"掌国中的官员称为"乡士",负责管理乡民;掌郊区的官员称"遂士",负责管理遂民。这明白无误地告诉我们：正如乡民大都居于国中一样,遂民大都居于郊邑。由此我们就会领悟,原来先秦文籍中所谓"近郊",实际等于说"郊以近",即各乡之地;所谓"远郊",实际等于说"郊以远",即各遂之地。

"郊"这一区域,相当于国都的大门口,在周代是相当重要的。天

[①]《经韵楼集·四与顾千里书论学制备忘之记》。

子、诸侯祭天之礼,要在郊区举行,称为"郊祭";各国贵宾、显使的来往,主国须派重臣(有时国君亲往)到郊区迎送,称为"郊劳"、"郊送";公卿大夫们犯了过失,常要到郊区待罪;国家有军事行动,部队要在郊区集中整顿,即《国语·晋语》所谓"卒伍整于里,军旅整于郊"。为了防备外来的侵掠,郊区居人之邑大都筑有小型城垒以作凭御,称之谓"保"。四郊实际上是国都的一道外围防线。《周礼·春官·小祝》条下说:"有寇戎之事,则保郊祀于社。"意谓将有战争烽火时,须一面巩固加强四郊的防守,一面祭神告祖求佑。《左传·襄公九年》记载宋国乐喜指挥对付火灾的事:"令遂正纳郊保,奔火所……二师令四乡正敬享,祝宗用马于四墉。"此可与《周礼》文相佐。一个国家如经常受到邻国的侵掠,则郊区设保必多,这表明国势衰弱,故《礼记·曲礼》说:"四郊多垒,此卿大夫之辱也。""垒"即保。

《尚书·费誓》"鲁人三郊三遂"中的"三郊",指的正是这乡遂之间的郊,而并非指乡,只要我们通观《费誓》全文就会明白。周初,只有"国人"即乡民才是军队成员,而遂民只担负后勤供应及战时劳役之事。《费誓》是周初鲁君征伐徐戎时的战前动员令,誓文前半部分纯言武器准备及行军作战的纪律,显然是对国人即乡民而言:"善敹乃甲胄,敿乃干,无敢不吊;备乃弓矢,锻乃戈矛,砺乃锋刃,无敢不善。""杜乃擭,敜乃阱,无敢伤牿。""马牛其风,臣妾逋逃,无敢越逐。"誓文后一部分才是对郊遂民众的要求:"峙乃桢榦,甲戌,我惟筑,无敢不供。""峙乃刍茭,无敢不多。""桢榦,"是筑墙用具,"刍茭"为牲口饲料。准备这些东西,并从事于"筑",正是遂民的义务。《周礼·天官·大府》条:"四郊之赋,以待稍秣。"郑玄注"稍秣即刍秣也",正与《费誓》文义相合。

二、行政结构、田制及剥削方式

乡遂制度下居民编制极其严密、细致,户籍、赋税、军事、力役都包含其中。大约由于地区和时限不同的关系罢,行政编制的具体结构和名称在文献记载上很有些歧异。以春秋时代齐国为例,按《国语·齐语》的记载，其居民编制层序是：

家 —五— 轨 —十— 里 —四— 连 —十— 乡 —五— 军

《齐语》论述这种编制说："伍之人，祭祀同福，死丧同恤，祸灾共之。人与人相畴，世同居，少同游。故夜战声相闻，足以不乖；昼战目相见，足以相识；其欢欣足以相死。居同乐，行同和，死同哀。是故守则同固，战则同疆。"这段话很好地阐发了乡遂制度居民严格编制的意义。《管子》书中对居民行政编制说得比较杂乱，如以其《立政》篇为准，大体是这样：

家 —五— 伍 —二— 什 —— 游 —十— 里 —十— 州 —五— 乡

《周礼》记载的是王畿内的情况下，比较典型，且无混乱矛盾之处：

家 —五— 比 —五— 闾 —四— 族 —五— 党 —五— 州 —五— 乡

与此相应的军事编制：

人 —五— 伍 —五— 两 —四— 卒 —五— 旅 —五— 师 —五— 军

《周礼·地官》说明这种编制的目的是使民众得以相保、相受、相葬、相救、相赒、相宾，"以起军旅，以作田役，以比追胥，以令贡赋"。这同《齐语》所说的精神完全一致。上引《周礼》说的是乡区情况，在居民编制结构上，《周礼》乡遂同制，只是名称有别。

乡遂制度下的土地分配，是村社的份地制。"家"是使用土地进行农业生产的最小单位，每家都有一块定量的土地。从《周礼》看，乡和遂的份地数量与分配原则略有差异。乡区:"乃均土地,以稽其人民,而周知其数。上地家七人,可任也者家三人;中地家六人,可任也者二家五人;下地家五人,可任也者家二人。"(《地官·小司徒》)遂区:"辨其野之土:上地、中地、下地,以颁田里。上地夫一廛,田百亩,莱五十亩,余夫亦如之。中地夫一廛,田百亩,莱百亩,余夫高如之;下地夫一廛,田百亩,莱二百亩,余夫亦如之。"(《地官·遂人》)乡区分配土地以"家"计,无莱田,不言廛,不言"余夫";遂区分配土地以"夫"计,有莱田,有廛,"余夫"权利与正夫同。这些区别十分重要,我们将在下节详论之。这种份地制度的剥削方式怎样呢?以郑玄为代表的汉代经学家,认为周代并行着两种田制:乡遂实行"沟洫法",即《地官·遂人》所载:"凡治野,夫间有遂,遂上有径;十夫有沟,沟上有畛;百夫有洫,洫上有涂;千夫有浍,浍上有道;万夫有川,川上有路,以达于畿。"都鄙实行"井田法",即《地官·小司徒》所载:"乃经土地而井牧其田野。九夫为井,四井为邑,四邑为丘,四丘为甸,四甸为县,四县为都。"

郑玄等人尽管深受孟子的影响,但他们阐发《周礼》而形成的井田说,却决非孟子"井九百亩,其中为公田,八家皆私百亩,同养公田"的井田说,而是"九夫为井","邑丘之属,相连比以出田税"的井田说。这样的"井田",同"十夫有沟"的所谓"沟洫法",只在耕地连片格式上有些差别,实质是一样的。孟子井田说的核心和灵魂是份地私田与村社公田并存,而农民"同养公田"。如没有公田,没有劳役地租,也就谈不到什么井田法。郑玄等人尊奉孟子,但他们毕竟不能无视《周礼》等书所反映的史实:除了具有象征意义的籍田外,并没有"公田"存在,乡、遂、都鄙皆行赋税制。其实,孟子的井田说也不过是一种远古史影,他本人也无多大把握,我们从他尚须借助《诗经》中的"雨我公田,遂及我私"来考证周初曾行过助法即可看出。不过,先秦文籍中提到井田的文例很多,如《国语·鲁语》载孔子语:"其岁收,田一井,出稷禾、秉刍、缶米,不是过也。"《齐语》载管仲亦有"井田畴均,则民不憾"的话,《左传·襄公三十年》记子产执政,使"庐井有封洫,庐井有伍",以及人们熟知的商鞅"废井田,开阡陌"等等,都表明历史上确曾存在过以"井"为单位的土地规划。《周礼》中关于"九夫为井"

的文字,也是井田制曾经存在过的反映。但《周礼》时代,井田制的躯壳即它的连片格局,在人们的习惯中尚留有影响,而其灵魂即它的助法剥削却早已消失了。因此《周礼》虽谓"井牧田野",但言"九夫"而不言"八家";言"地贡"、"夫粟""助粟"而不言公田劳作。

　　杨宽先生是持乡、遂异制观点的,他认为乡区没有公田而遂区有公田,《周礼·地官·里宰》条下"以岁时合耦于锄"的锄,就是孟子说的助法剥削。① 杨先生的意见值得商榷。《周礼·天官·大宰》明确规定"以九职任万民",对民众是按其从事的生产部门而不是按其居住地域来区分的。国家主要财政收入是"九贡"和"九赋"。"九贡"是各诸侯的贡纳,可以不论;单以"九赋"言,邦中、四郊、邦甸、家削、邦县、邦都等各种地域全部征收实物税。《地官·载师》规定"近郊十一,远郊二十而三",遂区的税率略高于乡区,这是因为乡区军事上的负担比遂区重,但二者的剥削方式是一样的。周代有"司稼"一官,其职务是"巡野观稼,以年之上下出敛法",这分明是孟子所说的"周人百亩而彻"的"彻"法,而不是"助"法。至于《里宰》条下"岁时合耦于锄",不过是昔日井田制时代集体耕作的遗风,此时已演化为一种互助合作的耕种形式。在铁制农具和牛耕尚未出现或尚未普及的生产力状况下,人们习惯于两人协力踏耜的"耦耕"。耦耕要求合耦双方在年龄、身材、力气诸多方面大体一致,劳作时方能协调配合,因此,组织耦耕这件事,在公田消失之后,仍然是基层官吏如里宰辈的一项任务。所谓"锄"即指这种耦耕协作形式,而非谓助法剥削。乡遂制度下的实物税或货币税剥削形态,在《管子》一书中有直接而明确的反映。《治国》篇说,"凡农者,月不足而岁有余者也。而上征暴急无时,则民倍贷以给上之征矣。"《国蓄》篇说:"夫以室庑籍谓之毁成,以六畜籍谓之止生,以田亩籍谓之禁耕,以正人籍谓之离情,以正户籍谓之养赢。五者不可毕用,故王者偏行而不尽也。"很明显,此处之"征"、"籍"皆指税收。《乘马》篇说:"上腴之壤守之若干,间壤守之若干,下壤守之若干,故相壤定籍而民不移。"这同《周礼》所说的"辨其野之土:上地、中地、下地","巡野观稼,以年之上下出敛法",意思

---

① 《古史新探》,中华书局,1965 年版,第 140 页。

完全一样。所以,说遂区行井田助法是毫无根据的。

乡遂地区份地连片,并与居民的行政编制相一致,即前引《齐语》所谓之"人与人相畴"。同里闾的人不仅在军事、田猎、徭役等活动中编在一起,他们的份地也相邻接。大致在春秋初,份地已经固定化。何休注《公羊传》时谈到的"三年换土易居"的定期分配耕地的制度,已被"自爱其处"的休耕制所取代;村社已采用以土地数量调剂质量的办法,来解决因土质差异而造成收益不均的矛盾;公田业已消失,农民向政府交纳大体以"什一"为率的实物税,并承担必要的兵役和劳役。

三、乡遂居民的身份及其差别

史学界中,认为乡遂异制的学者们有一个共同倾向:夸大了乡遂居民身份上的不同。如杨宽先生在《试论西周春秋间的乡遂制度和社会结构》一文中开始就说:"'乡'与'遂'不仅是两个不同的行政区域,而且是两个不同阶级的人的居住地区。"[①]他认为六乡居民是"国人",具有国家公民的性质;而六遂居民属于"野人",是劳动者,被压迫者。杨先生详细论述了乡遂的差别,有些见解十分精当。但说乡遂居民是两个不同的阶级,我觉得证据尚不足。就以经济地位而言,如我在上节中已分析过的那样,乡民与遂民都有一块份地,都要交纳赋税,其受剥削的方式都是"巡野观稼"、"相壤定籍"、"相地而衰征"的彻法,剥削量也大抵以什一为率,看不出有质的差异。此外,乡民遂民都要服一定的劳役。《地官·乡大夫》职下规定:"以岁时登其夫家之众寡,辨其可任者:国中自七尺以及六十,野自六尺以及六十有五,皆征之。"也是只在宽严界限上略有区别。遂民是否服兵役的问题,尚有争论。从《周礼》看,虽然《遂人》职下未言军事编制,但在遂区官员的职务中,却有许多军事方面的要求,如《遂人》职有"简其兵器"、"以令师田"的规定;《遂师》职有"军旅、田猎,平野民,掌其禁令"(郑玄注:"平,谓正其行列队伍也。")的规定;《县正》职有"师田

---

① 《古史新探》,第135页。

行役,转移执事,则帅而至,治其政令"的规定。情况可能是这样:周初只有国人即乡民服兵役,遂民处于从属地位,但也要接受军事训练,适应军事生活,并为军事行动服务。

我认为,乡民与遂民都是农村公社的成员,即亚细亚生产方式下的庶民阶级。用孟子的话来说,"在国曰市井之臣,在野曰草莽之臣,皆谓庶人。"仅仅由于宗法制度重嫡长血缘系统的关系,乡遂之民才有身份上的差别。认识这个问题,我们必须追溯一下乡民与遂民的来源。周王朝初建时,周王或受封诸侯,带领他自身所出的那个大家族,以及可能有的与之联盟的异姓家族,前往新地或封地,营建都城。经籍中记述这种"封国作邦"的材料很多,如《尚书》所载周公营洛,《诗经》所载文王作丰,武王宅镐,召伯建谢邑,韩侯筑韩城。国都建成后,王侯们的家族成员以及与之联盟的贵族家族成员,便聚居于国都,耕种着国都周围的平野,并逐渐完成了由家族公社向农村公社的转化;在国都四周可能开垦的土地上,出现了由小块份地连片而成的大型田域。① 所谓"乡",就是这样形成的。最初是只有乡而没有遂的。随着人口的繁衍,国周围的可耕地几乎全部成片,不能再给新增生的劳动力提供新的份地。而且,与份地连片相对应的严格的行政、军事合一的户籍制度,也不允许经常插入新的成员。正如马克思在谈到农村公社的"再生产"时所说过的那样:"凡是在那每一个人应得若干亩土地的地方,那里居民的增长,就已妨碍了这一点。"②于是只好向那些已经成型了的连片田域之外的未垦土地上发展。那些土地,距国较远,而且愈扩愈远,因此新的份地主人便无法再居于国中。他们在靠近新辟田区的地方建立起新的居民点,这就是郊邑,而新辟的田区即称之为"遂"。"遂"字本含逐渐延伸的意思,遂区是乡区的扩展,遂民是乡民的分蘖。从这个意义上说,遂区实际上是乡的"殖民地"。

是哪些乡民迁居郊邑耕种遂地呢?当然不是乡民家庭中的家长及其嫡长子。在宗法制度下,嫡长子不仅继承其父使用的份地,而且继承宗权和家产,他们世代相接地生活在定型化了的、行政军事合一

---

① 详拙著《周礼社会制度论略》,该文收入人文杂志社编的《先秦史论文集》(1982年)。
② 《资本主义生产以前各形态》,人民出版社,1956年版,第31页。

的比闾编制之中,就像生了根一样。迁到郊遂去的是所谓之"余夫",即家长及嫡长子之外的男劳动力。"余夫"长到一定的年龄,和正夫有同样的领受份地乃至成家立业的权利,他们的份地就分配在遂区中。郑玄注《周礼》时已言及此,可惜他未曾深论。明确了这一点,关于乡遂的许多相异之处所造成的疑问,都可迎刃而解。下面,我摘其要略作分析。

一、乡区成员称"民",遂区成员称"甿"(或"氓")。"甿"的含义是"新徙来的农夫"。《孟子·公孙丑》说:"廛无夫里之布,则天下之民皆悦而愿为之氓矣。"《滕文公》篇记许行告滕文公的话:"远方之人,闻君行仁政,愿受一廛而为氓。"都是要在遂区安家务农的意思。《诗经·卫风·氓》的故事为人们所熟悉,但该诗的几个细节却被忽略:该"氓"所居与其妇之家相距并不太远(可以用"抱布贸丝"作为来往的借口),但也并不很近(须乘车、涉淇),这大约正是国都至郊邑的距离。该"氓"与其妇"总角之宴,言笑晏晏,信誓旦旦",本是青梅竹马,自幼在一起的;但长大之后,男方却离开女方成了遂区之氓。这故事为乡民余夫成年后迁至遂区,并在遂区成家立业这一推断,提供了一个生动的例证。二、由于甿是新衍生的田民,尚无治家经验,缺乏生产知识,开始时生活有一定的困难,因此政府(实际上是村社)要予以各方面的照顾,帮助他们安排生产,组织家庭,也就是《孟子·万章》篇所说的:"君之于氓也,固周之。"《周礼·地官·旅师》职下规定:"凡新氓之治,皆听之,使无征役,以地之美恶为之等。"《遂人》职下规定:"凡治野,以下剂致甿,以田里安甿,以乐昏扰甿,以土宜教甿稼穑,以兴耡利甿,以时器劝甿,以彊予任甿,以土均平政。"(所谓"以下剂致甿",指以最低的赋役标准来要求甿。)这些规定,都是对新徙田民的照顾和扶助,对乡民是没有的。本文前面谈到的"岁时合耦于耡",也是政府组织新徙田民安排生产的一项措施。乡区虽也要耦耕,但乡民合耦已成习惯且已有经验,不需再加以组织。三、份地分配,乡遂有别:乡区以"家"作授田单位,遂区以"夫"作授田单位,这是很有道理的。乡区全是"家",余夫无田可授,"家百亩"三字已排除了余夫授田的可能性。遂区当然也有许多"家"("夫"总是要成家的),但也有许多具有授田资格的单身的"夫"(包括遂区本身的余夫和乡区迁来的余夫),因此以"夫"为单位授田就更确切些。遂区按规定每一夫除授份地外还授"一廛",而乡区则只言授地。这是因为新迁移的农民必须给他们划一块房基地,而乡民的房屋则是世代相传的祖宅,是无须分配的。乡区无莱田而遂区有莱田,这不仅由于遂区地多,也还由于遂区多为新垦地,土质较劣,须休耕轮作,故用数量来弥补质量;乡区美田熟地,不须休耕轮作,因此没有莱田,且份地早已连片,已无莱田可授。四、乡区保留着血缘关系的纽带,而遂区纯靠地域关系联结居民。因为乡民是原家庭公社成员们的世代递接的嫡长子,从一开始就是聚族而居的,血缘关系同地域关系相结合,所以他们能够相保、相受、相葬、相救、相赒、相宾,能够行乡饮酒礼,定齿位。遂区则不然。虽说每一遂肯定与其近乡相对应,但其居民组合却无血缘规律可循,其邻比为何人,纯系偶然机遇,不可能形成乡区居民以血缘纽带相联结的原版复制。因此,遂区居民彼此间的关系比较松散,尽管遂区行政编制在形式上模仿了乡区的结构。五、遂区居民起初不服兵役。这是因为当时的军事编制与行政编制完全合一,只有乡民才在军籍;遂区编制正在形成过程中,组织很不严格,训练很不成熟,遂民在经济上也还未充实起来,因此由遂民担当主力军是很靠不住的。但随着遂区的巩固与繁荣,兵役负担也必然逐渐落在他们身上。《左传》中多次提到的有些国家的"新军",大约就是从遂区征发来的。

综上所述,我们看到,乡民与遂民在宗法身份上有贵贱之分,从而造成了他们之间的许多差异。国家对乡民的重视远远超过对遂民的重视,这从《周礼》所载乡遂地区的官员们在爵衔上的明显差距即可看出。然而乡民与遂民的身份差异却并不具有阶级对立的性质。他们同属庶民阶级,都是被剥削、被压迫者,至多可以看作是庶民阶级中的两个阶层。

四、关于都鄙的情况

都鄙的居民,历来被称作"野人",主张周代为奴隶社会的史学家,大都把他们视为奴隶。都鄙之民与乡遂之民,果真有这样大的身份区别吗?

都鄙是乡遂之外边远地区的一些分散的居民中心,政治上由各采邑主控制,是宗法政治体系支配下的一些国中之国。《周礼》中有不少条文不言乡遂,而将邦国与都鄙连提,就是把都鄙当小邦国看待的。如《地官·掌节》"守邦国者用玉节,守都鄙者用角节"即为一例。采邑主们在都邑中筑有城墙,立有宗庙,设置"邑宰"、"室老"、"家大夫"等主持政务,下设办事机构。他们还拥有与其采邑规模相适应的军队。到春秋时代,许多都鄙之邑的发展,已造成了对诸侯国的威胁。史载鲁国"堕三都"的事件,郑国共叔段以京叛的事件,都是很好的说明。在都鄙中采邑主行使权力的方式,与周王在王畿内以及各诸侯在邦国内行使权力的方式,绝不会有质的区别。王畿是各诸侯国的样板,各诸侯国是其都鄙采邑的样板,这是宗法社会权力等级分割本身造成的。各个层级的统治模式,规格可以有大小,细节可以有繁简,等别可以有上下,但其政治管理与经济结构的实质则是一样的。应当承认,都鄙之民从来源上说,成分比乡遂之民要复杂:既有当地的土著居民(可能是原有的殷民,也可能是原先依附于商部落联盟或周部落联盟的一些小部落),也有被封在该地的采邑主的大家族成员,他们之间在身份上,在所受政治待遇上,肯定会有些差别,如同乡民与遂民有些差别一样。但都鄙的主要居民却绝不会是奴隶,因为如上文所述,周代整个经济体制与政治结构不是奴隶制的体制与结构,而是农村公社的体制与结构,是以份地经济为基础的。都鄙区域内虽不一定再有乡遂的名称,但其村社形式、份地分配、剥削方法,当与乡遂地区大同小异。《周礼·地官·大司徒》:"凡造都鄙,制其地域而封沟之,以其室数制之,不易之地家百亩,一易之地家二百亩,再易之地家三百亩。"贾疏:"云以其室数制之者,其室在都邑之内;而云制之者,依其城内室数,于四野之中制地与之。"这就是《礼记·王制》所谓:"凡居民,量地以制邑,度地以居民,地邑民居必参相得。"这同乡民居于国中,其份地布于各乡;遂民居于郊邑,其份地布于各遂,不是完全一样的吗?都鄙份地数量不同于乡遂,这与都鄙的地理位置有关:都邑周围如同国都周围一样,土地肥美,又没有更多的余地可分配,故只能"家百亩";在边鄙的零散居民点上,人少地广,有充足的莱田供支配,故可以"家二百亩"、"家三百亩"。

有个传统观点,至今仍为许多史学家所尊奉,即认为都鄙实行井田制。寻根究底,此说来自郑玄等汉代经学家。他们硬把《周礼·地官·小司徒》职下关于六乡田制的一段话(即本文第二节引过的"乃经土地而井牧其田野……"那段话),归之于都鄙。事实上,那段话只能反映井田躯壳在份地连片地区的历史遗迹,根本不能说明井田制是时尚行;相反的,"九夫为井"一句本身即已否定了公田,否定了井田制的存在。况且,那段话分明说的是乡区,与都鄙无关。都鄙的份地是有莱田的,而且数量超过遂区。数量不等的莱田存在,这也是对井田制的一种否定,因为孟子式的井田制是以各家份地等量为基础的。从《周礼》经文看,在叙述了都鄙田制之后,紧接着就说"乃分地职,奠地守,制地贡",哪里有一点井田剥削的迹象?《国语·齐语》记载管仲"参国伍鄙"的施政主张,所谓"伍鄙",即指对都鄙的治理。管仲治理都鄙的指导思想也是"相地而衰征",即根据土地质量而确定农业税收额。这同样证明都鄙并不行井田制。

在判定都鄙居民的身份问题上,史学界还流行着一种"族奴"说。其基本论点是:周人灭商后,被征服的商人整族整族地被沦为奴隶,他们住在都鄙(有的学者连遂区居民也包括在内),继续耕种着原有的土地,但需向征服者提供剩余劳动,接受征服者的奴役。周族的各级部落首领们受封去统治那些被征服的殷人(或原来殷人的种族奴隶),成为奴隶主贵族。周族的一般氏族成员则是平民,他们耕种乡区的土地,居住于都城中,被称作"国人"。这种观点表面上顺理成章,却经不住认真求实的分析。我们首先要问:周族灭商前处于什么社会阶段?它是否具备沦殷人为奴隶的力量和条件?好在这方面的史料并不缺乏。商末的周族,是商的属国,事实上不过只是一个小小的部落联盟。公刘迁豳,古公徙岐,文王都丰,其部落生活还具有游牧性质。据诗书记载,古公亶父时还"陶复陶穴,未有家室",文王本人也还要"即康功田功","秉鞭作牧"。《史记·周本纪》中有一段关于古公亶父弃豳迁岐的记述,很能说明问题:"古公亶父复修后稷、公刘之业,积德行义,国人皆戴之。熏育戎狄攻之,欲得财物,予之。已复攻,欲得地与民。民皆怒,欲战。古公曰:'有民立君,将以利之,今戎狄所为攻战,以吾地与民。民之在我,与其在彼,何异?民欲以我故战,杀人父子而君之,予不忍为。'乃与私属遂去豳,度漆、沮,逾梁山,止于岐下。岐人举国扶老携弱,尽复归古公于岐下。及他旁国闻古公仁,亦多归之。"这段史料说明是时周族纯处于部落阶段,根本不知道奴隶制为何物。在古公看来,岐人从属于周部落或从属于戎狄部落,都无不可;岐人扶老携弱归古公,当然不是甘愿去当古公的种族奴隶,而是不愿脱离古公部落。古公为文王祖父,在生产发展极其缓慢的当时,两三代人之间社会性质不会有多么显著的变化。不过文王时周部落已联合周围部落初步形成了一个小部落联盟。史载文王"受命称王"后九年而崩,所谓"受命称王"当指文王建立了以周部落为中心的部落联盟而言。是时周族的力量比商要弱得多,他们自称"小邦周",而尊商为"大国殷"。牧野之战,周人联合了那么多部落,其主力军也不过三千。灭商之所以成功,主要并非由于周族自身的强大,而是由于商纣政治腐败导致了众叛亲离。所以,灭商后周王派三叔镇抚商域时,仍须借助商纣之子武庚,对殷民只能一仍其旧。就这样,也还是在武王死后立即发生了大规模的叛乱。周族对殷人的控制,至多能维持其原有局面,决无把全部殷人沦为种族奴隶的力量与可能。人们不知引用过多少次的《左传·定公四年》的记载,分"殷民六族"给鲁侯,分殷民七族给康叔,分"怀姓九宗"给晋侯等,不过是指定那些"族"、"姓"行政管理权的归属。所谓"授民授疆土",实质上是周王按宗法等级对新占领区行政权的分配,不可能也没有必要触动当地原有的生产方式。《左传·定公四年》那段史料在谈到对占领区的治理方式时,明言对鲁地是"以法则周",对卫地是"启以商政,疆以周索",对唐地是"启以夏政,疆以戎索",都是尊重原有的经济结构,至多在土地丈量单位长度上有所规定,并未强行实施什么"种族奴隶制"。再从《尚书》中《多方》、《多士》诸篇看,周王对被征服的殷民讲话,重在抚慰劝喻:"尔乃尚有尔土,尔乃尚宁干止","今尔尚宅尔宅,畋尔畋,尔曷不惠王熙天之命","我有周惟其大介赉尔,迪简在王庭;尚尔事,有服在大僚"。这决不是沦他们为奴隶的口气。

因此我们说,即使都鄙之民大都确是被征服的殷人,其身份却并不因为被征服而发生质的转化。原有的村社结构依然存在,他们仍是领有份地并从而有自己独立家庭经济的村社成员。

五、乡遂制度的社会性质

在以上四节中,我曾多次指出,乡遂制度就是农村公社制度。乡遂制度下的民众,是以"夫家"为单位联结起来的,这些"夫家"的规模都不大,一般在五口人到九口人之间。《礼记·王制》谓:"农田百亩,百亩之分,上农夫食九人,其次食八人,其次食七人,其次食六人,下农夫食五人。"孟子爱说"八口之家",何休释《公羊传》"初税亩"条时说"一夫一妇,受田百亩,以养父母妻子,五口为一家。"这都可以和《周礼》"家七人"、"家六人"、"家五人"的记载相佐证。这些小家庭在大体以百亩为准的一块份地上劳作,有自己的工具、房屋、家畜和车辆,男子力田,女子蚕桑,过着自给自足的生活。商业虽然存在,但很不发达,有身份的人以到市场上去为耻辱。《周礼》中还规定王公贵族过市要受罚。商人自称"小人",直到战国初,孟子仍视商人为"贱丈夫"。当时商业在社会生活中的地位可见一斑。乡遂制度下的庶民要向国家交纳大体以什一为准的赋税,并承担兵役和各种劳役。除了什一正税外,再无其他租赋,如马克思所说,地租与赋税是"合为一体"的。很久以前,庶民们也曾在村社的"公田"上从事过集体劳作,这从先秦文籍中许多关于"井田"的零散记载中可以约略窥知。在象征性的大型公田即"藉田"上的集体劳作,直到春秋时代都还存在,《诗经》中的许多篇章(如《大田》、《甫田》、《臣工》、《噫嘻》、《载芟》等)对此有具体而生动的描述。后来,除藉田外的公田,消融在份地之中,村社成员在公田上的无偿劳动,转化为实物形式的什一税,从而使公田剥削扩大到了份地上。《孟子正义》引周柄中的话说:"商家同井,公田在私田外;周九夫为井,公田在私田中。"此说视商周异制,时间断限未必妥当,但强调公田的有无,却甚得村社田制演变之要领。乡遂制度下村社份地是连片的,如《周礼·地官·遂人》所述那种从"夫间有遂"直到"万夫有川"的百万亩田域,其上沟洫纵横,阡陌交错,正是马克思所说的农村公社的"棋盘状耕地"。至迟在春秋时代,份地已经固定化,但更早确也存在过定期重划份地的制度,即何休注《公羊传》说过的"三年一换土易居,财均力平"。至于户籍制度的严格,行政、军事、徭役的结合,前面已论及,不须再赘述。

乡遂庶民与村社统一体密不可分的关系,在史料中更有不容置疑的反映。除了前引《周礼》、《管子》中的许多内容可以说明外,再如《孟子·滕文公》:"乡田同井,出入相友,守望相助,疾病相扶持,则百姓相睦。"《逸周书》:"饮食相约,兴弹相庸,耦耕俱耘;男女有婚,坟墓相连,民乃有亲。"都显示了乡遂庶民对村社的依存。从政治管理上说,在乡遂制度下,除了上起王侯公卿下至里宰比长的一整套贵族官僚统治体系及其附庸之外,不存在另外的剥削阶级;政府机构也就是剥削机构。闾师、族师之辈,本就是公社中的上层人物,在乡遂制度下,他们又是王朝的"命官"。在其统属的地域内,他们的权力几乎是无所不包的。他们严密控制基层,与专制主义王权对全国的控制一脉相承,这正是农村公社政治的一大特点。请看《周礼》中"族师"一职的权限:"各掌其族之戒令政事。月吉,则属民而读邦法,书其孝弟睦姻有学者。春秋祭酺亦如之。以邦比之法,帅四闾之吏,以时属民而校,登其族之夫家众寡,辨其贵贱、老幼、废疾、可任者及六畜车辇。五家为比,十家为联;五人为伍,十人为联;四闾为族,八闾为联。使之相保相受,刑罚庆赏相及相共,以受邦职,以役国事,以相埋葬。若作民而师田行役,则合其卒伍,简其兵器,以鼓铎旗物帅而至,掌其治令戒禁刑罚。岁终则会政致事。"这真可谓集政权、财权、军权、神权、族权、法权于一身了。我认为:"族师"所掌的"族"这一级行政结构,可能就是一个百家左右的村社;由于是从往昔的家族公社演化而来,所以称之为"族"。从《周礼》、《左传》、《国语》等先秦文籍的记载看,许多政治措施、军事行动、法令传达乃至群众活动,都是以族为单位进行的。

周代村社的规模,史籍说法不一,但肯定有百家立社的传统存在。《诗经·周颂·良耜》:"以开百室,百室盈止,妇子宁止",朱熹注:"百室,一族之人也。族人辈作相助,故同时入谷也。"《礼记·祭法》:"大夫以下成群立社曰置社",疏曰:"置社者,大夫以下,包士庶成群聚而居,满百家以上得立社。"郑玄认为"置社"即"里社"。"里"字为田、土之合文,韩连琪师早就论述过,一田即一井。周代讲土地数量,是以"田"为单位的,金文中言赐田若干,以及《国语·晋语》所言"士食田",皆指井田而言。① 里为井田制时代的份地家庭组合体,文献中常见之"里君",实即村社的管理人,《周礼》中称之为"里宰"。《尚书·酒诰》讲行政体制有内服、外服之分,内服中最基层的长官为"百姓里居",《逸周书》谓"百官里居","居"字当系"君"字之讹,《史颂簋铭》中与百姓并称的即作"里君"。所以,郑玄所说群体立社称"里社",是可信的。《管子·度地》篇:"百家为里。"《史记·吴太伯世家》:"越王句践欲迁吴王夫差于甬东,予百家居之。""百家"盖即一村社。我国古代的所谓"社",实际上是一定地域范围内的人们共同尊奉的土神,即马克思所说的"想象的部落体",因此有定期"祭社"的仪式。《礼记·郊特牲》:"社所以神地之道也。地载万物,天垂象。取财于地,取法于天,是以尊天而亲地也,故教民美报焉。"这说明了立社的旨意。《周礼·地官·大司徒》:"辨其邦国都鄙之数,制其畿疆而沟封之,设其社稷之壝,而树之田主,各以其野之所宜木,遂以名其社与其野。"这说明了立社的方法。各社之间,有明确的地域分界,每社都有"田主"即田祖的坛位,以备祭祀、祈年之用。田主之木,用当地之"所宜木",并用该木之名以立社。史传商汤之社为"桑林"。《论语》载:"哀公问社于宰我,对曰:夏后氏以松,殷人以柏,周人以栗。"《史记·封禅书》"高祖初起,祷丰枌榆社",集解引张晏语:"枌,白榆也。社在丰东北十五里。或曰枌榆,乡名,高祖里社也。"这些都是古代以木命社的例证。村社以树为标志,此制在大众习俗中留存甚久。《苏氏演义》云:"今村墅间多以大树为社树。"可知晚至唐代遗风犹在。

上述史实与马克思主义经典作家对农村公社的论述,是基本相符的。那么,这种以村社结构为基础的社会是什么性质的社会呢?以郭沫若同志为代表的商周奴隶社会论者,认定是奴隶社会。生产者与生产资料的结合方式,是判断社会性质的关键。斯大林同志就

---

① 韩连琪《春秋战国时代的农村公社》,《历史研究》,1960 年第 4 期。

是据此给奴隶社会下定义的,他说:"在奴隶制度下,生产关系的基础是奴隶主占有生产资料和占有生产工作者,这生产工作者便是奴隶主所能当作牲畜买卖屠杀的奴隶。"① 乡遂制度下的社会生产主要承担者庶民阶级,分明是占有一块份地并有独立家庭经济的村社成员,而并不是一无所有可以被当作牲畜买卖屠杀的奴隶。把这样的社会说成奴隶社会,那奴隶社会的质的规定性也就荡然无存了。其实,只要抛开"原始社会瓦解后必然是奴隶社会"这一成见,我们就会发现,乡遂制度的村社结构,决难同奴隶制生产方式相并容。试想,份地连片格局是那么严整,闾里邻比的户籍编制是那么细密,奴隶劳动如何厕入其间?当时可能用奴隶于农业生产的主人不外下面三类:一是村社成员,二是各级贵族,三是国家或王室。关于村社成员用奴隶来耕种自己的份地的史料至今尚未发现,据我所知也没有人这样主张。那百亩左右的份地,在当时生产力水平下,是同数口之家的劳动力及消费水平相适应的,连"余子"都要往遂区分发,还能容得下奴隶?政府或村社不会按拥有奴隶的数量给村社成员增拨份地,奴隶又不能代替村社成员去服兵役和徭役,那村社成员要奴隶又有什么用呢?再看各级贵族。贵族们有受封的采邑,但采邑土地上仍是村社,他们将怎样安排自己的奴隶呢?撵走村社成员,让奴隶们在村社土地上集体劳作?这显然不可能;让奴隶们开荒,新辟耕地?这到是可行的。但土地开出来之后又怎么办呢?模仿村社形式,交给每个奴隶一块土地,让他们在土地上劳作,并建立家庭,上交剩余农产品?这样奴隶便又转化为农奴或新的村社成员,不成其为奴隶了。另一种办法就是建立奴隶制大庄园,强迫奴隶们集体劳动,统一押送监管。但这种奴隶们在暴力监督下集体劳作的大庄园,在史料上却又找不到半点踪影。如果这种奴隶制庄园规模不大而且数量不多,难以与广泛存在的村社经济相提并论,那么,即使它们真地存在,也不能据之判定当时的社会性质,因为社会性质取决于占统治地位的生产方式。如果这种奴隶制庄园像古罗马那样成了社会经济构成的主体,那么,无数先秦文籍记述当时的社会面貌,绝口不谈这种奴隶制庄

---

① 《辩证唯物主义与历史唯物主义》,人民出版社,1956年版,第34页。

园,却大讲特讲什么乡遂制度,岂不成了咄咄怪事! 至于国家或王室对农业奴隶的使用,也和上文是同一个道理:对奴隶不加监管,让他单独劳动,并榨取其剩余产品,那就必须给他有限制的自由,允许他建立自己的家庭经济,这样的奴隶就不再是奴隶。如果不给奴隶一定的自由,不许奴隶有自己的家庭经济,那就要建立以暴力维系的国营集体劳动的庄园,然而这种奴隶庄园在先秦就根本不曾存在过。

当然,否认周代为奴隶社会,并不是说周代就没有奴隶。我只是强调,担负社会主要生产任务的是村社庶民,而不是奴隶;周代社会经济构成的基础是乡遂制度,而不是奴隶制度。周代是有奴隶存在的,但他们主要控制在政府和贵族手中,多用于公共劳作、宫廷杂役以及贵族们的家内侍奉,并不进入村社结构的生产领域,因此也不决定整个社会的生产方式。

另有一批史学家把乡遂制度作基础的周代社会视为封建社会。应当承认,乡遂制度与封建制是有很多相似之处的,但要把二者画等号,还有许多问题需要商榷。封建制度应当是在农村公社彻底瓦解,自耕农两极分化,从而出现愈演愈烈的土地兼并的基础上形成的。所谓"地主阶级",必须在土地私有权十分明确的前提下,才能存在,才名实相符。地主阶级纯粹靠其对土地的私人所有权实现其对农民的剥削,他们可以任意改变劳动者与土地的结合,剥夺农民耕种土地的权利。另外,在封建制度下,地主阶级不一定直接参与国家的各级行政管理,官僚阶层只是地主阶级的部分代表,地租与国家赋税完全是性质不同的两回事。耕种地主土地的农民,除非有偶然的富贵奇迹,否则,他们耕种的那块土地不仅永远不会归他们所有,他们本人还有被卖掉或被赶走的可能。在绝大多数农民的命运中是没有曙光的。但在乡遂制度下情况却全然不同。主要社会生产资料土地的所有形态,通过份地形式,由村社所有逐步转化为村社成员所有。村社庶民在政治上享有公民权,并在份地劳动的基础上建立了独立的家庭经济。尽管他们遭受着相当苛重的剥削和压迫,生活极其困苦,但他们有权支配自己劳动所得的大部分则是事实。村社内部的生产结构,是历史发展的自然形成,不是某种超经济的暴力强加给他们的;村社庶民对份地的权力是不言而喻的,是不可剥夺的,这不是任何人的恩赐,而是人类社会进化的必然结果。周王或诸侯可以把村社成员连同土地一并分赐给部下,然而那是国家行政治理权的分配形式,只不过用专制主义王权色彩的语言表述出来罢了。这种人、土封赐,丝毫也不触动村社成员与村社的关系,丝毫也不触动生产者与生产资料结合的方式。正因为如此,村社瓦解后,才出现了战国乃至秦汉时代的大量自耕农。乡遂制度下的贵族阶级,既是庶民大众的剥削者,又是国家包括各级行政的治理者。他们的剥削之所以可能,主要靠族权、神权、军权、政权的结合,在很大程度上依赖血缘宗法的纽带。因为,他们的前身是原始社会中氏族、部落的大小首领,在以往的世代中,通过领导生产、主持祭祀、指挥作战、处理公务,从而形成了公认的权力。由于历史的惯性,他们的权力延伸到农村公社时代,便成为剥削和统治庶民的依据。他们不同封建社会的地主阶级那样,随着村社的瓦解和土地兼并的发展而形成,而壮大;恰恰相反,他们的权力和地位随着村社的瓦解和宗法纽带的消失而崩溃,而没落。考虑到上述情况,我觉得不宜把以乡遂制度为基础的周代说成是封建社会。

  农村公社含有公有制与私有制的二重性,传统观点把它看作是由原始社会转化为阶级社会的过渡性形态。但我想,中国的乡遂制度经历了那么漫长的世代,国家体制和专制主义王权早已形成和完善,庶民与贵族两大阶级的对立如此鲜明,田制与剥削方式又如此明确、稳定,整个社会的政治、经济结构同其他性质的社会结构有着判然的区别,为什么我们不能把它看作是一种独立的社会形态呢?在《对中国古代社会性质的一点浅见》[①]一文中,我把这种以村社结构为基础的社会,试称之为"庶民社会"。它可能形成于夏代,发展于殷代,全盛于西周。春秋时代已是它的晚期,战国时代它全面瓦解,逐渐让位于封建社会了。

(原载《青海师范学院学报》[哲学社会科学版]1983年第3期)

---

  ① 见本书第3页。

试论乡遂制度与亚细亚生产方式

本文试图通过对乡遂制度的分析,说明中国古代曾存在过典型的、以农村公社为基础的社会结构,而这种社会结构,也就是马克思所说的"亚细亚生产方式"。

一

近几年来在我国学术界重又活跃起来的关于"亚细亚生产方式"的讨论,有一个新趋势:人们越来越注意探讨马克思和恩格斯对于古代社会认识的发展过程。这个新趋势是很有意义的,因为它最终将澄清"亚细亚生产方式"这一术语本身带来的理论上的混乱。首先应当强调指出,关于亚细亚生产方式,往昔的讨论一直是伴随中国革命向何处去的问题而展开的,且有国际共产主义运动的背景。今天我们作为纯学术命题重新探究,必须把它从政治理论中剥离出来,实事求是地针对中国古代社会的真情实貌来思考。事实上,当马克思、恩格斯明确阐述原始社会瓦解后形成的第一个阶级社会为奴隶社会时,他们主要依据的是古希腊罗马的历史。我们不能无视当时的学术背景。那时,自然科学和社会科学的研究中心在欧洲,欧洲被看作人类文明的摇篮,而希腊罗马又被看作欧洲文明的摇篮,所以恩格斯说:"没有奴隶制,就没有希腊国家,就没有希腊的艺术和科学;没有奴隶制,就没有罗马帝国。没有希腊文化和罗马帝国所奠定的基础,也就没有现代的欧洲。我们永远不应该忘记,我们的全部经济、政治和智慧的发展,是以奴隶制既为人所公认、同样又为人所必需这种状况为前提的。"①然而,当马克思、恩格斯把历史研究的目光转向希腊罗马之外的世界,特别是转向古代东方世界时,他们的阐述就不那么明确了。

古代东方原始社会瓦解后的社会结构,完全不同于希腊罗马的情况,马克思、恩格斯对此感到困惑。因此,马克思在《政治经济学批判序言》(1859年)中,提出了"亚细亚生产方式"的概念,并把它置于"古代的"社会形态之前。后来,斯大林依据马克思、恩格斯的有关论述,把人类历史明确划定为原始社会、奴隶社会、封建社会、资本主义社会、共产主义社会五个发展阶段,②于是"亚细亚生产方式"的性质和处位问题,便成了聚讼纷纭的焦点。为了维护斯大林五种生产方式说的绝对权威,苏联史学界硬性地将之归类于奴隶社会。其实这并非马克思的本意。对古代东方社会发展道路特殊性问题,革命导师从来未做过模式化的结论,他们进行过不懈的探讨,作过许多解释,试图把问题搞清。但由于当时主、客观条件的限制,他们在这方面的研究未能达到完全成熟的阶段。他们的有些见解,尚属思想酝酿过程中的素材,而非定论。马克思本人直到晚年也都承认,原始社会解体的历史,还有待于进一步探讨,他说:"到现在为止,我们只有一些粗糙的描绘。"③在研究过程中,他们的观点必然有许多发展和改变,所以前后常有不一致的地方;他们各人的看法,有时也大相径庭。但马克思、恩格斯研究历史的态度是非常严肃、非常实事求是的,在他们未深信真相已经探明之前,并不急于给古代东方的社会性质下结论,而只用"亚细亚生产方式"这个地域性名称来表明那是不同于希腊罗马奴隶制生产方式的另一种经济构成。马克思、恩格斯关于亚细亚生产方式的研究,虽未臻完善和成熟,却给后人开拓了一个极为重要的历史学和经济学的领域。我们的任务是继承马克思、恩格斯未完成的事业,踏踏实实地考察一下古代东方社会,特别是中国古代社会的状况;而不能停留在认证、推断马、恩究竟是在什么意义上使用亚细亚生产方式这一概念的水平上,更不能片面地依据他们某

---

① 《反杜林论》,人民出版社,1970年版,第178页。
② 《辩证唯物主义与历史唯物主义》,人民出版社,1956年版,第33页。
③ 《给维·伊·查苏利奇的复信草稿——初稿》,《马克思恩格斯全集》第十九卷,人民出版社,1965年版,第432页。

一时期的观点,先入为主地认定原始社会瓦解后第一个阶级社会必然是奴隶社会,从而给自己的探索工作带上了成见的框框。马克思主义的生命力在于求实精神和辩证精神,而不在于它的每一具体论点都绝对正确。结论应当通过切实的研究得出,而不能作为研究的前提。

尽管马克思、恩格斯对亚细亚生产方式的研究尚未形成完整而清晰的体系,但在他们关于此问题的大量论述中,特别是在他们十九世纪七十年代研读了摩尔根的《古代社会》一书之后的大量论述中,已经显露了最终将导致否定古代东方为奴隶制社会的倾向。比如,马克思曾称古代东方为"存在普遍奴隶的东方",[①]这"普遍奴隶"指的是广大农村公社成员。但马克思同时又承认村社成员都占有并使用自己有权占有并使用的一块份地,有着自己独立的家庭经济。他说:"耕地是不准转卖的公共财产,定期在农业公社成员之间进行重分,因此,每一社员用自己的力量来耕种分给他的地,并把产品留为己有。"[②]把这样的村社成员称之为"普遍奴隶",显然具有某种夸张的、比拟性的含义,其目的在于强调村社成员对村社的隶属性,强调专制主义王权的至高无上。所以,当马克思在认真地谈到严格意义上的奴隶制经济时,他是把古代东方的所谓奴隶经济排斥在外的。[③] 恩格斯的认识与马克思不同,他称古代东方的奴隶制为"家庭奴隶制"[④]并认为这种"家庭奴隶制"并不直接构成生产的基础。对此,侯外庐同志曾分辨:"照恩格斯说,古代东方是家内奴隶制,但是这里却要明白,所谓家内的并非不事生产的仆役,而是指家族的集团。"[⑤]这样一解释,固然使恩格斯的"家庭奴隶"与马克思的"普遍奴隶"统一了起来,但这却决非恩格斯的原意。恩格斯明确地把"东方的家庭奴隶制"与"古代的劳动奴隶制(重点笔者所加)"相对列举,显然是指前者用之于家内生活,后者用之于生产劳动。恩格斯在谈到奴隶劳动使自由人认为劳动丧失体面的时候,说得更加清楚:"家奴

---

① 见《资本主义生产以前各形态》,人民出版社,1956年版,第33页。
② 《辩证唯物主义与历史唯物主义》,第449页。
③ 参阅《资本论》第三卷,人民出版社,1958年版,第177页。
④ 见《家庭、私有制和国家的起源》,人民出版社,1957年版,第151页。
⑤ 《中国古代社会史论》,人民出版社,1956年版,第29页。

制是另外一回事,例如在东方:在这里它不是直接地而是间接地构成生产的基础,作为家庭的组成部分,不知不觉地转入家庭(例如内宅的女仆)。"①后来恩格斯干脆说:"在古代的自发的土地公有的公社中,奴隶制或是根本没有出现过,或是只起极其从属的作用"。②

19世纪80年代的马克思和恩格斯已非常注意区分公社的不同类型,强调指出了农村公社的许多本质特征,这在马克思的《给维·伊·查苏利奇的复信草稿》以及恩格斯的《马尔克》等著作中有突出的反映。按照马克思和恩格斯的论述,以农村公社为基础的社会面貌大体是这样的:有独立经济的小家庭,是社会生产的最小"细胞",它们按一定的地域关系而不再如氏族公社那样纯粹由于血缘关系组合成村社统一体。村社具有公有制和私有制的二重性:作为主要生产劳动资料的土地,名义上为王有或国有,实际上是公社所有;公社以份地形式把耕地平均分配给社员家庭使用,开始是以定期轮换的方式调整因土质差异而造成的不均,后来份地渐趋固定,长时期世代相袭的使用权,转化为所有权。早期的村社,分配份地时要留出一块村社的公地,由全体社员共同集体耕种,收获物用于祭祀、战争及其他公社事务。后来这公地以及社员在公地上的无偿劳动,为公社贵族所侵占。村社成员与村社有着密不可分的血肉联系,他们对自己劳动产品的支配以及他们剩余劳动的被剥夺,都是通过村社统一体来实现的,离开了村社,劳动者便失去了生存的条件。村社经济是农业与家庭手工业相结合的、自给自足的自然经济,村社闭塞、保守,商品交换不发达。专制主义王权凌驾于一切之上,以国王为首的贵族阶级,既是国家的治理者,行政管理权的实施者,又是社会的剥削者,村社成员剩余劳动的攫取者。村社首领们逐渐转化为王朝的官员,族权、神权、政权、三位一体,其根须一直扎到村社的基层结构之中,形成一个普遍的、牢固的统治体制。村社成员通过公社向国家(也即向王为首的贵族阶级)提供赋税、贡纳,服兵役和各种劳役,除此外不存在另外形式的地租。户籍制度极其严密,居民的行政编制与军事编制合而为一。作为村社统一体崇高象征的"神",为全体村社成员

---

① 《〈反杜林论〉材料》,《马克思恩格斯全集》第二十卷,第676页。
② 《反杜林论》,人民出版社,1970年版,第158页。

所共同敬奉。有一定数量的奴隶存在,但多用于公共工程和王公贵族的家内杂役,他们不是社会主要生产事业的承担者,因此不决定生产关系的性质。

这就是所谓"亚细亚生产方式"。

中国古代是否经历过这样的社会？这要通过对史实的分析作答。

二

夏代大约尚处于家族公社阶段。夏禹传子最终结束了氏族社会的民主政治,标志着父系家长制的完全形成。史称"禹会诸侯于涂山,执玉帛者万国","铸九鼎,象九州","作禹刑",都表明夏部落联盟已具国家的雏形,而最早的国家,是建立在家族公社基础之上的。商代是否已处于农村公社阶段？史学界尚无定论,史籍和考古两方面的材料都还不足以作出令人信服的论断。但商人的迁移和建都,远没有夏人那样频繁,农居生活似较稳定。灭夏前商人八迁,汤以后至盘庚五迁,盘庚定居于殷,"至纣之灭,二百七十三年,更不徙都"。① 这启发我们思考：至少在盘庚时代,农村公社已经形成。从甲骨文反映的情况看,商在盘庚之后,以作物种植为主体的农业经济已相当发达,其水平似非家族公社时代所能达到。甲文中的"田"字虽未定型,但均为方域内阡陌纵横交错之形,疑即马克思所说农村公社的"棋盘状耕地"。因此,不少学者都认为甲文中的"邑",就是农村公社。孟子是先秦的历史通,他是坚决相信商代行井田制的,而他所说的公田与份地并存、"七十而助"的商代井田制,如非凭空捏造的话,除农村公社之外很难有别的解释。

夏、商两代的社会结构,为材料所限,我们不宜强为之说,且看周代。周代存在过乡遂制度,这是古史研究者大都承认的。所谓乡遂制度,决不单纯是一种行政区划的居民编制,它直接反映了当时的所有制形态和生产关系。全面考察一下乡遂制度各方面的内容,不难

---

① 《古本竹书纪年·殷纪》,原文"二百"误作"七百"。

发现它是一种典型的农村公社结构。

农村公社的首要特征就是它的地域性,它基本上是依赖地域关系把成员联结在一起的。但这并不等于说它同血缘关系水火不相容。事实上,在农村公社的前期,血缘关系同地域关系不仅不相排斥,而且相互依赖,因为从家族公社到农村公社的演化,是一个漫长的渐变过程,二者不可能一刀切齐。作为农村公社经济细胞的小家庭,是从大家族中分析出来的,它们决不会一个个远走高飞,而必然要分室聚居于原家族公社的所在地,而作为农村公社规定性标志的家庭份地,也只能是原家庭公社公有地的等量分割。因此,血缘性与地域性是结合在一起的,宗法纽带在相当长的历史时期内还要起作用。但总的趋势是血缘关系逐渐消驰,而地域关系则在不断增强。

乡遂制度的地域性是显而易见的。在乡遂制度下,地域概念极受重视,地域划分非常严格,地域控制十分强固。乡遂制度的地域名称是很繁杂的,单《周礼》一书所反映的就有国、乡、郊、遂、甸、削(稍)、县、都、鄙等名目。简要言之,以国为中心,向四周扩延为三种类型的地域层次:乡、郊遂、都鄙。不同的地域名称并不单表地理位置,还包含着不同的政治、经济内容。尽管各种地域的基本经济形态都是村社结构,但却分别具有不同的性质,国家也因此而采取分层治理的原则。"国"是周天子或各诸侯统治机构的所在地,是当时的许多最重要的政治、经济、文化中心。国中的居民即"国人",最初当为周王或受封诸侯以及与周联盟的部落首领的"私属",即他们自身所出的那个血缘大家族。周王或诸侯的血缘家族,也被称作"王之同姓"或"公族"。周制公族之人犯了死罪,要到郊外去执行死刑,《礼记·文王世子》解释说这是为了"不与国人虑兄弟也",可见国人多为王或诸侯的同族。所谓"诸侯有国以处其子孙",也是这个意思。由此我们可以理解,为什么国人有那么多权利,可以出君纳君,决定王位的继承,常起左右政局的作用。

国人在国都内聚族而居,并耕种着国都周围的田域,那些田域被称为"乡"。乡的范围有多大呢?传统说法不一,有谓国外百里范围内为乡,有谓国外五十里范围内为乡(周里长度约为今里的三分之二)。其实我们大可不必拘泥于经学家们的数字,国的规模不一,国周围的地形和面积不一,则乡区的范围自当有异。但国外五十里范围的区域为乡的说法,可能较接近于事实,因为既然国人聚居于国中(当然,田内另有农忙时临时居住的简陋房屋,即《诗经》中所说的"中田有庐"),田地与居处不会相距甚远。随着生产的发展和人口的增加,耕地势必逐渐向四周垦延,垦延到一定程度,势必要建立新的居民点,以适应耕地距国都越来越远的局面。那些新发展起来的居民点,被称为"郊",在郊邑周围特别是郊邑之外不断开垦出来的田域,即被称为"遂"。《尚书·毕命》载康王"以成周之众,命毕公保釐东郊"。《史记·周本纪》叙述此事时说:"康王命作策毕公分居里,成周郊。"这正反映了郊邑的建设与遂区的规划。从周公营洛到毕公保釐郊里,经历了三四十年的安宁生活,洛城的发展和耕的扩展,已到不得不规划郊域以分民居的程度了。段玉裁注《说文》时指出:"郊之为言交也,谓乡到遂相交接之处也。"他确是悟出了郊的本义。《周礼》一书在从居民角度立言时,恒谓"国中及四郊",就是因为国、郊均为居民集中之地。正如国中居民称"国人"一样,郊邑居民称"郊人"。《周礼·地官·泉府》:"买者各从其抵:都鄙从其主,国人、郊人从其有司。"贾疏:"云国人者,谓住在国城之内,即六乡之民也;云郊人者,即远郊之外,六遂之民也。"《秋官·乡士》:"掌国中,各掌其乡之民数,而纠戒之……凡国有大事,则戮其犯命者。"《秋官·遂士》"掌四郊,各掌其遂之民数,而纠其戒令……凡郊有大事,则戮其犯命者。"掌国中的官员称"乡士",负责管理乡民;掌四郊的官员称"遂士",负责管理遂民。这把国、乡、郊、遂四种地域名称的关系说得清清楚楚:乡民属于国中,遂民属于郊邑。先秦文籍中所说的"近郊",是指郊区以近,即乡区;所说的"远郊",是指郊区以远,即遂区。遂字本含有发展、迁延的意思,遂区实为乡区的扩延,遂民亦为乡民的分蘖。

至于"都鄙",那是边远地区的居民中心,是诸侯以下各级贵族们的采地和封邑,政治上有一定的独立性,实际上是一些小型化了的邦国,这点我们从《周礼》常将都鄙与邦国连称即可看出。在周灭殷前即已控制了的地区内,都鄙居民主要当为被封采邑主所属的家庭成员,《左传》《国语》所记晋伯围阳樊的故事即为一例。阳樊为周王畿内之邑,当晋军兵临城下时,阳樊人仓葛大呼:"阳岂有裔民哉?夫亦皆天子之父兄甥舅也,若之何其虐也!"在周灭殷后有原殷地封建的邦国中,都鄙居民的情况就比较复杂了,可能有被封采邑主所属的家族,也有当地的土著居民。有些都鄙区域,原先可能是一些依附于周或商的小部落,商亡后它们就成为周人各邦国内的一些"附庸"了。

无论乡、遂还是都鄙,土地形态都是村社所有的份地制,份地分配都以独立的小家庭为单位。这些小家庭,人数一般在五口人到九口人之间,其拥有的份地数量因地域而异;但在同一地域内,份地分配却是绝对平均的。居民的份地享用权是神圣不可侵犯的,任何力量也无法剥夺,这是因为份地制是历史长期发展的自然成形,而不是王权的恩赐。天子或诸侯可以将大片土地连同土地上的人口封赐给部下,但那毫不触动那些土地上的村社结构和份地制。从实质上说,那种封赐只不过是用王权至尊的语言表述出来的行政管理权的分配罢了。在人烟稠密、农业发达的地区,份地的数量以百亩为率;在土质较差或人少地广的地区(如在遂区和都鄙)须施行二圃或三圃轮作制,份地数量便超过百亩。《公羊传·宣公十五年》何休注:"是故圣人制井田之法而口分之,一夫一妇受田百亩,以养父母妻子,五口为一家。……司空谨别田之高下善恶,分为三品,上田一岁一垦,中田二岁一垦,下田三岁一垦。肥饶不得独乐,墝埆不得独苦,故三年一换土易居,财均力平。"何休说的是乡遂制度前期的情况,那时份地尚未固定化,尚要定期重新分配,以避免土质差异造成社员收入上的不均。到乡遂制度后期,已不再搞换土易居。《汉书·食货志》记叙"殷周之盛"的情况说:"民受田,上田夫百亩,中田夫二百亩,下田夫三百亩。岁耕种者为不易上田,休一岁者为一易中田,休二岁者为再易下田。三岁更耕之,自爰其处。"所谓"自爰其处",就是指社员在自己的份地上进行二圃或三圃轮作,不再进行份地重划。马克思说:"农业公社的社员并没有学过地租理论课程,可是他们了解,在天然肥力和位置不同的土地上消耗等量的农业劳动,会得到不等的收入。为了使自己的劳动机会均等,他们根据土壤的自然差别和经济差别把土地分成一定数量的地段,然后按农民的人数把这些比较大的地段再分成小块。然后,每一个人在每一块地中得到一份土地。"①恩格斯说:"农业公社也越来越感觉到,停止周期分配,变交替的占有为私有,对它们是有利的。"②于是份地就渐趋固定化,并最终变为社员私有。革命导师的这些论述,与我国乡遂制度下的情况如此一致,使我们对周代土地所有形态的性质不必再有任何怀疑。

乡遂制度的份地分配,在《周礼》中有更详尽的叙述。《地官·小司徒》记乡区的情况:"乃均土地,以稽其人民,而周知其数。上地家七人,可任也者家三人;中地家六人,可任也者家二人五人;下地家五人,可任也者家二人;"("可任者"指主要劳动力)《地官·遂人》记遂区的情况:"辨其野之土:上地、中地、下地,分颁田里。上地夫一廛,田百亩,莱五十亩,余夫亦如之;中地夫一廛,田百亩,莱百亩,余夫亦如之;下地地夫一廛,田百亩,莱二百亩,余夫亦如之。"《地官·大司徒》记都鄙情况:"制其地域而封沟之,以其室数制之:不易之地家百亩,一易之地家二百亩,再易之地家三百亩。"份地是连片的,而且与居民的行政组合及军事编制相对应:相比邻的家庭,其份地也靠在一起,作战时也编在一起。居民编制规格,各书记载不尽相同,基本精神却完全一致。《逸周书·大聚解》:"以国为邑,以邑为乡,以乡为闾,祸灾相恤,资丧比服。五户为伍,以首为长;十夫为什,以年为长;合闾立教,以威为长;合旅同亲,以敬为长。饮食相约,兴弹相庸,耦耕俱耘。男女有婚,坟墓相连,民乃有亲。"《国语·齐语》:"五家为轨,轨为之长;十轨为里,里有司;四里为连,连为之长;十连为乡,乡有良人焉……卒伍整于里,军旅整于郊。内教既成,令勿使迁徙。伍之人,祭祀同福,死丧同恤,祸灾共之。人与人相畴,家与家相畴,世同居,少同游。故夜战声相闻,足以不乖;昼战目相见,足以相识,其欢欣足以相死。居同乐,行同和,死同哀。"这可以说把农村公社社员间的相互关系描述得淋漓尽致。此种情况不独中国为然,恩格斯论述日耳曼人的军事生活,也大致如此:"他们在罗马时代编制战斗队时就使有近亲关系的人总是并肩作战。"③《周礼》记载的是周王畿内

---

① 《辩证唯物主义与历史唯物主义》,第 452 页。
② 《马尔克》,《马克思恩格斯全集》第十九卷,第 355 页。
③ 《辩证唯物主义与历史唯物主义》,第 353 页。

的情况,比较典型。《地官·大司徒》:"令五家为比,使之相保;五比为闾,使之相受;四闾为族,使之相葬;五族为党,使之相救;五党为州,使之相赒;五州为乡,使之相宾。"《地官·小司徒》记述了与此完全相应的军事编制:"五人为伍,五伍为两,四两为卒,五卒为旅,五旅为师,五师为军。以起军旅,以作田役,以比追胥。"居民被纳入严密有序的行政组合之中,户籍、赋税、军事、力役平均而统一,甚至婚丧嫁娶、灾庆祸福也彼此关联。

乡遂制度下份地连片的规模很大,据《周礼·地官·遂人》所载,最大规模为万夫百万亩的大型方田:"凡治野,夫间有遂,遂上有径;十夫有沟,沟上有畛;百夫有洫,洫上有涂;千夫有浍,浍上有道;万夫有川,川上有路,以达于畿。"《周礼》是一部王朝治国大典,其记叙含有一定的样板性,事实上不可能在每一地区都有如此严整、如此巨大的田地规划。但古人建国,都要选择依山带水的肥沃平野,《管子·度地》谓"圣人之处国者,必于不倾之地,而择地形之肥饶者,向山,左右经水若泽,内当落渠之泻,因大川而注焉"。所谓"不倾之地",即平整而广阔的土地;"落"通"络",指纵横交错的排水渠道。在国都周围的平野上,随着人口的增殖,份地连片具有百万亩的规模也决非不可能。《管子·八观》篇:"凡田野,万家之众,可食之地五十里,可以为足也;万家以上,则就山泽可矣;万家以下,则去山泽可矣。"说的也是这种万家百万亩的大型田域。《汉书》载李悝为魏文侯作尽地力之教,"地方百里,堤封九万顷。除山泽邑居参分去一,为田六百万亩"。这正好是《周礼》所述六乡之田的规模。在这些大型田域上,沟洫配套,阡陌四达,垄界纵横,确似一个个巨大的棋盘。马克思说过:"如果你在某一个地方看到有垄沟痕迹的小块土地组成的棋盘状耕地,那你就不必怀疑,这就是已经消失了的农业公社的地产!"[①]

村社成员在份地基础上建立了自己独立的家庭经济。他们有自己的生产工具、车辆、家畜和房舍,男子力田,女子蚕桑,"日出而作,日落而息",家事之隙还要忙各种杂务,如《诗经》所说的"昼尔于茅,宵尔索绹","采荼薪樗","伐轮、伐辐"。在贵族阶级日益增强的剥削

---

① 《辩证唯物主义与历史唯物主义》,第452页。

之下,他们的生活是相当困苦的,但在正常年景下亦可勉强度日。孟子曾以田园风味的笔调描述过这种村社家庭经济:"五亩之宅,树墙下以桑,匹妇蚕之,则老者足以衣帛矣;五母鸡,二母彘,无失其时,老者足以无失肉矣;百亩之田,匹夫耕之,八口之家,可以无饥矣。"①这是一种典型的农业与家庭手工业相结合的自给自足的自然经济。日常生活中所用的物品,一般说来都可以由家庭和村社内部的生产来满足,交换只起很次要的作用。各村社间,鸡犬之声可以相闻,但也可以老死不相往来。恩格斯笔下的欧洲马尔克公社,情况也与此相同:"这些农村公社之间没有,或者几乎没有任何经济上的联系,因为马尔克都是自给自足的,它们自己的需要由自己生产来满足,并且邻近的各个马尔克产品,差不多是完全相同的。因而它们之间的交换便几乎不可能了。"②不过中国也有中国的特点,在乡遂制度下,规模不大的、独立于农业之外的手工业和商业是存在的,但控制在官府手中,即《左传》所谓之"工商食官"。从事专门手工业和商业的人,隶属性特别强,社会地位比较低下,反映了当时商品经济尚处于非常低级的状态。

乡遂制度下的剥削关系如何呢?这在我国史学界是个争论颇大的问题。比较流行的说法是:两种田制、两种剥削方式并行。乡区行"百亩而彻"的"沟洫法",无公田,生产者向政府向交纳收获量的十分之一;遂区和都鄙行"九一而助"的"井田法",有公田,生产者通过公田劳作提供剩余劳动。两种田制并行说创始者为东汉的几位经学家,他们的理论源于孟子,孟子有一套"请野九一而助,国中什一使自赋"的主张,对后世学者影响极大。但我们不要忽略,孟子的说法只是他个人的主张,是为滕文公提供的理想的治国方案,并不意味着当时或当时以前确曾并存过这样两种田制。而且,单就孟子的主张本身来说,他说的是两种剥削方式,而不是两种田制。孟子对井田制是备加赞扬的,而乡区又是最重要的农业发达区,怎能设想孟子提供理想方案时会把乡区排斥在外呢?其实,他说的"国中什一使自赋",是指都城内从事非农业生产的人,应按什一比率交纳赋税,因为孟子时

---

① 《孟子·尽心上》。
② 《法兰克时代》,《马克思恩格斯全集》第十九卷,第 540 页。

代的"国",已是人烟稠密的大城市,居民成分已十分复杂。至于田制,孟子心目中只有一种,那就是井田制,他在同一段话中强调"乡田同井",就是证明。孟子的井田说是否如郭沫若同志所说的是"乌托邦式的理想化",[①]毫无根据呢? 回答是否定的。井田制在中国古代肯定是存在过的,这有许多先秦文籍的记载作证。而且,孟子可以杜撰井田说,但他无法杜撰滕文公派毕战向他请教井田知识的史实,除非我们认为整部《孟子》本身就是伪造的。滕文公派毕战向他请教井田知识,表明当时人们只知道过去行过井田制,而不大清楚具体内容了。孟子虽然作了解答,但他也只能述其"大略",且对于井田制的兴亡历史已经茫然,他尚须借助"雨我公田,遂及我私"的诗句,考证周初曾行过井田制。由此我们知道,至少在孟子时代及孟子所能熟悉的时代,井田制,早已消失了,残存下来的只是井田制的躯壳,即井地的名称和九夫为井的田亩规划。如果说中国古代存在过两种田制的话,那只能是纵的历史递接,而不是横的地域平行。

　　不少人据《周礼》认证两种田制的并行。但详阅《周礼》,并找不到两种田制并行的根据。人们常引用《周礼·地官·小司徒》中的这段话作论据:"乃经土地而井牧其田野:九夫为井,四井为邑,四邑为丘,四丘为甸,四甸为县,四县为都,以任地事而令贡赋,凡税敛之事。"但这段话并不能证明当时行井田制,因为井田制的灵魂在于"公田"和"助法"剥削,没有公田和助法的井田制是毫无意义的。这段话明言"九夫",明言"贡赋"和"税敛",倒恰好可用来证明当时并不行井田制。至于四进位的井邑规划,如我上文所说,不过是井田制的历史躯壳罢了。人们还爱用《地官·里宰》条下所谓"以岁时合耦于锄,以治稼穑"一句,来证明助法的存在,这是对"锄"字含义的误解。"锄"即"助",但此处指的却不是助法剥削,而是互助合作的共耕形式。在生产力低下的当时,人们习惯于双人协力踏耜的"耦耕",协作双方在年龄、身材、气力诸方面应大体一致,因此事先须联系搭配。遂区的农民缺乏生产经验,遂区的基层官吏里宰便有义务帮助他们组织耦耕。所以,此字从来,为会义字。这是村社成员间的一种互助

[①] 《奴隶制时代》,人民出版社,1977年版,第29页。

协作,保留了一点共同耕作的太古遗风,但与井田制却没有必然的联系。

在田制与剥削方式上,乡、遂、都鄙只有量的差异,并无质的区别。《周礼·地官·载师》:"凡任地,国宅无征,园廛二十而一,近郊十一,远郊二十而三,甸、稍、县、都,皆无过十二,唯其漆林之征,二十而五。"按这既定比率征税,必须掌握每家份地的总产量,为此政府设有"司稼"一官,负责"巡野观稼,以年之上下出敛法"。这同《管子》书中所说的"相壤定籍",《国语》所说的"相地而衰征"一样,是实物税,是"彻"法。

乡遂制度下社会两大对立阶级是贵族阶级和庶民阶级(即村社成员)。贵族阶级的统治体制,以至高无上的"天子"为总枢,宗法权与行政权相交织,结成了一个无所不包的权力网。父系家长制、嫡长继承制、爵位等级制三位一体,构成了贵族阶级的统治基础。在宗法权力体系内,包括天子、诸侯、卿、大夫、士这些等级,在诸侯中又分公、侯、伯、子、男这些爵位,他们自上而下层层分配政治经济权益,又自下而上层层依附,层层贡纳。他们的地位,取决于他们的宗法身份,换言之即取决于血缘关系;同时他们又凭靠宗法身份所取得的地位,在政府各级机构中服务,成为王朝命官,成为行政权力体系中的一员。所以我们说,宗法权力与行政权力是互相渗透的。在乡遂制度的后期,统治体制的宗法性日益削弱,官僚性越来越强。春秋时代,有贵族身份的人已不一定能作官,《孔丛子》载卫君的话曰:"世臣之子,未悉官之。"孔子为大夫,却长期不能入仕。另一方面,当官的人也已不必为贵族了,如晏婴就曾推荐其仆御当大夫(是时大夫已成为一种行政职务),推荐自称"素卑贱"的穰苴为将军。但血缘关系的余威犹存。管仲被任为"上卿",仍不能充分行使权力,最后尚须借重齐桓公给他的血缘性的"仲父"头衔,才加强了政治力量。

乡遂制度的行政权力体系十分繁杂,《周礼》全面地详细地记载了这个权力体系。周王直接指挥下的中央政府,设有天官冢宰、地官司徒、春官宗伯、夏官司马、秋官司寇、冬官司空六大部门,分别掌管政治、农业、礼教、军事、司法、工役等方面的事务。各诸侯邦国中,也都设有类似的机构和官员。以地方政权来说,单是一个乡,从"比"到

"乡"包括六个行政级层；从"比长"到"乡大夫"，各级层行政官员（不包括府吏胥徒）将近一万九千人。另外还有专门负责某一方面事务的官职三十余种。作为专制主义政权的统治机器，这个庞大的官僚集团严密地控制着乡遂制度下的一切。从生产、作战、治安、田猎、公役，到祭祀、刑法、婚葬、风俗、教化，无不在这个权力网的笼罩之内。这个官僚集团，也就是贵族阶级，他们本身具有二重性：既是国家的治理者，又是社会的剥削者。他们的收入也具有二重性：既是宗法权力支配下对庶民的掠夺，又是作为行政官员从政府领取的俸禄。这种现象，是以村社经济为基础的亚细亚生产方式的特征之一。

三

以上我们分析了乡遂制度包含的实质性内容，从中可以看出，乡遂制度与马克思、恩格斯勾画的农村公社的面貌是完全一致的。但农村公社是一定地域范围内的，相对独立的政治经济统一体，乡遂制度下有没有种统一体的具体形式呢？有，那就是所谓"书社"。

先秦文籍中关于书社的记载很多。《吕氏春秋·慎大》谓周武王克商后，"诸大夫赏以书社"，说明"社"的组织形式至少在商末即已存在。"社"的本义是指一定地域范围内的人们共同尊奉的土神（即"田祖"），也即马克思所说的"想像的部落本体"。① 所谓"书"，是指一定行政区划内的户籍登记和份地图册。《大戴礼·千乘》言诸侯国政务，首先是"通其四疆，教其书社"。可见书社乃是社会的基本构成。《说苑·杂言》云："楚昭王召孔子，将使执政，而封以书社七百。"可见当时书社的普遍存在。周代各级官员有一项几乎是共同的职责，就是"登其夫家之众寡"，"以岁时入其书"，另外还专设"司书"一官，其职掌中即有"土地之图"一项。《周礼·天官·小宰》"听闾里以版图"，郑众注曰："图，土地图也。"《荀子·荣辱》篇也说，"官人百吏"应当"循法则，度量刑辟图籍。不知其义，谨守其数，慎不敢损益也。"

---

① 《给维·伊·查苏利奇的复信草稿——初稿》，第6页。

可见乡遂制度下对于村社成员的户籍人口统计和份地分配图册,是极其重视的。所谓"书社",显然是一种在人、地这两大要素方面都有严格界限的组织,《荀子·仲尼》篇杨倞注云:"书社,谓以社之户口,书于版图。"作为地域象征的"社"和作为政权象征的"书",是两条强有力的纽带,把若干农业家庭联结成一个共同体。《礼记·郊特牲》告诉我们立社的宗旨:"社,所以神地之道也。地载万物,天垂象。取材于地,取法于天,是以尊天而亲地也,故教民美报焉。"《周礼·地官·大司徒》告诉我们立社的方法:"辨其邦国都鄙之数,制其畿疆而沟封之,设其社稷之壝,而树之田主,各以其野之所宜木,遂以名其社与其野。"关于社的规模,史载不一。许慎《说文》谓"《周礼》二十五家为社"。但在《周礼》中却找不到二十五家为社的根据。《礼记·祭法》说:"大夫以下,成群立社,曰置社。"疏曰:"大夫以下,包士庶成群聚而居,满百家以上得立社。"《商子·赏刑》:"里有书社",《商子·度地》:"百家为里",《诗·良耜》:"以开百室,百室盈止,妇子宁止。"郑注:"百室者,出必共洫间而耕,入必共族中而居。"朱熹也说:"百室,一族之人也。族人辈作相助,故同时入谷也。"《史记·吴太伯世家》载:"越王勾践欲迁吴王夫差于甬东,予百家居之。"这些材料说明周代存在过百家立社的制度。尤可注意者,《周礼》不论乡遂,其行政、军事编制都是五进位的,唯独在闾到族的环节上是四进位,而"族"这一级编制在生产、作战、田猎、徭役、葬丧等社会生活的各个方面又最具有独立性。这说明什么呢?我以为这说明"族"就是一个规范性的村社。闾到族之所以四进位,就因为一闾二十五家,只有四进位才刚好满百家。

在乡遂制度的后期,书社已成为专制主义王权借以发挥其职能的行政单位,公社首领也逐渐转化为王朝的官员。但书社仍在庶民生活中占有重要地位:对社神要举行定期的或不定期的祭祀,每年春耕开始时要在社址举行盛大的节日般的集会,有了纠纷要到社主(社神的牌位)前诉讼,刑罚也在社内执行。

最后我想谈谈关于奴隶的问题。乡遂制度下有没有奴隶?当然是有的。《左传·昭公七年》所说的"人有十等",自"皂"以下即为奴隶;《诗经·正月》:"民之无辜,并其臣仆";《国语·周语》"亡其姓氏,踣毙不振,绝后无主,湮替隶圉",《吕氏春秋·察微》"鲁人为臣妾于诸侯,有能赎之者,取其金于府";《周礼·地官·质人》"掌成市之货贿、人民、牛马、兵器、珍异,凡卖儥者,质剂焉";这些记载,以及春秋时百里奚、越石父等为奴的故事,都是经常被引用的有关奴隶的史料。但存在奴隶的社会却不一定就是奴隶社会,关键要看奴隶制生产方式是否居于统治地位,奴隶是否为社会主要生产劳动的承担者。

乡遂制度下的村社经济结构,决非奴隶制的生产结构,这我在前面已作过论述。乡民与遂民以及都鄙之民,在身份上是有些差别,但那些差别是宗法体制本身所造成的,并不具有阶级差别的性质。因为不论乡民、遂民还是都鄙之民,都拥有自己的一块份地(这份地在漫长的世代相袭的使用过程中,最终转化为村社成员的私有;在村社瓦解之后,村社成员构成了秦汉时代大量存在的自耕农阶层),并有建立在份地基础上的独立的家庭经济。他们都受专制主义王权的统治,都遭受贵族阶级的剥削,只是在剥削量上略有差异。我们没有任何根据说遂区和都鄙地区的村社成员是奴隶。既然社会的基本经济结构不是奴隶制结构,既然社会主要生产事业的承担者是村社成员而不是奴隶,那当然也就不能把这样的社会看作奴隶社会。

乡遂制度下的奴隶大都为官奴和家庭仆役,奴隶用于生产特别是用于农业生产的史料极为少见,这是由于严密的村社经济结构很难使奴隶劳动厕入其间。《周礼·秋官·司厉》所说"其奴,男子入于罪隶,女子入于舂稾",《掌戮》所说"墨者使守门,刖者使守关,劓者使守囿,宫者使守内,髡者使守圉,髡者使守积",《禁暴氏》所说"凡奚隶聚而出入者,则司牧之,戮其犯禁者"等等,都是指官奴的使用和管理,且都不涉及生产领域。《周礼》把全国人民按职业分为九大类(即"九职"):三农、园圃、虞衡、薮牧、百工、商贾、嫔妇、臣妾、闲民。奴隶(臣妾)被排在第八位,和"闲民"差不多,可见其在社会生活中的地位是多么微不足道。

乡遂制度是典型的农村公社制度,我们应当正视这种史实,而没有必要为了某种原因而回避它或曲解它。马克思说过:"农业公社既然是原生的社会形态的最后阶段,所以它同时也是向次生的形态过渡的阶段,即经公有制为基础的社会向私有制为基础的社会过渡。"①马克思所说的"原生社会形态",无疑是指原始社会。从人类社会由公有制到私有制再到公有制这三大阶段来说,农村公社时期是一个过渡阶段,这是非常正确的。但农村公社时期在古代东方特别是在中国,经历了那么长的时间,其经济结构是稳定的,其阶级对立是明确的,其国家机能是成熟的,可以说,它具有自己的质的规定性。既然人类社会的私有制时期可以被划分为奴隶社会、封建社会、资本主义社会三种社会形态,那么,为什么不能把由公有制向私有制过渡的漫长历史时期也看作一种社会形态呢?

(原载《历史教学与研究》1984年第1期)

---

① 《辩证唯物主义与历史唯物主义》,第450页。

关于《诗·卫风·氓》的几个问题

《卫风·氓》是《诗经》中的名篇,其艺术价值和思想意义以及在文学史上的地位,早已为人们所熟知。本文试图从史学角度探讨该诗中的几个问题。

"氓"的身份

在研究《诗经》的古今著作中,除了少数把"氓"说成是对男子的卑称(清人顾栋高的《毛诗订诂》持此说。今人林庚、冯沅君主编的《中国历代诗歌选》释氓为"这家伙",也属此说)外,几乎众口一词,释氓为"民"。

释氓为民,原则上并不错,但若多翻阅几本先秦文献便会发现:在许多文句中,氓、民并列使用,而且二者显然具有不同含义。如《战国策·秦策》:"不忧民氓。"《淮南子·修务》:"以宽民氓。"《孟子·公孙丑上》:"廛无夫里之布,则天下之民皆悦而愿为之氓矣。"尤其是《周礼》一书,其"小司徒"职是主管乡区的,通篇称"民";其"遂人"职是主管遂区的,通篇言氓。界线清楚,区分严格。上述情况告诉我们,不能简单地在氓、民之间画等号,有必要考察一下"氓"的特定含义。

综观古文献的注疏笺释,除了训氓为民者外,尚有如下一些解说:

1. 田民说,即释氓为农民。如:《说文》:"甿,田民也。"《史记·陈涉世家》集解引徐广云:"田民曰甿。"甿为氓字之异体。

2. 野民说,即释氓为边远地区的农民。如:《孟子·滕文公》赵岐注:"氓,野人之称。"《淮南子·修务》高诱注:"野民曰氓。"

3. 徙民说,即释氓为从别处迁移来的农民。如《周礼·旅师》郑玄注:"新氓,新徙来者也。"焦循《孟子正义·公孙丑》篇:"自他归往之民,则谓之氓。"《万章》篇:"氓是自他国至此国之民。"

以上三说中,最后一说虽不大为人们所注意,但却最接近氓(或甿)字古义。《孟子》一书中曾多处用"氓"字,考其义,确是指从别处迁来之民。现代汉语中的"流氓"一词,尽管"氓"的表义已发生质的变化,但它和"流"字联结在一起,仍能看出其古义的残迹。今天北方人常把外地流落来的没有户口的人称为"氓流",氓字古义的留存更为明显。

但"迁来之民"严格说来也还不是氓字的本义。氓字的本义应当是"遂区之民"。彻底解决这个问题,必须涉及周代的乡遂制度。乡遂制度是我国农村公社后期的结构,是时血缘纽带虽仍发挥着重要作用,但居民已基本上是通过地域关系联结起来的。村社成员每家拥有一定数量的份地,而且份地已经固定化,建立在份地基础上的小家庭经济已十分稳定。由于"彻"法剥削取代了"助"法剥削,所以形成了严格的户籍制度,村社成员被编制在专制主义政体的统治层序之中,如《周礼》所述:"五家为比,五比为闾,四闾为族,五族为党,五党为州,五州为乡。"同一比闾的人服军役和徭役时编在一起,他们的份地也相互毗连,即《国语·齐语》所说的"人与人相畴"。最初是只有"乡"而没有"遂"的。所谓"乡",从人的角度讲,是指聚居国邑中的村社成员之最高户籍编制级层;从地域角度讲,是指国邑周围的平野。但随着人口的繁衍,在国邑周围的平野上份地逐渐连片为大型田域,终于再也没有多余的份地提供给新生的劳动力。而且,与份地连片相对应的严格的行政、军事合一的户籍制度,也不允许经常插入新的成员。马克思在谈到农村公社的"再生产"时曾经说过:"凡是在那每一个人应得若干亩土地的地方,那里居民的增长,就已经妨碍了这一点。"[1]那么,新生的劳动力怎么办呢? 只有一条出路——向乡区连片份地之外的未垦区域发展。于是,在乡区之外出现了一些新的居民点,被称作"郊邑"(孙诒让《周礼正义》"泉府"条下说:"郊,六乡

---

[1] 《资本主义生产以前各形态》,人民出版社,1956 年版,第 31 页。

外之余地。")段玉裁《经韵楼集》中说:"郊之为言交也,谓乡与遂相交接之处也。"而郊邑之外新开辟的田域,就被称为"遂"。显然,遂区是乡区的扩展,遂民是乡民的分蘖。迁移到遂地去安家落户的是些什么人呢? 是乡民中的"余夫"。即每一个村社家庭中除了家长及其嫡长子之外的男劳力。在宗法制度下,嫡长子不仅继承其父的份地使用权,而且继承家产和宗权,他们世代相袭地生活在定型化了的比间编制之中,在一般情况下是不往他处迁移的。而其他庶子即"余夫"就不同了,他们长到有权领受份地的年龄,要独自成家立业。乡区无法容纳他们,他们的份地只能划配在遂区。郑玄注《周礼·载师》时曾指出过这一点:"余夫在遂地之中。"而孔疏做了更具体的阐发:"百里内置六乡,以九等受地,皆以一夫计,其地则尽。至于余夫,无地可受,则六乡余夫等并出耕在遂地之中。"(重点号笔者所加)

《诗经》经郑玄笺谓氓的读音是"莫耕反",其字本应作"萌"。古文献中氓、萌通用,如《周礼》"兴耡利甿"句,《说文》引作"兴耡利萌"。《墨子·尚贤上》说:"国中之众,四鄙之萌人,闻之皆竟为义。"用的也是萌字。赵岐注《孟子》曾指出,萌比氓为古,"经典内萌多改氓改甿"。征之甲骨、金文,此说有据,氓、甿确系后起字。萌者,蘖也。草木分蘖滋生谓之萌,人口的繁衍增殖也谓之萌。因此,迁到遂区成家立业的乡区余夫,就被称作"萌"。后来人们为了区别植物滋萌的义项,另造了同音同义的新字"甿"和"氓"。这就是氓字本义的渊源。后来有所引申,不仅指迁往遂区的乡区余夫,凡自他处迁来之民皆谓之氓。

弄清了氓字的本义,我们对《卫风·氓》篇中的一些情节便会有更深的理解。诗中的"氓",正是一个由乡区迁徙到遂区落户的村社成员。诗中女子自述与该氓"总角之宴,言笑晏晏,信誓旦旦",可见他们是青梅竹马,自幼生活在一处的。可是为什么长大之后他们却不在一起了呢? 这正是男方到了授田年龄,离开老家到遂区去立业了。诗中所反映的他们双方居住地的距离,也正是像卫国这种诸侯国的国都至郊遂的距离。关于周代国、郊的间距,汉儒们说法不一,其实,这要看国家的规模如何。郑玄注《仪礼·聘礼》时说:"周制天子畿内千里,远郊百里,以此差之,远郊上公五十里,侯伯三十里,子男十里也。近郊各半之。"这说法比较合理。所谓"远郊",是指郊邑以远的地区,即遂区;所谓"近郊",是指郊邑以近的地区,即乡区。西周时卫属大国,远郊五十里,近郊二十五里。周里长度为今华里的三分之二,那么,郊邑至国都的距离当为今天的十六七华里左右。遂区之民是聚居于郊邑中的,诗中描述该氓可以用"抱布贸丝"作为与女方往来的借口,说明相距并不是太远;但又需乘车、涉淇,说明相距也不是很近的。可能就是十几里到二十里左右的路程,这同上述卫国国都至郊邑的距离相符。诗中女子自述:"自我徂尔,三岁食贫","三岁为妇,靡室劳矣;夙兴夜寐,靡有朝矣",反映的也正是乡遂制度下村社小农家庭的劳动生活。这种村社小农经济在《诗经》中多处可见,这是当时占统治地位的社会生产形态。史学界流行着一种观点:把"国人"即乡民说成是自由平民、国家公民;而把"野人",即遂民和都鄙之民说成是奴隶。这种论断在古文献中找不到任何证据,相反地却存在着大量反证,《卫风·氓》就是一例。如上文所阐明的,遂民是由乡民繁衍增殖而来,其与乡民只在宗法身份上有区别,决无阶级的区别。即以《氓》篇反映的情况言之,该氓的生活相当穷困,这是事实;但他能够"抱布贸丝",能够求媒谋卜,娶妻成家,且有自己的车辆,显然有独立的小家庭经济,无论如何也难以把他说成是"奴隶"。

"布"指什么

对"抱布贸丝"的"布"字,诸家解释,不外两种;一是释为"货币","抱布贸丝"即用钱买丝;一是释为"布匹","抱布贸丝"即拿布换丝。

以文学作品而论,释布为货币或为布匹都无关宏旨,因为这不影响该诗的主题和人物形象。但从史学角度看待这个问题,却关系甚大,产品交换究竟是货币买卖形式,还是以物易物形式,直接反映着当时的生产水平和商品经济的发展程度。

《氓》被认为是春秋初年的诗,那时的卫国,不可能仍处于实物交换的时代。恩格斯曾经指出,早在原始社会末期,第三次社会大分工

"创造了一个不从事生产而只从事产品交换的阶级——商人"。而且,随着商人阶级的产生,"出现了金属货币即铸币"。① 我国至少在商代即已有贝币流通,建国以来考古发掘的实物证明,商代后期且已有了仿贝的金属铸币(铜贝)。商民族是以善于经营商业而著称的,后世把买卖人称为"商人",据说就是由于商民族的擅长经商。《尚书·酒诰》记载的是周王对被征服的殷商民众的告诫,有"肇牵车牛远服贾,用孝养厥父母"的话,可作为商畿内商业比较发达的旁证。卫国所在,正是商王朝的中心地区,这一地区的货币经济早在商代即已相当繁荣,经过了一段较长时间的发展,到春秋时代却又退回到了原始社会的以物易物时代,这实在是难以令人相信的。

其实,"布"作为货币,不仅《毛诗》郑笺、朱熹《诗集传》都有明确的解释,古文献中也有大量例证,本是不须论证的货币史常识。然而为什么当今许多《诗经》研究者却要摈弃旧说,不把"抱布贸丝"的"布"解作货币呢? 这是因为他们囿于"布币乃一种金属铸币"这样的成见,不知道在金属布币流行之前,我国曾广泛流行过纺织品布币这一史实。

一般的货币史著作,都说"布"是一种铲形金属铸币,是由农业生产工具"镈"(即《诗经·臣工》篇所谓"命我众人,庤乃钱镈"的"镈")演化而来的。镈与布同声,故布字就代替了镈字。这种金属铸币保留了镈的外形,早期的还铸有装柄的空首(即所谓"空首布")。一提到"布",人们便联想到这种铲形金属币。而这种金属布币,大量流通于战国时的三晋地区。就连力主我国铸币早于传统说法的货币史学者,也只能作出春秋中期可能已有金属布币的判断;而《氓》却是春秋初年卫国的诗作,学者们倾向于认为当时的卫国不大可能流通金属布币。此外,"抱布贸丝"的"抱"字,也表明布不是金属铸币,因为金属布币不存在"抱"的问题。这就是当代许多《诗经》研究者要把"布"解释作"布匹"而不视为货币的原因。

金属布币无疑是由铲类农具演化而来的,但它被称作"布"却并非因为镈、布同声,而是因为纺织品的"布"本身就曾充当过主要货

---

① 《马克思恩格斯选集》卷四,人民出版社,1976年版,第162页。

币。布匹的货币职能在社会生活中影响至大,在人们的习惯意识中印象至深,所以后来出现了铲形铸币时,人们仍沿着历史的惯性称之为"布"。马克思在论述某种商品转化为货币时说过,作为一种特殊商品的货币,"究竟固定在哪一种商品上,最初是偶然的,但总的说来,有两种情况起着决定的作用。货币形式或者固定在最重要的外来交换物品上,这些物品事实上是本地产品的交换价值的自然形成的表现形式;或者固定在本地可以让渡的财产的主要部分如牲畜这种使用物品上"。① 我国古代的货币形成,证明了马克思的这一论断是正确的。我国的贝币,属于马克思所说的第一种情况,贝产自海边,对于商、周两代的辽阔国域来说,它确实是"最重要的外来交换物品"。布匹作为货币,属于马克思说的第二种情况,人们的生活离不开布匹,它是凝聚着一定量劳动的社会产品,是"在本地可以让渡的财产的主要部分",而且便于计量和携带,最易发挥交换和流布的功能。

　　布字从"巾",古巾字与"市"同,音弗,表示某种纺织品。货币的"币"与市场的"市"也都从"巾",这中间已很清楚地显示了纺织品与货币交易存在着某种必然的联系。《汉书·食货志》说:"太公为周立九府圜法:黄金方寸而重一斤;钱圜函方,轻重以铢;布帛广二尺二寸为幅,长四丈为匹。"这段话不尽确当,但指出布帛为货币的一种,却绝非班氏的凭空捏造。《孟子·公孙丑上》:"廛无夫里之布,则天下之民皆悦而愿为之氓矣。"赵岐注:"里,居也;布,钱也;夫,一夫也。""里布"为一种税收。最有力的证据是睡虎地秦墓所处竹简中的《金布律》:"布袤八尺,幅广二尺五寸。布恶,其广袤不如式者,不行。""钱十一当一布。其出入钱以当金布,以律。"②律文不仅明确规定了布作为货币的尺寸,还规定了布币与金属币的兑换比值。《韩非子·内储说下》载:"卫人有夫妻祷者,而祝曰:'使我无故得百匹布。'其夫曰'何少也?'对曰:'益是,子将以买妾。'"这故事恰巧也发生在卫国,表明直到韩非子的时代,布匹仍作为货币而流通于卫国。《周礼·载师》郑司农解释"里布"时云:"里布者,布参印书,广二寸,长二尺,以

---

① 《资本论》卷一,第二章,人民出版社,1976年版,第107页。
② 睡虎地秦墓竹简整理小组《睡虎地秦墓竹简》,文物出版社,1978年版,第56页。

为币,贸易物。"如此说有据的话,则以布匹这种商品作为货币,也曾经简化为一种证券形式,尺幅不大,上面盖有"印书"。这种证券形式的布币,其流通的范围和时代,还有待于更深入的考证和研究。但不管怎样,纺织品的布曾经长时期充当过货币,这是毫无疑问的;虽然后起的金属铲形币逐渐取代了纺织品的布币,但却继承了"布"的名称。

《左传·成公八年》已有引《氓》篇的文例,说明此诗是春秋中期以前的作品,甚至不排除其为西周末期诗的可能性,那正是布匹货币盛行的时期。因此,《氓》诗中"抱布贸丝"的"布",指的是货币,是纺织品的布币,而不是金属质的铲形布币;"抱布贸丝"反映的是货币交易,而不是实物交换。

"复关"何解

对"复关"的解释,是《氓》诗中分歧最大、最难解决的一个问题。据我所知,有如下几种成说:

1. 人名说,即该氓的名字。
2. 地名说,即该氓所居之地。

以上两说是把"复关"作为一个名词来看待。

3. 车厢说,"复"释返回;"关"释车厢。"复关"可译为"回来的车子"。
4. 关卡说,"复"释返回;"关"释关卡。"复关"可译为"从关口回来"。

以上两说是把"复关"作为动宾短语看待。

让我们对这几种成说略作评析。

人名说于诗义最顺,因为该女子满怀思念,"乘彼垝垣",盼望到来的应当是人,故接着说"不见复关,泣涕涟涟;既见复关,载笑载言。"此说也符合《诗经》的句式习惯。我粗略统计了一下,《诗经》中"未见"(或"不见"),"既见"对应使用的句式共八例,"既见"单用的共十七例,"未见"或"不见"单用的共十三例(不包括《氓》篇),其宾语皆指人而言,另有"不见"与"乃见"对应的句式两例,其宾语也是人名。据此推论,"复关"也当为人名。但通观全诗,"复关"如是人名的话,出现得太突兀。诗的开首称"氓",后又称"子"、称"尔",中间忽然连用三个"复关",在修辞上十分别扭,对于像《氓》这种艺术上相当成熟的作品来说,不大可能有这类毛病。另外,先秦的习惯,一般地说,名用一个字,字用两个字。像氓这种身份的人,称字的可能性很小。所以,人名说难以为人们所接受。

地名说由来已久。郑玄和朱熹都从此说。此说有合理的一面,如果"复关"是一个词,那么,不是人名的话,则肯定是地名,决不会再有其他。有人还曾试图考证"复关"的地望,说:"澶州临河县复关城在黄河北阜也,复关堤在南三百步,自黎阳下入清丰县界。"① 但此说有一个致命的弱点,即地名不存在"不见"、"既见"的问题,不可能一会儿出现一会儿消失。而且,紧接着"载笑载言"一句也不好解释。至于地望,所谓之复关城与复关堤距淇水和卫都朝歌甚远,也决非登上墙头所能望见者。因此,此说不可取。

车厢说为高亨先生的独家见解,他引《墨子·贵义》篇"墨子南游使卫,关中载书甚多"以证"关"应释为车厢,"复关"指男方回来接女方的车子。② 此说于诗义甚通。古时结婚,确有男方驾车亲迎的风俗,《诗经》中的所谓"携手同车"、"有女同车"、"驾予与归"等等,皆可为证。《氓》篇所叙述该女子热切期盼未婚夫驾车返回来接她,实如同后世所说的"盼花轿"。但释关为"车厢",只有《墨子·贵义》篇中的一条孤证,未足服人。

首倡"从关口返回"之说的是余冠英先生,他说:"复,返也;关,在往来要道所设的关卡。女望男到期来相会,他来时一定要经过关门。"③ 我认为到目前为止这是诸说中最能圆通的解释,在先秦史料中也能找到例证。那时的郊邑地区,的确是设有关卡的。郊区相当于国都的大门口,或者说是国都的一道外围防线,国家有许多重大活动,诸如祭天之礼、对贵宾显使的迎送、军队的整顿等等,都在郊区举

---

① 见胡承珙《毛诗后笺》引《寰宇记》。胡氏并不赞同此说。
② 高亨《诗经今注》,上海古籍出版社,1982年版。
③ 《诗经选》,人民出版社,1956年版,第43页。

行,因此郊区要设关。《孟子·梁惠王下》:"臣闻郊关之内有囿方四十里。"《周礼》中设"司关"一职,掌管对来往行人的盘查和对商旅的征税事务。《周礼·地官·遗人》条下叙述国家收入的用途,按从内到外的顺序,先言"乡里",后言"门关",再言"郊里"。所谓"门关"正是指乡遂之间的关卡。《仪礼·聘礼》说来宾"及境,张旜誓,乃谒关人"。《左传·襄公十四年》载"蘧伯玉从近关出"(杜注:"欲速出境。"),《左传·昭公二十年》:"偪介之关,暴征其私",说的都是郊关。《氓》诗中的氓既是遂区之民,他要到国都中与女方相会,当然是非经过郊关不可的。《古谣谚》卷九十九载先秦古谚,有"遁关不可复,亡狂不可再"之句,说明古时确有把经过关口返回来称为"复"的这种用法。

1984年《文史知识》第二期,刊载了罗春初同志《说复关》一文,在余冠英之说的基础上又发挥了一下,说关口是集市所在,氓是个商人,而"商人重利轻别离",他要到关市上去做买卖,因此那女子盼望他从关口回还与她相会。我觉得这样立论是值得商榷的。首先,说该氓是个商人,没有半点根据。找不到一条先秦文献例证,也举不出一家注疏笺释,是把氓解作商人的。也许罗春初同志认为"抱布贸丝"就是根据,但拿钱买东西这是人们社会生活中的常事,怎么能证明买东西的人一定是商人呢?当然,该氓没有到市场上去买,而是找上女方的门去买的,这是因为他另有目的,"贸丝"不过是个借口罢了。所以诗文明言:"匪来贸丝,来即我谋。"事实上,如我在本文第一部分所论述的那样,氓是个遂区之民,是乡遂制度下的一个普通村社成员,绝不是个商人。此外,"关市"之说也难以成立。"关"与"市"是两码事,不能混为一谈。征税固然是设关的目的之一,但征税的地方却不一定就是交易场所。《孟子·公孙丑上》说:"市廛而不征,法而不廛,则天下之商皆悦而愿藏于其市矣;关讥而不征,则天下之旅皆悦而愿出于其路矣。"将关和市的不同性质区别得清清楚楚,关之征分明是一种过路税而非贸易税。《周礼·司关》称:"司货贿之出入者,掌其治禁,与其征廛。凡货不出于关者,举其货,罚其人。凡所达货贿者,则以节传出之。"显然,司关执掌的是征收关卡税的职务,其注意的中心是货物的进出是否办理了关税手续,而与货物的交易无涉。交易场所即集市并非设在关口上，而是设在都城（或大邑）之内的。《考工记》："匠人营国……左祖右社，面朝后市。"大量的古城发掘材料已证明《考工记》关于城市建设布局的记载是正确的。《左传·文公十八年》载鲁夫人哀姜被绝回娘家齐国："将行，哭而过市，市人皆哭。"《左传·昭公三年》载："景公欲更晏子之宅，曰：'子之宅近市，湫隘嚣尘，不可以居。'"表明市在国城内而不在郊关。罗文引《史记·匈奴列传》关于景帝、武帝时在边境设关市以与匈奴进行贸易的记载，证明《氓》诗中的关亦当设市尤为不伦。后世与异族的边境贸易，与先秦乡遂制度下的郊关之制完全是两码事，不能同日而语。最后一点，按罗文的逻辑推，该氓与该女似是婚前即同居住于国城中，只是由于氓外出到关市上去作买卖才暂时分离，这是与诗意不符的。诗言他们双方交往需要"涉淇"，女方远送男方"至于顿丘"，女方出嫁和被弃时都需要乘车等等，很明白地告诉我们，他们婚前是分居两地且有相当远的距离，不能以同处国中视之。

因此，"复关"问题，还是余冠英先生的解释比较稳妥。

（原载《人文杂志》1985年第4期）

论周代军事编制中的"卒"

本文试图阐明周代军事编制中"卒"的规模、性质和作用,探求"卒"的起源,并澄清《史记·周本纪》中所谓"大卒"的含义。

一

在春秋以前,"兵"指武器,"卒"指战士,二者迥然有别。但从更严格的意义上说,"卒"不单纯是战士的泛称,而是一种军事编制。《孙子·谋攻》:"凡用兵者……全卒为上,破卒次之……"《荀子·议兵》:"故仁人之兵,聚则成卒,散则成列。"《孙膑兵法·威王问》:"毁卒乱行,以顺其志。"都是在军事编制的意义上使用"卒"这一概念的。先秦文献中,凡卒前冠以数词者,均应理解为一级军事组织的单位。如《逸周书·武顺》"四卒成卫曰伯",《左传·僖公二十八年》"子玉以若敖之六卒将中军",《左传·宣公十二年》"广有一卒,卒偏之两",均其例证。

《国语·晋书》叔向说禄制:"大国之卿,一旅之田;上大夫,一卒之田。"《左传·隐公十一年》:载:"郑伯使卒出豭,行出犬鸡,以诅射颍考叔者。"既然按卒计禄出贡,则卒的人数必然是固定的。一卒具有多少人呢?说法不一。《国语·齐语》谓国中"四里为连,故二百人为卒,连长帅之"。谓四鄙是"三十家为邑,邑有司。十邑为卒,卒有卒帅"。则三百人为卒。但这是管仲在齐"三国伍鄙"、"作内政而寄军令"后的情况,并非春秋时各国通例。古今学者们一般都遵从《周礼》和《司马法》"百人为卒"的说法,因为此说在古文献中能找到许多根据。《尚书·牧誓》中提到"百夫长",《逸周书·克殷》及《史记·

周本记》提到师尚父以"百夫"致师,《国语·吴语》载吴、晋黄池之会,吴军"陈士卒百人以为彻行百行,行头皆官师"。表明当时的军事编制中,确有百人的单位。《左传·昭公元年》记楚右尹子干奔晋,"叔向使与秦公子同食,皆百人之饩"。《国语·晋语》载叔向关于此事的解释:"大国之卿,一旅之田;上大夫,一卒之田。夫二公子者,上大夫也,皆一卒可也。"更是百人为卒的明证。

卒是步兵,作战时跟在战车之后,或傍行于战车之侧。由于卒徒步而行,故又称为"徒"。《左传·隐公元年》:"大叔完聚,缮甲兵,具卒乘。"杜注谓:"步曰卒,车曰乘。"《左传·昭公二十五年》记鲁君伐季氏,"公徒释甲,执冰而踞",公徒即公卒。《左传·哀公八年》记吴伐鲁,吴王舍于庚宗,鲁大夫微虎"欲宵攻王舍,私属徒七百人,三踊于幕庭。"私属徒即私卒。春秋以前的战争,以车战为主,战车与步卒配合作战,而以战车作为冲锋陷阵的主力。每一乘战车,事实上都形成一个独立的战斗单位。因此,在古文献中,"卒乘"是军事术语。《司马法》在言及民众的兵赋负担时,总把车乘、甲士(车上的战士)和徒卒连述而分列。《周礼·夏官》有"舆司马"和"行司马"之职,前者官阶较后者为高,舆即战车,行即步卒。《左传·僖公二十八年》载"晋作三行以御狄",晋国本有三军,为什么又要"作三行"呢? 这是根据"御狄"的特殊需要而采取的措施。因为戎狄的作战方式及作战环境,不适于用战车为主力的常规军队来对付。这有《左传》的另外一些记载可资佐证。《隐公九年》:"北戎侵郑,郑伯御之,患戎师曰:'彼徒我车,惧其侵轶我也。'"戎师全是步兵,郑伯感到是一种威胁。《昭公元年》:"晋中行穆子败无终及群狄于大原,崇卒也。将战,魏舒曰:'彼徒我车,所遇又阨;以什共车,必克⋯⋯请皆卒,自我始。'乃毁车以为行,五乘为三伍。荀吴之嬖人不肯即卒,斩以徇。"正是由于穆子采纳了魏舒的建议,实行"毁车为行"的果断措施(即把车卒配合的编制,改为纯粹的步兵编制),才取得该次战役的胜利。战车速度快,攻击力强;但它却要受地形、地物的限制,不如步卒灵活机动。在特殊情况下,步卒的作用大于战车。故《周礼·大司马》规定:"险野,人为主;易野,车为主。"所谓"易野",指的是平整、开阔的地带。

既然周代军队作战多为车乘与步卒相配合的形式,那么,一乘战车配备多少步卒呢？这是个众说纷纭、难以定论的问题。事实上，不同时期、不同地区的军事编制不同，文献中反映的车卒配备比例也就不会一致。历来学者论及此问题时多引用《司马法》，而《司马法》本身对此就有两种记载："成百井，三百家，革车一乘，士十人，徒二十人。"这应解释为：一乘战车，车上有甲士十人，车后跟步卒二十人。"四丘为甸，甸六十四井，出长毂一乘，甲士三人，步卒七十二人。"这又当解释为：一乘战车，车上有甲士三人，车后跟步卒七十二人。此外，今文学家注《春秋》，说"十井共出兵车一乘"，如按《周礼》每家出战士一人计，则十井九十家出兵车一乘，车上车下共九十人。哪一种编制比较通行，具有代表性呢？应当从涉及战争的古文献中寻求答案。

《禹鼎铭》："武公乃遣禹率公戎车百乘，斯驭二百，徒千。"戎车即战车，百乘配徒千人，则每乘徒十人可知。《左传·闵公二年》："齐侯使公子无亏帅车三百乘，甲士三千人以戍曹。"也是每乘十人。上引《左传·昭公元年》中行穆子败狄于大原的史料中说"以什共车"，"五乘为三伍"，"什"、"伍"是步卒编制，十人为什，五人为伍，"以什共车"就是说每乘战车所属的十个步卒，与车上的甲士合并为一种编制；每车甲士三人，故五乘可增编出三伍步卒来。"什"与车相配，证明每车所属步卒确为十人。典籍中不乏这类车卒配备的数字例证：《左传·僖公二十八年》载城濮之战，晋国胜利后"献楚俘于王：驷介百乘，徒兵千。"又《定公四年》："王于是乎杀管叔而蔡蔡叔，以车七乘，徒七十人。"《管子·大匡》："狄人伐邢，邢君出，致于齐。桓公筑夷仪以封之，予车百乘，卒千人。"同篇载桓公筑缘陵以迁杞，也是"予车百乘，卒千人"。同篇又谓："大侯车二百乘，卒二千人；小侯车百乘，卒千人。"说得更明确。《战国策·楚策》载秦应申包胥的请求出兵救楚："出革车千乘，卒万人。"《史记·苏秦列传》记苏秦语："武王卒三千人，革车三百乘，制纣于牧野。"以上史料充分说明，在春秋及其以前，每乘战车配步卒十人，确是一种常规性军事编制。不过应当指出，自春秋末期开始，步卒越来越受到重视，战车的地位渐趋动摇，《孙膑兵法·篡卒》已经强调"兵之胜在于篡卒"了。故每乘战车所附步卒的人数在不断增加。秦始皇墓葬兵马俑车卒配置的实况表明，迨至战国末期,步卒已取代战车,成为主要兵种了。

　　有人认为先秦典籍中许多关于每车十人的记载,是指车上的甲士而言;而车下的步卒,当如《司马法》的第二种说法,即每车跟七十二人。这种看法是不对的。第一,不少先秦典籍言及每车的兵力配备时,明明说的是"徒",而"徒"无疑指的是步卒;到目前为止,我们还找不到一条称车上的战士为"徒"的例证。第二,从考古方面提供的实物材料看,当时的战车规模不大,决容不下十名挥戈奋击的战士捭阖其上。秦始皇墓葬的兵马俑完全是仿实的,其战车厢宽 1.5 米,长 1.2 米,除御者外,车内只立武士二人。第三,《左传》、《国语》诸书所载车上人员一般都是三人:左持弓主射,右持戈主击,中持辔主御。《左传·宣公十二年》叙述晋楚邲之战,逢大夫为载赵旃而令其二子下车,表明当时战车上是容不得多人的。《哀公十三年》记吴国将囚鲁之景伯,景伯曰:"何(景伯名)也立后于鲁矣,将以二乘与六人从。"可见每车定员三人为常例。《左传》中也偶有"驷乘"的记载,那也正是因为超过了车中定员,须作为一种特殊情况强调指出。第四,每车配步卒十人,与当时的伍、什、卒、旅、军的总体编制是统一的;而每车配步卒七十二人,则同"百人为卒"的编制相矛盾。试想:"既然七十二人为一个固定作战单位,那'百人为卒'的这一级编制又有什么意义呢?

二

　　"卒"释为战士,这其实是它的引申义。《说文》:"卒,隶人给事者为卒。古以染衣题识,故从衣一。"段注:"《周礼·司常》注云:今亭长著绛衣。此亭卒以染衣题识之证也,从一者,象题识也。"许氏把卒与服装联系起来,触及了问题的关键,但谓卒就是"隶人给事者",却分明是汉代的解释,并非"卒"之古义。考之金文(甲文中尚无卒字),"卒"正是衣服之形加了一画的"指事"字,其本义当为戎装即战袍;稍加引申,穿战袍的人也称之为卒。《说文》又释"褚"为卒,段注:"方言云卒或谓之褚,是也。"这表明当时的军装主要以统一的颜色作标识。

《左传·僖公五年》卜偃引童谣曰:"龙尾伏辰,均服振振,取虢之旂。"所谓"均服",即指统一的军装。《诗·秦风·无衣》:"岂曰无衣,与子同袍。王于兴师,修我戈矛,与子同仇。""岂曰无衣,与子同裳。王于兴师,修我甲兵,与子偕行。"正是描写战士们穿上同样的军装,拿起武器,并肩打击敌人的情景。

然而,以共同的军装作标识的卒,却不是任意的征夫组合。卒是按一定的地域关系编建起来的军事组织,即《孙膑兵法·官一》所说的"制卒以周(州)闾,授正以乡曲"。卒是以农村公社为基础的社会结构下的必然产物。周代存在过农村公社,这已为多数古史学家所公认。农村公社的基本特征之一,就是村社成员的行政编制与军事编制两位一体,户籍管理、赋税征收、徭役分配、卒乘调发,都结合在一起。也就是说,同一个村社的成员,居处相邻,份地毗连,在军队中也相与为伍。《周礼》中多处叙述过这种情况,如《地官·族师》说:"五家为比,十家为联;五人为伍,十人为联;四闾为族,八闾为联。使之相保相受,刑罚庆赏,相及相共。以受邦职,以役国事,以相埋葬。"又《小司徒》说:"五人为伍,五伍为两,四两为卒,五卒为旅,五旅为师,五师为军。以起军旅,以作田役,以比追胥,以令贡赋。"《逸周书·大聚》也有类似的记述:"五户为伍,以首为长;十夫为什,以年为长;合闾立教,以威为长;合旅同亲,以敬为长;饮食相约,兴弹相庸,耦耕俱耘,男女有婚,坟墓相连,民乃有亲。"《国语·齐语》对这种农村公社行政、军事合一结构的优点,有精当的评析:"伍之人,祭祀同福,死丧同恤,祸灾共之。人与人相畴,世同居,少同游。故夜战声相闻,足以不乖;昼战目相见,足以相识;其欢欣足以相死。居同乐,行同和,死同哀。是故守则同固,战则同疆。"周代村社的规模约在百家左右,因此,卒的军事编制与一个村社担负的军役相当。所以我们说,卒是农村公社结构在军事上的反映。

农村公社是社会生产者按地域关系联结而成的政治、经济、军事合一的社会结构,但它并不排斥血缘关系的存在。作为农村公社军事编制的"卒",与血缘关系表现形式的"族",有着内在的、同源的脉络。

《说文》:"族,矢锋也,束之族族也。从㫃从矢,㫃所以标众,众矢之所集。"段注："扒所以标众者,亦谓旌旗所以属人耳目。旌旗所在,而矢咸在焉,众之意也。"许、段二氏用众矢集于旗之所在来阐述"族"的聚集义,实际上是释族为镞。这种解释实乃族的引申义。族的本义,当从赵光贤先生说："大约初民以弓矢为主要武器,在田猎或出战时,聚集本族成员于旗之下,因而有族众之意。甲骨文的矢形代表持矢的人,以矢表示多数,所以有众意。"①远古时代人们作战以氏族为单位,"族"的本义就是指一个战斗集体,其军事性与血缘性,是同一个事物的两个侧面。在军事行动中最能体现众人聚合、在统一指挥下共荣辱存亡的关系,所以"族"字便引申出丛、凑、类、群、聚等项含义。军事行动以族为单位,在金文中不乏其例,如《班簋》："以乃族从父征。"《鲁侯彝》："唯王命明公遣三族伐东国。"

周代有"百家为族"之说。除了《周礼》外,尚见之于许多经籍注疏。《礼记·内则》注："族,百家也。"《诗·良耜》："以开百室,百室盈止,妇子宁止。"朱熹注："百室,一族之人也。"《逸周书·作雒》："都鄙不过百家,以便野事。"《史记·吴太伯世家》："越王勾践欲迁吴王夫差于甬东,予百家居之。"这都是居民大体以百家为单位族聚的例证。由此我们可以理解为什么"卒"、"族"同音,为什么《周礼》行政结构中的"族"与军事结构中的"卒"恰好相应;为什么《周礼》的行政编制与军事编制的层序本来都是五进位的,而偏偏在由闾、两到族、卒这个层级上变成了四进位:②只有这个环节四进位,才能与"百家为族"、"百人为卒"的传统习惯相适配。一闾是二十五家,四闾恰好百家;一两二十五人,四两恰好百人。

一般说来,以族为军事单位,是氏族与家族公社时代的现象。到农村公社时代,由于社会生产的发展,国家政权的强化,战争水平的提高,军事组织日趋严密,于是有了从伍到军的一整套分级定员的军队建制,有了统一的军服和兵种的分工。但历史发展的不同阶段,不可能一刀切齐,前一阶段的某些东西,常常要伸延到后一阶段去,这

---

① 赵光贤《殷代兵制述略》,中国先秦史学会第一届年会论文。
② 《周礼》所载乡区的行政结构是:"五家为比,五比为闾,四闾为族,五族为党,五党为州,五州为乡。"乡区的军事编制是"五人为伍,五伍为两,四两为卒,五卒为旅,五旅为师,五师为军。"

是一种历史的惯性。在农村公社时代，"族"演化为村社的形式，其军事性质也随之体现为"卒"的编制。这并不单纯是往昔名称的历史遗存，也显示了家族公社过渡为农村公社的痕迹。

《左传》中族、卒二字往往是通用的。在宗法制度下，大夫以上的各级贵族，既参与国家政事，同时又是自身所出的那个大家族的宗主，因此拥有自己的"宗人之兵"，即所谓之"私卒"或"私属"。国君的族兵称"王卒"或"公卒"，与贵族们的私卒具有同样的性质。各级贵族对自己的私卒有绝对的支配权，可以凭借私卒的实力加强或扩展政治权益；可以在内乱中使用私卒消灭异己，保护自己的家族；在国家对外作战时，贵族们要带领自己的私卒临阵。关于这方面的材料，《左传》中俯拾即是，有时称卒，有时称族。《僖公二十八年》记城濮之役，子玉请战，楚王怒，"少与之师，唯西广、东宫与若敖之六卒实从之"。注谓："六卒，子玉宗人之兵六百人。"《成公十六年》记鄢陵之役，"伯州犁以公卒告王，苗贲皇在晋侯之侧，亦以王卒告"。下文又记"苗贲皇言于晋侯曰：'楚之良，在其中军王族而已。'"显然"王族"即"王卒"。《宣公三年》载宋文公"使戴桓之族，攻武氏于司马子伯之馆，尽逐武穆之族。武穆之族以曹师伐宋"。《宣公十二年》记晋楚邲之战，知庄子之子为楚军所俘，庄子为救子而"以其族反之"。《成公十六年》记鄢陵之战，谓"栾、范以其族夹公行"。《襄公二十五年》载吴楚离城之役，"请以其私卒诱之……五人以其私卒先击吴师"。《定公四年》载吴楚柏举之战，吴王"以其属五千先击子常之卒。子常之卒奔，楚师乱"。这些记载中的"族"与"卒"，字别而义同，正说明了二者的源流关系。

三

《史记·周本纪》描述牧野之战时说："武王使师尚父与百夫致师，以大卒驰帝纣师。"《正义》："谓戎车三百五十乘，士卒二万六千二百五十人，有虎贲三千人。"这就是说，"大卒"相当于"大军"，系指周方的全部武装力量。此说很值得怀疑，因为《史记》下文又叙述战斗结束的次日,武王进入纣宫举行告天仪式的场面:"及期,百夫荷罕旗以先驱。武王弟叔振铎奉陈常车,周公旦把大钺,毕公把小钺,以夹武王。散宜生、太颠、闳夭皆执剑以卫武王。既入,立于社南大卒之左,左右毕从……"果如《正义》所说,"大卒"即全军人马,则很难理解。走在最前面的是荷旗的"百夫",文中并未提及全部军队开入的事。从《逸周书》中《世俘》、《克殷》诸篇可知,牧野之役后,纣虽败亡,但战斗远未结束,周方曾派兵分路出击,以消灭纣的援兵及亲商集团,各路战线都有过激烈的战斗。在这种情况下,周之大军不可能为壮武王的声威而集列于"社南"。何况数万兵马车乘,恐也非"社南"有限之地所能容纳得下。

我认为,《周本纪》所说的"大卒",就是战时师尚父率以致师、战后举行告天仪式时荷旗先驱的"百夫"。同一段文字中"大卒"与"百夫"兼用,是为避免重复而变文。古文献中不乏此类语例,杨树达在《古书疑义举例续补》中曾经论及。所谓"大卒"实乃王卒之精锐,即后世所谓之亲兵卫队。《周礼·夏官》有"虎贲氏"一职,"掌先后王而趋以卒伍,军旅会同亦如之。舍,则守王闲;王在国,则守王宫;国有大敌,则守王门。大丧亦如之。"显然,虎贲氏统率王宫卫队,在王有所行动时,护拥在王的前后左右;遇到关系重大的危险而艰巨任务,则挺身承担。《周本纪》所说的"百夫",战时为武王驰阵致师,祭礼时在武王身旁持旗肃立,正与亲兵卫队的身份相合。王的卫队为百人即一卒之人,或以百人为单位,这个传统由来已久,甚至可以追溯至商代。卜辞中有"三师"、"三百射",如"王作三师:左、右、中"。(《粹》597)"王令三百射,弗告"。(《下》4615)其编制与使用,是以百人为单位的,"戠马,左、右、中,人三百。"(《前》3·31·2)"贞令中人"(《下》8·6)"王乎甾才戍田,其以右人甾,亡戈"。(《甲》2562)故陈梦家曾说:"殷代师旅似以百人为一小队,三百人为一大队。"①但商代用兵数量甚众,动辄数千,多时达万人以上,三百人决非其军队主体。疑其"百射"、"中人"、"右人"等当系商王之贴身卫队,相当于周王之"虎贲"或《周本纪》所言之"大卒"。《逸周书·世俘》:"商王纣

---

① 陈梦家《殷虚卜辞综述》,科学出版社,1956年版,第513页。

执矢恶臣百人","殷俘王士百人",可能就是卜辞中的"百射"之类。同篇言周"俘人三亿万有二百三十",可谓多矣,但向祖先神灵献俘时,却特言"王士百人"、"恶臣百人",为什么呢? 就因为他们不是一般的兵卒,而是商王的随身卫士,可作为商纣军事力量的代表。《国语·吴语》记黄池之会,吴王夫差为向晋使显示军威,"称左畸曰:'摄少司马兹与王士五人坐于王前!'乃皆进,自刭于客前以酬客"。这里的"王士"显然即夫差的亲兵。

古代"大"与"元"义通,故大卒也称元卒。《逸周书·武顺》说"元卒":"一卒居前曰镇,一卒居后曰敦,左右一卒曰闾,四卒成卫曰伯。"是书明言一卒编制为二十五人,故称百人的卫队为"四卒","伯"即"百"。《尚书·顾命》叙述成王去世后,太保命两位大臣"以二干戈、虎贲百人,逆子钊于南门之外,延入翼室,恤宅宗。"康王钊入主宗室后,百人的卫队便开始直接为他服务了。《左传·宣公十二年》晋栾武子介绍楚王的亲兵:"其君之戎,分为二广,广有一卒,卒偏之两。右广初驾,数及日中,左则受之,以至于昏。内官序当其夜,以待不虞,不可谓无备。"可知楚王的卫队共有两卒,轮流值班。二十五人为两,"卒偏之两"一句,旧注多不得要领,我认为即百人编为四组即四两,分别警戒王舍之四面的意思,可见楚王的值班卫队也是百人。

大卒承担着护卫王身、警戒王宫的重任,其身份当是王的家族成员,故平时即居住于王宫内的四周。《国语·楚语》载伍举谏楚灵王的话:"先王之为台榭也,榭不过讲军实,台不过望祥氛。故榭度于大卒之居,台度于临观之高。"韦昭注:"大卒,王士卒也。度,谓足以临见也。""榭度于大卒之居"意谓建榭的规模、高度,以能登临检阅大卒为标准,不必过于奢华铺张。此亦大卒乃王之卫队的一个佐证。

(原载《人文杂志》1987 年第 5 期)

评商代社会性质研究中的几种倾向

本文不打算对商代社会性质作正面论述,只就我国史学界探究此问题时存在的几种倾向略加评析,不妥之处,望学界同志们赐教。

一、不能背离奴隶社会的定义

近几年,对商代为奴隶社会的成说提出质疑的人越来越多,掀起一场学术大争论的可能性不容低估。商代到底是不是奴隶社会? 探讨这个问题必须有个前提;对什么是奴隶社会,应当有统一的认识。否则,研究者各依自己的标准去衡量,分歧永无消除的希望。

决定一个社会属于什么形态的关键在哪里? 马克思说得很明确:"不论生产采取何种社会形态,劳动者与生产资料总是它的因素。但他们在彼此分离的状态中,就只在可能性上是它的因素。为了要有所生产,它们必须互相结合。社会结构的各种不同的经济时代,就是由这种结合依以实行的特殊方法和方式来区别。"[①]这就是说,核心问题是生产者与生产资料的结合方式。斯大林根据这个精神,给奴隶社会下了著名的定义:"在奴隶制度下,生产关系的基础是奴隶主占有生产资料和占有生产工作者,这生产工作者便是奴隶主所能当作牲畜来买卖屠杀的奴隶。……此时已有可能在各个人间和各部落间交换生产品,已有可能把财富积累在少数人手中,而且真正把生产资料积累于少数人手中,已有可能迫使大多数人服从少数人并把这大多数人变为奴隶。这里已不是社会中一切成员在生产过程中共同

---

① 《资本论》第二卷,人民出版社,1956年版,第20页。

地和自由地劳动,而是由那些被不劳而获的奴隶主的剥削的奴隶们的强迫劳动占主要地位。"[①]据此,奴隶社会的本质属性可归纳为如下几个要点:(1)奴隶主占有全部生产资料和社会产品。(2)奴隶本身也是奴隶主的财产,可以被买卖屠杀。(3)奴隶们一无所有,当然不存在自己独立的经济。(4)奴隶们占人口的大多数,他们被强迫进行劳动,是社会主要生产的承担者。上述基本点,国内史学界尚无人提出异议。按理说,这应意味着大家承认它们是判定商代是否为奴隶社会的尺度。但事实却远非如此。

综观主张商代为奴隶社会的许多古史专著、教材和论文,我们不难发现存在着两种类型的学术风格。一种是不顾史实的武断论定。这类论著,不认真考察商代生产资料的存在形态,它如何控制,如何使用;不认真考察商代主要生产者的身份地位,他们怎样与生产资料结合,又怎样参与产品的分配;不认真考察商代整个社会赖以支撑的经济结构是如何架设的,是什么因素使该结构得以长期保持生命力。这类著作中充满了未经严密论证的断语,诸如"土地都属于商王所有,劳动人民都是商王的奴隶"、"残酷的奴隶主把奴隶视若牲畜"、"成批的奴隶被惨杀用作祭祖的牺牲"、"大量奴隶被驱使到田野上劳动"、"奴隶们创造了灿烂的青铜文化"等类语句,代替了史实的辨析。对史料的处理也是如此。就以引用率最高的卜辞"王大令众人曰劦田"来说罢,这几乎无例外地被解释为奴隶们强迫性的集体劳作。但为什么"众人"一定是奴隶,而不是其他身份的人呢?拿不出证据来。这类论著的作者,只在概念上接受了斯大林关于奴隶社会的定义,而在研究实践中却抛弃了它。

另一类著作比较尊重史实,对商代社会经济结构作了客观的分析,承认商代社会基层组织为农村公社,生产的主要承担者是村社成员而非奴隶。村社成员有自己的建立在份地基础上的家庭经济,他们要为商王和贵族们耕种公田,服各种劳役,经受压迫和剥削,但身份上却属平民阶层。奴隶是存的,但在人口中不占多数,且主要用来服侍王公贵族,承担各种杂役。如果用斯大林的定义衡量的话,这样

[①] 《辩证唯物主义与历史唯物主义》,人民出版社,1960年版,第23页。

的社会是不能视之为奴隶社会的。道理很简单：奴隶劳动在整个社会经济构成中不起主导作用，决定生产方式本质的是村社制而不是奴隶制。但这类著作却还是要称商代为奴隶社会。为了使事实与定性之间的矛盾得到解释，这类论著中出现了"早期奴隶制"、"不发达的奴隶制"、"家庭奴隶制"等圆通之说。显然，这是种不得已的无奈之举。因为人类社会定序于五种生产方式说已成"绝对真理"，原始社会之后是奴隶社会，商代既非原始社会，那它就必须是奴隶社会。其实，前述奴隶社会属性的那些基本点，是没有多大伸缩余地的。稍加偏离，奴隶社会与封建社会就可能混淆不清。"早期"也好，"不发达"也好，既然称之为奴隶社会，总须具备奴隶社会的基本特征才是。这里有个哲学上的所谓"质的规定性"的问题。如果一个社会，奴隶劳动一直不曾在社会生产中居支配地位，奴隶制方处于萌芽状态，或者整个社会经济结构中只包含了一些奴隶制的因素，我们就没有理由称它为奴隶社会。比如，我国自明代中后期即已出现资本主义性质的生产方式，经济领域中已含有资本主义生产的萌芽和因素，但我们却并不视明后期及清代为资本主义社会。至于"家庭奴隶制"，它并不直接构成生产的基础。恩格斯曾把它与"古代劳动奴隶制"相对列举，并指出家庭奴隶"作为家庭的组成部分，不知不觉地转入家庭（例如内宅的女仆）。"①恩格斯是不把家庭奴隶制当作一种独立的生产方式看待的。马克思也说过："单纯的家庭奴隶，不管是担任必要的服务还是仅只为了装饰排场，都不在我们这里考察的范围内。那和近代的仆役阶级相当。"②马克思在考察奴隶制经济时将家庭奴隶排除在外，表明他和恩格斯一样，不认为家庭奴隶制是一种生产方式。

不同形式、不同程度地背离马克思主义经典作家关于奴隶社会定义的现象，应当引起史学界的重视，这种现象导致商代社会性质研究中的歧说纷呈。

---

① 《〈反杜林论〉材料》，《马克思恩格斯全集》第二十卷，第 676 页。
② 《资本论》第二卷，第 530 页。

二、汉字形体岂能反映社会性质

汉字初创时是按字义绘形的，义与形之间存在一定的直接联系。正因为汉字具有表意、尚形的特点，这就使"据形求义"在有限的范围内成为可能。自甲骨卜辞问世后，人们对汉字初形有了更深入、更近实的了解，据形求义的训诂方法，不论在古文字研究还是在古史研究中，运用更加广泛，并取得了显著成绩。但汉字形体的表义功能毕竟是有限的，因为说到底它也只能是一种记录语言的符号。即使是典型的象形字或会意字，其形体也不过是某种实物或场景的最简略的线条定型，表示的是现象而非本质。如果夸大了字形的表义功能，分析字形时掺杂主观臆测，把字形之外的东西傅会到字形上去，便成了强解字形以就已见，那绝不是实事求是的态度。有些商史研究者，竟然能在古汉字形体上找到奴隶制证据；影响所及，一些古文字研究者，也津津于据字形论说商代的社会活动。实则均已超出了汉字形体学所能允许的范围。

任何一种社会的经济、政治结构，其形成取决于诸多复杂的因素，那些因素无论如何也难以在某几个字的笔画安排中显示出来。通过字形分析判定商代社会性质，或带着商代社会属性的成见强说字形，都不可能得出正确的结论。如"伐"字，甲骨文为戈锋在人颈之形，据形我们只能理解其义为杀人（或引申为征伐、杀祭，但那须结合全句文意方能辨别），杀人的人和被杀的人各是什么人，从字形上是绝对看不出来的。说杀人的是奴隶主，被杀的是奴隶，伐字反映了奴隶主对奴隶的残暴镇压，这只能是释字者的主观意念，而非该字形体的内涵。杀人现象非独奴隶社会有，奴隶社会固然要杀人，杀人的社会却不一定是奴隶社会；即使在奴隶社会中，被杀的也不一定非奴隶不可。再如"祭"字，其形体结构下部为祭台，上部左方为肉块，右方为一只手。于是有人便说这是商代"残杀奴隶"以祭神的写照，其"鲜血淋淋"的样子，令人"惊心动魄"。但我们要问：何以知道作为祭字部件的"肉块"是人肉而非动物之肉呢？就算它是"人肉"，何以知其必为奴隶之肉而非战俘之肉呢？荒谬的论断来自荒谬的逻辑：奴隶不是可以被屠杀吗？被屠杀者自然就是奴隶了。

"众"字为日下三人形。造字者的初意，只想说明"多人"而已。所谓三人"在烈日下劳作"，已经有些出格，已经融入了释字者主观想象的成分，因为古汉字中并没有专示劳作的人体形态。"众"字的三个人形与另外的显然不含劳作义的人形并无区别，都是泛指"人"，为什么一定要说他们是在劳作呢？不过这种出格，尚能圆通其说。因为生产活动毕竟是人类赖以生存的首要活动，而最初的生产活动总是集体进行的；说日下三人是在劳作，用集体劳作的形象来体现"众人"之义，具有一定的合理性。但有的古史著作竟说"众"字的三人"形象地说明他们是在田野里赤身露体从事耕作的奴隶"，这就未免想象力过于丰富，近乎文学创作了。汉字中从未有过着衣的人形，难道所有的中国人自古至今都是"赤身露体"的？而且，在野外劳作的人就一定是奴隶吗？卜辞中关于"众"或"众人"的材料着实不少，但我们由卜辞只能知道他们是农业生产的承担者，是商王的基本战斗力量，在集体行动时商王非常关心他们的安全，如此而已。此外找不到任何证据说明他们是奴隶。《尚书·盘庚》"王命众悉至于庭"的"众"，非但不是奴隶，其地位比平民还要高。盘庚对他们的训诫中虽有威胁，但更多的是劝勉，用的是"自家人"口气。至于金文《智鼎》的"众一夫"，许多人以之作为"众"是奴隶的论据，其实是误解了铭文。笔者在《对中国古代社会性质的一点浅见》①一文中曾作过辨析，此不赘述。总之，据字形释"众"为奴隶，在古文献资料里找不到任何佐证。"臣"字被说成是奴隶，有两种不同的释形法：一谓"臣"是个"竖立的眼睛"，人在低头时眼睛便呈竖立状；而奴隶是要向奴隶主"俯首屈从"的，所以臣字便表奴隶之义。一谓"臣"像"捆绑的绳索"，抓俘虏作为奴隶时，为防其逃跑，须用绳子捆起来；捆后无法站立，所以"象屈服之形"。此二说颇有异曲同工之妙。后一说意在傅会《说文》的解释："臣，牵也，事君也，象屈服之形。"《说文》此释本近臆测，再加演绎愈趋荒诞。不论甲骨文还是金文，"臣"字形体毫无"捆绑状"可

---

① 见本书第3页。

言,倒实实在在像个"竖立的眼睛"。然而竖目者的身份却未必就低贱。居高位者,君临众庶俯首下视时,目也要竖的;修整仪容者,以水为鉴俯首下视时目也要竖的。如果一定要据形求义的话,则谓"臣"字初义表示监督者,也即王之耳目,似乎更合理些。试观甲文中之"臣"或"小臣",他们执掌王命,领导生产,指挥作战,实乃商王朝中的权势人物。陈梦家先生曾很正确地指出:"在殷代,'臣'与'小臣'是一种较高的身份,并非奴隶。"①臣字的初义为观察、监督;作为一种身份,指协助王治理政事者。故先秦文籍中臣字多与君字对应使用,《国语·晋语》说"事君不贰是谓臣",《仪礼·士丧礼》注谓"君之股肱耳目曰臣"。克雷特文中也有一个类似"臣"的目形字,其义也为"监督者"或"治理者"。这对我们理解"臣"字的初义不无启发:造字者用眼睛表示某种身份的人,是有意突出、强调眼睛的作用,而不是用眼睛的竖形表现人的屈从。当然,臣对君主是要屈从的,是要俯首听命的,是要受支配、供驱使的,故臣字后来又有"臣仆"的义项。《尚书·微子之命》:"商其沦丧,我罔为臣仆。"《尚书·费誓》:"马牛其风,臣妾逋逃。"《左传》:"男为人臣,女为人妾。"等文例,"臣"字无疑均指奴仆。但臣字的奴仆义是后起的,不能作为上述两种臣字释形说的验证;因为据形求义所求得的,只应是该字的原始义而不是其引申义。

由臣字我们又想到了"民"字,此字形释说法更多。有人说它"象一裸体人露两乳,足上挂器械之状",有人说它"作捆绑状",其实是"俘虏亦即奴隶的形象";有人说它是"有刃物插入目中之形","盲其目以为奴征"。诸说殊途同归:反正"民"是奴隶!甲文中据说尚无此字,究竟何形为其初形,还很成问题。所谓"捆绑状","足上挂器械状",想象的成分居多,姑置勿论。金文中的"民"字倒确像以物刺目之形,但这是"盲"字的初文,本与民众之民无甚关系的。后来作为"萌"的借字,又演变为"甿"、"氓",再省而为"民"。因久假不归,后世遂另造"盲"字。② 所以,据"民"字的形体证其奴隶身份,同样是对成说的主观傅会。还有一个"仆"字,也是据字形说古史者所乐道的

---

① 《殷墟卜辞综述》,科学出版社,1956年版,第622页。
② 关于"萌"与"氓"的关系,可参阅拙文《关于〈诗·卫风·氓〉的几个问题》,载《人文杂志》,1985年第4期。

字例。起初有人说它谓:"人形头上有黥,臀下有尾,手中所奉者为粪除之物(箕中盛尘垢形),可知仆即古人所用以司箕帚之贱役。"后来又有人进一步发挥说:"象手捧箕尘,双臂间有索缚,着尾饰的家务奴隶","刀插人头顶",以示为"刑余的卑贱者"。征诸甲文,此字只一见,且和"卜"字联用,早就有学者指出:此字应为人名;而且,有资格主持卜祀大典的人,绝非社会下层。再看金文中的"仆",其形体与甲文被认作仆字的那个形体判然有别,目前的资料并未能提供二形嬗递的轨迹,所以,释甲文该字为后世的"仆"字,本身就不大可靠。而且,金文中的仆字显示的也非奴仆义。"仆"为王公贵族的御者,属地位较高的侍臣。彝铭在叙及隆重活动时,常列出仆、御的名字以示荣显。如《令鼎》中的谦仲,《邁簋》中的邁,身份都是贵族。《左传·哀公二年》:"初,卫侯游于郊,子南仆。"杜注:"子南,灵公子郢也。"国君之子尚且任"仆"。周秦时期之太仆、仆射等官职称谓,恐即与"仆"的原始身份有关。此字和"臣"字一样,其"奴仆"义系后起;这后起义与字形无关,更与甲文中作人名的那个字形无关。所谓"象手捧箕尘,双臂间有索缚",即以想象论也想象得悖乎情理:家务奴虽是奴,但却是不带索镣的,尤其在他们清除尘污的时候。

举上面诸字例是想说明:离开声音的脉络,离开语言环境,单纯地据形求义,本就难以确定造字者的意图;如果再从先入之见出发,将臆测强加给字形,并据之以说史,那就更加荒唐。

三、人殉人祭与奴隶制无必然联系

商代盛行人殉、人祭,这是无可争辩的事实。许多商史学者,断言人殉人祭的牺牲者是奴隶;在他们的有关著作中,大都浓墨重笔地介绍商代人殉人祭的规模和残酷性,并以此作为商代奴隶社会论的基本依据。前些年出版的一部篇幅不小的《中国古代史》,"商代的阶级对立和阶级斗争"一节内容共五页,叙述人殉人祭的文字及插图竟占了四页半,给人一种"此外无可述者"的印象。可以说,以人殉人祭证商代为奴隶社会,在我国古史学界已成为一种风气。遗憾的是,这种风气的基础很不可靠,因为,人殉人祭现象与奴隶制并无必然联系。

人殉与人祭常被放到一起讨论,其实二者的性质大不相同。人殉,是指用人为死者陪葬,这无疑是阶级对立社会的产物。王公贵族们生前钟鸣鼎食,妃歌妾舞,仆卫簇拥,享尽了荣华富贵,他们自然希望死后仍能过这种生活。于是他们便按活着时的生活需要,为自己安排在另一个世界的用品和服务人员。死者的地位愈尊贵,这种安排也便愈周全。他们即使不能把生前身边的人员全部带入坟墓,至少也要据制配套,带进一部分去,包括他们平日最宠爱的妃妾,使用最顺手的近臣、侍卫和仆役。人殉的目的既是为了让殉者在冥世为墓主服务,故要把殉者与其使用的物品安放一起,并使其躯体尽量保持与其职责相称的形态。商墓发掘报告表明,人殉情况相当复杂:有的殉者用棺木,有的和成套贵重礼器同处,有的头旁存玉簪,有的口衔松绿石,有的身边放置武器,有的殉者本人又有陪葬人。这种种殉者,恐怕都很难说成是奴隶。参看后世情形,春秋时秦穆公殉葬177人,连举国敬慕的"三良"也成了墓中的牺牲品。《礼记·檀弓》记载:"陈子车死于卫,其妻与其家大夫谋以殉葬。定而后陈子亢至,以告曰:'夫子疾,莫养于下,请以殉葬。'子亢曰:'以殉葬,非礼也。虽然,则彼疾当养者,孰若妻与宰?得已,则吾欲已;不得已,则吾欲以二子者之为之也。'于是弗果用。"此可证殉人多是墓主生前所信赖喜爱的人,甚至可用其妻与宰充殉,决不能说殉葬者的身份定然卑贱。殉人中当然包括各类奴仆,但王公贵族们的家内奴仆是不进入生产领域的,他们的存在不能说明社会性质,使用奴仆的现象为阶级社会所共有,非独奴隶社会为然。关于这个问题,翦伯赞同志早就有过精辟的阐述。①

人祭起源于原始社会,反映了部落战争时代人们对敌方的仇恨和对祖先的崇拜。恩格斯在论述恺撒时代的德意志人时,曾指出:"……把人当作祭品的做法还在流行。一句话,我们在这里所看到的,是一种刚从野蛮时代中级阶段进入到高级阶段的民族。"②人祭牺

---

① 翦伯赞:《秦汉历史上的若干问题》,载《历史学》,1979年第1期。
② 《家庭、私有制和国家的起源》,《马克思恩格斯选集》第4卷,人民出版社,1979年版,第139页。

牲,主要是战争中的俘虏。人们在祭坛上杀掉战俘,向祖先显示英武,夸耀战功,告慰祖先的在天之灵,以祈求福佑。商代无疑已是阶级对立的社会,但其人祭习惯尚显示了原始社会的遗风,据考古资料提供的情况看,商代用于祭祀的人牲多为男性青壮年,"不少骨架是砍断、肢解后零乱的扔在坑中的,有的骨架上肢骨或下肢骨被砍,有的手指被砍去,有的脚趾被砍去,还有的人架被腰斩。有的双手背缚,有的双手上举,脊椎扭转,作挣扎状。"①种种迹象表明这些祭牲都是战俘,有些是在战场上负伤之后被俘作人牲(如小屯南地祭坑中,有一成年男性的髌骨留有铜镞)。解放前在殷墟王陵附近的祭坑中,曾发掘出四百多具无躯头骨,这类无躯头骨在解放后的发掘中也屡见不鲜。我由此联想到先秦的"献馘"之制。最早的甲文"馘"字,为戈下有眉眼形,以眉眼表示人头,义为悬首于戈,也即断首之意。金文言及战功时多用"折首"一词,《左传》中也不乏"获甲首"若干的记载,都可证古时确有割下敌人头颅作为战利品的习惯。那些头颅常和战俘一起带回来告功祭祖。《虢季子白盘》所谓"献馘于王",《敔簋》的所谓"告禽馘百",《多友鼎》的所谓"献俘馘讯于公",《左传·僖公二十八年》的所谓"献俘授馘",《诗·泮水》的所谓"在泮献馘",《逸周书·世俘》的所谓"太师负商王纣悬首白旗,妻二首赤旗,乃以先馘入燎于周庙"等等,均是献馘告功的礼仪。殷墟祭坑里的那许多无躯头骨,很可能即战争中所获之"馘",祭祖后被集中埋在了一起。

既然人牲是战俘,便与商代是否为奴隶社会无必然联系。战俘和奴隶决不能画等号。固然,在奴隶社会中,战俘很可能是要转化为奴隶的;但商代的战俘是否转化为奴隶,那须到生产领域中去考察,在祭祀坑里是找不到答案的。据陈梦家先生说,"卜辞所记用人之祭仅限于羌人,羌白(伯)及少数的其他方伯。"②但却不见驱使羌人从事工农业生产的卜辞。可见商代的战俘除了用作祭牲,或用于田猎等事外,一般是不进入社会主要生产领域的。何况,商人处理战俘,有时干脆是直接的集体屠杀,最多的一次杀了2 650名(见《后下42·9》)。战俘大量用于人祭或直接屠杀,正说明当时不存在转化战俘为

---

① 《商周考古》,文物出版社,1979年版,第116—117页。
② 《殷墟卜辞综述》,第280页。

奴隶的强烈的社会需求;换言之,说明当时的社会经济结构,并不宜于容纳奴隶生产。这恰可反证商代之非奴隶社会。

　　有人说,有很多祭祀是有时间性的,而祀日之前却不一定正好有战争;即使有战争,也不一定必获战俘。那么,在没有战俘可用的情况下,祭祀的人牲恐怕只能是奴隶罢?对这个问题我是这样看的,商代祭祀并非每次都用人牲,其主要祭品还是牛羊等家畜。目前的卜辞研究,还没有得出某种祭祀非用人牲不可的结论。因此,与其说祭祀的需要决定人牲的数量,还不如说人牲的存在决定祭祀的牲类。说通俗一点就是:祭祀时适逢有人牲,就用;适逢没有人牲,就不用,而只用其它祭品。当时商王朝同四周部族邦国的战争相当频繁,无战俘可用的情况恐怕不多。此外,我们也不能排除这种可能性:当时有储存战俘以备用祭的制度。卜辞中有一条"不其降晢千牛千人"的记载,《商周考古》介绍日本学者白川静的考释,说"这是以牢栏养兽备供牺牲挑选的仪礼。就是说,平时用栏牢把千人与千牛一道关起来,以备他日举行杀殉(中熹按:当为"杀祭")时挑选牺牲之用。"①此说如可靠,则亦可反证商代之非奴隶社会;如果是奴隶社会的话,可随时抓奴隶来用祭,何必事先圈养备存呢。

　　以人殉人祭论证商代社会性质,正是商代奴隶社会说论据贫乏的反映;在经济领域内找不到奴隶身份的人,便只好求助于其他领域了。坟墓里和祭坑里有大量被屠杀的人,正好可用作说明奴隶制的材料。但假如我们不从偏见出发,不为成说所囿,则不难发现,人殉人祭现象可以反映商代统治者的凶残和愚昧,但却不能证明商代为奴隶社会。我们没有任何理由认为,这种血腥的暴力现象只在奴隶制形态下方能存在。

　　(原载《庆阳师专学报》[社会科学版]1987年第1期,人民大学资料中心编《先秦·秦汉史》1988年第6期收载)

---

　　① 《商周考古》,第108页。

关于西周农业生产者身份的辨析
——与顾孟武先生商榷

西周主要生产者的身份,直接关系着西周的社会性质,这是我国史学界长期争论而一直未获解决的问题,故常常被重新提起。近读顾孟武先生《论西周生产领域的奴隶劳动》[①]一文(以下简称"顾文"),受益之余,很有些不同看法。限于篇幅,这里只就农业领域内生产者的身份问题,提出几点意见,与顾先生商榷,并就教于对此问题有兴趣的学界同仁。

一、生产工具的归属问题

顾文首引《国语·周语》所载虢文公针对周宣王"不籍千亩"而发的那段著名议论,目的在于证明当时的农业生产者没有自己的工具:

> 先时九日……王乃使司徒咸戒公卿、百吏、庶民,司空除坛于籍,命农大夫咸戒农用。……及藉,后稷监之,膳夫、农正陈籍礼,太史赞王,王敬从之。王耕一坡,班三之,庶民终于千亩。其后稷省功,太史监之;司徒省民,大师监之;毕,宰夫陈飨,膳宰监之。膳夫赞王,王歆大牢,班尝之,庶人终食。

这段文字是讲籍田之礼的,它记述籍礼前的准备,籍礼仪式的次序及场面。按周制,籍田是天子或诸侯直接控制的大型公田,其作用

---

① 载《史学月刊》,1988年第2期。

有二：一是满足宗教仪式的需要，为祭祀上天及祖先的神灵生产食粮，即虢文公所谓之"上帝粢盛于是乎出"。故《礼记·月令》称藉田为"帝藉"，称存藉田所产粮食之处为"神仓"。二是体现中央政府的职能，向全国发布春耕动员令，即虢文公所谓之"民之蕃庶于是乎生"。故《荀子·儒效》以"履天子之籍，听天下之断"概言周公之居王位。商代已有籍田，卜辞常见"王观藉"、"藉受年"、"呼藉"一类记载，商王朝还设有"藉臣"、"小藉臣"等职，专司藉田之事。籍之初义，汉儒们多以"借民力以耕"释之，这不过是该字的后起义，甲文藉字为双手持耒，踏之入土之象，其本义即耕作。原始农业的耕作总是集体进行的，那时的土地属于全氏族所公有；因此，"藉"的含义即指在公有土地上的集体劳作。在氏族公社向农村公社转化的过程中，公社保留了一部分公共土地。马克思曾指出，这些公共土地由公社成员们共同耕种，其收获物"一部分当作收获不足时或他种意外事情的准备基金，一部分当作国家贮藏，为了应付战争、宗教，及其他各种共同事务的费用。"但是，"在时间的进行中，这种公地，被军事上宗教上的高官侵夺了。在公地上从事的劳动，也被他们侵夺了。自由民在他们的公地上做的劳动，变成他们替公地盗占者做的徭役劳动了。"[①]我国商周时代的藉田，其前身正是马克思所说的这类公有土地。最初可能所有的公田都称藉田，后来由于天子、诸侯只在王都、国邑附近的大型公田上举行藉田礼，故习惯上便只把王都、国邑附近的大型公田称作藉田。藉田礼其实是往昔部落氏族首领们与氏族成员共同参加生产劳动的"太古遗风"，统治集团把它搞得那么庄严隆重，是因为他们把这看作是受天命、继宗统、殖百谷、育万民的象征。行藉田礼，王都或国邑中的庶民都要参加，因为藉田上的全部劳作要靠他们去完成，王公贵族们不过是做做样子而已。但顾文却说由此看到了"奴隶主监督奴隶从事春耕的投影"。为什么那些"终于千亩"的庶民一定是奴隶呢？顾文认为上引虢文公语中，"'命农大夫咸戒农用'这一细节，为问题的解决提供了钥匙"。据韦昭注，农大夫指田畯，"农用"指田器，顾文说："据此可知，田器是归田畯掌管，也即是说，生产

[①] 《资本论》第一卷，人民出版社，1958年版，第269页。

者——'庶人'或'庶民'是不占有生产工具的,则其非奴隶而何?"

顾文显然曲解了"命农大夫咸戒农用"一语。"戒"字诸多义项,却决不含"掌管"义;此处之"戒"分明是指告诫。《仪礼·士冠礼》"主人戒宾",郑注:"戒,警也,告也。"《左传·宣公十二年》"百官象物而动,军政不戒而备"郑注:"戒,敕令。"《左传·庄公二十九年》:"凡土功,龙见而毕务,戒事也。"杜注:"戒民以土功事。"按节气农时,布置生产任务,督催庶民准备好工具,劝勉大家努力于劳作,本是原始社会氏族部落首领们的职责;进入阶级社会之后,则演变为政府的一项行政任务。在周代,这项任务即由大、小司徒以及农大夫、田畯之类的官员负责执行。虢文公说得极其明确:"王乃使司徒咸戒公卿、百吏、庶民,司空除坛于籍,命大夫咸戒农用。"后一个"咸戒"无疑与前一个"咸戒"相承接,意为告诫农民准备好春耕用具。由这段话决不能得出"田器是归田畯掌管"的结论。事实上,参加籍田劳作的人都要自带工具的,包括周天子本人。《礼记·月令》言籍礼:"乃择元辰,天子亲载耒耜,措之于参保介之御间,帅三公九卿诸侯大夫,躬耕帝籍。"即为明证。

顾文还提到了50年代古史分期论辩中,范文澜先生与郭沫若先生关于《诗·周颂·臣工》"命我众人,庤乃钱镈"的争论,并肯定说:"自是郭氏的理解为胜。"我以为,如果不带偏见的话,理解古文句应当遵循汉语的语法规律,为合己意而扭曲文法是不可取的。"命我众人,庤乃钱镈"之"乃",是第二人称代词,按文法,它只能蒙上指代"众人"。诗意本来是极明畅通晓的,并没有容纳歧说的余地。顾文引《诗序》"《臣工》,诸侯助祭遣之庙也。"以证"乃"字是对诸侯及卿大夫们而发,这是没有弄明白《诗序》此语的用意。此语说《臣工》这首诗是诸侯助祭于宗庙时演唱的,并非说诗的内容是写诸侯们助祭。诗的内容其实还是写与籍田有关的事:"嗟嗟保介,维暮之春,亦又何求,如何新畲?"三圃制下,休耕之第三年正待耕种的田地谓之畲,郑玄正是用上引《月令》的那段话来解释此节诗句的。郑玄认为诗意是告诫"保介""急其教农趋时也",因此全诗最后落到庶民的劳作上去。"命我众人,庤乃钱镈"这两句,郑玄的解释尤其明确:"教我庶民,具汝田器。""汝"指庶民是毫无问题的。如果无视上句的"庶民",硬要说"汝"指"保介",那还有什么文法可言呢?"命令我的庶民们去准备好你保介的田器",这能讲通吗?何况,顾文后面续引虢文公的话中,还有几句话说籍礼行过之后,"民用莫不震动,恪恭于农,修其疆畔,日服其镈,不解于时,财用不乏,民用和同"。"其"字为代词,除了指代"民"它还能指代什么呢?难道它能隔山越岭地去指代前文的"保介"吗?

二、劳动者受监管的问题

顾文认为西周的农业生产者不仅没有自己的工具,而且还要在严密的监管下强迫劳动。根据之一还是上引《国语·周语》的那段话。"稷省功","司徒省民",太史和大师分别"监之"。不仅籍田劳作如此,所有奴隶主土地上的劳作均如此,耕种质量要经农师至天子本人的十道巡察验收,而且,"耕耨亦如之",何等的郑重,何等的严密!

辨析这个问题,我们须先有这样的认识,包括中国在内的古代东方社会,是以高度重视农业发展为其特征的,用近年流行的术语来说,此即所谓"早熟的黄土文明"。建立在村社经济基础之上的专制主义王权,把组织、监督农业生产看作社会治理的基本职能。在当时政治家们的观念中,农业生产不仅是民族赖以生存繁衍的主要条件,也是国家、王权乃至整个贵族阶级的生命线,我国商周时代的籍田礼,就是这一观念的派生物。《周礼》所载的那一整套居民编制与户籍制度,以及与之相应的田域沟洫的配置,还有那个庞大的管理农业的官僚体系,都是最好的说明。当时的统治集团对农业生产的施行,不仅十分关心,要求也相当严格,用《国语·周语》的话来说,"是时也,王事唯农是务。""民之大事在农。"《谷梁传》言"私田稼不善则非吏,公田稼不善则非民"并非虚语。后世封建社会的地方官总要标榜"劝农"、"教化",即缘于此。一直到秦代,政府直接监督、指导农业生产的现象,仍给我们以深刻的印象。《云梦秦简·田律》对基层官吏规定:"雨为澍,及秀粟,辄以书言澍稼、秀粟及垦田畼无稼者顷数。

稼已生后而雨,亦辄言雨少多,所利顷数。旱及暴风雨、水潦、螽蚰,群它物伤稼者,亦辄言其顷数。近县令轻足行其书,远县令邮行之。"①《青川秦牍为田律》除了记载政府统一规定的田亩面积、畦域划分、阡陌配置、封埒大小之外,还要求:"以秋八月,修封埒,正疆畔,及发阡陌之大草。九月,大除道及阪险。十月,为桥,修陂堤,利津梁,鲜草离。非除道之时而有陷败不可行。辄为之。"②这都很清楚地反映了政府对农业生产的关心和重视。西周是我国村社经济的黄金时代,专制主义王权对农业生产督导更强于秦。籍田劳作需要庶民共同参加,那么,核实人数,掌握出勤情况,就是必要而合理的措施。籍字本作"耤",后又写作"藉",初义即为公田劳作,正因为公田劳作需登记户口,清点劳力,故引申为户籍之籍。户口书于竹简,所以另造了加竹字义符的新字,又进而引申为文籍之籍。农业本为民生之本,籍田生产又是全国农业生产的样板,对籍田生产的操作要求自然也就更加严格,由专职官员负责检验质量,亦为情理中事。至于对其他土地耕作情况的所谓"十甸",顾文也承认"未免夸张";但各级政府进行不同层次的巡视督察,肯定是有的。这是村社时代长期形成的制度,并不能说明劳动者的身份一定是奴隶。奴隶们生产固然要受督察,但受督察的生产却不一定是奴隶生产。马克思说过:"凡是建立在作为直接生产者的劳动者和生产资料所有者之间的对立上的生产方式中,都必然会产生这种监督劳动。"③

顾文的根据之二是《汉书·食货志》中的一段话:

> 春将出民,里胥平旦坐于右塾,邻长坐于左塾,毕出然后归,夕亦如之。入者必持薪樵,轻重相分,班白不提挈。冬,民既入,妇人同巷相从夜绩,女工一月得四十五日。

顾文惊呼:"看!这样的生活,不是奴隶集中营又是什么?""显

---

① 《睡虎地秦墓竹简》,文物出版社,1978年版,第24—25页。为印刷方便,古体字采用今形,下同。
② 《青川县出土秦更修田律木牍》,载《文物》,1982年第1期。
③ 《资本论》第三卷,人民出版社,1975年版,第431页。

然,只有完全丧失人身自由的奴隶才能被这样组织起来强迫从事那样艰巨的劳动,因为他们仅仅是会说话的工具;同时,也只有这种奴隶劳动才需要这样组织起来,因为从事这种劳动的奴隶虽然是工具,却又是会说话的,也即是会思想的,所以必须置之鞭子加围墙的环境里才能保证那种劳动的进行。"

《汉书·食货志》这段文字,颇为商周奴隶社会论者所重视,郭沫若先生在其《奴隶制时代》一书中,曾先后引用过三次。① 郭老还一再强调:"班固必有所本","班固号称良史,自应有所依据,不能作无根之谈","班固去古未远,当有根据"。果真如此,那西周时代可真算是世界上最典型、最发达的奴隶社会了;相比之下,古希腊、罗马的奴隶制显得黯然失色。但是,如果我们翻阅一下《汉书·食货志》的原文,便不难发现,班固这番有"根"之谈的根须,不外是扎在《孟子》、《周礼》、《尚书大传》诸书之中。这段文字之前后,班固还有更多的文字,介绍这些被顾文视为奴隶的"民"的情况。他们占有一定量的土地:

> 理民之道,地著为本,故必建步立亩,正其经界。六尺为步,步百为亩,亩百为夫,夫三为屋,屋三为井。井方一里,是为九夫,八家共之,各受私田百亩,公田十亩,是为八百八十亩,余二十亩为庐舍。出入相友,守望相助,疾病相救,民以和睦,而教化齐同,力役生产可得而平也。

这分明是先秦井田说的补充发挥与修葺。再看他们的家庭生活:

> 环庐树桑,菜茹有畦,瓜瓠果蓏,殖于疆埸。鸡豚狗彘,毋失其时。女修蚕织,则五十可以衣帛,七十可以食肉。

这差不多是孟子原话的照搬。还有文化教育方面的情况:

> 八岁入小学,学六甲五方书计之事,始知室家长幼之节;十

---

① 分别见该书(人民出版社,1975年版)第30页、106页、233页。

五入大学,学先圣礼乐,而知朝庭君臣之礼……故民皆劝功乐业,先公而后私。其《诗》曰:"有渰凄凄,兴云祁祁,雨我公田,遂及我私。"民三年耕,则余一年之畜。衣食足而知荣辱,廉让生而争讼息。

班固的这些记叙是否事实,姑且勿论;展示给我们的却是一幅颇有桃源色彩的村社家庭经济的美好图画,哪有半点奴隶制的踪影?抛开班固的全面叙述于不顾,只摘其一段文字而生发,不能说是一种科学的态度。

那段监督劳作出入的文字,王先谦在其《汉书补注》中已作了揭示:"《通考》引《书大传》云:'距冬至四十五日,始出学傅农事。上老平明坐于右塾,庶老坐于左塾。余子毕出,然后皆归,夕亦如之。皆入而后罢。'"此即班固所本。《尚书大传》相传为西汉伏生的门徒们杂记所闻而成,并非先秦古籍,尤非信史,其中难免染有儒家理想政治色调。如果说它可能有所据的话,也只能是远古时代氏族集体生活的残存史影。它可以用来说明村社长老(实即政府最基层的官员)们对庶民劳动生活的督催,却不能解释成奴隶制下"鞭子加围墙"的劳动环境。我们知道,农村公社是大家族公社的历史顺延,早期的村社保留着族长统治时代对生产统一指挥并严格要求的传统习惯,这是合乎事物发展规律的。

至于妇女相从夜绩,班固已明言,是为了"省费燎火,同巧拙而合习俗"。这是我国古代妇女延续很久的风习,与奴隶制风马牛不相及。《史记·甘茂传》:"臣闻贫人女与富人女会绩,贫人女曰:'我无以买烛,而子之烛光幸与余,子可分我余光。'"可见富人女也须夜绩。《韩诗外传》:"鲁监门之女婴相从绩,中夜而泣涕。其偶曰:'何谓而泣也?'婴曰:'吾闻卫世子不肖,所以泣也。'……"可见官吏之女也须夜绩。纺织品是人们生活中仅次于食物的大需求,当时的妇女们倾全力方能承担起提供纺织品的任务。她们的劳动极其艰苦,常常要操劳到"中夜",那是由生产力低下所决定的,我们不能一见到艰巨的劳动就和奴隶制度联系起来。直到春秋时期,鲁国的大贵族公父文伯之母仍亲自纺织。当文伯对此表示不以为然时,她把文伯教训了一番,指出上起王后,下至庶民之妻,皆当从事纺织。她说:"社而赋事,烝而献功,男女效绩,愆则有辟,古之制也。"

综上所述,"号称良史"的班固,在介绍"殷周之盛"时代的经济生活时,并没有依据什么我们未知的珍贵材料,他不过是游览了有关古代土地制度的传统文献,以孟子的井田说为基础,结合早期村社生活的一些史影传闻,下了一番参融补缀的功夫罢了。对于班固的叙述,李剑农先生早在五十多年前即已指出:"此为班氏理想中之井田制。一望而知其为合《韩诗外传》、《周礼》、《孟子》诸书而一炉冶之者。"① 班固笔下的"民",是拥有私田百亩,有独立的家庭经济,过着小康型的田园生活,且具有一定文化、道德修养的个体劳动者。我们可以不相信他的描述,但却不应对他的描述断章而变义。

三、生产者的劳作形式问题

顾文以《诗经》中《载芟》、《噫嘻》所绘场景,证明西周农业生产形式是统一监管下的奴隶集体劳动。《载芟》有"千耦其耘,徂隰徂畛"等句,《噫嘻》有"骏发尔私,终三十里,亦服尔耕,十千维耦"等句,顾文据此以问:"如果不是奴隶劳动,如果不是在集中营监管方式下,在古代,可能动辄'十千维耦''千耦其耘'吗?"

需首先指明的是,《载芟》和《噫嘻》二诗所反映的耕作性质是有区别的:前者反映的是籍田劳动,后者反映的是私田劳动,二者不应混同。西周时代不仅有公田,还有私田,这是古史研究者大都承认的。私田即村社成员每家所拥有的份地,一般以百亩为限;公田即前引马克思所说的那些被贵族们侵吞了的公社共有地。在由父系氏族公社向王权社会过渡的漫长岁月中,原氏族、部落、部落联盟的大小首领们,世代相袭地主持祭祀,领导生产,指挥作战,处理公共事务,从而形成了公认的权力。他们对公有土地的掌管和对共有产品的支配,在剩余产品增多、私有欲望膨胀、贫富分化日趋严重的过程中,很

---

① 《先秦两汉经济史稿》,三联出版社,1975年版,第109—110页。

容易地转化为一种名正言顺的剥削。逐渐的,公田劳作成为贵族阶级占有庶民剩余劳动的主要形式,公田也就成为贵族阶级实现剥削的基本依据。我国古代的井田制,其实就是一种村社土地所有制,只不过孟子把它理想化、规范化、小型化了而已。关键问题是公田剥削与份地制的确曾经并存过。在农村公社前期,由于传统的惯性力量和宗法纽带的约束,以及神权的影响和威慑,庶民们对于公田劳作还是有某种神圣感,从而也还有一定的积极性。那就是众庶们在唱"雨我公田,遂及我私"的时代。到农村公社的中后期,随着私有制度的强化和阶级对立的尖锐化,庶民们公田劳作的积极性已丧失殆尽,即班固所谓"周室既衰……上下相诈,公田不治"。那就是众庶们在唱"无田甫田,维莠骄骄"的时代。公田生产实难再继,于是彻法剥削代替了助法剥削,什一税制逐渐确立,公田剥削由此消融入私田剥削之中。春秋时期鲁国的"初税亩"即是这一历史变化的反映。

当助法剥削还存在的时候,庶民们集体劳动就是一种正常情况,与奴隶制并无必然联系。如前文所述,王都、国邑附近的公田称为藉田,它是最高规格的、示范性的大型公田。《礼记·祭义》谓天子藉田千亩,诸侯百亩,实际数量肯定远多于此;或者说,可能是以"千亩"、"百亩"为单位。因为王都、国邑所在地多为开阔的平原,人烟稠密,劳力众多,势必要辟成大片公田,以满足统治集团的需要。藉(籍)田劳作,国人每家都要派主要劳力参加,故场面极其盛大。《诗经》中不仅《载芟》,《甫田》《大田》《良耜》等篇,描写的都是籍田劳作的情景。按周制,天子不仅主持春耕开始的籍田礼,关键性的藉田劳作他都应亲临督察。以藉田生产为题材的诗篇中常提到的"曾孙",即指周王。据《礼记·曲礼》,主持祭祀者称曾孙。周王为最高宗主,故在涉及祭祀之事时恒称曾孙。由于藉田生产与祭祀直接关联,故周王亲临藉田时称曾孙。天子或诸侯国君视察藉田生产,直到春秋时期中原各国还保留此传统。《左传·昭公十八年》:"六月,鄅人藉稻,邾人袭鄅……遂入之,尽俘以归。鄅子曰:'余无归矣。'从帑于邾。"此事发生在夏天,自非行藉礼之时。但藉田劳作国君也亲往,且主要劳力倾国出动,以致邾人偷袭,尽俘其妻子之属,鄅君返回时已无家可归,干脆随后也跟到邾国去了。藉田生产无疑是大规模的集体进行的,但那些集体劳作者却都是村社成员而非奴隶。

  《噫嘻》反映的则是另外一种情况。这首诗的内容我国文史界曾有过较大争论。全诗虽只有一节八句,但构成分歧的焦点问题却有十几个。本文不打算逐一剖析论争的症结,只就顾文触及的问题略作申说。笔者过去认为此诗和《载芟》等篇一样写的都是藉田劳作,并接受了孙作云等先生的说法,视"骏发尔私"之"私"为"耜",①一度还拟从古文字学角度,为孙说作些补证。后来笔者对周代土地制度方面的资料涉猎渐多,遂改变了看法。首先,说该诗写藉田劳作,"终三十里"一语无法解释,藉田再大也不会有如此之规模。其次,释"私"为"耜"虽有文字学上的依据,但缺少他证;这个字又至关重要,如没有充分理由,我们无权改字说经。现在顾文又提出了新说,认为"私"字即《大雅·嵩高》所言"迁其私人"的"私人",实即家臣,也即奴隶。与此相应,"发"字则被解释为"发动"、"派遣"。全句意为:"号召奴隶主们快快大量出动奴隶,投入农业生产。"但"私"字虽有释为"家臣"的例证,但家臣却并不直接参加农业生产。而且,纵观全诗,作者面对的是"十千维耦"的既成场景,不宜用尚待实现的号召口气。愚意"私"字当从旧说,指私田,而"发"字正用该字的本义,即踏耜起土。或问:既然生产者各在自己的私田也即份地上劳作,为什么又说"终三十里"和"十千维耦"呢? 这就牵扯周代的田制问题了。

  周代在都邑周围的平野上,耕地治理的主体形式是连片成域,统一规格,十分注意沟洫道路的配置。这是农村公计时代推行份地制的必然现象。各家的份地相连,形成一些大型田域。《周礼·遂人》对此有具体而详明的记载,此不赘述。② 在王畿中心,这种大型田域一般是以万家百万亩为最高规格的,百万亩耕地组成棋盘状方域,纵横各三十余里(那时一里相当于今华里三分之二左右),《噫嘻》所言"终三十里",即指此。"终"是田域级层的名称,《汉书·刑法志》:"地方一里为井,井十为通,通十为成,成方十里,成十为终。""终"是份地连片的终极性单位,故曰"终",其方域的边长也正是三十余里。

---

  ① 孙说见其《诗经与周代社会研究》,中华书局,1966年版,第183页。
  ② 参阅拙文《〈周礼〉社会制度论略》,载《人文杂志》,1982年专刊:《先秦史论文集》。

"十千维耦"的"十千"泛指数量之多,如同《甫田》所言"岁取十千"一样,不必去认真坐实。如果要抠字眼,倒也是一种巧合:"终三十里"的百万亩大型田域,是一万家份地的组合,大家同时耕作。正是"十千维耦"的景象。或问:为什么私田劳作,庶民们也要同时出动呢?这是由于前期村社还保持着原氏族公社时期,生产服从统一指挥的某些传统;同时这也和当时农用历法还垄断在中央政府手中这一状况有关。天子、诸侯之所以举行藉田礼,目的之一就是向民众宣布春耕的正式开始,实际上等于向全国"授时"。因此,周王行过藉田礼并完成了藉田的春耕之后,接着便是私田上的春耕。农时是决不允许错过的,所以私田上也是万民毕出的局面。正因为私田春耕与藉田春耕存在着这种法定的,也是自然形成的递接关系,故诗人才在描写私田劳作的《噫嘻》中,以赞美成王起首。成王行藉礼时召请神灵("既昭假尔","尔"为句末语助词,不是人称代词),祈求丰收,并非只对藉田而言,意在全国范围,包括所有私田在内的。

四、生产者的人身隶属问题

顾文认为西周文献不乏其载的赐民现象,也是奴隶大量用于农业生产的证据。所依材料,即人们熟知的《宜侯夨簋》(顾文作《夨簋》,可能是印刷错误)、《召伯虎簋》,及《诗·鲁颂·閟宫》、《左传·定公四年》子鱼语等。主要涉及两个问题:一是对于"授民授疆土"实质的认识,一是对于"土田附庸"一语的理解。下面让我们分别予以澄清。

对于授民授疆土,主张西周是奴隶社会的学者们,大都认为被当作赏赐品的那些人全部或多数都是奴隶。用作赏赐表明他们毫无人身自由可言;他们常与土地同列,表明用于农业生产。我觉得这样看问题失之肤浅。无庸讳言,西周的农业生产者是束缚在土地上的;他们不是归附于这个贵族名下便是归附于那个贵族名下,他们与贵族之间是存在某种隶属关系的。但隶属关系并不能直接说明社会性质,隶属于权势者的人也不一定就是奴隶。严格地说,在专制主义政权控制一切的社会里，一部分人对另一部分人的隶属是不可避免的。决定社会性质的是直接生产者与生产资料的结合方式。如果一个社会的生产结构中不存在决定性的奴隶制配置方式，那我们就不能武断地说那些隶属于别人的人进行的是奴隶制生产。如前所述，西周的农业生产是村社制结构，农业生产者主要是村社成员，他们每家有一块定量的份地，并有建立在份地生产基础上的家庭经济。他们被指定给某个贵族无偿地耕种公田，并服一些其他的劳役，遭受高强度的剥削，过着极其艰苦的生活，但他们却不是奴隶。他们可以被连同土地一起作赏赐品，但那不过是改变了一下隶属的宗主，村社原有的生产结构和性质，并未受到任何触动。没有什么力量能剥夺村社成员占有并使用份地的权力，没有什么力量能改变他们与生产资料结合的状态。

 从另一个角度说，西周的政治是一种宝塔式的贵族政治。父系家长制、嫡长继承制、爵位等级制三位一体，以血缘宗法关系为纽带，联结成一个按级层分配权益的统治体系，周王就是这个统治体系的原生性总网结。整个贵族阶级既是广大庶民剩余劳动的占有者，也是国家的直接治理者，不像后世那样存在着"士"、"庶"之分。因此，贵族爵位、行政权力、职事俸禄、公田剥削，四者是融汇在一起的。也就是说，最高统治者给贵族按等级分配经济利益的同时，也就是对全国各类地区行政管理权的授置。这就是所谓"授民授疆土"的实质。周初的大分封尤能说明这一点。对于同姓贵族来说，分封是以周王为首的大家族的分蘖，是周族势力向全国范围内的扩张；对于异姓土著贵族来说，是对他们历史性权益的认可，也是原商王朝方国联盟性质的存延。不论是封地上原有的居民，还是赴新封地的贵族带去的各种类型的人，在当时的观念中，那都是天子的赏赐品，此即所谓"溥天之下，莫非王土；率土之滨，莫非王臣"。我们不能用后世严格的财产所有权的观念，去理解那时盛行的王权至上色彩的语言。对人和土地或其他物品一律用"赐"字，并不意味着那些被"赐"的人毫无人身自由可言。即以《宜侯夨簋》而论，"锡在宜王人□又七姓；锡奠七伯，厥氓□又五十夫；锡宜庶人六百又六十夫。"王人、奠（郑）伯、氓、庶人，四种人均言"锡"，但他们却都不是奴隶。"王人"为王之同族，

"伯"为贵族称号,他们的身份都较高。"庶人"为一般村社成员,"氓"为他处迁来定居的农民。① 把这些人"锡"给宜侯,是扩大宜侯领地的结果,因为新扩领地上本就生活着这样一些人。某种程度上说,这只是行政区划的变动,只意味着宜侯人、土统属权的升级。除了规模较大的授民授疆土带有行政权益逐层分割的性质外,贵族社会中还有一种不与土地相联系的赐人现象,所赐人中有一些显然不是庶民而是奴隶。但他们多为不从事农业生产的家内奴,主要用来服务于贵族们的生活领域内。这类家内奴的名称繁多,童书业先生仅就《左传》一书,即列述出皂、隶、舆、僚、仆、台、圉、牧、竖、奴、婢、妾、徒人、阍等十余种,②这显然与他们分别操持不同的服务项目有关。贵族生活领域内对各类服务人员的需要量之大,往往令我们惊异。《左传·僖公二十四年》载秦伯帮助晋君重耳粉碎了一次宫廷政变,为了充实重耳的侍从班子,"秦伯送卫于晋三千人,实纪纲之仆"。这三千人当然不是派到晋国去种地的。"黎民昏晨不释事,奴婢垂拱遨游"③的现象,在当时相当普遍。《汉书·贾谊传》有语:"今民卖僮者,为之绣衣丝履偏诸缘,内之闲中,是古天子后服,所以庙而不宴者也,而庶人得以衣婢妾。"请注意,我国秦汉时代和古希腊罗马一样设有奴隶市场,但二者有一个十分重要的区别:前者奴隶主要用于家内,是显示贵族豪华生活的装饰品,故要履丝衣锦地打扮;后者奴隶本身即为生产资料,要承担繁重的体力劳动,故要尽量外露奴隶的肌肉筋骨,以显示其健壮。这种区别反映了两种不同的生产方式。西周时代也是如此,贵族阶级赖其对广大庶民的残酷剥削,维持着一批脱离物质生产尤其是脱离农业生产的奴婢。因此我们说,即使奴隶制的隶属关系,也并不必然导致奴隶制的生产方式。

"土田附庸"问题,亦为我国古史研究中众说纷纭的一大疑案。旧说依《孟子·万章》和《礼记·王制》,谓"附庸"乃贵族中的一个等级,即领地不及五十里而附于诸侯者。征诸文献,确有此类贵族领地

---

① 关于氓的身份,请参阅拙文《关于〈诗·卫风·氓〉的几个问题》,载《人文杂志》,1985 年第 4 期。
② 《春秋左传研究》,上海人民出版社,1980 年版,第 126—128 页。
③ 《盐铁论·散不足》。

存在。如鲁国境内的沈、颛臾、须句,宋国境内的萧、蒙,卫国境内的共、滕,郑国境内的京、栎等等,均为附庸。释"庸"为"傭",视为附属于土地的农业劳动者,系郭沫若先生首创之说。不过郭老后来抛弃了此说,而主张"'仆墉土田'当是附墉垣于土田周围,或周围附有墉垣之土田。"①但我国古代虽有封田之制,却并不在田地四周培筑垣墙。而且,田地的封界,不言而喻的附于田地,是不需要郑重其事地在册封命辞中提出来的。因此郭老的修正之说并不稳妥。顾文仍从郭老旧说,认为"附庸"即"傭",乃附属于土地的劳动者,并进一步定性,说那就是生产奴隶。谓"庸"即奴隶,诚无所据;而视其为附于土地之一般农民,似也难切文意。大家公认,《左传·定公四年》子鱼言鲁分封之"土田陪敦"即"土田附庸",而此语之前已明言分鲁公以"殷民六族",包括其"宗氏"、"分族"和"丑类";此语之后又明言分鲁公以"祝、宗、卜、史"、"官司"以及"商奄之民"。可以说,归属于鲁公的各类人都已作了交代,故"陪敦"即附庸,不大可能再指人而言。愚意郭沫若先生释"庸"为"墉"即墙是对的,不过此墉并非田地周围的界垣而是城邑之外墙。《大雅·崧高》"因是谢人,以作尔庸",毛传:"庸,城也。"本极简当,郑玄却一下子扯到"功劳"问题上去,便大谬了。申伯于新封之地立国,以式南邦,自然要大兴土木,修城筑宫;所需劳力,无疑由当地的"谢人"来承担。墉可训墙,但指高大坚固之墙;征诸古籍,决无以墉言低陋界垣之文例。《说文》:"墉,城垣也。"故《诗·大雅·皇矣》言"崇墉言言"毛传谓"言言,高大也。"《大雅·韩奕》言"实墉实壑",毛传谓"高其城,深其壑也"。故《周颂·良耜》形容粮仓之高大谓之"其崇如墉"。《易·解卦》也有"公用射隼于高墉之上"的爻辞。附庸土田,即城邑四周之田地。古代十分重视城邑定点的选择与四周田地的规划配置,即《周礼》所谓"体国经野",《礼记·王制》所谓"量地以制邑"。《汉书·晁错传》载错言古之辟地建邑,须"相其阴阳之和,尝其水泉之味,审其土地之宜,观其草木之饶。然后营邑立城,制里割宅,通田作之道,正阡陌之界"。建造城邑的同时就要考虑城周田地的经理,因此城邑和它周围的耕地是个统一体。

---

① 《中国古代社会研究·附庸土田之另一解》,人民出版社,1964年版。

《閟宫》将"山川"与"土田附庸"并举,前者泛指辽阔的国域,后者则是国都居民衣食所取之良田,是赏赐品中精华所在。附庸之田,历来被看重,《史记·苏秦列传》记苏秦语:"且使我有雒阳负郭田二顷,吾岂能佩六国相印乎!"索隐谓:"近城之地,沃润泽流,最为膏腴,故曰'负郭'。"负、附古音义皆通,郭即城墙,"负郭"实亦即"附庸"。因此,用"附庸土田"说明西周农业生产由奴隶承担,同样是不能成立的,是对此语的误识和曲解。

(原载《庆阳师专学报》(社会科学版),1991年第3期)

先秦"爰田"制评析

先秦"爰(辕)田"制是我国古代村社土地所有形态演变的最后阶段。它显示了份地私有化的强大趋势,标志着井田剥削体制的彻底结束,同时也反映了春秋中后期至战国时的农耕水平。本文意欲在史学前辈所作探究的基础上,对爰田制的各个层面作一番粗略的清理,并抒以己见,试作析评。甚望得到方家指正。

一

"爰(辕)田"一词,最早分见于《左传》、《国语》对同一历史事件的记载。前645年秦晋韩原之战,晋惠公被俘入秦。为求复位,惠公派人与晋国贵族联系,争取支持:

> 晋侯使郤乞告瑕吕饴甥,且召之。子金教之言曰:"朝国人而以君命赏,且告之曰:'孤虽归,辱社稷矣。其卜贰圉也。'"众皆哭,晋於是乎作爰田。吕甥曰:"君亡之不恤,而群臣是忧,惠之至也,将若君何?"众曰:"何为而可?"对曰:"征缮以辅孺子。诸侯闻之,丧君有君,群臣辑睦,甲兵益多。好我者劝,恶我者惧,庶有益乎?"众悦,晋於是乎作州兵。(《左传·僖公十五年》)

> 公在秦三月,闻秦将成,乃使郤乞告吕甥。吕甥教之言,令国人於朝曰:"君使乞告二三子曰:'秦将归寡人,寡人不足以辱社稷。二、三子其改置以代圉也。'"且赏以悦众。众皆哭,焉作辕田。吕甥致众而告之曰:"吾君惭焉,其亡之不恤,而群臣是忧,不亦惠乎?君犹在外,若何?"众曰:"何为而可?"吕甥曰:"以

韩之病,兵甲尽矣。若征繕以辅孺子,以为君援,虽四邻之闻之也,丧君有君,群臣辑睦,兵甲益多,好我者劝,恶我者惧,庶有益乎?"众皆悦,焉作州兵。(《国语·晋语》)

文中所言孺子圉,乃惠公太子。"作州兵",古今议论也甚多,为节省篇幅,本文姑不涉及。对于"作爰(辕)田",汉晋诸儒有以下几种解说:(1)赏以田税说。"恐国人不从,故先赏之于朝。""分公田之税应入公者,爰之于所赏之众。"(《左传》杜预注)(2)赏田易界说。"辕,易也。为易田之法,赏众以田。易者,易疆界也。"(《国语》韦昭注引贾逵语)(3)田出车赋说。"辕田,以田出车赋。"(《国语》韦昭注引"或曰")(4)自爰其处说。"三年爰土易居,古制也,末世侵废。商鞅相秦,复立爰田,上田不易,中田一易,下田再易,爰自在其田,不复易居也。《食货志》曰'自爰其处而已'是也。"(《汉书·地理志》注引孟康语)(5)让肥取硗说。言惠公以优质耕地换取国人的瘠田(《国语》韦昭注引三国吴人唐固说)。以上诸说对后世影响最大的是"赏众以田"说和"自爰其处"说。唐代经师多袭引二说而不予定夺;清儒众说纷纭,但大都不出汉晋诸说的范围,只是阐发补证较多。段玉载《说文》"赵"字条下的一段注文,颇具代表性:"按何云'换主易居',班云'更耕,自爰其处',孟云'爰土易居',许云'赵田易居',爰、辕、赵、换四字音义同也。古者每岁易其所耕,则田庐皆易。云三年者,三年而上、中、下田遍焉。三年后一年仍耕上田,故曰自爰其处。孟康说古制易居为爰田,商鞅自在其田不复易居,为辕田,名同实异。孟说是也。"

50年代我国历史学界开展过一场古史分期问题的讨论,涉及对先秦土地制度的认识,故关于爰田制的考察备受关注。80年代,史学界对先秦社会性质的探讨进入更高层次,爰田制的研究也随之而深化。又由于新出了不少有关古代田制的简牍,在材料的发掘和运用方面都有了新的拓进。尽管对某些问题的认识有了较大的趋同性,但研究者各受自身对先秦社会性质总体看法的制约,因而在爰田制内容辨识及评价方面,仍存在很大分歧。高亨先生释"爰"为交换,认为爰田制是统治阶级解放农奴,变劳役地租为实物地租的一种措施,农民须用一定的财物"换取"公田。① 后来高先生又调整了自己的观点,认为爰田制是指政府准许土地买卖。② 王仲荦先生主张爰田制只是一种休耕制度,不能用来解释西周以来村社定期重新分配土地的制度。③ 翦伯赞、杨向奎等,也大致持此说。吕思勉先生认为有两种爰田制,一种如《周礼》所言,用于耕地充足地区;一种如何休《公羊解诂》所言,用于耕地缺少地区。④ 杨宽先生承认爰田意谓改易田地疆界,这是因为开垦了私田。爰田制"实际上就是废除了原来的井田制度而承认私人可以永久占有田地。"⑤ 赵光贤先生持"赏田"说,同时认为惠公不仅赏田,而且允许贵族们自由处置受赏的田地。⑥ 杨伯峻、金景芳等先生的看法,也与"赏田"说接近。田昌五先生则认为《汉书·食货志》及孟康注的说法"自相矛盾",既说"三年换土易居",就不应是"自爰其处"。⑦ 赵俪生先生把"赏众以田"说和"让肥取硗"说结合起来,认为爰田是将原公社土地中质量高的,划归公社成员中的上层即国人为私产。⑧

近几年来,在爰田制研究中又出现了一些新说;或在旧说基础上又对一些内容作了新的阐释。如张玉勤先生认为"爰"乃"援"之古字,"援田"意为"把采地原属助耕的公田,增援给采邑贵族作了私田",根本不涉及井田制的份地问题。⑨ 沈长云先生主张爰田制为战国时期各国普遍施行的田制,是由古代爰土易居制发展而来的,其特点是耕地仍定期更换而不复易居。他认为只休耕不换土的爰田制,不成其为爰田制。由此,沈先生评价爰田制意义时说:"所谓爰田制,实际上也就是不使农民取得对土地的长期而固定的占有权,从而防

---

① 《周代地租制度考》,载《文史哲》,1956年第10期。
② 《商君书注释》,中华书局,1974年版,第5页。
③ 《关于中国奴隶社会的瓦解及封建关系的形成》,湖北人民出版社,1957年版,第12页。
④ 《先秦史》,上海古籍出版社,1982年版,第304—305页。
⑤ 《战国史》,上海人民出版社,1980年版,第129页,第188页注。
⑥ 《周代社会辨析》,人民出版社,1980年版,第237—238页。
⑦ 《古代社会断代新论》,人民出版社,1982年版,第148—149页。
⑧ 《中国土地制度史》,齐鲁书社,1984年版,第240页。
⑨ 《论战国时期的国家授田制》,载《山西师大学报》,1989年第4期。

止私有土地产生的一种手段。"①这与另外一些学者的意见恰好相反。杨作龙、陈昌远赞同已故学者丁山"趣即还本字"的观点,主张辕田就是"还田"。杨先生进而提出"制辕田"的"制"字当训"止","'制辕田'是取消了以往的土地还授制度"。② 张金光先生说,戴震曾经指出:鋒、铎二字篆体易讹。由于爰、垺早已相混,故,"爰田"实即"垺田"。张先生认为:"青川秦牍所示各户等量百亩围以封垺界畔的封垺田,正是典型的辕(爰)田形制。"他这样评价先秦爰田制的意义:"'制辕田'并非土地私有制的标志,因为它强烈的贯彻渗透并表现着超越一切个人之上的国家意志。"③

二

澄清爰田制问题,还当从《左传》、《国语》的原文入手。

《左传》言"以君命赏",《国语》言"赏以悦众",都未具体指明"赏"的内容,故古今学者均有人认为"赏"是一回事,"作爰田"是一回事,二者不一定有内在联系。但细味文义,"命赏"与"作爰田"前后相承,不能分离。"众皆哭"是说民众受赏而感动,"作爰田"补述赏众的落实,"于是乎"和"焉"从语气上和文法上表明了二者的因缘关系,三语一气呵成,难以切割。但是,作爰田虽是赏众的落实,却不宜简单化地理解为"赏众以田",或理解为对私垦耕地的承认。假使实情如此,那何必名之"爰",何必谓之"作"呢?"作"在先秦一般用以表述某种事物或制度的初创,"爰田"不论其内容如何,它肯定是一种现象。所以,"赏"的内容虽与田地有关,却未必是指直接赠给每家一块土地;应理解为通过田制变化给大家带来了利益。还有个"国人"的问题,不少学者认为国人指少数贵族,这种看法并不符合春秋时代的实情。国人其实是聚居于国都之内的村社成员,他们是国都周围(即

---

① 《从银雀山竹书〈守法〉、〈守令〉等十三篇论及战国时期的爰田制》,载《中国社会经济史研究》,1991 年第 2 期。
② 《秦商鞅变法后田制问题商榷》,载《中国史研究》,1989 年第 1 期。
③ 《对〈秦商鞅变法后田制问题商榷〉的商榷》载《中国史研究》,1991 年第 3 期。

《周礼》所言之乡区)平野上份地的拥有者。从血缘关系上说,他们属于公族,即王或君之同姓;但他们都是自食其力并承担国家税、役的平民。国人与"野人"(《周礼》所言遂区及都鄙之民)存在着宗法身份上的差别,因而所享受的政治待遇不同,但他们都是庶民阶级,他们之间不存在剥削与被剥削的关系,因此不能视国人为贵族。笔者对此曾作过详细论述,此不赘言。[①] 春秋时代君主的废立,常取决于国人的态度,故晋惠公谋复国须取悦于国人。由此我们可以说:爰田制是一种给民众带来利益、顺应民众愿望的田制改革。

考察爰田制的具体内容,应当先追究一下"爰"字。张金光先生释爰为"埒",从村社时代份地联片规划的角度讲,是颇有见地的看法;但从春秋到两汉,从爰田到袁田,该词语已经定型,其读音保持了一贯性,找不到爰、埒二字后世读音的转换契机。何况,为份地"封埒",用张先生的话来说,表现的是"超越一切个人之上的国家意志",和"赏以悦众"难以挂钩。张玉勤先生释爰为"援",认为作爰田是惠公把公田"增援"给了采邑贵族。这不符合当时的用语习惯,贵族们也没有理由要受"增援";而且,如前所论,国人是民众而不是"采邑贵族"。至于说让"公田"变为贵族的"私田",更是误解了村社时代"公田"与"私田"的含义。是时贵族通过掠夺村社成员的剩余劳动获益(无论是助法剥削还是彻法剥削),他们不可能也不需要什么"私田"。此说还有一个致命弱点:无法解释商鞅的"制辕田"。杨作龙先生释爰为"还",释制为"止",与古代成丁授田,年老还田制度的废除联系起来考虑,这对于商鞅的"制辕田"来说也许能讲通,却难以阐释晋国的"作爰田"。"还田"是既行之常制,非惠公时代所"作";而且,"作爰田"意谓要求大家归还田地,这又何以能取悦于国人? 所以,爰不能训还。此字古今学者大都释"换",前引《说文》段注已作了极好的概括。据许慎,则"趄"当为本字,然考之甲文,初字恐仍以"爰"为是。该字甲文形体乃两手分持物之两端状,以示援引;由援引义,引申出迁移、变动、改换之义。卜辞多用此义,如"爰东室",即移至东室;"爰南单",即迁至南单。《尚书·盘庚》"既爰宅于兹",即迁居于此。汉

[①] 参阅拙文《乡逐制度与周代社会性质》,载《青海师院学报》,1983年第3期;《关于〈诗·卫风·氓〉的几个问题》,载《人文杂志》,1985年第4期。

代官府习用语"爰书",即指将有关叙述或事物,转写成为公文形式。"爰田"之爰,实亦用其转换之义。

既然"爰"为本字,其义为转换,则'爰田'便只能是指田地的转换。说"以公田之税赏众"自然没有道理,看作田地的买卖也欠妥当。前面说过,爰田是一种制度规范下的耕地,它或称"辕田",《左传·僖公二十八年》又称"原田",汉简中称"袁田"。它已在长期社会实践中定型为田制术语,我们从古文籍中尚能约略窥其迹踪,它绝不是一种临时性措施。准许田地所有权可以与货币交换,当然有可能作为律令颁布,但因此就把耕地称为"换田",却有悖于情理。何况我们根本找不到是时份地自由买卖的证据。不得不承认,还是孟康的解释,最切"爰田"的语义。按照孟康的解释,爰田是耕地与耕地之间,在使用领域内的转换,而且是有规律的、制度性的转换。但孟康的解释存在一个问题,即他事实上讲了两种耕地使用上的转换:一种是"三年爰土易居"之"古制",当据何休之《公羊解诂》;一种是"爰自在其田,不复易居"的商鞅"复立"之制,无疑参自《周礼》。前者乃村社成员各家份地以三年为周期的定期重行分配;后者乃二圃和三圃制的休耕轮作,是时份地已经固定化。这是性质完全不同的两种田制。严格地说,前者直接反映社会形态,属生产关系范畴;后者只不过是一种恢复地力、变生地为熟地的耕作方法,属生产技术范畴。沈长云先生认为商鞅所制之辕田,仍意味着份地的定期重份,这是缺乏根据的。沈先生的意思是,孟康只讲"不复易居",未言"不复爰土"。其实孟康说"爰自在其田",已清楚地表明是时之"爰",系指社员自家份地内的休耕轮换,份地已固定不再转移了。村社制下,每家份地上都有一处农忙季节使用的简陋住所,即《诗》"中田有庐"之"庐"。"换土易居"所易之"居",即指此田中庐舍。它们规格大体一致,所用建筑材料无多,份地定期重分时代,他们不需拆迁,即随份地而更换主人。因此,"不复易居"也便意味着份地的固定化。关键问题在于,"爰田"作为一个定型术语,必有具体的、专指性内涵,不应在两种不同性质的义项间含混游移。据孟康,商鞅所制之辕田,无疑已专指休耕轮作;那么,晋惠公时代之"作爰田"呢?是否也专指休耕轮作制?孟康说那种份地定期重分的"古制",已于"末世侵废",这"末世"究指何时?

首先应当肯定,前引何休《公羊解诂》所言"三年一换土易居"的制度,在先秦确曾普遍施行过,这已为70年代银雀山汉墓出土的简书所证实。简书《田法》:"考参以为岁均计,二岁而均计定,三岁而壹更赋田,十岁而民毕易田。令皆受美恶口均之数也。"论者多认为简文与《管子·乘马》"三岁修封,五岁修界,十岁更制"义合。这种份地定期重分制度,世界上许多民族都曾经历过,马克思、恩格斯对此有过明确论述。① 按照马、恩的意见,这种制度一般存在于家长制家族公社向农村公社的过渡期,属于"较古的公社"阶段。从银雀山竹简反映的情况看,至少在中国并非如此,这种制度在村社时代延续较久。但无论如何,它绝不会延续到农村公社的后期,那是强大的私有制趋势所不允许的。当然,事物发展是不平衡的,在某些地区它可能中止得较晚,但在当时经济最先进、农业最发达的三晋地区,它肯定结束得较早。《周礼》一书为战国时期的作品,但它是依据春秋乃至西周的制度而写成的,书中许多内容已被越来越多的金文资料所证实。该书对春秋时期的田制叙述最详,但从中已难发现份地定期重分的迹象。《大司徒》言耕地分配:"不易之地家百亩,一易之地家二百亩,再易之地家三百亩。"耕地已有明确的等级划分,已用份地分配量的差别来调整因土质优劣造成的不公平。《小司徒》规定:"上地家七人,可任也者家三人;中地家六人,可任也者二家五人;下地家五人,可任也者家二人。"这是按家庭人口及承担国家赋役者的数量,分配不同质量的耕地。既已加入家庭人口和役力的因素,则显然已无"每家平等"可言,而建立在每家平等承担税役基础上的份地定期重分,便已没有可能。《周礼》等许多先秦文籍,对"地之美恶"问题高度重视,着力强调对耕地等级的辨识和配置,这正是份地固定之后的必然现象。再看《汉书·食货志》关于古代土地制度的那段历史性叙述,我们会发现,班固压根就未提"换土易居"的问题。他首先讲"殷周之盛"时的井田制,讲井田制下的休耕轮作;接着讲"周室既衰"后的情况,讲"公田不治"而被迫实行"税亩"制,后又言战国李悝"作尽地力之教",言商鞅"坏井田,开阡陌"。班固未介绍份地定期重分制度,是

---

① 《马克思恩格斯全集》卷十九,第355页、499页;卷二十一,第159页。

因为它所依据的材料,已不能反映这种农村公社早期的经济状况。顺便指出,田昌五先生认为班固既说"三年换土易居"又说"自爰其处"是自相矛盾,这实在冤枉了班固。班固从未说过"三年换土易居"的话。他说"三岁更耕之,自爰其处",是紧承上文"休二岁者再易下田"言,意谓下田休耕轮作需三岁完成。讲"三年换土易居"的是何休,不是班固。田先生显然未曾细究班固的文意。

三

我认为,份地定期重分制的停止与公田助法剥削的废除,大致同步。这是因为,助法剥削结束后,正是生产者份地劳作积极性最高的时期。此时份地上的劳力、肥力投资迅速加大,对份地永久性占有的欲望空前高涨。这是促成份地固定化的最佳时机。另外,行施彻法剥削,以家为单位的实物税采用据耕地等级而定量的方式,即所谓"相壤定籍"、"相地衰征"。这样一来,因土质差异而造成的不均,不仅在份地分配量上得到了调整,又在赋税征收量上得到了调整。在这种情况下,份地的定期重分便不再具有重要意义。村社成员"越来越感觉到,停止周期分配,变交替的占有为私有,对它们是有利的"。[①] 此外,公田的劳役剥削废止后,政府以及原有的整个贵族阶级的需要,完全依赖个体家庭缴纳的租税,每家份地耕种的好坏便显得至关重要。于是国家便以行政手段强制推行一些份地管理措施,诸如阡陌封埒的配置,沟洫道路的整修,休耕轮作法的使用等等。这在许多先秦文籍诸如《周礼》、《管子》、《吕氏春秋》乃至出土简牍中,均有引人注目的反映。国家对村社份地使用的强烈关注和积极控制,是与公田消失后份地固定化的历史趋势相适应的。对于实物剥削伴随份地永久性占有的史实,马克思曾说过这样一段话:"某些农村公社成员,根据某种公认的世袭耕种权或由习惯而来的耕种权,得以永久地耕种或利用村庄的土地……当它们从产品取出一份按习惯确定

[①] 《马克思恩格斯全集》,第355页。

的份额,交付给有资格收纳的人后,他们就认为自己有权继续不受干扰地占有和耕种他们的土地。"①

　　愚意晋惠公时代的"作爰田",正是上述历史背景下的产物。是时公田助法早已被废止,国人份地固定占有的呼声极为高涨。于是惠公以行政手段结束了份地定期重分制,而代之以经过统一规划的休耕轮作制。"爰田",实指各家份地内的二圃或三圃轮换耕种。《诗经》中的《魏风》,一般认为是春秋初期的作品。魏虽早亡,其地名仍存,魏亡后该地诗作仍可称魏风,但时代至迟亦当在晋献公以前。《伐檀》:"不稼不穑,胡取禾三百廛兮!"一夫份地百亩谓之一廛,"取禾三百廛"即食禄三百家,可证是时已非公田助法剥削。《硕鼠》把剥削者比喻作大老鼠,而《鲁诗》、《齐诗》均将此诗与"履田而税"相联系。《盐铁论·取下》篇亦谓:"及周之末涂,德惠塞而嗜欲众,君奢侈而上求多,民困于下,怠于公乎。是以有履亩之税,《硕鼠》之诗作也。"《国语·晋语》载公子夷吾语秦使者公子絷:"中大夫里克与我矣,吾命之以汾阳之田百万;丕郑与我矣,吾命之以负蔡之田七十万。"注引贾逵:"百万,百万亩也。"春秋中期后,君主赏赐贵族,或言若干户,或言若干亩,这当然是指食税权。由于每家份地固定,故按田而税实也即按户而税。《逸周书·大聚》言县鄙商旅,"能来三室者,与之一室之禄。"反映的就是这种税户制。以上材料都可说明,惠公时代晋国已征收实物税,公田助法已消失。由此我们可推断,是时之"作爰田",实在不大可能是指创立份地三年定期重新分配的制度。《左传·僖公二十八年》载城濮之战前夕,晋文公因当年曾受楚惠而难下与楚作战的决心,"听舆人之诵曰:'原田每每,舍其旧而新是谋。'"杨伯峻先生指出,此"原田"即《说文》之"𠇍田",原、𠇍相通,指休耕地。"'每每'即形容草之盛出。去年已耕种者,今年即不再用,而用其先休耕者,故曰'舍其旧而新是谋'"。② 舆人之诵意在用耕作的舍旧取新,喻晋国应忘掉楚国昔日之惠,而采取新的对策,即杜注所谓:"可以谋立新功,不足念旧惠。"将"原田"与休耕轮作制联系起来理解,既符合晋国实情,又同文义密合。"原田"实即"爰田"。

---

① 克拉德编《马克思的民族学笔记》,1974年版,第283页。
② 《春秋左传注》,中华书局,1981年版,第459页。

休耕轮作法是劳动人民在长期生产实践中总结出来经验,并非那个改革家的发明创造。在晋惠公以前的时代里,它肯定已经存在。如果"爰田"制就是指休耕轮作法的话,为什么称之为"作"呢?这是个被许多学者忽略或回避了的问题。我认为,"作"字意味着原井田制下耕地配置格式的被打破,而代之以统一规划治理的新布局,意味着每家份地的扩大和份地使用权的固定化。"作爰田",实际上是一番田制大整顿。之所以有进行这种大整顿的必要,不仅由于上文所论份地永久性占有的历史趋势,也还为了解决井田助法废止后,"公田"的处理问题。劳役剥削变为实物剥削,必然要求公田消融到份地之中去,这是相当复杂、相当棘手的问题。据情理推想,井田制瓦解后,公田处理方式不外乎两种:一是作为份地分配给新生的劳动家庭,即分配给从原个体家庭中分异出的"余夫";一是切割成小块,平均分配给原先共同耕作该片公田的村社成员。据《周礼》,传统习惯余夫是在遂区授田的,从宗法身份的角度讲,他们没有资格占有乡区的公田;而且,在助法停止的那个时间段限上,也不可能有许多现成的待分份地的小家庭。而原有的公田又都是位置与土质都居优的耕地,是不允许荒芜的。因此,最大可能性是把公田切割分配给原先耕种该片公田的村社成员。然而,不论公田形式上是否如孟子所说的那么分散而有规律,要想保持原有的井田格局而对公田作均等的切割,都是比较困难的。在最初阶段,势必产生不公平现象,导致某种混乱。先秦学者们多有抨击的"井地不均"、"经界不正",恐即缘此而来。最合理的办法是彻底改变以往的井田格式,不论公田、私田,一律打乱,按土地等级,按爰田的需要,重新规划、分配村社份地。习惯上,份地仍以百亩、二百亩、三百亩为单位,而每份份地的实有耕地量却大大增加。这一方面因为原有的公田融入其中;另一方面,新的规划格局必然把许多已耕和待耕的生地扩进连片的大型田域。而且,不断提高着的村社家庭生产力,已足能适应份地量的扩大。

我推测,与周制相比,三晋亩积的增大,即滥觞于此。而三晋亩积的增大,实开商鞅定二百四十步大亩制的先河。每家份地实有量的增加,反映了我国的农耕整体水平的提高,也显示了推行爰田制的积极意义。因为,要想加快耕殖速度,扩大良田面积,非采用休耕轮作法不可。在春秋战国时期,村社份地量的大小,直接关系到国家的盛衰,这我们从银雀山汉墓所出简书《孙子兵法·吴问》篇,可以直接看出。孙子向吴王分析晋国形势,认为晋国六卿中范氏、中行氏当最先灭亡,智氏次之,韩、魏再次,而唯赵氏强固。主要理由便是范氏、中行氏制田以 160 步为亩,智氏 180 步为亩,韩、魏 200 步为亩,而赵氏则以 240 步为亩。商鞅"制辕田"采用 240 步的亩制,史有明载;晋惠公"作爰田"时的亩制,我们不得而知,但肯定有所扩增。贾逵以"易疆界"释"爰"是错的,但他说惠公赏众以田而易其界,却接触到了问题的实质。将公田融入份地,使份地量增大,这在惠公看来当然是一种赏赐;而份地格局的大变动,当然是要易其界畔的。亩积的扩大表现在长度上,条亩加长,百亩的份地单位便由井田时代的正方形变成了矩形,原来井田制下的封埒、阡陌、沟洫体制均须毁掉重建。《汉书·地理志》言:"秦孝公用商鞅,制辕田,开阡陌,东雄诸侯。"《食货志》言:"秦孝公用商君,坏井田,开阡陌,急耕战之赏。"制辕田,必然要坏井田,开阡陌。"开"者,向外扩展之谓也。爰田之下的份地规划,不仅扩大了耕地面积,而且也消除了某些"井地不均"现象,进一步提高了生产者的积极性。故《史记·商君列传》说商鞅"为田开阡陌封疆,而赋税平"。

四

或曰:秦国的"制辕田"与晋国的"作爰田"相距三百年,性质何以相同?我是这样看的:在社会封闭性极强的先秦,各地区农业结构在发展阶段上有较大的时差,是历史实情。商鞅变法前的秦国,经济、文化是相对落后的,《史记·秦本纪》谓"诸侯卑秦","夷翟遇之"。《商君列传》载商鞅本人的话:"始秦戎翟之教,父子无别,同室而居。今我更制其教,而为其男女之别,大筑冀阙,营如鲁卫矣。"据此,商鞅变法前,秦国尚停留在大家族公社的阶段。即以助法剥削变为彻法而言,公元前 594 年鲁国即已"初税亩",而秦国晚至前 408 年方"初租禾",二者相距 186 年。春秋时期的晋国,各方面的发展都居诸侯之前列,齐思和先生称之为"改革运动之先进","变法之先导"。① 晋秦推行爰田制相差三百年,并非不可理解的事情。商鞅至秦国前,曾任魏相公叔座的中庶子,详悉魏国的律令制度,其变法中的农耕方面内容,明显地借鉴于三晋经验。其"制辕田"与晋国的"作爰田",当有历史的承接。二者的政治背景也颇相似:晋惠公和秦孝公都希望通过田制的整顿改革,调动民众的积极性,发展生产,增强国力。不过秦国的制辕田被纳入整个变法运动之中,规模和声势都要比当年晋国的作爰田大得多。

　　爰田制的推行,是井田制解体、税亩制出现后的必然产物。不独晋秦,自春秋中期以后,各国相继由助法变为彻法,几乎都经历过一次田制方面的整顿改革。如齐国的"相壤定籍"、"井田畴均";郑国的"田有封洫,庐井有伍";楚国的"量入修赋"、"井沃衍"等等。值得注意的是,各国的田制整顿都牵连到"井田"。这里有个问题必须澄清:井田不等于井田制。助法剥削一旦废止,井田制的生命即随之结束;而井田制的物质躯壳,即井田制下长期固定了的份地配置格式,却依然存在。随着时间的推移,他们已成为农业进一步发展的障碍,所以,各国都在运用政权力量,强行革除井田格式。人们习惯性地继续使用"井"这个词语,但实际推行的却是在井田制废墟上建立的新田制。这些变革,以法律认可的方式标志着份地固定化的彻底完成,促进了农垦业的发展,顺应了历史潮流。但开始时,必然要给生产者带来许多烦扰,甚至导致部分民众的反对。待人们适应之后,新田制便会大显其社会功效。《左传·襄公三十年》载子产"从政一年,舆人诵之曰:'取我衣冠而褚之,取我田畴而伍之,孰杀子产,吾其与之。'及三年,又诵之曰:'我有子弟,子产诲之;我有田畴,子产殖之。子产而死,谁其嗣之。'"《史记·秦本纪》亦言孝公"用商鞅,百姓苦之。居三年,百姓便之"。之所以有"三年"的适应过程,当与爰田制的三圃轮换周期有关。

　　以爰田制为界碑的村社份地固定化,实乃我国土地私有制形成过程中的关键一步。从云梦秦简有关土地的许多记载中我们可以看

---

① 《中国史探研》,中华书局,1981年版,第130页。

出,国家最终以法律形式确认并保护了份地的私有。爰田制后的农村公社已进入末期,西汉时代如汪洋大海般存在着的自耕农阶层,就是农村公社完全解体后的产物。然而,正如井田制废止后,井田制下耕地配置格式曾长时间留存一样;爰田制消失后,爰田制造成的阡陌交错、份地并列的大型田域,汉代仍可窥其涯略。尽管土地自由买卖的利刃,可能已将原村社成员的份地所有权切割易主,但条状长亩统于陌、陌统于阡的布局却仍如旧。并且,阡,尤其是陌,已成私有土地界位的主要坐标。这在汉代土地买卖的证券中,在涉及田亩标位的文献记述中,均有反映。"爰田"术语迟至东汉,还出现在地券中。如《王未卿买地铅券》:"河内怀男子王未卿,从河南河南街邮部男子袁叔威买辜门亭部什三陌西袁田三亩……"①《王当墓买地铅券》:"谷郏亭部三陌西袁田十亩……田本曹奉祖田,卖与左仲敬等……"②作为田地位置坐标的"陌"之前冠以序数,可证该田处于许多阡陌纵横交错的大型田域之中。"袁田"即"爰田"。《急就篇》(卷一):"爰氏之先,本与陈同姓。陈申公生静伯甫,伯甫八世孙爰诸,生爰涛涂,因而命氏。其后或为辕字,又作袁字,本一族也"王应麟补注:"《左传》辕涛涂,《公》、《谷》传作袁。"从先秦至两汉,爰、辕、袁三字的使用轨迹,在此清晰可见。上引券文,反映的正是古代爰田制的历史遗迹。

(原载《庆阳师专学报》[社会科学版]1992年第3期)

---

① 见罗振玉《贞松堂集古遗文》卷十五。
② 见洛阳博物馆《洛阳东汉光和二年王当墓发掘简报》,载《文物》,1980年第6期。

张广志著《中国古史分期讨论的回顾与反思》读后

匆匆地但却很专注地读完了广志君的新作《中国古史分期讨论的回顾与反思》(陕西师范大学出版社,2003年11月版)。掩卷回味,感慨系之。记忆中那些虽未存档但已搁置甚久的想法和话语,忽又风起云涌般飘动起来。说读得"匆匆",是因为笔者作为一个长期从事史学工作的列兵,对中国古史分期这个学术领域曾倾心关注过,对讨论中牵扯到的诸多环节并不陌生,对广志君在这个领域内的见解和建树更是谙熟于心;加以此书思路清晰,语言畅朗,故读来如轻车熟路,毫无滞涩之处。说读后"感慨系之",是因为中国古史分期这个课题的分量实在太过于沉重,不仅是史学界,我国社会科学各个学科,都或多或少受这个课题的影响和制约;而这个课题的政治性又太过于浓烈,其发展经历的每一段落,都同中国政局的风云变幻密切相关,以至于有些史学家在为此付出辛勤劳动的同时,又付出了政治生命。这个在多半个世纪内曾几度辉煌于史坛的大课题,如今却冷落到几乎无人问津的地步,乃至作者在《后记》中抒发这样的无奈:"当书稿写定,竟有点时过境迁之感——大家全忙活着别的,古史分期问题都快要被人忘了。"这岂能不使人感慨万端。

但静下心来仔细一想,便觉得时下学界对古史分期的淡漠,倒也是一种合乎逻辑的现象。一方面,凡事关重大的学术讨论,在几经起伏之后,总要出现那么一段沉寂期。不论是理论阐述还是资料发掘,达到一定程度之后,信息量处于某种"饱和"状态,便会产生社会性的"厌食",人们不约而同地停下来,进入"消化"阶段。以前的详明论证、反复宣示和激烈辩驳,其文化效应会在沉寂中慢慢地不被觉察地显示出来——许多正确意见被悄悄接受,许多错误观点被悄悄扬弃,许多难以解决的死结被悄悄搁置,等待重新探讨条件的成熟。这样的沉寂期是很有积极意义的,意味着学术上的大幅度跨步。中国古史分期问题目前正在经历这样的沉寂期。如今再也没人主张商代属原始氏族社会了,再也没人认为"井田制"是孟子杜撰的乌托邦了。就连曾经是险恶禁区的奴隶制生产方式问题,不是也有越来越多的学者,默认它并非人类历史发展"必经阶段"了吗?相当多的学者回避这个问题,不正是说明人们的观念已发生了实质性变化吗?应当承认,中国古史分期漫长讨论中积累的学术成果,早已渗入当代史学的血肉之中。这种渗入和吸收决不以哪个学派或哪个"权威"的意志为转移,只服从事物发展的辩证规律。

另一方面,古史分期的受冷落,也是改革开放之后我国文化事业不断摆脱旧的思想束缚,开拓出一片新天地的结果。众所周知,不论解放前后,古史分期讨论之所以那么火,政治性因素实居主导地位。正如广志君书中充分表述过的那样,一批思想进步的史学家关心、研究古史分期,最初是解决中国革命性质问题的需要,是回击反革命逆流的需要;后来则是宣传、维护马克思主义的需要,是确立一种认知体系使之独尊史坛的需要。在这种人文背景下,讨论必然震撼整个史学战线,并波及相邻学科。人们公认它是一朵光彩夺目的"金花",几乎没有哪个史学工作者能真正置身于"事"外。相比之下,其他研究课题便只能退居次要。改革开放之后,以往笼罩在文化界上空的阴云逐渐消散,自由讨论的学术风气日趋形成,新的史学理论,新的研究方法,新的资料信息,迅速开拓了学者们的视野。史学和其他社会科学领域一样生机盎然,同时考古学方面又接连不断地涌现重大发现,为新时期史学频频增添着生命力。人们进入从来没有过的文化宽松境界,有太多的史学课题需要从新的角度、用新的观念去开发,去追索,去构建。研究者的目光从古史分期问题移向更广阔、更缤纷的学术园囿,正是新时期史学蓬勃发展必然导致的现象。

尽管如此,广志君这部书还是非常可贵的,因为我们需要回顾,需要总结。从20世纪30年代到90年代,中国古史分期大论争延续了半个多世纪,波及社会的许多层面,其规模和内动力都非同寻常,这件事本身就值得我们认真思考。它的背景、起因和文化土壤,它所围绕的焦点问题,它所显示的史论与方法,它所促成的史料发掘与鉴别,它所展现的学风和文风等等,都有待于学者们去梳理、析辨和评述。这不仅仅是撰写史学史的需要,更是当代史学发展和史学教育的需要。老一辈史学家,大都经历了古史分期论争正、反两方面的"熏陶";有志于史学的新一代,如果不了解这场论争的内容和性质,怕也很难把握好当代中国史学的脉搏。不管怎么说,今天的史学是从昨天的史学演变来的。正如爱因斯坦所言:"我们所走的每一步,都像是前一步遗留下来的不可避免的后果。"回顾、考察、体会前人踏出的那些纷繁的脚印,将有助于我们更清醒、更合理、更坚定地迈出新步伐。让科学的、闪光的成果,充实我们的学术营养,化作前进的力量;让错误和失败的教训,增强我们的文化免疫力,提醒我们保持理性的警觉。何况,中国古史分期还是个未获彻底解决的问题,许多重大分歧依然存在。搞中国古史的人都清楚,先秦社会性质是谁也绕不开的。不可能有全国统一的教材,即使有全国统一的教材,也不可能有全国统一的讲台。当分歧潜生、滋长到某种程度时,论争便会以新的方式、在更高层次上再度活跃起来。从这个意义上说,对往昔论战经历的清理和总结,便不仅仅是史学上的一块里程碑,还等于为日后更深入的探讨构筑了一座平台。

广志君这部书能起到上述作用。此书至少在以下两大特色上,显示出较高的文化品位。一是其系统性。本书内容表面看来专题性极强,可事实上包括的问题相当复杂。从20世纪20年代后期即已发端的中国社会史大论战,以及国际共产主义运动中"亚细亚生产方式"的辩争,到中华人民共和国成立后古史分期的热烈讨论,再到改革开放新时期对古史分期和"亚细亚生产方式"问题的重究,以及中国古代是否经历过奴隶社会的新探索,事涉国内外,时跨七八十年。全程可分为有起有伏的几个大时段,每个时段都有其特定的政治、文化背景;过程中形成许多各执其说的流派,每个流派内学者们的观点又呈显细微的差别;随着讨论的深入,新的论点论据被不断提出,同一学者在不同时段内见解会有重大变化。可谓风流雾会,百姿千态。广志君凭其深厚的史学功力和对相关材料的充分掌握,能够得心应手地驾驭全局,给我们梳理出清晰的脉络。全书以时间顺序为经,以各家学说为纬,既重视对每个阶段背景的铺陈交代,又着意于主要流派观点的精切介绍,主次分明,要义突显。读者沿书中思路对论争全过程作回瞻、审视、领略,会有行云流水般的畅快感。尽管论题千头万绪,各家竞立,异说纷呈,但作者始终紧扣由两股纱拧成的一根红线:一股是对马克思主义的态度,一股是对中国古代社会面貌的认识。是把马克思主义当作认识客观世界的科学思辩体系呢,还是把马克思主义导师的每句话都视为绝对真理?是以中国古代社会实况做基本出发点呢?还是以某种社会程序定式作为研究的前提?是依据史实说话呢,还是依据需要(不管在需要之前冠以多么堂皇的字眼)说话?是倡导学术思考呢,还是倡导政治思考?所有参与讨论的人们,不管何家何派,都在这根红线面前接受检验,都自觉或不自觉地显露其治学根基和气质。广志君深明此理,他以这根红线为准绳展开述评,把形形色色的主张和错综交织的辩争,提纲挈领明宣于文笔间,让读者知其来龙去脉,识其虚实优劣。

  显示本书文化品位的另一大特色,是它的论辩性。作者对古史分期讨论的积极意义和历史局限的评价,对各家各派学说的突出成就和不足之处的论析,是客观的、公允的。但这种客观和公允,并不以放弃或回避作者的"一家之言"为代价。广志君本人是这场世纪性大讨论后期的重要参与者,而且是中国古代无奴隶社会说的掌旗人,他在书中采用述论结合的方式,旗帜鲜明地坦呈自己的观点,植根于本学派的学术立场而指点激扬,决不标榜什么无偏无颇的纯"客观"。本书的客观性表现在介绍各家学说时,绝对尊重论者的原意,切中主题,不曲解,不重过,不溢美,不掩瑕,不因个人好恶而决定详略取舍,有时不惜大段引述原文,以保证不失论者本旨。在此基础上,作者再加以分析评论。进入这个层次,广志君行文论辩性较强的特长便得到发挥。由于数十年的学术志趣和心血已大部分倾注于这个课题中,他对诸说的论据早就了如指掌,对各派的是非曲直也已成竹在胸,故不须繁琐考证和反复申说,往往数语即可完成褒贬,文字犀利,毫不含混。论辩性不单纯是个学识水平问题,还是个思维方法问题,也是个求知态度问题。虚张声势的悬河壮语,腾挪换步的诡异技巧,都支撑不起科学的论辩;科学的论辩要求学者不仅有睿智的头脑,还要有坦荡的胸怀,不为成说所囿,不为权威所慑,也不以轻率否定他人意见为快;科学的论辩要求学者尊重史事,不回避问题的实质,敢于向难点挑战,敢于承认对手的胜点。在这些方面,广志君都表现出可敬的治学修养。

完成这部作品,作者有他个人的优势。广志君是属于那类能锐敏地发现重大问题并一辈子抓住不放的学者。他对中国古史分期的关注,可追溯到大学时代。他和我都是1957年考入山东大学历史系的,那正是古史分期讨论如火如荼的年代。也许是由于华岗、成仿吾等革命家兼学者型的人物先后担任校长的缘故吧,那时的山大重视理论学习的空气相当浓厚,学术上十分活跃。历史系又得天独厚,集中了一批水平比较高的教师,所以历史教学和研究均呈现一派蓬勃景象,尤其是在中国古代史方面。解放后的古史分期讨论,就是首先由山大历史系发动起来的。如童书业、王仲荦、张维华、韩连琪,以及后来调离的杨向奎、赵俪生,还有外系、室的高亨、吴大琨等一批著名学者,都积极参加了讨论,古史分期三大学派都能在山大找到代表人物。讨论盛况在当时影响颇大的校刊《文史哲》上也可看出,有人作过统计,该刊创办最初十年间,发表古史分期文章即多达五十余篇。在这种学术环境影响感染下,求知欲正旺的我们很快便浸沉其中。因为观点大致趋同,广志和我最谈得来。不论课间走廊上闲语,还是校园树荫下漫步,话题往往要扯到与古史分期相关的内容上。那时广志君对讨论中的许多关节,不少明睿的见解,交谈中常使我产生眼前一亮的感受。当然,作为刚开始摸索古史门径的学生,我们对当年社会史论战的国际共产主义运动大背景还难以把握,更不敢向被视为马克思主义基本原理的五种生产方式递接说发出质疑,但却已明显意识到三大学派都有难圆其说之处,各派勾画的中国古代社会不同阶段的面貌,都同实际情况很不相符。感受最深切的是,每一派学说中最精彩、最具说服力的内容,不是对本派主题的论证,而是对另外两派的驳难。要是把那些驳难融合在一起,说来可笑,中国古代社会便什么也不是!我们常流露对魏晋封建论的有保留的欣赏,认为假如说中国古代的确存在过奴隶社会的话,那么封建社会就应当从魏晋开始。因为,显著的事实是:要找奴隶制的材料,两汉最充分,远胜于三代。在这里，"假如"一词反映出我们对奴隶社会的潜在疑问。否定奴隶社会是人类历史发展必经阶段的思想种子，那时已深埋在广志君的心田中。所以，当 1980 年他写信告诉我已经横下心向五种生产形态递接定式发起冲击，并鼓动我写文章响应的时候，我一点也不觉得惊讶。我深知，这个问题他已经严肃思考了多年，堪称厚积薄发，功力笃定。兹后他不仅深入钻研马克思主义史学理论，而且涉猎古文献学、民族学、古文字学，发表了一系列文章，结集为《奴隶社会并非人类历史发展必经阶段研究》一书。后来广志君主持青海师范大学的校政，又担任了中国先秦史学会的副会长，既忙于领导工作，还要带研究生，学术活动也十分频繁，但他并未中断对中国古史分期问题的研究和探索，引人瞩目的成果便是与李学功合著的《三代社会形态——中国无奴隶社会发展阶段研究》的出版。围绕同一个专题，消耗数十年功力，锲而不舍地探究，使广志君成为在这一领域最具发言权的学者之一。他充分掌握了相关资料，吃透了诸家学说，摸清了论证的演变脉络，因此能在较深的层面上，站在较高的角度，回顾、反思、总结古史分期讨论的全过程，评判讨论对我国史学发展的意义。在我看来，这部书应当是广志君前两部书视野的合理伸延，是水到渠成的顺势之作。写这类里程碑性质的书，环顾国内史界，广志君应算是最适宜的人选。

（原载《先秦史研究动态》2004 年第 2 期，又刊于《青海师范大学学报》[哲学社会科学版]2004 年第 6 期）

嬴秦对汉渭文化圈的历史影响

（上）汉渭文化圈育发了嬴秦的崛起

一、汉渭文化圈的内涵

"汉渭文化圈"是笔者近些年来综合研究了甘肃东部上古历史后，新提出来的一个人文地理概念。具体指以陇山为依托，以今天水市为中心，汉水和渭水上游支流邻厕密布的那片地域。从自然地理方面说，这里是黄河、长江两大流域水系唯一密邻的地区。天水市南部处于秦岭和陇山两大山系的交会处，山形导致水域分野，南流水汇于长江主要支流之一的嘉陵江，北流水汇入黄河主要支流之一的渭水。今天水市秦岭镇关家店尚存昭示此况的名胜"分水阁"，该阁正建在水系分野的山梁台地上，阁顶南北两面坡，屋脊分流江、河二水。在嘉陵江未形成之前，发源于今天水市秦州区南境齐寿山（古嶓冢山）的西汉水，在陕、甘交界的阳平关至戴家坝一线，与今汉水上流勉水（古沔水）通连，为当时汉水上游的主流。嘉陵江大致是自东汉至魏晋这一时段内逐渐形成的，汉代以前的汉水上游由两条支流组成，两条支流都发源于嶓冢山，一条发源于山之东麓，称东汉水又称漾水（今永宁河），一条发源于山之西麓，称西汉水（最上游今名盐官水）。西汉水大于、长于东汉水，实即汉水上游正流，故《水经注》常径称西汉水为汉水。"汉中"地名也可窥端倪，该地今天实为汉水上游，而当初它处于汉水中游，故名汉中。大约在东汉川陕甘地震多发期，自然条件发生剧变，阳平关一带河道阻塞，水流改向，南冲入川，形成了嘉陵江,古沔水遂成了汉水上游。①

　　先秦时代人们把汉水看得很重,《尔雅·释水》谓江、淮、河、汉古称"四渎"。那时常把汉水同长江并列联称为"江汉",《尚书·禹贡》述荆州即谓"江汉朝宗于海",《诗·小雅·四月》云:"滔滔江汉,南国之纪。"视江汉为南中国的主要命脉。尤其值得注意的是,古人还把天上的银河也称作"汉",如《大雅·云汉》:"倬彼云汉,昭回于天。"《小雅·大东》:"惟天有汉,监亦有光。"《尔雅·释天》说:"箕斗之间,汉津也。"注云:"箕,龙尾;斗,南斗。天汉之津梁。"也称银河为"天汉"。汉水既与天上的银河对应,它也就是地上的天河,"天水"地名即缘此而来,意为汉水最高的源头。旧说"天水"始于汉武帝元鼎三年从陇西郡分置天水郡,因城中湖水来自天河而得名。事实上秦时已有此地名,20世纪80年代初出土于礼县永兴乡蒙张村的秦器"天水家马鼎"已足为证。位处西汉水最上游的今天水市秦城区的天水镇(俗称小天水),即三国时的军事要地天水关,该地疑即最早名天水的居邑,邑名源自其位处汉水之最高处。1990年礼县红河乡草坝村出土的北宋《南山妙胜廨院碑》明言"天水湖"(后奉诏更名天水池)在茅城谷,此谷水称茅水河(今地图标冒水河),乃西汉水上游第一条大支流。综上可知,秦汉时代乃至以前,西汉水上游一带称天水。②

　　雄踞陕甘交界处的陇山,为西北地区声望最为显赫的镇山,古称吴岳,又称太岳,③后世称汧山、关山。那一带的高峻群峰,皆属同一山系,上古时代许多重大史事,同此山系相关联。陇山实即龙山,加阜旁以示山称,而以"龙"名山,当缘自以龙为图腾的伏羲部族,就活

---

　　① 此事刘琳先生最先揭示于其《华阳国志校注·汉中志》的注文中(巴蜀书社,1985年版,第105—106页),后来我又作了进一步的论述(《秦人早期都邑考》,原载《陇右文博》1996年创刊号;《"西"邑衰落原因试析》,原载《丝绸之路》2000年学术专辑。二文均收入《秦史求知录》一书,上海古籍出版社,2012年版)。

　　② 关于天水名缘的新说,可参看赵文汇《天水家马鼎考释》(初刊于《天水日报》1998年7月27日和8月3日),马建营《"天水"地名渊源考辨》(初刊于《陇右文博》2004年第1期),二文后收入张俊宗主编《陇右文化论丛》第一辑,甘肃人民出版社,2004年版。田佐《"天水"渊于西汉水流域考》,见《话说西汉水》,中国文联出版社,2007年版,第74—80页。

　　③ 先秦古籍恒言之"四岳",实即太岳,"四"、"太"二字因古文形近而讹。释四岳为四方之高山,乃后世之赋义。

动在这一带。① 龙是我国上古时期影响最大、级别最高的复合图腾，它始发于被后世公认为华夏母元的伏羲部族，而完成于部落联盟强势扩张并向国家逐步过渡的黄帝时代，所以后来便成了专制主义皇权的传承象征。人类原始生活喜居山原之间、川谷交错的地段，这既是食物来源多渠道的需要，也是躲避洪水猛兽的安全需要。所以，我国史前各大文化区系，几乎都以一座或一系具规模的高山为依托。在我国上古历史中，陇山就是这样一带俯视、怀抱先民群体的名山，先民以部族图腾称之，表达了对它的敬仰与尊奉。汉、渭二水在陇山周围支流近距离间厕，形成了大致相同的生态环境。这里东望关中，南通巴蜀，西连河湟，北接宁朔，自古以来即处交通枢纽的位势，为人类群体会散流徙的孔道。

  从史前考古遗存方面说，汉渭文化圈具备适宜于古人类栖息繁衍的生态环境，发现过比山顶洞人早两万多年的人类头骨化石，"平凉人"和"武山人"的命名，表明这一地区早在旧石器时代即有幼年期人类的活动踪迹；而在向阳开阔的河谷台地上，几乎都能找到新石器时代先民的聚落遗址。可视为仰韶文化母元之一的大地湾文化，就起源在这一地区。位于陇山西侧渭河二级支流交汇处的秦安大地湾文化遗址，内涵连绵不断地延续了三千多年，其最下层的一期文化，比前期仰韶文化半坡类型还要早一千年。而且，天水师赵村一期文化的发现，又填补了大地湾底层文化与半坡类型文化之间的环节，无可争辩地显示了大地湾文化与仰韶文化同脉共源的关系。而大地湾文化之后的史前文化，如马家窑文化、齐家文化、寺洼文化等，在这一地区均有密集的分布。尤其是有"甘肃仰韶文化"之称的马家窑文化，其由东向西发展的轨迹昭然可寻，汉渭文化圈无疑是其育生之地。

  值得特别提及的是，我国新石器时代许多意义重大的文化成就，据迄今所知的考古资料显示，都首先出现在汉渭文化圈内。如最早的彩陶，黍、油菜、小麦和大麻等农作物最早的标本，最早的房屋建筑，同汉字起源关系密切的最早的陶器符号，最早的青铜制品，最早的陶瓦，最早的室内绘画作品，最早的权杖头，最早的有灼痕及刻符

---

① 赵逵夫《先秦文学与文化·发刊词》，上海远东出版社，2011年版。

的卜骨,最早的度量器具,最早的石、骨粘合剂,最早的陶鼓……这些史前文化光彩夺目的亮点,在域内竞相闪现,骄傲地诉说着汉渭文化圈上古时代的辉煌。

从神话历史传闻方面说,其丰富程度足以与考古信息相呼应。被视为华夏始祖的伏羲、女娲,以及时处文明前夕、位居五帝之首的黄帝,有关他们的传说,恰恰就集中流布在汉渭文化圈内。同大地湾遗址邻近的古成纪(今静宁县治平乡),是传说中伏羲的诞生地,西汉水绕流其下的仇池山(古仇夷)西之雷泽,即传说中伏羲母华胥履大人迹而怀伏羲处。介于成纪和雷泽之间的天水、甘谷、武山一带,存在许多和伏羲传说相印证的古迹,流播着形形色色有关伏羲的神话故事。演变至当代,天水市已成为全国性纪念伏羲的文化中心。和伏羲密不可分的女娲,传说中就出生在东距大地湾遗址约10公里的陇城镇。史载女娲风姓,《秦安县志》说女娲"生在风峪,长于风台,葬于风茔",此三者在陇城均实有其地。还须注意到,作为伏羲部族图腾的龙,和作为女娲部族图腾的蛙,在汉渭地区彩陶文化中都有极其鲜明的反映,龙形象与蛙形象的神人化,在彩陶图案中被浓墨重彩地渲染张扬,其崇奉意念一望可知。

至于黄帝,古文献说他"以姬水成",而这姬水,有可能就是今称大夏河的临夏姬家川;[1]古文献说他生于"寿丘",据罗萍注《路史》所言"寿丘在上邽"考察,当指今天水南境的齐寿山;《水经·渭水注》引姚瞻所言黄帝出生的天水轩辕谷,据考即渭水支流永川河西部源于齐寿山的一条支流。[2] 传说黄帝问道广成子的崆峒山,在今平凉境内;黄帝死后所葬的桥山,地望虽众说纷纭,但均不出今陇山北系子午岭的范围。总之,黄帝的出生地、巡行地、归葬地,均在汉渭文化圈内,也即前述伏羲传说集中的地区。《易林·恒卦》云"黄帝所生,伏羲之宇",确非虚言。

而且,黄帝身上总隐约地闪现着伏羲的影子。传说中伏羲和黄帝的功业,有一些是重合的,如对畜牧业的发展,倡行熟食等;有一些

---

[1] 刘起釪《古史续辨·我国古史传说时期综考》,中国社会科学出版社,1997年版,第53页。
[2] 范三畏《旷古逸史》,甘肃教育出版社,1999年版,第137—139页。

是后者在前者基础上的演进,如文字书契的发明,弘扬音乐艺术等。更引人注目的是二人的神话身份,他们都是传说中的雷神,且都具有龙的形象特征。这方面的记载颇多,为篇幅所限,此不引录。种种迹象表明,黄帝部族与伏羲不仅缘起于同一地域,而且存在文化上某种程度的承袭关系,很可能他们原本同属一个族系,黄帝部族乃伏羲部族的远世后裔。在民间和文献中流传久远的许多文化信息,饱含着不容忽视的历史因子。把它们和同一地域的田野考古资料结合起来考察,我们完全有理由说:汉渭文化圈是中华民族的重要发祥地之一。

从经济状况方面说,汉渭文化圈是农耕定居区与游牧狩猎区的切合地带。这里的生态环境相对优越,并得到先民较早的开发。很久以前便育兴了原始农业和家庭饲养业,群体过着相对稳定的聚落生活。而在周边的山林草原区域,则活跃着族系纷杂,游徙无定,且侵掠性很强的牧猎部族。这两种生存方式反差极大,在交接地区出现此盈彼缩的互犯状态。与关中经济趋于一体的农耕文化区持续发育,必然形成逐步向外推移的态势;而牧猎部族的无序流动和频繁入侵,又必然对农耕文化区造成破坏和威胁,严重影响着区内的社会生活。两种经济形态强弱消长的演化,映示着汉魏文化圈的历史进程。

让我们以齐家文化后期状况作一个剖切面,简述一下汉渭文化圈史前经济所达到的高度:

群体聚落通常选择在河流两岸发育较好的台地上,规模大小不一,一般在数万平方米左右。房屋建筑虽仍以半地穴式为主,但地面起建的形式日渐增多。样式有圆形、椭圆形、方形、长方形、多边形、凸字形等,房间面积约在 6 平方米左右,大些的也不超过 10 平方米。房内居住面和四壁近底部,大都抹有一层用石灰、细沙及料礓石粉末混成的白色涂料,平整光洁,坚固美观。室内正中通常设有圆形灶膛,门道多向南。房屋附近常见储存粮食或其他物品的窖穴,如师赵村遗址,26 座房子即配有 17 个窖穴。制陶业已高度发达,出现了规模化生产的制陶作坊,陶质细腻,陶色纯正,轮制法逐渐盛行,陶器种类也空前增多。住房品位的提高,窖穴的大量存在,以及制陶业的兴盛,都表明族众群体普遍过着农耕为主业的定居生活。

生产工具仍以磨制石器为主,骨器次之。但石器用料硬度较高,愈后期制作愈精细,器形规整,通体磨光。类型多样化,包括镰、锛、铲、刀、斧、镞、刮削器、磨盘、磨棒等,已在使用可以装柄的复合工具。普遍使用骨器,是齐家文化的突出特色。多用动物下颌骨或肩胛骨,制作刃宽而锐利的骨铲,用牛肩胛骨制作骨锄,并以动物肢骨镶配锄柄。这都是操作方便、效率颇高的农作用具。还出现一种将薄锐石片镶嵌于骨脊直缝中的骨柄石刃刀,尤能反映其工具制作的精细程度。青铜冶炼业有了长足的进步,已开始进入青铜时代。红铜和青铜并存,锻制与铸制兼用,且已掌握了简单的合范技术。器类十分丰富,工具和武器类有刀、锥、斧、镰、凿、钻、匕、矛、镞等,生活用具和饰品类有镜、钗、镯、钏、耳环、鼻环、臂筒及各种泡饰。治玉业昌盛是齐家文化的又一大特色,材质多样,品种众多,内涵丰富,我国古代玉器拥有的功能,齐家文化玉器皆已具备。在工艺上也形成了自己的地域风格,后期规模已可与良渚、红山、山东龙山三大玉文化比美。

许多遗址内发现了炭化粟粒,说明粟是当时的主要农作物。早于齐家文化的马家窑文化遗址中,已经表露了当时居民大量种植粟的信息,有的窖藏稷穗捆成小把,整齐地堆放在一起,积层厚 0.5 米,有学者认为那可能是作为种子而贮藏的。齐家文化农业是在马家窑文化农业基础上向前发展的,种粟传统一直保持下来。家庭饲养业除了传统家畜猪、羊、牛、狗、鸡之外,已开始了马和驴的驯养。特别是马的驯养,翻开了汉渭地区畜牧业新的一页,不仅引发了中原地区对马的使用,也为日后陇右畜马业的高度繁荣开了先河。墓葬中风行以猪的头骨和下颌骨随葬的习俗,师赵村遗址的猪骨占兽骨总量的 85%,猪的数量已成为家庭富有程度的标志。一般说来,猪饲养业与农耕业的发展是同步的;猪的大量饲养,也从侧面反映了农耕业的繁盛。

汉渭文化圈的经济状况,在齐家文化后期已发展到史前社会的较高境界,已临近文明期的大门。

二、嬴秦崛起于汉渭文化圈

嬴秦本系海岱文化圈内东夷族西迁的一支,学界对此认识已基本趋同,尽管在西迁动因和时间问题上还存在较大分歧。嬴秦西迁

汉晋文化地图线图

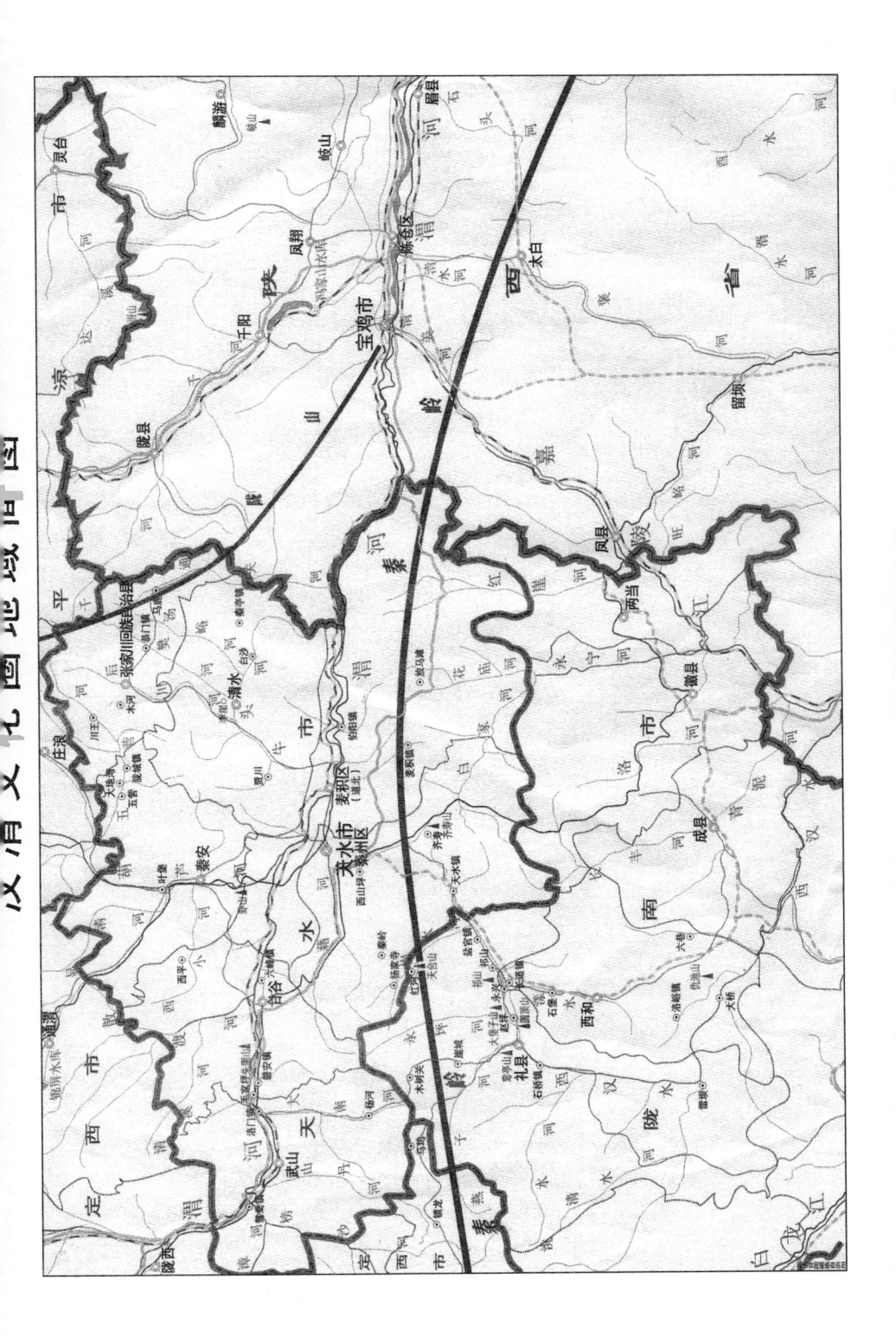

后的活动领域,如今也已能大致划出其范围,因为有文献记载和田野考古信息的双重显示。下面让我们对几个重点区域,分别略作阐述。

(1)"西"邑地区

约在二十年前,笔者曾提出一种假说,主张嬴秦祖族最早是在五帝后期西迁陇右的。《尚书·尧典》所载肩负测日、祭日使命而"宅西"的和仲一族,对西汉水上游地区进行了早期开发,而嬴秦就是该族的后裔。[1] 之所以作此推断,主要依据如下三重因素:一、和仲所属的所谓"羲和四子",和嬴秦始祖颛顼为同一个家族。二、羲和四子所承担的天文历法事业,和嬴秦另一始祖少昊族系的历象职司完全相合。三、和仲一族所宅之"西",即秦汉时陇西郡西县地境,也正是嬴秦早期活动中心"西"邑之所在。族体血缘脉络、族体文化特性、族体活动地域,这三方面因素的重叠,绝非偶然。嬴秦一直认少昊与颛顼为其始祖神。我曾多次考论过,以鸷鸟为图腾的少昊部族和以太阳为图腾的颛顼部族,乃五帝时代的"两合婚姻联盟",组成了复合性的阳鸟部族,西迁的嬴秦为其一支。上古传说中的十日运照、羿射九日、羲和御日、夸父追日等故事,都是阳鸟部族西迁史事在群体记忆中的神话留存。

有关太阳运行的传说,在地域上也同和仲宅西测日的记载相应合。许多学者都曾论及,《淮南子》言羲和御日所入之地名"崦嵫",黄昏时曰"沦入蒙谷",《离骚》"吾令羲和弭节兮,望崦嵫而勿迫",王逸注:"崦嵫,日所入山也。"二说同。据《山海经·西山经》,此崦嵫在鸟鼠山之南"三百六十里",论者谓即《尧典》载和仲所宅之"西"地。经文言"西"地之"昧谷",也即《淮南子》所说的"蒙谷",郑玄古文注作"柳谷",虞翻所见郑注原本作"卯谷",昧、蒙、卯乃一声之转,古人以此称日落之处。《尚书大传》解和仲居西亦云"曰柳谷",《史记·封禅书》:"东北神明之舍,西方神明之墓。"集解引张晏语:"神明,日也。日出东北,舍为阳谷;日没入西,故曰墓。墓,濛谷也。"看来此谷之名先儒意见一致。后世写作"茆谷"或"峁谷",实即今位处天水、礼县交界地区的西汉水上游第一大支流茆水河(今地图标冒水河)。

---

[1] 《阳鸟崇拜与"西"邑的历史地位》,原载《丝绸之路》1998年学术专辑,后收入作者的《秦史求知录》一书,上海古籍出版社,2012年版。

嬴秦在陇右的活动中心,据《史记·秦本纪》三家注说,即汉代陇西郡之西县,古今罕有异议。汉代西县地境,含今礼县东部及西和县北部,可能还涉及天水市南境及甘谷县东境。但对其都邑即西县县城的地望,时下学者们认识尚未一致,有红河乡岳费家庄、盐官镇以东、永兴乡赵坪、天嘉古郡诸说,好在诸说均未出西汉水上游的宏观范围。笔者力主天嘉古郡说,认为各种省、州、县方志多曾盛言过的礼县城东 40 华里处的"天嘉古郡",就是秦汉西县城故址所在;晚至宋末元初,职掌陇南、川北军政的"李店文州军民元帅府"治所即设于斯地,大体方位在今永兴乡西汉水北岸红土嘴附近。① 由南而北的西和河(今地图标漾水)与由东而西的西汉水在此交汇,形成了一片开阔的小盆地,即永兴川(古称天嘉川)的最宽处。北倚祁山主峰,南临二水清波,盛产井盐的古卤城守其东,紧逼河畔的大堡子山扼其西。域内气候温润,土壤肥美,农畜皆宜,确为小型方国氏邦建立中心城邑的理想地段。当地居民有种世代相传的古老记忆,说该地往昔存在一座繁盛的城邑,可能后来消失于一次山体大滑坡。如民间传说非虚,当为至今难觅邑址的原因。方志称该邑为"天嘉古郡",说此郡为秦武公所立,并强调那一带自古称天嘉。此事今已难考实,但把古邑名同最早创立县制的秦君相联系,隐约透露着其曾为秦邑的远古史影。

20 世纪 90 年代大堡子山秦公陵园面世,为上述推断提供了可靠佐证。大堡子山位于东距礼县城 26 华里的西汉水北岸,秦公陵园坐落在山顶部一处向阳而平缓的斜坡上,总面积约 5 万平方米。陵园是在当时十分猖獗的盗墓风潮中被发现的,随之进行了抢救性清理发掘,前些年又进行了新的勘查和发掘。现已知陵园内有两座秦公大墓,两座车马坑,一座乐器祭祀坑,一处大型府库类建筑基址,以及有规律地分布着的数百座中小型墓葬,陵园四周设防护性垣墙。此陵西距上文所言天嘉古郡约 10 华里,这正是先秦方国都邑同祖陵间的通常距离,而且也正同史籍所载嬴秦最初的公陵在"西山"相合。

此外,在与大堡子山秦陵隔西汉水相望的永兴乡赵坪村西北侧

---

① 可参看拙文《再论西垂地望》,原载《丝绸之路》文论 2003 年刊,后收入《秦史求知录》,上海古籍出版社,2012 年版。

的圆顶山北坡台地上,还发现了一处秦国贵族墓地。往昔这附近即曾多次出土过品位相当高的先秦器物。经初步勘查和发掘,已知这是一片范围较广、跨时较长的秦人墓区,含春秋早、中、晚三期乃至战国、西汉时墓葬,且多为贵族墓葬,表明在秦都东迁关中后,此地仍有公族留守。从其位置和规模看,应当就是秦人最早的一处国人墓地。它同大堡子山公陵分踞西汉水南北,成犄角之势,拱护着都邑的西郊。

还应注意到同天嘉古郡相对应的西汉水南岸今西和县长道镇。综合古文献记载分析判断,这应当就是汉魏时代的戎丘,春秋时它是和西邑比肩而立的姊妹城,那时有跨水建双城的营都传统。我认为该邑即《秦本纪》所言西犬丘(西垂)之所在。段连勤先生三十多年前即已指出,犬丘与西垂为一地,乃犬戎族从东方带过来的地名。① 对该邑,嬴秦同犬戎进行过世代性的反复争夺,在嬴秦崛起之前,该邑曾被犬戎族长期占据,故名犬丘或西犬丘(加西字,是针对犬戎族东方原居地而言),秦人是从不使用犬丘之名而恒以其本名"西"称之的。② 后来嬴秦收复了该邑,为了缓和同戎族的关系,未采取驱民据城的政策,而是允许戎族继续生活于该地,并在西汉水北岸另建"西新邑"(即余考天嘉古郡故址),作为秦人聚居区,遂成春秋时秦都跨河而立的形势。《水经·漾水注》叙述西汉水流经祁山脚下后接言:"又西,径南岈、北岈之中,上下有二城相对,左右坟垄低昂,亘山被阜。"这正是秦都附近形胜的真实写照。"南岈、北岈之中"说的就是天嘉川之最开阔处,而上下相对的"二城",则非西县城与戎丘城莫属。西县城在西汉水北岸台地上,故称"上";戎丘城在西汉水南岸的川原上,故曰"下"。西北地区以"丘"名地者唯此一处,③故戎丘必为犬丘之另称;秦汉时少数民族聚居区设"道",故戎丘后来名"长道"。从犬丘—戎丘—长道邑名的转换,亦可略窥史事演化的轨迹。

除了以上信息外,在今礼县东部、北部及西汉水上游三条最大支流冒水河(古阳廉川,即更古的茆谷川)、西和河(古建安水)、燕子河

---

① 段连勤《关于夷族的西迁和秦嬴的起源地、族属问题》,1982年《人文杂志》社编《先秦史集刊》。
② 祝中熹《甘肃通史·先秦卷》,甘肃人民出版社,2009年版,第143页。
③ 段连勤《犬戎历史始末述》,《民族研究》,1989年第5期。

（古夷水）河口地带或域内，田野考古发现了三处秦文化密集分布区。这一切都无可置疑地显示：今礼县东部、北部及西和县北部的西汉水上游一带，确为嬴秦早期活动的中心区域。

（2）朱圉山地区

20世纪80年代，考古工作者在甘谷县磐安镇毛家坪（朱圉山北，渭水南），发现了一处规模相当大的文化遗存，以秦文化为主体，间杂戎族文化。共发掘、清理墓葬31座，鬲棺葬12组，房基4处，灰坑37个，跨时从西周中期到战国时期，内涵十分丰富。文化面貌已呈现周、秦文化的融合趋势，后期存在秦戎杂居现象。毛家坪遗址的揭示，极大地开拓了秦文化研究的视野，深化了人们对嬴秦考古文化特征的认识。虽未发现较大的贵族墓葬和城址，但可以断定这是一处嬴秦的聚居区。此后不久，何清谷先生据文献资料研究指出：周灭商后，在商王朝任大臣的嬴秦首领飞廉，参与了商奄地区（今鲁南、苏北毗连地带）的反周叛乱，后被镇压，飞廉被杀，其余族被作为种族奴隶遣发至陇山以西，与戎狄杂处，此即西方秦人的源起。①

何先生的意见与《史记》所载不符，加以"种族奴隶"概念已被新时期史学界所扬弃，故其说在当时并未引起太大的关注。但延至今日，情况有了新的变化。前些年面世的清华战国简《系年》，有"成王伐商盖，杀飞（廉），西迁商盖之民于邾，以御奴之戎，是秦先人"的记载。李学勤先生据此撰文，指出"商盖"即商奄，"邾"即今甘谷县境内的朱圉山。这支西迁的飞廉余族，即秦之"始源"。② 显然，《系年》的记载在主要论点上佐证了何清谷先生的看法。鉴于李学勤先生在学界的影响，此说遂即彰盛于时，被许多学者所接受。但我们必须了解，战国时期关于上古史事的异闻歧说是相当多的，正如张天恩先生所评析的那样，《系年》的史事表述存在不少显性错误，能否据简文否定《史记》的记载，应持慎重态度。③ 按《史记》所述，东方的嬴秦在夏初即已迁移流徙至戎狄地区，商时即已"嬴姓多显，遂世为诸侯"。至

---

① 何清谷《嬴秦族西迁考》，《考古与文物》，1991年第5期。
② 李学勤《清华简关于秦人始源的重要发现》，《光明日报》，2011年9月8日11版。
③ 张天恩《清华简〈系年〉的秦初史事略析》，《嬴秦西垂文化—甘肃秦文化研究会首届学术研讨会论文集》，甘肃人民出版社，2013年版。

迟在商后期的中潏时代，嬴秦已"在西戎，保西垂"了。此处之"西戎"，指陇山以西众多的牧猎部族，"西垂"即上文所言的"西"邑。也就是说，是时嬴秦已经在西汉水上游地区建立了一个臣属于商王朝的方国。到目前为止，找不到任何证据表明《史记》的记载是错误的。何况清华简公布后，考古工作者又在甘谷朱圉山一带进行了新的考古调查和发掘，至今也未发现该地区是嬴秦于周初"始源"的物证。

笔者拙见，周初平定商奄叛乱后，迁飞廉余族至陇右与戎族杂处，是完全可以相信的，因为朱圉山之称不可能是杜撰或虚指。古人常以名山标志地望，朱圉山位处陇右，附近又有秦人聚居的考古遗存。但这支西迁的飞廉余族却非嬴秦"始源"，他们未迁他处而迁陇右，正因为飞廉的母族早已在这里生活并建立了方国。还必须注意到，朱圉山一带恰和礼县邻接，与我们上文所论崦嵫所在的茚谷相去甚近，而崞谷（今礼县红河乡冒水河）域内的"六八图—费家庄"地带也正是秦文化遗存的密集区。此外，朱圉山的具体位置，还有进一步探讨的余地。此山为先秦名山，古文献中多次出现，应具一定规模；今天所说甘谷南部的朱圉山太小，似难与其上古名望相称。《困学记闻·地理》引蔡氏《禹贡传》云："朱圉，《地志》在天水郡冀县南，今秦州大潭县也。"冀县即今甘谷，其南为礼县北境；宋代的大潭县，即含今礼县部分领域。如依此说，则古代朱圉山当在今礼县北境。那么，前考嬴秦旧都西邑背靠之祁山，或被地方学者视为和仲测日、祭日之处的崞水河畔的天台山，均足以当之。果如此，则更强化了笔者的判断：飞廉余族的西迁，实为向祖族的回归，他们就生活在嬴秦方国中心域内。

（3）汧渭之间地区

周孝王时代，嬴秦首领名大骆，大骆的嫡子名成，乃王朝重臣申侯之女所生；另有个庶子名非子，善于养马，是个培育马匹的专家。在先秦社会生活中，马是不可或缺的动力。一方面，马车是人们代步、运输的主要手段；尤其在上层社会中，马车不仅是贵族们出行必备的用具，还是显示身份地位的鲜明标志。另一方面，马车是构成武装力量的基本要素；是时战车是军队的主体成分，一辆战车需四匹良马驾驭。西周中后期国势渐衰，对西北边域部族的战争频繁，消耗了大量马匹，马匹的短缺日益严重，解决马的供应问题已成当务之急。在这种背景下，以畜育马匹著称的非子，便被孝王召至汧渭之间，负责为王室繁殖马群。非子干得很出色，深得孝王赏识。为褒奖非子，孝王打算让非子接大骆的班，即取代嫡子成的世子地位。但此意遭到成之外祖父申侯的反对。申侯向孝王陈述了此举将破坏申、嬴二族的关系，影响关陇地区的政治形势，对王室不利。孝王于是改变主意，另辟蹊径，在非子牧马的汧渭之间，也即王畿的最西部，划出一片土地，封非子为"附庸"，"邑之秦，使复续嬴氏祀"。① 在嬴秦发展史上，此事具有划时代意义。非子一族当时虽实力弱小，却作为一个新生的政治实体，从大骆母族中别祖而出，并且获得了嬴姓正宗地位。后来大骆族邦被戎族灭亡，赖非子一支保存、延续了嬴秦族脉；又经过数世艰苦拼搏，才得以在两周之际崛起为西方大国。

非子封邑在汧渭地区，即文公东猎卜居之汧邑。但具体地望学界至今无定论。影响较大的有郿县说、陈仓说、汧县说。笔者倾向于汧县说。《水经·渭水注》："（汧水）径汧县故城北，《史记》秦文公东猎汧田，因遂都其地是也。" 汧县故城在今陕西陇县附近。20世纪80年代陇县东南乡边家村，发现一处范围较大的春秋墓区，有墓葬被认为墓主为秦国大夫级贵族。墓区附近有一座春秋城址，该地区往昔即曾多次出土过青铜礼器、车马器和兵器。此城有可能即为当年非子之封邑。

姑不论秦邑具体方位，嬴秦早期活动领域最东达到汧渭之间，是可以肯定的。

（4）陇上"秦亭"地区

非子封地在汧渭之间，《史记》多处明确交代，且史文前后照应，无可置疑。然而，奇怪的是，后世许多史志著作乃至工具书，都把非子之秦邑定位到"秦亭"即今清水、张家川一带。误说流传至今，影响深广。追根寻源，始作俑者为班固。《汉书·地理志》在略述秦史至非子时，说了一句："邑之秦，今陇西秦亭秦谷是也。"《史记》集解引徐广语谓秦邑在"天水陇西县秦亭"，当即以班说为据。后人未细审《史

---

① 《史记·秦本纪》。

记》正文,轻从了注语。其实班说在其他文献中找不到任何证据,仅凭《汉志》行文中一句简述,就否定司马迁的详明铺陈,实为学术史上一大悲剧。康熙年间编修的《清水县志》忠于《史记》,承认非子"居汧渭之间",陇上之秦亭乃"后封",可谓雾中不迷,独具慧眼。

公允地说,班固绝非凭空编造,他是以他所处时代的地理认知讲非子时事的;换句话说,他所知道的以"秦"为名的城邑,在陇上秦亭秦谷一带。但那是后来的事。陇上有"秦"之名,乃邑名随族体转移的惯性延续,古代这种现象很多。由于关陇地区政治格局的变化,非子一族的后裔离开了汧渭之间而西移陇上,并把"秦"这个地名带了过去。这一地域转换,很可能发生在非子的曾孙秦仲时代。史书盛赞秦仲"始大"、"国大",即针对其在陇上拓扩领域、振兴了族邦而言。非子一族在汧地生活为时短且族势弱,而秦仲及其后裔在陇上生活为时久且邦势盛,故汧地秦邑渐被后世淡忘,而陇上秦邑遂被误认为非子初封之地。所以,陇上之秦乃秦仲居邑,与非子无涉。有几部经典性古史志,一致说秦仲封地在陇上,由中可窥实情之涯略。如郑玄《诗·秦风谱》:"天水本隶秦,在汧陇之西。秦仲始大,有车马礼乐侍御之好。"郦道元《水经·渭水注》:"(陇上之秦川)川有育故亭,秦仲所封也。秦之为号,始自是矣。"杜佑《通典·州郡四》:"(清水县)秦仲始所封地。"康熙年间修《巩昌府志》:"清水县,郡之东界,古秦仲所封地。"

至于陇上秦邑地望,和汧渭之间的秦邑一样,尚属疑案。当今学者很关注《水经·渭水注》关于清水(今清水县境的樊河)的一段记载,谓该水"又径清水城南,又西与秦水合。水出东北大陇山谷,二源双导,历三泉合成一水,而历秦川。川有育故亭,秦仲所封也。秦之为号,始自是矣"。所言"秦水",指今张家川、清水县境由北向南的后川河。依注文所言,秦邑故址当在今后川河上游。刘满先生对此做过精审的考证,指出"秦亭就在张家川县城附近"。[①] 今张家川县城南瓦泉村附近发现过许多秦墓,出土过不少器物。还发现一处面积约250×150米的夯土遗址,夯土层下有秦砖、秦瓦等建筑材料,有学者推

---

① 刘满《秦亭考》,《文献》,第十六辑(1983年6月)。

测陇上秦邑可能就在此处。①

通过以上结合史事的地域表述,可知嬴秦早期活动的大体范围:南含今礼县、西和,东至汧渭之间,西涉甘谷,北达清水、张家川。这正处前文勾勒的汉渭文化圈域内。就是这片山原川谷纵横交错的土地,滋育了嬴秦的成长,为秦国的崛起蓄聚了力量。

(下)嬴秦对汉渭文化圈的历史影响

一、稳固了农畜业结合的经济形态

前文言及,汉渭文化圈生态环境相对优越,很久以前便发育起农业与畜牧业结合的农耕文化,居民过着较稳定的聚落生活。但在新石器时代晚期,在距今约4 000年至3 500年前后,我国西部进入延续了二三百年的新冰期,黄土高原及陇山周围地区趋于干冷,自然条件逐渐恶化。汉渭文化圈内已初步繁荣的农耕经济遭受重创,齐家文化迅速衰落。在更为广阔的陇原大地上,因农耕经济解体而兴起的游牧、狩猎经济,育生了一些地域性青铜文化,出现了许多分散流动的牧猎部族。这一时期,汉渭文化圈内社会进程大受滞阻,游牧文化大幅度侵入,极具掠夺性的游猎族体频繁活动,形成了氏邦林立、交争纷繁的局面。在以炎、黄二帝为首领的姜、姬两族先后走下黄土高原之后,这一地区再未出现过一支具有凝聚力和动员力的先进族体,能够联合诸氏邦组建起贵族制国家,从而引领全地区跨入文明的大门。直到西迁此地的嬴秦部族,通过世代相继的艰苦奋斗,经营起一个同中原王朝保持着宗属关系、显然具有先进性的方国,情况才慢慢发生了变化。

嬴姓部族源起的山东龙山文化,农业和畜牧业均已达到较高水平。嬴秦远祖伯益,不仅是协助大禹治水的功臣,还是个成就卓著的农、畜业专家。据《史记》载,伯益在部落联盟中央任督管山林湖泽的虞官。在他的领导下,"山泽辟","鸟兽多驯服","畜多息"。舜在要

---

① 徐卫民《秦都城研究》,山西人民教育出版社,2000年版,第50页。

求益佐禹治水的同时,还另交给他一项任务:"予众庶稻,可种卑湿。"推想益在治水过程中负责水退后的农田治理,是我国水稻生产的大力推行者。《孟子·滕文公上》云:"舜使益掌火,益烈山泽而焚之,禽兽逃匿。"这反映了多林地区原始农业的创兴,即后世所谓的"刀耕火种"。《世本·作篇》还称"伯益作井"。我国古代井的出现比伯益时代要早,但先民把凿地取水这一重要发明归于益,表明益不但致力于沟洫排灌事业,还善于寻找水源,注意地下水的开发利用。《世本》又载"后益作占岁之法"。所谓"占岁",是指对全年农业生产收成如何的一种预测,伯益有此项研究,足见其生产经验的丰富。以上材料显示,伯益在农、畜业领域有非凡的造诣。在那个时代,部族首领的特长,也就是其部族的特长,嬴秦具有擅长农、畜业的文化"基因",是不言而喻的。

西迁后,嬴秦发挥了他们上述传统优势,并努力向姬周学习,以辛勤的劳动开发了西汉水上游那片河谷川原,又逐步向北扩延,使渭水中上游的农耕经济也获得了巩固和发展。田野考古一再显示,早期秦文化同先周文化及西周文化非常相似,以至于考古学界为难以对二者作确切辨识而苦恼。汉渭文化圈内以往发现的许多被定性是周文化的遗存,有学者认为也许就是秦文化遗存。[①] 姬周族同样是以很早就拥有发达的农耕业而著称于史的,其始祖后稷及之后的多代首领一直担任夏王朝的农官,即是明证。所以,嬴秦和姬周同属于农耕文化区系,都具农、畜业紧密结合的经济形态。

秦文化的物质遗存表明,陇右嬴秦族体农耕定居生活传统由来已久。其居址出土的陶器组合为鬲、盆、豆、罐、甑、甗等器物,反映出农作物系主要食物来源。陶器中有一种容积颇大的蛋形瓮,那是用来储存粮食的。嬴秦还独有陶仓作明器的习俗,春秋秦墓中即已出现,至战国时已相当普遍;其结构及通风设施的合理性,说明其使用历史很久远,明器不过是现实生活中大型储存粮食设施的模型化。"秦"字初形为两手舂臼下有双禾或三禾之象,本义为一种可酿美酒的谷类,秦地即以盛产此谷而得名,这也可视为嬴秦粟麦文化兴盛的

---

① 赵化成《寻找秦文化渊源的新线索》,《文博》,1987年第1期。

辅证。史载秦穆公时晋国大旱,连年失收,请求秦国给予粮援,穆公"卒与之粟,以船漕车转,自雍相望至绛"。《左传》僖公十三年述此事,称其运输规模之大为"泛舟之役"。如无高度丰足的粮食储备,是不可能实施这种援外任务的。延至战国时期,秦国最早普遍使用铁制农具,最早使用牛耕,生产力进步到商鞅变法已敢于将农民的份地由100亩扩大为240亩。应当说,嬴秦汉渭文化圈农耕业的早期发育,为日后秦国农业的繁荣积蓄了深厚的潜能。

伯益时代即已现优势的畜牧业传统,也被嬴秦继承并进一步发扬。嬴秦的畜牧业,并非如某些囿于嬴秦落后论的学者所认定的那样,处于低水平的游牧阶段,而是定居农业经济基础上的专业化畜牧。它独立于家庭饲养之外,以繁殖、驯养马匹为主,其目的主要不在于为群体生存提供食物,而在于满足社会生活的需要,因为是时畜马业已成为仅次于粮食生产的国民经济支柱性产业。气候温润、水草丰茂而有盐池的西汉水上游川原,非子为西周王室"主马"的汧渭之间,以及后来秦仲一族迁至的陇上渭域河谷地带,都是非常适于畜马业发展的地区。嬴秦畜马业的繁荣程度,列国诸侯均难望其项背。《诗·秦风》中有几首盛言马与马车的诗,单就有关车马配备和马匹名类的描述,已可看出秦人崇马的习俗。如襄公时代的《小戎》,全诗30句,竟提及7种马车部件,7种不同颜色和驾位的马名,7种用于马身的配置。又如文公时代的《石鼓文》,以四言诗形式叙述文公出猎的种种场景。10只石鼓刻诗10章,除首章专咏水域渔事外,以下几乎章章涉及车马,读来仿佛置身于马的世界。《韩非子·十过》载穆公发兵护送重耳返晋,"革车五百乘,畴骑二千,兵卒五万"。"畴骑"当指骑兵,这也可能是我国古代有关骑兵最早的一条史料。一支远不能与秦军主力相比的护送队伍,车、骑共计竟动用4 000匹马,嬴秦畜马业水平可见一斑。

农、畜业结合的农耕经济形态的稳定和展延,为汉渭文化圈的社会昌盛,奠定了坚固的基础。

二、确立了郡县结构的行政体制

嬴秦秉承了东夷文化基因,西迁后又深受姬周文化的影响,更善于吸收诸戎文化的优秀成分,实为多元文化的融合剂。质言之,嬴姓部族的特殊经历,及其特殊的生活地域,决定了其文化素质的兼容性和功利性。嬴秦最擅长把不同文化因素结合起来,适应社会现实,升华为一种有利于自身发展的观念或举措;既承袭了传统精神,又不被传统束缚,而敢于以新的活力完善或变异传统。在政治生活中,这种文化特性表现为积极进取,勇于革新,讲求功效,洋溢着旺盛的生命力。

比如,在巩固政权方面,嬴秦延续了东夷集团天帝崇拜的古老传统,全盘接受了殷周两代构塑起来的最高政治哲学天命观,仰仗始祖之"神"力,在精神上感召、凝聚族众,为政权罩一圈神圣的光环。但在运作方式上,嬴秦却独辟门径,借助于原始五行理念,将天帝分拆为五色帝,把嬴秦祖神少昊奉为主宰西方的"白帝",营造了设畤祀白帝的国家祭典。这样便巧妙地绕过了只有王朝中央才能以祖配天而祀的宗法成规,从而达到了嬴秦政权受西方天帝之命的宗教效果,最大限度地完成了神权与政权的结合。又如在用人方面,嬴秦眼界开阔,不拘一格。重才能而不究身份,吏治肃整,严而不污。他国的有才之士,来到秦国也能得到重用。李斯《谏逐客书》曾列举了一批由他国入秦的政治家,如由余、百里奚、蹇叔、丕豹、公孙支、商鞅、张仪、范雎等,他们都在嬴秦崛起过程中发挥过巨大作用,李斯本人也非秦民而来自楚国。秦之最高长官"相",许多人出身贫寒或为异国亡臣,但秦君任命时并不考虑其身世及国籍,完全依其治理能力而定夺。

尽管汉渭文化圈和中原地区一直存在各方面的联系,但它毕竟远处西部,相对封闭。嬴秦因此较少受到中原王朝体制下礼乐伦理的熏陶,尤其是较少受贵族社会宗法制度制约,故不仅在用人宗旨上,更在行政措施上,都相当开放,政策方针多具创新色彩和进取精神。贵族宗法体制薄弱,大家族势力难以过度膨胀,国君的强势地位不易动摇,如同"三家分晋"及鲁国"三分公室"之类事件,在秦国是难以想象的。史家早就指出,秦国是不轻易对高爵位封土的,国君子弟及功臣虽爵高却多无封地。君权强固,就使上下贯通减少了许多中间利益集团的干扰和壅阻,提高了行政效率。一些适应时代需要的革新性政举,如郡县制、军功爵制、户籍制等,都能顺利推行。尤其是郡县制的创设与实施,典型地反映了嬴秦政治弃旧图新的进取性。

"县"作为一种地域层级名称,早在西周时即已存在,①但那只是规划全国地域使用的分区专名,并非实施国家权力、治理民众的行政建置。秦武公借用了"县"的称谓,赋予它全新的意涵,即让它成为国家对新掌控地域直接行使管理权的建置单位。按贵族社会的通常做法,对于被灭亡了的方国族邦,往往将其领土封给高级贵族。武公改变了这个传统,公元前688年,他在灭亡了邽、冀二戎后,由国家派员直接管理其地,设了两个县。邽地在今天水市麦积区一带,冀地在今甘谷县东境,两地正处汉渭文化圈的中心地域。据考这是我国最早设置的县级行政单位,具有里程碑意义。次年武公又在杜、郑二地设县,表明他有意要使此举制度化。后来的秦君,贯彻了武公的意图,县的设置逐渐增多,至商鞅变法更在全国推行,共设了41个县。县制的普行,彻底否定了宗法分封制,从根本上剥夺了旧贵族的实权,自上而下构筑起中央集权的政体框架,在高度强化国君权力的同时,形成了由各种机构和各级官吏组配而成的整套行政网络,并能在实践中不断调整、完善这套网络。县的最高长官称"令",其副手称"丞",均由国家委派,并由国家发放俸禄。县以下的行政编制为乡,乡设三老;乡以下的行政编制为里,里设里正。基层民众则被纳入严密的户籍制度之中,按政府的统一律令,承担国家赋税、兵役和劳务。

　　汉渭文化圈因长期处于戎邦林立、族系纷繁的状态,和嬴秦杂处的戎狄诸部,大都尚在家族公社阶段,一夫一妻制的小家庭尚未充分发育,生产、生活习惯性的以家族为单位,即所谓"戎狄之教,父子无别,同室而居"。与县、乡、里三级行政建制相配套的户籍制度,基本宗旨是以奖励耕战政策扶植小家庭经济。这必然促使大家庭分异,导引各类族群都成为份地制下的编户齐民,接受国家的统一管理。这是社会生活的一大进步。

　　在普行县制的基础上,秦国又步三晋之迹,采用以郡统县的体制。昭襄王时秦设立北地、陇西二郡,汉渭文化圈域内诸县、道,大致皆归陇西郡管辖。与此同时,秦国又开始修筑长城。西起临洮,经今渭源、陇西、通渭、静宁、镇原、环县、华池共历8县后入陕境。这也正

---

① 《逸周书·作雒》记载有含县的地域层级体系。

是汉渭文化圈的西北边域。显然,长城是为防御牧猎部族入侵、保卫原有及新拓农耕区而修建的,实际上也划出了嬴秦势力范围的西部边界。此后,汉渭文化圈便永久性地纳入了华夏统一的行政体制之中。

三、加速了多元部族的涵化融合

汉渭文化圈的地理条件和生态环境,孕育了多类型的史前文化,形成了多元部族共存互动的格局。域内族体史籍多以"西戎"泛称之,实则族系纷繁,难以细别。《史记·匈奴列传》说那时汉渭地区"往往而聚者百有余戎",秦穆公征服的所谓"西戎八国",只是其中的荦荦大者。诸族生活习性各不相同,许多族体以牧猎为生存手段,有的特具攻掠性和流动性。随着人口繁衍和分族的派生,为争夺有限的生存资源,族体迁徙及冲突日趋频繁,民族关系常处于复杂而紧张的状态。

然而,社会的整体进步,要求各族间和睦相处,逐步促成民族融合。这首先要求出现一支强势的主导性力量,出现一个具有文化凝聚力的族体,能够影响、制约乃至决定各族的行动,并以先进的生产形态,引领整个地区的经济发展,起到涵化作用。所谓"涵化",是说部族共同体在相互接触和长期交往中,经济、文化相对落后因而处于弱势的共同体,往往会自觉或被迫接受先进且强势共同体的文化要素及社会观念,积时既久,遂产生文化民习的趋同效应,弱势族体便可能被强势族体所融并。日渐崛起的嬴秦,肩负起了这一历史使命,在汉渭地区民族关系格局中,以其政治、经济、文化诸方面的综合优势,发挥着越来越强劲的感召性和制导性影响。

作为一支远徙新域的部族,嬴秦从一开始即须和陇右土著和平相处,密切交往,联姻通婚,吸收当地文化的优秀成分,适应当地的生态环境。尽管利益冲突在所难免,干戈相见的情况也会时有发生,但总体关系是良好的,睦邻友善应属主流。从文献记载看,嬴秦同陇右诸戎的关系正是如此,既有矛盾、争斗的一面,也有和谐亲善的一面。《史记·秦本纪》所述周孝王同申侯关于安置非子的那番对话,就很说明问题。嬴秦不仅与申戎联姻,建立了亲密关系,也和其他戎族相处融洽,形成"西戎皆服","西垂以其故和睦"的局面。史文又载,秦襄公刚即位便"以女弟缪嬴为丰王妻"。丰之地望暂不可考,推想当与嬴秦邻近,既称"王",必为一戎族首领。当时方国氏邦间上层集团的婚姻,无不打着政治烙印,襄公此举反映了他的和戎政策。田野考古提供的信息,也同上述认识相应合。秦文化中容含了许多戎文化因素,如墓葬中蜷曲特甚的屈肢葬式和形制多样的偏洞式墓穴,陶器中的铲脚袋足鬲和大喇叭口罐,以及不规则的陶面绳纹装饰,都是秦、戎共有的文化现象。与嬴秦邻近的一些戎族文化遗存中,也常见某些秦文化因素,如寺洼文化陶器中的联裆鬲和浅腹素面小鼎,辛店文化彩陶纹饰中的连续回纹、云雷纹、S 纹等样式,就和秦文化中同类器物及纹饰风格十分接近。被认为有可能属犬戎物质遗存的寺洼文化,时代愈晚,其与秦文化邻接愈呈犬牙交错现象。在嬴秦故都西邑域内的礼县永兴乡蒙张村附近,发现一处晚期寺洼文化密集的三角地带,如实反映了春秋中后期秦、戎族众同区分居的状态。天水以北的秦安、清水、张家川、静宁等地,近些年来不断发现一些被认为属鄂尔多斯文化的战国贵族墓葬,出土许多金器、高品位车马器、有銎斧、铃首兽首短剑等葬品。墓主显为戎族首领,而葬处乃秦国腹地。这都可视作汉渭地区民族和睦友善的史证。

秦都东移关中后,为了控制关中局势,占据更多的土地资源,一度对诸戎采取过武力征服、驱逐的政策,导致秦戎关系的恶化。秦穆公晚年对此有所反省,改用由余谋略解决诸戎问题,立足于"威服"而不再"伐灭",只要表示臣服,族体氏邦照旧原地存在。《史记·商君列传》载赵良语称,穆公"施德诸侯,而八戎来服"。《匈奴列传》也说:"秦穆公得由余,西戎八国服于秦。"西戎诸族皆承认嬴秦的宗主地位,而其族邦的治理及权益并未受触动。故晚至秦孝公时,还有"使太子驷率戎狄九十二国朝周显王"的外交举措。① 这表明,在民族关系事务中,嬴秦已完全处于主导和决定的地位。出土秦简中常见的"臣邦"、"属邦",都是与嬴秦相邻的少数民族共同体的统称,其管理权各由其首领行使,只需向秦中央缴纳赋税即可,其首领由秦君授予某种爵号。这些属邦大都与嬴秦相安无事,有一些后来演变成了秦

---

① 《后汉书·西羌传》。

国行政体制中与"县"同级的"道"。

秦国极重视道路交通的建设,这既是领域扩张后实施行政治理的需要,也是联络、掌控边远地区异族属邦的需要。所以,在规划行政建置,为各族聚居区创设管理机构时,即以"道"名之。少数民族各有其文化传统和民风民俗,在管理与教化上理应区别对待,这是有利于民族和睦的明智之举。"道"的顺利创设,使民族关系的融合进程又迈出了一大步。

应当说,嬴秦的民族政策是成功的。战国后期嬴秦能长驱远征同列强逐鹿中原而毫无后顾之忧,就是以腹地安定、民族关系和谐为前提的。嬴秦农畜业结合的农耕经济形态,以及务实有效的吏治行政体制,世代相继的发挥着示范作用,逐步改变了汉渭地区诸族的生存方式,引导他们开始过农耕定居生活,并接受国家的统一管理,从根本上消除了民族矛盾的诱因。因此,这一地区民族关系的总体趋向是越来越缓和。毋庸讳言,嬴秦主导下的民族涵化与融合,是多重因素互动的结果,既有先进文化的影响与感召,也伴随着军事力量的征伐与胁迫。一些族体向嬴秦学习,并由于长期杂居而融为一体;一些族体被征服后表示归顺,服从管理,族统得以保留延存;也有些族体在强势挤压下流徙他方,远离了汉渭文化圈。尽管如此,从历史前进的宏观角度看,嬴秦的崛起带来汉渭地区的经济繁荣和政治稳定,结束了氏邦对峙、族争频起的状态,加速了民族融合的进程,推动了华夏走向大一统的历史步伐。

四、编制了联结华夏中心的人文纽带

原属东夷集团而西迁的嬴秦,不仅是东方先进文化的传播者,也是中原王朝伸向汉渭地区的政治触须。嬴秦族体在这一地区繁衍生息,开发经营,并建立了历史久远、地望可考的方国,期间一直和中原王朝保持着密切联系。前文曾略述,嬴秦远祖和仲一族,就是接受了五帝后期部落联盟中央交付的测日、祭日使命而宅居"西"地的。秦桓公为器主的《秦公簋铭》,自豪地宣称西邑立邦是"鼏宅禹迹";《尚书·禹贡》彰许嬴族对汉水上游的开发称"和夷厎绩"。皆隐含嬴秦对夏王朝的尊依。《史记》、《汉书》都说嬴秦在夏、商两代为"诸侯",那时之诸侯虽不如周代诸侯国那么显赫,但都由中央王朝册封而认王室为宗主,则是肯定的。至商代后期,嬴秦与中央王朝的特殊关系,更为人所共知。嬴秦首领飞廉、恶来父子都在商廷任要职,且都为商王朝献出了生命。

延至西周,嬴秦适应政治格局的剧变,迅速调整邦策,主动向周王室靠拢,转而成为周王朝的忠实属邦。嬴秦同姬周的关系,合而别,别而合,终周之世,一直联得很紧。事情很清楚,周王室需要在陇山以西扶植一支宗属力量,作为王朝与西部戎狄间的联络者和协调者,并在必要时充当打手,以强化对汉渭地区的控制。如同殷商时代姬周在西方所起的那种作用,嬴秦在汉渭文化圈扮演的正就是类似方伯的角色。对于西周王朝来说,嬴秦方国的这种战略辅撑,是无可取代的。所以,当王朝走向衰落对周边部族失去控制的时候,秦戎关系便趋紧张;诸戎一旦反叛王室,首当其冲的便是嬴秦。《史记·秦本纪》载,周厉王无道,"西戎反王室,灭犬丘大骆之族"。嬴姓大骆方国,此时就成为王室的牺牲品。而当秦仲在与戎人交锋中兵败被杀后,周宣王竟能动用 7 000 人的大军助嬴秦扭转战局,直到全胜。由此可以看出周秦关系之非同一般。

即使在西周王朝解体、嬴秦迁都关中之后,其联结中原与汉渭地区的作用仍未中断。在面向东方扩展国势的岁月里,嬴秦并未削弱对陇右的关注和治理。秦文公在汧地执政近半个世纪,死后要归葬祖邑西陵;武公着手创行县制,首择汉渭文化圈内之邽、冀;穆公开地益国,所涉主要地域不出汉渭范围;礼县圆顶山秦国墓地,已发掘的 4 座墓葬中就有 3 座五鼎墓,时代均为春秋中期,表明秦都关中后旧都地区仍有高级贵族留守;献公未即位前尚居西邑,即位后虽移居栎阳,却又回头在西邑附近营造祀白帝的畤,并很可能由此形成了每代秦君皆在故都立畤祀白帝的传统;①秦昭王沿汉渭文化圈的西、北边域修筑长城,防卫牧猎部族入侵,为农耕经济提供保障;晚至战国后期秦亡赵灭代,还将公子嘉为首的末世赵王家族迁至西邑地区,以守护嬴姓祖茔宗庙。完全可以说,在嬴秦扫荡六国、统一神州的伟业中,汉渭文化圈始终是其后方腹地,嬴秦从未放松对它的掌控。

---

① 《甘肃通史·先秦卷》,第 284 页。

嬴秦同中央王朝的政治联结,其根本还在于嬴秦对汉渭文化圈地区的经营治理。我在前文中已强调指出:嬴秦在生产形态上的示范、引领效应,奠定了汉渭文化圈经济昌盛的基础;嬴秦在行政方面上的制度、措施,将汉渭文化圈纳入了统一的管理系统;嬴秦在民族关系上的方针、谋略,加速了多元民族的涵化和融合。除此之外,还须特加注意,嬴秦在宗教、伦理、文学、艺术等方面的长期影响,在汉渭文化圈培育了与中原文化血脉相通的社会土壤,在不断改变该地区物质面貌的同时,也不断改变着该地区的人文面貌,逐步缩小着该地区同中原的差距。嬴秦以崇高的精神感召力和强劲的政治推动力,导控着汉渭文化圈的历史走向,激发着对华夏文明的向心势能,深化着中央政权护领边域的观念,编织了一条紧系中原的坚韧纽带。

　　秦以后至今的两千多年间,西北地区存在过许多割据政权,出现过不少想当"西北王"的野心家,然而无一能久立成功。尽管他们可能拥有貌似强大的武装力量,甚至已经建立起结构完备的政权体系,但却都不能获得民心,无法持续地把握全局,最终难逃败亡的命运。深层原因就在于作为心脏地区的汉渭文化圈,对中原政权有根深蒂固的信念。经过嬴秦近千年的经营治理,汉渭文化圈已和华夏中心地区联结成血肉难分的共生体。历史业已证明,没有一种力量能切断二者之间的无形纽带,因为它凝聚着中华民族的精神元气,贯通着炎黄传承的经络命脉,渗透着嬴秦功业的巨大活力。嬴秦崛起意义的这个层面,是对中国历史的特殊贡献,理应给予深度剖析和高度誉扬。

甲午初秋草

【附记】　向为本文提供地图的陈春玲女士致谢!

(原载《陇东学院学报》[哲学社会科学版]2015年第1期、3期)

中编 史事人物述论

武王观兵还师说质疑

牧野之战前两年,据说曾有武王孟津观兵还师一事。关于武王此举的意义,旧说或谓扬武示警,冀纣悛悟;或谓振旅邀盟,卜诸侯之志。此事宋儒已有所疑,因论证无多,后世遂少有理会。延至今日,观兵还师说已为熟悉古史者所共知,不少论著及教材对此说且有所铺陈,未见再有什么异议。笔者近几年来因留意于商周关系之史事,较仔细地阅读了一些有关文籍,对此成说的相信渐趋动摇,并形成若干否定看法。现将鄙见整理成文,恭求同志们教正。

一、度 之 情 势

观兵还师说最早见于《史记》。该书至少三处述及此事:

西伯既卒,周武王之东伐,至盟津,诸侯叛殷会周者八百。诸侯皆曰:"纣可伐矣。"武王曰:"尔未知天命。"乃复归。

(《殷本纪》)

武王即位,太公望为师,周公旦为辅,召公、毕公之徒左右王,师修文王绪业。九年,武王上祭于毕;东观兵,至于盟津。为文王木主,载以车,中军。武王自称太子发,言奉文王以伐,不敢自专。乃告司马、司徒、司空、诸节:"齐栗,信哉!予无知,以先祖有德臣,小子受先功,毕立赏罚,以定其功。"遂兴师。师尚父号曰:"总尔众庶,与尔舟楫,后至者斩。"武王渡河,中流,白鱼跃入王舟中,武王俯取以祭。既渡,有火自上复于下,至于王屋,流为乌,其色赤,其声魄云。是时,诸侯不期而会盟津者八百诸侯。

诸侯皆曰:"纣可伐矣。"武王曰:"女未知天命,未可也。"乃还师归。

(《周本纪》)

文王崩,武王即位。九年,欲修文王业,东伐以观诸侯集否。师行,师尚父左杖黄钺,右把白旄以誓,曰:"苍兕苍兕,总尔众庶,与尔舟楫,后至者斩!"遂至盟津。诸侯不期而会者八百诸侯。诸侯皆曰:"纣可伐也。"武王曰:"未可。"还师,与太公作此《太誓》。

(《齐世家》)

这就是著名的"孟津之会",会后未战而还师。据《史记》说,还师后两年,武王再次挥兵东进,战于牧野,终遂其灭商之志。但在当时形势下,此事有许多不合情理处。

灭商前,周为商之属国,受商中央王朝的控制。自周原甲骨发现后,史学界对此已有大体一致的认识。文王时代的商周关系,曾因纣囚文王于羑里而一度紧张,但后来冲突和平解决,文王不仅被释,且被商王朝任命为西伯,并授予"专征伐"的大权。此即古书多有所载的所谓"文王受命"的历史真相(关于文王受命问题,笔者另有专文论述)。此后,文王为商王朝讨伐叛逆,为邻邦调解纠纷,并建新京于丰,"率殷之叛国以事纣"①一方面稳定了商西北方的动荡局势,一方面趁机壮大了力量,开拓了国势,形成了一个以周为盟主的部族集团。但终文王之世,商周不曾发生过军事冲突。文王六年五伐,在名义上是行使了中央王朝授予的权力,在事实上是为殷纣实施了对叛国的惩罚,因此殷纣对文王的军事行动并未采取任何遏制措施。商王朝中虽也有人(如祖伊、微子等)看到了周部族力量强大后将对商造成威胁,但纣王出于某种战略考虑,继续对周寄以信任。而且,甲骨卜辞告诉我们,商周时代的"伐",是一种临时性、局部性的武力打击,"伐"并不意味着"灭"。所以,事情并不像当前有些史学论著所说的,文王伐耆、伐崇后,从西北与西南形成了对商中心地区的钳形攻

---

① 《左传·襄公四年》。

势,兵锋已迫商之王畿,似乎灭商已为朝夕事。果真如此的话,商纣是时尚有胜利完成远征东夷任务的军事实力,还拥有一批亲商的部族邦国,为什么却对迫在眉睫的西方威胁视而不见呢？事实只能是:文王在世时商周关系并不十分紧张,至少,纣王尚不认为周部族是商王朝的致命之患。

　　武王就是在这种背景下继承文王之位的。武王加速执行灭商决策,但其策划与准备却不能不异常机密。《逸周书》的许多篇章系战国时人假借周初史事以立言,但其所假借的周初史事,却有相当可信的史料价值。据该书记载,武王即位后的两年内,曾多次召周公旦密谋对付殷商之事。武王说自己"夙夜忌商",并神情紧张地担心"谋泄"。《吕氏春秋·精谕》篇有段话很值得重视:"不言之谋,不闻之事,殷虽恶周,不能疵也;口缗不言,以精相告,纣虽多心,弗能知也;目视于无形,耳听于无声,商闻虽众,弗能窥矣。"这说明周之谋商,确处于绝密状态,这是避免纣王疑忌的必然策略。当时周虽已羽翼丰满,但毕竟还只是个地方性集团,并没有与商抗衡的十分把握,这我们从牧野战时周之与邦及兵力不难看出。周人恒自称"小邦周",而称商为"大邑商",决非故作谦卑。所谓文王时已"三分天下有其二",不过是后世儒家美化文王形象的虚拟之笔罢了。在这种情势下,伐商大事只能暗中准备且要求一举成功,决不允许事前即大肆张扬。所谓孟津观兵,号称"八百诸侯毕至",兴师动众,在商王朝的大门口盟誓振旅,耀武扬威了一阵子之后,却又"退以示弱",息鼓还师了。这样的"观兵",无异于公然向殷纣下战表,并且有意识地给商王朝以两年准备应战的时间。这同武王密谋灭商的战略意图是水火不相容的。而"资辩捷疾,闻见甚敏,材力过人"①颇有军事经验的纣王,竟然置周部族集团这种大规模武装挑衅于不顾,偏要在此等危险局势下,千里迢迢去进行东夷之征,尤其不可思议。

　　武王伐商或观兵是由丰京出发的。丰京至孟津的实际路程,少说也有一千华里。史载周军于癸巳日启行,戊午日至孟津,用了二十六天的时间。数万人马,远离自己的根据地,长途跋涉,深入敌方腹

---

① 《史记·殷本纪》评纣语。

心地区,仅仅是为了搞一次示威性的军事检阅,举行一次往返历时近两个月的武装大游行,所承担的风险与耗费的人力、物力和财力,都是用兵原则所不允许的。据上引《史记》言,周方大军已经渡过了黄河,这在当时的运输条件下,实非易事;而且,渡河之后军队即已立于险境,已成必战之势。稍具军事常识的人,恐怕都不至于干这种蠢事。《史记》和伪《尚书孔传》说此举是为了"以观诸侯集否","以卜诸侯伐纣之心",尤难令人置信。这样做等于对友邦与国进行了一次政治大欺骗,使人联想到寓言故事中那个谎称"狼来了"的牧童。《逸周书·丰谋》篇载武王兴师图商前夕与周公交换意见,周公说:"言斯允格,谁从已出,出而不允,乃灾;往而不往,乃弱。士卒咸若周一心。"显然,周公的意思是:既然举事,即应下定决心,团结众力,说话算话,不能言而无信,中途变卦。否则,将导致自己势力的衰弱,造成灾难性后果。武王当时与周公的意见一致。但孟津观兵还师之举,却完全与上述指导思想背道而驰。

据《史记》所言,孟津观兵时祭过神,宣过誓,古人对祖先神灵及自己的誓言是看得极重的,尤其是军旅之祷祭与众誓,决不会随意背弃,更不可能旋即背弃。祭誓之后不战而归,亦为一大疑点。

二、考 之 文 籍

殷末周初史事,本是先秦各类著作的热门话题。孟津观兵还师之举,如确有其事的话,则不仅在当时会引起极大的震动,在先秦文籍中也必将有引人注目的反映。然而,奇怪的是不仅甲骨金文绝无所载,就是《诗》、《书》、《易》、《礼》,诸子百家,也均不见关于此事的踪迹。

《诗经》中不少篇章咏述商末史事,许多关于殷衰周兴的重大事件,常能在诗中找到反映。如虞芮质成,见《绵》篇;筑灵台,见《灵台》;伐犬戎,见《采薇》;伐密须,见《皇矣》;伐崇、作丰、宅镐,见《皇矣》、《文王有声》诸篇;牧野之战,见《大明》、《閟宫》等等。但不见言及观兵还师事。

《尚书》未载此事。伪孔传《古文尚书》中,《泰誓》、《武成》是专述武王克殷经过的,但经文本身也不见言及观兵还师事。

《古本竹书纪年》不载此事。

《左传》、《国语》多涉古史,但也不见此事。

战国诸子书中述及文王、武王事多不胜举。《孟子》最善征引传闻逸史,其赞叙文、武之言辞近二十处;《韩非子》也以例举旧史见长,其言涉殷末史事者有十余篇。但诸子书中却均不见观兵还师事。《韩非子·初见秦》篇倒是有"武王将素甲三千,战一日而破纣之国"的记述。注家谓"素甲"指为文王着丧服。那么,这就从时间上排除了孟津观兵还师的可能性。《墨子·明鬼下》云:"武王以择车百两,虎贲之卒四百人,先庶国节窥戎,与殷人战于牧之野。"清儒和近世学者都曾指出:"庶国节"即《史记·周本纪》言观兵时所谓"乃告司马、司徒、司空、诸节"之"诸节","窥戎"即观兵。① 此可视为观兵说之滥觞。但墨子明言观兵后大战随即展开,绝无还师之举。此处之观兵,无疑为对部队的战前动员性大检阅。

屈原的《天问》,从盘古开天辟地直问到战国,在所提一百七十多个问题中,有二十多个涉及殷纣与文、武之事,对武王伐纣问得尤细:"会朝争盟,何践吾期?苍鸟群飞,孰使萃之?"前一问说众诸侯如约到孟津会师,后一问即接言将士们作战如猛禽般英武,看不出有"还师"的痕迹。下文又问:"武发杀殷何所悒?载尸集战何所急?"此句与上引《韩非子·初见秦》所述一样,反映了文王死后不久武王伐纣的紧迫情势,中间难容观兵还师之举。

以博闻杂说著称的《吕氏春秋》,引用过商末文、武之事的文章不下二十篇,也均无观兵还师之说。其《古乐》篇倒是有"武王即位,以六师伐殷。六师未至,以锐兵克之于牧野"的记载,说武王等不及大兵赶到就投入了战斗,亦反映了当时事态的紧急。

《逸周书》言商末事的诸篇,是严格按时间先后顺序排列的。其第二十五篇《文传》载:"文王受命之九年,时维暮春,在鄗召太子发曰:'呜呼!我身老矣!吾语汝我所保与我所守,传之子孙……。'"这

---

① 参看孙诒让《墨子间诂·明鬼下》,中华书局,1986 年,第 223 页;马叙伦《读书续记》卷二,北京市中国书店,1986 年版。

显然带有遗嘱性质,文王即死于该年。下一篇《柔武》:"维王元祀,一月既生魄,王召周公旦曰:'呜呼!维在文考之绪功……'。"这是武王初即位时的事。二十七篇《大开武》:"维王一祀二月,王在丰,密命访于周公旦曰:'呜呼!余夙夜维商……'"二十八篇《小开武》"维王二祀,一月既生魄,王召周公旦曰:'呜呼!余夙夜忌商……'"二十九篇《宝典》:"维王三祀,二月丙辰朔,王在鄗,周公旦曰……'"三十篇《丰谋》:"维王三祀,王在丰,谋言告闻……周公旦曰:'时至矣。'乃兴师循故。"据此,武王即位第三年兴师伐商,而在此之前,不曾有观兵还师之事。

只有《今本竹书纪年》在帝纣五十一年下系有"冬十一月戊子,周师渡孟津而还"一语。但该书人所共知是靠不住的,王国维在《今本竹书纪年疏证》中指出,上引此条采自《尚书序》,即伪孔传《古文尚书》中《泰誓》之小序。其实,小序只言"师渡盟津",并末言观兵后还师;说还师"示弱"的是所谓孔传。孔传《古文尚书》假孔安国之名,实出东晋,其观兵还师说显然仍本自《史记》。

综上所述,在司马迁以前的所有文籍中,找不到一例关于观兵还师说的记载。

三、究其症结

应当注意到,《史记》本身对武王伐纣事的叙述有些自相矛盾之处:

(1)《殷本纪》、《周本纪》、《齐世家》说武王于孟津观兵后还师(见前引文),而《刘敬传》(娄敬言于刘邦)却说:"武王伐纣,不期而会孟津之上八百诸侯,皆曰纣可伐矣,遂灭殷。"不言还师再伐之事。

(2)《齐世家》说武王九年于孟津观兵时"与太公作此《太誓》",而《周本纪》却说《太誓》乃十一年伐纣时所作。

(3)《周本纪》与《齐世家》说文王死后两年,孟津观兵;文王死后四年,正式伐纣。而《伯夷列传》却说,武王伐纣时,伯夷叔齐扣马而谏曰:"父死不葬,爰及干戈,可谓孝乎?以臣弑君,可谓仁乎?"据此,则文王死后不久武王即已发兵攻商,期间不容有观兵还师之举。

（4）《周本纪》说孟津渡河时有"白鱼跃入王舟中,武王俯取以祭",渡河之后则"有火自上复于下,至于王屋,流为乌,其色赤,其声魄"。（中熹按：此乃战国五行家之说。他们认为白为殷色,赤为周色。）这分明都是"天意"的显示,大命归周的祥瑞,然而武王却以"未知天命"为由,不战而退。

细味以上矛盾,我们不难发现：观兵与伐纣本应是一次行动的前后两个阶段,它们之所以被分视为两次行动,是由于存在着两个年代,换言之,问题的症结在于"九年"与"十一年"的时间差。为了说明这个问题,我们不得不进一步考察一下司马迁写此段历史的材料来源。

司马迁的材料来源一是伏生弟子们所为的《尚书大传》,一是汉武帝时出世的《泰誓》,这是人们已熟知的事实。司马迁对《尚书大传》是非常相信的,《周本纪》中许多关键地方都以《大传》为准。《大传》谓文王受命七年而崩,九年,"武王伐纣观兵于盟津",司马迁采用此说。今存《大传》的《泰誓》文已失佚,据后世诸书所引,对伐纣观兵之事言之甚详,却并无"还师"之说。所谓"观兵于盟津",完全可以理解为：部队经过长时间艰苦行军后,在孟津大战前的休整、检阅,进行必要的政治动员,然后渡河向商郊进发。从军事学角度看,这样理解最为合理。但司马迁未作这样的理解,因为他又见到新出的《泰誓》。此《泰誓》据说出于"河内女子"的壁中,它虽与先秦肯定存在过而西汉时早已亡失了的古本《泰誓》不同,但它出世后却被视为珍籍,相当长的时期内无人怀疑其伪。[①] 据刘向说,此《泰誓》发现后即被献给朝廷,"与博士使读说之,数月皆起,传以教人"。[②] 很快便风行一时,影响甚大。《周本纪》所言白鱼、赤乌等事,即取自此《泰誓》。而此《泰誓》却说武王伐纣,十一年四月上祭于毕,下至于孟津。这样,摆在司马迁面前的是与同一个地点即盟津相联系的两个年代：《大传》的九年和《泰誓》的十一年。正是这个时间差,导致司马迁铸成了观兵还师说的错误。

---

① 东汉时的马融始疑其伪。
② 《尚书序正义》引刘向《别录》。

必须指出,在河内本《泰誓》出世之前,流传的《尚书》经文虽然只有伏生所传的今文二十九篇,但更多篇目(当然,不一定是传统认为的百篇)的《书序》,却已经存在了。据陈梦家先生统计,《史记》全书共引过四十五个书序,涉及六十四个篇目(有两篇或数篇共用一序的情况),①其中包括《泰誓》的序。陈氏根据《周本纪》与《世经》所引内容,结合熹平石经残文考订,认为《泰誓》书序应为如下二十四个字:"惟十有一年武王伐纣十二月戊午师渡于盟津作大誓三篇。"司马迁采用了这个书序,表明他确凿无疑地相信伐纣之实施是在十一年。但他错在没有因此而否定《大传》的九年说,他太相信《大传》了。为求得一致,他便对《大传》所说的九年"观兵于盟津"作了另一种解释:武王在孟津与诸侯会盟,是为了考验一下诸侯的政治态度,旋即回师,两年后方再次出兵伐纣。这样一来,伐纣的实施时间统一为十一年,《大传》与《泰誓》的矛盾也就不存在了。

论述至此,人们可能要问:河内本《泰誓》是否说过观兵还师之事呢?该书经文也早已失传,无法进行确凿的核证;古人引书多不严格录原文,而常夹以参自他书而形成的个人理解,这增加了我们据后书引文作出判断的困难。据孔传《尚书·泰誓》孔颖达正义言:"彼伪书三篇(中熹按:指河内本《泰誓》),上篇观兵时事,中、下二篇亦伐纣时事,非尽观兵时事也。"正义作者孔颖达为唐人,是时河内本《泰誓》尚存世,他的话是可信的。但我们知道,河内本《泰誓》本为一篇,并无上、中、下之分,故伏生《尚书》并《顾命》与《康王之诰》后再合《泰誓》,仍为二十九篇。该《泰誓》一析为三,乃西汉末所谓孔壁古文《尚书》出世后的事。既为一篇,就不大可能同载跨时两年之久的两次誓辞。孔颖达说中下两篇亦含伐纣时事,足证观兵与伐纣实乃一次行动的两个环节,其间并无"还师"之举。郑玄注《礼记·乐记》曾谓:"武王除丧,至盟津之上。纣未可伐,还归。二年,乃遂伐之。"孔疏说此注"出今文《泰誓》",似乎河内本《泰誓》经文果有还师之说;但孔氏接着又说:"郑撮而用之,非正文也。"那么,该注又不过是郑玄所理解的文意,而非《泰誓》之原文了。其实郑玄该注解释的是《乐记》中

---

① 陈梦家《尚书通论》(增订本),中华书局,1985年版,第267页。

一段关于舞蹈的描述:"先鼓以警戒,三步以见方。再始以著往,复乱以饬归。奋疾而不拨,极幽而不隐。""再始以著往",本指舞步及路线的重复,郑玄因受《史记》的影响,相信观兵还师说,故用以比附此舞的第一个阶段,认为舞蹈动作象征着观兵还师这一军事行动。这完全是郑玄的发挥,不能证明《泰誓》原文有还师之说。孔颖达指此注出《泰誓》,是指注言武王除丧后挥师孟津渡河伐纣这个主要点而说的。

事情很清楚,司马迁囿于《大传》的"九年"说,而把"观兵"与"伐纣"分割为两次行动,"还师"不过是这一分割必然派生出来的推断而已。《大传》的九年说是错误的,可为什么后人虽然摈弃了《大传》的九年说,却仍相信有观兵后还师之举呢?这又同晋代伪出的孔传《古文尚书》有关了。该书的《泰誓》篇最引人注目,它完全丢开了河内本《泰誓》,也不采《史记》的孟津观兵还师说,而广辑战国文籍中所引已佚的古《泰誓》文句,揣义串缀成篇。但在伐纣问题上,却有个奇怪现象:序文曰:"惟十有一年,武王伐殷。一月戊午,师渡孟津,作《泰誓》三篇。"而其正文却曰:"惟十有三年春,大会于孟津……惟戊午,王次于河朔,群后以师毕会。"作伪者不会自相矛盾到如此地步,正文中的"十有三年"显然系伪误。因为二说的季节和日子("一月戊午","春…戊午")完全相同,这不可能是巧合。但由于人们心目中有《史记》观兵还师说的先入之主,故这个伪误所造成的"十一年"与"十三年"的新时间差,正好取代了《大传》与河内本《泰誓》的"九年"与"十一年"的旧时间差,观兵还师说便又在这块新空隙中获得了新的生命力,差别不过是武王的"两次"行动各向后推移两年罢了。

四、理其纪年

剔除了"还师"说,《史记·周本纪》所言"十一年十二月戊午,师毕渡盟津,诸侯咸会",即为真实的记录。不过,司马迁此处用的是殷历;如用周历,则应是"十二年一月戊午"。史学界公认可视为周初史料的《逸周书·世俘》篇用的是周历,故说"惟一月丙午旁生魄,若翼日丁未,王乃步自周,征伐商王纣。越若来二月既死魄,越五日甲子朝,至接于商"。《国语·周语》用的是周历,故说"王以二月癸亥夜陈,未毕而雨"。武王伐纣,历时数月,按夏正和殷正计,实跨两个年度。殷历的十一年十二月,正是周历的十二年一月。所以,十一年与十二年两说其实是一回事。后人又有十三年之说,这是由于刘歆、班固附会《尚书·洪范》"惟十有三祀,王访于箕子"而来。其实武王与箕子的谈话,不一定非在克殷的当年不可;据《周本纪》,实为克殷后的第二年,此又恰证克殷年应为十二年。十三年之说后来影响较大的另一个原因,是晋代伪出的孔传《古文尚书·泰誓》篇经文有个十三年的伪误,本文前面已提到过。

必须澄清这样一个问题:这个"十二年"是自文王受命起计(含有武王即位后的年岁)呢,还是纯系武王的纪年?对此自古至今有两种意见。笔者认为应是自文王受命之岁起的纪年,理由如下:

(1)《史记》文王受命(实指受商命任西伯,得专征伐)后改元更年,汉代著名学者无异辞。盖受命之事,意味着周在西方诸侯中盟主地位的被承认,在周部落发展史上是一件具有划时代意义的大事。自此以后的事件即以此受命年为坐标纪年,是合乎情理的。此事因周原甲骨的发现而获得了新证:"六年,吏(使)乎(呼)宅商西。"徐中舒先生认为此即反映文王宅丰之事,①与《史记·周本纪》所载文王受命第六年"伐崇侯虎而作丰邑,自岐下而徙都丰"密合。

(2)文王之死年,《史记》采《尚书大传》的受命后七年之说有误,当为受命后九年。班固《汉书·律历志》引刘歆《三统》:"文王受命九年而崩,再期,在大祥而伐纣。"皇甫谧《帝王世纪》谓文王即位四十二年更为受命之元年,《尚书·无逸》谓文王"享国五十年",结合二书推算,文王受命至死恰是九年。前引《逸周书·文传》载文王受命九年暮春与武王的谈话,已用遗言口气,而下一篇《柔武》即直称武王之"元祀",也可证文王受命九年而崩。孔传《古文尚书》之《武成》篇经文也明载文王"惟九年,大统未集"。此事历代学者多有所论,无须赘述。

---

① 卜辞及解释均见徐中舒《周原甲骨初论》,载《古文字研究论文集》,四川人民出版社,1982年版,第8页。

（3）许多材料表明，武王即位后不久（至多不超过三年）即兴师伐纣，不可能十二年之后方举事。如《史记·周本纪》谓武王伐纣载文王木主，自称太子发；《伯夷列传》谓武王兴师时伯夷、叔齐扣马而谏，非难武王"父死不葬，爰及干戈"；《楚辞·天问》有"武发杀殷何所悒？载尸集战何所急？"之句；《韩非子·初见秦》言武王伐纣，"将素甲三千，战一日而破纣之国"。（梁启雄注："武王在丧服，故素甲。"）《淮南子·齐俗》："武王伐纣，载尸而行。海内未一，故不为三年之丧始。"以上诸条足证伐纣乃武王即位后三年之内的事。此外《逸周书·丰谋》篇明言武王"三祀""兴师循故"，更是确证。

（4）《帝王世纪》："文王即位四十二年，岁在鹑火。文王更为受命之元年。"《国语·周语》载伶州鸠答周景王语："昔武王伐殷，岁在鹑火。"从文王受命到武王克商，正好是古太岁纪年法的一个周期，即十二年。如说伐纣之十二年纯系武王纪年，则上距文王受命年数为二十一，不合岁星之周纪。

（原载《青海师范学院学报》[哲学社会科学版]1987年第3期）

文王受命说新探

周原甲骨被发现后,史学界对商周关系给予了新的关注。但在商周关系中占据重要地位的"文王受命"说,其真相却至今未获澄清。本文试图对这个问题作一些新的探索,并望得到指正。

文王受命说的产生和完善

出于巩固政权的需要,周初的政治家们把商代的天帝崇拜,发展为"敬天保民"的理念。敬天的目的是求得神的福佑,保民的目的是实现对众庶的役使。因此,"匮神乏祀而困民之财",被看作是政治的失败;"神飨而民听,民神无怨"①被视为政治的成功。人王既是神与民的中介,则必须掌握好"命"这一条上承神旨、下达王意的纽带,这是专制主义王权的政治生命线。所谓天命,就是上帝的意志,人主依据天命取得对民众的统治权,又通过王命行使这种统治权。周人极力宣扬这种观点:殷商本也是膺受天命的,但后来却"诞淫厥泆,罔顾于天显民祇","自绝于天,结怨于民",因此上帝震怒,"大降丧于殷";周人由于"明德慎罚,不侮鳏寡",故受到上帝的眷顾,遂起来"肃将天威","恭行天罚",终于灭掉了曾煊赫"历年"的大邑商,成为天命新的承受者。② 而导致天命转换的关键人物就是文王。周初文献中关于文王受命的颂辞赞语之多,颇引人注目,现摘要列举如下:《何尊》:"肆玟王受此大命",《大盂鼎》:"文王受天有大命";《尚书·大诰》:"天休于宁(文)王,兴我小邦周,宁(文)王惟卜用,克绥受兹命",《康

---

① 《国语·周语》。
② 以上引文散见于《尚书·周书》诸篇。

诰》:"帝休,天乃大命文王",《无逸》:"文王受命惟中身,厥享国五十年",《君奭》:"在昔上帝割申劝宁(文)王之德,其集大命于厥躬";《诗·文王》:"穆穆文王,于缉熙敬止。假哉天命,有商孙子。商之孙子,其丽不亿。上帝既命,侯于周服",《大明》:"维此文王,小心翼翼,昭事上帝,聿怀多福……有命自天,命此文王",《文王有声》:"文王受命,有此武功。既伐于崇,作邑于丰";《逸周书·程寤》:"王及太子发,并拜吉梦,受商之大命于皇天上帝",《祭公》:"皇天改大殷之命,维文王受之"。这是周人为胜利唱的赞歌,也是为新政权的神圣性所造的舆论。神权与王权相统一,唯心主义的天命观与政治斗争的现实需要,得到了有力的结合。

周初的文王受命说仅此而已。后人并不满足于这种神秘的说教,想知道天命授受的具体方式。《孟子·万章》篇记录了万章与孟子关于舜的对话,反映了当时人们的这种心理:"'然则舜有天下也,孰与之?'曰:'天与之。''天与之者,谆谆然命之乎?'曰:'否。天不言,以行与事示之而已矣。'"可见,受天命必须确定一个重要历史事件作为其标志。而文王受天命的标志是由汉代经师毛亨首先渲染出来的,他在解释《诗·绵》篇"虞芮质厥成,文王蹶厥生"两句时说:"虞芮之君,相与争田,久而不平。乃相谓曰:'西伯,仁人也,盍往质焉?'乃相与朝周。入其境,则耕者让畔,行者让路;入其邑,男女异路,班白不提挈;入其朝,士让为大夫,大夫让为卿。二国之君感而相谓曰;'我等小人,不可以履君子之庭。'乃相让以其所争田为闲田而退,天下闻之而归者,四十余国。"伏生《尚书大传》则谓:"文王受命,一年断虞、芮之质,二年伐于……"《史记·周本纪》本汉初经师之说,在叙述了虞芮质成的故事后,谓:"诸侯闻之,曰:西伯盖受命之君。""(文王)受命之年称王、而断虞芮之讼。"这样,文王受命便有了事实根据,虞芮质成乃其标志,文王受命说由此便发展为文王质成受命说了。

商周关系的历史回顾

《周本纪》和《尚书大传》都说文王自质成受命后,发动了一系列的征战：伐犬戎,伐密须,伐耆,伐邘,伐崇。① 似乎真的是文王已意识到自己承受了天命,便耀武扬威地扩展势力,取殷而代之了。历史的真相是否如此?

从殷墟卜辞看,商周关系至迟可以追溯到武丁时代。那时的卜辞中有一些"璞周"("璞"即"戮",甲骨学者多训为"伐")的记载,但多数卜辞表明,周是商的一个较远的属国,双方并无严重冲突。史载文王的祖父古公亶父为戎狄所逼,自豳迁至岐下,依附于商才立稳脚跟。《今本竹书纪年》虽系伪书,但有些记载并非凭空捏造,它说"武乙三年,命周公亶父,赐以岐邑。"就是指上述情况。此后,商周关系尽管有矛盾的一面,但总的来说比较正常,主属关系是分明的。《古本竹书纪年》对此提供了较多的资料:"武乙三十四年,周王季历来朝,武乙赐地三十里,玉十毂,马八匹。""武乙三十五年,周王季历伐西落鬼戎,俘二十翟王。""太丁二年,周人伐燕京之戎,周师大败。""太丁四年,周人伐余无之戎,克之。周王季命为殷牧师。""太丁七年,周人伐始呼之戎,克之。""太丁十一年,周人伐翳徒之戎,捷其三大夫。""文丁(?)杀季历。""帝乙二年,周人伐商"。不难看出,当时周是一个听命于商的部族,与商的关系又总是同伐戎相联系。其所伐之诸戎,实即鬼方的各支,乃商西北的劲敌。结合武乙、文丁时期卜辞中"命周侯"、"命周"等记载分析,周对商的臣服关系是不容置疑的。季历是否被文丁所杀,古书说法不一,商周关系一度紧张则是事实。但到文王时代,关系又有所好转。文王即位后,继续任商的牧师。他曾被纣囚拘于羑里,受过许多凌辱,但他总是屏息周旋,苟顺以求容。文王的母亲即王季的夫人大任,是从商畿娶来的,即《诗·大明》所谓:"挚仲氏任,自彼殷商,来嫁于周,曰嫔于京,乃及王季,维德之行。大任有身,生此文王。"文王为了密切同商王朝的关系,继续贯彻王季的意图,一反往昔与姜姓通婚的传统,再次从商畿娶女,即《诗·大明》所谓:"文王嘉止,大邦有子。大邦有子,倪天之妹。文定厥祥,亲迎于渭。"顾颉刚、高亨等学者都认为《周易》所载"帝乙归妹"即指此事,"大邦"非商莫属。《吕氏春秋·顺民》说:"文王

---

① 在征伐次序上,《史记》与《大传》有异,此处以《史记》为准。

处岐事纣,冤侮雅逊,朝夕必时,上贡必适,祭祀必敬。"在某种程度上合乎当时的情势。七十年代末出土的周原甲骨告诉我们:在周部族的政治中心地区,设有商祖的宗庙,周王定期举行祭祀,杀牲盟誓以示忠诚。总之,"小邦周"确是在小心翼翼地服事"大邑商"的。对此,后世儒家解释谓文王内秉仁德,忠贞慎行,恪守为臣之道。其实问题的关键在于是时周人力量尚弱,根本无法与商对抗。所谓"三分天下有其二",不过是为了美化文王形象而虚张的声势。当时文王执行的政策是依附于商,搞好与中央王朝的关系,以求周部族的生存发展,逐步使羽翼丰满;而绝不是公然与商对抗,谋求取而代之的政策。

在这样的背景下,难道仅仅是由于两个小国至周质讼,诸侯们便一致认为文王受了"天命"? 难道文王本人也果真以受天命者自居,改元更年,急忙揭起翦商的大旗,展开了一系列的军事行动? 这是令人难以置信的。

文王受命的历史真相

然而,虞芮质成与前引文王的"五伐",却又决非汉儒们的杜撰,它们大都在《诗经》中有所反映。问题的症结在于:文王确实受过"命",但并不是天命,而是王命,即殷纣王之命。《史记·殷本纪》所言"赐弓矢斧钺,使得征伐,为西伯。"就是真正意义上的"文王受命"。文王接受商纣的西伯封号,取得专征伐的大权,这在周部族的发展史上,具有划时代的意义。由此,周人扭转了逆境,获得了扩拓实力的良机,为日后的伐商奠定了最重要的一块基石。所以,周人总是满怀骄傲地颂扬此事,传说日久,遂笼上一层神圣色彩。天命观本为周人的基本政治哲学,其伐商的主要理论根据就是天命归周说,武王发兵又是打的文王旗号,势必要把文王说成是膺受天命的圣王。于是文王受命任西伯一事,就在与日俱增的胜利赞歌声中被偷换了概念,再经汉儒们用虞芮质讼事加以渲染、阐发,历史真相遂被掩盖。清初史学家马骕已窥及此,不过他是把天命和王命统一起来看的："受命云者，一受殷命而征诸侯，一受天命而兴周室。"①应当指出，就其实质言，这王命和所谓天命二者非但不能统一，其含义倒是绝然相反的。

弄清了文王受命的真相，许多事情便都有了合理的解释。比如虞芮质成，就是因为文王作为西伯，负有调解、处理西方各部落间矛盾纠纷的职责。虞芮质成是文王行使西伯职权的第一件大事，标志着文王的部落联盟长身份被承认，故周人颇引以自豪。汉儒们选中此一历史事件作为文王受天命的象征，是有一定道理的。再如文王的六年五伐，为什么商纣没有采取任何遏制措施呢？这是因为五伐都是按商王朝的旨意进行的。西伯为西方诸侯之长，实乃商王之右臂，其"专征伐"的大权，是由中央政府授予的，是以维护商王朝的统治权威为前提的。盖文王所伐诸国，为商之畿外部族，对商有较大的离心力，故商王朝假西伯之手以示惩罚。即以黎（据考黎即耆）言之，武乙卜辞中有大量征伐黎方的记载，且规模都不小，常常要动员"王族"与"三族"，由商王亲自率领出征。《左传·昭公四年》记椒举语："商纣为黎之蒐，东夷叛之。"先秦之"蒐"，多带有显示武力、威胁对方的性质，如《左传·宣公十四年》："夏，晋侯伐郑，以邲故也。告于诸侯，蒐焉而还……郑人惧。"由此看来，文王败耆，与纣的行动是一致的。至于文王所伐之犬戎，更是商在西北之宿敌，季历就是因为伐戎有功而被商王朝任命为牧师的，文王伐戎无疑也是贯彻了商的意图。文王所伐之邘，即鄂（见《史记》集解引徐广语），史载鄂侯为纣所杀，故邘（鄂）国肯定和商王朝处于敌对状态，且乙辛时代卜辞中也有不少商王征邘（盂方）的记载，文王顺纣意而伐之，亦为情理中事。《今本竹书纪年》谓"密人降于周师"的同年，"王锡命西伯得专征伐"，如此条记载不伪的话，则伐密显然也被商王所认可。综合诸多因素考察，密须似为商在西方的盟邦，但相比之下，商王还是更看重与周方伯的关系。因此，那种认为文王五伐而导致商周交恶的说法，是不符合史实的。

"伯"是我国古代贵族社会册封制度中最高的等级。《周礼·大

---

① 《绎史》卷十九。

宗伯》:"一命受职,再命受服,三命受位,四命受器,五命赐则,六命赐官,七命赐国,八命作牧,九命作伯。"这种受命场面是非常隆重的,《国语·周语》有一段周襄王派太宰文公及内史兴赐晋文公命的文字:"晋侯郊劳,馆诸宗庙,馈九牢,设庭燎。及期,命于武公,设桑主,布几筵,太宰莅之,晋侯端委以入。太宰以王命命冕服,内史赞之,三命而后即冕服,既毕,宾飨赠饯如公命侯伯之礼,而加之以宴好。"这是晋文公初立时的事,只描述了册命的场面,未记命辞。《左传·僖公二十八年》载城濮战后周襄王册命晋文公为"侯伯"的命辞:"王谓叔父:'敬服王命,以绥四国,纠逖王慝。'"将上引两段记载互校,我们对贵族社会的"命伯"便有了具体的认识。文王受命为西伯,这在当时是是了不起的大事件,周原甲骨对这一具有历史意义的事件,作了简略而可靠的记录:"文武□□往其邵(昭)帝(禘),□来ナ(佐)卜典,唘周方伯,西正匹ナ(佐),王受冬(祐)。""贞,王其𢌿(拜)又(侑)大甲,唘周方伯豊(礼)。西正不ナ(佐)于受冬(祐)。"据徐中舒先生解释,"以上两条卜辞都是文王被起用为周方伯,前往殷王宗庙拜受新命之事。其不同者,前者是合祭,须有卜人佐助卜典,按次序祭所有殷先王,后者仅告于大甲一人。"①"彝文武宗。贞,王翌日乙酉其𢌿(拜)再𣃦,丙戌武豊(上缺)俞(裂)卯(上缺)ナ(佐)王。""再"训"举","𣃦"即"旂"字,徐中舒先生说:"禹旂即举起周方伯旂,此旂也应是殷王所颁。"②"贞,王其自(师),用冑,叀(唯)乎冑,乎𢌿(拜)受。西不妥(绥)王。""绥"即旆。"此言文王在师中举行禹旂大典,呼用殷王所颁赐之(冑),而不再用西土原有的大旆。文王接受新命,在周民族中举起周方伯旂的大典,前一日彝于文武宗,翌日乙酉再往殷王宗庙拜谢禹旂之事。第三日丙戌文多残缺,其可知者,裂卯皆指杀牲言。佐王上当缺'西正'二字。文王在周民族中举起周方伯旂,也要

---

① 卜辞及解释均引自徐中舒《周原甲骨初论》,《古文字研究论文集》,四川人民出版社,1982年版。
② 卜辞及解释均引自徐中舒《周原甲骨初论》,《古文字研究论文集》,四川人民出版社,1982年版。

与西正同饮血酒,同心同德,保卫周邦,效忠殷王。"①

史实也是这样,文王受任西伯后,六年五伐,为稳定商王朝的西方局势,立了汗马功劳。《左传·襄公四年》说文王"率殷之叛国以事纣",殆非虚言。

商周关系后来的演变

商纣为什么要任命文王为西伯,并授以专征伐的大权?

商末的社会危机已十分严重,主要表现为最高统治集团的腐败、内争,以及外围部族的叛离。《诗·荡》描述商王朝内外交困的形势说:"如蜩如螗,如沸如羹,小大近丧,人尚乎由行。内奰于中国,覃及鬼方。"商域东起海滨,西抵陕甘,成一横向条带。商部族本身活动于中原地区,其外围属国,主要分布于东西两翼,于是很自然地形成东西方两大政治群体。是时北方的戎狄与南方的荆楚,虽已开始构成对中原的威胁,但还远非头等问题;商王朝感到棘手的部族矛盾,主要发生在东西两翼,而尤以西翼为甚。因为商族兴起于东方,控制中原后,势力渐向西发展,与西方诸邦的矛盾一直比较尖锐。卜辞中"伐西师"、"伐西土"、"伐羌方"、"伐鬼方"、"代黎方"、"伐邛方"、"征盂方"等记载屡见不鲜,充分反映了商王朝西方部族问题的严重性。东西两大部族集团,在商王朝中央必然有其政治代表,这种权力格局,至西周尚能窥其孑遗。《公羊传》谓周初周、召二公以东、西分陕而治;《尚书·顾命》载康王即位时,"太保率西方诸侯入应门左,毕公率东方诸侯入应门右。"均为例证。在文王被囚前,西方集团一度在王朝中央得势,史称文王、九侯、鄂侯为纣之"三公",他们都是西方部族首领。后来,在最高统治层的内部倾轧中,西方集团垮台,九侯、鄂侯被杀,文王被囚,费中、恶来(均为嬴姓部族首领)获宠,东方集团控制了政局。② 这必然引起许多西方部族的叛离,使政局动荡。《逸

---

① 卜辞及解释均引自徐中舒《周原甲骨初论》,《古文字研究论文集》,四川人民出版社,1982年版。

② 嬴姓部族在商代主要活跃于东方,学者们已多有论述。

周书·程典》谓:"文王合六州之侯,奉勤于商。商王用宗逸,震怒无疆,请侯不娱,逆诸文王。"透露了一些消息。一则迫于亲周部族的压力,二则需要在西方培植一支镇压叛乱、稳定局势的力量,于是纣决定起用威望较高而且对商王朝一直恭顺服事的周文王,借助于周人的军事实力来巩固对西方的控制。商纣的这种谋略,对文王来说正是欲渡河而船来,因为他可利用"西伯"的地位和威望,趁势翦灭异己,丰满周部族的羽翼。这是一笔双方都认为对己有利的政治交易。

  商王朝任命文王为西伯,也并非就是下策。不管文王心里怎么想,至少在表面上他还是遵守盟誓的。终文王之世,不论是典籍经传还是甲骨卜辞,均未见商周有什么军事冲突。商纣之所以敢于劳师动众去对东夷进行大规模的远征,说明他对背后并无顾忌,对周人控制的西方还是相当放心的。当然,这也是文王策略的成功之处。

  商周力量对比的天平在悄悄地发生着变化,文王死后,这种变化终于累增到了平盘可能逆倾的程度。武王认为与殷商决一雌雄的条件已经成熟,于是一反文王时代小心翼翼侯服于商的政策,开始密谋发动对商的战争了。《庄子·天运》载子贡与老子语:"文王顺纣而不敢逆,武王逆纣而不肯顺。"不仅道出了这父子俩的不同气质,也反映了商周关系发展的不同阶段。《诗·酌》云:"于铄王师,遵养时晦。时纯熙矣,是用大介。"前两句颂文王,说文王虽有锐盛之师,但安位守德,与时俱晦;后两句颂武王,说一旦时机成熟,武王即大兴甲兵而取天下。换言之,伐商是武王时代的决策。这时商王朝也已认识到了问题的严重性,商周关系日趋紧张。《逸周书》中许多篇章借周初史事以立言,所采商周易代时期的一些资料,当有所据。从该书反映的情况看,文王在世时不曾有任何与商对抗的策划部署;而武王即位后气氛大变。武王曾一年内数次"召周公旦"密谋拒商大计,一再声称"余凤夜维商","余凤夜忌商",担心"谋泄",甚至连梦中也"有商惊予",[①]双方已成必战之势。是时周之实力已远非文王受西伯之命时所能比,武王已控制了西方诸部族,团结了一批与国,经营了一个可靠的后方,并拥有一支战斗力较强的军队;商纣远征东夷所造成的

---

  ① 见《逸周书》的《柔武》、《大开武》、《小开武》、《宝典》、《酆谋》、《寤儆》诸篇。

军力、物力消耗,短期内难以恢复充实,这个战略错误给武王提供了有利时机。这一切都导致武王政策的历史性转换获得了成功。由于文王受天命以代商的说法影响太大,后世遂视文、武政策为一辙,商周关系的复杂性也就被掩盖了。

（原载《人文杂志》1988 年第 3 期,人民大学资料中心编《先秦、秦汉史》1988 年第 7 期收载）

公刘与先周史

本文试图对公刘的历史地位给予评价,并围绕这一中心,对先周史上几个重要问题作简要论述。文章第一部分着重澄清先周世系,阐明公刘迁豳的历史背景,揭示公刘如何正确把握了民族发展的时机。文章第二部分辨析周族早期活动地域及迁徙路线,指出公刘迁豳的深层意义在于启动了周族向渭北平原的回归。文章第三部分立足社会发展的宏观角度,考察《公刘》等诗所提供的资料,推断公刘时代已处于父系家长制家族公社阶段,周族已步入文明期的大门。

一

据《史记·周本纪》言,周之始祖名弃,为尧时的后稷(农官),弃之子名不窋,公刘为不窋之孙,后经十一世而至文王。对这个先周世系,历代学者多有怀疑:如弃和禹同时,则禹至桀共历十四世,十七君,商汤至纣又历十七世,三十一君,而接历此夏、商两王朝的先周族,却只有弃至文王的十五君。这令人难以置信。《周本纪》谓稷弃至公刘仅四世,而《刘敬传》却说:"周之先自后稷,尧封之邰,积德累善十有余世,公刘避桀居豳。"《史记》本身就自相矛盾。问题出在"后稷"一词上。在古文籍中,它有时泛指农官职位,有时又具体指周的始祖弃,这很易导致世次的混淆。《国语·周语》载祭公穆父语:"昔我先王世后稷,以服事虞夏。及夏之衰也,弃稷不务,我先王不窋用失其官,而自窜于戎狄之间。""世后稷"是说世代担任后稷之官职。不窋之父也是后稷,但并非后稷弃。早期父系氏族社会的系谱,多表现为氏族首领名字的递接。氏族世系上溯越远,首领名字越有可能只是民族史上一个发展阶段的标记,因为只有那些曾为民族发展作过杰出贡献的首领,才在民族记忆中留下较深的痕迹。严格的父子相承的世系,是父权宗法制度完全确立、社会进入文明时代之后的产物。公刘以前的先周世系,只具氏族世系的性质,不能以日后家谱式的宗法世系视之。

既然如此,由稷弃到不窋就完全可能不是两代而是跨越了若干世代,前引《刘敬传》所言公刘与夏桀同时就是可以理解的了。弃的时代周族参加以尧、舜为首领的部落联盟,按惯例,联盟重要成员的部落长,参与联盟的集体领导,并分管一项事业。从弃开始,周族首领世任后稷,显然周乃夏王朝的骨干方国之一。夏朝后期,夏、周关系趋于紧张,大约在孔甲时代,不窋被排挤出中央领导集团,周人甚至已难继续在渭北平原立足,而北迁至"戎狄之间"。周原西部为姜炎部族的活动区域,南为陡峭绵延的秦岭,周人受到来自东面的挤压,只有北迁一途。史载不窋北迁,形诸"窜"、"奔"一类字眼,反映了当时情势之紧迫。但周人并未就此没落。《国语·周语》说北迁后的周人"不敢怠业,时序其德,纂修其绪,修其训典,朝夕恪勤,守以敦笃,奉以忠信,奕世载德,不忝前人。"他们在陇东高原北部的贫瘠地带站稳脚跟,妥善处理与戎狄诸部的关系,继续发展农耕业,积蓄力量,等待时机,以求重兴。过了约半个世纪,历史终于给周人提供了机会,这便是夏桀时代的到来。桀的残暴加深了夏王朝的统治危机,东方以商为首的部族联合体力量迅速壮大,中原地区各主要方国卷入了争夺最高统属权的较量之中,并最终完成了夏、商政权的交替。此时,周部族的首领公刘,意识到了这一难得的历史时机,决然为改变周族的逆境而奋斗。他充分利用夏王朝失却控制能力的局面,大刀阔斧地扩拓周族地域,向着重据周原的战略目标,跨出了关键的一步。《诗·公刘》毛传说:"公刘乃避中国之难,遂平西戎,而迁其民,邑于豳。盖诸侯之从者十有八国。"其实,"中国之难"对陇东高原上的周人来说,是构不成什么威胁的,"避"字改为"趁"字方切真情。"诸侯"系后世用语,实指当时周部族联合体所包容的许多小部落,它们对周族的追随和拥戴,反映了此时周族的重新振兴。司马迁评价公刘时代说:"周道之兴自此始。"确非溢美之辞。

周部族势力的扩展,是对夏王朝的一种削弱,也是对汤革夏命的西部响应。因此,在新生的以商部族为核心的方国联盟中,周人从一开始即处于受重视的地位。据《史记·殷本纪》载,汤灭桀还亳后曾作《汤诰》,其中有"古禹、皋陶久劳于外,其有功乎民,民乃有安……后稷降播,农殖百谷。三公咸有功于民,故后有立"之类的话,可见商汤心目中周族地位的重要。高明先生曾指出:"从考古发掘的资料分析,商族的势力早在二里冈时代即已发展到关中地带……但是,值得注意的是,商族在关中的势力范围是很小的,至今只在华县南沙村找到一处遗址,而且时代偏早。大致在盘庚迁殷之后,商族不仅再没有向西发展,就连南沙村也保不住了,说明商周两族在渭水流域的争夺是不频繁的。"①甲骨卜辞反映的情况也表明,商晚期以前的商周关系基调是友好的。在与夏部族的斗争中形成的商周谅解与和平,对周人有重要的意义。这种政治格局使周人有可能自豳地一步步向南发展,不仅重据周原,而且控制了整个关中地区,较顺利地丰满了羽翼。

二

先周文化的起源及周族早期的迁徙,是个讨论了很久而仍未彻底解决的问题。《史记·周本纪》说,周人最初生活在渭水以北漆沮水下游的邰地(今陕西武功一带),并与姜姓部族通婚。至不窋时,因避夏乱而奔于戎狄之间(未明言何处)。再传至公刘,迁于豳(今陕西旬邑、彬县一带),后遂世代居豳。九世后古公亶父也即太王,又因戎狄的迫挤而迁岐下(即今周原)。早在三十年代初,钱穆先生就对上述传统观点提出质疑。钱先生认为,周人起源于晋地,豳即邠亦即汾,即今山西汾水流域。② 近些年来,邹衡先生进一步发展了钱说,主张先周文化是由东面的姬周文化(源于晋陕间的光社文化)和西面的姜炎文化(源于甘肃的辛店文化与寺洼文化)二者的融合。③ 陕西省

---

① 《略论周原甲骨文的族属》,载《考古与文物》,1984 年第 5 期。
② 《周初地理考》,载《燕京学报》第 10 期(1931 年 12 月)。
③ 《夏商周考古学论文集·论先周文化》,文物出版社,1980 年版。

考古界的许多同志则认为先周文化是一种土著文化,以武功郑家坡文化为其典型代表,其前身是客省庄二期文化,而其发展则和西周文化保持无间断的连接。它既受东面二里头文化的影响,也受西面齐家文化的影响,而同另一种土著文化——被看作姜戎文化典型代表的刘家文化,关系尤其密切。这种认识是以泾渭流域大量新石器晚期遗址的考查为基础的,具有不容低估的生命力。"叠压在仰韶文化层上边为客省庄第二期文化,叠压在客省庄第二期文化之上的是周文化,在周文化和客省庄第二期文化之间,再没有文化遗存。"①客省庄二期文化也即陕西龙山文化,处于前两千年至前三千年之间,这正是文籍记载及传说中稷弃以前的时代。郑家坡文化是客省庄二期文化的直接发展,在时间上正与公刘前后相对应。如果没有新的考古发现推翻上述结论的话,姬周族源于晋境的说法,将受到越来越严峻的挑战。

被视为周族早期诗史的《大雅·绵》篇,一开始就说:"绵绵瓜瓞。民之初生,自土沮漆。"对于"沮漆"的具体所在,古今歧说之多,简直令人眼花缭乱。一一坐实诸说的是非自无必要,但地望问题却又回避不开。好在古文献中与先周族密切关联的,除了沮漆之外,还有"邰"地。《大雅·生民》:"厥初生民,时维姜嫄……载生载育,时维后稷……即有邰家室。"《大戴礼·帝系》:"有邰氏之女也,曰姜原氏,产后稷。"《史记·周本纪》:"周后稷名弃,其母有邰氏女,曰姜嫄。"《说文》:"邰,炎帝之后,姜姓所封,周弃外家国。"邰的地望很明确,就是今陕西之武功,这自汉以来学者无异辞(周族源于晋地说当别论)。以邰地作为先周族活动领域的坐标,我们便没有理由怀疑《绵》诗所言之"沮漆",实即今流经陕西麟游、乾县,于武功南境入渭的漆水河。此即《禹贡》所谓"漆沮既从,沣水攸同"的漆沮水。因为,属雍州,注入渭,而又和沣水靠近、并列的,除了这条漆沮水之外,别无他水可求。《汉书·地理志》和《说文》也都肯定了这一点。而且,"自土沮漆"在《齐诗》中为"自杜沮漆"。漆水河上游也正靠近古代的杜地。正是渭河北岸的这片肥美平野,使周族在农业发展方面走在了其他

---

① 徐锡台《早周文化的特点及其渊源探索》,载《文物》,1979 年第 10 期。

部族的前面,从而受到了夏王朝的器重。因此,岐山之阳的周原,并非如传统所说是自文王祖父太王时才开发起来的,很久以前这里就是周人的生活区域。《山海经·大荒西经》云:"有西周之国,姬姓,食谷。有人方耕,名曰叔均。帝俊生后稷,稷降以百谷。稷之弟曰台玺,生叔均。叔均是代其父及稷播百谷,始作耕。有赤国妻氏,有双山。"《大荒西经》是战国时人对上古历史及神话传说的一些零散记录,这段资料对我们认识周族在其生活区域是很有帮助的。"台玺"当与邰地有关;"食谷"、"方耕"、"播百谷"、"始作耕",都是先周族擅长农业,尤其是擅长种植谷类的反映;"赤国妻氏"无疑指姜炎部族,姜姓为炎帝之后,炎帝亦称赤帝,《海内经》谓"炎帝之妻,赤水之子",周族从姜姓部族中娶女的传统由来已久,姜嫄是传说中最早的一个嫁至周族的女子;"双山"则非岐山莫属,因为岐山正是由于"山有两歧,因以名焉"①的。1989年宝鸡市考古工作队对漆水下游的先周遗址,做过一次深入调查,"调查结果表明,郑家坡文化在武功一带的存在,不是孤立的特殊现象,而是遍布于漆水下游。……这使我们对周人早期在这一带活动的区域有所了解,也印证了文献中邰地在武功和周族最初居于漆水的记载。"②

结论是:周人最初从漆水上游的古邰地向漆水下游发展,活动范围由今武功地区伸延至岐山下,并与姜炎部族建立了牢固的联盟,农业生产有突出的发展。这一阶段大体与夏代的前期和中期相对应,是先周史上的黄金时代。但如前文所述,后来形势有所变化,不窋受夏部族挤迫而北迁。至文王祖父太王的居岐,其实是周人对渭北平原的重新占有。也就是说,先周史上周人曾前后两次进据周原。后一次进据,可视为周人向老家的回归。完成这一回归历程的是太王,而启动这一回归历程的则是公刘。

行文至此,不得不涉及古公亶父的问题。顾颉刚先生六十多年前就主张古公亶父与太王是不同时代的两个人,前者是"筚路蓝缕,以启山林"的拓荒者,后者是文王祖父,已处于周族发展的兴盛期。③ 十

---

① 《文选·西京赋》薛综注语。
② 《关中漆水下游先周遗址调查报告》,载《考古与文物》,1989年第6期。
③ 《古史辩》,上海古籍出版社,1982年版,第一册,第147页。

余年前,谭戒甫先生对此又做了进一步的论述。① 在先周史研究领域内,这是一项极重要的辨正。最早判定古公、太王为一人的,是《孟子·梁惠王》,《周本纪》关于古公、太王事,几乎全采自该篇。《诗经》本身并无古公、太王为一人的证据,但《绵》篇将古公与"岐下"相联系,《閟宫》篇将太王与"岐阳"相联系;《绵》篇将古公与"姜女"相联系,《思齐》篇将太王与"周姜"相联系,这便给孟子造成了古公即太王的错觉。孟子不知道古公与太王曾前后分别率领周族进据岐阳,而娶姜姓之女又是周族古老的婚姻传统。太王是文王祖父,在先周世系中属后期首领,是不能称之为"古公"的。《绵》篇首章:"绵绵瓜瓞.民之初生,自土沮漆。古公亶父,陶复陶穴,未有家室。"古公亶父的时代,分明就是"民之初生"的时代,故全诗以绵绵不绝的瓜蔓上最早结出的小瓜起兴,主旨是歌咏周民族的始端,这是决不能拉扯到先周史后期的太王身上去的。而且,太王时的周族,已发展到"实始翦商"的程度,岂能还过"陶复陶穴,未有家室"的生活。

我们再注意一下迁岐的路线。《周本纪》说古公"去豳,度漆沮,逾梁山,止于岐下。"这只能是太王的行进路线:从今陕西旬邑、彬县一带出发,翻越乾县西北二十公里处的梁山,渡过漆沮水,到达周原。《绵》篇所言真正的古公亶父,其行进路线是"率西水浒,至于岐下"。赵岐注《孟子·梁惠王下》"率西水浒"云:"率,循也;浒,水涯也。循西方水浒,来至岐山下也。"从漆沮水下游的邰地即今陕西武功地区出发,沿漆沮水西岸到达周原。这清清楚楚地是两条路线! 目的地都是岐山南的周原,但古公亶父是披荆斩棘的拓荒,太王是向先世旧地的回归。而在这周人两次占据周原之间的漫长世代里,插有不窋北迁及公刘居豳的历史。

不窋所处的"戎狄之间",即秦北地郡的部分区域,其中心为今甘肃庆阳县城附近,古称"北豳"。《括地志》及《庆阳府志》都有记载,此不赘言。公刘时周族势力复振,活动区域不断向南扩拓。其南进过程中,似可分前后两个阶段:第一步先据有今甘肃庆阳地区的董志塬,站稳脚跟,积蓄力量;第二步下塬进占马莲河与泾河的交汇地区,

---

① 《先周族与周族的迁徙及其社会发展》,载《文史》第6辑。

即今陕西长武、彬县、旬邑一带。《公刘》一诗所描述的,当是其第二步行动。这样推断有以下几条理由:(1)《文献通考·舆地八》:"宁州,夏之季公刘之邑,春秋时戎地,战国时属秦,始皇初为北地郡,汉为北地、上郡二郡地,后汉属北地、安定二郡地。后魏献文帝置华州,孝文改为班州,后改为邠州,又改为豳州。西魏改为宁州,立嘉名也。"这里所说的宁州,即今董志塬及宁县一带。北魏政府虽一再更换州名,但班、邠、豳当时读音完全相同,表明群众早已习称该地区为豳,而政府是据实称而定州名。西魏时改称宁州,不过为图个吉祥而已。显然,宁州就是古豳地。然而,却又有陕西旬邑为豳地之说,《汉书·地理志》右扶风栒邑条下,班固自注:"有豳乡,《诗》豳国,公刘所都。"合理的解释是,公刘据有董志塬及宁县一带时称豳,后来南拓至旬邑、彬县一带时仍称豳。谭其骧先生曾指出:"部族迁移所至,即以该部族的族名或原住地的地名作为新居的地名,这是古代常见的事。"①因此,董志塬为前期的豳,旬邑一带为后期的豳。(2)位于董志塬中心的西峰市东郊刘家店,有公刘殿遗址(群众俗称"老公殿")。此殿宋代即已存在,传说公刘曾邑居于此。旧历三月十八,被尊奉为公刘的诞生日。每年这一天,远近群众云集,以公刘殿为中心,形成纪念公刘的盛大庙会。当然,民俗文化不能直接反映史实,我国许多传说中的历史遗迹,其实是后人的嫁接或附会,不足为考史之据。但关于公刘殿的民间活动及传说,却伴随着一个令人深思的罕见现象:陕西旬邑、彬县一带为古豳地望,早已被历代学者所认定;然而该地区的群众,却甘愿将此公刘发祥地的殊荣奉送给甘肃省的董志塬。每年旧历三月十八日,旬邑、彬县一带群众都要推出代表,组成颇有声势的仪仗队,吹吹打打,热热闹闹地到董志塬中心公刘殿这块圣地朝拜。这同附会历史,硬拉古代名人以荣耀桑梓的一般风习,迥然有别。我们只能这样解释:公刘事迹记忆留传中的真实因子,在社会新陈代谢特别缓慢地黄土高原上变形最小,故至今仍在影响着群众的心态。也就是说,当年公刘在董志塬上兴起,之后又下塬来到旬邑、彬县一带这个事实,在世代相承的民间传说中,一直留有痕迹。

---

① 《中国古代地理名著选读》第一辑,科学出版社,1959年版,第62页。

（3）从《公刘》一诗所显示的情况看，也与上述推论相符。旬邑、彬县一带拥有大片平野，自然条件要比董志塬优越得多，故诗称"既庶既繁""而无永叹"的"溥原"。诗言"弓矢斯张，干戈戚扬"，表明这是一次武装占领。《后汉书·西羌传》载："后桀之乱，畎夷入居邠岐之间。"《公刘》毛传谓公刘"遂平西戎，而迁其民、邑于豳。"旬邑、彬县一带，正处于董志塬和岐山之间，公刘是从犬戎手中夺取了这片土地的，毛传认为它就是公刘最后定居的豳地。而《西羌传》所言"邠岐之间"的邠也即豳，则只能指董志塬。

三

公刘所处时代，属于社会发展史上的哪一阶段？回答这个问题须从稷弃时代谈起。

传统观点认为稷弃时代完成了母系氏族社会向父系氏族社会的过渡。主要论据是传说稷弃无父而生，而自弃之后周人方有明确的父子相接的世系。近几年来史学界对这个问题作了许多新的探讨。有的学者认为姜嫄履巨人迹而感应生弃的传说，反映了姜嫄向图腾熊（即"巨人"）祈求生育的事实，而决不意味着那以前是只知其母而不知其父的时代。因此说稷弃时代为周族父系社会的开端是不妥当的。姜嫄祈子之说，有《诗·大雅·生民》作依据："生民如何？克禋克祀，以弗无子。"朱熹《诗集传》解此即谓："弗之言祓也。祓无子，求有子也。"下章言"不康禋祀，居然生子"，是说姜嫄的禋祀感动了神灵，果然实现了生子的愿望。但问题随之而来：既然求子得子，为什么又要"置之隘巷"，"置之平林"，"置之寒冰"呢？李衡梅先生认为这是"弃首子之风"的反映。"在由对偶婚向一夫一妻过渡时，丈夫往往怀疑妻子所生的第一个儿子不是自己的血统，所以就有杀子、弃子之风。"李先生又据《周本纪》所说自稷弃始"别姓姬氏"，得出"从后稷起亲属关系已按男系计算，即周人从这时起开始进入父系社会"[①]的结

[①] 《我国原始社会婚姻形态研究》，载《历史研究》，1986年第2期。

论。杀弃首子之风习,即所谓"荡胸制",在许多民族的历史上存在过,这是无疑问的。这种习俗是父权制确定初期的产物。那时财产继承问题开始具有新的意义,男子们都"想把财物转交给子女,即合法的继承人,由婚配的对偶而生的真正的后裔",①"其明显的目的就是生育确凿无疑的出自一定父亲的子女"。② 然而在以往的对偶婚配时代,女子的婚前贞操不存在法律的以及道德的约束,为保证父系血缘的纯正,人们便对首子采用了虽然残忍却最简捷的处理方式——肉体消灭。但随着一夫一妻制家庭形态的巩固,这种野蛮的习俗必将发生变化。合乎情理的变化规律是:由杀死演变为抛弃,由真正的抛弃演变为象征性的抛弃。先周史上关于姜嫄弃子的传说,反映的正是一种象征性的首子抛弃,说明荡胸制已渐被文明历史所淘汰。所谓"弃",不过是做做样子而已。这只能是父权制确立了相当长时间之后的现象。由母系社会向父系社会过渡,父权制的确立和完善,是个漫长的历史过程,但反映在民族记忆中,只能断限为一个具体的时代,这个具体时代,又总是同某个英雄人物相关联。《周本纪》说自稷弃时周人"别姓姬氏",只能说明在周人的民族记忆中,世袭上溯到弃,而不必然意味着以前不存在父系。事实上,抛杀首子的习俗本身已显示了父权的强大;何况弃时代此种风俗在历史长河中几乎已被冲刷净尽,只不过保留了一点象征性痕迹而已。

公刘距稷弃跨了整整一个夏代。既然稷弃时父权制已经确立并经历了一段发展,那么,我们说公刘时代已处于父系氏族社会的末期,周人已开始跨进文明期的大门,宏观上不至有误。但要作具体的严格论证,是比较困难的,可资依据的文献资料实在太贫乏。幸而尚有《公刘》一诗,从中可以约略窥知些当时的社会情况。

周族向以擅长农业著称。早在不窋北迁之前,周人即在渭滨平原发展农业,形成了所谓"粟麦文化"。北迁后周人保持了这一传统。诗称周人居豳前的情况:"廼场廼疆,廼积廼仓。"已有了相当可观的粮食蓄积。迁到豳地后,诗言"相其阴阳","度其隰原"、"度其夕

---

① 马克思《摩尔根〈古代社会〉一书摘要》,人民出版社,1956年版,第39—40页。
② 恩格斯:《家庭、私有制和国家的起源》,《马克思恩格斯选集》第四卷,人民出版社,1976年版,第57页。

阳",反映了人们对考察地势、辨别土性、治理洼地、利用晚照等方面的重视,可见其农业技术水平之一斑。"执豕于牢","酌之用匏"等句,显示随着粮食的丰足,以猪为首的家畜饲养业和酿酒业,也都有一定程度的发展。诗中"取厉取锻"一语颇引人注意。郑笺释厉、锻为磨砺、捶击他种器物之石质,朱熹释锻为铁,郭沫若先生也曾主张锻为铁矿石,后又因证据不足而放弃了此说。① 此问题暂可存疑。从诗中所述公刘族众持有武器的多样性(干、戈、弓、矢、斧、钺、刀等)来看,至少青铜冶铸技术早已被掌握。与该时期大体对应的先周考古文化遗存,对此也已作出证明。

再看公刘时代的群体结构。公刘的族众,表现为一个组合紧密的统一体,血缘纽带尚相当牢固。诗言"其军三单"的"单"字,向来无令人满意的训释;谭戒甫先生认为是"旜"字的省文,解释为指挥徒众的旗帜,一旜即代表一部。② 此说可从。周人有崇尚旗帜的传统,这在《周礼》一书及册命金文中有鲜明的反映。旗帜既是贵族身份和权力的象征,也是军事编制层级的标识及指挥军队的令枢。在甲骨文中,反应血缘共同体关系的"族"字,字形就是一面飘扬的旗子,旗下是一支箭,表明血缘共同体与军事编制单位的合一。③ 公刘的"三单"也即"三旜",可能就是周部族所含的三个胞族。用军事编制术语称之,是"因为战争以及进行战争的组织现在已成为民族生活的正常职能"。④ 从诗言"乃场乃疆","既顺乃宣","度其隰原,彻田为粮"等情况推想,当时主要生产资料土地尚属部族公有,并由部族进行统一的规划和分配。还看不出个体劳动及使用奴隶的迹象。"彻田为粮"的"彻"字,朱熹《诗集传》以井田制解之,认为这是公刘"定其军赋与其税法",并谓"周之彻法自此始"。朱氏用后世之彻法剥削制附会公刘之时,自不足信。此处之"彻",只能理解为耕地的规划治理。"于时处处,于时庐旅,于时言言,于时语语""跄跄济济,俾筵俾几,既登乃

---

① 《中国古代社会研究》,人民出版社,1977年版,第12页及19页补注三。
② 《先周族与周族的迁徙及其社会发展》,载《文史》第6辑。
③ 关于"族"的军事性质,请参阅拙文《论周代军事编制中的"卒"》,见本书第120页。
④ 恩格斯:《家庭、私有制和国家的起源》,《马克思恩格斯选集》第四卷,人民出版社,1976年版,第160页。

依。乃造其曹,执豕于牢,酌之用匏"。洋溢着一片集体劳作、集体享用的兴奋和喜悦。这显然是公有制下的生活情景。

综而观之,公刘时代尚处于父系家长制家族公社阶段。是时,部落和氏族把土地等量划分,交给各家族公社耕种。恩格斯曾这样叙述南斯拉夫父权制家族公社札鲁德加:"它包括一个父亲所生的数代子孙和他们的妻子,他们住在一起,共同耕种自己的田地,衣食都出自共同的储存,共同占有剩余产品。公社处于一个家长的最高管理之下,家长对外代表公社,有权出让小物品,掌管账目,并对账目和整个家务的正常经济负责。他是选举产生的,不一定是最年长者。"[①]这段话可作为我们认识公刘时代社会结构的参照。诗云"食之饮之,君之宗之",说明当时家长制宗法权力体系已经形成,这要比札鲁德加民主选举体制高一个层次。设筵饮酒,人们须按贵贱等级秩序就位。各家族的成员,均以其家族长为宗;各家族长,又以其氏族长为宗;而公刘,则是大家共同尊崇的君主。严格意义上的国家,似尚未形成,公刘只是一个"民族的军事首长"。但公刘有极的高的威望,行使着领导生产、指挥作战的职权。"何以舟之?维玉及瑶,鞞琫容刀"。他佩带光彩耀目的装饰品和武器,这是特殊身份及权力的标志。但公刘决不是后世那种养尊处优、高凌于民众之上的君王。他"陟则在巘,复降在原","逝彼百泉,瞻彼溥原","相其阴阳,观其流泉",视察地形,寻找水源,挑选邑址,筹划耕地,东奔西跑,忙碌不停。休息时,他和大家一起说笑;筵席上,他和大家一起痛饮。他的形象简朴而又豪放,没有多少繁文缛节,保留着部落时代部族领袖的可敬风貌。

"乃陟南冈,乃觏于京",南岗指南面向阳的台地,觏乃构之借字。按古代建邑原则,多选向阳近水之台地。《说文》:"京,人所为绝高丘也。"甲文之京字,正象兴建筑物于台地之形。公刘在豳地选定了居住中心,并开始营建京邑。京邑一旦确定,耕地的规划治理便有了方位凭藉,故诗言"于京斯依";而京邑周围的广阔地带,即被称为"京师之野"。师字在金文中本作"𠂤",意为军事据点。部落或部落联盟的所在地,自然也是军事中心,故京、师二字联用。公刘的京邑,可视为

---

① 恩格斯:《家庭、私有制和国家的起源》,《马克思恩格斯选集》第四卷,人民出版社,1976年版,第54页。

国都的雏形,后世国都称"京师",即缘此而来。

根据以上诸种因素作综合分析,我认为公刘时代周部族正处在由原始社会向阶级社会过渡的尾期,迁豳后的周人,已开始踏进文明时代的大门。恩格斯说:"希腊人自己关于他们的历史所保存下来的记忆,仅追溯到英雄时代为止。"[1]周人也是如此。公刘就是作为一个英雄时代的代表人物被后世敬仰、纪念着的。对于公刘以前的祖先,周人已没有多少切实的印象,部族记忆中留存下来的,至多是一些半神话半人事的传说。如稷弃,他"以赫厥灵",生而神异,百难不死,某种程度上说,他还是神而不是人。公刘则以完全"人"化,他是一个与族众同呼吸共命运的、诚朴而刚毅的部族领袖。周人对祖先的较为真实的记忆从公刘始,在周民族发展史上,公刘是一座永远放射着光辉的里程碑。

(原载《青海社会科学》1992 年第 2 期)

---

[1] 恩格斯:《家庭、私有制和国家的起源》,《马克思恩格斯选集》第四卷,人民出版社,1976 年版,第 100 页。

从史学角度论后羿

一、神话与历史

综观古文献所载传说,后羿可算是彪炳夺目的人物。在"射日"神话中,他展现了高大的英雄形象;在另外一些神话,诸如"嫦娥奔月"、"逢蒙学射"中,他又扮演了撼人心肺的悲剧角色。但后羿不仅仅是个神话人物,他所代表的那个上古部落有穷氏,曾切切实实地活跃在历史舞台上。由于所处时代的特殊性,由于经历、作为的戏剧性,后羿成为那类少有的、由神话与历史紧密交叠融汇而成的典型人物。其实他是有穷氏部族史影在神话中的凝缩。因此,要论述后羿,应当先申说一下神话与历史的关系。

一般认为,原始神话产生于氏族社会末期。从一开始,神话和历史就难以做机械的区分。马克思说过,上古神话是"通过人民的幻想用一种不自觉的艺术方式加工过的自然和社会形式本身。"[1]史前先民的思维完全依赖于现实世界呈露的各种形象,而且往往在自己心灵感受的引导下去认知事物,并将自己的情绪融渗入事物之中。它们对自然现象和生活中各类事件的起因、过程及相互关系,只能以自身经验为依据进行设想和判断。虽然他们的认知是以超自然的幻想形式表达出来的,但却是以他们观察、体验到的客观实在为依据的。他们把这种认知通过语言描述传递给下一代。不言而喻,这种渗透着心灵感受的认知创造了神话,也保存了先民对流逝了的生活印象的表述。这种表述,在世代递接的民族记忆中不断地沉积,又在每一

---

[1] 《马克思恩格斯选集》卷二,第113页。

代人的情绪支配下不断地改造和重构。这样一来,传说的故事性越来越强,而初始的客观依据便越来越被掩盖。这个过程将一直延续到人们发明了文字,并用文字把世代递接的传说固定下来时为止。因此,神话先天地具有历史层次,越是接近文明期的神话,想象的浪漫色彩越淡薄,而存现过的史事越清晰。此即所谓上古神话向史学的过渡。后羿的传说,演生在我国中原地区由野蛮时代进入文明时代的交接期。体现在他身上的神话人物与历史人物的二重性,特别鲜明。

　　研究神话,由于价值取向和思维方式的差异,中国学者和西方学者走着不同的路子。西方学者受黑格尔"象征"说的影响较大,偏重于美学和哲学方面的感受,一般都着力探究神话中所涉具体事物及人的行为暗含的某种意义,并通过对许多意义的解索和组联,阐明该神话故事的主题。这种研究方式容易给人们一种错觉,仿佛神话的创作者都是些思想成熟的智者,他们故意把事实的真相隐藏在几乎是用密码编织成的故事中,让后人去充分发挥想象力以寻求破译。神话事实上当然不是这样。如前所述,初民的原始创作,就是他们对现实生活的真实感知,就是他们对已逝生活的追忆,只不过他们不自觉地把自己稚朴的想象和情思融入其中罢了。而后代的加工和重构,也只是由于后代又有了后代的感知和追忆,他们同样要把自己的想象和情思融入其中。无论如何,神话的产生不是事先设计好了一套意义与事物的对应,以此制造谜语。

　　中国的神话研究起步较晚。尽管西方神话研究和解谜方式得到介绍,并颇受一部分学者赏识,但效法的人却并不多,至少在大陆上是如此。这一则与民族文化风格有关,二则与我国古代神话材料琐碎零散,而且和历史纠缠得特别紧密有关。中国古代史学发展较早,许多神话传说经过史官之手,便过早地历史化了。因此,近世以来中国学者对神话的注意,更偏重于史学角度,大都立足于唯物史观,努力把神话纳入历史演化的整体中加以考察,拂去其超自然的"神"气,揭示其特定的社会属性,透过那些浪漫的意象,勾勒出史实的轮廓。有些较高层次的研究,尚能运用考古发掘提供的资料,结合民族学和民俗学的知识,甚至借助于古文字训诂的功效,对神话进行综合辨析。在这一领域,王国维首开先河,顾颉刚、郭沫若、闻一多等学界前辈,都作过卓越的贡献。这种研究方法的前提是承认上古神话源于先民对已逝生活的追忆和描述;同时也承认这种追忆和描述是通过非概念化的形象思维表现出来的,因而不可避免地充满神奇和怪诞。从人类脱离动物界的那一天起,历史意念就在日益强烈地滋长着。人类的知识不可能有生理性遗传,知识、技能完全依靠在生产、生活实践中进行社会性的世代传递。没有对往昔的记忆,便没有知识的积累,也便不会有人类的进步。在文字产生之前,人类精神的积累延续,和人类的物质生活实践,同样对人类的成长起着决定性作用。人类的史前史和神话融为一体,流淌在这种世代记忆递接之中。如果我们否认这其中含有史实的因子,也就等于否认了人类幼年期的历史意识,人类的史前史便近乎一片空白。

当前还有某些西方学者,认为中国古文献中关于夏代史影传说的记载,都是商人编造的神话,不能据以考论夏史。这种观点与上述西方学者对待神话的态度一样,把古代神话看作是出于某种动机的精心设计,不承认上古神话传说与史影的存述不仅是同步的,而且是同体的。我们认为,神话传说不能代替史前史,但史前史的轮廓勾划却离不开对神话传说的史态研究。事实上,世界上几乎所有古老民族的史前史,都是同神话传说熔铸在一起的。只要我们不脱离人类社会发展的阶段性构架,只要我们透过那些渗入丰富想象成分的思维折射去考察其合理的内核,只要我们排除那些口头传说转化为文字记载时难免造成的扭曲和讹误,我们就有可能渐次接近于事实真相。这也是笔者对传说中的后羿进行史态考察时所持的态度。

二、有穷氏的族属

古文献中的后羿跨越了不同的时代。下面是关于后羿的三段最重要的记载:

《山海经·海内经》:

帝俊赐羿彤弓素矰,以扶下国。羿是始去恤下地之百艰。

《淮南子·本经》:

尧之时,十日并出,焦禾稼,杀草木,而民无所食。猰貐、凿齿、九婴、大风、封豨、修蛇皆为民害。尧乃使羿诛凿齿于畴华之野,杀九婴于凶水之上,缴大风于青邱之泽,上射十日而下杀猰貐,断修蛇于洞庭,擒封豨于桑林,万民皆喜,置尧以为天子。

《左传·襄公四年》:

(魏绛语)昔有夏之方衰也,后羿鉏迁于穷石,因夏民以代夏政。恃其射也,不修民事,而淫于原兽,弃武罗、伯因、熊髡、尨圉,而用寒浞。寒浞,伯明氏之谗子弟也,伯明后寒弃之,夷羿收之,信而使之,以为己相。浞行媚于内,而施赂于外,愚弄其民,而虞羿于田。树之诈慝,以取其国家,外内咸服。羿犹不悛,将归自田,家众杀而亨之,以食其子。其子不忍食诸,死于穷门。靡奔有鬲氏。浞因羿室,生浇及豷;恃其谗慝诈伪而不德于民,使浇用师,灭斟灌及斟寻氏。处浇于过,处豷于戈。靡自有鬲氏,收二国之烬,以灭浞而立少康。少康灭浇于过,后杼灭豷于戈,有穷由是遂亡。

帝俊即帝喾,有穷即有羿。后世学者据以上记载认为存在过喾时、尧时、太康时三个时代的羿;由于最古的羿善射,故后来的善射者也便称羿。《山海经》郭璞注即曰:"有穷后羿慕射,故号此名。"《说文》则称羿为"帝喾射官,而夏少康灭之。"意谓此乃一世守射官的家族。《史记·夏本纪》正义引《帝王世纪》:"帝羿有穷氏,未闻其先何姓,帝喾以上,世掌射正。至喾,赐以彤弓素矢,封之於鉏,为帝司射,历虞夏。"这是东汉时流行的说法。以今原始社会史知识衡量,羿无疑是古代一个善射部族的首领。氏族社会中首领的名字,常常就是部族的代号,而且传说中人们常常把该部族的远古史影,都归到那位影响最大的首领名下。夏王朝的建立,标志着我国文明时代的基本成熟,关于有穷氏部族的神话与历史的重叠,便最后定格在太康时代威名显赫的后羿身上。

虽然羿在古文献中常被冠以"帝"字,但在所有的古史帝系中却找不到有穷氏的位置。汉儒喜欢串联三皇五帝的家族谱系,且存在不同的串联模式,各各相异,许多传说中的部族首领均被罗织其中;然而帝羿却无所归属,就连多载可疑之说的《帝王世纪》,也谓之"未闻其先何姓"。这一点很值得重视。我们知道,汉儒不论哪家的三皇五帝体系,都是以夏、商、周三大部族为核心的;羿被排除在外,说明有穷氏并不属于这三大部族。

有穷氏属东夷族系,有些古书直接称羿为"夷羿"。有穷氏是少昊时代之后东夷众多部落群体中最强大的一支。前引《左传·襄公四年》说"后羿自鉏迁于穷石",鉏的地望,杜注未言,后人多据《元和郡县志》,谓在"滑州卫南县东十五里。"唐时卫南县即今河南滑县。穷石地望,众说纷纭,《水经注》在"大河故渎西流径平原鬲县故城西"文下说:"《地理志》曰:'鬲津也。王莽名之曰河平亭。'故有穷后国也。"汉魏之鬲,在今山东德州市南。《古本竹书纪年》云:"泰康居斟寻,羿亦居之。"清儒沈钦韩据此认为斟寻即穷石。① 鉏与穷石的地望,是个有待进一步探究的问题。但我们必须注意到这一事实:综观羿、浞史事涉及的诸地,虽歧说不一,但大体不出今鲁西、鲁北的范围。如靡所逃至的"有鬲氏",位于今山东德州北;后缗之"缗",乃今山东金乡,其所逃至的"有仍氏",在今山东金乡东北;浞处浇之"过",位于今山东掖县西北;寒浞之"寒",在今山东潍坊市东北。至于斟寻、斟灌,斟寻是否即穷石姑勿论,二斟在鲁则可考。《汉书·地理志》青州北海下属有"斟,故国,禹后。"平寿县注引应邵语:"古斟寻,禹后,今斟城是也。"寿光县注引应邵语:"古斟灌,禹后,今灌亭是。"斟即斟。汉代平寿位于今山东平度县西南,斟灌所在即今山东寿光县。除《地理志》及应注外,《水经注》、《括地志》、《太平寰宇记》等书对此均有明载。雷学淇《竹书纪年义证》谓斟寻在今河南偃师县东

---

① 《左传地名补注》卷六。

北,而斟灌在今山东范县。考之史事,二斟恒相提并论,它们同为夏后相所依,而又同被浇所灭,显然乃有族缘关系且地域邻接的两个部落,决不会一西一东相距近千里。《左传》明言寒浞"使浇用师灭斟灌及斟寻氏,处浇于过","过"位于今掖县附近,二斟必与过相近;又曰"靡自有鬲氏收二国之烬",有鬲位于今山东德州附近,二斟必距离不远。《今本竹书纪年》言帝相"二十七年,浇伐斟寻,大战于潍,覆其舟,灭之。"并非无据之杜撰。潍水地望是确定的,二斟位处山东北部当无疑问,故雷说不可从。山东半岛乃大汶口文化及其后龙山文化的中心地带,至迟自新石器中期以来,一直为东夷诸部族活动区域。从有关后羿史事涉及地望的考察中,我们完全可以得出有穷氏属东夷族系的结论。

东夷族善射,此为史家所公认。《说文》释夷为"从大从弓,东方之人也。"此释不一定切中夷字之初形,但将东方之人与大弓联系起来,则合史前实情。康殷说"夷"字本为带绳之箭形,即后世"弋"之本字,故引申为伤、灭之义。① 康说是。《后汉书·东夷传》所述东夷诸族,也大都有善射或善造弓矢的风习。而后羿之善射,先秦文集多载,乃尽人皆知之事实。《墨子·非儒》、《吕氏春秋·勿躬》并有"羿作弓"之说。据《说文》,羿字亦作"𢎬",从弓;有穷氏之"穷",字亦从弓。以某部族擅长的技能或产品名该部族乃至其首领,为史前社会所习见。有巢氏、燧人氏、庖牺氏、神农氏、有鬲氏等等,均属此类。有穷氏即有弓氏。传说后羿在唐尧之际世为"射官",并非无据。趋于向国家过渡期的大型部落联盟,所含主要部族的首领参与联盟的高层管理,并以本部族擅长的技艺,分管联盟的一项公共职能。如虞夏时代周族首领曾世任"后稷",高辛氏首领曾世任天官,高阳氏部族首领曾世掌历法。有穷氏部族以善射显于世,射与羿二字古音义皆通。羿字构形或从弓,或从羽,正显示了弓与羽的必然联系。无羽不成箭,故崇尚弓箭与崇拜鸟羽就密不可分了。这又与东夷各族的鸟图腾有渊源关系。王震中同志曾说过:"由大汶口而龙山,崇拜风尚为之一变。蛇崇拜消退,'鸷鸟'崇拜突现。这种时代风尚的不同,在

---

① 《文字源流浅说》,荣宝斋,1979年版,第153页。

一定意义上讲,应是各部落或部落群相互势力盈虚消长的反映。"他认为龙山期东夷族进入少昊称雄的时代。少昊"纪于鸟,为鸟师而鸟名";少昊名鸷,挚即鸷,鸷鸟遂成全部族的保护神。①

图腾崇拜还有个层次问题。高层次的图腾无疑孕含着许多血缘、地缘相近族群"相互势力盈虚消长"的内容,实为若干氏族图腾拼合的结果;但这并不排斥每个氏族或部落都保有自身的群体崇拜。少昊氏"以鸟名官",其属有五鸟、五鸠、五雉、九扈等氏族或部落,它们仍各自保持自己的图腾标志。初民认定本部族图腾的始因,亦各有其隐秘的机制。同样是以鸟为图腾,有的部族可能崇拜其自由飞翔,有的部族可能崇拜其提供季节变化信息,有的部族可能崇拜其翎羽之鲜丽。鸟羽在上古时代的社会生活中,曾有过炫目的位置。是时部落酋长均掌神职,戴羽冠而主持祭祀。《礼记·王制》云"有虞氏皇而祭",郑注:"皇,冕属,画羽饰焉。"金文中"皇"字的原始形态,即为人头部插有羽饰状。我认为,有穹氏是以鸟羽崇拜为其特征的,其部族发源地疑即《尚书·尧典》"殛鲧于羽山"之"羽山"。司马迁说虞舜殛鲧之目的是"以变东夷",此为协调部族冲突之举。《汉书·地理志》曰:"祝其,《禹贡》羽山在南,鲧所殛。"其山在今山东郯城县东北,江苏省赣榆附近。《禹贡》:"淮、沂其乂,蒙羽其艺"之"羽",即指此。"蒙"即今鲁南蒙山,与羽山相距不远。"厥贡惟土五色,羽畎夏翟。"郑玄注云:"羽山之谷,贡夏翟之羽。"《周礼·天官》"夏采"郑注云:"夏采,夏翟羽色。《禹贡》徐州贡夏翟之羽。"《染人》职下郑注又云:"染夏者,染五色。谓之夏者,其色以夏狄为饰。《禹贡》曰'羽畎夏狄'是其总名,其类有六……其毛羽五色皆备成章。染者拟以为深浅之度,是以放而取名焉。"《史记集解》引孔安国曰:"夏狄,狄,雉名也。羽中旌旄,羽山之谷有之。"可见羽山实以产各种彩色羽毛而闻名,三代时此地彩羽为贡物。赣榆地名,恐即由"贡羽"演化而成。古地名同生活于该地区的部族名,往往息息相关,李玄伯先生曾指出:"图腾团定居于某地之后,其地亦因此而得图腾的名字。"②有穹氏以鸟羽为图腾,他们初居于以盛产鸟羽著名的羽山地区,是合乎情理

---

① 《东夷的史前及其灿烂文化》,载《中国史研究》,1988年第1期。
② 《中国古代社会新研》,开明书店,1938年版,第89页。

的。与此相关联,我又疑所谓穷石,实即传说中少昊所都之穷桑,也即今山东曲阜。由于上古时代曾有穷石之称,故直至春秋时,曲阜之城门名"石门"。《论语》"子路宿于石门",郑玄注曰:"石门,鲁城外门也。"桑木为造弓之良材,以造弓著称的有穹部族必然对桑有特殊感情,故穷石又名穷桑。穷桑者,弓桑之产地也。

由羽山一带迁曲阜,为西进。《楚辞·天问》:"阻穷西征,岩何越焉?"清儒毛奇龄认为即指后羿迁穷之事。游国恩先生亦赞同毛说。① 有穹氏乃少昊之后,东夷诸部族中最强盛的一支,羿率族众向东夷部落群体(或曰酋邦)之政治活动中心进发,亦势所必然。值得注意的是,在传说中显示出少昊和羿存在着某种密切关系。如前引《墨子》、《吕氏春秋》都说"羿作弓",而《山海经·海内经》有文曰:"少昊生般,般是始为弓矢。帝俊赐以彤弓素矰,以扶下国。"这段话透露给我们的史实信息当然不是说羿为少昊之子,而是说有一个善射部族填补了少昊称雄之后的时代。而"穷"这个地名,实缘有穹氏而起。后世述及少昊时,袭用了这个晚于少昊时代的地名"穷桑",正如有些文籍言少昊"都曲阜",而曲阜实非少昊时代之地名一样。

三、有穹氏的崛起

氏族社会末期,私有制开始出现,部落间的利害冲突迅速激化,为掠劫财富、争夺地域,或为了控制部族联合体而展开的战争频频发生,尚武精神空前发扬。此即人们所说的以军事民主制为特征的"英雄时代"。"其所以称为军事民主制,是因为战争以及进行战争的组织现在已成为部族生活的正常职能。邻人的财富刺激了各部族的贪欲,在这些部族那里,获取财富已成为最重要的生活目的之一。"② 我国传说中黄帝与炎帝的战争,黄帝与蚩尤的战争、舜与共工的战争、禹与三苗的战争等等,就是那个时代部族间频繁冲突的有代表性的几次。有穹氏即崛起于这种部族战争中,这在关于后羿的神话传说

---

① 《天问纂义》,中华书局,1982 年版,第 228 页、231 页。
② 《马克思恩格斯选集》卷四,第 160 页。

中有很清楚的反映。

先说羿之射九日。《山海经·海外东经》:"汤谷上有扶桑,十日所浴,在黑齿北。居水中,有大木,九日居下枝,一日居上枝。"《大荒东经》:"汤谷上有扶木,一日方至,一日方出,皆载于乌。"古人相信太阳一共有十个,依次轮番从东方"汤谷"上的"扶桑"树升起,由大鸟飞载经天,然后落入西方"昧谷"之"若木"。十日之说,其他古籍也多述及,如《庄子·齐物论》:"昔者十日并出,万物皆照。"《楚辞·招魂》:"十日并出,流金砾石。"《吕氏春秋·求人》:"十日出而焦火不息,不亦劳乎?"《太平御览》引《竹书纪年》:"本有十日,迭次而运照无穷。"马王堆汉墓出土帛画,即据十日神话而作:扶桑树上有九个红日,最上方一日特大,日中一鸟,此为待升之日,即《淮南子·天文》所谓"登于扶桑,爰始将行"者。何以只有九日?因为另一日正在太空值班运行。三代以干支纪日,十干亦称十日,自甲至癸,实为每日之代号。太阳所以能在天空运行,因为有飞鸟载之,这是先民的一种幼稚想象;他们所观察到的客观事实是:只有鸟才能凭其双翼作高空远翔。甲文中的"翌"字,本即"翼"字,为鸟翅形,有的翅形旁又加日形。余谓此乃翌之本字,无日形者乃其省体。先秦文籍中惟《尚书》有以翼作翌之文例,尚显此字之古义。卜辞大量使用"翌日",表示次日之意。未来之日,要同鸟翼联系在一起来表义,此为古人相信飞鸟载日神话之确证。人们事实上并没有看见载日之飞鸟,故此神话稍加修饰便成为鸟在日中了。我们在仰韶文化的彩绘中看到的还是日在鸟上之象,而在战国装饰图案及秦汉瓦当中看到的已为日中有鸟了。《淮南子·精神》说"日中有踆乌",即为日鸟神话演变的反映。既然日与鸟结合在一起,那么射日实也即射日中之乌。故《楚辞·天问》发出"羿焉彃日?乌焉解羽?"的问题。王逸注引《淮南子》曰:"尧时十日并出,草木焦枯。尧命羿仰射十日,中其九日,日中九乌皆死,堕其羽翼。"一个善射并精于制造弓箭而且崇拜鸟羽的部族,是必然要猎取大量飞禽的,因为它需要很多羽毛来制箭,来作装饰品。在关于后羿射日神话中多提及"乌",并且强调乌之"解羽",道理即在此。

后羿射日神话是以上述对鸟羽的需要这个事实为基础的,但还不仅仅如此。这个神话还暗含着严峻的部族战争的信息。先民们乌载日而飞的联想,是由阳鸟图腾崇拜导出的。远古时代我国东方沿海地带的居民,不仅盛行鸟崇拜,而且也盛行日崇拜。甲骨卜辞中的"宾日"、"生日"、"入日"等语,以及《尚书·尧典》所言于旸谷"寅宾出日,平秩东作",于昧谷"寅饯纳日,平秩西成"等等,均为原始社会日崇拜风习在文明时代的遗留。鸟日结合的所谓"阳鸟"形象,被学界视为反映部族联结关系的复合图腾。江苏连云港将军崖岩画,以及大汶口文化中陶尊上由日、鸟、山组合而成的图像文字,许多学者都认为是阳鸟崇拜的考古实证。由此我们推想:如果把十日传说纳入部族冲突融合的历史背景下考察,十日是否代表十个日崇拜或阳鸟崇拜的氏族或部落呢?《山海经·大荒南经》云:"有女子名曰羲和,方日浴于甘渊。羲和者,帝俊之妻,生十日。"羲和在另外一些传说中是以"御日"为职的,《尧典》也明载羲氏家族负责主持迎送太阳的仪式。《楚辞》中的羲和是日神,同时又被称作"东君",意味着这是一个日崇拜或阳鸟崇拜的东方部族。十日为羲和所生,能否理解为这十个日崇拜或阳鸟崇拜的氏族或部落,统属于羲和母族? 如此,则羿射九日,所含史影为有穷部族打败了九个日图腾或阳鸟图腾的氏族或部落。文献记载中尚能约略窥出一些与以上推想暗合的蛛丝马迹。《国语·楚语》载观射父语:"少昊氏之衰也,九黎乱德。"后羿所射九日,疑即此"九黎"。黎与羲和正属一个族系,《尧典》郑玄注曰:"尧育重黎之羲氏、和氏之子贤者,使掌旧职天地之官。"《楚语》韦注也说:"尧继高辛氏,平三苗之乱,绍育重、黎之后,使复典天地之官,羲氏、和氏是也。"重黎与羲和实乃同一部族在不同时代的称谓。它们崇拜太阳或阳鸟,故亦称"九阳",亦即《淮南子·本经》所言被羿杀于凶水之上的"九婴",婴乃阳之音转。射九日,杀九婴,实为同一史影之分流。

羿射九日的神话,显示了有穷氏与羲和部族之间的尖锐冲突。这个冲突可能导致一个本属羲和族群而与有穷部族构成对应婚姻群体的部落远徙。《淮南子·览冥》羿妻姮娥窃不死药以奔月的神话,疑即缘此而起。《山海经·大荒西经》曰:"有女子方浴月,帝俊妻常羲,生月十有二,此始浴之。"古今学者一致公认:常羲即姮娥,也即嫦娥。嫦娥所代表的,应是与后羿部族结为婚姻联盟的族群。

再说羿之诛凿齿。此事除《淮南子》外,《山海经》也有记述。《海外南经》:"羿与凿齿战於寿华之野,羿射杀之,在昆仑虚东。羿持弓矢,凿齿持盾戟。"《大荒南经》:"有人曰凿齿,羿杀之。"《淮南子》高诱注云:"凿齿,兽名。齿长三尺,其状如凿,下彻颔下,而持戈盾。"高注妄诞,现代考古学和民俗学已经澄清了这个问题。所谓"凿齿",乃古代某些部族流行的拔牙习俗。此种风习在东亚及澳洲许多地区均有发现,但以我国东夷文化圈中最为突出。严文明先生对大汶口文化中大墩子、大汶口和西夏侯三处遗址的拔牙资料作过研究和统计,他说:"三个地点的情况虽略有不同,但都有许多人实行拔牙,男女皆然,其总比率达到三分之二左右,这是一个显著的特点。""几处墓地的资料还表明,当时拔牙的部位和数目都是严格一致的,即拔除上颌两侧门齿。"严先生还进一步指出,当时拔牙主要是用敲打法,而"用敲打法拔牙,必须要用一个凿子,否则不便着力,也难保不伤别的牙齿。因此,'打牙'有时又称为'凿牙'或'凿齿',而具有拔牙风俗的人民就被称为'凿齿'或'凿齿民'。"[①]毁齿的起因可能缘于鸟图腾部族对鸟类的象征性模仿,本文不想讨论它的意义,只是想说明,古文籍中的"凿齿",乃东夷文化圈内的部族,而后羿曾经与之作战,并打败了它们。

《楚辞·天问》还言及羿射河伯的事:"帝降夷羿,革孽夏民,胡射夫河伯,而妻彼雒嫔?"王逸注:"《传》曰:河伯化为白龙,游于水旁。羿见,射之,眇其左目。"《淮南子·泛论》高诱注亦曰:"河伯溺杀人,羿射其左目。"神话体系中的河伯,是凶恶的黄河之神。为河伯娶妇之俗,战国仍存,此乃古昔对河伯举行人祭传统的演化。但河伯同时又是古代的一个部族,《古本竹书纪年》即多处提到河伯:"洛伯用与河伯冯夷斗。""殷王子亥宾于有易而淫焉,有易之君绵臣杀而放之。是故殷主甲微假师于河伯以伐有易,灭之,遂杀其君绵臣也。"《山海经·大荒东经》亦载此事:"有人曰王亥,两手操鸟,方食其头。王亥托于有易、河伯仆牛,有易杀王亥。取仆牛。河伯念有易,有易潜出,为国于兽,方食之,名曰摇民。"关于王亥与有易、河伯的故事,为先商

---

① 《大汶口文化居民的拔牙风俗和族属问题》,载《大汶口文化讨论文集》,齐鲁书社,1981年版,第246页、252页。

史的一个重要片断,王国维、顾颉刚等前辈曾作过精彩的考证。与神话传说相对应的历史上的河伯,当为生活在黄河下游之滨的一个部族,其活动区域与东夷相接,彼此发生冲突在所难免。王亥为商之高祖,商族亦属鸟图腾族系。王亥与夏初之羿大体同时,有穷氏很可能也卷入了那场因争夺"仆牛"而起的部族战争,并最后战胜了河伯。

此外,《淮南子·本经》所说的猰貐、大风(即大凤)、封豨、修蛇等,亦均为以图腾动物名之的部族,它们都曾被后羿为首领的有穷氏所征服。上述这些成功的经历和辉煌的胜利,充分表明在我国文明时代的前夜,后羿部族是一支正在崛起的强势力量。

四、后羿与夏初史事

古代文籍中对后羿的描述和评价具有誉贬共存的两极性。他一方面被说成是解救人间苦难,与恶势力作坚决斗争的英雄;一方面又被描绘为淫乱无道,荒于游乐,祸孽庶民的暴君。《淮南子·泛论》把羿与炎帝、大禹、后稷并列而赞之曰:"羿除天下之害而死为宗布";而《汉书·古今人表》却把羿列为"下下愚人"。甚至对《天问》"帝降夷羿,革孽夏民"一语,后儒都有对立的两种解释:或谓天帝派羿"革除民患";或谓天帝派羿"革夏祚而孽夏民"。[①] 学者们解释这种誉贬两极现象,认为原因在于羿非一人,有尧时射日救民之羿,又有太康时荒于游田之羿。但正如我们前文所论,羿的神话是不同时代人们对原有的传闻不断弃舍、增益,改造重构而成。尽管有穷氏作为东夷的一支,确实经历了由野蛮时代进入文明社会的漫长岁月,但初民们却并不把后羿看作是同名异质的人物。对于神话的接受者和传播者来说,羿只有一个。神话是不受常规历史观念制约的,事实上有穷部族的时代经历被以神话形式挤压、构建在后羿的形象之中,难以作清晰的时代区分。然而我们也应当注意到,上古英雄神话凝固在文明社会开始之际,最后的神话重构总以最后重构的时代为主体背景的。

---

① 参见《天问纂义》,第213—217页。

因此,关于后羿的传说,后来便完全融入夏初的史事之中了。司马迁是个态度严谨的史学家,他把后羿纯粹看作神话人物,故在《史记·夏本纪》中绝口不提羿浞之事。不过从他笔下我们仍能窥见羿的神话踪迹。《夏本纪》既言"帝太康失国",又言"太康崩,弟中康立,是为帝中康。帝中康时,羲和湎淫,废时乱日。"这里的羲和,以史事待之,自为掌天文、时历之官;而"乱日",乃指错记了干支纪日的序列。但这史事的神话因子是显而易见的:在后羿射日的故事中,所射之日不正是帝俊之妻羲和生的吗?而羿之"因夏民以代夏政",也正在太康与相之间,即司马迁所说的中康之时。这里无疑显示了后羿神话在夏初史事中的沉淀和融存。

早在战国初年,就存在着剔除羿身上的神话色彩,认定他是一个夏初历史人物的倾向。最典型的例子就是前引《左传·襄公四年》所载魏绛的那段话。旧时代学者站在夏王朝正统立场上看待这段史事,认为这是由羿引发的一场篡夏之乱。在我们今天看来,这其实是东夷族对夏王朝统治的一次激烈抗争。大致说,五帝时代中国历史逐渐进入文明期,此时四方各主要部族交汇中原,相互影响、争斗、融合,直到夏王朝的建立。在这个过程中,兴于西方的炎黄部族与东夷部族的交接,最引人注目。双方势力互有消长,而文化影响也彼此向对方的领域伸延。黄帝与蚩尤的战争是东西两大部族集团的一次决定性较量。蚩尤失败后,以炎黄部族为核心在中原地区奠定了早期国家的格局,但东西方部族间的矛盾冲突仍时有发生。《孟子·离娄下》称:"舜生于诸冯,迁于负夏,卒于鸣条,东夷之人也。"而《吴越春秋》称鲧"家于西羌"。《史记·六国年表序》也说"禹兴于西羌"。联系舜之诛禹父鲧,以及《韩非子·说疑》"禹逼舜"之说,不难看出其中纠葛;由此我们也便理解,为什么"禹攻三苗而东夷之民不起"。[①]《墨子·节葬》言"舜西教乎七戎",而"禹东教乎九夷",这反映了他们控制了部落联盟中央领导权后,曾先后积极向对方领域渗透过势力。近半个多世纪的考古成就告诉我们,夏部族兴起于以嵩山为中心的颍水上游及伊洛平原,并向晋南发展。禹及其稍后的时代,夏部

---

① 《战国策·魏策三》。

族势力迅速东移,活动领域扩拓至济水流域及泰山地区。传说"九州"的划分自禹始,并非无因。这与同步形成的两大因素有关:一是禹治水过程中大大充实起来的地域观念和山川知识;一是初步建立起来的中央王朝所具有的权威性。夏部族势力的东向扩展,势必引起东夷诸部的疑惧。但禹启时征三苗,会涂山,诛防风,灭有扈,享钧台,正是夏部族空前强盛之时;慑于威势,东夷族暂未表现出大的反抗。太康时代夏部族中衰,王朝由于武观之叛而削弱了力量,东夷族便趁机展开了反击。此即《后汉书·东夷传》所说的:"夏后氏太康失德,夷人始叛。"在这种背景下,继少昊之后崛起的以后羿为首领的有穷氏,便合乎逻辑地担当了与夏部族抗争的主要角色。

"武观"问题,文献记载有许多恍惚难明似是而非之处,为夏史上的一大疑案;但有一点是人们所公认的,那就是,太康时代夏王朝中心地区卷起了一场严重的叛乱或内讧。这场叛乱或内讧的引发,我认为与太康急于向东扩展势力有直接关系。《古本竹书纪年》载:"太康居斟寻,乃失邦。"《后汉书·东夷传》注云:"太康,启之子也。盘于游田,十旬不返,不恤人事,为羿所逐也。"是时之"游田"即打猎,和军事行动是两位一体的。太康放下王朝中央的政务不管,率部远征,进入东夷势力范围内的斟寻,遭到后羿所率有穷部的坚决抵抗,被逐出了斟寻地区。故《纪年》云:"太康居斟寻,羿亦居之。"而此时,太康的政治对手们趁机在夏部族中心地区(王朝所在地)发动了叛乱。太康本人为后羿所逐而不能返归,其王族又因武观之乱而避居洛汭,夏王朝几濒崩溃。伪《古文尚书》即据此历史传闻而撰《五子之歌》。当时政局极度混乱,太康之子相逃奔至帝丘(今濮阳),维持了一段时间,后来又被寒浞所灭。后羿在打败太康之后,并未乘胜扩展实力,征服夏王朝属下的诸多方国,消灭夏王朝的残余势力;而却沉醉于游猎声色之中,离弃贤佐,终于被阴谋家寒浞、逢蒙所杀害。但后羿对夏王朝的军事打击,无疑有力遏制了夏部族势力向东方的发展。后来少康虽然中兴了夏王朝,却不得不退回夏部族原来的中心地域。《初学记》卷八引《帝王世纪》曰:"少康还乎旧都,复禹之迹也。"季杼及其后的夏王,也曾多次发动过对东夷的战争,东夷许多部落也表示过臣服;但夏部族的势力始终被限定在泰岳以西。故后起的商族,常以

"西邑夏"称夏王朝。

早期国家都具方国联盟性质。旧时代史家往往以后世中央集权体制已完善化的王朝视夏政权,故认为后羿及其后的寒浞,中断了数十年的夏统。其实,后羿所作的只是粉碎了夏部族东进的企图,并使有穹氏酋邦势力空前强大起来而已。他并没有西据中原,完全取夏王朝而代之。所谓"因夏民而代夏政",乃指东夷地区而言。自儒家"普天之下莫非王土,率土之滨莫非王臣"观念视之,东夷之民当然也是夏民,后羿控制了东夷地区,便是代了夏政。最近谢维扬同志撰文,分析了政治智慧以及政治技术上的不平衡,导致中原地区和周边地区政治进程中的差异,他的意见是对的。[1] 后羿的有穹氏酋邦,即属于那种具有明显重复性的低层次政治组织,缺乏制度上的创新因素,不具备发展成为早期国家的内在机制。因此,后羿不可能斩断夏统,建立一个新王朝。另一方面,从太康到相,从相到少康,夏部族虽在外敌内乱交攻下元气大伤,但其政治智慧与政治技术上的优势仍存,禹启时代奠定的王朝威望对许多方国的影响尚在,故其王统能得以延续,并最终在几个重要方国的帮助下,恢复了原有的权力格局。这也是司马迁《夏本纪》略去羿浞史事的另一个原因。后儒基于正统观念,对"革夏"之羿自不会有好的评述,遂导致全部后羿传说中誉贬并存的两极现象。

(原载《烟台师范学院学报》[哲学社会科学版]1992年第4期)

---

[1] 《酋邦:过渡性与非过渡性》,载《学术月刊》,1992年第2期。

儒学先行者季札

一、儒学和儒家的形成

人们普遍接受孔子是儒家学派创始人这一观点。作为一个学派，它是由一批受过大致同类型教育、信奉同一思想体系的学者及其追随者所组成的。在孔子之前，不存在这种社会现象。夏代史迹渺茫，姑置勿论。商、周时代，文化学术完全控制在国家政权机构手中，是贵族统治体制的重要组成部分，是服务于宗教和政治的工具。它只由少数人掌握，并在贵族子弟中传授。尤其在西周，已形成一套完整的控制文化的教育制度。王都内立辟雍，诸侯国设泮宫，地方上有乡学。贵族子弟们在那里接受礼、乐、射、御、书、数等方面的教育，内容均为治理社会、适应贵族生活所必备的观念、政略、制度和技艺，以及维护宗法体制、社会秩序所需要的伦理道德和品行修养。这就是人们常说的"学在官府"。施行教育的地点，同时又是国家或地方举行重大宗教仪式、政治典礼和聚众集会的颁政、议政场所；传授文化的师长，同时也是国家或地方行政机构中特定的官员。在这种政教合一、官师不分的"王官之学"背景下，是不可能产生学派的。那时社会上甚至还没有对知识分子的专称。所谓"士"，似乎含有近于知识分子的义项，但那是后来士的性质变化后引申出来的新义，"士"在西周首先是一种宗法身份，是贵族阶层中的最末一级，而并非专指知识分子。

春秋中期以后，上述情况才有所改变。由于生产方式发生了质的变化，以份地制为基础的村社经济走向衰落，宗法纽带日益松散，贵族政治开始动摇，统治集团对文化教育的垄断也便随之弱化，学术逐渐散落民间。一些具有较高文化素养而又失去官职的没落贵族，开始以私人身份向求学者传授知识和技艺，形成一种特殊的职业；另一方面，许多游离于贵族政治体制之外的"士"子，以及从庶民阶层中上升而脱离了生产劳动的社会成员，为了能进入在社会变动中已大为开放了的仕途，而求师学习文化知识和时兴的技艺。这样，便在王官之学衰微的过程中，出现了私家之学，出现了所谓"一家之言"。学派，便是私家之学兴起并有了相当程度发展时的产物。孔子之前，已经有人从事这种召徒授业的私学，但规模最大，成就最著，其弟子形成了一个强势学派的，当首推孔子。《史记·儒林列传》说："自孔子卒后，七十子之徒散游诸侯；大者为师傅卿相，小者友教士大夫，或隐而不见。故子路居卫，子张居陈，澹台子羽居楚，子夏居西河，子贡终于齐。如田子方、段干木、吴起、禽滑釐之属，皆受业于子夏之伦，为王者师。"这些孔子的高足们，不仅学识优秀，活动力强，而且特别重视师承，身教言授，辗转递传，形成了生机日勃的学风文脉，其社会作用越来越强劲。孔子学派影响之深远，当时及后世皆无与伦比。由此也便出现了"儒"这一对知识者的专称。

儒字的本义，自古至今众说纷呈，但儒者乃指那些身处政权机构之外而又具有一定文化素养、掌握某些技艺的人，则为多数学者所承认。孔子之前，"儒"的这种含义即已形成。《论语·雍也》载孔子告诫子夏的话："女为君子儒，无为小人儒。"儒而能以品格分，说明当时社会上早已存在被称为"儒"的人了。孔子之后，人们称孔子学派的人为儒，并进而以"儒家"专称孔子学派，说明由于孔学的兴起，知识者在社会上具有了更大的普遍性，乃至逐渐形成了一个阶层。儒家学派成员，除了从政之外往往又成为施教者，继续招收弟子传授知识。这种现象，极大地强化了知识、技艺的传承性。《周礼·太宰》谓"儒以道得民"，儒者之道即其传授的知识和技艺，故儒与师常并称。《周礼·大司徒》记职司事务之一即为"联师儒"，郑玄注曰："师儒，乡里教以道艺者。"孔子学派的出现，不仅加速了王官之学衰微后文化下移的趋势，而且开辟了一条更广阔、更开放的延续古代文化传统的渠道。

说孔子是儒家学派的创始人，无疑是正确的；但要进而说孔子是儒学的创始人，恐怕就不那么妥当了。因为，作为一种综合性的意识形态，作为一套完整的思想体系，儒学事实上是对三代传统文化的继承和整理。儒学内容包括宇宙观、历史观、宗教哲学、政治理念、伦理原则、道德规范，以及制度、礼仪等方面的知识和修养。某种程度上说，儒学融会了华夏精神文明中的基本内容。这样一种文化涵盖深且广的思想体系，是不可能由某一个人创造出来的，它只能是社会文化发展的历史性积淀。儒学之所以历久不衰，具有跨时代的生命力，原因也在于此。我们不能把儒家单纯地看作春秋战国期间勃然兴起的诸子百家中的一家，它其实具备许多家共有的东西，代表了我国古代传统文化的主旋律。被儒家奉为神圣经典的"六经"（《诗》、《书》、《礼》、《乐》、《易》、《春秋》），其基本精神远在孔子之前就已形成。《易经》中的某些成分（如《十传》），时代可能较晚，但经之本文出现远在孔子之前则确凿无疑。《春秋》虽被认为是孔子所作，但那也是"因史记"而成，是有鲁之国史为蓝本的。尽管书中反映了孔子个人对历史事件和人物的抑扬褒贬，但总起来说还是对我国古代重史传统和史官文化的继承和发扬。史学之外，"六经"涉及哲学、政治学、伦理学，涉及典章制度和文学艺术，社会文化的主要领域，几乎包罗无遗，实为三代精神文明的结晶，乃孔子以前历史性文化成就的文字遗存。王官之学时代，贵族子弟们学习内容都在"六经"范围之内，孔子授徒也以"六经"内容为主体，是一脉相承的。"六经"精神是儒学的母体和渊源。所以钱穆先生说过这样的话："孔子的新精神与新学说，仍不过从古代经书里再加一层阐发与深入而已。因此孔子同时是平民学的开创者，又是贵族学的承继人。在中国学术上，贵族学时代与平民学时代，一脉相传，只见是一种演进，却不见有所剧变与反革。"[①]钱先生此语不外乎也在强调儒学实际上是传统文化发展的必然产物。

　　孔子声言自己对传统文化抱"述而不作"的态度，事实上当然并非如此，他在文化事业上是有不少作为的。孔子生活在贵族社会正在发生深刻变化的春秋后期，他不可能脱离产生他的那个时代，他的

---

① 《中国文化史导论》（修订本），商务印书馆，1994年版，第86页。

思想学说不可能不反映那个时代的矛盾。孔子所说的"述",可以理解为对传统文化的认识、整理、解释和阐发,这种"述"的工作,必然渗入述者所处时代的观念,从而赋予所述文化许多新的内容。正如一些学者所指出的,孔子是"以述为作"。但不管怎么说,"述而不作"的主张,不仅反映了孔子对传统文化的肯定和崇尚,也表明孔子的学术思想主体框架是对传统文化的承袭。儒学中打着春秋后期时代烙印的那些内容,其实也是传统文化本身在新的历史时期必然会有的合理发展。如被视为儒学核心内容的"仁",就是从西周以来不断强化着的"敬德保民"思想演化出来的。以"天命"说为灵魂的天道观念的淡化,和以庶民阶级地位上升为基础的重民思想的抬头,是西周至战国这一历史时期意识形态发展的总趋势。孔子关于"仁"的学说,就是这种趋势下的产物。此外,儒学的重史尊古,崇尚祭祀,倡导礼乐,主张贵贱有序,维护宗法伦理,重视个人修养等思想观念,无一不是中国传统文化早已孕成的内涵。

春秋时期,随着贵族社会的趋于没落,各国政权结构和施政方略都发生明显变化,涌现出一批适应社会发展、具有革新倾向的政治家。他们学识卓越,思想进步,处事开明,他们的治国理政举措,被史家称之为"贤人政治"。如周之单穆公、伶州鸠、鲁之柳下惠、叔孙穆子,齐之管仲、晏婴,晋之赵孟、范燮、叔向,楚之观射父、子西,秦之百里奚、由余,郑之子产,卫之蘧伯玉等,他们都是当时中国文化的代表性人物。综观他们的思想、言论和行为,已完全合乎儒学基本宗旨。像天道观方面重人事而轻鬼神的思想,政治领域的民本主义与德刑相辅观念,社会实践中经邦济世以道自任的积极态度,个人修养上自强不息严于律己的高尚品格,都已开儒家学术、道德之先河。这些"贤人"有较高的社会地位和影响,其言行对儒家学派的孕育形成,起过巨大的推动作用,他们是儒学的先行者。

在这批儒学先行者中,吴国公子季札是非常令人瞩目的一位,在他身上,儒学精神有极其鲜明的体现。下面让我们对季札的思想和行为作一番粗浅分析,以略窥孔子之前儒学先行者的人文素养和精神风貌。

二、儒学先行者季札

吴国的早期历史,笼罩着一团迷雾。《史记·吴世家》所载周之太伯、虞仲为向季历让国而奔荆蛮,断发文身以建勾吴的故事,曾受到许多学者的怀疑。从文献记载的历史看,吴在周初受封后,一直到寿梦即王位前,似乎与中原列国很少有政治交往。《国语·郑语》载桓公问史伯"可以逃生"之地,史伯分析了成周四面的形势:南北各举九国,东西各举八国,独不言及吴。但吴国事实上确与周同为姬姓,考古发现已揭示春秋时期吴国的经济、文化并不落后于中原。寿梦时吴已称王,这是其国势不仅足以慑服周围部族,而且有与相邻大国如楚、越、鲁等抗衡的表现。寿梦二年,吴曾伐过郯,从而使鲁国执政大臣季文子发出"中国不振旅"的感叹。总之,吴国社会并非如部分学者认为的那样,一直处于脱离华夏文明体系而独自发展的状态,吴国与中原地区的文化交流只是在文献记载中没有充分显示罢了。学识素养完全与中原文化融为一体的季札的存在,也是一个证明。

季札是吴王寿梦第四个儿子,封于延陵,时称延陵季子;后又加封州来,故又称延州来季子。其生卒年无考,但他至少要比孔子早一个辈次(季札首次让国在鲁襄公十四年,又过了八年孔子才出生)。季札的文化修养和道德品行,在先秦史上闪着耀目的光辉。在后世儒家心目中,季札的形象高度完美,儒家所推崇的思想和品格,他大多具备。他是儒家的榜样。

(一) 礼让守节的道德风范

儒学思想体系中,最重要的两个概念是"仁"和"礼"。"仁"指人际关系中的恕道善心,"礼"指社会生活各领域的制度与行为规范。如果说"仁"是"礼"的思想基础的话,"礼"则显示了"仁"的社会功效。儒学治世之道的主旨是"定序",要求每个人都在自己的社会处位上自觉地履行义务和职责,不消极偷懒,不越本分,这样天下便会一片太平。"定序"思想最为专制主义政权所需要,因为在血缘宗法纽带松弛之后,统治与被统治的"序"便全靠强权和道德力量来支撑了。"礼"的作用就在于定序。《左传·昭公二十六年》载晏婴的一段话,是对"礼"之作用的极好概括:"礼之可以为国也久矣,与天地并。君令,臣共,父慈,子孝,兄爱,弟敬,夫和,妻柔,姑慈,妇听,礼也。君令而不违,臣共而不贰;父慈而教,子孝而箴;兄爱而友,弟敬而顺;夫和而义,妻柔而正;姑慈而从,妇听而婉,礼之善物也。"这便是儒家"礼治"所要达到的目标。正因为"礼"是如此重要,孔子才提出要做到"非礼勿视,非礼勿听,非礼勿言,非礼勿动"。①

季札是习礼专家。在关于季札的所有记载中,其言行不曾有任何失礼之处。他曾多次肩负重大使命,交通列国,还轸诸侯,不精谙礼仪是难以承担这类任务的。《左传·襄公二十九年》载季札出使郑国时,曾告诫子产:"子为政,慎之以礼。不然郑国将败。"他把礼视为关系国家存亡的决定性因素。《礼记·檀弓下》更有季札精于礼仪的明证:"延陵季子适齐,于其反也,其长子死,葬于嬴、博之间。孔子曰:'延陵季子,吴之习于礼者也。'往而观其葬焉。其坎深不至于泉,其敛以时服,既葬而封,广轮揜坎,其高可隐也。既封,左袒,右还其封且号者三,曰:'骨肉归复于土,命也!若魂气则无不之也,无不之也。'而遂行。孔子曰:'延陵季子之于礼也,其合矣乎!'"是时孔子还很年轻,他慕季札善礼之名,特地赶到墓地现场,观摩、学习父葬子的礼仪。由于这是在异国他乡的葬礼,不同于常制,既要不违礼之正旨,又要有所变通,是很难掌握的。季札处理得很合宜,博得了孔子的敬佩。

季札的礼让风范,突出表现在其"让国"行为上。季札是少子,却又最贤正聪敏,故其父寿梦想立他为太子。对此,季札坚决辞让。寿梦只好按常规立长子诸樊。寿梦死后,诸樊又让位于季札,季札谢曰:"曹宣公之卒也,诸侯与曹人不义曹君,将立子臧。子臧去之,遂弗为也,以成曹君。君子曰:'能守节矣。'君义嗣,谁敢奸君?有国,非吾节也。札虽不才,愿附于子臧,以无失节。"②季札认为诸樊作为嫡长子继承君位是"义嗣",违背这个原则便是不义。他表示要坚决维护嫡长继承制这个"礼",决不贪慕君位而"失节"。人们强迫他就

---

① 《论语·颜渊》。
② 《左传·襄公十四年》。

君位,他竟"弃其室而耕",终不从命。为了使王位最后落到季札身上,诸樊等议定王位由兄弟们依次相传,但季札始终守节如一,轮到他即君位时,他以出逃的方式再次表示自己决不有国的节操。前文讲过,"礼"的作用是定序,君臣之别,尤为序之大者。在季札看来,最高统治权的归属,如无严格的制度保障,君位移换势必伴随着残酷的争夺,那对国家来说是巨大的灾难。嫡长子继承制就是为保证君位正常传递而形成的大礼,必须坚定维护。

儒家推行礼治,又提倡谦让。《国语·周语》:"圣人贵让……在礼,敌必三让。"韦注:"敌,体敌也。"意指双方权位、势力相当。相当者,在礼必让。"让"的内核是"谦",而"谦"意味着对自身冷静求实的评价,和对他人的尊重与信任。如果大家都能让之以礼,则阶级社会中人际关系必有的矛盾将大为减弱,各种利益之间的摩擦、斗争将得到润滑和缓冲。让国是最高层次的礼让,自然受到儒家最高的推崇。《论语·里仁》载孔子语:"能以礼让为国乎,何有? 不能以礼让为国,如礼何?"即把礼让品德提升到"为国"的高度来认识。儒家盛赞三代以前的"圣王",原因之一是那些"圣王"能实行君位的"禅让"。先周史上为让国而出亡的太伯、虞仲,商末因互相让位而共同奔周的孤竹君二子伯夷、叔齐,都是儒家誉不绝口的大贤。司马迁写《史记》将伯夷置于列传之首,并在《自序》中说:"末世争利,维彼奔义,让国饿死,天下称之。"可谓深得儒家重让之旨。季札备受后世儒家称赞,首先是因为其让国之举,被认为是实践儒家礼让思想的范例。

(二)济世而不危身的从政原则

季札虽一再让国弃位,却决不逃避政治生活。他是个敢于面对现实又能审时度势,既讲原则又讲策略的政治家,正是儒家所欣赏的那种"外圆内方"气质的典型。在政局转换的危机时期,他总是顾全大局,委曲周旋,维护国家利益,减少民众损失。当自身握有主导权的时候,他处事坚持个人信念,循礼恃德,毫不动摇;当无力改变客观形势的时候,他并不强求正义,忘我奋争,作无谓的牺牲;当国家需要他去执行一些艰巨任务的时候,他则不辞辛劳,不计利害,勉力而为。这也就是儒家在社会实践中所主张的济世而不危身原则。儒家虽也肯定并歌颂"杀身成仁""宁为玉碎,不为瓦全"的为真理和正义献身的刚性气概,但实践中更多地倾向于顺应时势、能屈能伸的柔性态度。孔子就主张:"邦有道,危言危行;邦无道,危行言孙",①"邦有道则仕,邦无道则可卷而怀之"。②《说苑·正谏》曾评论过孔子对"谏"的态度,最后的结论是:"智者度君权时,调其缓急而处其宜。上不敢危君,下不以危身。故在国而国不危,在身而身不殆。"季札就做到了这一点。

在君位继承问题上,他认为兄弟相及不义,却不能阻止其三位兄长的相及安排;他只能接受既成事实,并为每一个兄长乃至侄子的政权服务,尽为臣之礼。公子光发动政变刺杀王僚时,季札正出使在外,归来后公子光"致国"于他,他沉痛地说:"尔弑吾君,吾受尔国,是吾与尔为篡也。尔杀吾兄,吾又杀尔,是父子兄弟相杀,终身无已也。"③季札清醒地意识到自己无法改变已成的局面,他既不能就君位,更不能追究政变者。是时公子光已大权在握,季札如要主持正义,讨伐公子光,无异于以卵击石。在这种情况下,他表了这样的态:"苟先君无废祀,民人无废主,社稷有奉,国家无倾,乃吾君也,吾谁敢怨?哀死事生,以待天命。非我生乱,立者从之,先人之道也。"④他跑到王僚墓前痛哭了一场,然后回家静候新君的处置。这是一种政治上的"随遇平衡"。季札既不愿充当慷慨悲壮的殉义烈士,又未能成为叱咤风云、力挽狂澜的铁腕英雄,便只有明哲保身一条路可走。他所坚守的"义"和"节",看来更多的是只局限于自身;别人行不行义,守不守节,他不想也无力干预。在逆施的强权或恶势力面前,他只能以"非我生乱"来作自我安慰。这种处世态度当然有其可悲的一面,反映了上层知识分子的软弱性,这也是大部分儒家学者共有的弱点。儒家既倡导维护正义,以道自任,又宣扬审时度势,独善其身,在理论上始终没有也不可能处理好二者之间的关系。从宏观角度说,这种现象是贵族社会衰落期知识分子的社会处位所决定的。他们追求理想的政治境界和人际关系,又面对复杂尖锐的社会矛盾,而自身又不

---

① 《论语·宪问》。
② 《论语·卫灵公》。
③ 《公羊传·襄公二十九年》。关于王僚的辈分,传闻可能有误。据《史记·吴太伯世家》,王僚应为季札之侄。
④ 《左传·昭公二十七年》。

具备掌控局势的主导权,只不过是贵族政权的依附者;所以,他们只能努力缩小理想与现实间的差距,而决没有能力和胆略去从根本上改变现实,敢于讲出自己的一些真实想法,就已经值得敬佩了。

　　季札在政治生活中的明哲保身原则,也反映在他对别人的告诫上。据《左传·襄公二十九年》载,季札访问列国时,至齐,曾劝告晏婴:"子速纳邑与政。无邑无政,乃免于难。齐国之政,将有所归;未获所归,难未歇也。"至晋,赠言叔向:"吾子勉之。君侈而多良,大夫皆富,政将在家。吾子好直,必思自免于难。"在戚,听到孙文子家里有钟鼓之声,他评论说:"异哉!吾闻之也:辩而不德,必加于戮。夫子获罪于君以在此,惧犹不足,而又何乐!夫子之在此也,犹燕之巢于幕上,君又在殡,而可以乐乎!"随即离开了戚地。这都表明,季札对从政者如何方能"免于难"是很有研究的。在几经动荡的吴国最高领导层中,季札得以终生安全无恙,而又保持了名节,实非偶然。司马迁称赞他"见微而知清浊",不为溢美。也就是说,他不能改变现实社会政治斗争的格局,但却始终保持着清醒、敏锐的头脑,洞悉风云变幻,从而预见形势的某些发展。

　　但季札在自己可以控制局势的情况下,态度却并不消极。他会殚精竭诚,不辞辛劳,显示出鞠躬尽瘁死而后已的精神。他曾多次奉命远使列国,如前引《檀弓》所言,有一次出使,陪他同行的长子都病死在归途上。《说苑·尊贤》云:"吴用延州来季子,并冀州,扬威于鸡父。"他有显著的政绩,为吴国的强盛作出过贡献。《左传·哀公十年》载:"冬,楚子期伐陈,吴延州来季子救陈,谓子期曰:'二君不务德,而力争诸侯,民何罪焉?我请退,以为子名,务德而安民。'乃还。"是时季札已年事甚高,但还在领兵作战。为了"安民",他主动撤兵,把胜利的荣耀送给敌方将领。这有力地表明,在季札握有主导权的事情上,他有胆识和魄力按自己的思想原则采取行动。《说苑·政理》记述季札对晋国政情的一段议论:"吾入其境,田亩荒秽而不休,杂增崇高,吾是以知其国之暴也。吾入其都,新室恶而故室美,新墙卑而故墙高,吾是以知其民力之屈也。吾立其朝,君能视而不下问,其臣善伐而不上谏,吾是以知其国之乱也。"只有精通政务,关心生产,体贴民情,极富治国经验的人,才能有如此敏锐的观察力,才能作出如此切实的针砭。在这些方面，季札身上洋溢着经邦济世、恪守职责的实干气质。由此我们也便理解，为什么寿梦之后吴国递换了那么多君主，无论贤与不肖，每一位君主都对季札高度倚重。

（三）闻声知义的音乐修养

"乐"为儒学"六艺"之一，向来与"礼"并称而兼重，占据着儒学体系中最深邃肃穆的领域。儒学的特色之一，就是把音乐和政治紧密地联结在一起。音乐不仅是贵族社会的一种高雅的精神享受，更是陶冶人们心灵、调节人际关系的一种手段。关于此，儒家有一套高妙的理论。《礼记·乐记》云："乐者，天地之和也；礼者，天地之序也。和，故百物皆化；序，故群物皆别。""故礼以道其志，乐以和其声，政以一其行，刑以防其奸。礼、乐、刑、政，其极一也，所以同民心而出治道也。"《说苑·修文》引孔子语曰："移风易俗，莫善于乐；安上治民，莫善于礼。"为什么音乐与"治道"有这么大的关系？因为，"凡音者，生人心者也。情动于中，故形于声。声成文，谓之音。是故治世之音安以乐，其政和；乱世之音怨以怒，其政乖；亡国之音哀以思；其民困。声音之道，与政通矣"。音乐表现人们的思想感情，而思想感情又反映人们的物质生活。换言之，有什么样的现实，便有什么样的音乐，所以音乐与政治攸关。另一方面，音乐又能反过来影响人们的思想情感，调整人们的心理状态，从而强化人们对现实的态度，这也是颇受政治家关注之处。音乐的作用在一个"和"字，不同韵调的声音，融合成优美婉转的旋律，抒发着不同阶层人们的情感，聚汇成一片纯真。这便意味着政通人和，臻于至治。在儒家心目中，政治、宗教、道德都应当与音乐完美地结合，这才是社会与人生的理想境界。

作为春秋中期贵族文化圈中的典范人物，季札不仅精通韵律，而且深明乐理。其音乐修养已超凡脱俗，出神入化；其对声韵音色的欣赏，已临行到水尽坐看云起之佳境。《左传·襄公二十九年》和《史记·吴太伯世家》都曾详述季札聘鲁"观乐"的经过："使工为之歌《周南》《召南》，曰：'美哉！始基之矣，犹未也，然勤而不怨矣。'为之歌《邶》《鄘》《卫》，曰：'美哉渊乎！忧而不困者也。吾闻卫康叔、武公之德如是，是其《卫风》乎！'为之歌《王》，曰：'美哉！思而不惧，其周之东乎?'为之歌《郑》,曰:'美哉!其细已甚,民弗堪也。是其先亡乎!'为之歌《齐》,曰:'美哉,泱泱乎!大风也哉!表东海者,其太公乎?国未可量也。'为之歌《豳》,曰:'美哉,荡乎!乐而不淫,其周公之东乎?'为之歌《秦》,曰:'此之谓夏声。夫能夏则大,大之至也,其周之旧乎?'为之歌《魏》,曰:'美哉,沨沨乎!大而婉,险而易行,以德辅此,则明主也。'为之歌《唐》,曰:'思深哉!其有陶唐氏之遗民乎?不然,何其忧之远也?非令德之后,谁能若是。'为之歌《陈》,曰:'国无主,其能久乎!'自《郐》以下无讥焉。为之歌《小雅》,曰:'美哉!思而不贰,怨而不言,其周德之衰乎?犹有先王之遗民焉。'为之歌《大雅》,曰:'广哉,熙熙乎!曲而有直体,其文王之德乎?'为之歌《颂》,曰:'至矣哉!直而不倨,曲而不屈,迩而不偪,远而不携,迁而不淫,复而不厌,哀而不愁,乐而不荒,用而不匮,广而不宣,施而不费,取而不贪,处而不底,行而不流。五声和,八风平。节有度,守有序,盛德之所同也。'"[①]

季札在事前不知所奏为何种乐曲的情况下,不仅能准确无误地判断该乐曲产生的地域和时代,还能精要地辨识出其主题和艺术风格。特别值得注意的是,在评论乐曲的思想与特色时,季札总要和政情民风相联系,甚至直接据音乐情调论析某国的兴衰。这一切不仅反映季札音乐造诣所达到的高度,反映他对欣赏音乐的痴情,更显示出他对音乐与社会关系的认识,显示他对音乐精神作用的重视。季札的音乐观,既植根于华夏传统文化的深厚土壤,又对日后形成完整体系的儒家音乐理论产生巨大影响。

(四)忠信坦诚的交友之道

在有关季札的诸多记载中,挂剑冢树的故事颇为后世称道,被视为古代崇高友情的典范。《史记·吴太伯世家》:"季札之初使,北过徐君。徐君好季札剑,口弗敢言。季札心知之,为使上国,未献。还至徐,徐君已死,乃解其宝剑,系之徐君冢树而去。从者曰:'徐君已死,尚谁予乎?'季子曰:'不然。始吾心已许之,岂以死倍吾心哉!'"刘向《新序·节士》亦载此事,末云:"徐人慕而歌之曰:'延陵季子兮

[①] 《左传·襄公二十九年》。

不忘故,脱千金之剑兮带丘墓,"此事感人至深,传为千古佳话,成为东方式高尚友谊的经典性掌故。我们心镜中闪现出季札纯朴真挚的灵魂——对朋友,既然"心已许之",便必与之,即使死亡也不能中断这种心灵之约。一把剑,实际上是一片情意的象征。《节士》所载季札答从者语曰:"吾心许之矣,今死而不进,是欺心也;爱剑伪心,廉者不为也。"这也正是儒家所追求的那种"内省"精神境界:决不背叛自己的善美之心,决不因利而伪,决不让自己心灵上蒙一丝阴影。儒家一贯把朋友交往看得非常严肃,非常重要,《毛诗·伐木序》云:"自天子至于庶人,未有不须友以成者。亲亲以睦,友贤不弃,不遗故旧,则民德归厚矣。"《孝经》云:"士有争友,则身不离于令名。"孔子提倡"以文会友,以友辅仁"。《论语》中有不少关于交友之道的格言警句。儒家交友之道的宗旨、核心仍是忠、信二字。人们熟知的曾子每日三省中有两省即属交友范围:"为人谋而不忠乎?与朋友交而不信乎?"强调的就是忠与信。这意味着对朋友要以心相见,知无不言,竭诚相助。季札交友即遵循这样的原则。史载季札出使列国,结交了不少朋友,他们都是些知名度较高的、很有学识的贤明之士。对他们中的许多人,季札曾极诚挚地给以忠告;有些话说得极不客气,然而却是肺腑之言。如对鲁国的叔孙穆子,季札几乎来了一顿当头棒喝:"子其不得死乎!好善而不能择人。吾闻君子务在择人,吾子为鲁宗卿,而任其大政,不慎举,何以堪之?祸必及子!"[1]由于季札有崇高的声望,更由于他能坦诚相待,朋友们都对他十分敬仰,并不因其批评尖锐而恼怒。有些人诚恳地接受了季札的意见,从而避免了政治危难。前文曾述季札使晋过戚,闻孙文子府中奏乐所发的一段评论。史载文子得知后顿然觉悟,深以季子语为诫,乃至"终身不听琴瑟"。可见季札交友之道的感召力。

以上四个方面,显示季札的为人,已完全具备了儒家理想人物的气质和品格。这表明,在孔子之前,儒学的基本精神早已形成;不仅在中原地区,即使在尚被视为蛮夷之邦的吴国,儒学精神也已居于社会思潮的领航地位。在春秋之后漫长的封建时代,儒学一直是中国

---

[1] 《左传·襄公二十九年》。

文化的主体成分,这同儒学对早期华夏文明作了全面继承有着直接关系。

(原载俄军主编《孔子圣迹图》,敦煌文艺出版社,2004年)

从黄帝传说看甘肃古史影迹

有关黄帝神话传说反映的远古史影,和甘肃地区有密切关联。黄帝与伏羲,在传说中显示出前者对后者的承袭;而伏羲部族的活动,又被学界认为同大地湾文化相对应。黄帝的身世和功业,不论时间、地域还是社会发展阶段,都可以在甘肃新石器时代后期文化遗存中找到印证。联系我国史前文化的源流走向及演进融汇来思考,我们可做出这样的判断:黄帝部族应当是甘肃地区主流史前文化后期遗存的主人。

一

和人类全部成长历史相比,文字记载的历史是很短的。人类跨进文明大门以前漫长的远古经历,零零散散地保存在初民的群体记忆中,以递代口耳相授的方式延传于后世。直到发明了文字,人们才渐渐把那些传说片段记载于文籍中。由于远古时代初民精神世界尚处于蒙昧状态,还不能自觉地意识到人的主观思维与客观环境的区别,在他们心目中人和自然是一个整体。正如费尔巴哈所说:"人本来并不把自己与自然分开,因此也不把自然与自己分开;所以他把一个自然对象在他身上所激起的那些感觉,直接看成了对象本身的性态。"[①]也就是说,自然力也被人格化了,被心灵化了,自然界的现象和人是相通的,是相互感应的,人也能具有自然所表现出来的性能。所以,关于远古史事和人物的群体记忆便往往被笼罩在奇异的光环中,

---

① 《费尔巴哈哲学著作选集》,商务印书馆,1984年版,下册,第458页。

渗透着初民的想象,形成我们今天所说的神话。但那就是那个时代人们对自然和社会的理解,是以现实存在为基础的,人们相信那是真实的。民族精神赋予初民把那些认知和感受传递给后代的信念,认为这是很神圣很严肃的事情。因此我们说,神话传说是童年期人类的精神产品,包含着真实的内核,沉淀着发育中的智慧,闪烁着远古的史影。我们要了解史前时代,除了依靠田野考古所揭示的物质遗存外,也离不开对神话传说的探究。只要善于运用历史唯物主义的观点和方法,科学地区分神化传说中的虚化因素和史事因素,剔除其在流传及记录过程中后世添加的成分,并充分利用当代文化人类学与考古学已取得的成果,神话传说对于我们认识远古社会是有很大帮助的。

我国古代神话传说中,有一部分和甘肃地区有密切联系,尤其是关于伏羲、黄帝和禹的传说,特别值得我们关注。他们都是我国远古历史上非常关键的人物,他们所代表的部族,都为社会的进步做出过巨大贡献。伏羲的时代,约相当于新石器时代的开端;黄帝的时代,正处在军事民主制的全盛期,是中华民族趋于形成的决定性阶段;禹的时代,已迎来文明的曙光,奠定了夏王朝的基础。他们的身世和功业同甘肃地区相关联,启发我们思考甘肃地区史前文化的发展高度、演变流向,以及它和中原文化的关系。上个世纪后期,随着秦安大地湾遗址的发现,有些学者已经敏锐地注意到了这个问题,开始将神化传说同考古发现结合起来进行研究,出现了一批可喜的学术成果。但这一领域牵扯的问题很多,不是短时间内所能完全解决的,许多方面还有待于学界作更全面更深入的探讨。关于伏羲、女娲同甘肃古史的关系,不久前笔者写过一篇论析的文章,①现在想对黄帝传说再略作整理,并谈点粗浅的看法。

二

黄帝在我国古代传说中,具有非常特殊的地位,可以说是由神话

---

① 《伏羲女娲传说与甘肃远古史》,见本书第272页。

人物脱胎而成历史人物的典型。人们把上古社会初民改造自然、发展生产、育兴文化的许多重大成就,都归功于黄帝或黄帝指导下的臣属。黄帝"生而神灵,弱而能言,幼而慧齐,长而敦敏,成而聪明。治五气,设五量,抚万民,度四方","时播百谷草木,故教化淳鸟兽昆虫,历离日月星辰,极畋土石金玉,劳心力耳目,节用水火财物。"①"黄帝之前,未有衣裳、屋宇。及黄帝造屋宇,制衣服,营殡葬,万民故免存亡之难。"②"始垂衣裳以班上下,刳木为舟,剡木为楫,舟楫之利,以济不通。服牛乘马,以引重致远。重门击柝,以待暴客。断木为杵,掘地为臼,杵臼之用,以利万人。弦木为弧,剡木为矢,弧矢之利,以威天下。""使岐伯尝味草木,典医疗疾,今经方本草之书咸出焉。其使仓颉又取象鸟迹,始作文字,史官之作,盖自此始,记其言行,策尔藏之,名曰书契。自黄帝以上,穴居而野处,死则厚衣以薪,葬之中野。结绳以治。及至黄帝为筑宫室。上栋下宇,以待风雨,而易以棺椁。制以书契,百官以序,万民以察,神而化之,使民不倦。"③古文籍中这类记载还有很多,言及黄帝的功业,比上引材料还要宽泛。总之,上及天文,下至地理,治国化民,宣礼定制,衣食住行,婚育疾丧,社会生活赖以运转的一切,都由黄帝创设导施。在经济、政治、文化、民俗各个领域,黄帝都把社会引入一个全新的时代。

还有一种现象更值得我们关注,在我国传统史学中被纳入远古史系的许多"圣王",在传说中几乎全都向黄帝靠拢,成为黄帝庞大家族的分支首领。如夏王朝之前的尧和舜,夏民族的先祖禹,商民族的先祖契,周民族的先祖后稷,楚族的先祖吴回,秦族的先祖伯益等,都分别统属于高辛氏和高阳氏两大体系,而合归于黄帝所出的少典族,成为黄帝的后裔。这种诸圣世系归一的趋向,比较集中地反映在战国后期出现的《帝系》一书中。司马迁撰《史记》叙述我国历史的源头,即依《帝系》从所谓"五帝"写起,而黄帝则被置于五帝之首。司马迁的这种做法,颇受近世学者们的非议,因为以黄帝为共祖的一元化上古史体系,同早期的较原始的传说记载并不相符,显然经过了战国

---

① 《大戴礼记·五帝德》。
② 《史记·五帝本纪正义》。
③ 顾尚之辑《帝王世纪》,《丛书集成初编》本,中华书局,1985年版。

时期儒家们的整理加工。但需要指出,司马迁所遵从的,是当时客观存在的一种文化趋势。和秦、汉帝国的政治大一统相应合,人们在精神观念上对文化、对历史也形成了大一统的要求。作为一个尚未完全走出王官史学传统的"太史公",司马迁不可能脱离那个文化背景。在《史记·三代世表》前的序言中,司马迁说:"余读谍记,黄帝以来皆有年数。稽其历谱牒终始五德之传,古文咸不同,乖异。"这表明,司马迁所接触到的那些文献资料,虽然纷杂错乱,但却都把上古史体系溯至黄帝。《史记·五帝本纪》对传说材料进行过选择取舍,在宏观上还是反映了黄帝之后的历史走向。

应当承认,我国史前文化的生态是多元化的,但多元的史前文化在发展过程中,必然存在相互接触、渗透、交流、碰撞乃至融汇的现象。在事物发展不平衡规律作用下,有一些文化渐处于领先的强势地位,其周边的他种文化可能以某种形式慢慢融入强势文化之中。也就是说,经历了漫长的演化过程,多元性文化会走向趋同的道路。到新石器时代后期,广阔地域范围内的几种强势文化不断发展壮大,在进入军事民主制阶段后,上述趋同的步伐会明显加快。经过若干次规模较大的部落或部落联盟间的战争,最终出现部族大融合的局面。黄帝正是那个时代核心部族的代表。所以我们说,司马迁以黄帝为总纽结的上古史脉一元化体系,不单纯是秦汉时代大统一精神的产物,实际上更是史前多元文化区系汇聚成华夏文明中心的史态反映。"早期父系氏族社会系谱,虽是以氏族首领名字递接形式表示的,但却不能把这种递接视作个体与个体的血缘关系。氏族世系上溯得越远,首领名字越有可能是族群发展史上的一个阶段标记。只有那些曾为部族做过杰出贡献的首领,才能在世代相传的群体记忆中留下较深的痕迹。严格的父子相承的血缘族统世系,是父权宗法制度完全确立、社会进入文明时代之后的产物。如果我们把司马迁所叙述的家族式古史体系,看作部落联盟时代的部族统属关系,把那些远古皇王君主看作是一些部族辉煌时期的代号,也许会更接近历史的真实。这样,那些人物的世系递接,便只显示部族发展过程中重要阶段的先后顺序,而不是祖、父、子、孙的血缘辈次;那些男女人物的夫妻称谓,也就只能反映部族之间的通婚关系。"①黄帝时代是我国史前文化百川归流、部族融合空前加速的时代。史载黄帝"迁徙往来无常处,以师兵为营卫,官名皆以云命,为云师。置左右大监,监于万国。"②这正是军事民主制下的景象。强势部落或部落联盟间为争夺主导权和地域控制权而展开一系列的战争,战争成为决定社会发展方向的主要手段,而众多的小部族(即所谓"万国")则依属于强势部落或部落联盟。所以,关于黄帝传说的一项重要内容便是战争,其中最著名的即涿鹿之战和阪泉之战。

涿鹿之战是黄帝部族联合炎帝部族对蚩尤部族的战争。综合诸多文籍记载看,黄帝、炎帝、蚩尤是当时中国北方三个强势部落联盟的首领。黄帝、炎帝两个部族都出于少典氏,《国语·晋语》云:"昔少典娶于有蟜氏,生黄帝、炎帝。黄帝以姬水成,炎帝以姜水成,成而异德,故黄帝为姬,炎帝为姜,二帝用师以相济也,异德之故也。"显然,这是最初由一个部落衍分而成的两个血缘关系相近的部族。我们在后文还将谈到,这两个部族是在西北黄土高原上成长起来的,后来向中原地区发展,与东夷集团西向发展的蚩尤部族相遇。"用师以相济"的"济"字,韦注以"挤"释之,意为排斥、消灭,从后来二族发生战争的角度说,韦释有一定道理;但就涿鹿之战言,二族是联合起来对付蚩尤族的,以"济"之本义救助理解也未尝不可。关于涿鹿之战,虽也有神话色彩很浓的故事流传,但一些先秦文献多用严肃的纪实文笔叙述,史事成分较强。如《尚书·吕刑》载周穆王与吕侯言刑法之制定时,即曾征引"蚩尤惟始作乱,延及于平民,罔不寇贼"的史事。《逸周书》更以述史口气详言之:"昔天之初诞作二后,乃设建典,命赤帝分正二卿,命蚩尤宇于少昊,以临四方,司口口上天未成之庆。蚩尤乃逐帝,争于涿鹿之阿,九隅无遗。赤帝大慑,乃说于黄帝,执蚩尤,杀之于中冀。以甲兵释怒,用大正顺天思序。"这里所说的"赤帝"就是炎帝。涿鹿之战以蚩尤部族的失败而告终。传说中的蚩尤,形象狰狞可怖,行为暴戾;而黄帝则正义凛然,且有各种神力相助。传说中的神话成分也反映了当时人们的心理状态,先进而又强大的部落联盟已是众

---

① 祝中熹《早期秦史》,敦煌文艺出版社,2004年版,第9页。
② 《史礼·五帝本纪》。

望所归,历史发展到这个阶段,已要求出现核心性的部族集团。

战胜了蚩尤之后,大约是为了争夺部落联盟领导权的缘故吧,黄、炎二族又发生了阪泉之战。《列子·黄帝篇》曰:"黄帝与炎帝战于阪泉之野,帅熊、罴、狼、豹、虎为前驱,雕、鹖、鹰、鸢为旗帜。"《史记·五帝本纪》所载略详:"炎帝欲侵凌诸侯,诸侯咸归轩辕。轩辕乃修德振兵,治五气,艺五种,抚万民,度四方,教熊、罴、貔、貅、貙、虎,以与炎帝战于阪泉之野。三战,然后得其志。"黄帝号轩辕氏,所言诸种动物,实即加盟黄帝集团的一些部族,各以其动物图腾名之。阪泉之战炎帝部族战败,确立了以黄帝部族为核心的部落联盟在中原地区的主导地位。经过涿鹿、阪泉两次大规模战争后,黄帝、炎帝、蚩尤三大部族集团相融合,奠定了华夏民族的基础。后来又发生了以黄帝为首的中原部族集团同长江流域的三苗部族集团的战争,结果仍以黄帝集团胜利告终。这些是文明时代前夜影响最大的几次部族战争,为雏形国家的孕生铺平了道路,所以在群体记忆中留下了非常深刻的印象。《绎史》(卷五)评黄帝曰:"修德改政,习用干戈。战炎帝于阪泉,禽蚩尤于涿鹿,四征弗庭,罔不率服,诸侯尊之,遂王天下。盖自太古以来,以武功定天下,黄帝其首称也。"这正是抓住了黄帝在部族战争中的功业而立论。黄帝不仅是领导其部族集团取得一次又一次辉煌胜利的英雄,更重要的他是部族融合的象征,中华文明形成期的标志。传说之所以把我国史前社会几乎所有的重要创举都归之于黄帝,就因为他是那个时代的集大成者;他所统领的那个部族,在政治、经济、文化诸方面,都代表了我国新石器时代后期社会发展所达到的高度。

三

黄帝传说与甘肃地区的远古历史在许多方面有关联。我们首先应当注意到,在黄帝身上隐约地闪现着伏羲的影迹;而伏羲代表着一个在新石器时代早期即已活跃在甘肃东部的部族,很可能就是大地湾文化的创造者。

传说中伏羲和黄帝的功业,有一些是重合的,如对畜牧业的发展,倡行熟食等;有一些是后者在前者基础上的演讲,如文字书契的发明,张扬音乐艺术等。最引人瞩目的是他们的神话身份,他们都是传说中的雷神。《淮南子·地形训》云:"雷泽有神,龙身人头,鼓其腹而熙。"《山海经·海内东经》云:"雷泽中有雷神,龙身而人头,鼓其腹。在吴西。"由于有关伏羲的神话都说其母华胥在雷泽履大人迹而孕伏羲,而且都说伏羲的形象是人首龙身,所以上引两条材料中的雷神,大家认为就是伏羲。而汉代的纬书又几乎一致地说黄帝是雷神。《河图稽命征》云黄帝之母附宝,"见大电光绕北斗权星,照耀郊野,感而孕,二十五月而生黄帝轩辕于寿邱。"《河图帝纪通》:"黄帝以雷精起。"《春秋合诚图》:"轩辕,主雷雨之神也。"《大象列星图》:"轩辕十七星在七星北,如龙之体,主雷雨之神。"黄帝之正妃为西陵氏女,名嫘祖,又称雷祖,《山海经·海内经》:"流沙之东,黑水之西,有朝云之国、司彘之国。黄帝妻雷祖,生昌意。"黄帝的次妃则为"方雷氏女",都和"雷"有关。此外,伏羲和黄帝都与龙有不解之缘。伏羲为龙身人首,乃古文籍一致的说法;也有蛇身人首的记载,其实质是一样的,因为蛇就是龙的前身和母型。大量汉晋时期伏羲、女娲蟠体交尾画像石刻及绢画,已为传说作了形象化的注释。伏羲部族以龙为图腾,可以说是确凿无疑的。所以,后来在传说中与伏羲合为一人的太暭,也是以龙为图腾的,《左传·昭公十七年》载郯子语,说"太暭氏以龙纪,故为龙师而龙名。"在起源甚为古远的"四灵"学说中,太暭成了以青龙为象征的东方之神。传说中的黄帝,虽然不能说也是以龙为图腾的,但和龙却有极密切的关系。《国语·郑语》载龙化为玄鼋的神话,玄鼋即轩辕。《史记·天官书》说:"轩辕,黄龙体。"《潜夫论·五德志》在叙述了附宝感受电光而孕生黄帝的故事后也说他"其相龙颜"。《春秋元命苞》亦云"黄帝龙颜"。《山海经·海外西经》谓轩辕之国"在女子国北,人面蛇身,尾交首上。"《大荒西经》亦曰:"有轩辕之国,其人人面蛇身。"黄帝军队的主帅名"应龙",黄帝作宝鼎有龙自天而下载其升仙。总之,种种迹象表明,黄帝部族与伏羲部族存在某种文化上的承袭关系。《春秋内事》云:"黄帝师于风后,风后善于伏羲之道,故推演阴阳之事。"有些记载又说风后为黄帝之相。而伏羲风姓,风后与之同族。《淮南子·说林训》言"黄帝生阴阳",高诱注曰:"黄帝,古天神也。始造人之时,化生阴阳。"伏羲对后世文化影响最大的功业是"画八卦",而阴阳学说直接由八卦体系导出,这其中也透露了黄帝承袭伏羲的消息。

溯其族源,黄帝部族亦当缘起于甘肃东部地区,不排除其为伏羲族体后裔的可能性。

我们再从活动地域的角度,看黄帝传说同甘肃地区的关系。黄帝传说的主流,反映了我国由部落联盟向国家演进的那个时代;作为那个时代的代表,黄帝主要活动在中原地区。但黄帝所属的那个部族,却有着漫长的发展史。有不少传说反映出黄帝部族最早活动于西部,如上文所述,很可能和伏羲部族同源,起于甘肃东境。《山海经》中多处言及轩辕丘、轩辕台、轩辕国,其地理位置都在我国西部。前引《国语·晋语》说黄帝、炎帝同出少典氏,"黄帝以姬水成,炎帝以姜水成"。姜水在今陕西宝鸡市境内,是渭水的一条支流。炎帝部族早期活动于姜水流域即今关中西部,已大致成为古史学界的共识。至于姬水,今已难考,但多数学者认为其地不会距姜水太远,应在关陇地区的大范围内。刘起釪先生即认为:"今甘肃临夏就有姬家川的地名,而流过临夏注入黄河的就有一条大夏河,夏与姬的渊源关系很深,则姬水也有可能就是这条水。"[①]目前这还只能是一种假说,但主张在甘肃境内寻找黄帝部族早期活动踪迹,笔者深表赞同。我们还应特别注意《水经·渭水注》关于黄帝出生地的一段记载:"渭水又东南合泾谷水。水出西南泾谷之山,东北流,与横水合。水出东南横谷,西北径横水坞,入西北泾谷水。乱流西北,出泾谷峪峡,又西北,轩辕谷水注之,水出南山轩辕溪。南安姚瞻以为黄帝生于天水,在上邽城东七十里轩辕谷。皇甫谧云生寿丘,丘在鲁东门北,未知孰是也。"对于黄帝的出生地,郦道元举了天水和寿丘两说,未定是非。寿丘说见《帝王世纪》,我们前文曾引过。已有学者指出,皇甫谧所言寿丘"在鲁东门北"之鲁,并非周初封伯禽的山东之鲁,实乃《潜夫论·志氏姓》所言姞姓之鲁。姞姓之鲁在西方,故罗苹注《路史》曰:"寿丘

---

① 刘起釪《古史续辨·我国古史传说时期综考》,中国社会科学出版社,1997年版,第53页。

在上邽。"今天水市南境的齐寿山,很可能便是寿丘,《渭水注》所言之轩辕谷水,正发源于齐寿山的东北麓。① 所以,清儒梁玉绳在《汉书人表考》中,直接说"黄帝生于天水"。《渭水注》说的"泾谷水",即今天水市北道区源于麦积山而北流入渭的永川河;所说的"轩辕谷水",即永川河西部源于齐寿山的一条最大的支流。

再来看黄帝的葬地。《史记·五帝本纪》说黄帝死后葬于桥山,《汉书·地理志》说上郡有阳周县,"桥山在南,有黄帝冢,莽曰上陵畤。"据《括地志》,汉之阳周县即随之宁州罗川县,黄帝陵在"县东八十里子午山"。《古今地名大辞典》云"故城在今甘肃正宁县北。"也有今陕西黄陵县之说。总之大体方位不出今陕、甘两省交界处的子午岭范围内。《列仙传》言黄帝死后"还葬桥山","还"字意在说明归葬于桑梓之地,这也隐示了黄帝部族最初活动于陇东一带。《庄子》、《抱朴子》等古文籍还记载黄帝登空同而问道于广成子的故事。空同后世多写作崆峒,山名崆峒者,全国有多处,但黄帝所登之崆峒却在甘肃境内。《史记·五帝本纪》述黄帝在东西南北四方所到之处,"西至于空桐,登鸡头"。《集解》引韦昭曰:"在陇右。"这陇右的鸡头山即笄头山,《括地志》载:"笄头山一名崆峒山,在原州平高县西百里,《禹贡》泾水所出。《舆地志》云或即鸡头山也。郦元云盖大陇山异名也。《庄子》云广成子学道崆峒山,黄帝问道于广成子,盖在此。"所言即今甘肃平凉以西约15公里处的崆峒山,其西部一峰名笄头山,即史言之鸡头山。秦始皇和汉武帝巡视西北诸郡,都曾登过此山,他们显然受了黄帝登此山传说的影响。上述黄帝出生地、埋葬地、巡行地等等,大致都在甘肃东境;也就是说,都在传说中伏羲活动的地域。这是很值得我们深思的。

四

伏羲部族的活动,同大地湾文化是完全对应的,不仅在时间上同

---

① 范三畏《旷古逸史》,甘肃教育出版社,1999年版,第137—139页。

步，在地域上同位，在社会发展阶段上也同型。我们据此判断伏羲部族就是大地湾文化的主人。随着时间的推移和群体的繁衍，伏羲部族的支族旁系的活动地区必然要向外拓延。南向发展进入西汉水和白龙江流域，东向发展则沿渭水入关中并进而向豫西、晋南扩伸。伴随这个过程，大地湾文化同迁延地区土著文化相融会，形成了越来越强盛的仰韶文化。而伏羲部族的母族，则一直生活在其早期的中心区即甘肃境内的渭水流域，因此才有了大地湾遗址连续 3 000 年不曾中断的文化遗存。黄帝部族应当是伏羲部族的远世后裔，是最后一批由甘肃东部向关中、向中原地区发展的强大族群。《史记·五帝本纪》说黄帝的正妃生二子，一为青阳，"降居江水"，一为昌意，"降居若水"。"降居"一语形象地点明了黄帝部族由黄土高原向中原地区迁徙的史实。关于华夏文明形成问题，学界一直给予高度关注。如果用粗线条勾勒的话，时下多数学者倾向于认为，由西向东发展的仰韶文化和由东向西发展的大汶口文化，在中原地区相遇相交，经过长时期的彼此影响、渗透、碰撞和融汇，形成了龙山文化，而夏王朝就是在龙山文化基础上建立起来的。但对仰韶文化的起源及流向，学界的认识颇不一致。大地湾遗址发现以前，较主流的看法是，仰韶文化以豫西、晋南为中心向四周延展，甘肃东部的仰韶文化是陕西仰韶文化西向发展的产物。大地湾遗址的发现使问题变得复杂起来，其最下层文化遗存比仰韶文化早期的半坡类型还要早 1 000 年，而其中上层文化又显然和仰韶文化属于同一性质。这便向考古学界的传统认识提出了严肃的挑战：仰韶文化究竟起源于何处？它是沿渭水由西向东发展还是由东向西发展？

  关于伏羲的传说，有助于回答上述问题，因为它强化了大地湾文化的母元地位。其实，不仅是仰韶文化形成的时代，即在龙山文化时代，也始终存在着东、西两大文化体系向中原地区扩展的问题。对于西方部族的东向转移，许多老一辈史学家早就有过论述，刘起釪先生在《古史续辩》中曾作过扼要介绍。他指出，吕振羽 1941 年所著《简明中国通史》即认为，夏族是由陕甘地区东进到晋南、豫西的。周谷城 1939 年所著《中国通史》也认为，"汉族初为西北瘠土之民，为天然环境所锻炼，战争的能力较大"。范文澜 1941 年所撰《中国通史简编》,主张黄帝族自西来,仰韶文化为黄帝族文化。翦伯赞在 1943 年成书的《中国史论集》中,以为甘肃史前文化是属于夏族的文化。郭沫若主编的《中国史稿》,则说"黄帝、尧、舜是当时偏于西方的部落领袖,而少昊和太昊是东方部落中的有名首领"。在前辈学者研究的基础上,刘起釪先生又依据考古发现和文献记载作了进一步分析,提出了他的看法:"在渭水以至湟水这一地区,筚路蓝缕地开创前进的,就是由少典族和他的姻亲氏族有蟜族发展出来的黄帝族,以及黄帝族的姻亲部落炎帝族。""黄帝族原来生长活动地区,自今渭水北境,陕西中部,向西至甘肃之境,恰好就是齐家文化区域。从受齐家文化影响很深、相当于齐家文化后期的火烧沟类型文化与夏代同时来看,正好齐家文化相当于传说中夏以前的黄帝族时代。因此,把创造齐家文化的氏族部落推定为黄帝族是合适的。何况,黄帝是黄帝族最早的始祖,他本人的时间还在这以前,因此把黄帝族定为齐家文化的创造者,时间也正合适。"①

　　刘先生认为黄帝部族是齐家文化的创造者,是很有道理的。关于伏羲的传说,和大地湾文化相对应;关于黄帝传说,则和大地湾文化之后的甘肃史前文化相对应。大地湾遗址最上层是常山下层文化,而常山下层文化正是齐家文化的源头。黄帝所代表的那个部族跨时甚长,其早期活动可能上溯到齐家文化之前。传说中黄帝的许多功业,都能在甘肃新石器时代晚期文化中找到印证。如说黄帝掘地昆吾山下,"炼石为铜,铜色青而利",②说皇帝"采首山铜铸鼎",③表明已经掌握了金属冶铸工艺。而在大地湾文化深刻影响下发育起来的马家窑文化遗存中,发现了迄今所知我国最早的青铜器,在稍后的齐家文化遗存中,冶铜业有了更进一步的发展。甘肃地区的史前文化,最先拉开了我国青铜时代的序幕,这已成为学界的共识。尤可注意者,传说黄帝首创以铜制镜,"帝既与王母会于王屋,乃铸大镜十二面,随月用之。则镜始于轩辕矣。"④而我国时代最早的铜

---

① 刘起釪《古史续辨·我国古史传说时期综考》,中国社会科学出版社,1997 年版,第 53 页。
② 《拾遗记》。
③ 顾尚之辑《帝王世纪》,《丛书集成初编》本,中华书局,1985 年版。
④ 《黄帝内传》。

镜,正出土于齐家文化遗存中。又如说"黄帝之时,以玉为兵,以伐树木,为宫室,凿地。夫玉亦神物也,又遇圣主使然"。① 表明黄帝部族以较早制作、使用玉器,而给后世留下深刻印象。而齐家文化正是我国北方较早而且大量使用玉器的史前文化。齐家文化玉器品种计有斧、锛、铲、凿、钺、刀、环、佩、镯、璧、琮、璜及联璜璧等,内涵已很丰富,有工具、武器、仪卫器、祭器、佩饰等,古代玉器拥有的主要功能,齐家文化玉器皆已具备。结合其工艺水平看,齐家文化治玉业已颇具规模,这在我国黄河流域史前文化中是极其突出的。又如说黄帝"设五量",②这点常被人们忽视,其实这是很重要的一条资料,表明黄帝部族首创量制和量具,在度量衡制度史上作出了贡献。而大地湾四期文化遗存中,出土了我国最早的量具,包括陶质的条形盘、铲形抄、箕形器、四把深腹罐,以及上有等距刻度的骨形器。考古工作者对陶量具的容积作过测试,发现箕形器容积约为铲形抄的 2 倍,铲形抄的容积约为条形盘的 10 倍,四把深腹罐的容积约为铲形抄的 10 倍。③ 这显示出当时已形成便于实际操作的量级体制。又如说黄帝以兽皮制鼓,"声闻五百里,以威天下",④说黄帝用鼓于军阵以助势取胜,"帝伐蚩尤,玄女为帝制夔牛鼓八十面,一震五百里,连震三千八百里"。⑤ 表明黄帝部族善于使用战鼓,很可能就是鼓的发明者。而马家窑文化恰以多次出土彩陶鼓而著称,其鼓形制特色鲜明,装饰华美,鼓身中部为中空圆柱,两端呈一大一小的喇叭形,大端蒙皮,外沿周设许多固定皮面的钩錾,鼓身有可系背绳之鼻钮,可知为在行动中击用。马家窑文化略早于齐家文化,也正与黄帝时代相当。又如说黄帝初创房屋建筑,"天下人民,野居穴处,未有室屋,则与禽兽同域。于是黄帝乃伐木材,筑作宫室,上栋下宇,以避风雨"。⑥ "轩辕氏以土德王天下,始有堂室,高栋深宇,以避风雨"。⑦ 表明黄帝部族不仅较

---

① 《越绝书》。
② 《大戴礼记·五帝德》。
③ 汪国富《试论大地湾遗址的价值》,《丝绸之路·文论》,2003 年下半年刊。
④ 《山海经·大荒东经》。
⑤ 《黄帝内传》。
⑥ 《新语·道基》。
⑦ 《太平御览》卷七十九引《春秋内事》。

早开始了室屋生活，而且掌握了较高的建筑技术。而甘肃地区的史前文化，又正以擅长房屋修建而引人瞩目。大地湾一期文化中出现了我国时代最早的一批圆形半地穴式房屋，以后几期文化的居室建筑式样越来越多，房屋结构越来越复杂，室内面积也渐趋增大，居住条件越来越舒适。到四期文化甚至出现了著名的大型庙堂型建筑群F901，已初步具备了中国古典建筑前堂后室两侧出厢房的传统格局，无论其规模结构还是修造技术，都居我国新石器时代建筑之冠。马家窑文化和齐家文化承袭了大地湾文化的建房传统，并在形制上又有新的发展。这些都应当是传说中黄帝伐木构材筑作宫室的现实基础。

神话传说中的史影成分，是一种世代递接的群体记忆，而在群体记忆中，只保留那些对社会生活影响最大，在初民脑海中印象最深的人物和事件。因此，有关黄帝功业事迹的许多传说，必然反映那个时代黄帝部族的创业经历，以及社会发展所达到的高度。他们同甘肃地区新石器时代后期的考古发现如此相符，这绝对不是一种巧合。结合有关黄帝的身世、出生地、埋葬地及活动地域等方面的文献记载思考，我们只能做出这样的判断：那些考古发现应当就是黄帝部族的文化遗存。

（原载《丝绸之路·文论》2005年第1期）

伏羲女娲传说与甘肃远古史

20世纪80年代以后，随着大地湾遗址的发掘，以及遗址文化内涵的陆续披露，甘肃新石器时代历史的研究，一度趋于活跃。大地湾遗址共含五个文化层，其绝对年代从公元前8000年一直延续至公元前5000年；最下层文化即大地湾一期文化，比仰韶文化早期阶段的半坡类型，还要早1000年，被学界视为仰韶文化的源头。由于大地湾遗址揭示了我国新石器时代早、中、晚三期在同一地区的文化面貌，其早期遗存与传说中伏羲所处时代大致相应；又由于大地湾遗址位置，就在文献记载中伏羲的出生地附近；还由于大地湾文化的分布范围，又正是民间有关伏羲、女娲神话传闻比较丰富的地区，所以，许多学者很自然地把神话传说同考古发现联系起来思考，从而以新的视野勾勒甘肃地区——严格说是甘肃东部地区的远古史。立足于唯物史观的角度看，这种学术方向是完全正确的。尽管在某些具体问题上，难免出现一些想象力过度的傅会，有些观点，在学者们之间也还存在争议，但总的说来这一领域的成绩是主要的，在一定程度上推动了甘肃地区史前文化的研究。

但我们还是听到一些质疑的声音。有人说，伏羲、女娲毕竟只是神话中的人物，他们是否真正存在过，实是个难以回答的问题；田野考古是以科学方法和技术进行的学术实践，是通过物质遗存来构史的，把神话传说同考古发现拉扯在一起，是否会步入误区？有人甚至担心这又会让人们回到了传说时代。笔者认为，人们产生这种疑问，可能有两个方面的原因，一是不了解神话传说的缘起，因而也就不能正确认识神话传说在古史研究中的意义；二是不熟悉有关伏羲、女娲传说的具体内容，未曾综合那些传说思考其中包含的历史因素。基于这种判断，本文力图首先阐明神话传说的本质，然后全面、系统地汇聚一下有关伏羲、女娲的传说记载,再用考古发现来点示某些传说所隐含的历史线索,希望能在合理评价神话传说考史作用的同时,也能张扬一下大地湾文化的历史地位。

一、神话传说与古史的关系

就目前所掌握的资料判断,我国有文字的历史至多也不过3 500年,那以前的远古史,只散乱地保存在人们的群体记忆中,并以口耳相传的方式,世代递接地延存于后,直到文字的发明并通行,直到社会文明程序进步到人们的历史意识要求把传说用文字记录下来的时代。这种口耳相授的传说,拥有强烈的民族精神作动力,虽是自发的,却非即兴的;虽在流传过程中会发生变异,流传者却决不随意编造,这是史前社会人们的观念意识特性所决定的。初民有一种执著的意念,要把他们认为至关重要的经历和感知传达给后代。世界上所有的古老民族,都有文字出现以前的漫长历史,所以也都有自己的民族传说。那些传说包含着两种成分,即神话成分和史事成分。它们是交织融合在一起的,很难区分哪些是神话传说,哪些是历史传说;神话中的人物和历史上实存的人物,往往是重合的。因为传说缘起之时,人们的意识中原本就不存在神话与历史这两个概念。初民以他们那个时代的思维方式看待外部世界,感知自然现象和社会现象,从而作出他们的判断和描述。初民普遍信奉"泛灵论",认为有一种看不见、摸不着的精神力量,主导、控制着一切,所有的物都和人一样具有思想情感,而且可以在某种条件下实现意念交流。也就是说,自然力被人格化了,一切都心灵化了。因此费尔巴哈说:"人本来并不把自己与自然分开,因此也不把自然与自己分开;所以他把一个自然对象在他身上所激起的那些感觉,直接看成了对象本身的性态。"[①]所以,初民相信巫术的力量,相信人和客观世界之间存在精神上的交互感应,相信一种人为的现象可以引发另一种现象,相信模仿

---

① 《费尔巴哈哲学著作选集》,商务印书馆,1984年版,下册第458页。

某一事物的过程便会再现那一过程,相信人的意愿能够在无形中传递,相信他们崇敬的英雄会具有他们所希望具有的那些神异的能力。这样,现实就在初民心中被不自觉地加工成为神话传说。他们坚信那就是真实,那就是知识。这种信仰,是初民对外部世界的一种真诚而执著的感受和表述。正如高尔基所说:"古代第一批学会了骑马的人,成为了半人半马的神话的基础。"①半人半马是荒诞的,但它象征的人类对马的驯服,却是真实的。

在现代人看来,神话传说中充满了虚构和幻想,许多内容妄怪不经。但它们都以现实生活为基础,都反映了产生它们的那个时代人们对自然和社会的理解。神话传说是童年期人类的精神产品,包含着真实的内核,沉淀着发育中的智慧,闪烁着远古的史影。由于群体记忆只保留那些给初民印象最深、对初民生活影响最大的事件和经历,所以,神话传说中往往会曲折地透露史前人类生活的某些真相,为后人了解当时的生存方式、思想观念以及社会变动等等,提供许多重要线索。从这层意义上说,神话传说是史学的前驱。尤其是那些关于远古英雄的传说,关于部族战争与流徙的传说,关于始祖起源与衍生的传说,关于重大灾难与变故的传说,其中大都隐示着曾经发生过的史实印迹,折射着许多宏伟事件的片段。我们切不可因神话传说具有恢怪形式和神异色彩,便无视其丰富的文化内涵。在这个问题上,中外学者们的认识是一致的。杰出的马克思主义理论家拉法格早就指出:"神话既不是骗子的谎话,也不是无谓的幻想产物,它们不如说是人类思维的朴素和自发的形式之一。只有当我们猜中了这些对于原始人和他们在许多世纪以来丧失掉了的那种意义的时候,我们才能理解人类的童年。"②被誉为"新史学的开山"的国学大师王国维,有过这样的感言:"研究中国古史,为最纠纷之问题。上古之事,传说与史实混而不分。史实之中固不免有所缘饰,与传说无异;而传说之中亦往往有史实为之素地,两者不易区别。此世界各国之所同也。"③他最著名的古史研究成果之一《殷卜辞中所见先公先王

---

① 《文学论文选·苏联的文学》,人民文学出版社,1958年版,第320页。
② 《宗教和资本》,生活·读书·新知三联书店,1963年版,第2页。
③ 《古史新证》,清华大学出版社,1994年版。

考》,即从《山海经》等古籍所载神话传说中吸取了不少营养。考古学家尹达也主张重视那些"疑说纷纭、似是而非的神话般的古史传说",认为考古学的发展已经"充分证明这些神话的传说,自有真正的史实素地,切不可一概抹煞。"①徐旭生先生不仅强调神话反映着历史的影像,含有事实的质素和核心,决非向壁虚构,还为贯彻这一主张做了大量研究工作,撰成了在我国古史学界影响甚大的《中国古史的传说时代》一书。②李学勤先生对神话传说的意义作过更明畅的阐述:"古代人们不能科学地解释世界起源、自然现象及社会生活的矛盾、变化。借助想象和幻想把自然力拟人化。神话传说凝聚着古代人的观念和憧憬,从现代人的眼光来看,虽觉有些美丽奇幻,有些诡异可喜,却常苦于不易理解,这是由于沧桑流变,时过境迁的缘故。""实际上,要研究古代社会和古代人的思维,不能离开这些神话传说。""传说往往蕴含着十分重要的史实,断不可通盘否定。古代一个民族关于本身先世的传说,绝不是凭空虚构的故事,它在古人心目中有重大意义,传说的传述更是很严肃的事情。"③

借助于神话传说构筑上古史框架,是我国传统史学的一大特点。熟悉中国古代史的人都知道《韩非子·五蠹》,该文开篇所述上古、中古、近古的历史轮廓,就是以神话传说中的史事成分为基础的。其说为古今学者普遍接受,因为该文描述内容符合历史发展的通律。韩非把神话传说纳入已接近历史进化论的思路中解析,比较正确地使用了传说资料。《越绝书》依据传说作出的石兵、玉兵、铜兵、铁兵四个时代的划分,也因其合乎社会生产力演进的实情,而深受后世称道。司马迁写《史记·五帝本纪》,也是以传说中的英雄人物为基本依据的。某些西方学者批评司马迁把神话当作历史,姑且抛开一些学术之外的因素不谈,这种批评肯定也和不认识远古时代神话传说的价值有关。司马迁笔下的"五帝",就是那类既属神话传说中的,又属历史事实中的双重身份融合的人物。他们处在文明前夜的军事民主制时代,正是神话传说集中表现的对象。他们头上都笼罩着超凡

---

① 《尹达史学论著选集·衷心的愿望》,人民出版社,1989年版,第450页。
② 此书1943年出版,1985年由文物出版社印行修订本。
③ 《中国古史寻证》,上海科技教育出版社,2002年版,第31、34页。

英雄的神异光环,这是因为他们事实上代表着各种地域性文化大融合时期的一些核心性强势部族,那些部族在群体记忆中留有最深刻的印象,而杰出的部族首领,就成了那些部族的代号。他们是当时历史舞台的主角,难道就因为他们同时也活跃在神话传说中,我们便拒绝承认中华民族国家形成期那段壮观的历史?其实司马迁对待史料是十分慎重、经过认真思考的。观其《五帝本纪》可知,他只选择那些影响社会发展的事件作历史性叙述,基本上不采纳传说中的怪异成分。他说"百家言黄帝,其文不雅驯,缙绅先生难言之",表明当时有关黄帝的传说非常丰富。所谓"不雅驯",即指闳诞迂怪的神话内容,而他只"择其言尤雅者"入史。如《山海经》一书,当代学者视之为"研究上古社会的重要文献",而司马迁则声明他"不敢言之也"。① 在对待神话传说这方面,司马迁要比现今史学家小心得多,保守得多。他是最早面对这个问题、思考这个问题的史学家,《史记·五帝本纪》应当说是很好地处理了神话传说与上古史的关系。

也必须严肃指出,重视神话传说,并不意味着可以凭主观臆设用神话传说傅会历史、取代历史。神话传说中包含的史实内核,须经科学方法的认真剥离,方能成为构筑历史的材料。神话传说是原始性世界观的产物,其创生时即含有非理性成分;在历经漫长世代口耳相传的过程中,必然被不断加工、修饰,乃至异化;经文字记载后以书面形式流传,又要遭遇不同时代文人们的取舍和改造。张光直先生曾颇精辟地论说过这种现象:"任何的神话都有极大的'时间深度',在其付诸记载以前,总先经历很久时间的口传。每一个神话,都多少保存一些其所经历的每一个时间单位及每一个文化社会环境的痕迹。过了一个时间,换了一个文化社会环境,一个神话故事不免要变化一次;但文籍中的神话并非一连串的经历过变化的许多神话,而仍是一个神话;在其形式或内容中,这许多的变迁都压挤在一起,成为完整的一体。"② 所以,对待、使用神话传说材料,首先有个鉴别、考察、析证的问题,应尽可能地追寻其较初始的风貌。这就要求研究者采取科

---

① 《史记·大宛列传》。
② 《中国青铜时代、商周神话之分类》,生活·读书·新知三联书店,1999年版,第363页。

学的实事求是的态度,运用历史唯物主义的方法,合理吸收当代文化人类学和民俗学的研究成果,从相对而言具有普遍意义的那些神话原型及象征模式出发,经过跨文化的分析,演绎、破解神话传说中蕴藏着的文化密码。尤其重要的是,应充分利用史前考古所提供的资料,所开拓的视野;因为毕竟古人的物质遗存,更直接地反映古人所处时代的社会面貌。有时考古发现不一定对神话传说作出直接的验证,却可以提高其可信度。比如,有关大禹治水的传说记载很多,有的神话性较强,有的史事性较强,权威性相当高的古文献《尚书》中有《禹贡》一篇,明言"禹敷土,随山刊木,奠高山大川。"《书序》也说:"禹别九州,随山浚川,任土作贡。"但许多学者认为《禹贡》晚出,可能是战国时的作品,所言属后世传说,不足为据。前几年西周青铜器遂公盨被发现,有 98 字的长铭,文首即曰:"天命禹敷土,随山浚川,廼差地设征。"铭文内容同《禹贡》及《书序》所言完全符合。遂公盨的发现表明大禹治水是个非常古老的传说,决非战国时人的杜撰。有了文化考古学的引导,一些神话传说的历史价值才得以显现;能够同重大考古发现相呼应,才是最具生命力的神话传说。在构建我国远古史的文化工程中,有关神话传说的古文献记载和现代科技辅助下的田野考古,是车之两轮,鸟之双翼,缺一不可。在这方面,我们要比古代史学家条件优越得多。蓬勃兴起的新中国考古事业,应接不暇的史前遗址考古发现,为我们解读远古神话传说,展现了越来越光明的前景。

二、关于伏羲、女娲的传说述析

值得注意的是,我国许多远古传说,和甘肃地区相联系;特别是一些兼具神话身份与历史身份的人物,其在传说中的活动踪迹,总涉及甘肃境域。比如伏羲、黄帝和大禹,他们是处于我国史前时代三个重要转折点上的三个关键人物,而他们的身世和功业,都和甘肃地区关联在一起。这不会是一种偶然巧合。这启发我们思考;有关他们的那些传说,是否隐示着甘肃远古历史的某些影迹? 是否从一个侧面反映了甘肃史前文化与中原史前文化的融合？是否能提醒我们关注甘肃史前文化在华夏文明形成历程中的地位？为篇幅所限，本文不能全面论述这个问题，仅以伏羲、女娲的传说为例，略作铺陈。

在文献记载中，伏羲的传说出现得比较晚，但他所代表的那个时代，却又非常之早。汉儒把伏羲和太皞说成是同一个人，但在较早的文籍中，伏羲和太皞是分属于两个传说体系的。上述现象并不意味着关于伏羲的传说不可靠。口头传说并非同时被文字记录下来的，它受传说流行地区文化背景的制约。伏羲是起源于渭水流域的部族首领，关于他的传说主要流播于我国西部地区；而春秋及春秋以前的文献，不仅数量很少而且多出自齐、鲁文士之手，他们不熟悉关于伏羲的传说。战国中期以后直到汉晋，文化在社会上得到广泛普及，掌握文字的学者越来越多，各类著述层出不穷，许多流传于西部的早期传说，才渐渐被记载下来。所以，我们不能因为有些传说出现较晚便轻视它们。至于伏羲与太皞的合二为一，则可能和我国新石器时代后期东西部文化的融汇有关，对此我们在后文中还将谈到。

文献中的伏羲，最早出现在《庄子》和《周易·系辞》中。《庄子》一书多处言及伏羲，①虽未详述其事迹，但已把他列为远古之帝，视作得"道"且能"袭气母"的"真人"，表明在庄子之前，伏羲在传说中的崇高地位已经基本确定了。《周易·系辞下》则主要述说伏羲"作八卦"的功业："古者包牺氏之王天下也，仰则观象于天，俯则观法于地，观鸟兽之文，与地之宜，近取诸身，远取诸物，于是始作八卦，以通神明之德，以类万物之情。作结绳而为网罟，以佃以渔，盖取诸《离》。"东汉史学家班固在其《白虎通义》中，对伏羲历史贡献作了进一步的阐发："古之时，未有三纲六纪，民人但知其母，不知其父，能覆前不能覆后，卧之詓詓，起之吁吁，饥即求食，饱即弃余。茹毛饮血而被韦。于是伏羲仰观象于天，俯察法于地，因夫妇，正五行，始定人道，画八卦，以治天下，天下伏而化之。故谓之伏羲也。"班固的这段文字，已把伏羲定位在母系氏族社会向父系氏族社会转化的时代，并以"天下伏而化之"解释伏羲名字的含义。古文籍中伏羲的名字用字不一，

---

① 见《庄子》的《人间世》、《大宗师》、《胠箧》、《缮性》、《田子方》等篇。

"伏"字之外,还有宓、包、庖、炮、虙等写法;"羲"字之外,还有牺、戏、希、仪等写法;再加上两字的不同组合方式,变化多不胜举。这本是古汉语书写过程中同音假借造成的现象,但古今都有学者通过解析伏羲的名字而阐扬其功德。同一个班固,在《白虎通义》中以"天下伏而化之"释伏羲,在《汉书·律历志》中却又说:"炮牺继天而王,为百王先。首德始于木,故为帝太昊,作网罟以田猎,取牺牲,故天下号曰炮牺氏。"意思是伏羲因发展了渔猎事业,扩大了群体食物来源,改善了人们的生活而得名。这种说法在古代占较大的优势,显然是受到了前引《周易·系辞下》那段话的影响。如《律历志》末所引《世经》,也说伏羲"作网罟以田渔取牺牲,故天下号曰炮牺氏"。《太平御览》卷七十八引《帝王世纪》:"取牺牲以共包厨,故号曰包牺氏。"卷五百七十一引《辩乐论》:"昔伏羲氏因兴利,教民田渔,天下归之,时则有网罟之歌。"《尸子》:"宓牺氏之世,天下多兽,故教民以猎。"在农业发明以前,初民是赖采集业和渔猎业为生的。那时渔猎业不仅是人类食物的主要来源,所提供的各种肉类对人类体质发育和智力增长,也起着决定性作用。可以肯定,伏羲所代表的那个部族,在史前社会的渔猎活动中,曾作出过杰出的贡献。唐代学者成玄英疏《庄子·大宗师》曰:"伏戏,三皇也,能伏牛乘马,养伏牺牲,故谓之伏牺也。"罗苹注《路史·后纪一》也说:"史传或谓服牛乘马,因号伏羲。"这又把伏羲的含义从渔猎业扩大到了畜牧业。

　　上述两种说法不但不矛盾,而且正合乎经济形态的演进规律。畜牧业就是在狩猎活动基础上发展起来的,是父系氏族社会阶段生产力大发展的产物。渔猎业发达的部族,必然较早进入畜牧时代。还有些文籍以"庖牺"或"炮牺"称伏羲,说他因"教民熟食"而得名,视之为熟食之神。伴随着学会用火而开始的肉类熟食和渔猎业、畜牧业的发展有密切的连带关系,肉类熟食对于人类的健康和进步具有十分深远的意义。在人类成长过程中,这都是群体记忆中必然留下印痕的创举。这类传说,也反映了伏羲时代上限之古远。闻一多先生在其《伏羲考》一文中,运用大量民俗学资料,综合古文字训释,得出包戏即匏瓠的结论,认为匏瓠(葫芦)也就是传说中开天辟地的盘古槃瓠。因葫芦多籽,繁衍力强,其形又似妇女怀孕之腹,故在神话中总是作为造人故事的核心,象征着人类自身的生产,正如《诗·大雅·绵》所咏唱的:"绵绵瓜瓞,民之初生。"故《开元占经》引《星官制》曰:"匏瓜,天瓜也,性内文明而有子,美尽在内。"①据闻氏之说,则伏羲乃葫芦的化身,反映了初民的生殖崇拜观念。伏羲被后世尊为人类始祖,当与此有关。又有学者在闻说基础上进一步展开论述,指出我国汉藏语系各民族都有人类产生同葫芦有关的神话;原始农业初期,曾有一个以种植葫芦为主要作物的阶段,故形成了远古时代的"葫芦文化"。②

自古至今,人们对伏羲名缘的阐释尽管不同,但思路的方向却惊人的一致,即都把伏羲置于群体记忆开始形成并流传的那个最初时代,都把他同早期人类生活中一些影响深远的经历相联系。正是基于这种宏观认识,当时代略晚些的记载把伏羲和另一位声望显赫的传说人物太皞(昊)合并为一人的时候,也便赋予他更大的神通,使他成为能缘建木登天下地的东方天帝了。在以传说圣王为构建框架的上古史体系中,伏羲与燧人氏、神农氏合称"三皇",许多古籍还把他列为"三皇"之首,如《汉书·律历志》所说,他"继天为王,为百王先",已成华夏之始祖。

伏羲的传说,常和另一位女性神话人物女娲联系在一起。种种迹象表明,他们两位所代表的,应当属同一个部族,但其事迹所反映的时代,并不完全一致。综观古籍记载,女娲有两项了不起的功业,其伟大可以说是无以复加。一项是"补天",一项是"作人"。后者,以应劭的《风俗通义》所载引用率最高:"俗说,天地初开辟,未有人民,女娲抟黄土作人。剧务,力不暇借,乃引絙泥中,举以为人,故富贵者,黄土人也;贫贱者,絙人也。"这是我国影响最大的一则人类起源神话。富贵与贫贱之说,显系后起,乃阶级社会观念对上古神话的污染。剔除这层因素,故事母型的原始性显而易见:人类的产生,缘自一位女性。《说文》释"娲"字:"娲,古之神圣女,化万物者也。""化"字在甲骨文中为两人一正一倒之象,表示胎儿从母体中出生,初义为

---

① 《闻一多全集·伏羲考》,湖北人民出版社,1994年版,第3册。
② 刘尧汉《中国文明源头新探》,云南人民出版社,1985年版,第216页;刘宝山《黄河流域史前考古与传说时代》,三秦出版社,2003年版,第21页。

胚胎的孕育。女娲不仅造了人,也养育了万物。《楚辞·天问》"女娲有体,孰制匠之?"王逸注曰:"传言女娲人头蛇身,一日七十化。"亦为此意。《世本》载"女娲作笙簧,"宋衷注曰:"笙,生也,象物贯地而生,以匏为之,其中空而受簧也。"女娲发明的乐器以"生"为名,以匏(葫芦)为体,也在隐喻她与人类繁衍的关系。这类传说的本原,必然产生自母系氏族社会,那个时代女性之所以受崇仰,不单纯是由于人们"只知其母,不知其父"的亲缘原因,也同社会分工及群体生存方式有关。男子多负责狩猎和保护聚落安全等任务,妇女则从事采集、纺织缝纫及炊制餐饮等活动,后者直接决定着群体的温饱。此外,神用泥土造人的传说,在世界上许多古老民族中都存在,这可能同人们用泥土烧制陶器有关。只有制陶才需要大量抟弄黄土的实际操作,才能产生捏泥塑人的联想。所以,这类神话的出现应在陶器发明之后。

女娲的"补天",以《淮南子·览冥训》讲述最完整:"往古之时,四极废,九州裂,天不兼覆,地不周载,火爁炎而不灭,水浩洋而不息,猛兽食颛民,鸷鸟攫老弱。于是女娲炼五色石以补苍天,断鳌足以立四极,杀黑龙以济冀州,积芦灰以止淫水。苍天补,四极正,淫水涸,冀州平,狡虫死,颛民生。"女娲不仅创造了人类,她还用卓越的智慧和英武的神力改变宇宙,拯万民于水深火热之中。这种神话是初民在生产力低弱的情况下,同恶劣的自然环境做艰苦斗争的折射。女娲的崇高形象,反映了初民对为部族生存作出巨大贡献的首领的敬仰,以及对安宁康乐生活的追求和期望。《览冥训》后文这样赞美女娲:"考其功烈,上际九天,下契黄垆;名声被后世,光辉重万物。"她成为重塑天地的完美英雄,人类智慧、力量与意志的化身。我们应当注意神话传说中的两个细节:一是"断鳌足以立四极"。天穹被设想为由"四极"来支撑,这使我们联想到新石器时代的半地穴式建筑。不论方形还是圆形,不论房间中心设不设顶梁柱,通常在四角置4根立柱或内倾的斜柱,构架为四面坡式或圆锥式攒顶。4根房柱当为原始"四极"观念的现实依据。正如有学者所说:"修房,起架构,先要立四柱……断鳌立极的主要意思,直截了当地说,就是立屋架。"[①]女娲的

---

① 王安民《女娲氏走出神话长廊》,《天水师范学院学报》,2004年第6期。

部族,应当是一个创构房屋建筑的部族。二是"炼五色石以补苍天"。五色石是"炼"出来的,这应是金属冶炼工艺已经存在的显示。不同的矿石经高温消熔,可以产生不同色泽的固体金属,这是女娲炼石神话的物质基础,它出现的时代无疑较晚。这再一次提醒我们注意,同一个神话人物,其传说中蕴含的历史因素,往往涉及不同的时期;女娲和伏羲一样,其名号延续于很长的时代,因为他们事实上代表着一个历史久远的部族。

女娲神话中另一个引人瞩目的亮点,是她与伏羲的关系。在较早的文献记载中,只说女娲和伏羲都是"风姓",都是"蛇身人首",伏羲氏的时代结束后,女娲继之,伏羲、女娲、神农(有时神农居女娲之前)合称"三皇",形成我国传统上古史框架关于三皇的另一种体系。伏羲和女娲为兄妹而又互为夫妇的传说,出现在较晚的书籍中,但却受到人们更多的关注,因为这涉及史前婚姻制度领域中的重大课题。有人曾以这类记载出现较晚而疑其伪,笔者却因为其晚出而更信其真。试想,这么两位功高盖世、誉满神州的先圣,在早已视伦理规范为道德核心的封建时代,还在流传他们的"乱伦"故事,这岂能是好事者的低俗杜撰?故事深深地打着远古社会发展某个阶段的烙印。且看唐人著作《独异志》的记述:"昔宇宙初开之时,有女娲兄妹二人,在昆仑山,而天下未有人民。议以为夫妻,又自羞耻。兄即与其妹上昆仑,咒曰:'天若遣我二人为夫妻,而烟悉合;若不,使烟散。'于烟即合。其妹即来就兄,乃结草为扇,以障其面。今时取妇执扇,象其事也。"这里只说女娲与其兄为夫妻,未言其兄是谁。但《风俗通义》早就有说:"女娲,伏羲之妹。"《广雅·十三佳》亦云:"娲,女娲,伏羲妹。"《通志》引《春秋世谱》:"华胥生男子为伏羲,女子为女娲。"这些材料都对二人的兄妹关系交代得很清楚。

更能说明问题的是大量汉、晋画像石刻及绢画,以伏羲、女娲为题材,其形象均为男女二人相抱,腰以上为人形,穿衣戴帽;腰以下为蛇身,蟠曲交尾。学界对那些画像早已作出绝无异议的考证:二人一为伏羲,一为女娲。东汉人王延寿作《鲁灵光殿赋》,述及刻石壁画中"伏羲鳞身,女娲蛇躯。"闻一多先生曾指出,该赋虽是东汉作品,而灵光殿却是汉初建筑,"人首蛇身的伏羲、女娲像,在西汉初期即已成为建筑装饰的题材,则其传说渊源之古,可想而知。"①有的画像中,伏羲举日,女娲托月,在隐示他们的构尾代表阴阳的交合。这显然已渗入了阴阳五行观念,已远离神话的初义;但其蛇身蟠绕交尾的意象,却清晰地展示了神话的原始内核,而且保留着图腾因素。它反映的正是原始社会人类共同体都曾经历过的血亲婚姻阶段,即族内同辈男女群婚,互为夫妇。这一人类始生神话,以伏羲、女娲这两个最为古远的人物当主角,也显示了神话内容的时代背景。血缘群婚是最古老、最原始的家庭形式,这种家庭形式以女性为主导,所以女娲不仅是造人之神,也是婚姻之神,是婚姻制度的象征。《风俗通义》云:"女娲祷祠神祈,而为女媒,因置婚姻,行媒始行明矣。"《路史·后纪二》亦言女娲"以其载媒,是以后世有国,是祀为高禖之神。"高禖也称高媒,我国古代宗教信仰中掌管婚姻、生育之神。尊女娲为婚姻、生育之神,与女娲抟土造人的神话以及兄妹为夫妇以生人的神话是前后呼应、一脉相承的,都渗透着初民生殖崇拜的意念。此外,在伏羲传说中还有一项功业,说他:"制俪皮嫁娶之礼"(《世本》),即规定男方向女方求婚须以鹿皮为聘礼。联系女娲为婚姻之神,开"行媒"之始的传说,可知伏羲、女娲的时代,很可能是一个婚姻制度发生重大变革的时代,很可能血缘群婚由此结束,而族外群婚由此开始。由族内婚转化为族外婚,这是人类社会制度划时代的大进化,所以才形成了聘嫁缘起之传说。

三、伏羲、女娲传说与大地湾文化

伏羲、女娲的传说,和甘肃东部地区的史前文化,存在着密切联系。

我们先从地域角度考察。伏羲、女娲为代表的那个部族,就活动在甘肃东部地区。《路史·后纪一》罗苹注引东汉著作《遁甲开山图》云:"伏羲生成纪,徙治陈仓。"《帝王世纪》曰:"太昊帝庖牺氏,风姓

---

① 《闻一多全集》,第68页。

也,母曰华胥。燧人之世,有巨人迹,出于雷泽,华胥以足履之,有娠,生伏羲。长于成纪,蛇身人首,有圣德。"司马贞补《史记·三皇本纪》亦言:"大皞庖羲氏,风姓,代燧人氏继天而王。母曰华胥,履大人迹于雷泽,而生庖羲于成纪,蛇身人首,有圣德。""成纪"地名其实也是伏羲传说的组成部分,据晋人王嘉《拾遗纪》载,华胥履迹受孕后,怀了 12 年才生下伏羲;我国古代表述时段有 12 年为一纪的说法,故伏羲之出生地即名成纪。此说无疑是后世的傅会,但傅会出来的地名落在何处,却包含着史实的因素。成纪是汉代陇西郡的一个县名,其故址在今甘肃静宁县治平乡刘河村东南约一华里处,《水经·渭水注》对其地望有明确记载:"瓦亭水又南径成纪县东,历长离川,谓之长离水,右与成纪水合,源导西北当亭川,东流出破石峡,津流遂断。故渎东径成纪县,故帝太皞庖牺所生之处也。汉氏以为天水县,王莽之阿阳郡治也。"①瓦亭水即今纵贯静宁、庄浪两县交界而南入秦安县的葫芦河,成纪水即今静宁县南境的治平河。胡三省注《资治通鉴》(卷 39)也说:"成纪县,属天水郡。贤曰:故城在今秦州陇城县西北。"位置确凿无疑。汉代的成纪县辖境,当包括今静宁、秦安、庄浪、通渭等县相邻的地域。这里是伏羲的出生地,所以也必然有女娲的踪迹。《水经·渭水注》下文接言:"瓦亭水又西南出显亲峡,石岩水注之,水出北山,山上有女娲祠。庖羲之后,有帝女娲焉,与神农为三皇矣。"至今在距大地湾东 10 公里左右的陇城镇,还有许多"娲皇故里"的传说,陇城风峪西崖有一天然洞穴,俗称"女娲洞",相传女娲曾居于其中。据《秦安县志》载,女娲"生在风峪,长于风台,葬于风茔",此三者在陇城均实有其地。陇城风台山上秦代曾建过女娲庙。后毁于山体滑坡,但宋、明时均有重修。②

关于华胥履迹受孕于雷泽的记载,除了上文所引外,又见《潜夫论·五德志》:"大人迹出雷泽,华胥履之,生伏羲。"又见《太平御览》卷 72 引《河图》:"大迹出雷泽,华胥履之,生伏牺。"还有些记载,虽未言及伏羲,但很明显属于伏羲神话体系,所以也值得注意,如《山海经·海内东经》:"雷泽中有雷神,龙身而人头,鼓其腹,在吴西。"《淮

---

① 王国维校本《水经注》,上海人民出版社,1984 年版,第 569 页。
② 张华、张益明《历史上的成纪地名与伏羲的出生地》,《丝绸之路》,1994 年 3 月。

南子·地形训》:"雷泽有神,龙身人头,鼓其腹而熙。"雷泽在何处?我国古代东方有地名雷泽。《尚书大传》云"舜渔于雷泽",郑玄注:"雷泽,今属济阴。"《汉书·地理志》济阴郡城阳目下也说:"《禹贡》雷泽在西北",《水经·〈禹贡〉山水泽地所在》同此说。这是和舜的事迹相联系的东方雷泽。笔者认为,和伏羲事迹相联系的雷泽,在甘肃境内。今礼县南部西汉水中游有地名雷坝,东汉以前嘉陵江尚未形成时,那一带曾为一片水泽,即《汉书·地理志》武都郡目下所说的"天池大泽"。该地因多水故又名大潭。汉武帝时所置武都郡,郡治即在此地,水之所聚谓之都,郡名也显示为多水之域。当地民间传说中,即有华胥履迹而生伏羲的故事。① 这片水域,应当是传说中西方的雷泽。

前引《遁甲开山图》又载:"仇夷山,四绝孤立,太昊之治,伏牺生处。"《路史》亦云"伏羲生于仇夷,长于成纪"。这座仇夷山,又名瞿堆,又名百顷山,就是今甘肃西和县南境著名的仇池山,汉晋期间氐族杨氏所建仇池国,即以此地为中心。《后汉书·西南夷列传》言武都白马氏,"居于河池,一名仇池,方百顷,四面斗绝"。注曰:"仇池山,在今成州上禄县南。《三秦记》曰:'仇池县界,本名仇维,山有池,故曰仇池。山在仓、洛二谷之间,常为水所冲激,故下石而上土,形似覆壶。'"《华阳国志·汉中志》言武都郡,云"有瞿堆百顷险势,氐傁常依之为叛。"《水经·漾水注》对仇夷山即仇池的地理位置有更详细的记述:"汉水又东南径瞿堆西,又屈径瞿堆南,绝壁峭崿。孤险云高,望之形若覆壶,其高二十余里,羊肠蟠道,三十六迥。《开山图》谓之仇夷,所谓积石嵯峨,嶔岑隐阿者也。上有平田百顷,煮土成盐,因以百顷为号。山上丰水泉,所谓清泉涌沸,润气上流者也。汉武帝元鼎六年,开以为武都郡,天池大泽在西,故都为目矣。王莽更名乐平郡,县曰循虏县。常璩、范晔云:郡居河池,一名仇池,地方百顷,即指此也,左右悉百马氏矣。"郦氏所言氵羕水,实即今西汉水,在嘉陵江未形成前,今西汉水与汉水连通,是汉水上游的主流。西汉水由北而南,至雷坝折而西流入西和县南境,即《水经·漾水注》所说"径瞿堆西又屈

---

① 张克复、钟兆隆主编《甘肃的由来·西和县与仇池山》,甘肃人民出版社,1992年版。

径瞿堆南"。瞿堆即仇夷山,其主峰即名伏羲崖,民间传说为伏羲诞生地。山腹西北侧有一块长5米、宽4米、厚约3米的巨石,相传此石为鲁班修建伏羲庙时所遗留。① 前引《山海经·海内东经》说雷泽"在吴西",吴西指吴山以西,这个吴山,即属今陕、甘二省交界的陇山山系。《汉书·地理志》右扶风汧县目下云:"吴山在西,古文以为汧山,雍州山也……汧水出西北入渭。"古代关中与汉中间的秦岭山路未通畅前,由关中至陇南及巴蜀是须先西越陇山经天水沿西汉水而南下的。故视雷泽在吴山之西。《海内东经》有关雷泽(还涉及"流沙")的这条经文,据考为错简,当移到《海内西经》。这样,"在吴西"一语便更成为雷泽在甘肃境内的力证。此外,介于成纪和雷泽之间的天水、甘谷、武山一带,也存在许多和伏羲相关的古迹,流传一些伏羲、女娲的民间故事。演变至当代,天水市已成为全国性的纪念伏羲的中心。

综上所述可知,伏羲、女娲传说的地域源头,从渭水中上游到西汉水中上游,遍及甘肃东部;而这些地区,又正是大地湾文化的分布带。古成纪东距大地湾遗址也不过28公里,天水西山坪遗址、师赵村遗址、武山西旱坪遗址、傅家门遗址、石岭下遗址、秦安王家阴洼遗址、甘谷灰地儿遗址等,其文化内涵都属于大地湾文化体系。② 而雷泽、仇夷所在的西汉水中上游地区,大地湾文化遗存同样非常密集,而且早、中、晚各期都有。早在20世纪40年代,裴文中先生即曾在礼县、西和、成县等地作过调查,发现了24处同类型文化遗址。③ 新中国成立后这一地区的新石器时代文化遗存的发现与发掘,更是硕果累累。如西和县长道乡宁家庄遗址,礼县城关镇高寺头遗址,石桥乡石沟坪遗址、武都县马街乡大李家坪遗址等等,丰富的文化内涵显示出与大地湾文化面貌的高度一致。

我们再从时代与历史发展阶段的角度考察。伏羲、女娲传说所反映的社会面貌,正同大地湾文化的内涵相符。首先,伏羲、女娲神话传说折射出的漫长时间跨度,与大地湾文化从新石器时代早期至

---

① 韩博文、陈启生《陇南风物志》,兰州大学出版社,1996年版,第45页。
② 本文将甘肃东部的仰韶文化纳入大地湾文化体系内,后文还将论及。
③ 《裴文中史前考古学论文集·甘肃史前考古报告》,文物出版社,1987年版。

晚期延续三千多年的事实，完全一致。伏羲、女娲传说的文字记载，从战国到两汉无疑经过了许多文人的整理，值得注意的是，几乎所有的记载，都把伏羲尊奉于中华民族始祖的位置，《汉书·律历志》"继天而王，为百王先"的提法，不过是对众说的概括。《汉书·古今人表》首列伏羲和女娲，认他们是中国历史的开端，贯彻的就是上述族系始缘观念。对于古人这种高度统一的始祖认识，我们应给予足够重视。有的上古史体系在伏羲之前还列有巢氏和燧人氏，但在传说中却没有他们的事迹和功业，他们只反映了初民对更古远的旧石器时代的一点缥缈印象。含有实质性文化内容的神话传说，是从新石器时代开始的。综合女娲造人以及伏羲、女娲兄妹为夫妇而生育人类的故事思考，可知他们和他们所属部族的活动，是初民群体记忆向远古追溯的最早上限。这一点也恰与大地湾文化相呼应。我国新石器时代最重要的主流性文化是仰韶文化，仰韶文化是以渭水流域为中心发展起来的；而大地湾一期文化，是渭水流域时代最早的新石器文化，它是目前所能溯寻到的仰韶文化的母源之一，这已越来越成为考古学界的共识。可以说，文献记载中的伏羲、女娲传说，和考古发现的大地湾文化，不仅在地域上是重合的，在时代上也是同位的，都反映了甘肃东部地区新石器时代的最远点。

　　传说中伏羲的功业，除了我们下文将论及的"画八卦"之外，最引人瞩目的便是在渔猎业与饲养业方面的贡献，这也和大地湾文化的实际情况相符。甘肃地区史前文化中渔猎经济之突出，是早在旧石器时代即已存在的传统；在新石器时代的大地湾文化遗存中，仍给人以深刻的印象。古气象学业已确认，在大地湾文化繁荣期，甘肃东部地区属于暖温带湿润区向亚热带的过渡区域，自然环境为森林草原型，且多湖泊和沼泽，生态条件适宜于许多动物群的生长。大地湾遗址一、二期文化遗存中发现有大量哺乳类动物骨骼标本，包括 7 个目 5 个科的 28 个属种，有些属于南方动物，有些属种如今在渭水流域早已绝迹。这样的生态环境为渔猎业的持续发展提供了优越条件。除了遗址所出兽骨的种类和数量，以及用于渔猎活动的众多工具，能够说明大地湾文化渔猎业的繁荣之外，彩陶的纹饰也启发我们的思考。各种形状的鱼纹图案，是大地湾文化彩绘的一大特色；那是人们经常捕鱼、食鱼的现实生活,在艺术领域内的反映。大地湾四期文化 F411 房内有一幅地画,那是迄今所知我国年代最早的室内绘画作品,人们非常关注那幅画的内容、含义及功用,学者们发表过许多不同的看法。用当代流行的原始艺术起源学说考察,地画很可能是巫术的产物,但所描绘的却并非行施巫术的仪式,而是如一些学者指出的乃狩猎场景:画面人物持棒驱赶猎物,猎物已落入预先挖好的陷阱之中。这是史前社会最常见的交感巫术表现形式,人们用绘画模仿狩猎的成功,以求实际狩猎时再现这种成功。这种以狩猎活动为题材的交感巫术媒介物的存在,也从一个侧面反映了大地湾文化经济生活中,狩猎业的重要位置。狩猎业是家庭饲养业的前提,有发达的狩猎业必然有发达的饲养业。在大地湾文化遗存中,"六畜"除了马之外,猪、狗、牛、羊、犬的饲养均已十分普遍,以猪头作随葬品的风习已相当流行。总之,大地湾文化繁荣期,也正是渔猎业水平大幅度提高而家庭饲养业日趋发育的阶段。伏羲传说中突出渔猎与饲养方面的贡献,正与之相合。

我们介绍女娲抟黄土造人及断鳌足以立四极的传说时,曾指出故事同陶器制作及房屋构建存在一定的联系,而大地湾文化居民恰巧就是擅长制陶和建房的部族。大家都知道,大地湾一期文化遗址出土了我国时代最早的一批彩陶,目前虽然尚未发现时代最早的原始陶器,但大地湾文化无疑应属我国北方最早繁荣制陶业的古文化之列。大地湾文化的主人很早即开始过着定居生活,而陶器的发明,必须以群体稳固的定居生活为先决条件;考古实践表明,早期陶器总是伴随半地穴式房屋而出现的。大地湾一期文化面貌就是如此,最早的一批圆形半地穴式房屋,屋内面积很小,地穴较深,但已用 4 根向内倾斜的木柱支撑攒尖式房顶,具备了最简单的房屋地面构架。女娲抟土造人的传说,还隐示着女性在创制陶器事业中的贡献,这也符合文化考古学女性发明陶器的推论。在此我们需强调指出,考古工作者发现大地湾文化早期制陶使用的是内模敷泥法。早期制陶一般有三种成胎方式:挤压成形法、泥片贴筑法、内模敷泥法。后者首见于大地湾文化。所谓内模敷泥法,是先用植物类质料如藤条、树枝、芦苇等编织成一定形状的内模,然后在模上敷泥,烧制时内模被焚化,其外敷泥层即成陶器。实际上最原始的制陶内模即缘于妇女从事采集活动所使用的篮子。大地湾文化初民首创的内模敷泥法,与女娲搏黄土造人的传说相映生辉,使女性发明陶器的文化考古学推论更具可信性。

前文还言及,女娲炼五色石以补天的传说,是以金属冶炼工艺的存在为现实基础的;而我国的金属冶炼,也正由甘肃地区的史前文化拉开了序幕。在大地湾文化深切影响下发育起来的马家窑文化,出现了我国最早的青铜器。被视为齐家文化主要源头的常山下层文化类型,叠压在大地湾四期文化之上,而齐家文化又正是以高度繁荣的冶铜业为重要特征的,我国最早的铜镜即出自齐家文化遗存。率先进入金属冶炼时代的地区和部族,孕育出炼五色石补天的神话,是很自然的事。此外,传说中的伏羲和女娲,还是两个和音乐艺术极有缘分的人物。女娲是笙、簧的发明者,我们已谈到过;而伏羲,《世本》说他发明了琴瑟,《琴操》甚至说"伏羲琴名龙吟"。《琴操》之说,可能是因伏羲"以龙纪"而生的傅会。但两人都有发明乐器的传说,还是启人深思,这可能反映了他们所属部族对音乐的擅长和热爱。而这一点,也能从甘肃史前文化中找到依据。匏木丝竹类乐器不可能保存下来,我们今天只能见到史前的陶质乐器。甘肃史前文化遗存出土陶质乐器如鼓、铃、埙等,数量之多,形制之奇特,都给人们很深的印象。

伏羲的功德对后世影响最大的是"画八卦",因为在文明时代位居群经之首的《周易》,就是以八卦为母元演绎而成的。在延续了近三千年的华夏主流文化体系中,《周易》始终处于思想引领的位置,被认为蕴涵了东方哲学、政治学和社会学的全部要义。无庸赘言,当今研究《周易》的学者没有人会把围绕该书形成的哲理思辨,归之于伏羲;即使汉唐诸儒,至多也不过把六十四卦的推演,上靠到周文王名下。但"八卦",即用两种直线符号组成八种固定图案的发明权,却属于伏羲,所有文献记载对此绝对一致,从无异议。这一传说缘何而起?"画卦"究竟意味着什么?为何初民对"画卦"看得如此重要?问题的探究和追索,不得不牵扯到大地湾文化。前引《周易·系辞下》说伏羲"仰则观象于天,俯则观法于地,观鸟兽之文,与地之宜,近取诸身,远取诸物,于是始作八卦",强调其画卦最初源于对现实事物的观察,即所谓"观物取象",这是正确的,因为这符合文化创造的规律。但《系辞下》说伏羲画卦的目的是"通神明之德,类万物之情",恐怕就是文明时代的儒学义理发挥了,伏羲时代不可能有这种抽象的宗教意念。我们只能肯定一点:画卦是出于现实生活的需要。

一切知识其实都是记忆。在没有文字的时代,人们的记忆常要靠某种物质形式来辅助。发明某种帮助记忆的物质形式并被群体所接受,属于史前社会的一项创举,传说中的结绳、刻契记事,就是最常见的物质性记忆形式。使用一些固定符号来记事记数,应当是结绳、刻契一类形式的进一步发展,它更方便,更准确,功效更高。八卦很可能就缘起于这类记忆符号,它是这类符号的规范和整理。伏羲或者说伏羲所代表的那个部族,最早发明、使用这类记忆符号,因此后世传说便把符号的规范、整理之功,以"画卦"的名义归之于伏羲。笔者认为,最早出现在大地湾文化中的陶符,即属于这种性质的符号。在大地湾一期文化中,陶符是绘在彩陶上的,样式只有十几种;在后来几期文化中,尤其是在由大地湾文化衍生而出的关中仰韶文化中,陶符则多以刻划形式出现,使用更加广泛,而且种类大为增加,有学者统计多达 52 种。① 深受大地湾文化影响的马家窑文化,陶符又有更新的发展,多以绘制形式出现在彩陶上,仅青海柳湾遗址,就发现有绘符的陶器 679 件,包括 139 种不同的样式。② 尽管目前我们还难以弄清符号的含义,但它们的出现具有一定的规律性,种类随时代推进而增多,使用的地域范围又相当广。综合分析这些因素可知,它们是当时社会实际需要的产物,其功能应当就是记数或记事。从这层意义上说,它们虽然还不是文字,但已经是文字的前身。20 世纪 80 年代,西安市西郊斗门乡花园村龙山文化遗址出土了一批原始甲骨,在 15 块兽骨、兽牙和骨笄上,皆有类似文字的契刻,其时代要比殷墟甲骨文早 1 700 年。河南舞阳贾湖相当于裴李岗文化的新石器时代遗址中,也出土了刻有符号的甲骨,时代大致和大地湾一期文化相

---

① 王志俊《关中地区仰韶文化刻划符号综述》,《考古与文物》,1980 年第 3 期。
② 谢端琚《甘青地区史前考古》,文物出版社,2002 年版,第 91 页。

当。这些考古发现当然还远不能填补甲骨文同史前刻划或彩绘符号之间的缺环,但却更加强了我们对陶符的认识,它们决非初民偶发性的即兴之作,它们一定承担着后世文字所承担的部分功能。八卦是8种规范化了的刻划符号,每个符号的缘起含义,如今已难确知。乾、坤、离、坎、巽、震、艮、兑八个卦名,乃后人所赋予的,这没有疑问。《周易·说卦传》云:"乾为天,坤为地,离为火,坎为水,巽为风,震为雷,艮为山,兑为泽。"这是对八卦含义的最古老的解释,包含相当大的合理成分。因为这八种物质现象是构成人类生存环境最基本的要素,是影响人类生活最强大的自然力量,当然也便是人类最早关注的对象。所以,当人们设计记物、记事、记数符号的时候,这8种物质现象应当处于最优先的位置。八卦用了最简明的线条,最合理的组合,最有规律性的变化,表示这8种物质现象。这样的规范化布位,在符号向原始文字过渡的道路上,迈出了重要的一步。《太平御览》卷七百二十一引《帝王世纪》,说伏羲"造书契以代结绳之政"。所谓"造书契"不应理解为发明文字,而是指对记忆符号的使用和规范。大地湾文化陶符是史前记忆符号的起源,那么,伏羲与大地湾文化的关系,不也就再清楚不过了吗。

综上所述可知,不论是活动地域、所处时代,还是文化面貌、社会阶段,都一致地显示出,伏羲、女娲所代表的那个部族,就是大地湾文化的创造者。

四、余论:甘肃东部新石器时代文化如何表述

渭水中上游是伏羲部族兴起之地,在相当长的历史时期内,也是该部族活动的中心区域,大地湾四期文化中存在的厅室组合式大型宫殿建筑就是明证。但随着族体的繁衍壮大,其分族别支必然不断向适于部族生存的新地域扩拓、迁移。南向发展是进入西汉水流域和白龙江流域,东向发展是沿渭水进入关中,并继续向豫西、晋南伸延。传说中继伏羲而起的核心人物是黄帝和炎帝。黄帝传说中许多内容同样和甘肃东部地区有密切关联,有学

者把黄帝视为大地湾文化去向之一支的齐家文化的部族首领,也是很有道理的;①炎帝号称神农氏,早期活动地域就在关中西部。如果说伏羲时代农业尚处于原始状态,渔猎和饲养在经济生活中还占主要地位的话,到神农氏时代农业已成为主导性经济形态,关中地区优越的农耕条件促成了种植业的繁荣,神农之号即由此而来。黄、炎二族是走下黄土高原东向发展的伏羲部族,在新的地域同土著文化融合而形成的新群体。他们不断东向发展的结果,是在豫中一带同以海岱地区为中心而向西发展的东夷部族相遇。经过长时期的交往、渗透、冲突乃至战争,最后融合为华夏族的主体,并为夏王朝的诞生奠定了基础。伏羲的传说后来和东方之神太皞的传说合二为一,其文化历史背景即在于此。这个历史过程,和黄河流域新石器时代考古文化的源起及发展流变,也是相一致的。大地湾一期文化经天水师赵村一期文化,演进为仰韶文化的半坡类型,这一发展脉络已越来越被学界认识和接受。而东渐的仰韶文化同西延的大汶口文化,碰撞、交流而融合为龙山文化,也早已成为学界的共识。由此我们可以理解,为什么生于成纪或生于仇夷的伏羲,后来的踪迹却到了中原。《遁甲开山图》云:"伏羲生成纪,徙治陈仓。"《太平御览》卷七十八引《帝王世纪》,说伏羲"都于陈",司马贞为《史记》补《三皇本纪》,说伏羲"都于陈,东封太山"。陈指周代的陈国,即今河南淮阳一带,那里可能是伏羲的后裔部族东向发展曾活动过的地域,故在先秦文籍中有陈为"太皞之墟"的说法。

行文至此,我们便面临一个绕不过去的问题:应当如何表述甘肃东部地区的新石器时代文化?问得更具体一点,要不要给大地湾文化命名?大地湾文化与仰韶文化是一种什么关系?

大地湾遗址发现以前,考古学界通常把甘肃东部许多时代较早的新石器文化遗存,都纳入仰韶文化体系之内,以仰韶文化各种类型的名称名之,视之为陕西仰韶文化向西发展传播的结果。就连地域特色那么鲜明的马家窑文化,也曾长期被称作"甘肃仰韶文化"。大地湾遗址的发现使情况变得复杂起来。如前所述,该遗址规模巨大,

---

① 谢端琚《甘青地区史前考古》,文物出版社,2002年版,第91页。

文化内涵异常丰富，跨时长达三千多年。所含文化层不仅包括了仰韶文化的早、中、晚各期，最下层文化比仰韶文化早期的半坡类型还早了一千年。而且，大地湾遗址从一期到四期遗存是依次衔接未曾中断过的，显然是同一个部族在同一地区生活的历史延续。如作简单的判断，考古学家们应当有两种选择：一是继续维护传统认识中仰韶文化的主流体系，把大地湾遗址纳入其中。如此，即须重新审视并调整仰韶文化的类型和区系，在半坡类型之前再增加一个类型（这里"类型"概念已经异化为"期"了），并且否定以往那种仰韶文化以豫西、晋南为中心向四周辐射的定说，承认仰韶文化虽然以"仰韶"命名，但它事实上起源于甘肃东部的渭水流域而向东向南扩延。二是不再维护仰韶文化在整个黄河中游地区的宗主地位，承认文化起源的多元化，如此，即应为大地湾遗址含示的文化单独命名，称之为"大地湾文化"，并将甘肃东部与该文化性质相同的文化遗存，纳入该文化体系之内，以相对应的各期名之，或依据实情确定其类型名。然而，遗憾的是这两种选择都没有出现。

　　考古学界数十年积累起来的对仰韶文化的认识已经定型，很难再作出根本性的变动。尽管新石器文化多元化的观念已被大多数学者所接受，但人们还是高兴看到一种主流文化分布着广阔的脉系和网络，这种希求规整的思路具有很强的诱惑力，以至于宁肯把一些性质并不怎么相同的文化遗存，也都归于仰韶文化的名下。对于大地湾遗址，考古学界的态度倾向于折衷，既为大地湾文化命名，又不改变仰韶文化的宗主地位。具体作法是，虽然把大地湾文化遗存分为一至四期，但却只称"大地湾一期文化"为大地湾文化；而对其二至四期，则仍称仰韶文化。至于甘肃东部的其他文化遗存，除了早于半坡类型以及已属青铜时代的之外，一律归之于仰韶文化，以仰韶文化的早、中、晚期名之，或直接以仰韶文化的不同类型名之。还有一部分学者，连"大地湾一期文化"这一名称也不愿使用，主张用"前仰韶文化"、"先仰韶文化"，有人还直接称之为"老官台文化"。老官台文化20世纪五六十年代首先发现于陕西老官台等地，文化内涵早于仰韶文化而同大地湾一期文化相近。有学者已指出，大地湾遗址比老官台遗址更具备考古学文化命名的条件："老官台遗址虽然发现较早，但遗址面积太小,文化层很薄,出土文物亦不丰富,且遗物本身也不单纯,因此不能作为这类遗存的代表。"而"大地湾下层文化遗存有特征鲜明的器物群,这类遗存又有一定的分布范围,同时在甘青地区说文化遗存发现的时间是最早的,已具备了考古学文化命名的条件,可以把这类文化遗存命名为'大地湾一期文化'。"[1]保持仰韶文化在黄河流域新石器时代主流文化的统属格局不变,而把大地湾遗址底层文化割离出来,作为一种独立于仰韶文化之外的文化,这种变通处理方式的弊病是显而易见的。其致命要害是切断了大地湾遗址文化内涵的连续性,造成该地区曾前后经历过两种不同性质文化的错觉。当今考古学界为考古文化定名,大致还是依据夏鼐先生在《关于考古学上文化的定名问题》一文中所发表的意见。[2] 张忠培先生将夏鼐先生的意见概括、引申为一种定义:"考古学文化,是表述分布于一定区域,存在于一定时间,具有共同特征的人类活动遗存的概念。"[3]这种认识似已被考古学界普遍接受。但是,即使同一个部族群体的"活动遗存",其"特征"也必然随时间的推进或族体分徙异地而发生变化,所以就有划分"期"和确定"型"的必要。一般说来,分期是为了显示同一种文化时间早晚的差异,分型是为了区别同一种文化因地域条件不同而形成的差异。但前提都是同一种文化。既然大地湾遗址的文化遗存被划分为一、二、三、四期,那么,从逻辑上说,这四期文化就应当统称为大地湾文化;如果该遗址含有不同性质的文化层,那便意味着不同的部族群体在不同时代分别在那里生活过,那就应当给不同性质的文化层各命其名,而不宜按同一种文化遗存而分为一至四期。

事实上,大地湾遗址是同一个社会集团在漫长时代里一直使用的居地;发掘和调查都表明,其文化遗存在覆盖地域和延续时间上,都是一个不可分割的整体。大地湾文化遗存和仰韶文化性质十分接近,而其底层文化面貌又因天水师赵村一期文化的发现,明确了和仰

---

[1] 谢端琚《甘青地区史前考古》,第7页。
[2] 见《考古》1959年第4期。
[3] 《研究考古学文化需要探索的几个问题》,《中国北方考古文集》,文物出版社,1990年版。

韶早期半坡类型的接续关系。在这种情况下，还是不给大地湾文化一个完整的概念，硬性地将其一期文化切出，就显得极其不合情理。这样做既不利于对仰韶文化源头的探索，也没法交代所谓大地湾一期文化的发展归向。表象背后还存在一个对甘肃地区新石器文化历史处位的评价问题。一涉及这个问题，即使专业学者，也常暴露出认识上的矛盾，甚至出现一方面强调"仰韶文化是在大地湾文化基础上发展起来的"，一方面又说"甘肃仰韶文化是以豫西、晋南为中心的仰韶文化向西转播的产物"这样的悖论。显然，人们难以把握甘肃新石器文化的历史位置。一般读者首先要求回答的是，甘肃东部以大地湾遗址为代表的新石器文化和仰韶文化究竟是不是一种文化？如果是，二者就应当统一为一个名称。可以维护学界早已形成的传统，称这为仰韶文化，并实事求是地阐明这种文化最初是在甘肃境内的渭水流域发展起来的。如果二者起于同一个文化"母元"，在时间推移中，或在部族繁衍迁徙中形成了两个分支，则应当在确定主体文化名称的基础上，给另一支确定文化类型名。如以传统考古学体系中的仰韶文化为主体，可以称大地湾遗存为仰韶文化大地湾类型。如果二者起于不同的"母元"，是两种性质完全不同的文化，即使彼此互有影响，那也应为它们各自命名。当年夏鼐先生在他那篇名文中，就非常强调要区分两个文化和一个文化的两个分支这样的不同概念。

笔者完全赞同张之恒先生的意见："每个文化系统自身发展所形成的文化特征决定每个文化的性质，相邻两个文化系统之间相互影响所产生的一些相似的文化因素，不反映文化的性质。"[①]如果大地湾遗址呈现的是一种不同于仰韶文化的文化，那就应当承认它有自己的脉络体系，有自己的地域范围，给它的命名就应当涵盖其发展的全过程，而不该让它中途"变质"。我们深信，随着新世纪我国考古事业的继续发展，随着人们对大地湾文化遗存的深入了解，上述一系列问题终将获得科学求实的解决，与之紧相关联的甘肃东部新石器文化，必定会有更准确、更完善的表述方式。需要向读者说明的是，在考古学界尚未形成明确的统一认识之前，笔者不愿仿袭某些已颇流行但

---

① 《中国考古学通论》，南京大学出版社，2003年版，第4页。

显然违背逻辑的表达方式。本文采取尊重实际考古发现的立场,把甘肃东部被称为仰韶文化的那些文化遗存,一律纳入大地湾文化体系;本文所用的"大地湾文化"这一名称,指该文化所包含的一至四期的整体,而非专指人为切割出来的所谓"大地湾一期文化"。

(原载《甘肃省博物馆学术论文集》,三秦出版社,2006年版)

禹的功业及其与甘肃地区的关系

在我国上古时代传说中,禹是神化成分较小而史实成分较多的一个人物,他的功业促成了早期国家夏王朝的诞生。值得注意的是,有关禹的传说,往往和甘肃地区有密切联系。禹不仅出生在甘肃,他的主要事迹如疏江河、平水土、划九州、定贡物、征三苗等等,也大都事涉甘境。这在某种程度上反映了华夏文明形成期,我国各强势文化区系的整合与走向,启发我们深入思考甘肃古文化的历史处位与作用。

甘肃同中原地区很久以前便存在着文化脉络上的"血缘"关系,甘肃地区的古文化老早就参与了我国北方诸强势文化圈之间的互动作用,是华夏文明赖以形成的重要成分。这一事实不仅表现在考古文化的传播与流向上,也反映在一些集历史与神话于一身的人物传说上。然而,在华夏文明形成方式这一宏观学术领域,却还有许多陈旧观念在束缚着人们的思路。关于给大地湾文化定义、定位,以及如何看待它与仰韶文化的关系问题,关于要不要认真思考某些上古时期关键人物的传说,往往和甘肃地区有密切联系的问题等等,常被学界所忽视,许多模糊乃至错误的认识,长期得不到澄清。有感于斯,笔者不久前曾撰《伏羲女娲传说与甘肃远古史》[1]和《从黄帝传说看甘肃古史影迹》[2]两文,今再成此稿,以补足前两文之意。

一

被视为保存了我国古代政典的《尚书》,有多篇明载禹的史事及

---

[1] 见本书第272页。
[2] 见本书第259页。

政绩。和三代以前其他的传说英雄相比,禹的神性因素相对较少。但在《大戴礼记·五帝德》中,他还是被描述为这样的形象:"为神主,为民父母,左准绳,右规矩,履四时,据四海,平九州,戴九天,明耳目,治天下。"《尚书·禹贡》说禹"主名山川",《史纪·夏本纪》也说禹被天下尊为"山川神主"。《墨子·明鬼下》云:"察山川鬼神之所以莫敢不宁者,以佐谋禹也。"禹身上的"神"气还是显而易见的。但全面观察可知,在神话人物中,禹是和正史最接近的一个。《史记》把禹放在夏王朝奠基人的位置,不单纯因为他是"家天下"世系开始者启的父亲,更因为他的功业促成了早期文明国家的诞生。

  禹的事迹最广为人知并最受赞颂的,是对洪水的治理,他也因此而被后世尊称为"大禹"。两千五百多年前就有政治家感叹:"美哉禹功!明德远矣。微禹,吾其鱼乎!"①禹的治水传说,虽然含有浓重的神话色彩,但如今已很少有人怀疑其史实因素了。在禹部族活跃的那个时代,我国北方确曾不止一次地发过洪水。古气象学和古生物学研究表明,冰河期末段的一次寒冷期过后,世界范围内出现了一个温暖期,冰川消融,雪线后退,降雨量增多,造成平原与河谷盆地及低洼地区的洪水泛滥。这个洪水时代给幼年期的人类留下了深刻印象,在许多民族的远古传说中,都伴有关于洪水的记忆。当时我国关中和中原地区的农耕业早已成为主体性经济形态,洪水所造成的危机是不言而喻的。《尚书·尧典》记载,尧主持部落联盟领导集团会议,商量治水人选时说:"汤汤洪水方割,荡荡怀山襄陵,浩浩滔天。"可见情势之严重。会议决定让鲧负责治水,鲧用堙堵的方法治水失败。后来舜接替尧主持部落联盟事务,改派鲧的儿子禹继续治水。禹采用疏导的方法,获得了成功。《尚书·禹贡》述此曰:"禹敷土,随山刊木,奠高山大川。"孔序云:"禹别九州,随山浚川,任土作贡。"近世有不少学者认为《禹贡》是晚出的著作,是在关于禹的传说已神圣化之后的产物,夸大了禹的功业;而书序时代更晚,甚至疑其为伪作。2002年西周青铜器遂公盨的发现,使这个问题有了再度深思的必要。该盨有98字的铭文,开篇即曰:"天命禹敷土,随山浚川,乃差地设

---

① 《左传·昭公元年》载刘子语。

征,降民监德。"文意和《禹贡》及书序所言完全相符。① 这表明禹治水的传说缘起极其久远,决非如某些学者所说乃战国时人的编造。

古文献中反映禹治水功业的材料甚多,虽然不够系统完整,但却有较高的可信度。时代较早的如《诗经》,其《商颂·长发》云"洪水芒芒,禹敷下土方",《商颂·殷武》:"天有多辟,设都于禹之绩。"《大雅·文王有声》:"丰水东注,维禹之绩。"《大雅·韩奕》:"奕奕梁山,维禹甸之。"《小雅·信南山》:"信彼南山,维禹甸之。"《鲁颂·閟宫》:"奄有下土,缵禹之绪。"《逸周书·商誓》言后稷"克播百谷,登禹之绩",《尚书·立政》告诫王官"诘尔戎兵,以陟禹之迹",《左传·襄公四年》云:"茫茫禹迹,画为九州,经启九道。"金文中如秦公簋铭,言秦祖"受天命,鼏宅禹迹";叔夷钟、镈铭,言成汤伐夏"咸有九州,处禹之堵"。这些资料显示,禹当年治水涉及地域非常广泛,人们把那些地域的适于民居,都看作是禹的功绩。商、周、秦三族都说自己生活在经禹治理过的土地上。

以那时的生产力水平而论,禹的治水当然不会有像传说中所描述的疏三江、导五湖、凿龙门、辟伊阙、据四海、平九州那样宏伟的规模,而且从鲧到禹洪水也在不断地自然消退,并非全靠人工治理。禹的功业最主要的应当是带领庶民在较大范围内建立排水系统,即所谓"高高下下,疏川导滞,钟水丰物"。②《韩非子·五蠹》说"中古之世,天下大水,而鲧禹决渎",即强调禹的排水之功。这对于各地的农业发展来说,是至关重要的举措,所以《论语·泰伯》载孔子对禹的赞誉是"卑宫室而尽力乎沟洫",《礼含文嘉》称颂禹"垂意于沟洫,百谷用成",禹本人也说他的作为是"决九川致四海,浚畎浍致之川,与稷予众庶难得之食"。③ 在大片土地上建立有效的排水系统,需要依据山形地势,确定水的去向,规划水的流径,需要有大型水渠与中小型沟洫的配套组合,需要设计安排群体居处与耕地的布局。这样的治水工程,不仅须动员众多的民力,更要求相邻族体群落的协调配合。这便必须有一种凌驾于各氏族公社之上的指挥权威,存在一个能号

---

① 李学勤《遂公盨与大禹治水传说》,《中国社会科学院院报》,2003 年 1 月 23 日。
② 《国语·周语下》。
③ 顾尚之辑《帝王世纪》,《丛书集成初编》本,中华书局,1985 年版。

令部落群体的领导体系。治水的成功,表明禹的组织权威和指导作用已被广泛地接受,这意味着雏形期国家的趋于形成。禹在治水过程中获得各部族的拥护,提高了部落联盟的领导地位,所以后来才有"禹会诸侯于涂山,执玉帛者万国"①的盛况,才有"禹致群神于会稽之山,防风氏后至,禹杀而戮之"②的威严。

  禹的另一项业绩是"定九州"或曰"别九州"。除了《禹贡》所言外,《山海经·海内经》曰"帝乃命禹,卒布土以定九州"。《左传·襄公四年》曰:"芒芒禹迹,画为九州。"《楚辞·天问》曰:"禹何所成?九州安错?"都把九州的规划视为禹之功。也就是说,禹将大部落联盟所统属的各部族活动范围,划分为九片地域,即《禹贡》所说的冀、兖、青、徐、扬、荆、豫、梁、雍。在此基础上又"任土作贡","差地设征",即依据各地的自然条件和宜出物产,征收贡赋。这显然已在行使雏形国家的职能。"九州"原本是个具体的地名,即《史记·殷本纪》所言"九侯"的领域。《左传》、《国语》等书言及的"九州",即谓该地"皆指北至太行、南至三涂、东至阳城大室、西至荆山中南的九州"。③ 这是夏民族活动的中心区域。后来人们把夏族早期居地放大为夏王朝影响所及的范围,于是便推衍出《禹贡》的"九州",并把它同禹的治水相联系。之所以如此,是因为夏王朝是以禹为首领的夏部族为核心创建的。九州之地域,同《尚书·尧典》从宗教历法角度讲的东、西、南、北四至,完全一致。"九州"的概念,是凭空想象不出来的,它反映了部落联盟时代后期,人们对各主要文化区系的宏观认识。禹长期致力于治水,使部落联盟中央掌握了各部族生活地区的方位和状况,这是划分九州的前提;"任土作贡"、"差地设征",则宣告了部落联盟中心领导职能的确立和被承认。所以又有禹铸九鼎之说,《汉书·郊祀志》:"禹收九牧之金,铸九鼎,象九州。"《左传·宣公三年》载王孙满对楚庄王问九鼎的答语:"昔夏之方有德也,远方图物,贡金九牧,铸鼎象物,百物而为之备。"这里讲铸鼎为"夏之方有

---

  ① 《左传·哀公七年》。
  ② 《国语·鲁语下》。
  ③ 徐中舒《再论小屯与仰韶》,《徐中舒历史论文选辑》(上),中华书局,1998年版,第167页。

德"的举措，未言禹时。但一则禹是夏王朝的奠基人，二则夏代青铜制作已具规模，故后世遂把铸鼎事归之于禹，说禹收取九州之铜，铸作九鼎并饰以各州之物象。九鼎即代表九州——九州即代表全国，九鼎遂成国家权力的象征。那正是青铜器开始成为贵族社会宗教和宗法礼制主要载体的时代。由治水关联到九州的划分，由九州的划分关联到贡赋的征收，由贡赋的征收关联到九鼎的铸作，由九鼎的铸作关联到国家的象征——禹的传说就是这样融为一体的。这一切都在向我们昭示：禹的时代是国家机构趋于形成的时代，各主要部族已被纳入一个权威性的统属体制之内，地域观念已开始在社会政治思想中凸显出来。此时的"九州"无疑还不是政区，但已为日后的政区形式勾勒了骨干性的线条。《史记·夏本纪》说禹治水成功后，"于是九州攸同，四奥既居，九山刊旅，九川涤原，九泽既陂，四海会同。六府甚修，众土交正，致慎财赋，咸则三壤成赋。中国赐土姓，'祗台德先，不距朕行'"。川流顺畅，道路开通，耕居安宁，国家领导机构大致完善，各部族遵从禹所制定的标准缴纳贡赋，而禹则为他们祚土赐姓，授予对其所居地域的控制权，前提是各部族承认中央权威，接受禹的领导。很明显，禹的治水促成了国家的产生。

值得注意的是，和禹治水相关联的《禹贡》九州，重心却在西北。西北有梁州和雍州，地域包括今陕西、甘肃两省，涵及青海东部和四川北部，而所涉山系河流，尤以甘肃境内为详。述梁州，首言："华阳、黑水惟梁州。岷嶓既艺，沱潜既道，蔡蒙旅平，和夷厎绩。""华"指今陕西境内的华山。"黑水"问题较多，我们后文还将谈到，经文梁州、雍州均首言黑水，其位置自古至今众说纷纭；笔者主张上古时甘肃西部和中部各有一条黑水，梁州的黑水，当如郑玄注引《地记》所言，乃位处鸟鼠山西南的那条黑水。"岷"即今四川、甘肃交界地区的岷山。"嶓"指嶓冢山，今天水市南郊的齐寿山，东汉以前嘉陵江尚未形成时，汉水上游两条主要支流东汉水和西汉水都在甘境，东汉水即漾水（今永宁河），源于嶓冢山东麓，西汉水（上游今称盐官河）。源于嶓冢山西麓。"沱"、"潜"为汉水上游两条支流。"沱"，学者们多认为在四川境内；"潜"，可能在汉中西部。"蔡蒙"有说为二山，有说为一山即蒙山，在四川北部。"和夷厎绩"，旧说皆不得其解。汉儒释"和夷"

为地名,显然有误,应为族名,实指五帝后期因接受部落联盟中央交付的祭日、测日使命,而西迁至西汉水上游地区的和仲一族,《尚书·尧典》对此事有明确记载,商周时代在那一带建立方国的嬴姓部族,应当就是和仲一族的后裔。① "和夷底绩"意为和氏一族在这里建功立业。那时对部族称谓用语比较严格,西方部族称"戎"或"西戎",东方部族称"夷"或"东夷","和夷"之族称也显示其来自东方。综观《禹贡》全文,言"岛夷皮服"、"覃怀底绩"、"莱夷所作"、"淮夷蠙珠暨鱼"、"三邦底贡"、"三苗丕叙"、"西戎即叙"等语句,都是讲禹治水所经之处各部族邦国的业绩勋劳及贡物,即使偶涉地名,亦含某部族所居地之意,只有释"和夷"为族名方合经文通例。

述雍州,首言:"黑水、西河惟雍州。弱水既西,泾属渭汭,漆沮既从,沣水攸同。荆岐既旅,终南惇物,至于鸟鼠,原隰底绩,至于猪野,三危既宅,三苗丕叙。"黑水、弱水,均在甘肃西部。"西河"即河西,黄河以西。《孔传》云:"西距黑水,东拒河,龙门之河,在冀州西。"立足于雍州东西之界言,此说可信;但《禹贡》每州首句也常以中心地区概言州域,故扬雄《雍州箴》有句曰:"黑水、西河,横截昆仑。"即把西河理解为甘肃之河西。泾、渭皆发源于甘境,无须再论。"汭",汉儒以泾水入渭处解之,其实汭指古芮河,即今在甘肃崇信县入泾的汭河。《汉书·地理志》右扶风汧县下云:"汧水出西北,入渭。芮水出西北,东入泾。"此水在先秦是一条地位可与泾水并列的大河,《汉书·地理志》举言九州的名山大川,雍州的代表性河流即列出泾、汭、渭、洛四水。《禹贡》在"泾属渭汭"之后方言"漆沮既从,沣水攸同",亦可证汭水在甘肃地境。"荆岐"和"终南、惇物"四山,皆在陕境。"鸟鼠"山在今甘肃渭源县。"猪野"为泽名,也名都野泽,在今甘肃民勤县内。"三危"山和黑水问题一样,地望歧说雾会,但其为甘肃地域内的山则是肯定的。总之,《禹贡》梁、雍二州涉及的主要地域,大都在甘肃境内。经文后半部分叙述禹在各地治水的起点、路线及所历山川时,涉甘境地域之多也引人瞩目。如西倾、朱圉、鸟鼠、嶓冢、岷山、弱水、合黎、流沙、黑水、三危、南海、积石、漾水、泾水、渭水、黄河等等,

---

① 祝中熹《早期秦史》,敦煌文艺出版社,2004年版,第55—59页。

均在甘肃域内或延经甘境。

如前文所述,禹治水的主要作为是对江河川泽的疏通和导滞,建立排水系统,以利于农耕业的发展。这些"工程"实际上只需也只能施行于我国中部和东部的低平区域,不会涉及西北黄土高原。但《禹贡》言禹治水,却重点详述西北尤其是甘肃地区的情况,这应当引起我们的深思。如果说《禹贡》内容反映了部落联盟时代人们对我国各主要文化区系宏观认知的话,可以肯定,当时的领导集团对甘肃地区特别熟悉,而且,人们把这种熟悉和禹联系在一起。这启发我们思考其中深层次的原因,思考禹所属部族早期活动地域,是否就在甘肃地区。

二

许多先秦文献称禹为"夏禹",称禹的部族为"夏后氏"或"有夏氏",如《国语·郑语》云:"夏禹能单平水土,以品处庶类者也。"《随巢子》云:"天命夏禹于玄宫。"《国语·周语》言禹及其部属治水有功,"皇天嘉之,祚以天下,赐姓曰姒,氏曰有夏。"《史记·夏本纪》云:"夏禹,名曰文帝。"后言禹继舜即天子位,"南面朝天下,国号曰夏后,姓姒氏"。禹所开创的王朝称"夏",禹是夏民族的宗神。夏族的活动地域,即上文所说的狭义的"九州",通常认为在今晋南、豫西一带。但古文籍却又比较一致地说禹出生于西方,且有极大可能就出生于甘肃境内。《史记·六国年表》:"禹兴于西羌。"《集解》引皇甫谧:"孟子称禹生石纽,西夷人也。传曰:'禹生自西羌'是也。"《新语·术事篇》:"大禹出于西羌。"《盐铁论·国疾》:"禹出西羌。"《吴越春秋》:"(禹)家于西羌。"《后汉书·戴良传》:"大禹出西羌。"《荀子·大略》:"禹学于西王国。"杨倞注曰:"或曰大禹生于西羌,西王国,西羌之贤人也。"西羌地域,古今学者都认为即今甘肃地区,当代不少学者甚至更进一步地主张马家窑文化即西羌部族的遗存。甘肃地区的羌,后世多和戎联在一起称"羌戎",故禹又被称作"戎禹"。《水经·河水注》言洮水支流大夏川:"又东北径大夏县故城南。《地理志》曰王莽之顺夏,《晋书地道记》曰:"县有禹庙,禹所出也。"大夏川即今之广通河,那一带也正是马家窑文化的中心区域。

古文籍中还有许多把禹的出生和"石"联系起来的记载,如《淮南子·修务训》云:"禹生于石。"高诱注:"禹母修已,感石而生禹,坼胸而出。"《汉书·武帝本纪》载武帝到中岳,"见夏后启母石",注引应劭曰:"启生而母化为石。"《史记·夏本纪正义》引扬雄《蜀王本纪》:"禹本汶山郡广柔县人也,生于石纽。"《三国志·蜀书·秦宓传》:"禹生石纽,今之汶山郡是也。"《水经·沫水注》:"沫水出广柔徼外,县有石纽乡,禹所生也。"《易林》(乾卦):"舜升大禹,石夷之野。征诸王阙,拜治水土。"《太平御览》卷五十一引《随巢子》:"禹产于昆石,启生于石。"《遁甲开山图》谓禹"化生于石纽山泉,女狄暮汲水,得石子如珠,爱而吞之,有娠。"孕14个月而生禹。禹的出生地以石为名的传说,应当是从禹生于石的传说衍变而来。徐中舒先生曾指出,这类传说"与西方的羌民崇拜白石是有关系的"。他认为最早活动于甘肃一带的羌族,后来分为两支,一支向东发展,一支留居西方,"以羌族为主建立夏王朝,在进入中原后接受龙山文化的影响,可能就逐渐改变其旧俗,形成中原文化,而仍居于西方的羌族则继续保留其旧俗。"他还认为马家窑文化氏族部落,"可能系羌族祖先"。[①] 也就是说,禹部族属于原生活在甘青地区的羌族东向发展的一支。陈梦家先生也持大致相同的观点,在其《殷虚卜辞综述》第八章"羌方"一节中云:"有与此等羌同族的夏,其种姓为姜为姒等,在夏商时代已进入较高级的形式,亦属可能。此等族姓,在殷卜辞为羌方,为羌,在春秋战国之书、器称之为戎为夏而不以羌名,凡此'诸夏'属于高级形式之羌人,以别于尚过游牧生活的低级形式的羌人。"上引有关禹出生地的材料,还涉及今四川北部与甘肃相邻的一些地域,如"汶山郡"、"广柔县"等。上文所言因禹生于石传说而衍生的地名"石纽",其地望据《史记·夏本纪正义》所引《括地志》说,在"茂州汶川县石纽山的县西七十三里",据《寰宇记》所引《十道录》说,"石纽是秦州地名",在甘肃东南部。总之不会出四川、甘肃两省交界地区的大范围。已有学

[①] 徐中舒《先秦史论稿》,巴蜀书社,1992年版,第23页、32页、346页。

者作过论证,文化考古显示马家窑文化的一支曾南下岷江上游,在茂汶盆地与土著居民融合形成新的氏族,禹就属于这一支戎羌。① 总之,当代许多学者都承认古籍中禹部族兴起于西羌之说,并进而认为西羌即马家窑文化的主人。

禹还有另一项为人们所熟知的功业,那就是对"三苗"的战争。三苗是五帝时代活动在长江中游地区与中原部落联盟对抗的一大部族集团,黄帝时即发生过与三苗的战争。据《尚书》记载,中原部族同三苗部族一直冲突不断。尧时三苗曾战败被迁,即所谓"窜三苗于三危"。《史记·五帝本纪》述此事曰:"三苗在江淮荆州,数为乱。"帝尧"迁三苗于三危,以变西戎"。舜时又"分北三苗",继续对三苗实施分化远徙削弱其实力的政策。至禹时,三苗仍构成威胁,于是禹又发动了对三苗的战争。《墨子·兼爱下》引用过禹征三苗的誓辞:"济济有众,咸听朕言。非惟小子,敢行称乱;蠢兹有苗,用天之罚。若予既率尔群封诸君,以征有苗。"其《非攻下》对战事也有较详记载:"昔者三苗大乱,天命殛之……高阳乃命玄宫,禹亲把天之瑞令,以征有苗。四电诱祗,有神人面鸟身,若瑾以侍,搤矢有苗之祥,苗师大乱,后乃遂几。禹既已克有三苗,焉磨为山川,别为上下,卿制大极,而神民不违,天下乃静。则此禹之所以征有苗也。"文字有几处错讹,但大意清楚,言禹征三苗,有神人相助,故获全胜;此后三苗即衰微,而禹由此德治四方,天下安宁。今本《竹书纪年》言"三十五年,帝命夏后征有苗,有苗氏来朝",即指此役。

这是一场发生在今甘肃境内的战争,即羌部族与三苗部族的战争。《尚书·尧典》言"窜三苗于三危",《史记·五帝本纪》言"迁三苗于三危"。《楚辞·天问》:"黑水玄阯,三危安在?""三危"地望古今争议颇多,但它无疑就在甘肃境内。《后汉书·西羌传》曰:"舜流四凶,徙之三危,河关之西南羌是也。"注云:"三危山,在今沙州敦煌县东南,山有三峰,曰三危也。"《括地志》亦言"三危山在沙州敦煌县东南四十里"。《尚书·禹贡》:"导黑水,至于三危,入于南海。"郑玄注云:"《地记》曰:三危山在鸟鼠之西南,而南当岷山,又在积石之

---

① 何崝《试论禹与鱼凫族的关系》,《周秦社会与文化研究——纪念中国先秦史学会成立20周年学术研讨会论文集》,陕西师范大学出版社,2003年版。

西,南当黑水祠,黑水出其南胁。"《太平御览》卷五十引《河图括地象》曰:"三危山在鸟鼠山之西南,与汶山相接。"汶山即岷山。《汉书·司马相如传》注引张揖:"三危山在鸟鼠山之西,与岷山相近,黑水出其南陂。"皆与郑说同。敦煌东南与鸟鼠西南二说有异。《禹贡》疏引《水经注》:"黑水出张掖鸡山,南流至敦煌,过三危山,南流入于南海。"与《括地志》说同。考虑到《禹贡》又有"华阳黑水惟梁州"的记载,故黑水地望实难确定,很可能当时有两条黑水。由于后世多认为"南海"即居延海,所以人们大都把三危和今下游称弱水的黑水相联系。把三危说得那么靠西,很值得怀疑。但不管怎么说三危不会出甘肃境域。且不说黑水、三危在哪里,要之三苗活动于那一带。《山海经·大荒北经》:"西北海外,黑水之北,有人有翼,名曰苗民。"《海外南经》言"三苗国",郭璞注曰:"昔尧以天下让舜,三苗之君非之,帝杀之,有苗之民,叛入南海,为三苗国。"强制性流迁在这里被表述为"叛入",也反映出当时三苗族势仍相当强盛。

　　禹征服三苗的传说和禹兴起于西羌的传说,有着深刻的内在联系。他们相互应和,告诉我们:以禹为首领的部族,是在甘肃境内发展起来的。顾颉刚先生论及《尚书·吕刑》称赞禹征服三苗而"恤功于民",以及《禹贡》纪其事于雍州谓"三危既宅,三苗丕叙"时说:"三危者雍州西部黑水之所经也。作乱之民定居西方,恤功之后亦降西方,述其事者又出于西方之族之王者,则此整篇故事必全以西方为其背景可知也。禹在此故事中占有重要之地位,证以禹出西羌之说,其为戎族之先人审矣。"① 所言甚是。《后汉书·西羌传》说:"西羌之本,出自三苗,羌姓之别也。"把西羌和三苗说成了一个民族。之所以出现这种认识,是因为三苗被征服后和羌族长期杂居而相融,后世遂再无三苗在甘境的族踪。由此我们可以理解,为什么禹伐三苗的战争,在古文献中还有另一种"版本",即"德服"说。《韩非子·五蠹》:"当舜之时,有苗不服,禹将伐之,舜曰:'不可,上德不厚而行武,非道也。'乃修教三年,执干戚舞,有苗乃服。"《吕氏春秋·上德》所言与此略同:"三苗不服,禹请攻之,舜曰:'以德可也。'行德三年而三苗服。"

---

① 顾颉刚《九州之戎与戎禹》,《古史辨》(第七册下编),上海古籍出版社,1982年版,第134—135页。

《荀子·成相》也说"干戈不用三苗服"。《淮南子·缪称训》则作了点义理化渲染:"忠信形于内,感动应于外。故禹执干戚,舞于两阶之间,而三苗服。"许慎注曰:"三苗畔禹,禹风以礼乐而服之也。"这类记载,不宜单纯看作是儒者为美化舜和禹的虚拟之语,在民间传说中一定存在产生这类记载的文化土壤,而那正是三苗族同禹所属的古羌族趋于融合的史影留存。

夏民族的起源,是学界尚在深入探讨的课题:禹出西羌之说,也还远非定论。夏王朝是以晋、豫一带为中心建立起来的,禹的治水功业也被认为主要展现在中原及江淮等低平地区,从先秦到汉唐这种认识是明确而牢固的。在这种文化背景下,却存在大量禹起于西羌的文献记载,理应引起我们深思。这类材料并非丰满英雄形象所需要的锦上之花,不会是后世为整齐夏禹事迹而构思出来的曲折情节,而有更大可能是包含史实因素的原始传说。伏羲、黄帝、夏禹在传说记载中都存在一个源起于西部而辉煌于中原的问题。这种历史处位的变换,不仅反映了部族的转移迁徙,也反映了文化的传播和流向。一种形成规模的文化,不可能世代固守一个地域,它们的对外影响决非单纯的静态辐射,更以族体衍分和流动的方式表现出来。分族的移迁造成不同文化之间更直接、更频繁的交往、渗透、碰撞和融合,从而形成更先进、更具生命力的文化。

伏羲、黄帝和夏禹的传说,即寓含着这一历史规律。

(原载《丝绸之路·文论》2006年上半年刊)

密须史事考述

　　夏代到西周这一千多年间,甘肃地区经历了一段社会发展的滞缓期。齐家文化式微后兴起的几支地域性青铜文化,规模小而分散,而且族系复杂;以牧猎经济为主体的生产形态,很难产生高级社会所必需的统合机构。所以,始终未能形成一个能融汇诸文化类型、带领整个地区跨入文明时代的强势部族,并进而建立起规模较大的贵族体制的国家,遂使甘肃地区与中原及关中一带的社会进程拉开了差距。

　　但甘肃东部的情况则有明显不同。在泾、渭及西汉水流域的河谷地带,自然条件相对优越,早在新石器时代即已奠定了稳实的农业基础;又因同关中毗邻,较早地接受了中原文化的影响,故具备了相对发达的生产水平。所以,当甘肃中、西部因小冰河期气候急剧变化而导致社会衰退的时候,东部地区的农业经济却保持了继续发展的态势,从而走上了一条与中、西部不同的道路,兴起了一批城邦性质的小方国。它们的规模一般都不大,但却是那个时代甘肃地区经济、文化最先进的代表。它们顺应文明早期各文化区系互动、会通的大趋势,不仅在经济上归属于黄河中游的农耕文化圈,在政治上也与中央王朝建立了密切联系,不同深度地被纳入了中央王朝的"外服"体系。事实上,这些方国在中原和甘肃地区之间,构筑起坦畅的文化桥梁,编织着坚韧的政治纽带,培育了边域部族对华夏文明的向心力,对后来甘肃地区的历史进程,发挥了巨大的引导作用,其积极意义不应低估。

　　密须国是商、周时代甘肃东部诸多方国中影响较大的一个,它的存亡兴衰不仅折射着中央王朝权力转换的史影,而且直接影响着关陇地区政治格局的演变。密须国域是关陇地区的交通枢纽,是西周王朝西北方的要害门户,所以王室大力强化对这一带的控制,曾封派高级军事贵族长期驻扎。原密须地境即今甘肃灵台县内出土的大量西周遗物,印证了这一地区在当时的战略地位。

一、密须国的地望与族属

密须国始建于何时,已无从考起。《通志·氏族略》引《世本》云:"密须,商时姞姓之国。"古文籍中有关密须史事,也都发生在商代后期及西周,估计其建国时间要比姬周族在陇东北部创建的豳国晚得多。《史记·周本纪》言文王伐密须,《集解》引应劭曰:"密须氏,姞姓之国。"引臣瓒曰:"安定阴密县是。"《正义》谓:"《括地志》云:'阴密故城在泾州鹑觚县西,其东接县城,即古密国。'杜预云姞姓国,在安定阴密县也。"韦昭注《国语·周语上》"王灭密":"密,今安定阴密县是也,近泾。"《汉书·地理志》也说安定郡有阴密县,为"《诗》密人国,有羕安亭。"师古注:"即《诗·大雅》所云'密人不恭,敢距大邦'者。"汉代安定郡密县又名鹑觚,大体即今甘肃灵台县西境,古今学者对此无异议。据民国年间撰修的《灵台县志》记载,"密须国故城址在县西五十里,即今之百里镇也。"乾隆年间所修《甘肃通志》(卷二十二)泾州灵台县"古迹"目下,也说阴密故城在灵台县西五十里,即今百里镇。百里镇及其附近的考古调查与发现,证明了文献记载之不虚。在今百里镇西南方达溪河与南川河交汇形成的三角台地内,发现三处城垣残迹,考古工作者认为即密须故城遗址。遗址所在的这片台地十分开阔,北、东、南三面河流环绕,西依吴家山,为古代兴建城邑的优胜地带。今存三段垣迹为古城西面和北面的城墙,残高不过3米,最长的一段长约10米,底部宽度在2.5米左右。近底部处夯土层厚约6~7厘米,内含仰韶文化和周代陶片;上部夯土层厚约13~14厘米,内含汉代砖瓦残片及宋瓷片。城址周长约3华里。初步考查可知,此城初建远在汉代以前,汉、唐、宋时代均曾在原城址基础上加固维修,继续沿用。城址南侧台地断面上暴露出西周灰坑、住室和灶坑存迹,文化层厚达2米左右,内含大量泥质灰陶和夹砂灰陶片,多为鬲、豆、罐等器物残块,还有铜镞、兽骨之类。打破西周文化遗存的有一处宋代瓷器窖藏,表明晚至宋代此城仍在被使用。① 20 世纪 80 年代,中国社会科学院考古研究所在陕西长武县碾子坡遗址,连续进行过较大规模的发掘,揭露面积达 7 000 多平方米,发现房址、灰坑、陶窑等遗存及 365 座墓葬。多见高领袋足鬲,而瘪裆鬲甚少,与被认为是先周文化的郑家坡文化面貌大不相同,而接近于被认为是姜戎文化的刘家文化。这种文化遗存后来在同长武县邻接的麟游县境内一些地区也有发现,被统称为"碾子坡类遗存"。因其年代相当于殷墟一、二期至商周之际,地域处在古密须国的范围之内,故有学者认为可能与密须国文化有关,名之为"碾子坡文化"。② 由于甘肃省文化考古目前还未能提供灵台县境内碾子坡类型文化的存在状况,我们尚难对该类型文化同密须国文化之间的关系作出较有把握的判断,但这无疑是个值得学界继续关注的问题。

前引《周本纪集解》应劭语,谓密须国姞姓,《通志·氏族略》也说:"密须氏,《世本》商时姞姓之国。"又云:"《史记》姞氏为后稷之妃。南燕、密须皆姞姓之国,后改为吉氏。"《国语·周语中》载富辰举言婚姻给国家带来祸福之例,有"密须由伯姞"语,韦昭注曰:"伯姞,密须之女。"《潜夫论·志氏姓》:"姞氏之女为后稷之妃,繁育周先。""姞氏之别,有阚、尹、蔡、光、鲁、雍、断、密须氏。"姞姓是商周时代我国西部一个族系繁盛、分布广泛的古老部族,和姬周存在历史悠久的通婚关系。史载黄帝之后裔共分为 12 姓,其中就有姞姓。《说文》:"姞,黄帝之后伯姞姓也,后稷妃家。"《诗·小雅·都人士》"谓之尹吉",郑笺云:"吉读为姞,尹氏姞姓,周室婚姻之旧姓也。"《左传·宣公三年》载晋国伐郑,欲入姞姓妾所生的公子兰,郑大夫癸主张接受晋国的要求,立公子兰为太子,理由是:"吾闻姬、姞耦,其子孙必蕃。姞,吉人也,后稷之元妃也。今公子兰,姞甥也,天或启之,必将为君,其后必蕃。"《诗·大雅·韩奕》内容之一是描述韩侯娶妻的宏华场面,所娶即为姞姓之女。郑与韩皆为姬姓之国,可见"姬、姞耦"乃西周贵族婚姻盛行的习俗。出土于宁县湘乐乡谢家村的师伯盨,铭文

---

① 刘得祯《甘肃灵台百里镇出土一批宋代器物》,《考古》,1987 年第 4 期。
② 张天恩《陕西商周考古发现和研究概述》,《考古与文物》,1998 年第 5 期。

曰:"师伯作中姞䵼",佸即姞,师伯为西周军事贵族,此䵼乃师伯为其姞姓夫人所作器,可视为姬姞联姻传统的一件实物例证。

密须是商周时代影响最大的姞姓国,密须地区应当是姞姓部族活动的中心区域。姞姓部族又是黄帝集团的重要分支,我在《从黄帝传说看甘肃古史影迹》①一文中曾作过论述,黄帝族最初兴起于甘肃东部,据此推断,姞姓密须应当是泾水中游地区土著部族所建立的方国。至于碾子坡文化是否即姞姓部族的文化遗存,还有待今后考古发现的印证。

二、密须国的灭亡

截至目前,关于密须国政治、经济、文化的具体状况,还没有文献记载或考古资料能给以直接说明。我们只知道,至迟到商后期,密须在西北地区诸方国中已颇具影响和实力,其贵族统治体制及文化发展高度,可能和姬周大致处于相仿的水平。周文王发动对密须的战争,借口是密须侵略了与之相邻的阮与共。阮与共是今甘肃泾川境内臣服于周的两个小方国。敢于向强大的周族挑战而进犯其属邦,显示密须国势之不弱。据《说苑·指武》记载,文王伐密前征求过大臣们的意见,管叔曾表示反对,说:"不可。其君天下之明君也,伐之不义。"可知密须政治昌明,有一定声望。周文王灭掉密须后,有两件战利品一直为周人所称道,即"密须之鼓与其大路",周人常为能占有它们而引以自豪。在周初大分封时,它们作为镇抚社稷之"重器",颁赐给了成王的胞弟唐叔,《左传》曾两次述说此事。鼓是礼乐之器,也用于战争,以激励士气,指挥进退;大路为一种豪华的马车,周制只限于天子或诸侯乘用。密须国的这两种器物深受周人赏识,《左传·昭公十五年》载:"密须之鼓与其大路,文所以大蒐也。"大蒐乃当时君主举行大规模田猎时检阅部众之仪式。文王将此二物用于大蒐之礼,说明它们质地坚美,制作精良,足以壮观瞻。这从一个侧面反映了密

---

① 祝中熹《从黄帝传说看甘肃古史影迹》,见本书第259页。

须国手工业的发达和工艺技术的高超,其文化品位决不在周人之下。

征伐密须,是姬周为实现反商战略意图而作前期准备的一个重要环节,因为对殷商作战需要先铲除身边潜在的敌手,营建一个稳固可靠的后方。由此我们推想,密须很可能是商王朝的西方与国;只因史料贫乏,我们还难以遽下断语。关于密须与殷商的关系,半个多世纪前,丁山先生曾间接地论及,他认为武丁时代卜辞显示,殷商曾多次征伐过"㠱"方,㠱字应隶定为"吉",即姞姓族。① 据此则密须为商之敌国。但卜辞中的"㠱"方与商王朝战事频繁,为一邻接商畿的强势族体。而密须国远处泾水中游,似难与㠱方相合。从并不充分的考古发现所提供的信息考察,殷商的政治控制力似乎尚未达到甘肃境内;但不可否认的是,商王朝的政治、文化影响,的确已伸展到甘肃东部地区。在泾、渭流域乃至西汉水上游,都曾出土过商文化器物,西汉水上游的嬴姓国,就曾经是商王朝的亲密盟邦。1978 年庆阳市董志塬野林村出土过一件刻铭"乍册吾"的商代青玉大戈,长 38.6 厘米,通体青白色,制作十分精美,可能为祭祀瘗埋物。铭文字体接近武丁时代的卜辞,而殷墟出土的武丁时期卜辞中,也确有乍册吾其人。乍册为商王朝史官,其戈出现在董志塬,是否乃商军征伐鬼方的遗留物? 商王朝同西北戎狄诸部频频交锋的时代,也正是密须国在泾水以南兴盛发展,从而引起姬周疑忌的时代。据《说苑·指武》载,文王与臣属商量是否伐密时,太公望是主战派,他认为"密须氏疑于我",主张"伐枉不伐顺"。当时文王正在暗中为反商作准备,这就是密须之所"疑";密须不顺应周的意图而唱反调,这就是其"枉"。综观以上种种因素可知,密须为殷商属国的可能性是很大的。

自太王率族众重新立国于周原后,凭借优越的地理环境以及在豳地时已经具备的农业实力,周族的经济获得了迅速发展。同姜姓部族历史性的亲盟关系,更强化了其日益勃兴的国势。许多文献记载表明,那时姬周与殷商的关系,虽然存在矛盾冲突的一面,但主流是前者对后者的臣服。古本《竹书纪年》有几条材料很能说明问题:"武乙三十四年,周王季历来朝,武乙赐地三十里,玉十毂,马八匹。"

---

① 丁山《商周史料考证》,龙门联合书局,1960 年版,第 79 页。

"武乙三十五年,周王季历伐西落鬼戎,俘二十翟王。""太丁二年,周人伐燕京之戎,周师大败。""太丁四年,周人伐余无之戎,克之。周王季历为殷牧师。""太丁七年,周人伐始呼之戎,克之。""太丁十一年,周人伐翳徒之戎,捷其三大夫。"不难看出,当时周部族听命于商,其接连不断的伐戎之举,受到商王朝的赞许,季历甚至被任命为"牧师"。《周礼·春官·大宗伯》:"七命赐国,八命作牧,九命作伯。""七命"、"八命"、"九命"之说,乃增饰之辞,但"牧"的地位高于一般诸侯而略低于"伯",则是事实。《礼记·王制》云天子"千里之外设方伯",郑玄注曰:"殷之州长曰伯,虞夏及周皆曰牧。"《白虎通》曰:"伯,长也。选择贤良使长一州,故谓之伯也。"那时的"州"不具后世行政区划的含义,只是一种方位性大地域的泛称。总之牧和伯都含有统领某一方位大小诸侯氏邦的意思,相当于中央王朝的左右臂。

季历后期,商、周关系一度恶化,据古本《竹书纪年》载,季历被文丁所杀,周人还曾攻伐过商。但季历之子文王即位后,商、周关系几经波折终于又趋缓和。周文王是个心机深重而又善于韬光养晦的政治家,他曾被商王纣拘囚于羑里,受过种种凌辱,但他总是能屏息周旋,谦恭忍让,并采取了包括与殷商联姻在内的一系列亲商措施,以缓解商王的疑忌。文王的不懈努力最终收到了成效,商、周关系迅速好转。《史记·殷本纪》载,商王纣恢复了对文王的信任,"赐弓矢斧钺,使得征伐,为西伯。"姬周由此成为比"牧"更高一级的西方诸侯氏邦之长,掌握了可代表商王朝行使征伐的权力。周人后来经常宣扬的所谓"文王受命",实即指此事而言。[①] 商王朝改变了对姬周的态度,当然决不单纯是文王恭顺、收买的结果,实质上也是一种政治需要。商后期社会危机已相当严重,统治集团腐败日甚,内争激烈;畿外属国、部族叛离频发,祸乱四伏。在这种背景下,商王需要在西方培植一支力量,帮助王朝稳定局势。这种战略调整正中周文王的下怀,所以他着意摆出一副愿为商王朝效力的姿态。《左传·襄公四年》载韩献子语,谓"文王帅殷之叛国以事纣,唯知时也。"《逸周书·程典》也说:"文王合六州之侯,奉勤于商。"但暗中文王却在积蓄力

---

① 祝中熹《文王受命说新探》,见本书第210页。

量,谋筹大计,并利用"西伯"的位势,翦灭异己,丰满羽翼,等待反商的时机。《周本纪》言文王"受命"后六年五伐,又据周原甲骨记载,这一时期周人还有"五伐"之外的克蜀、征巢、伐申诸役。频繁的征战,都是贯彻上述总体战略意图的具体步骤,其中伐密须是最大也是最重要的一次军事行动。

密须国地处泾、渭之间,南望岐凤,北接豳域,西控陇原,扼据甘、宁通往关中的咽喉要冲,是联络、制约西北诸戎的门户枢纽,具有极为重要的战略地位。周人要想真正成为西方的霸主,为日后灭商消除背后隐患,必须把密须地区控制在手。因此,当密须国公然表示不尊重姬周的"方伯"地位,而敢于自行其是对邻国采取行动的时候,"大邦"周就要对它下手了。《史记·周本纪》和《尚书大传》都说文王受命为西伯后,第三年即发动了对密须的战争。今本《竹书纪年》载帝辛三十二年:"密人侵阮,西伯帅师伐密。"即指此役。《诗经》中周族史诗之一的《大雅·皇矣》,以很大篇幅咏述了伐密的经过:"密人不恭,敢距大邦,侵阮徂共。王赫斯怒,爰整其旅,以按徂旅。以笃于周祜,以对于天下。"诗文首先强调讨伐密须的原因,表示周人的行动是履行方伯职责,保护弱小盟国,主持正义;只有这样,才能获得上天的福佑,才能对得起天下人民的信任。这次战役密须国并没有示弱,其军队占据了有利地势,对周军进行了顽强的抵抗。"依其在京,侵自阮疆,陟我高冈。无矢我陵,我陵我阿;无饮我泉,我泉我池。"这节诗自汉唐以来,即存在歧说,至当代仍有两种截然相反的解释。要害问题是前三句的主语,一说为周人,一说为密人。郑笺认为"京"是周的领域,所以作了这样的训说:"文王但发其依居京地之众,以住侵阮国之疆,登其山脊而望阮之兵,无敢当其陵及阿者,又无敢饮食于其泉及池水者。小出兵而令惊怖如此,此以德攻,不以众也。"清代影响较大的研究《诗经》的著作,如马瑞辰的《毛诗传笺通释》、胡承珙的《毛诗后笺》,均采郑说。这种解释同诗的语气实难相符,显然背离了诗义。郑说错在对"京"地的理解上,京地是时并不在周人的控制之下。京为公刘所建豳国的都邑,位处今董志塬上,或在宁县的庙嘴坪附近,文王祖父太王时弃豳而迁于岐下。阮、共在今泾川县北境,领域当包含京地。晚至西周中、后期,京地仍是西北戎狄攻周、周军进行反击时,双方争夺的战略要地。密须为了阻止周军,利用对阮地的占领,依形势较高的京地为据点设防,控制周军入阮的通道,是十分合理的战略部署。由于豳地是周人的故土,所以周人对密须军队占据该地表示特别愤慨,发出了"无矢我陵"、"无饮我泉"的怒责。《毛诗正义》引王肃云:"密人乃依阻其京陵,来侵自文王阮邑之疆,密人升我高冈,周人皆怒曰:'汝无陈于我陵,是乃我文王之陵阿也;泉池非汝之有,勿敢饮食之。'"清代学者陈奂的《毛诗传疏》以及当代学者黄焯的《毛诗郑笺平议》,都赞同王肃说,同时也指出王肃视阮为周邑与事实不合。

密须国虽具一定实力,但终难以同更强大的"周方伯"相抗衡,最终以败亡而告终。《吕氏春秋·用民》述此曰:"密须之民,自缚其主,而与文王。"《毛诗正义》引皇甫谧云:"密须人自缚其君而归文王。"把战败国的无奈之举,说成是密须人民受到文王感召而自动归顺,不过是儒者粉饰文王之辞。《皇矣》一诗在叙述完文王伐密之役后,也以夸耀的口气盛赞文王为"万邦之方,下民之王"。在周人心目中,灭密之役是周国显示实力、奋扬声威的一大壮举。孟子曾称誉此役曰"文王一怒而安天下之民",[1]其实这不过是周族崛起过程中一次以强凌弱的势力扩张,并无多少光彩可言。20世纪70年代周原地区发现的文王时期甲骨卜辞中,有"今秋王西克往密"(H11:136)、"王其往密山异"(H11:80)、"于密"(H11:31)、"密西城"(H31:5)等数条,学者们认为内容即与文王伐密的史事有关。[2] 这些卜辞是直接反映密须国被周灭亡的实物资料。据说文王灭密须后,曾在其境内筑台祭天告祖,称"灵台"。今灵台县城南尚存古灵台遗址,相传即为当年文王建台处。

三、西周王朝对密须地区的控制

由于密须地区具有非常重要的战略地位,所以周人灭密后决不

---

[1] 《孟子·梁惠王下》。
[2] 陈全方《陕西岐山凤雏村西周甲骨文概论》,徐中舒《周原甲骨初论》。二文收入四川大学编《古文字研究论文集》,四川人民出版社,1982年版。

会放松对该地区的控制。尤其在西周王朝建立后,密须一带成为王畿西北的屏障,也是王室经营陇右,联络西戎诸部的枢纽和依托。那时周人的势力正处于全盛期,西北地区各支牧猎部族有的归服于周,被纳入周之外服体制的"荒服"之内;有的则徙离周人势力范围,暂避周之锋芒。西周王朝不仅有实力占领陇东的关键地带,更有进一步培植羽翼,拓势于陇山以西的意向。所以,密须在周初处于王室牢牢的掌控之中。

《国语·周语上》有一段事涉密须的记载:"恭王游于泾上,密康公从,有三女奔之。其母曰:'必致之于王。夫兽三为群,人三为众,女三为粲。王田不取群,公行下众,王御不参一族。夫粲,美之物也。众以美物归女,而何德以堪之。王犹不堪,况尔小丑乎!小丑备物,终必亡。'康公不献。一年,王灭密。"韦昭注:"康公,密国之君,姬姓也。"恭王即西周中期的共王。1996年出土于陕西省丹凤县西河乡的虎簋盖,铭文中言及为虎作右的"密叔",论者认为此人即为密须国贵族。他可任"傧右",乃王室重臣,当为姬姓。此为穆王时器。据此,则周人灭密后即在其地建同姓诸侯国。但后世有学者提出不同看法,如清儒汪远孙即认为周代有两个密国,姬姓的密国在河南,《汉书·地理志》:"河南郡,密,故国。"地在河南省开封府密县东七十里处;而泾上之密也即安定之密,为姞姓之密。① 如汪说为是,则周人灭密后仍遵上古"废父兴子"传统,在密人归顺的前提下,让密君的继承人执掌政权,成为周王朝的属国。二说之是非今已难考,但从王室因一点女色问题上的小不遂意,即将密国再度灭掉的作法来看,密康公为姞姓贵族的可能性更大些。有一点是肯定的,即是时之密须国君不论为姬姓还是姞姓,都已在西周王室的控制之下,而且局势相当稳定。否则周共王也不会跑到那一带去游观。

周王朝之再度灭密,真实原因当然也决非如《周语上》所言,是由于密康公得美女而"不献"。更合理的解释是,王室意识到对密须地区有直接掌控的必要。也就是说,对于王畿西北方之安全举足轻重的这片门户之地,还是由王室委派军事首领长期驻守更加可靠。事

---

① 徐元诰《国语集解》,中华书局,2002年版,第9—10页。

实上，周王朝早就这么做了。未被共王灭掉前的密康公之国，恐怕只是原密须国的一部分；另外一些要害地带，可能已作为封邑交由王室信赖的贵族们分别管理，相当于若干特设的军事据点。这在文献记载中找不到依据，但考古发现的丰富内容，却启发我们作这样的思考。

20世纪60年代后期到70年代中期，甘肃省考古工作者在灵台县距百里镇不远的洞山、姚家河、白草坡、西岭、寺沟、郑家洼等地，清理、发掘了许多西周贵族墓葬，出土了数量可观的珍贵文物。特别是灵台县城西北约15公里处的白草坡墓群，曾在学界引起了不小的轰动。墓群在白草坡村南两道沟壑间的山嘴梯田里，北面是塬顶和村落，南距墓群约5公里便是自西向东流入渭水的达溪河。据推测该墓地原本比现存规模大得多，其西半部因沟崖崩塌而早被毁坏，有的墓葬即因崖土垮落而暴露。考古工作者共清理、发掘了9座中、小型墓和1座车马坑，其中M1和M2保存较好，随葬器物非常丰富。所出青铜礼器铭文显示，墓主分别为潶伯和㵯伯（发掘报告将㵯字隶定为"爰"）。[①] 由于这两座墓葬的内涵，寓示着许多和军事、政治相关的因素，对它们作些深入剖析，将有助于我们认识西周王朝前期对密须地区的政策。

潶为水名，发掘者认为即今灵台县境内的达溪河，潶地因水得名，"古黑水即达溪河，潶伯的封地潶在密须以东的达溪河中下游是毋庸置疑的，这与M1的地望也相符合。"㵯字从阜，应为山名，疑即今平凉市境内的崆峒山，该山在先秦名鸡山，鸡的繁体字从奚。据考商代甘肃东部有个㵯国，㵯伯当即周王朝封邑于㵯地的贵族。潶、㵯二地大体都在古密须国域内。潶伯、㵯伯两座墓葬虽然规格仅属中型，但葬品却是非同一般。尤其是青铜器，不仅数量众多、种类繁盛，而且品位高雅、纹饰华美、铸作规整，有铭器物多达20余件。其中包括一部分族徽各异的商器，那显然是周人灭商时的战利品，它们的存在，使我们对墓主的身份与地位有了更明确的了解。二墓所出的大量兵器更能说明问题。即以兵器中使用最普遍的戈来说，白草坡墓地共出土了57件，包括10种类型；而潶、㵯二伯之墓所出即达53件，含

---

① 此处及下文涉及白草坡墓群及出土物的内容，均见甘肃省博物馆文物队《甘肃灵台白草坡西周墓》，载《考古学报》，1977年第2期。

7 种类型。有胡无胡、长胡短胡、直援曲援、宽援狭援、有阑无阑、长阑短阑、有銎无銎、直内曲内,从一穿至四穿,西周早期已经存在的戈式,几乎全都具备。这在一般的西周贵族墓葬中是难以见到的。墓主必然是经常统兵作战的优秀将领。兵器中不乏精品,有一些造型极其独特,设计构思超凡脱俗,令人惊叹不已;有的还显露着异域风格,它们都决非一般贵族所能拥有。如㵒伯墓出土的人头形浅銎戟,长 25.5 厘米,宽 23 厘米,戈部长胡三穿,援身高杨,援端锋呈钝角下弯如啄,援脊突起,援基浮雕牛首,长条状方内,内端三深齿,内之柲外部分饰牛头形徽识,与援基浮雕牛首相呼应,刺锋塑一人头,头顶为弧刃,颈部成椭圆形浅銎,以纳柲端。人像浓眉深目,披发髼须,高耳巨鼻,吻部突出,腮部颧骨处有线条粗而深的唇形纹饰""。此戟最受世人关注的就是銎锋这个人头像的造型,它引起各种各样的联想。综观头像的种种特征,极似阿尔泰语系的北方牧猎民族的形象,很有可能就是"鬼方"人首的造型。鬼方是属印欧族系的吐火罗人东迁的一支,即突厥族的前身,因其相貌大异于华夏而被称作"鬼方"。该部族活跃于我国西北地区略偏北的地带,大体在今山西、陕西两省的北部、甘肃东北部及宁夏南部,很早以前即与华夏族有一定联系。商代鬼方势力相当强盛,曾长期与商王朝处于战争状态。由于活动地域相邻接,鬼方同先周族也常发生冲突,西周王朝建立前和建立后,均同鬼方进行过大规模的战争。㵒伯的时代,正是周人与鬼方决战的时代,其墓中随葬塑鬼方人头像的异型戟便非常合理,㵒伯本人很可能就参加过对鬼方的战事。商周时盛行这样一种尚武精神:贵族们不仅用异族战俘作为人牲献神祭祖,还喜用异族战俘形象装饰武器,以此炫耀战功,激励士气,奋扬军威,震慑敌胆。此戟之鬼族头像,寓意即在此。头像面颊部的唇形符号,可以作两种解释:可能是用象征手法显示异域的文面之俗,以示该头像的族属;也有可能是胜利者为防战俘逃亡而施行的烙面印记,戟饰仿真以显持戟人的英武。商后期青铜器中有件人头銎钺,人头面颊上也有个与此唇形极其相似的大印记,可见这种兵器装饰手法不是孤例,它反映了一种受到社会欣赏的表达敌忾精神的方式。

还有个现象值得特别提出,即㵒、㜑二伯墓中所出戈大部分弯残,有的可明显看出系人为强力造成的破坏。这种情况在其他地区也曾出现过,如北京市琉璃河西周燕国遗址 M1193,即出土了较多有意折毁的戈、矛等兵器,那也是一座高级贵族墓。陕西关中地区此类现象更为普遍,"扶风出土的铜戈,有一定规律,凡窖藏或遗址中出土的,大都完好;凡墓葬中出土的,不是残断,就是弯曲。"论者认为这"可能是怕墓葬被盗后拿出来继续使用,也有人认为这只是一种葬俗。"①说担心盗墓者使用而把兵器破坏掉,这种看法难以成立。按通常的陪葬理念说,入葬品就是为了让死者在另一个世界里使用的,兵器被破坏到不成其为兵器的程度,也便失去了陪葬品的意义,那又何必入圹呢!况且,就㵣伯、隩伯墓而言,除了许多被破坏的武器外,还有一些制作精良的武器完整无损,难道这些武器就不怕盗墓者取出使用?依当时的战争观念判断,被故意破坏了的武器显然不是通常意义的冥器,而是作为战利品入葬的,用意在于张扬墓主生前的显赫战功,把胜利者的荣耀带到另一个世界中去。那些折毁的兵器应当是墓主生前统兵作战时的部分缴获品,所以存在款式众多、风格各异的情况;把它们破坏掉,是为了象征敌人的败灭。只有那些不仅完整无缺而且品位较高,并多置于墓主身旁的兵器,才是供墓主在冥间使用的陪葬品。② 总之,墓中出土器物情况表明,㵣伯和隩伯是两位级别相当高的军事将领,他们驻守在原密须国域的中心地区,无疑肩负着卫护王畿西北门户的重任,显示出西周王朝对那一带军事战略意义的高度关注。

  此外,我们还应该注意到㵣伯墓中所出的一件青铜盉,它能使人联想到㵣伯可能承担的一项具体任务。该盉高 22 厘米,弧面子口盖,圆口平唇,高束颈,肩部向四隅突出,形成柿形腹,底部略联裆,4 柱足,半环形羊首鋬,管状斜流。盖面饰细线条兽面纹,颈部一周与流管饰云雷纹,腹部以裆突为鼻棱饰 4 组大兽面纹,足上部饰变体兽面纹和蝉纹。盖内两行 6 字铭:"徙遽僕作父己"。此盉时代属西周早期,决非对殷商战争的缴获品,应是㵣伯为其父所作祭器。僕即仆字,金文中的"仆"并非奴仆,而多指王公大臣们的御者;他们也不是

---

① 罗西章《扶风出土西周兵器浅识》,《考古与文物》,1985 年第 1 期。
② 祝中熹、李永平《青铜器》,敦煌文艺出版社,2004 年版,第 52 页。

一般的车夫,而是地位相当高的侍臣,有的如国君之御,本身即为贵族。彝铭在叙述重大活动时,常列出仆、御的名字以示荣显,如《令鼎铭》中的谦仲,《通簋铭》中的通,其身份为仆、御但却都是高级贵族。《左传·哀公二年》:"卫侯游于郊,子南仆。"杜预注:"子南,灵公子郢也。"国君之子亦可任仆之职。周、秦时期之"太仆"、"仆射"等高级官职,称谓即从仆之初义演化而来。《周礼·夏官》"太仆"一职,其首要任务即"掌王之服位,出入王之大命"。盂铭中的"徙遽虣"也是一种官职,执掌的可能就是"出入王之大命"一类工作,即为王室传递命令和信息。《广雅》:"徙,移也。"《玉篇》:"徙,迁也。"此字尚含远行之义。《尔雅·释言》:"驲、遽,传也。"郭璞注云:"皆传车驿马之名。"《说文》:"遽,传也。"朱骏声《说文通训定声》解释说:"车曰驲,曰传;马曰驿,曰遽。"《周礼·秋官·行夫》"掌邦国传遽之小事",郑玄注曰:"传遽,若今时乘传骑驿而使者也。"我国疆域辽阔,很早以前就发明了军政要务指令和信息的传递体系。甲骨卜辞显示,商代已存在驿传制度;至西周,驿传制度有了进一步的完善和发展。政府在重要交通线上,每隔30里设一驿站,车马常备,以接待往来的政府官员和传递政令文书的使者,以及运送物资的吏役,供他们休息并更换车马。"遽"字本义是迅疾,《玉篇》:"遽,疾也。"《一切经音义》(卷十五):"遽,《仓颉篇》:'速也。'"信息和命令的传递重在速度,故"遽"字便成了驿传制度的基本术语。"徙遽"者,快速传递之意;"徙遽虣",无疑即掌管驿传事务的官职。前文一再强调,密须国域为关系王畿安危的战略要地,为扼控陇山东、西的交通枢纽,周王朝当然要在那里建立最有效率的驿传系统;而且,由于对戎狄的战争频频发生,为保证驿传系统的正常运作,需要使它军事化,即完全由军事长官来掌控。所以我们说,徙遽虣当为㵲伯的具体官职,或者说他曾经任过这个官职。正因为如此,这件徙遽盂便不仅成为我国古代驿传制度最早的实物见证,也是帮助我们了解西周前期密须地区形势的史影载体。

㵲伯墓与隙伯墓相距不过17米,车马坑处于二墓之间。二墓形制、规格基本相同,都是长方形竖穴土圹墓,南北向,有棺有椁,墓底四周依椁筑熟土二层台,棺底有椭圆形腰坑,殉犬及玉人。尤其发人深省的是,二墓随葬器物的类型与组合,存在明显的相互对应。即以青铜器言,二墓各出方鼎一对,形制、规格相近而纹饰不同;二墓各出甗一件,不仅形制、规格相近,纹饰也相同;二墓各出觯1件,形制、规格相似,纹饰略异;二墓各出筒形提梁卣1对,均一大一小,形制、规格大致相同,潶伯墓所出提梁两端突饰羊首,盖坡沿及腹部上下分饰三周对夔纹,𢔪伯墓所出提梁两端突饰牛首,盖坡沿及腹部上下分饰三周对凤纹;二墓各出两柄带鞘罩的短剑,形制、纹饰相同,剑身如竹叶,有脊,扁茎无格,饰夔纹,鞘罩镂空为牛、蛇及缠藤纹。二墓的这种葬品对应,给人深刻的印象,尤其是筒形提梁卣和鞘罩短剑,造型特异,均属十分罕见的器物,而在两座墓葬中却有这么奇妙的偶性配备,显然是特意安排的。那时盛行族葬制度,白草坡墓群肯定是一片家族墓地,而潶、𢔪二伯的墓靠得如此近,葬品又如此对应,他们必然有非常亲近的血缘关系。从年代上看,二墓存在微小的时差,潶伯墓略早于𢔪伯墓。这也就是说,他们两人的关系非父子即兄弟。然而,令人困惑莫解的是,他们却一称潶伯,一称𢔪伯。立足于西周贵族社会宗法体制的正常规范,对此很难作出解释。我们只能说,这也许是密须地区的特殊性导致的特殊现象。一种可能是,父为潶地之伯,而其子改封于𢔪,后来𢔪地丧于戎狄,𢔪伯归于旧邑,死后葬于其父身旁;另一种可能是,兄长继祖而为潶伯,其弟别封于𢔪,𢔪伯丧邑后回归于祖地,死后葬于其兄身旁。我们之所以作𢔪伯丧邑而归潶地的设想,是因为白草坡就处在达溪河即古黑水之北,那里应当就是潶伯的领地。而𢔪地在今平凉市古名鸡山的崆峒山附近,那一带距周畿更加遥远,自古即为戎狄势盛的区域,封邑于该地是很难长久立足的。周人最强大的时候,可能一度想控制𢔪地,故封派军事贵族前往驻守,但后来终因戎狄势力猖獗而撤出。潶、𢔪二伯墓葬并列而内涵对应的现象中,也许隐藏着这样一段史事。

除了白草坡墓地外,在今灵台县境内还发现有多处西周贵族墓葬。如靠近百里镇的洞山村,即有一处西周早期墓地,其中1号墓出土一件到目前为止还是甘肃省青铜礼器中最大的圆鼎,高60厘米,口径50厘米,大口折沿平唇,厚立方耳,深鼓腹,圜底,三柱足略有蹄意,腹上部以6条短竖扉棱为鼻脊,饰6组兽面纹,内壁单铭族徽"𢆷"。

这种气势恢宏、纹饰高古的青铜重器,标志着器主的显贵身份。灵台地区频频发现西周高级贵族的实物遗存,明确昭示出周王朝对原密须国域的倚重。20世纪80年代,在与灵台县相邻的崇信县东部九功乡于家湾一带,相继发现了一批先周、西周时期的墓葬,已探明的即达720余座,是目前所知甘肃境内规模最大的周墓群。已发掘墓葬80余座,出土铜器有鼎、簋、斝、钺、戈、镞、弓形器、铃、泡等,还有各种陶器和大量玉饰、蚌饰。这表明灭密之后周人的势力确曾一度达到原密须国域的西部。综上所述可知,西周初期周人保留了一个领域被大大压缩了的密须国,作为其靠近王畿的属邦;而在原密须国域内的一些交通要道和关键地带,则直接委派军事贵族前往驻守。至共王时连那个小密须国也灭掉了,原密须国域全部成为西周贵族们的封邑。那时泾、渭中上游地区戎狄势力又趋炽盛,再度灭密应是周王朝对这一极为重要而又最易出问题的区域强化控制的措施。在密须地区严密布防,是西周经营甘肃东部地区两大战略性部署中的一项,另一项是对西汉水上游嬴姓方国的扶植。这两项战略举措一北一南,构成王朝西北边域政策的主体框架。西周中后期与戎狄斗争的历史,证明周初的上述决策是正确的。就密须地区来说,当后来周人失去对那一带的控制之后,整个西北防务即陷入被动,由獫狁等族入侵而引起的战争,几乎都发生在原密须国域或通往密须的路线上。王室东迁以后,连关中地区都一度是诸戎的天下,就更不用说陇东一带了。后来随着嬴秦势力的崛起,西北地区的戎狄活动受到一定的遏制,原密须国域的部分地区已被秦人控制。20世纪70年代,灵台县梁原乡景家庄春秋前期秦贵族墓葬的发现,表明了这一点。但密须国的大部分领域,尤其是偏东北的地区,仍长期归属于义渠戎国。直到战国后期秦灭义渠,置北地郡,密须地区才全部并入秦国版图。

(原载《丝绸之路·文论》2006年下半年刊)

豳国史事考述

缘起于关中漆水流域的姬周族,以较早发展锄耕农业而著称。不窋时代周人迁居今甘肃庆城县境内,不窋孙公刘趁夏、商王朝革替之机,率族众南迁至今甘肃宁县一带,建立了豳国。姬周对豳域长达200多年的经营,不仅开发、繁荣了陇东中心地区的经济和文化,也为日后族体回归周原、成长为商后期的方伯之国积蓄了力量。豳国史事关联到姬周族源、迁徙经历发展状况和早期世系等重大课题的研究,在先秦史领域一直备受关注。本文试图对有关记载作一番系统的整理与考辨,并就某些学界存在歧义的问题略陈己见,以求教于方家。

一、周族的起源

(一) 弃与有邰氏

《史记·周本纪》关于周人始祖弃的出生,有一段故事性很强的描述:"周后稷,名弃。其母有邰氏女,曰姜原。姜原为帝喾元妃。姜原出野,见巨人迹,心忻然说,欲践之,践之而身动如孕者。居期而生子,以为不祥,弃之隘巷,马牛过者皆辟不践;徙置之林中,适会山林多人,迁之;而弃渠中冰上,飞鸟以其翼荐之。姜原以为神,遂收养长之。初欲弃之,因名曰弃。"这是周民族的始生神话,其父系氏族社会的世系最早可追溯到弃。文献中还有姜原"祈子"之说,被视为周族最重要的史诗之一的《诗·大雅·生民》:"厥初生民,时维姜嫄。生民如何? 克禋克祀,以弗无子。"朱熹《诗集传》解此曰:"弗之言祓也。祓无子,求有子也。"该诗接言,姜嫄踩了上帝的大脚印,与神灵感应,果然实现了生子的愿望:"载震载夙,载生载育,时维后稷。""不康禋祀,居然生子。"下面的内容,就如《周本纪》所述,姜嫄把这个新生儿"置之隘巷","置之平林","置之寒冰",弃来弃去弃不掉,只好把他养育下来。

人们难免要困惑,求子而得子,神应人意,为什么却要"弃"掉呢?这实际上反映了原始社会末期在许多部族中曾流行过的"荡胸制"[①]遗风。所谓"荡胸制",就是说要杀掉或扔弃第一个孩子,因为丈夫怀疑这第一个孩子不是自己的骨肉。这种习俗是父权制形成期即对偶婚向一夫一妻制过渡时的产物,那时财产继承问题开始具有新的意义,男子们都"想把财富转交给子女,即合法的继承人,由婚配的对偶而生的真正的后裔",[②]"其明显的目的就是生育确凿无疑的出自一定父亲的子女"。[③] 在以往的对偶婚时代,女子的婚前贞操不存在法律的和道德的约束;过渡到较稳定的一夫一妻家庭婚姻阶段后,自由性生活的历史惯性不可能在短时间内得到遏止。为保证父系血缘的纯正,人们便对首子采用了虽然残忍却最简捷的肉体消灭的处理方式。但随着一夫一妻制家庭形态的巩固,这种野蛮习俗必将改变。改变须有个渐进过程,由杀死演变为抛弃,由真正的抛弃演变为象征性的抛弃,后来便只是做做样子而已。关于姜嫄弃子的传说,反映的正是这种象征性的首子抛弃。这说明那时荡胸制已渐被社会发展所淘汰,父权制已基本确立。

由母系社会向父系社会的过渡,是个漫长的历史过程,反映在群体记忆中,却只能断限在一个具体的时代,这个具体的时代,又总是同某个英雄人物相关联。古文献中周族历史从弃开始,自弃时方"别姓姬氏",这只表明在周人的群体记忆中世系上溯到弃,而并不必然意味着弃之前不存在父系。事实上,抛杀首子的习俗本身已显示了父权的强大;何况弃的时代此种习俗早已被社会扬

[①] 关于"荡胸制",《墨子·鲁问》、《汉书·元后传》、《后汉书·南蛮传》等文籍皆曾言及,杨树达先生在其《积微居小学述林·易牙非齐人考》中曾有考述。还可参看李衡眉《我国原始社会婚姻形态研究》一文,载《历史研究》,1986年第2期。
[②] 马克思《摩尔根〈古代社会〉一书摘要》,人民出版社,1978年版,第39—40页。
[③] 恩格斯《家庭、私有制和国家的起源》,《马克思恩格斯选集》,人民出版社,1976年版,第4卷57页。

弃,只不过还留有一点象征性痕迹而已。所以我们说,弃的时代父系氏族公社已经历了一段时期的发展,父权制已成熟到有世系可寻的程度。

(二) 对起源地域的不同认识

《周本纪》说弃母姜原为"有邰氏女",说舜"封弃于邰",《生民》诗也说弃"即有邰家室"。《说文》云:"邰,炎帝之后,姜姓所封,周弃外家国。"以弃为始祖的姬周兴起于邰地,邰古文也写作斄,其地望很明确,文籍记载是一致的。《周本纪正义》引《括地志》:"故斄城一名武功城,在雍州武功县西南二十二里,古邰国,后稷所封也,有后稷及姜嫄祠。"又引毛苌云:"邰,姜嫄国也,后稷所生。尧见天因邰而生后稷,故因封于邰也。"古邰地即今陕西关中西部武功一带,这个"炎帝之后"的姜嫄国,就是夏商时代名彰于史的姜姓国。姜姓部族属远古时期我国西北地区族系分衍繁盛、影响巨大而深远的羌族集团,是羌族集团中社会发展程度最高、同中原文化融合最早的一支。姜姓部族是以"岳山"即今陕、甘二省交界处的汧山为中心兴起的,主要活动在关中西部,刘家文化被认为即其考古文化遗存。姜姓部族同姬周部族,一为炎帝之后,一为黄帝之后,从我国远古传说中炎、黄二族同出一源的角度考察,它们最初应当是由同一氏族分衍而成的两个胞族。所以,它们活动地域相邻相交,结成了牢固而悠久的两合婚姻联盟,并保持着世代亲密和睦的关系。《周本纪》言,弃为儿时即已"好种树麻、菽,麻、菽美。及为成人,遂好耕农,相地之宜,宜谷者稼穑焉,民皆法则之。帝尧闻之,举弃为农师,天下得其利,有功。"弃成为我国部落联盟时代第一任农官后稷,对农业的发展作出了卓越的贡献。但他的勋业和姜姓部族早已奠定的农业基础是分不开的。关中西部具有十分适于锄耕农业发展的自然条件,姜姓部族在很久以前便开发了这一地区,形成了以农耕业为主体的经济形态。姜姓部族的早期首领炎帝,在传说中成为发明农耕的神农氏,便有力地说明这是一个擅长农业的部族。

应当指出,关于周族的起源,学界的认识至今仍不一致。早在20世纪30年代初,钱穆先生即提出周人缘起于今山西省之说:"周人盖起于冀州,在大河之东。后稷之封邰,公刘之居豳,皆今晋地。及太王避狄居岐山,始渡河而西。"①20世纪70年代,邹衡先生进一步发展了钱说,主张先周文化是由东面的姬周文化(源于晋、陕间的光社文化)和西面的姜炎文化(源于甘肃的辛店文化与寺洼文化),二者融合而成。②王玉哲先生近年出版的《中华远古史》也采信此说。但这种见解受到当代文化考古越来越严峻的挑战。一方面,在山西境内目前还不曾发现先周文化的踪影;另一方面,陕西关中西部先周文化的脉络在考古领域已渐趋清晰。先周文化早期遗存主要分布在漆水流域和泾水中游,而其中、晚期遗存在泾、渭地区的覆盖面则迅速扩大。事实证明,先周文化是以武功郑家坡文化为代表的土著文化,其前身是深受齐家文化影响的客省庄二期文化。其以后的发展,则和西周文化保持了无间断的连接。客省庄二期文化也即陕西龙山文化,处于公元前2000年~3000年间,这也正是传说中周之始祖弃活动的时代。1989年宝鸡市考古工作队对漆水下游的先周遗址作过一次深入调查,"调查结果表明,郑家坡遗址在武功一带的存在,不是孤立的特殊现象,而是遍布于漆水下游。……这使我们对周人早期在这一带活动的区域有所了解,也印证了文献中邰地在武功和周族最初居于漆水的记载。"③考古发现同文献记载完全一致。和《生民》一样被视为周族缘起诗史的《大雅·绵》篇,首章即曰:"绵绵瓜瓞,民之初生,自土沮漆。""沮漆"即今流经陕西麟游、乾县,在武功南境入渭的漆水河,也就是《禹贡》所言"漆沮既从,沣水攸同"的漆沮水。"土",《齐诗》中作"杜",古杜地也正在漆水河的上游。《绵》诗记叙周人远祖"古公亶父"率领族众,自杜地沿沮漆水而至周原的经历,"率西水浒,至于岐下,爰及姜女,聿来胥宇。"赵岐注《孟子·梁惠王下》所引此诗的"率西水浒"句云:"率,循也;浒,水涯也。循西方水浒来至岐山下也。"古公的行进路线是从漆沮水下游的邰地出发,沿漆沮水的西岸到达周原。可见周族早期活动地域,正是郑家坡文化的密集区。

---

① 钱穆《周初地理考》,《古史地理论丛》,生活·读书·新知三联书店,2004年版,第7页。
② 邹衡《夏商周考古学论文集·论先周文化》,文物出版社,1980年版。
③ 宝鸡市考古工作队《漆水下游先周遗址调查简报》,《考古与文物》,1989年第6期;北京大学考古文博院《陕西彬县、淳化等县商代遗址调查简报》,《考古》,2001年第8期。

此外，1985年试掘的宝鸡纸坊头聚落遗址，已确立了以高领袋足鬲为主要特征的刘家文化独立存在的地位，它已被考古学界公认为姜姓部族的遗存。郑家坡文化和刘家文化不仅地域相邻，其内涵也相当接近，且在后期存在明显的融合现象。这也同文献中显示的姬、姜两族世代通婚，关系极其密切的情况完全相符。

还应当注意到，先周文化同甘肃东部的考古文化，存在某种不可忽视的联系。如上文所述，先周文化的前身是客省庄二期文化，而甘肃境内兴起的齐家文化，又是客省庄二期文化的源头之一。在《史记》的上古史体系中，周族姬姓，被纳入黄帝的族统；姜嫄履巨人迹而孕弃的传说，又同华胥"履大人迹"而孕伏羲的传说如出一辙。伏羲和黄帝的部族，同甘肃境内新石器时代文化的密切关联，是难以否认的。伏羲部族可能就是大地湾文化的主人，黄帝部族可能就是齐家文化的主人。姬周族有和伏羲族完全相同的始生神话，有与黄帝一脉相承的姬姓，有同姜炎部族的两合婚姻联盟传统，先周文化又和齐家文化存在考古文化源流上的"血缘"关系，这种种因素决非偶然性的巧合。所以，如果说先周文化初始期包含域外文化因素的话，首先应当考虑的是甘肃境内而不是山西境内的史前文化。

二、豳国的建立

（一）不窋北迁及其世系

在漆水流域活动的那段时间，是姬周族早期发展的黄金时代，大致处于五帝后期到夏代中期。从弃开始，周族的首领一直担任部落联盟及夏王朝的农官后稷。后来形势发生了变化。据《史记·周本纪》载，弃之子为不窋，"不窋末年，夏后氏政衰，去稷不务，不窋以失其官而犇戎狄之间。"这段史事又见《国语·周语上》，祭公穆父言："昔我先王世后稷，以服事虞、夏。及夏之衰也，弃稷弗务，我先王不窋用失其官，而自窜于戎狄之间。"二书均谓不窋失官于夏之"衰"，问题在于如何理解这个"衰"字。如果把夏之衰理解为夏朝末年即夏桀时，在世系上是绝对讲不通的：弃在尧时即已受封，其子不窋怎么能跨越整个夏代而与桀同时呢！所以，韦昭注《周语》这段文字，作了这样的解释："衰，谓启子太康废稷之官，不复务农。《夏书序》曰：'太康失邦，昆弟五人须于洛汭。'"但太康失国不过是夏朝初年的一次政治动乱，不能看作是夏代的衰落；何况，即使夏衰指太康失国，时间上也还存在问题。弃至不窋只一代，尧至太康至少在三代以上，难以对应。不仅如此，从《周本纪》所言先周族的全部世系考察，存在更大的问题。且不说尧、舜，即从禹算起，自禹至桀共历 14 世 17 君，商汤至纣又历 17 世 31 君，合计为 31 世 48 君。而经历夏、商两个王朝的先周族，却只有自弃至文王的 15 君。事实上这当然是决不可能的。因此，杨宽先生否定了《周本纪》"后稷之兴，在陶唐、虞、夏之际"的说法，主张弃为商代的后稷："《国语·鲁语上》记载展禽（即柳下惠）的话：'昔烈山氏之有天下也，其子曰柱，能殖百谷百蔬；夏之兴也，周弃继之，故祀以为稷。'《礼记·祭法》载有相同的语句，只是'夏之兴也'作'夏之衰也'。'兴'字当是'衰'字之误。《左传·昭公二十九年》记载周太史蔡墨的话也相同，只是说：'周弃亦为稷，自商以来祀之。'太史是掌管历史记载和图籍的，蔡墨的话，该有依据。后稷该是商代周族人的祖先，把它说到夏代衰世，甚至说到虞、夏之际，都不免是增饰之辞。"① 王玉哲先生也持相同的看法。② 此可备一说。

  这个问题还可以从另一个角度思考，即司马迁说弃为虞、夏时的后稷并没错，错在说不窋为弃之子；换句话说，由弃到不窋可能时隔若干世代。《周本纪》云弃至公刘只有 4 世，而在《刘敬传》中却说："周之先自后稷，尧封之邰。积德累善十有余世，公刘避桀居豳。"由弃至公刘又成了 10 余世。《史记》的自相矛盾，表明司马迁所据史料在这个问题上的不确定性。误说可能缘自"后稷"的称号上。古文献中后稷一词有时泛指上古农官，有时又具体指周之始祖弃，这便容易导致世次上的混乱。前引《国语·周语上》祭公穆父言"昔我先王世后稷，以服事虞、夏"，应当是可信的，"世后稷"意为弃以后的姬周首领世代担任夏王朝的后稷。《周本纪》谓"后稷卒，子不窋立"的后稷，可以理解为不是指弃，而是指若干世代之后周族任后稷的一位首领。

---

① 杨宽《西周史》，上海人民出版社，2004 年版，第 16 页。
② 王玉哲《中华远古史》，上海人民出版社，2004 年版，第 426 页。

在进入文明时代以前,周先祖父子相承的严格世系并没有完整的记载流传下来,中间有断层缺失是完全可能的。弃、不窋、公刘等人,只是在部族记忆中留下深刻印象的几个杰出首领,他们代表了周族早期发展的漫长历史,不能把他们视为祖、父、子、孙继接的血缘直系。公刘以前的先周世系,只具氏族世系的性质,不能以日后家谱式的宗法世系看待。

这里还须交代一下前文引《诗·绵》篇所言古公亶父的问题。70多年前,顾颉刚先生就主张古公亶父与文王祖父太王是不同时代的两个人,前者是周族早期"筚路蓝缕,以启山林"的拓荒者,后者已处周族发展的兴盛期。① 20多年前,谭戒甫先生对此又作了更充分的论述。② 在先周史研究领域内,这是一项极重要的辨正。最早说古公与太王为一人的,是《孟子·梁惠王》篇,《史记·周本纪》关于古公、太王事,几乎全采自该文。《诗经》本身并无古公与太王为一人的证据,但《绵》篇将古公与"岐下"相联系,《閟宫》将太王与"岐阳"相联系;《绵》篇将古公与"姜女"相联系,《思齐》篇将太王与"周姜"相联系,这便给孟子造成了古公即太王的错觉。事实上,在周族的发展历程中,迁豳前和迁豳后,曾两次生活在周原即岐阳地区。第一次是古公的拓荒,第二次是太王的回归。而与姜姓通婚,是姬周的历史传统,古公与太王的夫人都是姜姓之女,这一点也不奇怪。太王是文王祖父,在先周世系中属后期首领,是不能称之为"古公"的。《绵》诗首章:"绵绵瓜瓞,民之初生,自土沮漆。古公亶父,陶复陶穴,未有家室。"古公所处分明是"民之初生"的时代,故全诗以绵绵不绝的瓜蔓上最早结出的小瓜起兴,主旨是歌颂周族的始端,这是绝对不能拉扯到太王身上去的。太王时周人已壮大到"实始翦商"的程度,岂能还过着"陶复陶穴,未有家室"的生活。在周人两次占据周原之间约数百年的漫长世代里,存在不窋北迁以及后来公刘所建豳国的历史。

那么,《周语》和《周本纪》所言不窋失官的"夏之衰"究竟是何时?徐元诰《国语集解》引汪远孙曰:"弃与不窋,远孙断其非父子矣。夏之衰亦不当是太康,盖谓孔甲时也。《史记·夏本纪》:'帝孔甲立,

---

① 顾颉刚编著《古史辨》,上海古籍出版社,1982年版,第一册,第147页。
② 谭戒甫《先周族与周族的迁徙及其社会发展》,《文史》第6辑。

夏后氏德衰,诸侯畔之。'《国语》亦言:'孔甲乱夏,四世而陨。'刘敬言:'公刘避桀。'公刘是不窋之孙,桀是孔甲曾孙,时代正合。"[1]清代著名学者戴震在其《毛郑诗考正》中,也曾详论过不窋所处时代,指出:"盖不窋以上,世为后稷之官,不知凡几。传至不窋,然后失其官也。夏之衰,疑值孔甲时。""《国语》曰'孔甲乱夏,四世而殒',则周人言夏之衰,指孔甲不指太康甚明。"汪、戴之说可从。弃为夏初人,不窋与孔甲同时,弃与不窋中隔三百年左右,至少有十余世的历史已经失落。正因为先周史至不窋才有较明确的史事可循,故在周人的祭统中认不窋为始祖。《左传·文公二年》曰:"禹不先鲧,汤不先契,文、武不先不窋。"不窋在周代祭祖传统中的地位,相当于夏之鲧和商之契。

  孔甲时代夏、周关系趋于紧张,周族首领不窋被排挤出中央领导集团,其族众甚至已难继续在渭北平原立足,而被迫迁至"戎狄之间"。史籍述此事形诸"奔"、"窜"一类字眼,反映了当时情势之紧迫,周族确系受到攻逼而转移的。周族居住的漆水、岐山一带,西部为姜炎部族的活动领域,南为绵延而陡峭的秦岭,受到来自东面夏势力的挤压,只有北迁一途。所谓"戎狄之间",即今甘肃庆阳一带。清乾隆年间所修《庆阳府志·建置》:"庆阳乃《禹贡》雍州之地,周之先后稷子不窋所居,号北豳。春秋时为义渠戎国,始皇灭义渠,析其地为北地郡,前汉因之,后汉末郡县皆废。"《胜景》目下谓庆阳府有"周祖遗踪,即府城东山周祖不窋所居也。"《陵墓》目下有"不窋墓,在府东三里许巘畔,碑版刓缺,止有片石,大书:周祖不窋氏陵。殿宇基址犹存。"《古迹》目下有"不窋城,《括地志》:在弘化县南三里。《元和志》:在州治东南三里,即今府治。夏政衰,不窋失官,自窜于斯,所居成聚,故建城而居焉。"所言《括地志》文,见《史记·周本纪正义》所引:"不窋故城在庆州弘化县南三里,即不窋在戎狄所居之城也。"所引《元和郡县图志》文,见该书卷3"庆州"目下:"《周本纪》曰夏氏政衰,后稷子不窋奔戎翟之间,今州理东南三里有不窋故城是也。"《通典·州郡》也载:"庆州,周之先不窋所居,春秋时义渠戎之地,秦灭之,始皇以属北地郡。"唐代的弘化县,即今庆阳县。今庆阳县城北

---

[1] 徐元诰《国语集解》,中华书局,2002年版,第3页。

关,有一片狭长台地,相传为不窋的"皇城",周代在此筑有行宫,供周王祭祀先祖时居住。县城附近还有许多关于不窋传说的遗迹,城郊东山上的"周祖遗陵",旧称庆阳"八景"之一。① 庆阳地处泾水上游主要支流马莲河流域,夏、商时期那一带正是牧猎部族活动最频繁的地区,即史言"戎狄之间"者。

(二)夏末公刘迁豳

周族离故地而北迁,处境虽然险恶,却并未由此没落。《国语·周语上》说北迁后的周人:"不敢怠业,时序其德,纂修其绪,修其训典,朝夕恪勤,守以敦笃,奉以忠信,亦世戴德,不忝前人。"他们在陇东高原北部的贫瘠地带站稳脚跟,妥善处理与戎狄诸部的关系,继续经营农耕业,不断积蓄力量,等待时机,以求重兴。过了约半个世纪,历史终于给周族提供了机会。夏王朝最后一个国王桀的残暴统治,导致社会危机的全面爆发。以殷商为首的东方部族联盟发动了反夏斗争,中原地区各主要方国部族也都卷入其中。最终夏桀败亡,完成了夏、商政权的交替。此时,周部族首领公刘,意识到并抓住了这一历史机遇,为改变族体的逆境,跨出了非常关键的一步。他利用夏王朝覆亡前对周边部族完全失去控制能力的局面,决定大幅度扩拓周族地域,向自然条件较为优越的南部塬野即豳地发展。《史记·匈奴列传》述此曰:"夏道衰,而公刘失其稷官,变于西戎,邑于豳。"这里迁公显然把不窋史事和公刘史事误混为一,是《史记》在先周领域内容表述上自相矛盾的又一文例。其实,依《周本纪》的先周世系,公刘是不窋之孙。不窋是因受夏势力的挤压而被迫北迁,是远徙戎狄出没的异域;公刘则是趁夏之衰而主动南扩,为向周原故土回归铺平道路。这是性质不同的两码事。《诗·大雅·公刘》对迁豳这一先周史上的重大事件,作过生动的描述。该诗《毛传》云:"公刘乃避中国之难,遂平西戎,而迁其民,邑于豳。盖诸侯之从者十有八国。"《史记·刘敬列传》记刘敬语,也说"公刘避桀居豳"。避难之说是不可信的,当时形势的主流是东方部族联合反夏,对陇东高原北部的周族来说,绝对构不成威胁;而且,公刘迁豳是由北向南转移,更加靠近关中,

---

① 《甘肃古迹名胜辞典》,甘肃教育出版社,1992年版。

"避"字无从说起；从《公刘》一诗的内容看，全篇语调高扬，情感振奋，渲染了迁徙中族众的威武，公刘的英睿，以及营造居邑的壮观场面，看不出丝毫"避难"的迹象。应当说，"避"字改为"乘"字更近实情。《毛传》说公刘"平西戎"则合乎事实，因为陇东山塬在上古时代一直是戎族活动最频繁的地区。诗言公刘的族众"弓矢斯张，干戈戚扬"，表明这是一次武装占领。周人是从戎族手中夺取了这片土地的。至于《毛传》所言从公刘而迁的"十有八国"，应看作周部族联合体中所包含的许多小部落。它们对公刘的追随和拥戴，反映了此时周族的重新振兴。

《周本纪》中有"公刘卒，子庆节立，国于豳"一语，有人据此认为豳国建于庆节时。这未免过于拘泥于字面。那时的方国，只是一个已进入文明时期的政治实体，拥有围绕一个中心城邑的相对广阔的地域，部族成员以村社形式（家族公社或农村公社）过着定居生活。这种方国是自然形成的，是社会发展的阶段性产物，不需要举行某种仪式宣告成立。周族"国于豳"是从公刘时代开始的，我们没有理由说到其子庆节时才算是立了"国"。上引《周本纪》一语是叙述公刘功业结束时的收尾辞，并非专对庆节而言。周人到达豳地后，经过慎重周密的勘察和选择，兴建了中心居邑。此邑名"京"，也称"京师"。故《公刘》诗中称京邑所在的那片平原为"京师之野"；京邑一旦确定，耕地的规划便有了凭依，故诗言"于京斯依"。兹后周人便泛称国都为"京师"，这一语言表义习惯延续至今，可见公刘在豳地所建城邑已具国都性质。《公刘》诗中的公刘已拥有崇高身份和统治权力，他用华美的服饰来衬托自己显赫的地位，而其部下对他也是"君之宗之"，表现出绝对的服从。诗中公刘的族体不仅是武装起来的，而且"其军三单"，已有了严格的编制。这些都表明公刘时代周族社会已超越军事民主制，进化到与方国相称的程度。古文献述弃之史事不言国，述不窋史事不言国，述公刘史事则言国，是有一定道理的。在先周世系中，公刘是第一个称"公"的，"公刘之称'公'，该是当时周族人对国君的尊称。从公刘第一个称'公'来看，周族创建国家当在公刘时代。"①所以，

---

① 杨宽《西周史》，第33页。

司马迁在《周本纪》中给予公刘极高的评价:"公刘虽在戎狄之间,复修后稷之业,务耕种,行地宜,自漆沮渡渭,取材用。行者有资,居者有畜积,民赖其庆。百姓怀之,多徙而保归焉。周道之兴自此始,故诗人歌乐思其德。"此后,豳地就长期是周部族活动的中心地域,一直到文王的祖父太王时代,周部族才又继续南下,回归到周原。

三、豳的地望

与周族缘起问题的两种观点相对应,对于豳的地望,古史学界也有两种不同认识。主张周族发源于晋地的学者,认为豳即邠,也即汾,就是今山西境内的汾水流域。我们不采此说,理由已在上文中言明。《周本纪正义》引《括地志》云:"豳州新平县即汉漆县,《诗》豳国,公刘所邑之地也。"《集解》引徐广曰:"新平漆县之东北有豳亭。"汉代的漆县属右扶风,位处今陕西彬县境,靠近旬邑,故《汉书·地理志》右扶风目下言"栒邑",自注曰:"有豳乡,《诗》豳国,公刘所都。"《汉书·地理志》影响很大,古今学者多从其说。延至当代,公刘所迁之豳在今陕西旬邑几乎已成定论;而另外一种记载,则很少有人注意。同是一部《括地志》,《史记·匈奴列传》述义渠史事时,《正义》引其文曰:"宁州、庆州、原州,古西戎之地,即公刘邑城,周时为义渠戎国,秦为北地郡。"①《元和郡县图志》"宁州"目下也说:"《禹贡》雍州之域,古西戎之地。当夏之衰,公刘邑焉,周时为义渠戎国。"《文献通考·舆地八》也持豳地在宁州说,并详述其沿革:"宁州,夏之季公刘之邑,春秋时戎地,战国时属秦。始皇初为北地郡,汉为北地、上郡二郡地,后汉属北地、安定二郡地。后魏献文帝置华州,孝文改为班州,后改为邠州,又改为豳州。西魏改为宁州,立嘉名也。"这个宁州,即今甘肃陇东董志塬及宁县一带。北魏政府虽一再更换州名,但班、邠、豳古代读音相同,表明该地名称由来即具此音,政府是据实称而定州名的。西魏改称宁州,不过是图个吉祥而已。显然,甘肃境内的

---

① 今存《史记正义》引文有讹误,此据贺次君《括地志辑校》第 42 页改正文,中华书局,1980 年版。

宁州就是古豳。由于这是公刘新迁之地，故前引《庆阳府志》说公刘未迁之前周族生活区域，即不窋所居的今庆阳县境，号称"北豳"。甘肃宁县同陕西旬邑接壤，实际情况可能是这样的：古豳国在其全盛期跨连今马莲河与泾河交汇处的甘、陕两省相邻地域，包括宁县、正宁、旬邑、长武、彬县等地。董志塬、宁县一带，应是早期的豳地；后来周人继续向南发展到旬邑、长武、彬县一带，那应是晚期的豳地。在泾河入长武境界处有地名"前邠"，这正同庆阳古称"北豳"相呼应。《汉书·地理志》把豳地定位在栒邑，也是有依据的，但那并非公刘初迁之地。

公刘建都邑于豳地称"京"，《说文》："京，人所为绝高丘也。"《尔雅·释丘》："绝高谓之京。"《诗·鄘风·定之方中》"景山与京"，《毛传》："京，高丘也。"从甲、金文"京"字形体看，其本义当指高地上的建筑。豳地之京又称作"京师"，"师"字古文作"𠂤"，原义为防卫性建筑，也含屯聚之义，可视为军事据点。豳邑称京师，表明已有防卫构建。西周初把新建的东部洛邑也称"洛师"，可证"师"字义指都邑的防卫设置，其军队义项乃后起的引申义。周人以京为都邑，故商时也称周为"京"，卜辞中有多条曾言及"京"，而且还往往同犬戎的活动相联系，显示出京地与犬戎地的邻接。已有学者指出，殷墟出土的牛肋骨《小臣墙刻辞》中，受盉胄之赐的京人即周人。① 《诗·大雅·大明》歌咏周族首领王季之妇大任："自彼殷商，来嫁于周，曰嫔于京。"是时周人早已离开了豳地，但仍周、京并称。豳地京师在西周记事金文中也曾言及，乃玁狁入侵王畿、周军进行反击时争夺的战略要地。如《克镈、钟铭》云："王亲令克遹泾东，至于京师。"从泾河的地理形势看，沿泾河东岸朝西北偏西，正是王畿通往玁狁活跃地区即今甘肃东北部及宁夏南部的主要途径。周王命令克巡视泾东而抵京师，则京师地望恰在我们所论述的古豳国域内。又如《多友鼎铭》云："玁狁方兴，广伐京师，告追于王。命武公：'遣乃元士，羞追于京师。'武公命多友率公车羞追于京师。癸未，戎伐筍，衣俘，多友西追。甲申之晨，搏于郲，多友有折首执讯……"这次战役转战涉及许多地区，但总体

---

① 林梅村《汉唐西域与中国文明·帝辛甲骨所见殷宫秘史》，文物出版社，1998年版。

范围不出今陕、甘两省交界地区的泾河流域,其争夺的关键城邑即为京师。铭文内容更加深了我们对京师地望的认识。

民俗学方面的资料也给我们以启发。今宁县县城西郊的庙嘴坪,俗称"公刘邑"或"公刘坪",民间传说即当年公刘营邑之处,坪东北有一高约40米的大丘,俗名"太子冢"。这应视为公刘部族曾活动于那一带的历史影迹,在民俗记忆中的延留。位于董志源中心的庆阳市东郊刘家店,有公刘殿遗址(群众俗称"老公殿")。此殿宋代即已存在,传说公刘曾邑居于此。旧历三月十八,被尊奉为公刘的诞生日。每年这一天,远近群众云集,以公刘殿为中心,形成纪念公刘的盛大庙会。当然,民俗文化不能直接反映史实,许多传说中的历史遗迹,其实是后人的嫁接或傅会,不足为考史之据。但关于公刘殿的民间活动及传说,却伴随着一个令人深思的罕见现象:在陕西旬邑、彬县一带即公刘所迁豳地的说法已被学界普遍接受的背景下,该地区的民众却甘愿将此公刘发祥地的殊荣奉给甘肃境内的董志塬。每年旧历三月十八日,旬邑、彬县一带民众都要推出代表,组成颇有声势的仪仗队吹吹打打,热热闹闹地到董志塬中心公刘殿这块圣地朝拜。这同傅会历史,硬拉古代名人以荣耀桑梓的常见风习迥然有别。我们对此只能这样解释:公刘事迹记忆留传中的真实因子,在社会新陈代谢特别缓慢的黄土高原上变异最小,故至今仍在影响着群众的心态。也就是说,当年公刘从其祖不窋落脚的今庆阳县境,南迁董志塬获得兴盛的发展,后又扩至陕西旬邑、彬县一带的事实,在世代相承的民间传说中,一直留存着深刻的印记。

四、豳国的社会面貌

(一) 经济状况

商周时代甘肃境内诸方国中,只有豳国为后世留下了一些可以大致说明其社会面貌的文献资料,那便是《诗经》中的《豳风》诸篇。虽然那些诗应为西周王朝建立后自民间收集的,时代肯定晚于豳国初建时期,但却真实地反映了豳地的生产形态和民风民俗。如和《公刘》一诗参照析辨,可以形成对豳国社会发展状况的粗略印象。古人已有这种感受,《汉书·地理志》即云:"昔后稷封斄,公刘处豳,太王徙岐,文王作丰,武王治镐,其民有先王遗风,好稼穑,务本业,故豳诗言农桑衣食之本甚备。"

  周人向以擅长农业著称。早在不窋北迁之前,周人即在邰地为中心的渭滨平原经营锄耕农业,发展着"粟麦文化";其部族首领且因具有先进的农业技术和经验,而世代担任夏王朝的农官。北迁至今庆阳一带后,虽然地处"戎狄之间",失去了渭滨较优越的自然条件,但周人坚持了族体的农业传统,开发了新迁地域。《公刘》一诗回叙周人移居豳地之前,已经"乃场乃疆,乃积乃仓",所以部族整体出行能够"乃裹餱粮,于橐于囊"。这表明周人在原居地已经有了一定的农业基础,储集了丰足的食粮。迁到豳地后,周人首先忙于"陟则在巘,复降在原","逝彼百泉,瞻彼溥原","相其阴阳,观其流泉",然后"度其隰原,彻田为粮",以求"既顺迺宣,而无永叹"。要上上下下,前瞻后顾,考察地形,辨别土性,寻找水源,治理洼地,利用晚照,规划田亩,总之一切活动都围绕耕作需要而展开。这不仅反映出农业是部族经济形态中的主体,也表明农业经营已达到较高的技术水平,庶民对农业生产赖以进行的各种因素,都已具备了深刻的认知。《公刘》诗中还有"执豕于牢,酌之用匏"等描述,也显示出农业基础的坚实,因为猪的饲养和酒的酿造,都是以农作物丰足为前提的。在后来的豳诗中,显示农业繁荣的材料更加充分,尤其是《七月》一篇,全面描述了农民一年的生活,使我们对周人的村社经济有了生动的感性认识。那时的农作物品类已相当丰富,除了种植黍、稷、穋、穜、麦、稻、菽等粮食作物外,还种植桑、麻、枣、韭、瓜、葵、壶等经济作物和菜蔬。其中的麻不仅是纺织原料,也是重要的食品,"九月叔苴"的"苴",即为麻籽。《礼记·月令》把麻列为"五谷"之一,并说孟秋、仲秋之月,天子"食麻与犬"。农民耕作使用耒、耜,这是两种历史最为悠久、使用最为普遍的农业工具。耒的上部为有一定曲度的独木,顶端置短横柄以供双手握持;下部为略呈弧形的两齿,齿端尖锐以利入土,双齿上设横木以供足踏。耕作时两手握横柄下推,一足踏齿上横木使双齿入土,然后压柄起土。后世的畣即由耒演进而来。耜的上部和耒相仿,但下部不出歧齿而设板状刃,刃的下端呈弧形以利入土,刃肩齐平可供足踏。操作方式与耒相同,类似我们今天以铁锹翻地。后世的犁即由耜演进而来。耒和耜最初都是木质农具,在发明了金属冶炼后,人们便在耒、耜的刺土尖端镶套金属部件,使之更加锐利。徐中舒先生曾作过考析,先秦时期我国东方部族习用耒,而西方部族习用耜。耜所从之"目",为耜之象形,在金文中亦作"台";台所从之"厶",即耜形之简化。"厶与私亦当为耜引申之字……私从禾,即耜之别体,耜为个人所有,故得引申为公私(或作厶)之私。"他又进一步指出,周始祖后稷弃国于有邰,邰为炎帝之后,炎帝在传说中为中国农业的创始者,而"邰从邑从台,台目同字,以目名国,自是其地以目耕作的特征。"①依徐先生之说,弃之母家"有邰氏",实以发明用耜而得名。《七月》诗中言耕作曰:"三之日于耜,四之日举趾。"《毛传》述其义云:"民无不举足而耕矣。"周人耕作习用耜,和地理环境有一定关系。一般说来,耜的翻土效果要比耒好得多,而其入土难度却比耒大。但在土壤相对松疏的黄土高原上,耜却大有用武之地,是当时条件下最合理的耕作用具。周人的农业经济在夏商时代领先于各方国、部族,一定程度上得益于耜的使用。《公刘》诗中言及族众的兵器,曰"弓矢斯张",曰"干戈戚扬",曰"鞞琫容刀",已分明是金属质地;这也就是说,那时的耒、耜完全可能安装了金属配件。如这种推测成立,则豳国的农业生产力已达到相当高的水平。

同繁荣的农业相应,豳国的家庭手工业也很发达。豳诗中反映出,居民普遍种麻植桑,育蚕取丝,养羊采毛,经营以丝、麻和羊毛为原料的纺织业,既能生产麻布毛褐,也能生产色彩鲜艳的"衮衣绣裳"。狩猎业作为农、畜业的补充,在经济生活中仍占重要地位。诗言"一之日于貉,取彼狐狸,为公子裘。二之日其同,载缵武功。言私其豵,献豜于公。"冬季农闲时,农民要集体狩猎。集体狩猎与军事训练相结合,这是村社结构寓兵于农的传统习俗。徐中舒先生曾指出,"豳"是个原始会意字,"从二豕从山,山乃火形之讹。"金文中豳字"正象持杖焚林驱捕野猪之形","古代黄土高原,野猪出没,焚林而

---

① 徐中舒《耒耜考》,《徐中舒历史论文选辑》,中华书局,1998年版。

败。"①据此,豳之地名本身,就反映了当地的狩猎传统,豳诗中描述的狩猎活动与之相符。

(二) 社会发展阶段

公刘初立国于豳地时,社会发展大体上还处于家族公社阶段。公刘的族众,表现为一个组合紧密的统一体,血缘纽带尚相当牢固。《公刘》诗中以大量章句述说主要生产资料土地的统一规划、治理和分配,反映出土地属部族所公有,还看不出个体劳动及使用奴隶的迹象。"彻田为粮"一语,朱熹《诗集传》以井田制解之,认为这是公刘"定其军赋与其税法",并说"周之彻法自此始"。这是用后来西周的彻法剥削傅会公刘之时,是毫无根据的;此处之"彻",只能按《毛传》所训,理解为对耕地的治理规划。"于时处处,于时庐旅,于时言言,于时语语","跄跄济济,俾筵俾几,既登乃依。乃造其曹,执豕于牢,酌之用匏"——洋溢着一片集体劳作、集体享用的兴奋和喜悦,这显然是公有制下的生活情景。在父系家长制家族公社阶段,部落或氏族把土地等量划分,交给各家族公社耕种。恩格斯曾这样叙述南斯拉夫父权制家族公社札德鲁加:"它包括一个父亲所生的数代子孙和他们的妻子,他们住在一起,共同耕种自己的田地,衣食都出自共同的储存,共同占有剩余产品。公社处于一个家长的最高管理之下,家长对外代表公社,有权出让小物品,掌管账目,并对账目和整个家务的正常经济负责。他是选举产生的,不一定是最年长者。"②这段话可作为我们认识公刘时代社会结构的参照。诗云人们对公刘"食之饮之,君之宗之",说明家长制宗法权力体系已经形成,这要比札德鲁加的民主选举体制高一个层次。设筵饮酒,人们须按贵贱等级秩序就位。各家族的成员,均以其家族长为宗;各家族长,又以其氏族长为宗;而公刘,则是大家共同尊崇的君主。他有极高的威望,行使着领导生产、指挥作战的职权;"何以舟之?维玉及瑶,鞞琫容刀",他佩带光彩夺目的装饰品和武器,那是特殊身份及权力的标志。但公刘还不是后世那种养尊处优、高凌于众庶之上的国君,为了使部族定居于

---

① 徐中舒《周原甲骨初论》,同前。
② 恩格斯《家庭、私有制和国家的起源》,第54页。

豳地，为了安排好族众的生产与生活，他四处奔波，忙碌操劳。休息时，他和大家一起说笑；筵席上，他和大家一起痛饮。他的形象朴实而又豪放，没有什么繁文缛节，还保留着部落时代群体领袖的可敬风貌。诗言"其军三单"，"单"字向无令人满意的训释。谭戒甫先生认为是"旜"字的省文，解为指挥徒众的旗帜，一旜即代表一部。① 此说比较合理。周人有崇尚旗帜的传统，这在《周礼》和册命金文中有鲜明的反映。旗帜既是贵族身份和权力的象征，也是军事编制层级的标识，又是指挥、调动军队的令枢。在甲骨文中，表示血缘共同体的"族"字，字形就是一面飘扬的旗子，旗下是一支箭，意在显示血缘共同体与军事编制单位的合一。所以，"族"和"百人为卒"的"卒"不仅同音，义涵上也有内在联系。② 公刘的"三单"即"三旜"，可能是指周部族所含的三个胞族。用军事编制术语划分族体，也说明超越军事民主制社会发展阶段的时间，还不是很久。

然而，演进到《七月》一诗所反映的时代，豳国已处于农村公社阶段了。先周和西周时期的农村公社，是在家族公社基础上发展起来的。其基本特征是村社成员从村社领取一块定量的份地，通过份地耕作建立起自己的家庭经济；同时要参加由贵族们控制的"公田"劳动，并为贵族们服各种工役和杂务。贵族阶级通过掌握公田以及控制村社事务而占有庶民的剩余劳动，从而形成了贵族与庶民的阶级对立，这便是农村公社生产关系的本质。《七月》一诗为我们描绘了豳国早期村社经济的种种场景。农业生产是以个体农民小家庭为单位的，农忙时妻子把饭送到地头，即诗言"同我妇子，馌彼南亩"。村社有管理和监督生产的农官"田畯"，他经常在田间巡视检察，对农民辛勤劳作表示高兴，故诗言"田畯至喜"。农民一家全年的生产任务和其他劳役是十分繁重的，除了耕种收割、采桑育蚕、狩猎纺织等基本劳务外，还要在许多方面供贵族们役使。"公"（贵族们）与"私"（村社成员）的对立，贯穿在全诗的咏述中。如农民要为"公子"纺织印染，做漂亮的服装；要猎狐取皮，为"公子"缝制舒适暖和的裘衣；农民打猎获得兽类，要"言私其豵，献豜于公"，把大的献给贵族老爷，只

---

① 谭戒甫《先周族与周族的迁徙及其社会发展》，《文史》第6辑。
② 祝中熹《论周代军事编制中的"卒"》，见本书第120页。

把小的留给自己;一年的农活刚收拾完毕,就要赶紧"上入执宫功",去为贵族们修缮宫室;白天割茅草,晚上搓绳索,"亟其乘屋,其始播百谷",抓紧修好房子,马上就要春播了;腊月天要到河里凿冰,藏于窖内,以供贵族们天热时保鲜享用。贵族们过着悠闲奢华的生活,庶民大众则终岁忙碌,苦不堪言。口粮不够,靠瓜蔬野菜充饥,"七月食瓜,八月断壶,九月叔苴。采茶薪樗,食我农夫。"壶即葫芦,苴即麻籽,茶即苦菜,都是农民的补充食品。天寒地冻的季节,农民发出痛苦的悲叹:"无衣无褐,何以卒岁!"只能收拾一下简陋的小屋,"穹室熏鼠,塞向墐户",凑合着度过严冬。此外,村社成员还要负担兵役,如有战事,须长年离家征战,或在边域戍守。豳风中有《东山》一诗,描写的就是一个远征役夫思家的悲苦。"有敦瓜苦,烝在栗薪。自我不见,于今三年。"可见役事之久。役夫返归后,看到的是家境的荒凉与败落:"果嬴之实,亦施于宇。伊威在室,蟏蛸在户。町畽鹿场,熠燿宵行。不可畏也,伊可怀也。"瓜蒌长上了房,土鳖虫满屋爬,蜘蛛在门框上结网,野鹿在田垄间践踏,不觉得可怕,只觉得伤心!此诗从服兵役的角度,反映了村社成员悲苦生活的一个侧面。豳诗中未见表现农民反抗的作品,这可能与当时收集民歌者的政治倾向性有关,咏唱农民反抗精神的民歌被摈弃了。只有一首《狼跋》,抒发了对贵族的讥讽。诗中描绘一个肥硕而好打扮的贵族臃肿丑态,最后的结论是:"公孙硕肤,德音不瑕。"意为你虽然长得白白胖胖,品德名声却不怎么样。这类诗歌,在幽默中倾诉了庶民对统治者的厌恶。

(三)周族离豳迁岐

豳国位处戎狄频繁活动的地区,对于过着农业定居生活的周人来说,牧猎民族的经常性侵掠,必然构成极大威胁,冲突和战争在所难免。特别是商代中后期,陇东一带的戎狄尤其是犬戎势力空前强化,使周人难以继续维持对豳地的管理和经营。加以周民族始终怀有回归故土的情结,故在太王时代再一次决定南迁。前文已作交代,《史记·周本纪》采《孟子》之说,误将太王与古公亶父混为一人,其言古公的南迁,实指太王:"乃与私属遂去豳,度漆沮,踰梁山,止于岐下。豳人举国扶老携弱,尽复归古公于岐下。及他旁国闻古公仁,亦多归之。于是古公乃贬戎狄之俗,而营筑城郭室屋,而邑别居之。"豳国的历史由此结束,周人重又回到周原,建立了新的国家,营都邑于岐阳。岐阳地望,《汉书·地理志》说在右扶风美阳:"《禹贡》岐山在其西北,中水乡,周太王所邑。"《水经·渭水注》云:"城在岐山之阳而近西。"考古发现表明,太王所营之邑在今陕西岐山东北约 60 华里处,东到下樊、召陈二村西到董家、凤雏二村的范围内。那一带不仅有西周的制骨、冶铜、制陶作坊及平民居址,还发现了早周及西周中期的宫室建筑遗址,出土过文王时代前后的大批卜甲、卜骨。① 回归渭北平原的姬周,国势发展很快,不仅能有效地抵御戎族的侵扰,而且后来还萌生了"翦商"的意向。至太王之孙文王时,姬周已成为西北诸邦国、部族的盟主,连商王朝也不敢对它等闲视之了。应当说,这种部族实力,在豳地时已培育了基础。

　　太王率众迁岐后,豳地情况如何? 史籍无载,不宜妄论。据当时部族活动的格局和演变情势推想,该地当又成为戎狄活动领域。但在西周王朝建立后,西北戎狄大都归服,豳地一定会成为王室的封国,这由《诗经》十五国风中含"豳风"可知,只不过始封时间及始封国君史传失载罢了。须指出的是,那一带戎狄势力始终相当强盛,当西周王朝衰落时,势必又会被戎狄所控制。所以,西周灭亡、王室东迁后,古豳地区便出现了实力雄厚的义渠戎国。溯其源,义渠当属白狄,系更古老的鬼方的一支。山西、陕西、甘肃北部,曾是鬼方长期活动的地带,周初的数次军事打击,使鬼方元气大伤,族众四散。白狄为延存于陕、甘北部的余部,义渠为其后裔。义渠在春秋、战国时期是西北地区影响最大、延时最长的戎邦,面对强秦的巨大威胁仍能持续发展,甚至达到能"筑城数十"、国君"称王"的程度。在戎狄诸部均被灭亡、征服的情况下,还坚持与秦抗衡到秦昭王时代,其国势远非其他戎邦所能相比。之所以如此,原因就在于义渠位处豳国故地,承袭了当年姬周族长期经营所奠定的经济基础。秦国征服义渠后,能顺利地设置北地郡,迅速将其纳入统一的行政建制,并修筑长城以护卫,也是这个道理。原为豳域的义渠国大部分地区具有悠久的农耕

---

① 杨宽《西周史》,第 43 页。

传统,社会结构也肯定先进于牧猎部族的传统习俗,实际上早已和嬴秦归属同一个文化圈了。

(原载《丝绸之路·文论》2007年下半年刊)

西戎与犬戎

西戎是先秦西北地区诸牧猎部族的综合性共称,它们族系纷繁,源流复杂,名号多异。其中的犬戎,即夏末商初由东方西迁陇山周围的畎夷,在西周文献中多被称为玁狁。犬戎族是对姬周和嬴秦威胁最大的一个强势部族。犬戎族频繁的攻掠,实为导致西周王朝衰亡的重要因素。西汉水中上游的犬戎族与嬴秦居域邻接,双方曾对西垂地区展开过世代相继的争夺。春秋前期秦国强盛起来之后,犬戎族才被逐渐征服并涵化。在陇东和陇南分布密集的寺洼文化,有可能是犬戎族的物质遗存。

一、西北地区牧猎部族的称谓

地理位置、自然条件和远古人类生存发展的种族背景等多重因素,导致我国西北地区考古文化的多样性,以及与此相关的牧猎部族的复杂性。西北地区是联结东西方的主要通道,是不同种族和文化的交汇点,部族流动、迁徙现象非常突出。在文明时代,西北地区又长期存在贵族政权对域外民族的控制与反控制、征服与反征服的斗争,部族间冲突与融合的表现形式往往复杂、曲折而又激烈,这也加剧了部族活动地域的不确定性。所以,并非境内所有的部族都是本地土著文化孕育出来的,其中有一些可能迁自他处。如狄族的前身鬼戎(鬼方),其族源可能属于很久以前即从欧亚草原迁徙过来的吐火罗人;而商周时期在西北最为活跃的犬戎族(玁狁),则为夏末西迁关陇地区的东夷集团的一部。

研究西北地区的部族,最大难点还在于文献资料本身,首先在族名称谓上即常呈混乱状态,有时用泛称,有时用专称,有时名以地,有时名以氏,有时取其音,有时赋以义;族名不仅会因时代变迁而改称,还会由于文籍不同而生异;再加上汉字常有变体和假借,传抄过程中又难免出现讹误,这种种因素更给研究者平添无数繁艰。

  应当历史地看待古文献中关于部族称谓问题。所谓东夷、西戎、南蛮、北狄的泛称体系,是随着以中原地区为中心的华夏文明确立而逐渐形成的概念。在这之前,在几个大文化区系交互作用的时代,各部族虽然有大小强弱之分,生存方式有农耕牧猎之别,但不存在华夏与四夷的身份差别,大家都以某种方式参与了那个时代各种文化碰撞汇融的潮流,都在过程中渗入了自己的成分。发达的中原文化,事实上就是文化区系交互作用的产物,是各个地域性文化通过部族活动向文明一体化发展的结果。先后成为中原王朝创建者的几个主体性部族,考其渊源,都属后世称之为夷狄的族体。夏、周两族缘起于西部之戎,商、秦两族缘起于东部之夷,这早已是学界的共识。战国时代的孟子就已经指出,舜是东夷之人,周文王是西夷之人。① 所以顾颉刚先生说:"夫戎与华本出一家,以其握有中原之政权与否乃析分为二。"②后来他又调整了这个观点,说"自从周武王克殷之后,其接受东方文化的已号为华夏,其接受的程度较慢的则还是戎狄。"③以民族社会文化发展水平的高低作为区分华、夷的标准,一直是专制主义王朝在民族领域中的主导性政治理念,而语言、习俗、服饰等方面的因素,则居从属地位。

  因无文献依据,夏代的民族称谓我们不得而知。商代是以"方"表示异族的,"方"之前冠以族名。这种族称方式,反映了中原王朝对异族方位的关注。卜辞中的"方"数以百计,那都是一些与殷商相邻或存在某种交往的氏邦或部落。西周沿承商习,最初也以"方"称异族,如《小盂鼎铭》言"伐鬼方",《尚书·多方》载周公向各国传达成王之命时曰"猷告尔四国多方","诰告尔多方"。但后来则单独使用

---

① 《孟子·离娄下》。
② 顾颉刚《九州之戎与戎禹》,《古史辨》,上海古籍出版社,1982 年版,第七册下编,第 138 页。
③ 顾颉刚《从古籍中探索我国的西部民族》,《社会科学战线》,1980 年第 1 期。

大量族名,包括一些具有族系性质的泛称,如华夏、戎、狄、夷、蛮等。至春秋时期,华夏与四夷对立的思想体系已完全形成,称华夏,必含崇尚、自豪的意味;言戎狄蛮夷,则多带鄙视和贬斥。《左传》闵公元年载管子语:"戎狄豺狼,不可厌也;诸夏亲昵,不可弃也。"鲜明地反映了当时华、夷对立的思想观念。《逸周书·明堂》已按东西南北的方位分列"九夷"、"六戎"、"八蛮"和"五狄"。战国时东夷、西戎、南蛮、北狄的称谓已规范化、程式化。《礼记·王制》作过定义性质的概述:"东方曰夷,被发文身,有不火食者矣;南方曰蛮,雕题交趾,有不火食者也;西方曰戎,被发文身,有不粒食者矣;北方曰狄,衣羽毛,穴居,有不粒食者矣。"这里有个"大华夏"主义的话语权问题。游离于中原王朝政治体制之外的众多部族没有文字,它们不能以文籍形式记录并流传本族的历史;有关它们活动的文字记载,均出自王朝史官或深受华夏本位思想熏陶的文人之手。这种文化背景决定了我国古代有关民族史料的先天性缺陷。

　　随着农耕文化圈同牧猎文化圈交切、碰撞的加剧,随着华夏与四夷对立观念的形成和强化,牧猎部族在文献中的称谓也呈现出各种性质交杂、腾挪多变、日趋纷繁的现象。西北地区牧猎部族最多,族系也最为枝蔓,故上述现象也便特别突出。如羌、狄、氐、戎、鬼方、鬼亲、獯鬻、猃狁、狗国、畎夷、犬夷、西戎、犬戎、绲戎、昆夷、混夷、串夷、薰鬻、薰育、荤粥等族称,错综无序地出现在各类文籍内。其中的"戎",无疑为外延最广的泛称,包括许多族类。由于族系的繁衍和迁徙,晚至春秋,诸戎同华夏列国有了更广泛、更频繁的接触,故被各以其生活地域或族姓而名之。据《竹书纪年》、《左传》、《国语》、《史记》等书所载,西北地区缀以"戎"的族称至少有西落鬼戎、余无之戎、始呼之戎、燕京之戎、六济之戎、翳徒之戎、条戎、奔戎、瓜州之戎、大荔之戎、茅津之戎、陆浑之戎、阴戎、姜戎、骊戎、申戎、太原之戎、允姓之戎、邦戎、冀戎、绵诸戎、绲戎、翟戎、獂戎、义渠戎、乌氏戎、朐衍戎、西戎等30余种,绝大多数皆以地域名之。在上述纷繁的族称中,肯定含有一族多名、同族异名、同名异字以及母族分衍出支族等复杂情况,古今学者都为梳理其头绪而伤透脑筋。

　　让我们先看一看最接近于那个时代的几部正史对这个问题是如

何表述的。《史记》为此而立《匈奴列传》，先写戎、狄诸族，历述他们在不同时期的活动，并把时代更早的猃狁、荤粥等族都归于其族系之内，似乎认为他们都与日后的匈奴族有渊源关系。令人费解的是，对于殷商时期最为活跃的羌族，司马迁却绝口未言。《汉书·匈奴传》全袭《史记》，无新说。《后汉书》特设《西羌传》，但其前一部分内容仍是《史记·匈奴列传》讲过的戎狄诸族的历史。不同的是，范晔似乎要说诸族经过长时期的融汇混杂后，演化为两汉时的西羌，而不是匈奴。该传很明确地把羌与匈奴区分为两个部族。

更值得我们关注的是《史记》与《后汉书》对那些部族文化面貌的实质性描述。《史记·匈奴列传》：

> 逐水草迁徙，毋城郭常处耕田之业，然亦各有分地。毋文书，以言语为约束。儿能骑羊，引弓射鸟鼠；少长则射狐兔，用为食。士力能弯弓，尽为甲骑。其俗，宽则随畜，因射猎禽兽为生业；急则人习战攻以侵伐，其天性也。其长兵则弓矢，短兵则刀铤。利则进，不利则退，不羞遁走。苟利所在，不知礼义。自君王以下，咸食畜肉，衣其皮革，被旃裘。壮者食肥美，老者食其余。贵壮健，贱老弱。父死，妻其后母；兄弟死，皆取其妻妻之。其俗有名不讳，而无姓字。

《后汉书·西羌传》：

> 所居无常，依随水草。地少五谷，以产牧为业。其俗，氏族无定，或以父名母姓为种号。十二世后相与婚姻。父没则妻后母，兄亡则纳嫠嫂，故国无鳏寡，种类繁炽。不立君臣，无相长一。强则分种为酋豪，弱则为人附落，更相抄暴，以力为雄。杀人偿死，无它禁令。其兵长在山谷，短于平地，不能持久，而果于触突，以战死为吉利，病终为不祥。堪耐寒苦，同之禽兽，虽妇人产子亦不避风雪。性坚刚勇猛，得西方金行之气焉。

对比审视可知，两段文字多相互补益之处，所言实为同一种文化面貌。这些表述之所以珍贵,是因为使我们了解了那些族体的生存方式和所处的社会发展阶段。难点在于《史记》将之归属于匈奴,《后汉书》将之归属于西羌。近世学者们的研究业已表明,匈奴族属阿尔泰语系,羌族属汉藏语系,二者决非同一种族。显然,在后世牧猎部族与商周时代牧猎部族之间,存在着历史资料的巨大断层,史家只能以含混的、极不系统的概述性文字来弥补断层。这种弥补,偏重于生活情态的描绘,而罕言族系种属的区分,造成了牧猎部族历史演变相递接的假象,并模糊地形成了一种牧猎部族一元化的思路。

晋唐学者部分地承袭了这种思路,对先秦西北地区纷乱的族称按族系作了些分类并合,作了些贯通性的阐释;但他们大都是在给经传史籍作注时随文而发,既不系统又缺乏考证,且也难避歧说。近代学者王国维,首次在汉唐诸儒认识的基础上,对西北地区上古部族进行了一番梳理,写了《鬼方昆夷玁狁考》这篇名文。① 他主要以文献中诸族活动地域为线索,辅以古文字音义学的训释,辨析了不同历史时期族称的流徙演变,认为先秦名称纷异的西北各族,实属同一族系,即后来的匈奴。"中国之称之也,随世异名,因地殊号。至于后世,或且以丑名加之。其见于商周间者,曰鬼方、曰混夷、曰獯鬻;其在宗周之季,则曰玁狁;入春秋之后,则始谓之戎,继号曰狄;战国以降,又称之曰胡,曰匈奴。"匈奴为其本名,余者"皆中国人所加之名"。王氏之说,使问题清晰化、简约化,又有文献依据,故一度为许多人所接受,影响颇大。然而当代却有越来越多的学者对王说提出了质疑,有些质疑论据充分,具有较强的说服力。如今尽管许多问题仍是众说纷纭,但西北地区上古诸族一元化的主张,却已基本上被扬弃;尤其是把诸族都说成匈奴之先世的观点,似已不再有人持从。大家都认识到,对不同名称的部族,应依据其活动的时代、地域以及族性特点,作出具体的分析判断,理清其各自的渊源流徙及族称变化。牵强的归类并合,往往导致更多的歧疑和谬误。

---

① 《观堂集林》卷十三。

二、西　　戎

"戎"字在甲、金文中为人执戈、盾之形,或省人成戈与盾的合体,多用来表示军旅、兵器、战车等义;作为族称,即指擅长使用戈、盾的勇猛之人。古文献中,我国东部的史前部族泛称"夷",西部的史前部族泛称"戎",所以后来又有了"东夷"、"西戎"之称。俞伟超先生曾经给"西戎"下过这样的定义:"大体讲来,西戎是指起源于陕西西部至甘、青地区的一些族源相同或相近的畜牧和游牧部族的统称。"[①]实际上"西戎"的涵盖面比这更广,一些并非起源于陕、甘、青地区,族源也并不相同或相近的部族,因后来活动于我国西部,也被归之于西戎,使西戎成为一个义指非常宽泛的概念。俞先生指出西戎的生产形态是畜牧和游牧,则是完全正确的,狩猎业可视为其补充经济。

上文所引《史记·匈奴列传》及《后汉书·西羌传》那两段文字,是对西戎诸族社会面貌的生动概述。《史记·秦本纪》载秦穆公和戎王使者由余关于政治的对话,由余认为,所谓"诗书礼乐法度",正是造成中国混乱难治的原因,他说:"夫自上圣黄帝作为礼乐法度,身以先之,仅以小治。及其后世,日以骄淫。阻法度之威,以责督于下,下罢极则以仁义怨望于上,上下交争怨而相篡弑,至于灭宗,皆以此类也。夫戎夷不然。上含淳德以遇其下,下怀忠信以事其上,一国之政犹一身之治,不知所以治,此真圣人之治也。"综观文籍记载可知,西戎是一些生活于山林草原地带的游牧及牧猎部族,处于父系氏族社会阶段,其中较先进的族体可能已发展成松散的酋邦,但以礼与法为核心的贵族行政体制则远未产生。牧猎为其基本生存方式,"所居无常,依随水草",虽然活动在一定范围之内,而且有首领酋豪,但"不立君臣,无相长一"。它们大都没有较成熟的具相当规模的部族中心,因此很难确定各族的具体位置。

《逸周书·王会》所附之《伊尹朝献》,记商初王畿四方贡献之族:

[①]　俞伟超《古代"西戎"和"羌"、"胡"考古学文化归属问题的探讨》,《先秦两汉考古学论集》,文物出版社,1985年版,第181页。

"正西昆仑、狗国、鬼亲、枳巳、闟耳、贯胸、雕题、离身、漆齿,请令以丹青、白旄、纰罽、江历、龙角、神龟为献。"孔晁注曰:"九者西戎之别名也。"其中昆仑之称,后世用来名山,地望众说不一。随着人们地理认知的不断扩大,昆仑位置越来越西移,最初有可能即指陇山或陇山以西的某座高山,要之当在甘肃境内,昆仑族生活在那一带。狗国即犬戎国,鬼亲即鬼方。其他诸族,多以其人体装扮形象称之,非其族之本名。从各族贡献的物品看,有朱砂、白牦牛尾、毛毡、鹿角等,确为西方之出产。漆齿,应即《山海经·大荒东经》所言"黑齿之国",为姜姓,地近"夏洲之国"。夏洲之国即大夏国,"在流沙外",据此可推知漆齿族生活在甘肃中部地区。《王会》正文言西周时期四方的边域部族,表述不很明确,按通常的理解,成周之西有般吾、屠州、禺氏、大夏、犬戎、数楚、匈奴诸族。这都是西北地区的部族,应当没有问题。成周"正北方"诸族中,也有些被认为是偏于西部的,如义渠、规规、西申和氐羌。义渠在今庆阳市北部;规规即春秋时期的邽戎,在今天水市;西申大致在关陇一带,与嬴秦相去不远;氐羌指一个具体部族,当属古羌族中异化而出的一支,即后世的氐,具体方位无考,当不出甘肃东南境。《王会》与《伊尹朝献》反映了时代较早的西方族称,有许多同后世族号难以对应,同时在传抄中也可能混入一些较晚的族称,如匈奴、大夏、东胡、楼烦之类,学者们对各族地望的考证也并不十分可靠。但他们大都属于后世所言"西戎"的范围,是没有多大问题的。西戎包括了许多不同种系的族体。

时代较晚的文籍叙述史事时,多已不使用具体族名而泛称之为戎或西戎了。史载周部族在陇东一带建立豳国前后的那段时期,即与戎族相邻,长期交往,并不断发生冲突。周部族后来迁居周原,据古本《竹书纪年》记载,也曾多次与戎人发生战争,所伐诸戎当有在泾水上游者,但已难考其地。《史记·匈奴列传》说武王伐纣后,"复居于丰镐,放逐戎夷泾、洛之北,以时入贡,命曰荒服。"表明诸戎曾臣服于西周王朝,其活动被限定在王畿之北,大体即今陕北和庆阳地区。后来戎族势力不断发展,经常深入王畿侵扰,终西周之世,一直是王朝西北方最严重的威胁。考其出没地域,大致集中在洛水、泾水、渭水流域和陇山周围。

商周时期有关西戎活动的史事,除了同姬周族密切关联外,也还长时期涉及嬴秦。商后期,嬴秦之祖中潏"在西戎,保西垂"。西垂是嬴秦的早期都邑,在今甘肃省礼县东北部的西汉水上游。史文透露的信息是,甘肃东部乃诸戎的天下。到西周中后期,周孝王想让嬴族首领大骆立庶子非子为嫡嗣,遭到了王室权臣申侯的反对,因为申侯与大骆联姻,大骆之嫡子成,为申侯的外孙。申侯向孝王分析维护嫡子成宗子地位的重要性,他说:"申、骆重婚,西戎皆服,所以为王,王其图之。"最后孝王接受了申侯的意见,改变初衷,别封非子为附庸,"亦不废申侯之女子为骆适者,以和西戎"。申侯所属之申族即申戎,又称西申,姜姓封国,为西戎的一支,与秦联姻,地域应当邻近西垂,杨宽先生推断其"在今甘肃天水、甘谷以西"。①《秦本纪》这段记述告诉我们,西周孝王时代,甘肃东部的西戎诸族与嬴秦和睦相处,并通过嬴秦这条纽带,承认西周王朝的宗主地位,局势相对稳定。至周厉王时,情况发生了变化:"周厉王无道,诸侯或叛之。西戎反王室,灭犬丘大骆之族。"大骆一族作了周、戎矛盾激化的牺牲品。此后,非子一族的嬴姓后裔在王室支持下,同西戎展开了长期斗争。秦庄公时嬴秦取得了战争的胜利,收复了被戎人占领了数十年的祖邑西垂。秦襄公时秦晋封为诸侯,国势渐趋强盛,逐步控制了陇山东西地区的局势,对戎斗争的重心转移到岐丰一带。但甘肃东部仍旧是戎邦林立,这从秦穆公军锋西指,征服诸戎的史事中即可看出。《史记·匈奴列传》说那时陇山以西"往往而聚者百有余戎",被秦征服的所谓"西戎八国",只是其中的荦荦大者。

泾、渭中上游及陇山周围之所以成为周、秦与西戎长期激烈斗争的场所,既有历史的原因,也有地理条件的原因。这里处在农耕经济与牧猎经济两大文化圈的交接区域,又是中原王朝行政系统的边缘地带,许多难以并容的文化因素所导致的利害冲突,频繁而又激烈。牧猎部族的侵暴掠夺,给定居的农业共同体带来严重威胁。这些部族大都已发展到或接近于军事民主制阶段,恩格斯在《家庭、私有制和国家起源》中曾论述过这一阶段部族的特性:"战争以及进行战争

---

① 《杨宽古史论文选集·西周列国考》,上海人民出版社,2003年版,第173页。

的组织现在已成为民族生活的正常职能。邻人的财富刺激了各民族的贪欲,在这些民族那里,获取财富已成为最重要的生活目的之一。他们是野蛮人,进行掠夺在他们看来是比进行创造的劳动更容易甚至更荣誉的事情。"[1]但另一方面我们也必须看到,农业居民的人口繁衍与耕地垦拓,也对牧猎部族的生存领域造成挤压。随着农耕区的日益扩大,优质牧场变得越来越狭小乃至丧失,这是当时社会发展没法解决的矛盾。在牧猎部族因受农耕文化的影响而开始向定居的农牧兼营形态过渡时,其与相邻的农业居民争夺优质土地资源的斗争,会更加严重,因为新的生存方式增强了他们的实力。另一方面,在农耕文化圈进入文明时代并建立了国家政权之后,为保护国家利益,为扩展行政范围,为捕获俘虏以开拓奴隶来源,统治集团总想用军事力量征服、控制那些危及边域安宁的牧猎部族,这便使不同文化圈的矛盾冲突增添了奴役与反奴役的政治内容。

西戎诸部大都在春秋战国时期被日益强盛的秦国所征服,逐渐与华夏族相融汇。他们集中居住的地方,常能在秦、汉时"道"的建置上反映出来。"道"是为管理一些少数民族聚居地域而特设的一种行政区划,与"县"同级。仅以《汉书·地理志》的载列统计,全国以"道"名县邑者共30例,而甘肃省境内即有19例。甘肃境内秦汉时的"道"特别多,正是先秦西戎诸部林立的史迹遗留。但并非所有的戎族都在原居地归服了秦国的统治,也有些族体在强秦的攻逼下迁移他处,一部分可能经由陇东和陕北而入今山西境内,并进而散布于中原地区。春秋时期晋国为了加强国力,采取和戎政策,招揽、接纳受秦迫逐的诸戎,既扶植了反秦的势力,又开发了国内的荒凉地带。这一政策获得了巨大成功,同时也使生活在陕甘高原的戎族,获得了在中原地区生存发展的机会,以至于出现了"戎逼诸夏,自陇山以东及乎伊、洛,往往有戎"[2]的局面。一部分戎族西迁河湟地区,同当地土著居民相融合,演化为后来族势再度兴盛的西羌。另有一部分向白龙江流域及川北迁徙,形成了汉、晋时期活跃在那一带的氐、羌诸部。

---

[1] 《马克思恩格斯选集》,人民出版社,1976年版,第4卷,第160页。
[2] 《后汉书·西羌传》。

三、犬　　戎

　　犬戎又名畎夷、昆夷、混夷、畎戎、绲戎,是起源于东夷集团的一个部族。《说文》:"夷,平也。从大从弓,东方之人也。"以平训夷,非其本义;但说夷是"东方之人",却提供了通向本义的线索。夷字古文为绳索捆缚箭矢之形,也有学者析为带绳的箭,即"缴矢",射出后可以引绳收回。[①] 许慎言"从大从弓",实因小篆已将矢形讹作大形,将绳索形讹作了弓形。东夷部族是弓箭的发明者,善射,故以箭名其族。《山海经·海内经》:"少皞生般,般是始为弓矢。帝俊赐羿彤弓素矰,以扶下国。"少皞与羿都是东夷集团的首领,羿之善射,在神话传说中有高度一致的反映,故《说文》称他为"射师"。东夷集团在古文献中被称作"九夷",意味着该集团包括9个部族。《白虎通·礼乐》引《明堂记》:"东方为九夷。"《后汉书·东夷传》云:"夷有九种,曰畎夷、于夷、方夷、黄夷、白夷、赤夷、玄夷、风夷、阳夷。"古本《竹书纪年》谓帝相"二年,征风夷及黄夷。""七年,于夷来宾。""后芬即位三年,九夷来御。曰畎夷、于夷、方夷、黄夷、白夷、赤夷、玄夷、风夷、阳夷。"此即《后汉书》所本。东夷集团族系繁盛,社会发展程度较高,在华夏文明形成中是骨干性成分之一,故"夷"字也常被用来泛称与华夏相对应的所有边域部族。如《左传》昭公二十三年载沈尹戍语:"古者,天子守在四夷,天子卑,守在诸侯。"《汉书·韦元成传》:"周室既衰,四夷并侵。"皆用"夷"泛称四方部族。在古文献中,"华"与"夷"的对应性表述已成定式,非华夏族泛称的戎、狄、蛮、夷四大族称中,只有"夷"字具有外延最广的统属性义项,这种语言现象一直沿袭至近代。

　　文献中畎夷又写作犬夷、昆夷、混夷、绲夷等,首字皆为声近通借而犬为其本字。颜师古注《汉书·匈奴传》云:"畎夷即畎戎也,又曰昆夷。昆字或作混,又作绲,二字并音工本反,昆、绲、畎声相近耳。

[①] 康殷《文字源流浅说》,荣宝斋,1979年版,第153页。

亦曰犬戎也。"所言甚是。《诗·大雅·绵》"混夷駾矣,维其喙矣",《说文·马部》引此句作"昆夷駾矣",同书"口部"又引此句作"犬夷呬矣",显然混、昆、犬可通用。值得特别注意的是该族称谓的夷、戎兼用,犬戎与犬夷,畎戎与畎夷,昆戎与昆夷,绲戎与绲夷,都恒见于文籍。古汉语中夷与戎是涵盖面最宽泛的两个族称,分别表示东方和西方的华夏以外的部族。虽然"夷"字还有更高层位的使用法,可泛指所有的非华夏族,但组合为具体的族称,在先秦文献中,其东方部族的义项却是严格保留着的。通常情况下,称戎者决不称夷,称夷者决不称戎;夷、戎混称者,只有犬戎。这是犬戎即畎夷本为东方部族后来迁于西方,从而在称谓上出现混乱的有力证据。从称"夷"到称"戎",存在一个漫长的过渡期。王国维曾经指出:"考《诗》、《书》古器,皆无犬戎事。犬戎之名,始见于《左传》、《国语》、《山海经》、《竹书纪年》、《穆天子传》等,皆春秋战国以后呼昆夷之称。"①正点到该族由称夷到称戎的转换问题。《史记·周本纪》载周末之乱,云"申侯怒,与缯、西夷犬戎攻幽王",用"西夷"限言犬戎,也是在强调它原本应称"夷"。

　　犬戎族以犬为图腾,学术界对此无异议。《逸周书·王会》所附商书《伊尹朝献》,言"正西昆仑狗国",即指犬戎;而时代晚些的《王会》本文,言会坛四方之诸族,则直接说西面有"犬戎",与之相呼应。《山海经·大荒西经》:"有犬戎国,有神,人面兽身,名曰犬戎。"《海内北经》:"犬封国曰犬戎国,状如犬。"这都是该族犬图腾装扮的写实。封即邦,古音与"方"同且义近,犬封国实即卜辞中的"犬方"。《大荒北经》:"有人名曰犬戎。黄帝生苗龙,苗龙生融吾,融吾生弄明,弄明生白犬。白犬有牝牡,是为犬戎,肉食。"这一传说把犬戎族归之于黄帝的谱系,时代可能较晚,但该族犬始生神话影迹却昭然可见。郭璞注《海内北经》所言"犬封国",又进而引述了一个故事:"昔盘瓠杀戎王,高辛以美女妻之,不可以训,乃浮之会稽东海中,得三百里地封之,生男为狗,女为美人,是为狗封之国。"这里涉及我国著名的盘瓠神话,而盘瓠神话多同犬或犬戎族有关,都说犬戎族为犬的后代。后

---

① 《观堂集林·鬼方昆夷獫狁考》,卷十三。

世我国西南地区盘瓠神话流传较盛，应是秦国崛起后部分犬戎族经西汉水和白龙江流域向西南地区流徙的结果。总之，犬戎族以犬为图腾乃不争之事实。

畎夷位列东方九夷之首，表明它是九夷中影响最大的强势部族。从五帝后期直到商、周，畎夷都扮演着重要角色。据古本《竹书纪年》载，畎夷长期保持了与夏王朝的联系，接受过夏王朝颁赐的爵命。"畎"为后起字，《说文》把它混为"甽"字，以"水小流"释之，误。此字从犬得声，初义必与犬有关，意为以犬事猎。畎夷族名显示出该族的图腾缘自族体的生业。古人狩猎随犬，遂以犬附田而造新字，将"田猎"义项从"田"字中分出。因"犬"与"文"形近易混，故又被写作"畋"字。三礼石经《尚书·多方》中的畋即从犬作"狝"，透露了二字本为一字的信息。《广韵·先韵》："畋，取禽兽也。"古文《尚书·五子之歌》言太康"乃盘游无度，畋于有洛之表"，即用畋字本义。司马相如《子虚赋》"王悉发车骑，与使者出畋"，李善注引司马彪曰："畋，猎也。"可以肯定，畋为畎字的讹异。卜辞中有不少言及"犬方"、"犬侯"的文例，所指当为畎夷族的方国。传世商器中也有几件署"亚犬父"、"犬祖辛"、"犬祖丙"、"犬父己"的，在自作器中署"犬"，表明犬确系该族本名，而非华夏族施加的贬辱之称。

商周时期活跃在泾、渭及西汉水上游一带的犬戎，是畎夷族西迁的一支。夏族起源于西北，崛起之后控制了中原地区，并建立了我国第一个贵族王朝，同以海岱河济为母域的东夷集团，本来就存在文化区系间的矛盾冲突。傅斯年先生 20 世纪 30 年代的名文《夷夏东西说》，对此有充分阐述。他认为夏朝创建时的益、启之争，后来的羿与少康之争，末后的汤、桀之争，都是夷夏之争。① 夏桀时政权腐朽，又发动了对东夷的战争，引起了东夷族的坚决反抗。此时正趋强盛的商族，成为反桀的中坚力量，联合九夷发动了声势浩大的灭夏斗争。经过鸣条决战，夏军败溃。商夷联军在占领了夏王朝中心地区后，为扫荡西流的夏族残余势力，挥师进入关中。畎夷就是在这种背景下西迁的。《后汉书·西羌传》："及后相即位，乃征畎夷，七年然后来

---

① 傅斯年《民族与古代中国史》，河北教育出版社，2002 年版，第 39 页。

宾。至于后泄,始加爵命,由是服从。后桀之乱,畎夷入居邠、歧之间。"史文扼要交代了畎夷与夏王朝的关系,末句所言即指畎夷参与灭夏的军事行动。邠即豳,豳歧之间,正是先周族的主要活动地域。畎夷是夏商交替时代的胜利者,又挟东方先进部族的文化优势,在关陇地区获得了迅速发展,成为西方诸部族中最强大的族体。周族从公刘时代起就面临畎夷的威胁,一直到西周王朝建立之后,两族始终处于矛盾冲突的状态中;且在西周后期愈演愈烈,王朝最终灭于畎夷之攻逼。畎夷族的活动范围非常广泛,不仅遍布于泾、渭流域,而且南达西汉水上游。嬴族大骆方国的都邑西垂,又名犬丘,即因畎夷族曾居于该地而得名。

犬戎族在西周文献中多被称作猃狁、严允、猃狁或獯鬻。王国维以古音学考之,谓畎夷、昆夷与猃狁乃"一语之变"。但古籍中有一些将猃狁与昆夷分言并举的文例,似乎显示二者应为两个部族。如《孟子·梁惠王》载"惟仁者为能以大事小,是故汤事葛,文王事昆夷;惟智者能以小事大,故太王事獯鬻,勾践事吴。"孟子把獯鬻同昆夷作为两个族体叙述。《诗·采薇序》云:"文王之时,西有昆夷之患,北有猃狁之难。"成于战国时的《逸周书序》云:"文王立,西距昆夷,北备猃狁,谋武以昭威怀,作《武称》。"二序均视昆夷与猃狁为两族,且强调其方位不同,一在西,一在北。对此,王国维辩解说,使用两种族称并举,乃"行文避复之故"。王说是有道理的,即以孟子所言"太王事獯鬻"来说,从《诗·大雅·绵》咏述的先周史事看,太王所"事"者正是昆夷。

这里除了行文避复之外,恐怕还有个用语的时代特征问题,不同时代人们的用语习惯常常不同,很可能太王时代习惯于称獯鬻,而文王时代习惯于称昆夷,二者实为同一部族。《后汉书·西羌传》述太王史事则曰"及武乙暴虐,犬戎寇边,周古公逾梁山而避于岐下。"直接称獯鬻为犬戎。先秦汉语族称词汇中,除了"狄"字之外,几乎所有的名号如夷、蛮、戎、氐、羌、鬼、苗、黎、胡、巴、蜀、塞、匈奴、鲜卑、昆仑、析支、渠搜、月氏、乌孙、大夏、楼烦、焉耆、龟兹、肃慎、淮夷等等,都不加犬字偏旁。狄字加犬旁,是因该族以与犬同种属的狼为图腾的缘故。《周书》、《隋书》、《北史》皆有《突厥传》,皆载突厥先祖阿史那氏缘自狼与人交配而生的传说,《周书·突厥传》还辅证说,突厥"旗纛之上施金狼头,侍卫之士谓之'附离',夏亦言狼也。盖本狼生,志不忘旧。"突厥族为狄人的后裔,其族以狼为图腾,故族称加犬旁。上述汉语族称文字表述现象决非偶然,惟一合理的解释是,畎、獯、玁、狁、猃等字加犬旁,实因它们表示的是同一个部族,即以犬为图腾的部族。《说文》:"猃,长喙犬也。"可见该族名称不论怎么写,关键之处在于含有犬音犬义。再考以先周和西周史事,凡有关犬戎或玁狁的记载,都涉及同一地区,大致不出洛水(陕境)、泾水和渭水的中上游以及西汉水上游范围,即西周王畿的北、西北、西这一弧度内。犬戎与玁狁为一个部族的事实是显而易见的。

前文言及,先周时期姬周族即长期受制于犬戎,故孟子说太王和文王都曾"事"过犬戎。《帝王世纪》甚至说文王初年犬戎伐周,文王闭门"而不与战"。后来文王调整了与殷商的关系,受命为"西伯",执掌了"专征伐"的大权之后,首伐之国便是犬戎,可见矛盾之深。此后周人势力日盛,犬戎表示臣服。武王克商后,"放逐戎夷泾、洛之北,以时入贡,命曰荒服。"①这其中肯定包括犬戎族。《国语·周语》言穆王伐犬戎事,韦昭注云:"犬戎,西戎之别名也,在荒服之中。"后文言穆王不听祭公穆父的劝阻,坚持征伐犬戎,结果"自是荒服者不至"。知犬戎确在荒服之列。若依《尚书·禹贡》所载"五服"制度,荒服在都邑2 500华里之外;若依《逸周书·王会》,"方三千里之内为荒服"。这都是泛言距离之远,无须坐实。

可以肯定的是,此时的犬戎大部远离了西周王畿附近,而转移到了陇山以西。从《穆天子传》中,我们能略窥其踪。② 传文言穆王"至于钘山之下。癸未,雨雪,天子猎于钘山之西阿,于是得绝钘山之队,北循虖沱之阳。乙酉,天子北升于㚇,天子北征于犬戎。犬戎胡觞天

---

① 《史记·匈奴列传》。
② 对《穆天子传》历来论争不断,异说纷呈,但当代学界基本上肯定了其史料价值,杨宽先生即曾指出:"不少学者确认此书作于战国时代,同时又确认其中既具有西周史料,又反映了先秦中西交通及其沿途部族分布的史迹。"此书在写作时尤其在散简整理过程中,可能即已存在许多古今地名的错位与混乱,再加上人们对穆王的出发地有不同认识,所以在具体地望考证上研究者分歧很大。但该书有关犬戎的记载,线索尚属清晰。杨说见其《西周史》,上海人民出版社,2004年版,第604页。

子于当水之阳。……甲午，天子西征，乃绝隃之关隥。巳亥至于焉居、禺知之平。"后文言穆王之归途，"孟冬壬戌，至于雷首。犬戎胡觞天子于雷首之阿……丙寅，天子至于钘山之队，东升于三道之隥，乃宿于二边。"钘山即汧山，即今陕、甘交界处陇山之一脉。虖沱，郭璞注以山西雁门之虖沱河释之，但岑仲勉先生指出秦境内亦有名虖沱之水，即泾水之正流，吴泽先生赞同其说。隃，吴泽认为即《不其簋铭》玁狁"广伐西俞"之俞，采王国维"远则陇坻，近则《水经》扶风杜阳县之俞山皆足当之"之说。① 郭注："隥，阪也。"关隥，即陇山主峰关山一脉之坂陇。雷首，当为陇山西系之首阳山，地属渭水上游。焉居即焉耆，依《汉书·地理志》当在今庆阳、宁县一带。禺知即月氏，该族在西迁河西前，曾在甘肃东部居留过。综上地望可知，穆王至犬戎所在的这一段路程，大都在今甘肃境内，纵然具体位置难以确指，犬戎在陇山以西则是肯定的。

前引《周语》所述穆王不听谏而伐犬戎事，《后汉书·西羌传》亦载之，曰："至穆王时，戎狄不贡，王乃西征犬戎，获其五王，又得四白鹿、四白狼，王遂迁戎于太原。"言"获其五王"，反映了犬戎族势之盛，而且不同于西戎诸族"不立君臣，无相长一"，已有较为强固的部落组织。"迁戎于太原"一语极其重要，注云此语"见《竹书纪年》"，声明其言之有据。在西周一代，周人与犬戎的冲突中，太原一地屡见于文献。如《西羌传》在叙述穆王伐犬戎之事后，接言："夷王衰弱，荒服不朝，乃命虢公率六师伐太原之戎，至于俞泉，获马千匹。"又言宣王三十一年"遣兵伐太原戎，不克。"又如《诗·小雅·六月》描述宣王时由尹吉甫统帅的周军，对玁狁的一次战争："玁狁匪茹，整居焦获，侵镐及方，至于泾阳。""薄伐玁狁，至于大原。文武吉甫，万邦为宪。"太原在文籍中也常作"大原"，大、太音义皆通。其地望，古今学者认识颇不一致，以顾炎武所考较合当时情势。他指出："《汉书·地理志》安定郡有泾阳县，开头山在西，《禹贡》泾水所出。《后汉书·灵帝纪》段颎破先零羌于泾阳，注：泾阳县属安定，在原州。《郡县志》原州平凉县本汉泾阳县地，今县西四十里泾阳故城是也。然则大原当即今之

---

① 吴泽《王国维周史研究综论》，《王国维学术研究论集（一）》，华东师范大学出版社，1983年版。

平凉，而后魏立为原州，亦是取古大原之名尔。"①戴震在其《毛郑诗考正》中据顾说而进一步断言："太原，即安定郡高平，今平凉府固原州。"察之地势，此说可信。"《诗·大雅·公刘》云：'瞻彼溥原'，'溥'训大，'溥原'即大原，也就是'太原'。泾水上游固原、庆阳、平凉，包括陕西的长武、旬邑、邠县一带，古代是一片广大的黄土高原，故名曰'太原'。"②

犬戎的活动范围相当广阔，但其中心区域始终在"太原"一带。《史记·匈奴列传》言周幽王因宠褒姒而"与申侯有郤，申侯怒而与犬戎共攻杀周幽王于骊山之下，遂取周之焦获，而居于泾渭之间，侵暴中国。"据《括地志》，焦获"在雍州泾阳县城北十数里"，所谓"泾渭之间"，即今平凉地区及庆阳地区南部，正是古太原的地域范围。晚至春秋中、后期，犬戎势力已彻底衰落了，那一带还聚居着西戎八族之一的绲戎，它无疑即犬戎族留下的后裔。直到西汉时，政治家们还说："安定山谷之间，昆戎旧壤。"③汉代的安定郡，先治安定（今甘肃泾川），后移治高平（今宁夏固原），那正是西周时所谓太原的主要地域。除了《诗经》中《六月》、《出车》、《采薇》诸篇描述西周后期玁狁威胁之严重，以及周军的抗击外，金文中也有不少反映周人对玁狁战争的记载，如《兮甲盘铭》、《虢季子白盘铭》、《多友鼎铭》、《不其簋铭》等，从铭文所言战事涉及地域看，多在周原以北和陇东地区；只有《不其簋铭》地涉陇山以西的渭水之南，乃至西汉水上游。此铭反映的是宣王时周、秦联军对犬戎的一次大战役。

犬戎可能是我国较早畜用马匹的部族之一，所以《穆天子传》载穆王西巡归经雷首山时，犬戎首领除了设宴招待外，还献"良马四匹"；《后汉书·西羌传》载夷王伐太原之戎，"获马千匹"。经营畜马业的部族一般也都善于驾车，犬戎作战使用战车，在金文中有突出反映。如《多友鼎铭》记厉王时对玁狁的一次转战多处的战役，在郐地"俘戎车百乘一十又七乘"，在龚地"俘车十乘"，在杨冢"俘车不克，以

---

① 《日知录·大原》卷三。
② 尹盛平《犬夷与犬戎》，《周秦社会与文化研究》，陕西师范大学出版社，2004年版，第207页。
③ 《汉书·杨恽传》所载杨恽《报安定太守孙会宗书》。

衣焚,佳马殴尽"。从俘车数量可约略窥知犬戎的车兵规模。《师同鼎铭》所载周军与戎人的一场战争,从内容看敌方也应当是犬戎族。周军"捋车马五乘,大车廿,羊百挈,用造王羞于甶。捋戎金胄卅,戎鼎廿,鍑五十,剑廿,用铸兹尊鼎。"该戎不仅有战车,还能铸用鼎、鍑,可见青铜制造业已颇具规模,其生产力水平是当时一般牧猎部族所难以达到的。犬戎之外的西戎诸部,"其兵长在山谷,短于平地,不能持久,而果于触突。"①由于社会发展尚处较低阶段,战斗力很低,更谈不到战车的使用了。《左传》隐公九年载郑国与戎战,昭公元年载晋国与大原之狄战,都强调双方军力配备是"彼徒我车",说明晚至春秋时戎狄诸部都还没有进步到使用战车的程度,犬戎的综合实力显然高于其他戎族。

四、犬戎族与寺洼文化

　　撰写远古历史,理想的方式是既见"物"又见"人",即既表述各个古文化的面貌,又表述那些古文化主人的活动。也就是说,把考古学意义上的文化遗存,同文献记载中的古族对应起来。遗憾的是,我们还不具备这样做的条件。
　　传统史学的局限性之一,便是对古代民族状况的关注缺乏力度,流传后世的有关资料或零星分散,或简略隐晦,使我们对许多部族的源流及活动地域难以作出明确的定位。另一方面,古文化的田野考古还没有全面而深入地展开,对许多文化类型不仅在纵向上未能厘清其演化脉络,在横向上也未能把握其展延范围。所以,在考古文化族属问题的研究领域,还难以形成一门边缘性学科,缺乏在个案分析基础上构建起有一定深度的理论体系。李学勤先生是极力主张应把考古学成果同文献记载与传说结合起来的,但他同时也强调这样做的难度,他曾引用德国学者艾伯华的一段话:"虽然考古学研究在中国已取得巨大进展,当以社会组织为研究主题的时候,考古学仍不是

---

① 《后汉书·西羌传》。

很好的研究方法。即使在欧洲,考古学研究进行了一百多年,但在大多数情况下,仍然无法把考古学文化与文献记载的文化联系起来,发掘所得遗存的分布,显然与种族的分布不相一致,中国的情况也是这样。考古学家根据物质遗存复原了若干文化,以至试论这些文化的传播和迁移。不过迄今为止,任何把这种文化同文献记载的文化与种族结合的尝试,都仅仅是难于凭信的假说。"① 学者们所能做的,只是一些宽泛的、假说性的宏观对应。如说由大汶口文化发展而来的山东龙山文化,是东夷集团的遗存;马家窑文化与其邻近的文化,是羌戎集团的遗存等等。

尽管如此,结合考古文化追寻史前部族的族源和流徙,仍是一项很值得尝试的工作。因为说到底,历史学与考古学的终极目的是一致的,即尽可能如实地重塑华夏文明的全貌。传统史识与考古发现,应当如同生物基因的双螺旋结构那样,相互依存组合成共有的学术生命。只要我们坚持不懈地深入研究,便能逐步缩小文献记载同物质遗存之间的距离,而越来越接近历史的真相。对于犬戎族来说,古籍中的资料相对其他部族要丰富得多,这为寻求并辨识其物质文化遗存提供了较好的条件。笔者初步判断,犬戎族很可能就是寺洼文化的主人。

寺洼文化,由安特生于1924年首先发现于甘肃省临洮县寺洼山。当时发掘墓葬8座,出土了一批器物。在《甘肃考古记》一书中,安特生把这种以马鞍形器口陶罐为特征的史前文化遗存称为"寺洼期",列为甘肃远古文化"六期"系列中的第五期。1945年,夏鼐先生在寺洼山遗址又发掘了6座墓葬,并在1949年发表了著名的《临洮寺洼山发掘记》,把这种文化遗存正式命名为寺洼文化。②

新中国成立后,考古工作者先后在平凉市安国镇,庄浪县川口柳家村、徐家碾,西和县栏桥,合水县九站等寺洼文化遗址进行了清理和发掘,不断获得新的资料,使寺洼文化研究逐步深化。寺洼文化分布比较广,其中心区域在洮河中上游和泾水、渭水及西汉水流域。最东面可达子午岭西麓的合水县,甚至陕西宝鸡、凤县一带,北面延及

---

① 李学勤《走出疑古时代》修订本,辽宁大学出版社,1997年版,第40—41页。
② 夏鼐《考古学论文集》,科学出版社,1961年版,第11—49页。

甘肃、宁夏两省交界地区,西至洮河上游,南抵白龙江流域的武都,遍布于兰州以东的甘肃中部、东部和南部。经碳——14年代测定,其绝对年代为距今3 300年~2 500年,大致相当于商代中期到春秋中后期这一时段。重要遗址已如上述。类型问题,由于正式发掘的遗址数量尚少,目前的研究还不够成熟。赵化成先生认为:"寺洼文化初步可分为三类遗存,即寺洼山遗存、栏桥——徐家碾遗存、九站遗存。前者年代略早,后两者是甘肃东部大体同时并存的两种区域类型。"①时下学界多从此说。20世纪曾流行过"安国类型"的提法,但栏桥和徐家碾两处遗址的内涵更具该类型的代表性,安国遗址可归于其中。寺洼山类型主要分布在洮河流域,陶器中的子母口器盖、三足小鼎和四足鬲,为其独有的器形。马鞍口双耳罐器口呈马鞍形,双耳分裆袋足鬲乳袋肥大,锥形实足脚较长。栏桥——徐家碾类型主要分布于六盘山和陇山以西的渭河上游,以及西汉水流域和白龙江上游,陶器中马鞍口双耳罐器口多为对称的双马鞍形,鬲的器身相对瘦高,铲形足脚,豆多为篦式。九站类型主要分布在泾河上游地区,陶器常同周式盆及折肩罐等类器物共存,双耳罐形制多样,后期盛行单耳联裆鬲,豆多为盘式。因受发掘资料欠缺的限制,上述三个类型之间的关系,还难以作出清晰的梳理。寺洼山类型是否可视为寺洼文化的源起,还有很大的探讨余地。

判断犬戎族可能是寺洼文化的主人,有以下依据:

首先,寺洼文化的年代与文献记载中犬戎族的存在时间,是完全吻合的。寺洼文化约处于商代中期到春秋中期,这正是犬戎族活跃于西北地区的时段。原属东夷集团畎夷一族的犬戎于夏末商初西迁,及至其族系在西北地区繁衍壮大,并对姬周和嬴秦构成严重威胁,应是商代中期以后的事情。时至春秋,随着秦国的崛起,犬戎的势力遭到越来越大的遏制,其族邦陆续被征服,被涵化。春秋后期已罕见寺洼文化遗存,正同犬戎族趋于消失的史实相应合。

更重要的是,寺洼文化是西北地区诸青铜文化中最靠东的一支,其分布地带也正是文献记载中犬戎族的活动地域。考古学界初步区

---

① 赵化成《甘肃东部秦和姜戎文化的考古学探索》,俞伟超主编《考古类型学的理论与实践》,文物出版社,1989年版。

分寺洼文化为三个类型,遗存点最密集的两个类型在陇东的泾河上游和陇山以西的渭河上游,以及西汉水中上游,那恰恰是犬戎族频繁出没的地区。考古发现表明,分布在陇东地区的寺洼文化九站类型,不仅同先周文化和西周文化邻接交错,而且文化内涵存在彼此含容、相互影响的现象。九站类型早期流行的乳状袋足实足根鬲,在先周文化中经常见到;而九站类型后期出现的联裆鬲,则分明是周文化影响下的产物。九站类型中后期,"西周文化的鬲、盆、豆、罐已成为重要的文化因素。"①寺洼文化与姬周文化在交接地带同时并存且相互容纳,印证了文献记载中犬戎与姬周两族在泾水上游及陇山附近长期接触、冲突的史实。从商代后期一直到西周王朝灭亡,犬戎始终是姬周西北方最大的异族威胁。

考古发现同样表明,分布在渭水上游及西汉水中、上游地区的寺洼文化栏桥——徐家碾类型,不仅同秦文化紧相邻接,而且二者文化内涵中的许多因素存在共性。前文言及,曾是东夷集团一部的嬴姓族西迁陇右后,即以西汉水上游为其活动中心,并且建立了臣属于中原王朝的嬴姓方国,它就是春秋时期日渐强盛的秦国前身。嬴秦同陇右诸戎的关系,既有和睦相处的一面,又有对立冲突的一面。诸戎中犬戎族势最盛,与嬴秦的矛盾斗争为时最久也最激烈。嬴姓方国都邑西垂地区,经历过犬戎和嬴秦两族历史性的反复争夺。西垂本名"西",后又名犬丘或西犬丘,那是由于犬戎族曾长时期占据该邑而留存的别名;而秦人是从来不承认犬丘这个地名的,他们坚持使用"西"这个最古老的邑称。②直到最后一次从犬戎手中收复该邑不久,秦人才在该邑附近另建"西新邑",同犬戎分邑而居,以适应与被征服部族和平共处的形势需要。西新邑后来成为秦汉时陇西郡西县的县治,位于其旁的犬戎族所居之旧邑犬丘则已被改称为戎丘。这两座城邑的存在及其名称的演变,极有说服力地昭示了当时嬴秦与犬戎相邻相争而又并处共存的局面。

居嬴秦西垂陵区最高位置的礼县大堡子山,似乎就是秦文化与

---

① 水涛《中国西北地区青铜时代考古论集·关于寺洼文化研究的几个问题》,科学出版社,2001年版,第111页。
② 祝中熹《早期秦史》,敦煌文艺出版社,2004年版,第62—63页。

寺洼文化的分界点。大堡子山以东西汉水以北,是嬴秦的都邑区,几乎见不到寺洼文化遗存;而大堡子山以西、以南,今礼县及西和县的中部和南部,直到白龙江流域,寺洼文化遗存却多不胜举,某些地带还十分密集。尤可注意的是,最新的考古调查显示,时代愈晚,寺洼文化与秦文化邻接地区犬牙交错现象越突出。如在礼县永兴乡蒙张村附近,即发现一处晚期寺洼文化密集的三角地带,而那一区域恰在秦国旧都西垂范围之内。这种境况,又正同文献记载中春秋前期西垂地区秦戎关系趋于缓和,秦、戎族众同区分居的局面相符。

地域邻接必然导致族体间的相互影响。和陇东地区寺洼文化与周文化存在一些共同因素一样,渭水及西汉水流域的寺洼文化也与秦文化存在一些共同因素。如二者都流行带头龛的长方形竖穴土坑墓,陶器中都有铲脚袋足鬲、高圈足豆和浅腹三足鼎,都多见凌乱无序的绳纹等。

探讨寺洼文化的族属,还必须注意这一事实:从文化面貌角度考察,在西北地区寻找不到寺洼文化的渊源。寺洼文化具有许多独特因素,和同时代乃至其前后的西北地区诸考古文化都迥然不同。如陶器中的马鞍形或双马鞍形口罐、敛口、浅腹、素面的三实足小鼎,高圈足的簋和豆,以及用细陶末等作掺和料的制陶工艺等等,或为寺洼文化所独具,或由寺洼文化传播给了相邻的文化,在早于寺洼文化的马家窑文化和齐家文化中,都绝对找不到母因。此外,与寺洼文化相邻的诸青铜文化,大都存在、有的还流行偏洞式墓,只有寺洼文化不用此种墓式,而盛行带头龛或不带头龛的竖穴式墓。还有一种在死者身下和身旁放置一些大块砾石的被称为积石葬的葬俗,也为寺洼文化所仅见。此外,甘、青地区诸青铜文化均或多或少地含有彩陶因素,唯独寺洼文化是个例外。

在追索甘、青各支地域性青铜文化的来源时,不少学者倾向于寻求它们和齐家文化的承接关系;然而,齐家文化晚期遗存与寺洼文化之间,存在太大的差距,很难作出后者是由前者演变而来的判断。而且,已有学者通过人种学研究,得出了这样的结论:"如果说在甘肃地区由新石器时代到青铜时代,半山、马厂、齐家和火烧沟等文化类型的先民在体质特征上可以归入同一种族类型的话,那么,合水九站青铜时代居民显然与他们属于不同的种族系统。"①所以，在寺洼文化的源头问题上，人们普遍感到困惑。

20世纪40年代主持过寺洼山遗址发掘的夏鼐先生，应当说是对寺洼文化最有发言权的考古学家，他指出：寺洼文化同辛店文化、沙井文化绝不属于同一文化系统，也看不出马家窑文化对寺洼文化有多大的影响，而寺洼文化陶器也绝不是对齐家文化陶器的承袭。他认为，寺洼文化是侵入洮河流域的一种外来文化。② 后来有学者对这种认识作了进一步申说，主张寺洼文化是长江中游地区三苗文化的一支，五帝时代因战败被西迁至洮河流域，《尚书·尧典》和《史记·五帝本纪》都说尧"窜三苗于三危"，旧说三危在今甘肃敦煌一带，而实则应在洮河流域。③ 而多次参加或负责过天水和陇南地区考古调查与发掘工作的赵化成先生则认为，寺洼文化"可能是商周时期活动于西北的混夷、或称犬戎的遗留"。④ 说寺洼文化可能是畎夷族的文化遗存，比说它是三苗族的文化遗存更合理一些，文献记载与地域考古方面的依据也更充分一些。

商代中期到春秋早期，犬戎族势炽盛，最为活跃，这也恰是寺洼文化存延的时段；从泾、渭流域到西汉水流域的陇山周围，犬戎族出没无常，频繁攻掠，而那又正是寺洼文化遗存集中发现的地带。

立足于以上事实，把寺洼文化的族属归之于犬戎，是有相当说服力的。但目前陇南地区寺洼文化遗址还大都未经正式发掘，其与洮河流域寺洼文化的流徙演变也还没有完全澄清，寺洼文化是不是一支"外来文化"的问题，要获得学术界的明确认定尚须时日。我们寄希望于甘肃考古事业的新进展。

（原载《丝绸之路·文论》2008年下半年刊）

---

① 朱泓《合水九站青铜时代颅骨的人种学分析》，《考古与文物》，1992年第2期。
② 夏鼐《考古学论文集》，科学出版社，1961年版，第11—49页。
③ 尹盛平《玁狁、鬼方的族属及其与周族的关系》，《人文杂志》，1985年第1期。
④ 赵化成《甘肃东部秦和姜戎文化的考古学探索》。

嬴秦崛起史事述略

在嘉陵江未形成前，发源于今天水市秦州区齐寿山（古嶓冢山）西麓的西汉水，在陕甘交界处阳平关至戴家坝一线与沔水（今勉水）通连，为汉水上游主流。在以陇山为依托，以今天水市为中心的这片地域，渭河与汉水支流密布，厕错邻接，形成了一个颇具特色的文化圈。这个文化圈远古时期即曾展现过炫目的光辉，为华夏文明的形成作出过卓越的贡献。创建我国历史上第一个中央集权大一统王朝的嬴秦，就是在这个文化圈内崛起的。

嬴秦族是东夷集团西迁陇右的一支，最初在西汉水上游建立了一个以殷商为宗主的小方国，商亡后又归属于周。面对戎邦林立、纷争不断的政治格局，嬴秦艰苦经营，奋力拼搏，扩拓领域，终于在两周替接的历史节点上勃然显兴，并迅速成长为西方唯一的诸侯大国。此后又蓄力东向，挺进关中，征服诸戎，与列国逐鹿中原，最后实现了一统神州的宏图。嬴秦在汉渭文化圈的崛起，是中华民族伟大历史画卷中，笔势雄健而又色彩缤纷的一页，对此后中国社会的发展，对西北地区民族关系的演变，尤其对汉渭文化圈的历史处位及人文传统，都具有深远的影响。

一、嬴族西迁与"西"邑立邦

嬴姓部族是脱胎于大汶口文化的山东龙山文化的主要群体，族势昌盛，分支繁多，远徙陇右的嬴秦，是其中的一支。这种认知如今已成学界的共识。① 五帝时期，以少昊为首领的鸟图腾部族，和以颛顼为首领的日图腾部族，结合为"两合婚姻联盟"，形成了复合性的阳鸟部族。嬴秦属于这个族体，故认少昊和颛顼为其始祖。

部落联盟时代，天体运行最受关注，这是发育中的农业和畜牧业的直接需要。通过对太阳作不同时间、不同地点的观察、测量和计算，获得天文历象知识以"敬授民时"，是雏形期国家的一项神圣任务。为此，尧派羲和四子率族众分赴东、南、西、北四个标位性极点，负责观测太阳的运行，并定期举行祭日典仪。和仲一族即肩负这一使命远徙陇右，"宅西，曰昧谷。寅饯纳日，平秩西成"。② 他们定居在以"西"邑为中心的西汉水上游一带，是该地区最早的开发者。《尚书·禹贡》所言古梁州北部岷、嶓一带的"和夷底绩"，即指和仲一族的成功经营。和仲所属的羲和家族，是重黎的后代；而重黎家族，又是少昊与颛顼的后代。以他们为名号的这个族体，从五帝时期到夏王朝，一直职掌天文历法，其传承在古文献中彰然可寻。如《左传·昭公十七年》所载郯子关于少昊以鸟名官的那段著名的话，某些内容就和《尚书·尧典》所述天象观测合契。和仲一族所宅之"西"，又正是已被文献与田野考古双双证实了的嬴秦早期活动中心西垂地区，而"西"地之"昧谷"又名"蒙谷"，也即屈原《离骚》言羲和御日所至、王逸释之为"日所入山也"的崦嵫，③就在西汉水上游一带。由于族体脉系、文化特性和活动地域这三大因素皆重合，故嬴秦应是和仲一族的后裔。和仲史事与嬴秦史事之间，因资料缺失而存在论证上的"断层"，这只能寄希望于今后的田野考古了。

《史记》对嬴秦早期动向讲得很慎重，且具有较大弹性。《秦本纪》说夏末秦祖费昌时，族体支系已有流徙现象，其"子孙或在中国，或在夷狄"，但未言明"夷狄"在何处；《秦始皇本纪》又谓嬴族"及殷

---

① 关于嬴秦的族源，曾存在东来说和西方土著说的长期争论。新世纪以来，学界认识已趋一致。2011年9月，在山东莱芜市召开了有80多位专家、学者参加的"首届中国嬴历史文化学术研讨会"；2012年9月，在甘肃礼县召开了有70多位专家、学者参加的"甘肃秦文化研究会首届学术研讨会"。在这两次全国性学术会议上，对于嬴秦来自东方说已无人提出异议。
② 孙星衍《尚书今古文注疏》，中华书局，1986年版，卷一《尧典》，第10—22页。
③ 游国恩主编《离骚纂义》，中华书局，1980年版，第257页。

夏之间微散",但未言明"微散"到了哪里。时代与地域皆明确的交代已经靠后了,《秦本纪》在叙述嬴秦先世因"佐殷"而"多显,遂为诸侯"文后,接着说:"其玄孙曰中潏,在西戎,保西垂。"中潏已处商后期,是时嬴族已在诸戎活跃的西垂地区拥有了一个小方国。这个方国是否就是其先世为"诸侯"的领地,不得而知。我们只知道嬴秦并非自中潏才西迁的。因为《秦本纪》后文又提到,中潏之父戎胥轩早已经生活在西垂地区,并已经同当地戎邦通婚了。所以,绝不排除中潏之前嬴秦已在西垂立邦的可能性。

关于"西垂"是泛指西部边陲还是实指一个城邑的问题,人们的认识也曾有过分歧。20世纪80年代,段连勤先生两次撰文对此事作了不容置疑的论证,指出西垂和犬丘(又称西犬丘)乃同一个城邑的异名,是犬戎族从东方带到西部的。① 如今学界已认可了段连勤先生的论证。在此基础上,我又进一步指出,该邑是因为被犬戎族长期占据过才被称作西垂和犬丘的,其最早的邑名是"西",即和仲一族所居。嬴秦是绝不使用犬戎族习用之邑名的,而始终称该邑为"西"。传世最早的秦器《不其簋铭》,言秦庄公伐戎之役曰"王命我羞追于西",此"西"即谓犬丘。民国年间出土于礼县东部的秦公簋,器外壁秦汉间刻铭称为"西元器",意为西地原存之器。战国秦兵器中有些是在"西"地生产的,铭署"西工"制作。西安市郊出土的战国秦封泥中,有"西盐"、"西丞之印"、"西采金印"等官印,均以"西"名该地。《史记》述嬴秦早期史事,偶尔用犬丘名,更多的是依秦人习惯而用"西"。如言襄公建祀少昊之祭坛,称"西畤",《索隐》释此谓襄公"自以居西"故作西畤。秦人收复大骆故地后,与被征服的戎人分区居住,另建姊妹城名"西新邑",意为西地新建之邑。西邑近郊的秦公陵园,称"西陵"。史文言献公之立云"出子二年,庶长改迎灵公之子献公于河西而立之",《正义》曰:"西者,秦州西县,秦之旧地。时献公在西县,故迎立之。"可见张守节注《史记》所用本"西"前无"河"字。王念孙也认为"正文西上本无河字,盖涉下文夺秦河西地而衍"。② 史文

---

① 段连勤《关于夷族的西迁和秦嬴的起源地、族属问题》,《人文杂志》"先秦史集刊",1982年。《犬戎历史始末述》,《民族研究》,1989年第2期。
② 王念孙《读书杂志》,江苏古籍出版社,1985年版,卷三,第75页。

言嬴秦先王宗庙,曰"或在西、雍,或在咸阳"。言各地祭祀天地山川诸神的畤祠,曰"西亦有数十祠"。秦国推行郡县制,即将犬丘故地置为陇西郡的西县,而不采他名。嬴秦矢志不移地坚持使用该邑的原名,也显露出其与先祖和仲一脉相承的意念。

以"西"邑为中的这个嬴姓方国,是商王朝的属邦,中潏之子蜚廉,之孙恶来,都在商王朝担任要职。但方国地处姬周的背后,在文献中还找不到嬴秦与周国敌对的记载。事实是,在周灭商后,嬴秦很快便完成了政治依附关系的转变,改奉西周王朝为宗主。刚刚建立的西周王朝,诸事待兴,又面临东部商夷集团叛乱的威胁,非常希望在西方有个稳定的局面,这就需要借助嬴秦的力量。所以,周秦宗属关系不仅能和顺结成,而且有越来越亲密的趋势。有两件史事很能说明这种格局。一件是嬴秦的以赵为氏。《史记·秦本纪》载,商亡后,蜚廉另一个儿子季胜那支族人,也归附了西周王朝。他们生活在很可能是蜚廉原即领有的太霍山地区(今山西省北境)。其后有名造父者,以善御而宠幸于周穆王,并在平定徐偃王之乱中立了大功。穆王"以赵城封造父,造父族由此为赵氏"。这本是相距遥远的另一支嬴人的事,但西邑地区的中潏后裔,却也"以造父之宠,皆蒙赵城,姓赵氏"。这显然是要向王室表示效忠的姿态。造父的封赵是王室的政治部署,造父一族的别祖立氏,依据的也是姬周的宗法制度。此举意味着造父族体已完全纳入了西周王朝的统属体系。陇右这支嬴人也跟着以赵为氏,脱离嬴族正宗,无疑是在宣告也愿意接受这种完全听命于王室的处境。

另一件是周孝王与申侯在安置非子时的谋议。非子是嬴秦君主大骆的庶子,因为王室畜马有功而受封赏。关于此事下文即将谈到,这里只需关注申侯劝说孝王勿废大骆嫡子成的一番话:"昔我先郦山之女,为戎胥轩妻,生中潏,以亲故归周,保西垂,西垂以其故和睦。今我复与大骆妻,生适子成。申骆重婚,西戎皆服,所以为王,王其图之。"申侯极力强调嬴族"归周"后西垂地区的和睦,强调嬴、申联姻造就"西戎皆服"的局面。这其实也正是王室所希望的,也是嬴秦努力为周王朝效力的结果。所以孝王为了"以和西戎"便接受了申侯的劝止。此事足以证明,嬴秦已成为西周王朝联结、控制陇西诸戎的一支十分重要的辅助力量,这是周、秦亲密关系的基础。

　　嬴秦方国所涉地域,将文献记载与田野考古综合起来考察,其大致范围比较容易确定。早期就在西汉水上游一带,即汉代的西县境域,含今礼县东部、西和县北部,以及和礼县邻接的天水、甘谷、武山部分地区。后来国域有了大幅度扩拓,包括今清水、张家川的某些部分。至于又名犬丘的国都西邑,其地望至今难以确定。有红河乡岳费家庄说,有盐官镇以东说,有永兴乡赵坪说,有永兴祁山间天嘉古郡说。但诸说所涉均未出西汉水上游的范围。笔者力主天嘉古郡说,认为西邑也即秦汉时西县县城故址,应在今礼县东部西汉水北岸的捷地村附近,即各种省、州、县方志均曾盛言过的东距今礼县城约40华里的"天嘉古郡"所在地。晚至宋末元初,职掌陇南、川北军政的"李店文州军民元帅府"治所即设于斯。在西和河(今地图标漾水)终端改道之前,那里是西和河与西汉水交汇形成的一片开阔川原,北倚祁山主峰,南邻二水清波,盛产井盐的古卤城守其东,紧逼河畔的大堡子山扼其西。域内气候温润,土壤肥美,川平坡缓,宜农宜畜,生态环境相当优越,确为小型方国氏邦建立中心城邑的理想地带。当地居民至今有个世代相传的古老记忆,谓该地往昔曾存在一座繁盛的城邑,有可能消失于一次山体大滑坡。如传说非虚,当为目前难以发现邑址实存的原因。

　　20世纪90年代礼县大堡子山秦公陵园及圆顶山秦贵族墓地的面世,不仅确证了嬴秦方国中心区域就在今礼县东部及西和县北部的史实,也为西邑地望的判定提供了可靠的依据。

　　大堡子山位于礼县城东约26华里处的西汉水北岸,秦公陵园坐落在山顶部一处向阳且相对平缓的斜坡上。陵园是在20世纪90年代前期涌动的盗墓黑潮中被发现的。虽然墓葬惨遭洗劫,大量珍贵葬品迅速流散于世界各地,损失无法挽回;但发现本身即具重大意义,一段失落已久的华夏古史,终于被揭掉了岁月积尘,唤醒了时代沉睡的记忆。考古人员对陵区进行了抢救性发掘清理,公安部门从盗墓者及文物贩子手中追回了部分赃品,各地文博机构通过各种渠道征集了不少陵区出土器物,流散海外的墓中珍品也多已披露,有关资料信息被陆续反馈回国内。这一切使我们对陵园可以有大致的了解、研究、阐释工作也已在学界深入展开。

　　陵园面积近5万平方米,中心部位平行并列着坐西朝东的两座大墓,各有两条东西向的斜坡墓道。北面靠上的一座为目字形(M3),全长115米;南面靠下的一座为中字形(M2),全长88米。中字形大墓以南,附有东、西两座车马坑,经清理的东面一座(M1)殉车4排,每排3乘共12乘,每乘两服两骖,辕东舆西。大墓周围有规律地分布着200多座中、小型墓葬。陵园正上方有夯土台基遗存,附近发现了不少秦瓦及瓦当残片,表明那里曾有陵寝类墓上建筑。目前能收集到的资料显示,陵区出土了为数甚巨的青铜器和金器。青铜器中包括成套的鼎、簋、壶、盘、钟、镈等类礼器,以及大量车马器和兵器。金器也数量可观,其中有4对8件大型金鸷片最引人瞩目。金鸷仅头、胸部即高达52厘米,宽32厘米,当为秦公之椁饰。有4件在纹饰余白中随纹样镂出10个形状各异的透孔。当初孔内可能含宝石类镶嵌,以示雌雄之别。另有数量众多的羽瓣形小金片,当用以鳞瓦形式组配鸷鸟的身尾。椁壁装饰亮丽辉煌的成对大金鸷,反映了嬴秦奉鸷鸟为始祖图腾的宗教观念。许多青铜礼器铭署"秦公作铸",明示墓主的秦公身份。两座大墓的墓主各是哪一位秦公?学界作过一些探讨,但至今未形成统一认识。有秦仲与庄公说,有襄公与文公说,有文公与静公说,有文公与宪公说;还有些学者主张两座大墓是一位秦公与其夫人的异穴合葬,至于主墓为何公,又分襄、文、宪三说。笔者从一开始便赞同襄、文二公说,并又进一步作过论证,认为上方的目字形大墓即M3,应为襄公之墓,靠南的中字形大墓即M2,应为文公之墓。①

　　2006年,早期秦文化联合考古队又在大堡子山墓区开展了新的调查与发掘工作,取得了可喜的成果。如在山顶部相连的两道山梁上,发现了平面大致呈长方形、总面积约25万平方米的城址,城墙依山势夯筑,原先发现的秦公陵墓及新发现的许多遗存,均包含在城内。从城址的位势、规模,尤其是城址内的文化遗存看,城墙当为保护陵园而建,并非常规性的群体居邑,更不可能是都城。另外还发现

---

① 祝中熹《礼县大堡子山秦陵墓主再探》,《文物》,2004年第8期。

了一处大型建筑基址,位于城址南端高处台地上,夯土建筑,呈南北向纵长方形,南北长107米,东西宽16.4米。址内东西两墙间一字形排列着间距约5米的17个柱础,未发现门道及台阶一类设施,是一座具有梁架结构的两面坡式建筑,茅草屋顶。发掘者认为应是一处大型府库类建筑,始建年代与被盗大墓相当或稍晚。①

这次后续发掘最轰动的收获是在中字形大墓(M2)西南约20余米处,发现了一组有幸未被盗扰的祭祀遗迹,包括1座乐器坑、4座人祭坑和6个灰坑。乐器坑呈东西向长方形,东西长8.8米,南北宽2.1米,出土3件编镈、3只铜虎、8件甬钟和两组共10件编磬。编镈形制宏伟,纹饰华美,工艺精良。最大镈通高达66厘米,鼓部铸铭6行28字:"秦子作宝和钟,以其三镈,厥音鋊鋊雍雍。秦子眂龢在位,眉寿万年无疆。"祭祀遗迹的发现,大大丰富了大堡子山秦公陵园的文化内涵,同时也向学界提出了一系列新课题。乐器坑和人祭坑均为祭祀大墓主人即秦公而设,对此人们无异议。但是为两位秦公而设,还是为最靠近的那位秦公而设?祭祀者即镈铭中的"秦子"为何人?他与大墓中的秦公是什么关系?这些问题既牵涉当时嬴秦的丧仪制度,又取决于对大墓主人的判断是否正确,解决起来难度颇大。还应提及一事,日本MIHO博物馆藏有一批出自大堡子山秦陵的青铜乐器,规格、形制、纹饰同新发现乐器坑所出器非常接近,其甬钟铭文除了因非编镈而无"以厥三镈"4字外,内容与乐器坑所出镈铭全同,句式、语气乃至字体风格如出一手。这两批青铜乐器显然是同时期的作品。笔者曾撰文指出,MIHO博物馆所藏的那批秦子乐器,应为另一座秦公大墓(M3)的祭品。两批祭器铭中的秦子当为宪公。"秦子"乃宪公在文公丧期内的自称。他在为其祖父文公营建乐器祭祀坑的同时,也为其曾祖即开国之君襄公营建了一个,只不过该祭祀坑在盗墓浩劫中被破坏掉了,而部分器物流失到了日本。② 已有学者对已知秦镈作过全方位的对比研究,认为上述两批乐器的时代在秦

---

① 《2006年甘肃礼县大堡子山21号建筑基址发掘简报》,载《文物》,2008年第11期。
② 祝中熹《秦西垂陵区出土青铜器铭中的"秦子"问题》,《丝绸之路》,2009年1月号下半月刊。

公大墓之后,又在武公时代之前。① 这正同宪公的时段相符。

在礼县永兴乡赵坪村西北侧有一座圆顶山,该山与大堡子山隔西汉水相望,不过数里之遥。也是在 20 世纪 90 年代的盗墓黑潮中,于山北麓较平缓的河谷台地上,发现了一处秦人墓地。1988 年和 2000 年,考古人员在该区域两次清理发掘了属于春秋中期的贵族墓葬 4 座、车马坑 1 座,内有两座五鼎墓,出土了大量珍贵文物,尤以成套的青铜礼器为大宗。经初步勘察,已知该墓地范围较广,跨时甚长,从春秋早期直到汉代的墓葬均有分布。以往这一带就曾多次出现过品位颇高的先秦器物,有可能就是嬴秦最早的一处国人墓地。这片墓地的存在,以及墓葬的级别,表明在秦国都东移后,故地仍长期有公族留守。这片墓地与西汉水对岸的大堡子山公陵南北呼应,成犄角之势。这种公陵、族茔的配套格局,更坚定了我们对秦都西邑就在其东面不远处(即"天嘉古郡"故址)的判断。

二、分族封秦与陇上始大

周孝王时代,嬴秦的首领名大骆。大骆与在关陇地区很有实力的申国(即古文献中常提到的"西申")联姻,娶了正在王朝中央任要职的申侯之女为妻,生了日后将继其君位的世子成。大骆还有个庶子名非子,庶子乃非正夫人所生,依当时的宗法传统,通常是不能继承君位的。大约也就是这个缘故吧,非子的志趣不在政治权势,而喜欢养马,是个闻名遐迩的育马专家。非子这一特长亦非偶然,是有部族特性与生活环境做基础的。嬴族原本就是个擅长畜牧业尤其精于畜马、驭马的族体。《史记·秦本纪》载,嬴人远祖伯益在协助大禹治水之后,即"为舜主畜,畜多息",是个对早期畜牧业作出卓越贡献的部族首领。之后的嬴姓列祖中,有驭马高手费昌,曾"为汤御,以败桀于鸣条"。再后的中衍又曾为商王太戊御,并因此娶了商王之女。前

---

① 赵化成、王辉、韦正《礼县大堡子山秦子"乐器坑"相关问题探讨》,《文物》,2008 年第 11 期。

文言及,西周时的造父即"以善御幸于周穆王"并因御术高超而立功受封;善御者必精于育马、识马,著名的"穆王八骏"即出自造父之手。非子之父名大骆,白马黑鬣谓之骆,古代部族首领名字常与其族的文化特色有关,大骆很可能即因其部族善于养马而得名。西邑地区川原纵横,山地坡缓,形成许多优质牧场。东距大堡子山不过30多华里的盐官镇即古卤城,以产井盐著称于史,《读史方舆纪要》即言该地盐井"水与岸齐,味甘美"。① 盐水充溢会形成许多积滩,这极宜于畜马业的发展,因为马群可以从水草中不断补充必需的盐分,故民国年间朱绣梓所撰《西和县志》云:"盐官城内卤池,广阔数十丈,池水浩瀚,色碧味咸,四时不涸,饮马于此,立见肥壮。"可以说,族体悠久的畜马传统和极适于畜马的生态环境,造就了非子的育马事业。

　　那个时代,马车不仅是人们日常代步、运输的主要工具,更是构成军事实力的基本要素,因为车战是战争的主体形式,一辆战车需配4匹壮马。在上古汉语里,马字与武字音义皆通,《说文》释马字曰:"怒也,武也。"虞喜《志林》谓"马,兵之首也"。《后汉书·马援传》云:"马者,甲兵之本。"此外,马车还是王公贵族们显示其爵位和权势的标志。他们出门必乘车,乃至死后还要用马车陪葬。对于当时社会生活来说,马可谓须臾难离,社会对马有极大的需求量,故繁殖培育马匹是仅次于粮食生产的一项要务。西周中期以后,由于对周边戎狄的战争日益频繁,马匹消耗量剧增。至孝王时,又发生了一次空前的雪灾,大量畜产冻死,更加重了马匹短缺的危机。② 解决马匹来源问题,已成王室的当务之急。

　　在这种背景下,周孝王了解到嬴姓方国非子的畜马成就,决定让非子承担繁育马匹的任务。《史记·秦本纪》载:"非子居犬丘,好马及畜,善养息之。犬丘人言之周孝王,孝王召使主马于汧渭之间。"汧渭之间的地望明确,即今陕西省宝鸡市西境千河与渭河交汇形成的那片夹角地带。那里的自然条件也很宜于畜马业的发展。非子没有辜负王室的期望,在汧渭之间畜马大获成功,深得孝王赏识。为奖励

---

① 顾祖禹《读史方舆纪要》,上海书店出版社,1998年版,卷五十九,第413页。
② 李昉《太平御览》,中华书局,1989年版,卷八十四引古本《史记》云:周孝王七年"冬,大雪雹,牛马死,江汉俱冻"。

非子的勋劳,孝王最初打算让他接大骆的班,取代大骆嫡子成的世子地位。但此意遭到权臣申侯的反对。前文已交代过,这个申侯是大骆的岳父,他要维护外孙的权益,于是对孝王讲了前面引过的那段话,极力强调申、嬴联姻对于稳定西戎局面所起的关键作用,劝孝王顾全大局,不要因废嫡立庶而损害申、嬴关系。西申是与嬴秦邻近的一个姜姓古国,是同姬周联姻的传统盟邦,其首领长期在王朝中央任要职。孝王不得不考虑申侯的意见,何况其意见点中了王室掌控陇右需借助嬴秦力量的要害。孝王遂改变初衷,决定用另一种方式褒奖非子。《秦本纪》载,孝王宣告:"昔伯翳为舜主畜,畜多息,故有土,赐姓嬴。今其后世亦为朕息马,朕其分土为附庸,邑之秦,使复续嬴氏祀,号曰秦嬴。""庸"即"墉","附庸"的本义是靠近城墙的田地,后来成为西周贵族分封制的专用词语,指诸侯国内领有一小块土地的政治实体,依附于公室,身份低于封邑之大夫。《礼记·王制》:"不能五十里者,附于诸侯曰附庸。"郑玄注曰:"小城曰附庸,以国事附于大国,未能以其名通也。"汧渭之间没有什么诸侯国,孝王从王畿西部划出一块地域封非子,所以非子这个附庸是直接依附于王室的。

　　更值得注意的是"使复续嬴氏祀"一语。前文言及,西垂方国的这支嬴族,早在穆王时代即已追随造父一族从嬴姓中别出而以赵为氏了。孝王使非子"复续嬴氏祀",意味着从此陇右嬴姓再度构筑起宗子传递体系,恢复了祭统。在宗法体制实为政治权益内在血脉的时代,此事意义非同小可。作为附庸,非子初封时族体实力弱小,但却具有了嬴姓正宗地位,其宗法身份高于其原属的大骆主族。从原始母姓互存并立的角度说,非子一族具有和姬周对等的资格。由此我们对战国前期周太史儋对秦献公说的那番著名的话,才会有深彻的了解。他说:"周故与秦国合而别,别五百岁复合,合十七岁而霸王出。"①所言"合",指嬴姓方国纳入西周王朝统属体系,以王室所封地赵为氏;所言"别",即指非子恢复了嬴姓正宗。

　　非子受封之"秦",本义为何?《说文》:"秦,伯益之后所封国。地

---

　　① 这段话《史记·周本纪》、《秦本纪》、《封禅书》、《老子韩非列传》以及《汉书·郊祀志》均有记载,文字略有不同,此采《秦本纪》文。司马迁《史记》,中华书局,1975年版,第201页。

宜禾,从禾,舂省。一曰:秦,禾名。"许慎以地名释秦,所举籀文秦字形体,上部为双手持杵,下部为双禾。所谓"舂省",是说该字原本由舂与禾组成,但舂字的"臼"符被省略了。大堡子山秦陵出土青铜礼器铭文中,就有许多例未省臼的繁体"秦"字,双手、杵、臼、双禾4种字符俱全,印证了许慎的舂省说。后出的秦子镈以及他处发现的某些同时代秦器铬中的"秦"字,省臼而从三禾。此字结构凸显"禾",启发我们注意许慎提供的另一训释:"禾名"。这很可能是此字的初义,而作为地名,是因为该地盛产这种禾而后起的衍生义。甲骨卜辞中最早出现的"秦"字为一种祭名,凤翔周庙所出西周卜辞有一片文曰"王酓秦",西周青铜重器塑方鼎铭记周公东征事,有文曰:"公归,获于周庙。戊辰,酓秦酓。"酓即饮字,按古汉语名动互用的通则,亦可指所饮之物。文意为周公东征胜利返回宗周,在宗庙中举行献俘饮至的仪式。所饮之"秦",必为一种特别酿制而且十分珍贵的酒,以至于饮此酒须特笔言及。由此可悟,商时的"秦祭",当为使用这种酒的祭仪。此字源流可大致理清:初义为禾名,指一种可以酿酒的粮食作物,用这种粮食酿的酒也名秦,使用这种酒的祭仪也名秦,而盛产这种作物的地域遂有秦称。非子封于该地,此后"秦"便由邑名而族名,而国名,而朝代名,其"禾"之本义遂渐被淡忘乃至消失,只在《说文》中留下了一点影迹。

　　秦邑地望,就在汧、渭二水交汇处附近。关于此,《史记》中三处言及(为节省篇幅,不再一一详录),史文前后呼应,文义畅朗无隙,讲得清清楚楚。但古今都有部分学者未能全面察析《史记》的表述,而轻从了《集解》所引徐广可能缘自《汉书·地理志》的一句注语,谓秦邑在"天水陇西县秦亭"。那其实是将后来的秦域误判为非子封邑了。[①] 陇上的秦名是非子的后裔从汧渭之会带过去的,此事下文还要讲到。

　　非子脱离大骆族系复居嬴姓正宗,并被以附庸身份封于秦地,这在嬴秦发展史上具有划时代的意义。秦作为一个新生的政治实体,

[①] 关注此事的读者,可参阅拙文《地域名"秦"说略》及《"汧渭之间"与"汧渭之会"——兼议对〈史记〉的态度》。二文均收入《秦史求知录》一书,上海古籍出版社,2012年版。

由此登上了历史舞台。这不仅是非子本人命运的大转折,也决定了整个西方嬴姓族体的存亡。非子所出的大骆主族后来被戎人灭掉,赖非子一支保存了嬴姓族脉。正是这一支力量,经过艰险曲折的奋斗,完成了嬴秦在汧渭文化圈的崛起。

非子所处的汧渭之间,并没有太大的发展空间,因为那是个部族关系相当复杂的多事之域。最早是姜姓族系的活动范围,后来成为矢、散、井等小方国的邻接地带,牧猎部族出没无常。在西周王朝对边域族邦强势犹存的情况下,非子一族背靠大树,尚能立足;当王朝衰落已无力控制局面时,羽翼未丰的嬴秦便不得不另谋发展了。这段史事文籍缺载,我们只知道后来嬴秦的活动区域已不在汧渭地区而转移到了陇上。这个转移很可能发生在非子的曾孙秦仲时代。理由有三:(1)秦仲即位之时,正处于西周王朝走向没落的拐点。周厉王无道,统治出现严重危机,诸侯叛离,边域动乱,汧渭地区的秦邦可能处境维艰。(2)西汉水上游地区的嬴姓方国,正遭戎人的猛烈攻逼,族邦岌岌可危;秦仲一族登陇发展,当含向西垂祖地靠拢,同大骆后裔相呼应的意图。(3)许多古文献都说陇上之秦,为秦仲封地。如《诗·秦风谱》即云:"天水本隶秦,在汧陇之西。秦仲始大,有车马礼乐侍御之好。"《水经注·渭水》言清水之秦川,曰:"川有育故亭,秦仲所封也。秦之为号,始自是矣。"《通典·州郡四》说天水郡属有清水,是"秦仲始所封地"。《巩昌府志》亦曰:"清水县,郡之东界,古秦仲所封地。"秦仲大约就是在西周王朝经厉王之乱,属国氏邦离心力陡增的那段时间决策登陇的。沿循古代邑地之名常随族体一起转移的通习,"秦"之名也便由汧渭地区徙至陇上。由于嬴秦在陇上持续发展壮大了国势,且此后再没有离弃过这片地域,所以便形成了一种历史定格,后世遂误认为此处即秦之始封地。非子一族曾在汧渭地区生活过的那段历史,因其过于短促而未能在群体记忆中留下较深的印迹。

在嬴秦历史上秦仲是个承前启后的显赫人物,古文献中对他的功业有很高的评价。《诗·秦风·车邻》诗序云:"美秦仲也。秦仲始大,有车马礼乐侍御之好焉。"孔疏作了进一步阐释:"言秦仲始大者,秦自非子以来,世为附庸,其国仍小,至今秦仲而国土大矣。由国始大而得有此车马礼乐,故言始大以冠之。"上文引郑玄《诗·秦风谱》,赞从了诗序对秦仲的评价。更能说明问题的是《国语·郑语》所载郑桓公与周王室史官分析政治形势的一段对话。桓公问哪一支政治力量最具发展前途,史伯答:"夫国大而有德者近兴。秦仲、齐侯,姜、嬴之隽也,且大,其将兴乎?"秦仲被王室史官视为嬴姓政治精英,与位望显赫的齐侯同受"国大而有德"之誉,共归之于其后国势"将兴"之列。嬴秦先君中罕有人获此等赞语。须指出的是,郑桓公与史伯对话是幽王八年即前774年的事,是时秦仲已经死了48年,当时在位的秦君是襄公。作为王室史官,史伯对列国君位递接可谓了如指掌,他为何言不及襄公,却以襄公祖父秦仲说秦事呢?合理的解释是,当年秦仲的影响太大,其功业留下了极深的辙痕,以至于在他离开人间近半个世纪后,政治家们仍摆脱不掉他的形象,仍视他为秦国兴起的征兆。

  类似例子还可再举一个:《左传》襄公二十九年言精通音乐的吴公子季札访鲁时请求"观乐",鲁国宫廷乐队为他演奏了各国乐曲。每听完一国的曲子,季札都发表简要的评论。听完秦声后,他说:"此之谓夏声。夫能夏则大,大之至也,其周室之旧乎!""夏声"指西方风情的乐曲,"夏"字又含"大"义,故季札由音乐风格推论秦国之国势。季札之世上距秦仲时代将近300年,此时秦的国势已同秦仲无关,但服虔注《左传》这段文字,却仍袭引《诗序》、《诗谱》之说,把秦国受誉之功记到了秦仲帐上:"秦仲始有车马礼乐之好,侍御之臣,戎车四牡,田狩之事……与诸夏同风,故曰夏声。"这显然是在说,秦国的礼乐文明,是由秦仲奠定的。晚至服虔时代,学者们还是认定了嬴秦的兴盛与秦仲密不可分。《通志·氏族略》云:"秦仲有功,周王封其少子康于梁山,因有梁氏。"郑樵此言,当以宋时尚存的有关秦仲史事的古文籍为据。《史记·秦本纪》言秦德公、成公即位时"梁伯、芮伯来朝",所言梁国,注称"少梁",嬴姓国,当即秦仲少子康的封土。此可证西周王朝的确很看重秦仲的功业。所以,周宣王即位后便提升了嬴秦的爵级,晋封秦仲为大夫。古本《竹书纪年》谓秦国"自秦仲以前,本无年世之纪",《史记·十二诸侯年表》列述秦事也只从秦仲开始,这都可辅证秦仲时代在早期秦史上是个由弱转强的节点。

秦仲的功业表现在什么地方？检索发现，几乎所有的赞美秦仲的古文献，包括近年面世的清华战国简《系年》，都围绕一个"大"字立论，众口一词地说秦仲"国大"、"始大"。也就是说，秦仲时代嬴秦的领域和实力，远远超过了前世。这正是秦仲率领族体由汧渭地区西登陇上战略转移成功的结果。秦仲在王朝衰象已萌的背景下，决策西向，于陇上渭水河谷地带辟拓了一片新的国域。那一带渭河支流密布，川原森林交错，生态环境相当优越，早在史前时期即是大地湾文化的繁荣区。在西周后期那段时间内，该地区虽然戎族活动频繁，但尚未形成一支足以坚实控制局面的政治力量，这为秦仲一族立邦拓域提供了适宜的空间和机会。以此为基地，嬴秦与诸戎周旋抗争，不断壮大着族体实力，遏制了戎族的攻略气焰，在大骆后裔的西垂方国被灭之后，成为西周王朝影响陇右的主要盟邦。细绎古文献记载不难发现，西周中、后期戎族活动范围涉及今陕、甘两省的洛水、泾水、渭水和西汉水流域，遍布王畿的北方、西北方和西方。秦仲在陇上的"始大"，建立了一块在地理形势和军事格局上都具有战略意义的反戎阵地，切断了陕北、陇东地区戎族同汧渭地区戎族的联系，把戎族分割在彼此失顾的两个区域内，并且牢牢地控制了西部戎族进犯关中必经的坂陇通道。这在很大程度上牵制了戎族的攻势，减轻了戎族对王畿的威胁。王室之所以高度评价秦仲的功业，原因即在此。

陇上秦邑的地望，古今史志及工具书有大体一致的说法，认为在今清水县或张家川境内，有些文籍甚至明确说在今清水县的秦亭、秦谷附近。① 但考古学家曾到那一带作过实地考察，未发现可以立邑的发育较好的台地，也未发现任何时代较早的陶片和文化堆积。考察者认为说该处是秦邑故址当属误传。应据《水经注》的相关记载，在今清水县域清水故城一带寻找。② 当今学者都很关注《水经注·渭水》关于清水（即今清水县境内的樊河）的一段记载，谓该水"又径清水城南，又西与秦水合。水出东北大陇山秦谷，二源双导，历三泉合

---

① 参看祝中熹《甘肃通史·先秦卷》，甘肃人民出版社，2009年版，第203页。
② 赵化成《寻找秦文化渊源的新线索》，《文博》，1987年第1期。

成一水,而历秦川。川有育故亭,秦仲所封也。秦之为号,始自是矣。"①所言"秦水",指今张家川、清水县境由北向南流的后川河。依注文所言,秦邑故址当在今后川河上游,即张家川境内。刘满先生对此作过精审的考证,指出"秦亭就在张家川县城附近"。② 今张家川县城南瓦泉村附近发现过许多秦墓,出土过不少器物。还发现了一处面积约 250×150 米的夯土遗址,夯土层下存在秦砖、秦瓦等建筑材料,有学者推测陇上秦邑可能就在此处。③

三、救周封侯与迁都关中

秦仲在位 23 年,死于伐戎之役。秦仲的战死引起西周王朝的震动,即位不久而力图中兴的周宣王,决心强化对嬴秦的支援,以与戎族较量到底。他把秦仲的 5 个儿子召集起来鼓舞斗志,并派兵 7 000,组成周秦联军,与戎族决战。7 000 人在当时堪称大军,如此规模的军事部署,表明西周王朝对陇右抗戎形势极其看重。传世青铜名器有一件不其簋盖,王国维判断当出自陇右。④ 盖内有铭文 13 行 152 字,记述西周晚期对玁狁的一次战役,总统帅是"伯氏"。"玁狁广伐西隅",周王令伯氏"羞追于西"。伯氏指挥不其(即该器的器主)率军向敌方进攻,转战多地,最后取得了胜利,不其受到伯氏的嘉奖。不其为此"作朕皇祖公伯、孟姬障簋"以求福佑。陈梦家慧眼先识,判断此为西周时秦人之器,可惜他未作深考。后来李学勤先生撰文指出,器主不其即秦庄公;器铭所述,即宣王时周秦联军在陇右与戎族的那次战役。《史记·十二诸侯年表》载秦庄公名其,先秦行文"不"字常用作无义助词,仅表语气,故"不其"即"其",实即庄公。庄公之称"公",乃后来的追称,他自作器,故直用己名。《史记·秦本纪》载庄

---

① 王国维《水经注校·渭水上》,上海人民出版社,1984 年版,第 575 页。
② 刘满《秦亭考》,《文献》第十六辑(1983 年 6 月)。
③ 徐卫民《秦都城研究》,山西人民教育出版社,2000 年版,第 50 页。
④ 器藏国家博物馆,器铭首见于徐同柏 1886 年刊行的《从古堂款识学》一书。1986 年器身出土于山东省滕县城郊,盖为后配。关于器铭识读及本文涉及的诸说,可参阅王辉《秦铜器铭文编年集释》,三秦出版社,1990 年版,第 1—6 页。

公之祖父名公伯,铭文所言也正与之相符。玁狁即犬戎,金文中恒用此族名指犬戎。"羞追于西"的西,即犬丘的古称。

　　李学勤先生对铭文的考析十分精当,深受学界好评。在战役总指挥伯氏身份问题上,我曾作过一点修正。李先生认为伯氏乃庄公之兄,此事被司马迁忽略了。然《史记·秦本纪》明言秦仲"有子五人,其长者曰庄公",不大可能是迁公的误说,伯氏应为庄公的伯父。秦仲之"仲"是以排行入名,说明他还有个兄长。依周王室用人的传统,关系亲密的属国国君之伯父、叔父或兄长,常有在王室供职者。铭中的伯氏,当为秦仲之兄长而任王室重臣,受宣王之命而率军援秦。他既是王室权贵,又属嬴秦家族成员,且为庄公弟兄的长辈,由他担任这次伐戎之役的主帅,是非常合适的人选。铭中他称不其为"汝小子",并给予赏赐,也同其伯父身份相称。

　　这次战役周秦联军取得了重大胜利,虽不能说彻底解除了戎族威胁,但嬴秦由此重又掌控了陇右的局势,有力地打击了犬戎的猖獗势焰,故史称戎人"由是少却"。① 通过此役,嬴秦夺回了已被犬戎占领了 20 多年的西垂地区,并乘胜扩展地盘,使陇上秦域同西垂方国旧地连成了一片,国势空前壮大。周王室也认可并促成了这种新的政治态势。《史记·秦本纪》载,战后宣王褒扬庄公,"复予秦仲后及其先大骆地犬丘并有之,为西垂大夫"。庄公执政后随即把国都回移至西邑,不仅在宗法祭统上,更在邦国规模和影响力上,全面取代了原嬴姓方国的位势。

　　庄公在位 44 年,其长子世父声言要专力抗戎为祖父秦仲报仇,把世子权位让给了其弟襄公。襄公即位时(前 778)陇右局势仍相当复杂,但他是个既有魄力又有谋略的政治家,能清醒地认识到邦国的处境,冷静地处理各种矛盾,在险涡骇浪中,把嬴秦领向了正确的航程。

　　襄公在位的时间不长,但他做了两件对嬴秦社会发展影响极其深远的大事。一件大事是在西周末年那场动乱中率兵救周,并因此而被封为诸侯,从而全方位地提升了嬴秦的地位和声望,把邦国历史推向了崭新的阶段。西周后期,王朝统治已渐难支撑,社会危机不断

---

① 范晔《后汉书》,中华书局,1975 年版,第 2871 页。

深化。至幽王时政治更加黑暗,幽王昏朽残暴,任用佞臣盘剥民众,又逢特大自然灾害,已到民怨沸腾、一触即发的程度。在这种情势下,幽王又导演了一场废申后及太子宜臼而强立宠妾褒姒为后并立其子为太子的闹剧,无异于给浇油的干柴上点了一把火,积压已久的社会矛盾终于全面爆发。结果是被废王后之父申侯与缯侯联合犬戎合力攻周,王室大乱,幽王被杀于骊山之下。这便是导致西周灭亡的所谓"申侯之乱"。在这个历史场景大转换的关键时刻,秦襄公出现在舞台的聚光灯下。他以非凡的胆识,作出了极具战略远见的决策:挟军事实力,参与事变进程。《史记·秦本纪》云:"秦襄公将兵救周,战甚力,有功。"事变平息后,诸侯拥戴原太子宜臼即王位,是为周平王。王都东迁洛邑,襄公又领兵护送平王至洛。

秦襄公救周并不是救幽王的政权,而是救宗法体制下的王室正统。事变中阵线分明,发动事变的申侯,就是当年劝说周孝王不要废大骆嫡子成的那个申侯的后裔,即西申的首领。嬴秦与西申地域相近,又有联姻传统,关系密切,所以襄公是完全站在申侯这一边的。那么襄公"战甚力"是与谁战呢?答案是犬戎。犬戎是申侯的盟军,在追杀幽王的军事行动中起了很大的作用;但犬戎又是姬周与嬴秦共同的世仇宿敌,其助申侯的目的也完全是为了掠夺财物。实况可能是这样的:事变之初,申侯联合犬戎攻周;乱势既成,申侯却无力控制犬戎的疯狂抢掠;此时襄公率兵赶至,遏压戎势,收拾了残局。《史记》有多处文字把西周覆灭直接归于犬戎,①可知对付犬戎已成事变后期的决定性问题。

《史记·秦本纪》载,为嘉奖秦襄公力战救周,拥立并护送平王的殊勋,"平王封襄公为诸侯,赐之岐以西之地。曰:'戎无道,侵夺我岐、丰之地,秦能攻逐戎,即有其地'。与誓,封爵之。襄公于是始国,与诸侯通使聘享之礼。"襄公关键时刻出手亮剑,在宏观政治格局中取得了发言权,不仅被晋封为诸侯,而且为嬴秦日后的崛起培育了巨大的潜势。这意味着西北历史舞台主角由周向秦的转换,已揭开了序幕。

---

① 如《封禅书》称"幽王为犬戎所败",《六国年表》称"犬戎败幽王",《周本纪》称平王东迁是"避戎寇",《秦本纪》称平王东迁是"避犬戎难"。

秦襄公做的第二件大事，是在他受封为诸侯之后设畤祭祀白帝少昊。司马迁在《史记》中五处言及此事，①《封禅书》讲得最详明："秦襄公既侯，居西垂，自以为主少皞之神，作西畤，祠白帝。其牲用骝驹、黄牛、羝羊各一云。"所谓"畤"，为祭天之坛，迁公史文中有解释："盖天好阴，祠之必于高山之下，小山之上，命曰畤。"在高山下设坛祭天，是我国从上古时代即延续下来的封禅形式，实由东方部族首创以泰山为依托的天神崇拜衍生而出。嬴秦起源于东夷集团，部族生活中原本就具有崇天帝、重祭祀的传统，其母系始祖高阳氏颛顼，向以"履时以象天，依鬼神以制义，治气以教民，洁诚以祭祀"②而著称，被公认为是天帝崇拜祭统的集大成者。秦襄公作为嬴秦首领，当然是这种宗教精神的传人。依周代的礼制，只有天子即周王才有资格祭天（所谓"郊祭"），诸侯只能祭祀国境内的名山大川。襄公的高明之处是把天帝分拆成五色帝，并把始祖少昊与西方之天合而为一称之为"白帝"。周天子郊祭的灵魂是"以祖配天"，而襄公的畤祭则直接把祖神升格为西方之天。这无疑是我国贵族社会居绝对统治地位的政治哲学——天命观，在宗教思想领域的仪礼化、物象化。天命观的宗旨就在于神权、族权、政权的三位一体，宗法制度下政权是以族权为基础的，族权来自祖神，而祖神就是天帝。不言而喻，国君的权力是上天授予的，是神圣不可违抗的。此即襄公祀白帝的实质。

襄公设畤祀白帝，确立了嬴秦最神圣的宗教观念和最高规格的国家祭典，为政权和君权构建了强有力的精神支柱。由此开创的畤祭传统，被历代秦君秉承、发扬并不断完善。文公迁汧后作鄜畤，"用三牲郊祭白帝"。德公虽迁都于雍，但仍"用三百牢于鄜畤"，祭仪空前隆盛。后来随着嬴秦国势逐渐东扩，宗教视野也越来越远展，畤祭对象趋于全面。宣公在渭南作密畤，"祭青帝"。灵公时又"作吴阳上畤，祭黄帝；作下畤，祭炎帝"。至此，五色天帝体系中，除黑帝颛顼因系嬴姓正宗始祖享受庙祭大典而不另设畤祭外，已全部纳入祭仪体制了。但嬴秦畤祭中白帝一直居首位，最受尊奉，因为白帝少昊是天、祖合一崇拜的核心。晚至战国之初，秦献公又在西邑故地立畦

---

① 见《封禅书》、《秦本纪》、《秦始皇本纪》、《十二诸侯年表》、《六国年表》。
② 王聘珍《大戴礼记解诂》，中华书局，1992年版，第120页。

時,特创了每位新君即位后在祖地立专祀白帝之畤的祭例。①

襄公任诸侯的第五年(前765),伐戎至岐山而死于军旅之中,壮志未酬即为自己的战略决策献出了生命,其未竟之业历史地落在了继位者文公身上。文公系襄公的爱子,父子间感情深厚。《诗·秦风·驷驖》咏颂襄公狩猎的情景,首章即云:"驷驖孔阜,六辔在手。公之媚子,从公于狩。"诗中"媚子",当指文公。所以尽管文公即位第四年即迁都于关中,但他谢世后还要回归祖地西邑,与其父襄公同葬一处,而且遵从"父登子肩"的习俗,将自己的墓茔置于襄公墓下,规格也远比襄公墓要小。文公在位时间长,是时已建立了史官制度,故《史记·秦本纪》关于文公的记载颇为丰赡。综观文公史事可知,他全面继承了襄公的遗志,坚定地贯彻襄公东向发展的战略意图,带领嬴秦大步跨入了崛起的通道。

文公实施东向发展既定战略的第一步是迁都关中。前文析述过西邑地区的优越条件,但那毕竟只是陇南山谷中的一小片带状盆地,从宏观形势上说,僻处西北一隅,远离华夏文明中心地带。在商、周王朝兴盛期,作为畿外方国属邦,作为王室联络、掌控诸戎的一个平衡性纽结,其族体活动范围限定在陇右。适应那种政治格局,西邑作为嬴秦邦都是十分理想的。在西周王朝业已灭亡,王室被迫东迁的背景下,作为西方诸侯大国,作为姬周位势的取代者,以西邑为中心的那片川原山地便显得促狭闭塞,难以适应新形势的需要了。秦人要面向东方,经营肥沃繁庶的八百里秦川,彻底扫荡戎族势力,真正填补王室撤离后的权力空缺,迁都关中是必走的一着棋。

《史记·秦本纪》载:"文公元年,居西垂宫。三年,文公以兵七百人东猎。四年,至汧渭之会,曰:'昔周邑我先秦嬴于此,后卒获为诸侯。'乃卜居之,占曰吉,即营邑之。"这段文字包含了许多重要信息,需细品深思。先秦国君的狩猎,常怀有狩猎之外的目的。文公这次狩猎,方向明确,用时甚长,实为一次长途跋涉的武装考察。迁都之谋,已成竹在胸。文公最后确定的新都点位,也就是当年非子受封之处。文公清楚非子封秦的那段家族史,他是在狩猎的名义下,逾陇远

---

① 祝中熹《甘肃通史·先秦卷》,第284页。

行去寻找先祖发迹之地的。在那里,文公怀今抚古,追思先祖功业,决定卜邑立都。文公所营之邑与非子所封秦邑位置不一定完全重合,但相去不会太远,应属同一地带。司马迁史文中称之为"汧渭之会"或"汧渭之间",即二水交汇形成的扇形区域内。不少学者认为可能就在今陕西陇县磨儿塬附近。20世纪80年代在那里发现过一座春秋时期的故城遗址,尚有城墙残迹存留,不远处还发现范围较大的秦墓区,其中多贵族墓葬。该地历史上也曾多次出土过青铜礼器和车马器。① 《水经注·渭水》云:"(汧水)径汧县故城北。《史记》秦文公东猎汧田,因遂都其地是也。"隋唐时的陇州汧源县治,即在今陕西陇县县城所在地。文公所营汧邑在磨儿塬一带说,同《水经注》所言相合,有较大的可信性。该区域背依陇坻,面向岐丰,扼控着陇道关口,进可东取王畿腹地,退可西返陇上秦土,立邑于此是经过慎重考量的。

在以神权强化政权方面,文公与襄公一脉相承,且更加发扬光大。首先是沿袭对白帝的畤祭传统,《史记·封禅书》载:"文公梦黄蛇自天下属地,其口止于鄜衍。文公问史敦,敦曰:'此上帝之征,君其祠之。'于是作鄜畤,用三牲郊祭白帝焉。"襄公所立西畤在旧都西邑,如今都汧,需另建祭坛,这是为自己的政权申明"天命"依据的需要,所谓黄蛇之梦,不过是个借因。但这也体现了文公的心计,此"梦"为白帝畤祀多笼罩了一重神秘光环。倡导神权的宗教新举措是兴祠陈宝,《封禅书》述其事:"作鄜畤后九年,文公获若石云,于陈仓北阪城祠之。其神或岁不至,或岁数来。来也常以夜,野鸡夜雊。以一牢祠,命曰陈宝。"这件"宝物",据《索隐》引苏林说,"质如石,似肝"。《水经注·渭水》亦云文公"游猎于陈仓,遇之于此阪,得若石焉,其色如肝。归而宝祠之,故曰陈宝。其来也自东南,晖晖声若雷,野鸡皆鸣,故曰鸡鸣神也"。其实,正如马非百先生所说,这件所谓神物不过是一块陨石。② 由于它"光辉如流星",从东南方飞来,故被视为飞禽类神物,并且正同嬴秦远古时期的阳鸟崇拜神物相应和,于是

---

① 《陕西陇县边家庄五号春秋墓发掘简报》,《文物》,1988年第11期;张天恩《边家庄春秋墓地与汧邑地望》,《文博》,1990年第5期。
② 马非百《秦集史》,中华书局,1982年版,第7页。

在大众心中更容易产生宗教号召力。文公抓住这个机会,修建祠庙,奉为尊神。在统治集团的大力倡导下,民间祭拜祷祀活动隆重而且热烈,数百年间久盛不衰。陈仓因而也成为一座宗教性城市,有了"宝鸡"的别名。同类性质的事例还可以举出一些。不妨说,张扬神秘主义,将统治集团主导的宗教观念世俗化,以控制大众的精神世界,是文公时代社会的一大特色。

在完善国家机器,提高政权功效方面,文公也大有作为。《史记·秦本纪》重点讲了文公时的两项举措,一项是严格刑法,一项是建立史官制度。文公二十年,"法初有三族之罪"。史文只有这一句话,分量却极重。这之前的秦国刑律,文籍无载,据嬴秦历来深受周文化影响这一事实推想,秦之刑律可能接近周之刑律而更加简约些。文公时大约对刑律作了严密化的充实,并增加了三族连坐的条文,迁公为了凸显秦刑之重对此特笔书之。"三族"含义,注家有歧说,当以《集解》所引如淳"父族、母族、妻族"之说为是。增设三族连坐法的目的,不外是要炫耀国家与君主权力的可怕,威慑臣下的反抗意识,赖残暴杀戮保障统治秩序。以这种方式强化政权,反映了文公功业中带血腥味的一面,流毒后世,贻害无穷。嬴秦备受后世谴责的严刑峻法传统,实由文公开其先河。

史官制度的建立最值得称道。文公十六年,"初有史以纪事,民多化之"。由巫祝文化脱胎而出的史官文化,在华夏文明中占据独特地位,是国家机器规模化、完善化及人文化的产物,标志着社会发展的新高度。史官文化的思考重心已经转向人事,转向对往昔的研究和总结,而逐渐淡化了对天象、神意的探求和解释。嬴秦史官制度的建立,反映了政权体制运行的健康和平稳,体现了统治集团对族统、君统及文化传统重要性认知的深化,也显示出嬴秦意识形态与华夏文明的进一步融合。史官制度有助于统治者历史责任感的形成,能够促进国家政策的理性与规范。史官不仅可以向执政者提供建立在社会进步观念基础上的警示和建议,其所崇尚的善恶必书的直笔精神,对国君、贵族的权力和品行也是一种监督和制约。正如《汉书·艺文志》所言:"古之王者世有史官,君举必书,所以慎言行、昭法式也。"因此,史官制度存在与否,不单纯是文化领域的事,它关系到社会政治思想是否成熟,从而影响了国家的命运。也正是立足于这种认识,司马迁在"初有史以记事"一语后,紧接一句"民多化之"。这就是说,秦国建立史官制度后,国民素质获得了整体性提高,其政治效应在社会生活中有所显示。

文公时代秦国历史开始有了正规的文字形式,史敦是秦国的第一位史官。这比被认为文化最先进的鲁国国史《春秋》纪事要早30多年。秦国的国史称作《秦纪》,是列国史著在秦初焚书运动中唯一保留下来的,司马迁撰《史记》即颇得益于此书,其《史记·六国年表》全赖此书而成,[①]《史记》中的秦史部分也因有《秦纪》的素材而特别丰实。此外,《史记》分述各个朝代及帝王史事以"纪"名篇,也采据《秦纪》,后世相承以为则式。嬴秦史官制度的建立,即从史学史的角度评说,也具有不容低估的意义。

文公在与戎族军事斗争中的功勋,尤为显著。文公即位之初,关陇一带戎势还是相当强盛的,这从襄公卒于戎马倥偬中即可看出。文公迁汧后经过较长时间的力量蓄积,终于具备了抗衡戎族的优势。《秦本纪》载,文公执政第十六年,"以兵伐戎,戎败走"。这是秦军的一次主动出击,而且获得了空前的胜利,不仅使国域有了较大幅度的扩展,而且进一步稳定了关中西部的局势。史言战后"文公遂收周余民有之,地至岐,岐以东献之周"。可知此役所涉地域颇广,原先平王与襄公盟誓归秦的"岐以西之地"已完全成为秦的领地;"岐以东"之地秦也有能力占有,为严格按盟约行事,而交东周王室处理。此役基本上解除了诸戎对关中的威胁,为关中经济恢复发展创造了条件。西周末年那场动乱严重摧残了关中社会生产,原有的村社结构在战乱中解体,部分居民随王室东迁导致大片良田荒芜,而且诸戎的攻略无度又使庶民生命财产常处危境。这些因素都使经济被破坏之后难以复苏。文公战胜戎族,"收周之余民有之",使流散的农民重返田园,将村社生产纳入政府的管理体制,逐渐恢复了关中的经济秩序,为此后嬴秦社会的长足发展奠定了基础。

文公在位 50 年,期间嬴秦在经济、政治、军事、文化诸方面都取得

---

① 司马迁在《史记·六国年表》序言中,明言"因秦记"而"表六国时事"。

了辉煌的成就。文公时嬴秦繁荣昌盛,可以视为国家崛起的标志。此后,以关中为基地,秦国羽翼日丰,虎视列国,威服百戎,一步步造就了霸业。

【附记】 本文原为刘基主编《华夏文明在甘肃》一书(人民出版社,2013年版)第五章《早期秦文化》的前半部分。该章清样未经作者审阅,故文字缺漏讹误现象比较严重。现将校订后的这一部分独立成篇,标题及内容以此为正。

太昊与少昊
——兼论五帝时代东西文化的交融

　　文字产生前远古时代的历史,靠群体记忆口耳相传,世代授递。那些传说同神话故事融为一体,传说中的人物也大都具有神性,但历史线索隐含其内。有了文字之后,尤其是社会进步到群体产生历史意识之后,人们便将那些传说以各种方式记载下来,并进一步作汇集和整理工作。其间,许多传说肯定已非原貌,难免要经历记载者和整理者的取舍与改动,而且还因地域、时代及经手者认知水平的不同而产生歧异。这都是必有的文化现象。但无论如何,古文献是传说的唯一载体,是后世追索远古历史离不开的素材。不过,有两个环节必须努力把握好:一是要对各类文献资料作合理判识、选择并相互参照;二是必须将田野考古成果同文籍记载作适当的对应思考。

　　传说中的英雄人物,大都有半神话、半历史的双重身份,而他们又往往是构建远古史框架的支撑点。他们以某种个体名号出现,事实上却代表着一个活跃于若干世代、并且创造了某种文化的族系。所以,必须把他们视为一个群体或一个时代,乃至一种文化的符号;尽管在行文书写时,只能把他们作为个体名称使用。

　　以上是笔者立论的前提性宗旨,文前略作交代。

一、太昊及其与伏羲的关系①

1. 太昊传说出于东方

时代较早的文籍中,涉及太昊的记载很少,多为只言片语,给人以虚拟性印象。《左传》僖公二十一年:"任、宿、须句、颛臾,风姓也,实司太昊与有济之祀,以服事诸夏。"相传此四国为太昊之后。据杜注,四国均不出山东省范围,"济"指济水。后世学者的地望考证,范围更缩小,四国皆在今山东西南境。据此,太昊为受东方祭祀之神。关于"风姓",后文将详析,"风"即"凤"字,乃东夷文化崇拜的图腾物。

《左传》昭公十七年载,郯国国君郯子回答鲁大夫问少昊为何以鸟命官时,言及太昊:"太昊氏以龙纪,故为龙师而龙名。"郯子列举了五位以物纪官的名帝,其时代先后顺序为:太昊、共工、炎帝、黄帝、少昊。这种组合与后来流行的五帝模式不完全相同,表明在郯子的古史认识中,五帝内涵尚未完全定型。太昊以龙纪,这点很重要。在定型的"五方帝"体系里,太昊就是和龙相配而主东方的。伏羲部族以龙为图腾,这是太昊、伏羲合一的重要因素。

同年传文又曰"陈,太昊之虚也"。后来许多文籍都说太昊居陈。学界通常认为陈在淮水上游今河南淮阳一带。不止太昊,传说记载里黄帝、炎帝、颛顼等的活动地域均涉及陈地。这和我后文将讨论的东、西两大文化区系交汇于中原有关。

《逸周书·太子晋》(太子晋语):"自太昊以下至于尧舜禹,未有一姓而再有天下者。"②姑勿论此篇是否晚出,将太昊视为"有天下者",并置于古帝王之首,同先秦他书的记载一致。

《山海经·海内经》(言"九丘"):"有木,青叶紫茎,玄华黄实,名

---

① "昊"字通常被写作"皞",古今杂用。但二字音、义无别,系同字异形。本文统一用"昊"字,不再随引文原字而频频变更。特此说明。

② 黄怀信等《逸周书汇校集注》(修订本)下册,上海古籍出版社,2014年版,第1030页。

曰建木。百仞无枝,上有九欘,下有九枸,其实如麻,其叶如芒。太昊爰过,黄帝所为。"①郭璞注以经过义释"过",袁珂则以"上下于此"释之,指出此"建木"为"众帝所自上下"的天梯,经言太昊缘此树以登天。袁说是。愚疑此建木即古代十日运照神话中供日栖息的"扶木"(又称"扶桑")。《玉篇》:"欘,枝上曲。""九欘"即九日所止处(另一日正在天空运行)。这显然是个东方神话。此外,经言生长建木的"九丘",位处"长盐之国",此国"有人焉,鸟首,名曰鸟氏。"这"鸟氏",古今学者一致认为即《禹贡》、《大戴礼记·五帝德》、《史记·夏本纪》所言之"鸟夷",指东方夷族。童书业师曾多次论说说过,淮夷的淮字从"隹",即卜辞所言"隹夷",隹字甲骨文即作鸟形,《说文》释隹:"鸟之短尾总名也。"故童师说:"古潍水流域盖亦鸟为图腾之族之居地","盖北自渤海湾、南至东海沿海一带,皆居有所谓'鸟夷'"。② 刘敦愿师也曾考证,纵贯山东中北部的潍水实即淮水名之北移,潍水即淮水,南北二淮水均为嬴姓东夷之居地。③ 所考证与童师说相合。总之,太昊同建木的关联,亦可证其为东方神话人物。经文由建木而连言太昊与黄帝,此隐约透露了伏羲同黄帝之关系。

《楚辞·远游》:"撰余辔而正策兮,吾将过乎句芒。历太昊以右转兮,前飞廉以启路。"④《远游》描写诗人乘风云、驾龙御遨游天宇四方,首言"轩辕不可攀援兮"之后,不仅述及太昊与其佐神句芒,还述及炎帝与其佐神祝融、西皇与其佐神蓐收、颛顼与其佐神玄冥。"西皇"指少昊,因为与蓐收相配。除了黄帝佐神后土未出现外,诗中所言诸帝及佐神已和后世说法完全一致,表明至迟在战国后期,五方帝理念已基本定型。太昊位居五方帝之首,主东方。

以上材料告诉我们,关于太昊的早期记载虽然简略,但已能看出他属东方传说系统。五方帝模式中太昊主东方之神的地位业已确定。

2. 伏羲兴起于汉渭文化圈

和太昊相比,关于伏羲的传说丰繁而切实,虽也含浓重的神话色

---

① 袁珂《山海经校注》,上海古籍出版社,1980年版,第449页。
② 童书业《春秋左传研究》,上海人民出版社,1980年版,第247—248页。
③ 刘敦愿《美术考古与古代文明》,人民美术出版社,2007年版,第300—301页。
④ 黄寿祺、梅同生《楚辞全译》,贵州人民出版社,1993年版,第125页。

彩，但更多的是一些功业、事迹的片段，涉及生产、饮食、居住、婚姻、宗教、文字乃至音乐艺术等社会生活的各个方面。记载伏羲时代较早，且被后世引用率最高的文献是《易·系辞下》：

  古者包羲氏之王天下也，仰则观象于天，俯则观法于地，观鸟兽之文，与地之宜，近取诸身，远取诸物，于是始作八卦，以通神明之德，以类万物之情。作结绳而为罔罟，以佃以渔，盖取诸《离》。

《系辞》是传《易经》的，故专讲伏羲之"始作八卦"。此文对八卦的产生作了最权威也最在理的解释，即所谓"观物取象"，这符合文化创造的规律。乾、坤、离、坎、巽、震、艮、兑八个卦名，肯定是后人赋予的；谓八卦分别代表天、地、火、水、风、雷、山、泽八种自然客观存在，是可信的。因为这八种自然界物象，是构成人类生存环境的全部要素，是影响甚至决定人类命运的外在力量，必然是人类最早而且永远关注的对象。伏羲的伟大就在于他通过物象尤其是天象的观察思考，悟出了阴阳两极对立这一母元性法则，并用两种再简明不过的线条符号的有律组配，表示了两极对立运动的复杂变化，肇始了阴阳二气互动，天人交感产生万物、万事的《易》学宇宙观的酝酿。

  先秦典籍中，文涉伏羲最多的是《庄子》，在《人世间》、《大宗师》、《胠箧》、《缮性》、《田子方》诸篇中均曾言及。但《庄子》是阐述哲学思想的书，喜用人物比喻，文中屡屡举伏羲之名，只是为了表达或深化作者的某些意念，并非要对伏羲作什么介绍或评论。但书中伏羲以远古圣王的身份频频出现，说明在庄子之前伏羲的崇高地位已被公认。

  班固《白虎通义》关于伏羲的一段话，对后世影响较大：

  古之时，未有三纲六纪，民人但知其母，不知其父。能覆前而不能覆后，卧之诘诘，起之吁吁，饥即求食，饱即弃余，茹毛饮血而衣皮革。于是伏羲仰观象于天，俯察法于地，因夫妇，正五行,始定人道;画八卦以治天下,下伏而化之,故谓伏羲也。①

在《系辞下》赞誉画八卦这一伟大贡献的基础上,班固进而用因夫妇、正五行、定人道等评语,对伏羲功业作了高度概括,也为伏羲的时代大致定了位。依此说,伏羲被置于母系氏族社会向父系氏族社会转化的时代。班固用"伏而化之"阐释伏羲名字的含义,也开了对伏羲据名申义的先河。伏羲二字皆有许多音同形异的写法,那本是古汉语书写时同音假借造成的现象。但古今都有学者通过解析字义来申说伏羲的功业和圣德。班固在《汉书·律历志》中就有不同于《白虎通义》的说法:"炮牺继天而王,为百王先,首德始于木,故为帝太昊。作罔罟以田渔,取牺牲,故天下号曰炮牺氏。"这番话不仅把伏羲同太昊合一,又使伏羲名字表达猎取食物以作祭祀牺牲之义。综观伏羲传说可知,以他为符号的部族,是个擅长渔猎,而农、畜业已兴起的群体,而且跨越了久远的时代。由狩猎业经过饲养业过渡到畜牧业,农业也随之育生的经济发展轨迹,历历在目;婚姻状态由典型的群婚制演进到对偶婚制,乃至产生婚嫁之礼的社会内部结构变化,不容置疑。

关于伏羲的身世,皇甫谧的《帝王世纪》讲得比较详明:

> 太昊帝庖牺氏,风姓也,母曰华胥。燧人之世,有巨人迹,出于雷泽。华胥以足履之,有娠,生伏羲,长于成纪。蛇身人首,有圣德。燧人氏没,庖牺氏代之,继天而王,首德于木,为百王先。帝出于震,未有所因,故位在东方,主春,象日之明,是称太昊,都陈。②

司马贞补《史记·三皇本纪》采此说。王符《潜夫论·五德志》也谓"大人迹出雷泽,华胥履之,生伏羲"。"成纪"地名本身就是神话传说的组成部分,古有12年为一纪的记时法,据说华胥履迹受孕十二年后才生下伏羲,因此其生地有了"成纪"之名。成纪地望十分明确,是汉

---

① 陈立《白虎通疏证》,王先谦编《清经解续编》,上海书店1988年影印本,第五册,第505页。
② 《丛书集成初编》所收顾尚之辑本,中华书局,1985年版,第2页。

代陇西郡的一个县,故址在今甘肃省静宁县治平乡。《水经·渭水注》对此有清晰的记载。问题在于雷泽的地望。雷泽地望古有和舜相联系的东方说,但如承认伏羲出生于成纪,雷泽便不可能远在东方。其实雷泽就在今甘肃东南部的西汉水中游,古文籍记载里有许多线索可寻。经近世学者们不断探考,如今此事已昭然可辨。为篇幅所限,这里不再赘述。①

不仅伏羲的出生地在甘肃东部,有关伏羲以及同伏羲密不可分的女娲的种种传说,也在甘肃东部广为流布,和那些传说应合的古迹遗存,如伏羲崖、卦台山、画卦台、伏羲陵、分心石(太极图形)、女娲祠、女娲洞、风台山等等,在甘肃东部都可见实存。依据各种古籍及方志提供的材料,可为伏羲、女娲族体源起地带大致划个范围:东自陇山,南至仇池,西及鸟鼠山,北达成纪。这正是本节标题所称的汉渭文化圈。

汉渭文化圈是近些年来渐受关注的一个人文地理概念。指以今天水市为中心,以陇山为依托,汉水②和渭水上游水系邻厕密布的那片地域。它位处我国的地理中心,属亚洲东部季风区的最西端,山原交错,地形多样,古时气候湿润,森林密布,生态环境很适宜人类的栖息繁衍。域内群山高而不阻,众水畅而不滥,而外接地区又极其广阔,自远古以来就是各方族体流迁聚分的纽结性中枢,文明时代成为玉石之路、丝绸之路、佛教东传之路的咽喉地段。早在旧石器时代,域内就有人类活动,"平凉人"、"武山人"的发现足以为证。进入新石器时代,这里是大地湾文化③及其后马家窑文化和寺洼文化的育生区和密布区,也是我国旱作农业最早繁荣、农畜业并盛的地带。文明时代这里又是中央王朝同西北各族交往、冲突、联结的最前沿,更是日后完成九州统一大业的嬴秦族崛起之地。可以毫不含糊地说,汉渭

---

① 可参祝中熹《甘肃通史·先秦卷》,甘肃人民出版社,2009年版,第107—108页。
② 今甘肃东部的西汉水,魏晋以前与今汉水上流的勉水(古沔水)通联,是汉水上游的主流。参看拙文《嶓冢山与汉水古源》,见本书第551页。
③ 大地湾文化与仰韶文化同质,共分五期,前四期为同一族群在该地连续不断生存发展的遗存,前后跨时达三千年。发掘者为不影响对仰韶文化的传统认知,只把一期文化称为"大地湾文化",而仍称其二期至四期文化为仰韶文化。这种人为切断文化遗存完整性的做法并不可取。笔者主张保持大地湾文化的统一性,将一期至四期皆归于大地湾文化名下。请参看《甘肃通史·先秦卷》,甘肃人民出版社,2009年版,第55—57页。

文化圈是华夏文明的西源。

我们所说伏羲兴起于汉渭文化圈,地域因素之外,更要关注文化因素。伏羲族体跨越的漫长时代,正同圈内经历新石器时代早、中、晚三期的大地湾文化相应合。传说伏羲在生产、生活领域内的诸多功业,在大地湾各期文化面貌中都有物质性显示。即以汉渭文化圈所依托的陇山而言,古称吴岳或太岳,上古时代是扼控人类群体迁徙流动的孔道枢纽,许多重大史事同此山有关。陇即龙,山名缘自以龙为图腾的伏羲部族就活动在其周围。很多证据显示,陇山就是早期传说中的昆仑山,"昆仑"实为"龙"字的慢读。我国史前各大文化区,几乎都以一座或一系颇具规模的高山作依托,这不仅是狩猎、采集等谋生手段的需要,也是躲避自然灾害、抵御猛兽侵犯的需要,延至文明前夜,又是天神崇拜宗教意识的需要。如果说上古时代东夷集团是围绕泰山发展起来的话,西方的伏羲族系就是陇山荫护下的子民。陇山因龙而得名,先民以部族图腾称此山,表达了对它的尊崇和敬仰。①

3. 太昊与伏羲的合一

将太昊与伏羲作为同一个人并称,时代最早的文献是《汉书·律历志》附录的刘歆《世经》:"(首引《左传》昭公十七年郯子语)郯子据少昊受黄帝,黄帝受炎帝,炎帝受共工,共工受太昊,故先言黄帝,上及太昊。稽之于《易》,炮羲、神农、黄帝相继之世可知。"前引班固《律历志》的话,即取自《世经》"太昊帝"目下文字。《汉书·古今人表》"上上圣人"栏内,也列"太昊伏羲氏"。兹后的文籍同此说,视太昊、伏羲为一人。

由于先秦文献言太昊者太昊,言伏羲者伏羲,并无将二人合称的文例,故有人怀疑他们原本就是两个人,合二为一,是刘歆、班固的误说。持此论的代表是清代学者崔述,在《补上古考信录》中,他认为太昊与伏羲、炎帝与神农,本来各不相涉,合两人为一人,是战国以后以五行分配五帝,而刘歆受了《吕氏春秋》依五行相生之序排列五帝的影响,导致太昊、炎帝、黄帝次序同《易传》庖牺、神农、黄帝次序重合

---

① 祝中熹《奠定伏羲历史地位的三重要素》,《天水师范学院学报》,2017 年第 4 期。

的结果。这一重合,太昊变成了庖牺,炎帝也便成了神农。崔氏的质疑理由并不充分。《世经》所言五帝组成及次序,先秦文献已有明确显示,并非刘歆所创,如史实如此,则同《易传》次序重合便是理所当然,有什么可疑之处?崔氏也误读了《左传》郯子的话,郯子虽自黄帝说起,但由太昊至共工至炎帝至黄帝再至少昊的语义是很清楚的,崔氏却理解为郯子说炎帝、太昊在黄帝之后。所以,绝非刘、班为了使五帝顺序同《易传》一致而故意合两人为一人。

至于先秦文籍为何未见太昊、伏羲同称的现象,这既可以理解为他们实为两人,也可以理解为他们本即一人,尽人皆知,无须并称。袁珂校注《山海经》也谈过这个问题,他说:"此经无伏羲而唯有太昊,若非太昊、伏羲各不相谋,即作者直以太昊为伏羲矣。从其发展观之,后者之可能性尤大。"①袁先生的倾向很有道理。《世经》将太昊、伏羲合称,在当时和清代以前未生异议,学者们一致认可,表明这不太可能是悖实之误说。从《世经》的表述逻辑上看,也无故作误导的嫌疑。该文开篇即专言诸帝次序问题,指出郯子所言和《易传》相符。刘歆并未涉及郯子说的是太昊,而《易传》说的是伏羲,也并未强调所述为同一人,他心中没装这个问题。这正说明此为无须关注的常识。所以,在没有发现太昊、伏羲为二人的确证之前,我们没有理由否定传统认知。

对于太昊、伏羲为什么会出现二名分称的问题,李清凌先生提出了一种看法:"不少史籍已经指出,太昊是伏羲氏'王天下之号',是尊称或徽号,而伏羲则是氏族名或氏族首领的职称、人名。如神农氏、轩辕氏是氏族及氏族首领的称号、人名,炎帝、黄帝则是他们王天下之号一样。伏羲氏族的每个成员都可以叫作伏羲,然而只有'继天而王'的伏羲氏族首领才能叫太昊。"②说伏羲氏族成员人人都可以叫"伏羲",欠妥。作为一个族系、一个时代、一种文化的符号,伏羲以个称人名形式出现,在历史上已经固化,没有任何文籍视伏羲为群体成员的泛称。但李先生强调首领名与帝号的区分,却是卓识。班固在

---

① 袁珂《山海经校注》,上海古籍出版社,1980年版,第453页。
② 李清凌《华夏文明的曙光》,中国社会科学出版社,2013年版,第65—66页。

《白虎通·号》中云:"号者,功之表也,所以表功明德,号令臣下也。"① 号是承担治国理民重任者标显其身份权位的尊称,具有鲜明的政治性。远古时代,氏族首领之名,实为其所领族体的标志,以最具提示性的词语点明该族体的谋生特长或某种习性,即所谓之"德",相当于后世的姓。伏羲之外,如有巢氏、燧人氏、神农氏、大庭氏、烈山氏、轩辕氏等,皆属此类。伏羲称"氏",昭示其族体特性;太昊称"帝",显然已是政治名号。所谓"德合天地者称帝",这是君临天下的标志。尽管后世有些著作对"氏"和"帝"未作严格区分,但这不影响我们对二者含义性质不同的判断。伏羲是族性称呼,太昊则是政治名号。

二、少昊及其族属

1. 少昊兴起于海岱文化圈

关于少昊的文献记载,时代早于太昊,而且十分丰富。《左传》多处言及少昊,而以昭公十七年郯子述其祖的那段话影响最大。郯子回答鲁大夫昭子"少昊氏鸟名官,何故也?"的问题:

> 吾祖也,我知之。昔者黄帝氏以云纪,故为云师而云名;炎帝氏以火纪,故为火师而火名;共工氏以水纪,故为水师而水名;大皞氏以龙纪,故为龙师而龙名。我高祖少皞挚之立也,凤鸟适至,故纪于鸟,为鸟师而鸟名。凤鸟氏,历正也;玄鸟氏,司分者也;伯赵氏,司至者也;青鸟氏,司启者也;丹鸟氏,司闭者也。祝鸠氏,司徒也;鴡鸠氏,司马也;鸤鸠氏,司空也;爽鸠氏,司寇也;鹘鸠氏,司事也。五鸠,鸠民者也。五雉,为五工正,利器用、正度量,夷民者也。九扈为九农正,扈民无淫者也。自颛顼以来,不能纪远,乃纪于近,为民师而命以民事,则不能故也。

---

① 陈立《白虎通疏证》,第 504 页。

这段话后世引用率极高,之所以备受关注,是因为不仅点明了上古诸帝以何为"纪"的问题(这涉及诸帝之族性和图腾),还系统地、详实地叙述了少昊集团的规模、组成、族称及职司,使人们对少昊的族系有了较全面的了解,并确定无疑地揭示出少昊集团以鸟为图腾的史实。这个鸟图腾部落联盟,包括以"鸟"、"鸠"、"雉"、"扈"①为图腾的几个部落,共含 24 个氏族。其"鸟"部落所执掌的事业,有"历正"(负责历法制定),有"司分"(确定春分与秋分),有"司至"(确定夏至与冬至),有"司启"(确定立春与立夏),有"司闭"(确定立秋与立冬)。显然,这是个擅长天象、季候观测,掌管历法的族体。在那个时代,农业和畜牧业都依赖物候、历法知识,天文学是和生产实践密切结合的显学。其他几个部落分掌政治、经济各方面的管理,郯子使用了后世的官职名司徒、司马、司空、司寇、司事来表述,其实少昊时代不会有这些名号,而是以族体的氏名称之的,即郯子前面所说的"以物为纪"。郯子也讲到了时代的变化,应注意他指出由以物为纪变为以事为纪的历史节点是颛顼。服虔在疏《礼记·月令》时作了更清晰的阐发:"自少昊以上,天子之号以其德,百官之号以其征;自颛顼以来,天子之号以其地,百官之号以其事。""征"指氏族的图腾物象,"德"即指族体特性。这种变化实质上是一种社会进步,意味着图腾文化的彻底衰落和雏形国家行政体制的育生。只不过在郯子这类守旧贵族看来,却是一种衰象。

颛顼号高阳氏,系东夷集团崇日部族首领。颛顼族与少昊族组结为彭那鲁亚(即族外群婚制)"两合婚姻联盟",形成了复合性阳鸟图腾,使东夷集团进入最强盛的时代。在颛顼的主持下,推行了"绝地天通"的宗教改革,完成了神权(祭祀权)的统一。他接替少昊掌握了东夷部落联盟的领导权,也是促成了上述政权体制演进的关键人物。

《左传》昭公二十九年记载了晋太史蔡墨同魏献子的一段对话:"献子曰:'社稷五祀,谁氏之五官也?'对曰:'少昊氏有四叔,曰重、曰该、曰修、曰熙,实能金、木及水。使重为句芒,该为蓐收,修及熙为玄冥,世不失职,遂济穷桑,此其三祀也。颛顼氏有子曰犁,为祝融;共

---

① 扈字《说文》作"雇",从隹,亦鸟类。

工氏有子曰句龙,为后土,此其二祀也。'"在先秦"五方帝"体系中,不仅有少昊和颛顼的位置,辅佐五方帝的五神,即蔡墨所言"社稷五祀",少昊、颛顼族系即占了四席。可见东夷集团是时的强势地位。

《左传》定公四年载子鱼言周初分封,先说分鲁以"殷民六族",后又说"因商奄之民,命以伯禽,而封于少昊之虚"。杜注:"少昊虚,曲阜也,在鲁城内。"《尸子》:"少昊金天氏,邑于穷桑。日五色,互照穷桑。"《古史考》乃至直接称少昊为"穷桑氏"。曲阜古称穷桑或空桑,少昊陵墓即在该地。曲阜一带不仅是少昊族的活动中心,也是颛顼族的生活地域。《吕氏春秋·古乐》即云:"帝颛顼,生自若水,实处空桑。"《帝王世纪》亦言颛顼"始都穷桑"。《山海经·大荒东经》:"东海外大壑,少昊之国,少昊孺帝颛顼于此。""孺"通"乳",含养育义。《说文》"孺,乳子也。"据此推想,颛顼是在少昊族内长大的。这正是"两合婚姻联盟"必有的现象。两合婚姻族体一方的青年男子是要"嫁"到另一方族体中去的,所以颛顼与少昊可能就是一种甥舅关系。《帝王世纪》谓"少昊之衰,九黎乱德,颛顼受之。"《盐铁论·结合》、《汉书·郊祀志》也都有这类颛顼复兴了少昊族势的记载。作为阳鸟部族一支西迁陇右的嬴秦,既以少昊为始祖,又认颛顼为始祖,也正是两合婚姻联盟双祖体制的史影留存。

经言少昊之国在"东海之外大壑"中,并非纯系荒诞神话。认真探究,这倒是少昊族源起于海岱地区的有力证据。郭璞注引《诗含神雾》云:"东注无底之谷。"引《楚辞·远游》"降望大壑",谓即指此。袁珂引《列子·汤问》:"渤海之东,不知其几亿万里,有大壑焉,实惟无底之谷,其下无底,名曰归墟。八纮九野之水,天汉之流,莫不注之,而无增减焉。"可见东海外之大壑在先民远古记忆中有深刻痕迹。古自然地理研究告诉我们,在距今一万至六千年这一时段,地球气温转暖,冰雪消融,海面上升。那时的山东半岛,只有以泰山为中心的鲁中南丘陵和胶东丘陵,在海面之上,是两个大岛,周围全是海。从六千年前开始,海面渐渐回落,黄河巨流长期冲积,慢慢把两个大岛同大陆连接起来,最终形成了巨大的山东半岛。[①] 在这之前,鲁中南

[①] 巫鸿《从地形变化和地理分布观察山东地区古文化的发展》,见苏秉琦《考古学文化论集(一)》,文物出版社,1987年版。

山陵与中原大陆之间,的确存在一带海峡。所谓"大壑",实乃远古时期山东半岛地貌在传说中留下的影迹。徐中舒在论述龙山、仰韶两种文化之所以"完全不同"时,说过这样的话:"在远古时期,河南嵩山与山东泰山之间一带地区原是内海,后来才逐渐形成地势低下的薮泽地带,使两地区的行人无法通过,舟楫也不能利用,因而隔绝了仰韶文化居民与黑陶文化居民之间的往来,以致两种文化各自走上独立发展的道路。"[1]所言即以远古地貌实情为据。传说谓少昊之国在大壑之外,确证了少昊族的兴起地域。

少昊为嬴姓鸟图腾部族,即前文所说"鸟夷"。嬴为水名,古嬴水就是今流经山东莱芜、泰安的嬴汶河,莱芜的城子县村,就是古嬴城遗址所在地。全国以嬴为名的河流,古今就这么一条;以嬴为名的城邑,古今就这么一座。城因水得名,水因生活在其流域的族体得名,而族体名又缘自该水盛产的一种蚌螺类生物即"嬴"。[2] 此字作为姓氏,有了"女"的部件,原形当作"嬴",《周礼》即以嬴为"螺"字之古体。嬴汶河流域为嬴族源起之地,如今学界对此已无异议。这一带和曲阜邻接,正是海岱文化圈的中心区。这种地理形势,同少昊都穷桑的记载完全一致。

2. 少昊的身世和名号

少昊起于海岱文化圈,这已无可置疑,令人困惑的是他的身世。据《世本》言,"青阳即是少昊,黄帝之子,代黄帝而有天下,号曰金天氏。""少昊,黄帝之子,名挚,字青阳。黄帝没,挚立,王以金德,号金天氏,同度量,调律吕,封泰山,作九泉之乐,以鸟纪官。"[3]宋衷注:"元嚣青阳,是为少昊,继黄帝而立者。而史不叙,盖少昊金德王,非五运之次。故叙五帝,不数之也。"所说"史不叙",指司马迁在《史记·五帝本纪》中未列少昊。该纪叙黄帝世系云:

黄帝居轩辕之丘,而娶于西陵之女,是为嫘祖。嫘祖为黄帝

---

[1] 徐中舒《先秦史论稿》,巴蜀书社,1992年版,第4页。
[2] 祝中熹《嬴、赵姓氏缘起析述——兼论族与姓的关系》,原载赵逵夫主编《先秦文学与文化》第二辑,收入《秦史求知录》(上册),上海古籍出版社,2012年版。
[3] 茆泮林辑《世本》第6页,《丛书集成初编》本,中华书局,1985年版。

正妃,生二子,其后皆有天下。其一曰玄嚣,是为青阳,青阳降居江水;其二曰昌意,降居若水。昌意娶蜀山氏女,曰昌仆,生高阳。高阳有盛德焉。黄帝崩,葬桥山,其孙昌意之子高阳立,是为颛顼。

学界公认迁公述此依据了《大戴礼》,该书《五帝德》、《帝系》两篇,均言黄帝生玄嚣及昌意,颛顼为昌意之子,帝喾高辛为玄嚣之孙,而言玄嚣即青阳,却绝口不言少昊。《帝王世纪》说同于《世本》和宋衷:"少昊帝,名挚,字青阳,姬姓也,母曰女节。黄帝时有大星如虹,下流华渚。女节梦接,意感而生少昊,是为元嚣。降居江水,有圣德,邑于穷桑,以登帝位,都曲阜,故或谓之穷桑帝,以金承土,即图谶所谓白帝朱宣者也。故称少昊,号曰金天氏。"[①]但不信这类记载者,古今均大有人在。少昊是否为黄帝之子?少昊是否即青阳?少昊之名究竟为何?其母是谁?古儒今贤,众说纷然。窃以为,我们应当更关注一下《逸周书·尝麦解》。此篇乃较为可信的周初作品,文中有关于少昊的重要记载:

> 昔天之初,□作二后。乃设建典,命赤帝分正二卿,命蚩尤于宇少昊,以临四方,司□□上天未成之庆。蚩尤乃逐帝,争于涿鹿之河,九隅无遗。赤帝大慑,乃说于黄帝,执蚩尤,杀之于中冀。……乃命少昊请司马鸟师,以正五帝之官,故名曰质。天用大成,至于今不乱。[②]

"河"应为"阿","请"应作"清","于宇"应为"宇于",这些校正学界已认可。因有缺字,某些内容尚无确解,如"二后"、"命赤帝"者、"二卿",皆指谁?但所引全文表意清楚,说的是著名的涿鹿之战。"宇于少昊",当理解作居于少昊之地,故《越绝书·计倪内经》称蚩尤为少昊之佐。蚩尤亦属东夷部族首领,传说中有关蚩尤的故迹皆在鲁西南。《史记·封禅书》载齐地"自古而有八神","其祀绝莫知起时",

---

① 顾尚之辑本《帝王世纪》第 7 页,《丛书集成初编》本,中华书局,1985 年版。
② 黄怀信等《逸周书汇校集注》(修订本),第 731—733 页。

"八神"中一曰"天主",二曰"地主","三曰兵主,祠蚩尤。蚩尤在东平陆监乡,齐之西境也。"索隐引《皇览》说,"蚩尤冢在东平郡寿张县阚乡城中"。阚乡即史文之监乡。《汉书·地理志》东郡寿良(即寿张)县下云:"蚩尤祠在西北涑上。"涑水即济水。这都是蚩尤活动于山东西部的证据。

关于涿鹿地望,传统说法在上谷,吕思勉先生对此有过辩正。他指出《世本》有"涿鹿在彭城南"之说。又引《战国策·魏策》"黄帝战于涿鹿之野,而西戎之兵不起;禹攻三苗,而东夷之兵不至"语,认为"此为涿鹿在东方之明证"。[1] 联系《尝麦》文思考,吕说可信。涿鹿之战,乃东夷集团同炎黄集团的一次军事大冲突。蚩尤虽然失败被杀,但炎黄势力并未进入海岱地区,最后还是少昊出来控制了局面。童书业师曾论及《尝麦》这段记载:"此神话传说,显示古代有东、西两大部落之对峙,盖赤帝(炎帝)在西而蚩尤在东,赤帝为蚩尤所逼,乃求援于其同族黄帝,遂擒蚩尤,改命少昊司东方,于是'天用大成'。"[2]

《尝麦》明言少昊名清又名质,这有助于少昊名号的澄清。后世学者多认为"清"即《五帝本纪》所说的"青阳",这样少昊便被纳入了以黄帝为总枢纽的一元化古帝体系。当今学界也几乎一致地认为质、挚相通,实当作"鸷",一种猛禽,乃嬴姓部族鸟图腾崇拜在首领名字上的反映。这种认识,也为近世考古文化提供的信息所证实。[3]

东夷部族崇鸟也崇日。前文已作论述,东夷主体性的两大部族即以鸟为图腾的少昊族和以日为图腾的颛顼族,他们通过"两合婚姻联盟"形式组合为阳鸟部族,所以鸟与日在东夷文化中都有亮丽展现。著名的"天有十日,轮番运照"的神话,便是阳鸟崇拜的产物。供日栖息的"扶桑"在东方,而载日飞行的鸟,是东夷普遍信奉的图腾物。这神话后来演变为日中有乌,此图像在战国至两汉的绘画、雕刻作品中有引人注目的显示。须特笔指出的是,日中之乌有三足,这打

---

[1] 吕思勉《先秦史》,上海古籍出版社,1982年版,第59—60页。
[2] 童书业《春秋左传研究》,第4页。
[3] 祝中熹《秦人远祖考》,原载《陇右文博》,1997年第2期,收入《秦史求知录》(上册),上海古籍出版社,2012年版。

着东夷文化的生动烙印：由于崇鸟，东夷文化中有些陶器做成鸟形，以龙山文化的陶鬶最为典型。鬶须三个支点，缘此物象，日中之乌也便有了三足。

大汶口文化出土的由日、鸟、山组合而成的陶器刻符，就是阳鸟图腾的标志性图案，其飞鸟载日飞行于天空的意蕴一望可知。这种刻符出现在莒县、诸城的同型陶器上，两地共出现三件，器形为一种硕大的陶尊，出自大墓，且多和随葬的猪头同置而不与其它陶器为伍，有一件刻符上还涂以朱红。显然，这是一种祭器。大型陶尊是用来装盛粮食的，以之为阳鸟祭器当含有祈求丰收之意。王若冰先生说："有人认为阳鸟栖居的扶桑树生长的地方，以及十个太阳洗浴的'汤谷'，就在山东日照天台山一带的扶桑古国。日照天台山上还有古代祭祀太阳神的祭祀台遗迹。"①如此说有据，阳鸟刻符的宗教意义即可论定。

泰山是东夷文化的镇山，缘起于东夷文化的天神崇拜，就是以泰山为平台发展成熟的。《困学纪闻》言泰山有形兆勒石可见祭祀遗迹者，达1 800多处。② 它被称为"岱宗"，后世专制王朝神圣无比的封禅大典，法定要在泰山举行。祭天是以祭日为核心的，所谓"天之神，日为尊"。这种崇天尊日的宗教背景，不仅反映在少昊、颛顼两族均擅长天象观测、执掌历法的史实上，也反映在首领的名号上。颛顼号高阳，其父名昌意，其母名景仆，字皆从日。《白虎通义》《诗含神雾》等还记载了景仆感受"正白"、"如虹"的"瑶光"而生颛顼的传说。古本《竹书纪年》云："颛顼产伯鲧，是维若阳，居天穆之阳。"③颛顼的"高阳"称号，确来自其族系的日图腾。少昊之氏称，也与日有关。"昊"字从日从天，含义明确。故《史记正义》佚文谓"少昊象日月之始"。后起之号"金天氏"，也在强调日行之天，前引《尸子》所言"日五色，互照穷桑"，就是解说"金天"意蕴的。所以，说少昊号青阳是可信的，这也和颛顼号高阳相对应。

---

① 王若冰《嬴族：古老的太阳部落》，宋镇豪主编《嬴秦始源》，中国社会科学出版社，2013年版。
② 王应麟《困学纪闻》，辽宁教育出版社，1998年版，第223页。
③ 方诗铭、王修龄辑校《古本竹书纪年辑证》，上海古籍出版社，2005年版，第66页。

3. 少昊主西方说

少昊为东夷集团首领，如今学界的认识是一致的，但古人却并不这么看。症结在于"五方帝"的理念影响太大、太深。关于"五方帝"，本文第一部分引述屈原的《远游》，已有基本显示，但《吕氏春秋》之"十二纪"与《尚书大传》表述更加完整清晰，后者还增述了五方帝各自管辖的地域，值得一引：

> 东方之极，自碣石东至日出榑木之野，帝大昊，神勾芒司之，自冬日至数四十六日，迎春于东堂。……南方之极，自北户南至炎风之野，帝炎帝，神祝融司之。自春分数四十六日迎夏于南堂。……中央之极，自昆仑中至大室之野，帝黄帝，神后土司之。土王之日，祷用牲。迎中气于中室。……西方之极，自流沙西至三危之野，帝少昊，神蓐收司之。自夏日数四十六日，迎秋于西堂。……北方之极，自丁令北至积雪之野，帝颛顼，神玄武司之。自秋分数四十六日，迎冬于北堂。①

《淮南子·天文训》亦详述五方帝，内容与《十二纪》和《尚书大传》相同，但又在五方佐神之后又增配了星神和灵兽以及乐声。现据之列示如下：

太昊	木	神为岁星	兽苍龙	音角
炎帝	火	神为荧惑	兽朱鸟	音徵
黄帝	土	神为镇星	兽黄龙	音宫
少昊	金	神为太白	兽白虎	音商
颛顼	水	神为辰星	兽玄武	音羽②

随着五行学说的持续膨胀，五方帝内涵也在不断系统化、繁琐化。但少昊西方天帝的地位是十分确定的。前引《越绝书·计倪内经》说蚩尤佐少昊，其首语即谓"少昊治西方"，以至于清儒据此擅自将《尝麦》

---

① 陈寿祺辑校《尚书大传》第78—80页，《丛书集成初编本》，中华书局，1989年版。
② 刘文典《淮南鸿烈集解》（上册），中华书局，1989年版，第88—89页。

所言蚩尤"宇于少昊以临四方"的"四方"改作"西方"。足见少昊主西说之强势。

《山海经·大荒东经》说少昊之国在东海外，却又在《西山经》中说"（积石之山）又西二百里，曰长留之山，其神白帝少昊居之。其兽皆文尾，其鸟皆文首，是多文玉石。实惟员神磈氏之宫。是神也，主司反景。"同篇言"泑山"，"其上多婴短之玉，其阳多瑾瑜之玉，其阴多青雄黄。是山也，西望日之所入，其气员，神红光之所司也。"①"短"当为"脰"字，论者谓"婴脰之玉"，乃颈饰之玉，可从。郝懿行疏云："李善注《思玄赋》引此经作濛山，盖即《淮南子》云日至于蒙谷是也。"蒙谷即后文将论及的被视为日入之地的"昧谷"，地望明确。

这两段经文，为少昊主西说的重要依据。因为不仅提到少昊，还讲少昊之佐神蓐收，更重要的是紧扣了少昊与日的关系，说少昊与其佐神居西方，主司日之西落。所居之地多产文玉、美玉，这也正同甘肃境内盛产鸳鸯玉（文玉）、新疆境内盛产美玉（瑾瑜）的地理实情暗合。这和《尚书大传》所言少昊、蓐收掌控"自流沙西至三危之野"的说法如出一辙。总之，少昊主西方说在传统文献中已成定论。此事我在后文将详加辨析，这里想专就穷桑地望问题，澄清一种异说。

穷桑即空桑，乃曲阜之古称，少昊、颛顼之故地，海岱文化圈的中心地域。然而，少昊主西方说却和这种认识不相容。坚信少昊西方说的罗泌，便以穷桑、空桑为二地的思路，解决这个矛盾。在《路史·前纪》"空桑氏"目下，他说："空桑氏以地纪。空桑者，兖卤也。其地广绝，高阳氏所尝居，皇甫谧所谓广桑之野者。或云穷桑，非也。穷桑在西，小昊之居。""空桑在东，穷桑在西。《归藏·启筮》云：'空桑之苍苍，八极之既张。乃有羲和，是主日月，职出入以为晦明。'盖指隅夷之地。""《拾遗记》言穷桑者，西海之滨也，地有孤桑千寻，盖在西垂少昊之居，梁雍之域。故《周书·尝麦》云'帝命蚩尤宇于小昊'，而《远游章句》'西皇所居，西海之津'，西皇者，少昊之称。"认为杜预注《左传》定公四年言穷桑在鲁为"妄"说。② 罗泌读书虽多而欠深究，

---

① 袁珂《山海经校注》，第51—52页，56页。
② 罗泌《路史·前纪》（卷三），《文渊阁四库全书》383册，台湾商务印书馆影印本，1986年，第18页。

他不认真考察少昊东、西二说产生的缘由,而盲从五方帝理念,认定少昊在西,并以分穷桑、空桑为西、东二地之说强化这种认识。少昊族兴起于海岱文化圈以及少昊与穷桑的关系,前文已作交代;穷桑即曲阜,《左传》也有明确记载,此事古今无异议,是板上钉钉的事实。罗泌对此弃而不顾,却斥责杜预注误导了后人。他宁信纯系神话故事的《拾遗记》,也不信《左传》。蚩尤明明是东夷族系的首领,他却用《尝麦》"蚩尤宇于少昊"来证少昊居西。难怪《四库全书提要》对《路史》有"多采纬书,颇不足据"的评语。

三、二昊在文化传承中的易位

太昊是东方传说中的人物,伏羲源起于西方的汉渭文化圈,为什么他们又是同一个人呢?少昊是海岱文化圈嬴姓族系首领,为什么变成了主西方之神了呢?这种全然反向的文化易位,是如何发生的?这要从东、西文化的交融说起。

1. 五帝时期我国历史发展的总趋势

我国地域辽阔,生态环境复杂多样,许多区域相对封闭,故史前文化是多元的。苏秉琦先生曾比喻作"满天星斗",近一个世纪越来越兴盛的田野考古,为这种认识提供了可靠依据。但多元文化发展到一定程度,必然会相互接触、交往、渗透、冲突,逐渐出现融汇、涵化与并合,形成多元趋一的格局。20 世纪 30 年代,傅斯年先生曾提出"夷夏东西说",认为三代以前我国存在东、西两大文化系统,夷与商属于东系,夏与周属于西系,"这两个文化系统,因对峙而产生争斗,因争斗而起混合,因混合而文化进展。"并举示了许多东、西争斗的史事为证。[①] 此论面世后影响很大,老一辈史学家多赞同其说,持夏部族源起西方而东向发展的观点。[②] 毋庸讳言,是时我国的田野考古及现代史学理论都处于起步阶段,尚不具备结合考古信息准确把握华

[①] 傅斯年《民族与古代中国史》,河北教育出版社,2002 年版,第 4 页。
[②] 对此刘起釪先生曾做过绍述,参看其《古史续辨》,中国社会科学出版社,1997 年版,第 52—55 页。

夏文明脉络的条件,故傅说弱点甚多,颇遭当代部分学人的质疑和批评。但我觉得其说含有不少合理成分,整体思路大体是对的。因为五帝时代历史发展的总趋势是多元化归于一宗,各强势部族交接、冲突、融汇的步伐空前加速,社会正处于文明的前夜。而在这个过程中,东、西两大文化区系的对峙争锋,的确发挥着主导性作用,是多元化文化一体化趋势的主旋律。

从考古文化层面上说,由大汶口文化演进而出的山东龙山文化,自海岱地区向西发展;以大地湾一期文化及宝鸡北首岭下层文化为母元的仰韶文化,持续东进。二者在中原地区融合发育,奠定了华夏文明形成的基础。夏王朝就是在这个基础上建立起来的。这个时期中原地区田野考古发现了大量来自周边的文化因素。从部族势力变化格局上说,华夏族是日后逐步形成的中华民族的核心,而华夏族的形成与华夏文明的形成是同步的,这也就是东、西两大部族集团对峙争锋的过程。强势族体流动扩张,为争夺生存繁衍地域,为争夺对周边部落酋邦的控制权,而不断发生冲突乃至征伐,此即人们常说的英雄时代。史有明载的几次规模较大的战争,很能说明问题。江林昌先生对此作过简明的概括:"涿鹿之战,蚩尤战胜了炎帝。中冀之战,黄帝战胜了蚩尤。阪泉之战,黄帝战胜了炎帝。各部落联合体之间的力量得到了较量与调整,最后出现了黄帝联盟集团居于中原,蚩尤联盟集团居于山东,炎帝联盟集团退居长江中游的三足鼎立局面,从而奠定了五帝时代英雄部落分布的大致框架。"[1]

后来又发生中原集团同长江流域三苗集团的战争,仍是中原集团取得了胜利。当然,这些战争都是荦荦大者,小的战争肯定很频繁。据《帝王世纪》言,黄帝时"凡五十五战而天下大服"。中原集团的胜利,是多元文化一体化历史趋势的结果,为雏形国家的孕育拉开了序幕;黄帝也因此成为众望所归的英雄,象征着那个时代。

2. 东、西文化交融现象窥要

上节所讲五帝时代政治、军事格局的演变,实属东、西文化融汇的宏观反映。下文想通过几件具体史例的析述,深化这一理念。

---

[1] 江林昌《中国上古文明考论》,上海教育出版社,2005年版,第57页。

先看一下族体的流动迁徙。如兴起于汉渭文化圈的炎帝部族,最先走下黄土高原,在关中西部发展,史籍说炎帝都陈仓,即今陕西宝鸡一带,后迁至宛丘,今河南淮阳一带,再后来东进至海岱文化圈域内,以至于同东夷蚩尤集团发生了战争。其擅长农耕业的部族特性,在世代久远的迁移中保持并传布,影响所及,乃至拥有了神农氏的尊号。海岱地区族体的西移,也颇引人瞩目。有学者作过这方面的专题研究,指出东夷族很早以前便曾不断西迁,在距今4 800年至4 600年前后,即大汶口文化的兴盛期达到高峰,论者称之为大汶口人的"西进大潮"。① 下节将详述的阳鸟部族和仲一支西迁陇右,也是很突出的事例。

再看思想意识方面的提升。《易》学的成长是东、西文化交融的最佳例证。画卦是伏羲功业中最具代表性的创举,卦学对宇宙本体及两极对立变化以生万物万事的哲学认知,是伏羲文化的炫目亮点。但八卦重为64卦、384爻,卦、爻各定其名并拟示卦辞、爻辞,用于占卜即据阴阳造化、天人交感思想推测自然与人事的演变,后来又产生了《十翼》,使《易》学升华为一方兼具哲学、社会学、伦理学、道德学意义的学术领域,这一切都是在卦学东渐之后的文化传承中完成实现的。东夷文化土壤中培育起来的齐鲁学人,发挥了引领性作用。延递至今,迩久益盛。《周易》学确凿无疑是东、西文化交渗融汇的结晶。

五帝体系的形成,是东、西文化交融的另一项最具社会性、意义最为深广的成果。五帝体系有两种模式,一种是和中华民族社会发展阶段相联系的历史性纵向模式,一种是和"五行"说、"四灵"说相结合的宗教性横向模式。历史性模式有不同的版本,容含的人物有别。《易·系辞下》为:伏羲、神农、黄帝、尧、舜;《史记·五帝本纪》为:黄帝、颛顼、帝喾、尧、舜。司马迁着眼于突显黄帝对新时代的开创,符合社会发展实情,所述影响较大。但上溯国史之源,是先民共有的精神需求,于是人们又在五帝之前尊设了"三皇"。三皇的组成也有许多版本,均以伏羲为首。为《史记》作索隐的唐代史学家司马贞补写

---

① 栾丰实《试论仰韶时代东方与中原的关系》,《考古》,1996年第4期。

了《三皇本纪》,定三皇为伏羲、女娲、神农。其文流传至今,形成了被广为接受的"三皇五帝"古史系统。在这个系统中,八位圣王,东、西两大文化区系各占了四席。

对于司马迁的五帝模式未列少昊,古今学人都颇感困惑。有人认为玄嚣并非少昊,少昊不属于一元化的黄帝世系,故被排拒在外;但就算玄嚣就是少昊,《纪》文也明言他"不得在位",有天下的是"其后"即其孙高辛氏。前引宋衷注《世本》云"史不叙"少昊的原因是"少昊金德王,非五运之次",这无异于睁眼说瞎话。迁公的五帝模式根本就不涉五行运序,纯以史实定位;如按五行运序选人,则土生金,主土的黄帝之后正应置主金的少昊,而不应置主水的颛顼。我们还应注意到,《史记·封禅书》引管仲对古之"受命"帝王封禅泰山的绍述,共举12家:无怀氏、伏羲、神农、炎帝、黄帝、颛顼、帝喾、尧、舜、禹、汤、成王,也无少昊。司马迁作为一个卓越的史学家,他采用《大戴礼·五帝德》的五帝模式,不会是一种盲从,肯定是经过慎重思考的。他要尊重上古史程演化的实情,即在那个中央部落联盟已渐现雏形国家的时代,接替黄帝族掌权的是颛顼族而非少昊族。颛顼不仅是少昊族衰落后重振东夷雄风的领袖,又是完成"绝地天通"宗教改革,统一祭祀权、确立天神崇拜的大教主,还是实现"为民师而命以民事",推行权力结构时代化的部落联盟新型掌舵人。颛顼正处于时代转化的关键点上,他的历史地位高于少昊。

宗教性五帝模式即本文频频言及的"五方帝",只有一种版本,社会对其认知高度一致。先民对金、木、水、火、土这五种同人类生存关系最密切,可谓须臾难离的物质,必然有极久远的观察、利用和思考,因此五行说及其衍生的五方帝说起源甚早。20世纪河南濮阳发现的那座著名的新石器时代晚期墓葬,南北向墓主身侧即精心设计了东龙西虎的摆塑。王国维在《殷虚书契考释》(增订本)中据甲骨多条祭方帝之占辞指出:"曰'方帝',曰'东',曰'西',曰'中',疑即五方帝之祀矣。"[①]《尚书·洪范》载微子以五行论政治,表明五行思想早已渗透殷商社会生活。《逸周书·作雒》为周初作品,已有东青、南赤、

---

① 转引自傅斯年《民族与古代中国史》,河北教育出版社,2002年版,第77页。

西白、北骊、中央黄的表述。① 最直接的例证是《史记·封禅书》所载秦襄公被封为诸侯之后,"自以为主少昊之神,作西畤,祀白帝"。秦襄公是两周之间的人,他居西而祭白帝少昊,是五方帝理念已成为社会通识的反映。宗教性五帝模式的出现,应早于历史性模式,社会影响更大,因为它具有神圣性和世俗性双重优势,既有神话传说的基础,又含后世的信仰寄托。在进入文明时代很长的一段历史时期的政治、宗教生活中,五方帝被尊为天地之外的最高神灵,崇奉五方帝的意识闪现在社会的诸多领域,至今尚能窥其遗踪。

五方帝模式中的人物,东、西方文化各占了二分之一。之所以说是"二分之一",是因为太昊具有两重性:他既属于西方,又属于东方,是东、西方文化在精神层面上的奇妙结合。伏羲的主东和少昊的主西,既是一种地域平衡,也是一种文化意识的平衡。

3. 二昊易位的基本原因

前文介绍太昊时曾指出,关于他的记载产自东方,内容简略且具虚拟性。这是因为东方本来就不存在这么个人物,他是伏羲传说及族裔延至东方后傅会出来的名号。随着东、西方文化交融的深化,伏羲的事迹功业必然要被海岱地区所吸收。东夷集团崇鸟崇日,而伏羲族以龙为图腾,二者相合相融后,伏羲便被赋予了风姓太昊的称号,使他成为以龙为象征的东方之神。"风"这种现象,如龚自珍所说,是"万状而无状,万形而无形",很难专为它造字,最初必为假借字无疑。故甲骨文中风、凤同字,凤字从鸟,这是业界共识;后来出现了从"虫"的风字,而虫字甲、金文均作蛇形,亦即龙字的初形。《说文》以"风动虫生"释风字,其妄显然。康殷即发过"蛇与风有何关联"的质问,他认为从虫之风可能是"六国奇字"。② 愚见此字乃东、西文化交融的一项微型佳证。西方族系移居东方,西方图腾与东方图腾相遇互渗,是"风"字产生的机缘,该字兼具了龙与凤的复合意蕴。传说中同伏羲密不可分的女娲,也便跟着姓了"风"。

姓是父系家长制确立之后才出现的。伏羲、女娲时代不可能有

---

① 黄怀信等《逸周书汇校集注》(修订本)上册,第534页。
② 康殷《文字源流浅说》,荣宝斋1979年版,第181页。

姓。所谓有巢氏、燧人氏、神农氏等，都是以族体特性作为区别族体的标志。姓大致兴起在五帝时代，而我国文字也当在那时萌生，作为姓称的"风"，应当略晚于那个时代。原始的姓，大都含有图腾崇拜的因子，"风"字的结构和含义，韵味深长，发人深省。正如太昊名号合伏羲为一人，风字合龙、凤两大图腾为一字，是个绝妙的创构。龙与凤原本就是史前文化的两大复合图腾，是西部与东部诸多族体各自汇聚成强势集团的反映。如前文所述，西、东两大文化区系，在华夏文明形成过程中起着主导作用，故龙与凤这两大复合图腾，也便成为华夏文明的物象标志。所以，龙与凤的巨大影响绝非一个"风"字所能含容。在后世文化传承中，龙与凤仍沿着原本特色，各自展现着健美的形象。虽然被旧时历代统治集团拿过去作为皇帝、皇后炫耀身份的专用品，但国人还是一直把它们视作中华民族和文化肇端的象征。在这种龙凤形象高、大、全的人文背景下，"风"字的原创意义便显得微弱隐晦，早已渺茫难明了。但在五帝时代，风姓的产生却是一种文化需要，宣告着龙与凤的结合。

言及此，另一个有意思的问题便浮出水面：太昊与少昊谁先谁后？表面看来，这是个伪问题，几乎所有文籍，凡讲到上古帝王先后顺序的，只要二昊并现，一定是太昊在前，少昊在后，自古至今没人怀疑。因为太昊就是伏羲，而伏羲被公认为华夏人文始祖，即使不与大地湾文化相联系，其传说中的事迹功业，也显示出其在社会生活各领域的开创性。但事情并不这么简单。伏羲的实际存在和太昊名号的出现，是两码事。如前所述，太昊名号是虚拟的，是东方文化给伏羲特设的一个宗教性位置，是人神化五方帝理念衍育的产物，其产生时代肯定在少昊时代之后。徐中舒先生曾多次谈论过历史上的"大、小"问题，说："所谓大夏、小夏，太昊、少昊，大雅、小雅，大月氏、小月氏的大、小，都是指不同的地区，新旧的民族而言。新发展的、较远的地区称大，故地或较近的地区称小。民族的本支称小，分支称大。"① 傅斯年也曾表达过同样的看法，认为小在先，大在后，并举罗马史例为证。② 他们说的是地域及族势的扩张，我这里说的是名号的产

---

① 徐中舒《先秦史论稿》，第34页。
② 傅斯年《民族与中国古代史》，第89页。

生,但道理相通。就文化根基和影响而言,在海岱地区是少昊在先,太昊后起。有少昊的存在为前提,才能拟出太昊的名号来。

太昊东方主木主春青帝地位的确立,如上所述;少昊西方主金主秋白帝地位的确立,则缘起于五帝后期少昊后裔和仲一族的西迁。《尚书·尧典》称颂尧之政绩,首言他在天文历法方面的作为:

> 乃命羲和,钦若昊天,历象日月星辰,敬授人时。分命羲仲,宅嵎夷,曰旸谷。寅宾出日,平秩东作。日中星鸟,以殷仲春。厥民析,鸟兽孳尾。申命羲叔,宅南交,【曰明都】。平秩南讹,敬致。日永星火,以正仲夏。厥民因,鸟兽希革。分命和仲,宅西,曰昧谷。寅饯纳日,平秩西成。宵中星虚,以殷仲秋。厥民夷,鸟兽毛毨。申命和叔,宅朔方,曰幽都。平在朔易。日短星昴,以正仲冬。厥民隩,鸟兽氄毛。

受部落联盟中央之命,肩负四极测日、祭日任务的,就是著名的"羲和四子"。据古文献记载,羲、和是重、黎之后,而重、黎又是由少昊、颛顼两大部族构成的阳鸟部族的首领。古本《竹书纪年》载虞夏时东方"九夷"中有"风夷"和"阳夷",由族名看应即鸟图腾部族和日图腾部族,羲和族当为二族的结合。《后汉书·东夷列传》言及阳夷时,即引述《尧典》羲仲宅嵎夷曰旸谷的话,提示羲氏属阳夷。《尚书大传》述舜巡视泰山,"乐正定乐名","羲伯之乐舞将阳","和伯之乐舞玄鹤",也昭示出羲、和的族属和图腾。[①] "舞玄鹤"的和伯,郑玄注谓"和仲之后"。和仲所承担的使命,也和《左传》昭公十七年郯子所述少昊部族在部落联盟中执掌的天文历法事务相符。

和仲一族所居之"西",即秦、汉时陇西郡之西县境,大致范围不出今甘肃礼县东部、西和县北部、甘谷县及天水秦州区南部那片地域。和仲测日祭日的具体地点,也即古人视为"日入之地"的"昧谷"(古籍中又称蒙谷、卯谷),就是今天水市秦州区和礼县交界一线自西北而东南流经礼县一侧的红河,古称峁水河,今地图标注冒水河。

---

① 陈寿祺辑校《尚书大传》,第18页。

昧、蒙、卯、峁、冒声同字异，实为一水。"西"、"昧谷"之所在，正是汉渭文化圈的中心地带。和仲一族为测日祭日而西迁陇右，在当时是一件影响甚大的壮举，其远行的艰巨及对所迁地域的开发，在先民群体记忆中留下了深刻的印象，这从一些相关的神话传说中可以看出。前文所引《山海经》少昊之神"西望日之所入"，"主司反景"，以及夸父逐日而行等故事，都折射着少昊族系远赴陇右执掌"饯日"的史影。①《西山经》云："有鸟焉，其状如夸父，四翼，一目，犬尾，名曰嚻，其音如鹊。"从侧面展示了夸父属鸟图腾族。夸父所弃之杖化为"邓林"，实即桃林，乃嬴族造父择马处，"夸父之山"又称秦山，这都隐含着夸父的族属。夸父鸟名"嚻"，也透露出夸父为少昊化身的印痕。

和仲一族把少昊文化及影响带到了西方，这是少昊在传说中成为主西之神的史实基础。日后崛起的嬴秦，当系和仲一族的后裔，从夏末到东周，又不断有嬴姓族体西迁。他们对汉渭文化圈进行了世代相继的开发经营，同时也在强化着少昊的影响。尤其是秦襄公封侯后立西畤，祀白帝，高扬这面始祖神与西方天帝合一的大旗，更使少昊在五方帝中的位置无可动摇。

二昊在五帝体系中的易位，是东、西两大文化区系交融的结果，不仅体现了华夏文明从形成期开始便以兼容性和创新性为鲜明特色，而且显示出华夏文明能在传承中焕发出旺盛的生命力。

丁酉初秋成稿于诸邑摩碏庐

（2017年中国莱芜嬴秦文化与远古文明学术研讨会论文）

---

① 祝中熹《阳鸟崇拜与"西邑"的历史地位》，载《丝绸之路》1998年学术专辑，收入《秦史求知录》（上册），上海古籍出版社，2012年版。

下编 语疑故实考辨

也来说"发"

《语文教学与研究》今年第二期,有两篇文章谈到"发(發)"字:一篇是辰苏文同志的《"拨乱反正"词义辩证》,文中说"拨"的本字是"癹"(即"發"),并引《说文》:"癹,以足踏夷草。"然后解释道:"据此可见,癹是用脚踢除田里的杂草,把它堆起来,使之发酵腐烂。"另一篇是孙永都同志的《论词义的古今差别》,文中引了《孟子·尽心上》"君子引而不发,跃如也",一句之后,说:"'引、發'两字均有形符'弓'字,就会使我们较容易地理解'引'(拉弓)和'發'(射箭)的本义,较准确的理解句子的含义。"

其实,"射箭"也好,"踢草"也好,都不是"发"字的本义。"射箭"说并不错,且也能从《说文》中找到依据,但这只不过是"发"字的引申义。辰苏文同志的"踢草"说虽据《说文》,但可惜他对《说文》的解释作了完全错误的理解。

"发"的本字为"癹",战国玺文作 ,甲骨文作 或 。从字形分析,是手持木棒插入双脚下土地之象。人类社会的早期历史告诉我们,以木棒掘地松土,进行播种,是最原始的农耕方法。先秦时代的主要农具"耒"、"耜",就是由尖端木棒发展而来的:为了手持操作方便,木棒的上端演化为曲柄,为了提高刺土效率,木棒的下端演化为尖利的双叉;为了能辅以足的力量,双叉稍上的部位贯以横木。这就是"耒"。耕作时,两人共持一耒,并肩劳动。一人的右脚踏于横木的左端,一人的左脚踏于横木的右端,同时用力,使双叉刺于土中,这叫作"推";耒叉推入土中后,向后斜扳耒柄,把土拨散,就叫作"癹";一推一癹,即谓之一"拨"。后来演化为两人各持一耒,并肩发力刺土,更能提高效率。

这种两人协作的农垦方法,就是先秦文籍上常常提到的"耦耕"。

《诗·小雅·大田》孔颖达《正义》说:"计耦事者,以耕必二耜相对,共发一尺之地,故计而耦之也。"将耒刺土的两歧,改装为末端略呈弧形的板状,起土效果更好,这便是使用更为广泛的"耜"。《诗·豳风·七月》:"三之日于耜,四之日举趾",所谓"举趾",毛传就解释为"举足而耕"。这种耦耕要求两人协力配合,因此两人的身高和体力应差不多才好,所以《周礼·地官·里宰》条下说:"以岁时合耦于锄,以治稼穑。"里宰是周代的基层官员,他的职责之一就是在开春时组织村社成员"合耦",把身高与体力差不多的农民结合在一起,使其互相佐助。随着生产力的发展,人们逐渐掌握了冶铁技术,便在耒或耜的下端,安装铁质尖头或半圆形、方形的铁刃,提高其破土效能。于是后来便不再需两人配合耕作,一人也可以持耒耜翻土了。《淮南子·主术》篇就曾说过:"一人蹠耒而耕,不过十亩。"这种相当原始的耕作方法,在土质松软的黄河冲积平原上曾保持了很长的历史时期,直到清代,尚能看到其历史遗存。江永在其《周礼疑义举要》中,有过具体的叙述:"询之行中州者,谓亲见耕地之法,以足助手,蹠耜入土,乃按其柄,向外挑拨,每一发则人却行而后也。"我们今天用铁锨翻地,基本上也还是这种操作程式。

在先秦文籍中,使用"发"字本义的文例甚多,略举几则如下:

《诗·周颂·噫嘻》:"骏发尔私,终三十里。"①

《考工记》:"坚地欲直庇,柔地欲句庇。直庇则利推,句庇则利发。"(庇即刺,句是斜的意思)

《孟子·告子》:"舜发于畎亩之中。"

《管子·国蓄》:"耕田发草。"

《国语》韦注引古语:"土长冒橛,陈根可拔,耕者急发。"(熹按:除草言"发",是强调用耒耜深除其根,而不是用铲仅除草之茎叶。)

"发"也被借为"伐","伐"即"垡"。《说文》:"垡,治也。一曰臿土谓之垡"②《说文》"耜"作"相":"相,臿也。"孙诒让在《周礼正义》中说:"伐即垡之借字,其字又通作发,俗作墢。"《考工记》说:"耜广五

————————

① "骏发尔私"的"私"字,诸家解释不同,有人说是指"私田",有人说是指工具,"私"即"耜"字。好在二说均不影响"发"字的表义。

② 《说文》另本此条是:"垡,垡土也,一臿土谓之垡。"

寸,二耜为耦,一耦之伐,广尺深尺。"可见耜、畐、耒都是起土农具。"癹、伐、坺、墢都指起土动作,墢也作拨,《国语·周语》记载周王行籍田礼时说:"王耕一拨,班三之,庶人终于千亩。"即是证明。

"發"字的确也表示"射箭"的意思,但这已是其本义的引申。在这种引申的基础上,人们给"癹"字增添了"弓"字这个部件。因此《说文》就把"癹"与"發"作为两个字来解释。不过我们应当了解,最初只有"癹"字而且其含义与"射箭"无关,因为"射箭"无论如何也与双足及"殳"字联系不到一起去。

那么,所谓"用脚踢除田里的杂草"又是怎么一回事呢?原来辰苏文同志没有深察《说文》"以足踏夷草"这个解释的文义,不知道"夷"、"癹"都是铲除的意思。《说文》段注讲得很清楚:"从癶,谓以足踏夷也。从'殳',杀之省也。艸部芟亦从殳,癶亦声。"许慎所谓"以足踏夷草",是说用脚踏耜以铲草,用的正是"癹"的本义(略有变化),绝不是用脚踢草的意思。《周礼·秋官·薙氏》条下云:"掌杀草:春始生而萌之,夏日至而夷之,秋绳而芟之,冬日至而耜之。若欲其化也,则以水火变之。"郑玄注:"萌之者,以兹其斫其生者;夷之,以钩镰迫地芟之也,若今取茭矣;含实曰绳,芟其绳则实不成孰;耜之,以耜侧冻土划之。"冬天地冻土硬,不能再用别的办法,须以耜翻撅,把杂草连根铲除;既然用耜,就要"以足踏"之。至于辰苏文同志所说的"把它堆起来,使之发酵腐烂"。就更超出"发"字含义的范围了。之所以有这样的解释,是因为辰同志把《说文》对"癹"字用法的举例之文,错当作释义来理解了。《说文》在"癹"字释义之后说:"《春秋传》曰:癹夷蕰崇之。"意在告诉我们《春秋》经文中曾经这样使用过"癹"字,①并非说"癹"字本身具有"蕰崇"的含义。这正如上引《周礼·薙氏》条下的"若欲化之,则以水火变之"一样,是对所发之草处理方式的说明,不能将其归入"癹"字的表义之中。

最后,我还想说几句题外的话:"拨"字虽然后出,但它毕竟已形成了自己的独立含义,因此它是一个独立的字。从某字的本义中引申出一种新义来,后来在文字运用的实践中又针对这引申义为该字

---

① 《春秋》本经中并没有"癹夷蕰崇之"的话,语出《春秋左传·隐公六年》。

增添某种偏旁部件,使之发展为一个后起的新字,这是汉语文字孳生的形式之一。"拨"字正就是这样产生的。《说文》不再纠缠"發"与癹的渊源关系,直接说"撥,治也。从手,發声。"是有道理的。"拨乱反正"一词用的是"拨"而不是"发",我们也就没有必要再用"癹"的本义去诠释这个成语。因此,把"拨乱"解释为"治理乱世",并没有什么不妥之处。

(原载《语文教学与研究》1982 年第 4 期)

先秦独特的挑战方式——致师

我国古代军事家，非常重视军队临战时的精神状态，提出过"气"的概念。《左传·庄公十年》所载著名的曹刿论战即曰："夫战，勇气也。一鼓作气，再而衰，三而竭。"《尉缭子·战威》篇谓："民之所以战者，气也。气实则斗，气夺则走"。"气失而师散"。所谓"气"，就是指战士们基于必胜信念而激昂奋扬起来的那种敌忾情绪和求战欲望。昂扬的士气，在战斗中必将转化为巨大的歼敌力量，故高诱注《吕览·审时》篇时直接说："气，力也。"因此，军队统帅在战前十分注意激发战士的斗志，此即《孙膑兵法·延气》篇所谓："临境近敌，务在励气。"

古代战争中"励气"的方式很多，其中与交战直接关联的一种"励气"方式就是"致师"。《周礼·夏官》有"环人"之职，其首要任务是"掌致师"。郑玄注云："致师者，致其必战之志。古者将战，先使勇力之士犯敌焉。"旧版《辞源》"致师"条下据郑意而作申释："致其欲战之意于敌人也。"其实，致师的意思绝不止此。致师的主旨在于先声夺人，显示己方的勇猛威武，以达到镇慑敌军气焰、鼓舞本军斗志的目的。因此，致师者的风格可以各异，但有一点却是共同的，即都要突出一个"勇"字。《左传·宣公十二年》叙晋楚邲之战："楚许伯御乐伯，摄叔为右，以致晋师。许伯曰：'吾闻致师者，御靡旌摩垒而还。'乐伯曰：'吾闻致师者，左射以菆，代御执辔，御下，两马、掉鞅而还。'摄叔曰：'吾闻致师者，右入垒，折馘、执俘而还。'皆行其所闻而复。"是时战车为军事攻守运动的主要凭依，每乘战车都是一个独立的作战单位，车上配备甲士三人：左执弓主射，右执戈主击，中执辔主御。许伯等人各立足于自身的职责而确定了致师的标准：御者驾战车直驰敌军营前，让车上的旌旗擦过敌营的壁垒；车左一面发矢射敌，一面代御操缰,让御者下车去整理好马的颈革;车右于此时杀入敌营,斩取敌军首级,并抓回一个俘虏。当然,这是致师的高标准,一般人难以做到。但由此我们可以看出,致师的要义就在于表现勇武。

致师之举,一般发生在交战双方均已摆开阵势之时。一方致师,另一方当然不会坐待,必然要予以反击。上引邲之战楚方许伯等三人致师,下文即言:"晋人逐之,左右角之",只是由于乐伯善射,"左射马,而右射人,角不能进",方逃脱了对方的追击。对于遭受致师的一方来说,未能抓获或消灭致师者,则被视作一种耻辱。邲之战中晋方的赵游,即因"怒于失楚之致师者"而请求赴楚营挑战。所以,致师是相当艰巨而危险的任务,致师者往往战死或成为俘虏,如《左传·文公二年》载晋国的狼瞫:"既阵,以其属驰秦师,死焉。"《左传·哀公十七年》载:"齐国观、陈瓘救卫,得晋人之致师者。"皆为例证。正因为致师要冒极大的危险,故高水平的致师者重在以轻松自如的风格来显示自己超人的勇敢和卓绝的武艺。入垒、杀人、获囚、归营,都在神情自若、敏而不乱中完成,惊心动魄的冒险化为一种搏击的艺术,令人叹为观止。《左传·襄公二十四年》关于晋楚棘泽之役的一段文字,大约是这类高水平致师最精彩的描写了:

> 晋侯使张骼、辅跞致楚师,求御于郑。郑人卜宛射犬,吉。子大叔戒之曰:"大国之人不可与也。"对曰:"无有众寡,其上一也。"大叔曰:"不然。部娄无松柏。"二子在幄,坐射犬于外,既食,而后食之。使御广车而行,已皆乘乘车。将及楚师,而后从之乘,皆踞转而鼓琴。近,不告而驰之。皆取胄于櫜而胄,入垒,皆下,搏人以投,收禽挟囚。弗待而出,皆超乘,抽弓而射。既免,复踞转而鼓琴,曰:"公孙,同乘,兄弟也,胡再不谋?"对曰:"曩者志入而已,今则怯也。"皆笑,曰:"公孙之亟也!"

晋国张骼、辅跞这两位,可谓致师专家了。由于事前慢待了郑国的御者,而御者某种程度上说又是决定乘士命运的人,故他们二位的致师任务就加倍的艰险。但他们却从容不迫到这种程度:临近敌营方登战车,最后一刻方解囊戴盔,在御者关键时刻两次以突然疾驰相报复的情况下，竟仍能蹲在车后的横木上悠闲地弹琴；完成任务后胜利归来，对御者的不合作行为毫无愤怨，而是豪爽友善地谈笑风生。这种风度，在当时无疑会博得全军的欣赏和赞叹。

致师贵在从容中显出勇敢，所以有时还讲究穿插以"顾献"之礼。春秋时代及其以前，战场多选在山下的莽野之地。当时人烟稀少，禽兽甚多，战场往往也就是猎场。试看《逸周书·世俘》篇所记牧野之战，周军在战胜商军的同时，就曾猎获过虎、麋、熊、豕等大批动物。所谓"顾献"，是指背后有敌人追击的情况下，射取动物作为礼品，回身献给对方。出现这种场面时，追击的一方一般也就以礼相待，不再追逐。这可视之为古代的一种贵族式的军事道德。

应当指出，人们常把"致师"看作是"挑战"的古语，这是不妥当的。这种认识，是受了《左传·宣公十二年》杜注以"单车挑战"释致师的影响。《后汉书·光武帝纪》："光武击铜马于鄡，吴汉将突骑来会清阳。贼数挑战，光武坚营自守。"李贤注挑战："挺身独战也，古谓之致师，见《左传》。"其实，致师并非挑战的同义词。挑战的主要目的在于使敌方投入战斗，而致师的主要目的是显示勇猛，振奋军心。致师是在两军阵前进行的，是大战前的序幕。有时致师甚至直接与大战联为一体，如《逸周书·克殷》篇记牧野之战："周车三百五十乘陈于牧野，帝辛从。武王使尚父与伯夫致师。王既誓，以虎贲戎车驰商师，商师大崩。"显然，周方的致师，是一次百人锐卒的集体冲锋，这一冲锋竟动摇了商军的阵脚，大部队随后压过去，商军遂全线崩溃。在这次战役中，致师与决战是一气呵成的。而挑战则不必然。挑战不一定在阵前，也不一定意味着马上要展开总体性决战。因为还存在着对方应或不应，何时方应的问题。致师固然含有挑战的成分，但挑战却不一定以致师的方式进行。

为什么杜预及其后的许多注家，都把挑战与致师看作是一回事呢？那是由于挑战一词的内涵，从战国以后发生了变化，其词义已不再广含表示欲战意图的各种形式，而缩小为独身赴敌阵前作武装挑衅这一种形式，而这种形式，则与战国前的致师形式比较接近。《史记·项羽本纪》载楚汉两军对峙于广武："项王谓汉王曰：'天下匈匈数岁者，徒以吾两人耳，愿与汉王挑战决雌雄，毋徒苦天下之民父子为也。'"项羽要求与刘邦"挑战决雌雄",意为两人一对一地交锋,颇有点中世纪欧洲贵族社会中的"决斗"味道。此时的挑战含义,就是指双方各派一名勇士对面交手。这种斗将式挑战,汉以后的史籍乃至笔记、小说中常常言及,如《隋书·史万岁传》载:史万岁戍敦煌时,"遣人谓突厥曰:'士卒何罪过,令杀之?但当各遣一壮士决胜负耳'。突厥许诺,因遣一骑挑战。……万岁驰斩其首而还。"严格地说,这种挑战不论就其形式还是就其意义,都有别于致师。致师以车乘为行动单位,挑战则是独骑而出;致师是一种主动的突袭,其中心环节是闯垒,不存在对方应不应的问题,而挑战则是先"挑"后"战",如对方不应,则挑战行动至多不过是一场阵前的叫骂而已。从实战角度说,致师是以少对众的搏杀,挑战是一对一的交锋。总之,挑战已不具备致师那种先声夺人的锐利气势,而更多地带有阵前比武的性质,从而也就失去了致师所特有的那种略含浪漫主义气息的冒险色彩。

春秋以后,致师形式渐从战争舞台上消失,这是战争本身演变的结果。春秋以前的战争,一般说规模较小。西周时动员几百乘战车、几千名步卒,已算是极大的声势了。就是到春秋后期,大国间的战争至多也仅有数万人参加。那时的战争以战车为主力,以阵地战为基本形式,布阵也较简单,军事行动涉及的地域有限,阵前发生的事情双方将士多能目睹,往往在短时间内即可结束战斗。因此,战争的胜负相对而言较多地取决于战士们临战时的心理情绪和精神状态。致师这一古朴的励气形式,就是和上述情况相适应的。一乘战车综合了御、射、击等主要攻击能力,可看作是一方军事力量的缩影,致师的励气效应在锐车闯垒的行动中可以得到充分的显示。此外,那时的军事指导思想也比较强调义理,在战争实践中还看重某些礼仪。时至战国,大型战役双方参战人数动辄几十万,骑兵、步兵已取代战车成为主力兵种,战斗多在复杂的地形中展开,布阵与战术技巧也日趋复杂和精密。运动战越来越受到重视,野战更注意利用山水之险而修筑坚固的防御设施,杀伤力极强的劲弩已被广泛使用,战争的进程也变得旷日持久起来,战争的胜负已更多地取决于交战双方综合国力的强弱及统帅们总体指挥的得失等各种因素。在这种情况下,致师行动的励气效应越来越小,在对方坚固的壁垒和远射程强弩面前,致师者必然成为无谓的牺牲。因此,致师不仅渐渐失去了必要性,也渐渐失去了可能性。

(原载《文史知识》1988 年第 7 期)

"面缚"辨义

"面缚"一词,各种辞书释义大体相同。《中华大字典》释为"反背而缚之",《辞海》释为"两手反绑",《辞源》释为"两手反绑于身背而面向前,示投降。"这种定释,显然来自古文籍中关于该词的名家注疏:

《左传·僖公六年》:冬,蔡穆侯将许僖公以见楚子于武成。许男面缚,衔璧,大夫衰绖,士舆榇。楚子问诸逢伯,对曰:"昔武王克殷,微子启如是。"(杜预注面缚:"缚手于后,唯见其面。以璧为贽,手缚,故衔之。")

《史记·宋世家》:周武王伐纣克殷,微子乃持其祭器造于军门,肉袒面缚,左牵羊,右把茅,膝行而前以告。(司马贞索隐谓:"面缚者,缚手于背而面向前也。刘氏云:'面即背也',义亦稍迂。")

《汉书·项籍传》:(项王)顾见汉骑司马吕马童曰:"若非吾故人乎?"马童面之,指王翳曰:"此项王也。"(颜师古注:"面谓背之,不面向也。面缚亦谓反偝而缚之。")

《后汉书·光武帝纪》:丙午,赤眉君臣面缚,奉高皇帝玺绶。诏以属城门校尉。(李贤注:"面,偝也,谓反偝而缚之。")

综观对"面缚"的古今解说,实分两类:一类着眼于人体状态,谓绑手于背后,从而突出被绑者身体的正面;一类着眼于文字训诂,谓面通偝,可反训为背,面缚也就是背缚。这两类解说,虽然同归,但却殊途,就词义的实质说,二者是无法并容的,故王念孙在《广雅疏证》

中据反训说而直斥杜预注为非。

愚意上述两类解说都是带有臆测成分的曲训。所谓"缚手于后，唯见其面"，迂悖牵强尤甚。手缚于前也并不掩其面，为了表示手之反接，不用"背"字而用"面"字来修饰缚，古今汉语均不存在如此奇怪的构词法，至于同字含有两个相反义项的现象，古文籍中确有存在，笔者曾试撰文作过评述，①但那类可以反训的字并不多，"面"字是否即其中之一，大有商讨余地。偭无疑是面的同源后起字，但偭可反训为背，并不意味着面也能反训为背。我们知道，已有其字的假借，即人们习惯上所说的通假，只是一种偶然现象，决非定则。而我们所见到的所有面缚文例，却一律用面字而不用偭字。何以如此一致地放着现成的本字不用，面偏要去用必然产生歧义的借字呢？答案只能是：面就是面，并非偭字的借字。那么。面能否直接反训为背呢？还没有人能举出确凿的文例来作证明。用反训法释面缚的古今学者，多引用《史记·项籍本纪》（即前引《汉书·项羽传》所本）关于吕马童追杀项羽的那段名文，谓马童系羽之旧识，故见羽后很难为情，于是便转过身去，"面之"，即背对项羽的意思：

> 项王身亦被十余创。顾见汉骑司马吕马童，曰："若非吾故人乎？"马童面之，指王翳曰："此项王也。"项王乃曰："吾闻汉购我头千金，邑万户，吾为若德。"乃自刎而死。王翳取其头，余骑相蹂践争项王，相杀者数十人。最其后，郎中骑杨喜，骑司马吕马童，郎中吕胜、杨武，各得其一体。五人共会其体，皆是。故分其地为五：封吕马童为中水侯⋯⋯

摘录这段文字的目的是想说明，吕马童并不是那种因顾及旧谊而对自身举动感到羞惭的人。他和项羽并非狭路相逢或意外遭遇，其追杀项羽以求功名利禄的主观意念是十分强烈的，所以，在围击项羽的战斗中，他驰驱冲杀在最前列。项羽自刎后，吕马童参加了争夺项羽尸体的那场血淋淋的混战，并终于抢到了肢体的一部分而被封

---

① 《谈谈文言文中"同字反义"现象》，载《语文学习》，1984年第9期。

了侯。像吕马童这种性格的人,是不会因背义而感到内疚的,对他来说,是时的项羽已成为猎物,怎么能设想,在追及猎物的关键时刻,他却姑娘般的羞得转过身去了呢?"马童面之,指王翳曰:'此项王也'。"我领会"面之"一词,正是说马童与项羽对面相视,因王翳不认识项羽而指给他看。故项羽亦直接与之对话称"吾为若德"云云。本来是简明而合理的语言表达,被怀有成说的注释家们给搞得曲晦复杂了。

用来证明面可反训为背的另一文例,是《汉书·张欧传》中的这段话:

> 欧为吏,未尝言按人,剀以诚长者处官。官属以为长者,亦不敢大欺。上具狱事,有可却,却之;不可者,不得已,为涕泣,面而封之。其爱人如此。

"面而封之"一语,晋灼有过很正确的解释:"面对囚读而封之,使其闻见,死而无恨也。"但颜师古囿于其面字反训说,而断言"面谓偝之也,言不忍视之,与吕马童面之同义。"原文明言乃"上具狱事",而不是进行审判,如果"不忍视之"到了要背过身去的程度,那就不必把犯人叫了来。叫犯人来的目的,就是要说明情况,表白心迹。因此,"面而封之",即指当面向犯人叙述案宗内容,然后封具的意思。这样理解,合情合理,本不须故作曲折去动用"反训"的。其实,面字并不含两端反向义项。作名词用,它只能解释为脸面、正面、表面、前面或方面;作动词用,它只能解释为面向、面对、迎面或当面。"面伤"谓脸部受伤,"面衣"谓表面的罩衣。"面额"谓票面的数目,"面纱"谓罩在脸上的纱绸。"面壁"谓面对墙壁,"面陈"谓当面陈述,"面命"谓当面教导,"面洽"谓当面商谈……《辞源》面字条下共收了四十一个词或成语,没有一个词语显示出面有"背"义。用反训法解释"面缚",是缺乏依据的。

清初文字学家黄生,曾针对面缚的传统训释,提出过相反的见解:"《史记·宋世家》载,微子肉袒面缚,解者以为反缚向后,仅见其面。此说陋甚。凡缚者必反接,所以防他变;若微子则是自为出降之礼,但缚手而不反接,故以'面'字著之。此见古人用字之妙,从来为陋解所晦,可恨也。"①黄氏力辩面缚并非反接,将面缚与出降之礼联系起来,确为卓见,这对于我们理解面缚的本义,有很大的启发。但黄氏仍以"缚手"视之,尚非确诂。因为据此仍无法将前引《史记·宋世家》及《后汉书·光武帝纪》的文例讲通:手绑着(无论绑在身前还是身后)便无法"左牵羊,右把茅",也无法"奉高皇帝玺绶",这是显而易见的。孔颖达意识到了这一点,但他在《左传·僖公六年》的疏文中只是嘲讽了一下司马迁,说了句"此皆马迁之妄耳"便了事,并未作认真辨析。我们不相信司马迁会荒谬到这种程度:紧接在含义为绑手的"面缚"一词之后,要让微子去"左牵羊,右把茅"。我们尤不相信在司马迁出了如此显眼的一个洋相之后,以文笔洗练著称的范晔竟又重复了司马迁的错误,仍是紧接在"面缚"一词之后,让赤眉君臣去"奉高皇帝玺绶"。

  我认为,问题的症结在于古今注家皆拘泥于这样一种片面认识,即凡言缚一定意味着缚手;而缚手,又以反接于背后为通例。如果我们不认定"缚"与"手"有必然联系,则一切便都豁然贯通。"面缚"是一种特殊情况下的特殊措施,是一种受缚者自愿的、象征性的捆绑,也就是说,做做样子而已。因此,面缚与通常的绑人,具有实质性的区别。应当注意到,所有的面缚文例,该词语都用于表示投降的场合,含有被缚者主动认罪、请求宽恕的意思,用黄生的话来说,面缚实乃一种"出降之礼"。除前引诸文例外,《文选》所收丘迟《与陈伯之书》也用过面缚一词:"以慕容超之强,身送东市;姚泓之盛,面缚西都。"这说的是东晋后期刘裕北伐的史事。据《北史·姚兴传》:"晋将刘裕伐泓,长驱入关。泓战败请降,裕执之,于建康斩之。"《晋书·姚泓传》载此事稍详:"泓计无所出,谋欲降于裕,其子佛念,年十一,谓泓曰:'晋人将逞其欲,终必不全,愿自裁决。'泓怃然不答。佛念遂登宫墙自投而死。泓将妻子诣垒门而降。"姚泓的后秦以长安为都城,故丘迟说他"面缚西都",面缚显系指其自动投降而言。

  面缚为一种示降的捆绑方式,肯定有与一般绑法不同的具体要

---

① 《义府》(卷下)"面缚"条。

求,惜文籍无载,我们不宜妄作推测。但有一点是明确的,即双手并不在束结之中,因此可以自由活动。面缚的目的不在于防止反抗或逃跑,而在于表明受缚者的臣服,故须突出被绑者身体的正面,绑绳当在胸前作结,这样方能向胜利者显示自身受制之意。《史记·秦始皇本纪》载刘邦入关中,"使人约降子婴",子婴即"系颈以组,白马素车,奉天子玺符,降帜道旁"。"系颈以组"一语,后儒有谓系组乃指佩印的绶带,有谓系组以示欲自杀之义;其实更合理的解释应当是表明接受牵束处置,以示臣服,此与面缚的意思相同。面缚实谓缚结于身前,也即缚结于身体的正面。面字含有前面、正面的意思,语例甚多。《尚书·顾命》"大辂在宾阶面,缀辂在阼阶面",传即训面为前;《礼记·少仪》"仆者右带剑、负良绥申之面",郑注云:"面,前也。"《商君书·境内》篇"陷队之士,面十八人",面亦为前义。此外,面亦含向义,《广雅》:"面,乡也。"乡即向。古人极看重人身之正面,认为正面寓示着人的价值取向。《易》言"小人革面",前贤多以改变政治态度视之。所以面缚一词是在强调被缚于正面,以表示降之意。

至于"面缚衔璧",亦非如杜预所说"手缚,故衔之"。实因所衔之璧并不是进见之贽,而是表示自己即将被杀的葬品。关于此,杨伯峻先生在《左传·僖公六年》注中有很精当的说明:"与哀十一年《传》'陈子行命其徒具含玉'同意,古人死多含珠玉,此所以示不生。"①许男衔璧以示死,故令其从者丧服而舆榇。《左传·昭公四年》记赖子"面缚衔璧"见楚王时亦如此。还有《左传·襄公十八年》晋齐平阴之战的一段文字,亦须略作解释:"……晋州绰及之,射殖绰,中肩,两矢夹脰。曰:'止,将为三军获;不止,将取其衷。'顾曰:'为私誓。'州绰曰'有如日!'乃弛弓而自后缚之。其右具丙亦舍兵而缚郭最。皆衿甲面缚,坐于中军之鼓下。""自后缚之"一语,可能是后儒释面缚为双手反绑的重要依据。但这里的"自后",可以理解为从身后绑,却不必然要理解为绑手于身后。当时的情势是:殖绰、郭最的车在前,州绰、具丙的车在后追击;殖绰、郭最同意投降,州绰、具丙从后面赶上去履行投降"手续"。殖绰、郭最在车上,州绰、具丙从车前是无法施绑的,

---

① 《春秋左传注》,中华书局,1983年版,第一册,第314页。

只能登车从身后施绑。这点,凡熟悉先秦战车形制结构的人,都很易理解。由于对方已经投降,且主将已身负重伤,故只能采用象征性的面缚形式。面缚是个样子,无须多么严格认真,从身后绑亦可垂结于胸前。这段文字恰可证明面缚是不同于通常所用反接绑式的另外一种绑式,因为《左传》作者在详细交代了殖绰、郭最被绑的经过以后,又紧接着重复了一句:"皆衿甲面缚",作者显然意在告诉读者,殖绰、郭最二人是按为主动示降而规定的格式绑起来的。古人很看重军事行动的义理,同样是战俘,自动投降与在格斗中被擒,处理方式可能大不相同,故亦颇在意捆绑状态的性质显示。

(原载《兰州大学学报》[社会科学版]1989年第2期)

《逸周书》浅探

《逸周书》作为一部先秦古籍,和《尚书》一样,有点来历不明。但它却没有被卷入那场延续了近两千年之久的今古文之争。也正因为如此,它一直不大为学者们重视。颜师古注《汉书·艺文志》引刘向语,认为它是孔子整理《尚书》时所淘汰的篇章;后来又有人认为它是战国处士们的缀辑杂凑之作。在经学统治文化的封建时代,《逸周书》常被看作"杂史"或"别史"。时至近世,该书被冷落的命运渐有改变。如今已有越来越多的古史研究者认识到该书的史料价值,开始对它刮目相看了。但该书淹蹇既久,断简残篇、句脱字讹之处比比皆是,许多篇章难以卒读。而且,该书的产生及流传尚未得到认真的梳理,其内容和体例尚未得到深入的考辨,历史上遗留下来的有关该书的层层疑云,还有待澄清。这些任务的完成,当然要靠专家学者们的不断努力。本文意在对《逸周书》的内容分类及思想旨归,作些粗浅的探析,甚望同行们指正。

(上) 篇 章 分 类

《逸周书》历来被认为内容驳杂,真赝相参,体例不一。要了解此书的性质,判定其产生的时代,须先逐篇辨识,做一番篇章分类的工作。

现存《逸周书》七十一篇,十一篇有目无文,末一篇系仿孔传《尚书序》,另有一篇《武儆》残损不可读,实存五十八篇。依其内容性质和文辞体例,可分为如下四类:

(1) 直发议论类。包括《度训》、《命训》、《常训》、《文酌》、《籴匡》、《武称》、《允文》、《大武》、《大明武》、《小明武》、《武顺》、《王佩》、《周祝》、《武纪》、《铨法》共十五篇。此类篇章，为纯粹的议论文体，从首句至末句，一气议论到底，不夹杂任何叙述，不牵扯任何史事。

（2）借史立言类。包括《大匡》、《程典》、《酆保》、《大开》、《小开》、《文儆》、《文传》、《柔武》、《大开武》、《小开武》、《宝典》、《酆谋》、《寤儆》、《武穆》、《和寤》、《武寤》、《大匡》(此篇目与另篇重名，当有误。)《文政》、《大聚》、《五权》、《成开》、《大戒》、《本典》、《官人》、《史记》、《芮良夫》、《太子晋》、《殷祝》共二十八篇。此类篇章，开首都是记叙文体，似要述说一个历史事件，但很快即转向议论，多借某一历史人物之口而立言。所假事件或许不是虚构，而论辞格调却显然与第一类诸篇同出一家。

以上两类共四十三篇，占全书实有篇章的 74.1%，内容涉及哲学、政治、伦理、经济、文化、军事、外交等各个方面，系统地阐述了作者对当时各类社会问题的看法，提出了明确而具体的措施。各篇内容血脉相通，义旨融会，构成完整的思想体系，实为《逸周书》的主体部分。以此两类观之，《逸周书》乃一部堂堂正正的政治学（广义的）专著，惜其作者已名晦难究了。

（3）典章制度类。包括《周月》、《时训》、《谥法》、《明堂》、《职方》、《器服》共六篇。这些典制当然不一定从周初起即如此完整、成熟，有些内容显然具有战国时期的特色，但它们决非《逸周书》作者的向壁虚构，当为对成文的采集。其中许多记载同已知的先秦制度基本一致，可与许多真实性已被肯定的先秦文籍相印证。类中有些篇章也在他书中出现过，如《明堂》(不全)亦见于《礼记·明堂位》；《职方》则全同于《周礼·夏官·职方氏》；《时训》似乎是《吕氏春秋·十二纪》文首之纲要。这说明它们为当时人们所公认，具有一定的权威性。

（4）记叙史实类。包括《克殷》、《世俘》、《商誓》、《度邑》、《作雒》、《皇门》、《尝麦》、《王会》、《祭公》共九篇。此类纯记史事。除《祭公》一篇乃穆王时事外，余皆为周初事件。这部分内容，历来引人注目。旧史学家中鄙弃《逸周书》者，多举此类篇章以证该书之"荒诞"。如《克殷》、《世俘》描述武王灭商时的一系列行动，即大遭非难，谓其"皆与经传刺谬",①"皆古人必无之事"②而近世及当代一些史识高明的学者,持论则恰与之相反,如梁启超在《中国历史研究法》中就曾说:"孟子理想中的'仁义之师',本为历史上不能发生之事实,而《逸周书》叙周王残暴之状,或反为真相。吾侪所以信《逸周书》之不伪,乃正以此也。"许多古史专家对此类文章曾重点做过研究,对其作为周初史实的可信性,大都倾向于肯定。它们如非后人编入或混入《逸周书》的话,当系《逸周书》作者收录的有关周初史事的原始文献及传闻。因为,既然《逸周书》作者有意凭借周事以抒论,自当对周代历史材料比较熟悉,手头肯定掌握了某些当时能见到的史事记载或传闻笔录。这些材料也可能就是真正意义上的"逸"《周书》,它们依附于现存的这部政治学专著而被保存下来,应当说是一件很值得庆幸的事情。

谓第一、二两类系《逸周书》之主体,不只是因为它们篇章量大而且独成体系,撰自一手,还可以从文章笔法上看出。下面让我们就行文风格、句式结构、用语习惯等方面,作些细致的辨析。从中可以看出,一、二两类各篇的表达方式,具有鲜明的共性和特点,与三、四两类判然有别:

(1)多用四字句、排比句和对偶句。如:"抚之以惠,和之以均,敛之以哀,娱之以乐,慎之以礼,教之以艺,震之以政,动之以事,劝之以赏,畏之以罚,临之以忠,行之以权。"(《命训》)"五户为伍,以首为长;十夫为什,以年为长,合闾立教,以威为长;合族同亲,以敬为长。"(《大聚》)这种战国后期文章中常见的句式,在《逸周书》一二两类中最为习用,有的篇章如《王佩》,全文皆由这种句子组成。但这类句式在第三类篇章中用得很少,在第四类篇章中则几乎不见。

(2)多用珠联句。一段文章中,下句起首的字或词语,有意识地与上句末尾的字或词语相重,以次递列,组成一个句群,修辞学上名之曰"顶针格"。有时虽非句末句首的词语相重,而是上下句中某个关键词语相重,只要重得有规律,也属此类格式,我们统称为"珠联句"。这种行文习惯,在战国、西汉散文中多见,如《荀子》、《老子》

---

① 崔述《丰镐考信录》。
② 《四库全书总目提要》卷五十。

《易·序卦》、《孙膑兵法》、《慎子》、《吕氏春秋》、《礼记》中的《大学》、《中庸》等篇中，均不乏其例。但使用珠联句最多的还要属《逸周书》一二类篇章。如："性在不改，不改可因，因在好恶，好恶生变，变习生常，常则生丑，丑命生德。"(《常训》)"思备慎地，思地慎制，思制慎人，思人慎德，德开，开乃无患。慎德必躬恕，恕以明德，德当天而慎下，下为上贷力，力竞以让，让德乃行。"(《程典》)一二两类四十三篇中，如以每个重复为单位计，共有 318 例之多，只有极个别的篇章未出现此种句式。在三四两类篇章中，此种句式偶尔使用，总共只有 15 例。

（3）多用"何×非×"四字句式。这种句式较为特殊，在先秦文籍中并不多见。《尚书·吕刑》用过这种句式："在今尔安百姓，何择非人？何敬非刑？何度非及？"注家认为应将这种句子看作倒装句，"何择非人"即"非人何择"。[①] 这种句式在《逸周书》一二类篇章中出现较多，如"呜呼！汝何监非时？何务非德？何兴非因？何用非极？"(《小开》)"民何向非利？……何向非私？汝何慎非遂？……汝何葆非监？"(《文儆》)一、二类中使用此种句式的共五篇 24 例，而在三四类中未见一例。

（4）多用韵文。时代较早的先秦文籍，除《诗经》外一般是不追求韵句的。今文《尚书》无韵文，晚出的伪古文《尚书》方有行文中夹韵句的现象。战国后的散文用韵风气渐盛，《老子》自不待言，《荀子》、《吕氏春秋》、《礼记》等书都杂有不少韵句。《逸周书》一二类篇章中用韵习惯极为突出，如："执彼玉珪，以居其宇。庶民咸耕，童壮无辅。无拂其取，通其疆土。民之望兵，若待父母。"(《允文》)"其位不尊，其谋不阳。我不畏敬，材在四方。无擅于人，塞匿勿行。惠戚咸服，孝悌乃明。"(《大戒》)四十三篇中有三十四篇文中夹有韵句，有些篇章如《太子晋》、《周祝》等，几乎通篇用韵。而三四类十五篇中除《时训》外皆不用韵。

（5）多用数纪词。以数纪词作为某项内容的总枢，领冠于句群之前，然后按该词规定的数量依次分列小要点，这是《逸周书》一二类篇

[①] 参王世舜《尚书译注》（修订本），四川人民出版社，1985 年版，第 277 页注 2。

章惯用的一种表达方式。这种表达方式在古文籍中比珠联句出现得早一些,但一般不过偶而用之。战国后使用得多起来,以《周礼》一书使用最为普遍(《尚书》中有几篇喜用数纪词,而那恰是人们怀疑是晚出的几篇。)不过大都用得自然、协调,并不给人冗繁、堆砌的感觉。《逸周书》一二类篇章中使用数纪词则过频过滥,以近乎文字游戏了。如:"内备五祥、六卫、七厉、十败、四葛;外用四蠹、五落、六容、七恶。五祥:一、君选择;二、官得度;三、务不舍;四、不行赂;五、察民困。六卫……"(《酆保》)"政有四戚,五和,攻有四攻,五良,侵有四聚、三敛,伐有四时,三兴,搏有三哀,四赦,战有六厉,五卫,六痒,五虞。四戚:一内姓,二外婚,三友朋,四同里。五和……"(《大武》)《文酌》一篇所用数纪词有九聚、五宝、四忍、三丰、二咎、一极、七事、三尼、三频、四教、五大、九酌、三穆、七信、一干、二御、三安、十二来,达十八种之多。一二类四十三篇中有三十一篇使用这种表达方式,数纪词总量为 144 项。三、四类篇中只有《职方》、《明堂》、《王会》三篇在言及各边疆民族时,共用过 12 例,且数纪词后未具体开列小目,与一、二类的用法不同。

(6) 第一人称代词"余"、"吾"使用率高。《逸周书》如同其他先秦文籍,第一人称诸代词(我、朕、余、予、吾)交杂使用。但经过统计分析可以看出,其第二类与第四类有明显的不同(第一类为单纯的议论文,第三类为典制,体例本身决定它们绝少使用人称代词,故不作统计比较)。第二类篇章中,"余"、"吾"出现率相当高,分别占第一人称代词总量的 27.8% 和 22.2%。在第四类篇章中,"吾"字未见,"余"字只有一例;与此相应,"予"、"我"的出现率很高,分别占第一人代称代词总量的 42.9% 和 37.8%。古汉语第一人称代词的多元化,为人们所熟知,由于时代的变迁和作者行文习惯的不同,第一人称代词的使用频率,在先秦古籍中有很大差别。如《尚书》、《论语》、《孟子》诸书,用"予"而绝不用"余";金文、《左传》等则用"余"而绝不用或极少用"予";"吾"字乃后起的称代词,在金文、《尚书》、《诗经》中是不用"吾"字的。① 上述统计表明,《逸周书》第四类篇章使用第一人称代

---

① 参拙文《先秦第一人称代词初探》,载《兰州大学学报》(社科版),1986 年第 2 期。

词的习惯与《尚书》相同,而第二类篇章则与战国时期的散文无异。

(7) 习用某些词语。许多在金文、《尚书》、《诗经》等古文献中根本不用或极少使用,而在战国时期的文章中经常见到的词语,如明王、淫祭、犯法、偃兵、辛苦、危言、胥役、若化等,在《逸周书》一二类篇章中多次出现,而在三四类篇章中则很难找到。

综上所述,我们可得出如下的结论:《逸周书》中一部分内容为先秦存在过的典章制度;一部分内容为周初的史事传闻,其中很可能包括几篇《尚书·周书》的逸文;而其主体部分,则为出自一手的、系统的政治学专著,其写作时间当在战国中、后期。

(下) 思 想 略 说

上篇我们已将《逸周书》的主体部分析出,现在我们对主体部分也即其一、二两类篇章所贯穿的思想,略作评析。

(1) 政治思想

《逸周书》主体部分所显示的政治、伦理思想,植根于儒家学说的深厚土壤之中,但在某些方面又受时代的影响,越出了儒家的藩篱。儒家通常宣扬的许多基本观念,诸如仁、德、义、礼、智、信、忠、孝、勇、惠、和、恕、慈、敬等等,在书中多不同程度地得到了阐发和强调。特别是儒家的天命观、德治思想和重民思想,占有突出的地位。

《逸周书》作者认为:"民"和"王"都是依上天的意志而生存的,"天生民而成大命…立明王以顺之"(《命训》)。王对民的统治,受天命的制约。统治者要做民之"主",必须敬畏天命,即所谓"通道通天以正人"。敬畏天命的关键在于有"德",而衡量"德"的标尺,即在于是否"利民"。只有照顾到民众的利益,才能取得民众的拥戴。故作者说:"王者所佩在德,德在利民,民在顺上。"(《王佩》)"民归于德,德则民戴,否则民雠。"(《芮良夫》)民众都有私欲,这是一种生理本能,《命训》谓"夫民生而丑不明",《度训》谓:"凡民生而有好恶",都是对民欲的承认。但作者同时又认为:"天有常性,人有常顺;顺在可变,性在不改"。(《常训》)意为:天道规律是永恒不变的,而人的习性却可以改变。因此,统治者应当遵循天道,顺理民性,"从其所好,去其所恶",通过政教引导民性向合乎统治阶级需要的方向发展。当然,这样作的根本目的是为了使民众能"事上","是以胥役",老老实实地供统治阶级驱使。这就叫作"昭天信人","顺天作政","因民以顺民"。为此,政治家的首要任务就在于给民众确定道德行为准则,并用"福祸赏罚"来维护这些准则。于是作者提出了"度"与"极"两个概念。所谓"度",乃指法制的规范,伦理的标尺,道德的准绳;所谓"极"乃指法制、伦理、道德所能达到的那种最理想的境界。度是个范围,极是个范围的正中点。《度训》篇一开始就说:"天生民而制其度,度小大以正,权轻重以极,明本末以立中。"度与极的大小轻重,至关重要,因为这是"正民"、"正中外"、"正上下"的总枢纽。度、极立于中,则一切方能正。作者还申述了这样一种观点:"正人莫如有极,道天莫如无极。道天有极则不威,不威则不昭;正人无极则不信,不信则不行。"(《命训》)这话较费解,意思是说:"极"乃人事,而非天道。上天并不直接给人世规定什么戒条,确定度与极是王者的任务。上天在冥冥之中,只以祸福体现它的存在和意志,而怎样才得福,怎样会罹祸,则取决于王者所确立的治民准则是否中正。如此方能保持天的神秘性,方能显示王者的权威。王者实乃昭示天意、权正民事的中枢,是天人之间的桥梁。这样的统治者才能堪称"克配天,合于四海,惟乃永宁。"(《武寤》)所以,作者下了这样的定义:"正及神人曰极"(《武顺》)。

对民性进行顺理启导的具体方针是:"抚之以惠,和之以均,敛之以哀,娱之以乐,慎之以礼,教之以艺,震之以政,动之以事,劝之以赏,畏之以罚,临之以忠,行之以权。"(《命训》)要使民众走上这样的轨道,养成遵法事上的习惯,必须从民众最基本的生理欲望入手,进行诱发引导,即《常训》篇所谓"习民乃常,为自血气始。① 明王自血气耳目之习,以明之丑。丑明乃乐义,乐义乃至上,上贤而不穷。"对于民众追求私利是"血气耳目"也即本能,诱导得好,"民何向非利?利维生痛,痛维生乐,乐维生礼,礼维生义,义维生仁。"这样便由民欲

---

① 此句,朱右曾校释本作"夫习之为常,自气血始",意更通显。朱本见王先谦编《清经解续编》,上海书店,1988年影印本,第四册第 1028—1038 卷。

导向仁义;诱导得不好,则"民何向非私? 私维生抗,抗维生夺,夺维生乱,乱维生亡,亡维生死。"(《文儆》)这样便由民欲导向祸乱。而且,"民之亿兆,后一而已。寡不敌众,后其危哉!"(《芮良夫》)这对于统治者来说,太可怕了,所以作者借文王之口而大声疾呼:"呜呼,敬之哉! 汝慎守勿失,以昭有司,夙夜勿忘若民之向引!"(《文儆》)作者要求统治集团"尊九德,止九过"。"九德"即含"民之利","祗民之死"、"无夺农"、"足民之财"等项;而"九过"中的首要两条,即是"视民傲"和"听民暴"(《文政》)。这是典型的先秦式宽民政策。当然,这只是事情的一个方面,为了维护剥削阶级的地位与权益,作者并不主张统治集团手软,必要时应"以斧钺当天之祸"(《命训》),对民众畏之以刑,使民众"恐而承教"。《周祝》篇对此说得极其坦率:"陈五刑,民乃敬;教之以礼,民不争;被之以刑,民始听;因其能,民乃静。"尽管作者一再强调"天子惟民父母",治理国家"基在爱民",应"以德为本,以义为术",但法制、刑律的作用同时也已被赫然摆到了重要位置上,这和早期儒家的政治观点相比已有所变化。

关于古与今的关系,《逸周书》也已呈露出较新的观念。作者认为,天命、伦理是永在的,夫妻、父子、兄弟、君臣的关系,是自古不变的,"天——王——民"这个政治方程式,是贯通古今、制约一切的。从此意义上说,临民者应当"始之以古,终之以古"。但《逸周书》的作者决不是个崇古主义者,他言古的着眼点在于现实,在上引两句话之后,他紧接着说:"行古志今,政之至也。政维今,法维古。"(《常训》)他的意思是:要坚持那些自古就有的最基本的原则,维系古今统治的延续性;但目的在于搞好现实社会生活,强化当前的政治。古是服务于今的,掌握传统精神和原则,而心中谋划的却应是现实事务。

做一个"正及神人"而且"行古志今"的"明王",决非易事。《逸周书》对明王提出了相当高的要求,可以说是集中了春秋以来社会舆论对"王道"推行者寄予的所有希望:敬天命,知天时,秉德义,顺民心,宽俭恭勤,尊老惠下,亲贤选能,知过受谏,修身无佚,应时作谋……这样的人主事实上不会存在,不过是一种色彩缤纷的虚幻的政治理想而已。从这方面说,《逸周书》作者发展了儒家政治观念中自欺欺人的矫饰成分。

简言之,《逸周书》在政治、伦理方面立论的主旨,同西周时盛行的天道观一脉相承。作者又接受了战国时期的民本思想和法制思想,力图将儒家的一整套道德观念用之于政治实践,将德治与法治融为一体。作者的思想体系在许多要点上接近于荀子的学说,显示了儒家向法家过渡的倾向。

(2)经济思想

与政治上"保民"而王天下的意愿相联系,《逸周书》经济思想的核心是:分业均地,稳定村社生活。围绕这个核心,所谓和乡里、重民时、相土宜、务蓄积、工商受资、通财薄敛、徕民安帑、振乏救困等措施,就成为该书的重要论题。

以业分民,自春秋以来即成为我国古代社会中的正统经济观点,《逸周书》亦不例外。《文酌》篇所谓"五大":"一、大知率谋;二、大武剑勇;三、大工赋事;四、大商行贿;五、大农假货。"即指五种主要社会力量:王公贵族及其谋臣、武士、手工业者、商人、农民。《逸周书》作者要求这五种身份的人们,分别尽到自己对社会承担的义务,各执其业,各安其分,各居其地,决不允许混淆其地位与职责。故《程典》说:"士大夫不杂于工商。商不厚,工不巧,农不力,不可成治。士之子不知义,不可以长幼。工不族居,不足以给官。族不乡别,不可以入惠。"[1]"族居",意为聚族而居。手工业者世习手艺,有指定的居住区域,其产品须"给官",这无疑是官府手工业。"族不乡别不可以入惠"的族,则指农民而言,即乡、遂地区的农村公社成员,"乡别"指分乡管理。《周礼·地官大司徒》言农村公社时代的行政、户籍编制:"五家为比,使之相保,五比为闾使之相受;四闾为族,使之相葬;五族为党,使之相救,五党为州,使之相赒;五州为乡,使之相宾。"族与乡是两级行政建构。是时血缘关系为纽带的家族公社,早已转化为以地域关系相联结的农村公社了,但仍能从聚族而居的传统习惯上看出原家族公社的历史遗迹,因为社会演变的阶段性不可能一刀切。"乡"是行政区划与户籍编制的最高层次,故谓"族"曰"乡别"。

《逸周书》所述社会经济结构和《周礼》所述基本一致。有些地方

---

[1] 此段文字采用朱右曾校文。

比《周礼》更具体、更生动。如《大聚》篇："辟开修道,五里有郊,十里有井,二十里有舍。远旅来至,关人易资。舍有委积,市有五均,早暮如一。送行迎来,振乏救穷。老弱疾病,孤子寡独,惟政所先……五户为伍,以首为长;十夫为什,以年为长;合闾立教,以威为长;合族同亲,以敬为长。饮食相约,兴弹相庸,耦耕俱耘,男女有婚,坟墓相连,民乃有亲。六畜有群,室屋既完,民乃归之。乡立巫医,具百药以备疾灾,畜五味以备百草。立勤人以职孤,立正长以顺幼,立职丧以卹死,立大葬以正同,立君子以修礼乐,立小人以教用兵,立乡射以习容,春合猎耕耘以习迁行。教茅与树艺,比长立职,与田畴皆通。立祭祀与岁谷,登下厚薄。此谓德教。"这简直是一幅建立在份地经济基础之上的村社生活的风俗画,朴素而又完美。从村社的组织结构、领导体制、户口编序,到耕耘树艺、商旅往来、市场管理,到军事训练、文化教育、宗教祭祀,乃至婚嫁丧葬、医药卫生、邻里交往,都包罗在内了。实际生活当然不会如此富有诗意,但这是《逸周书》作者在经济方面追求的目标:稳定和谐的村社共同体。

该书提出了"人土相称"的理论。作者说:"土多民少,非其土也;土少人多,非其人也。""土广无守,可袭伐;土狭无食,可围竭。二祸之来,不称之灾。"(《文传》)土多民少,土是保不住的,因为他国会来侵占;土少民多,民是保不住的,因为要谋食民必流散。怎样解决人、土不称的矛盾?作者主张:"土多发政,以漕四方,四方流之;土少安帑,而外其务方输。"文意显示当时应着重解决地多民少的问题,一方面调拨粮食,安定已有的人口,另一方面设法招徕新的民众,后一点作者尤其重视。《大聚》篇言:"能来三室者,与之一室之禄。""王若欲求天下民,先设其利而民自至。"怎样做才能保住本国之民而能吸引他国之民呢?作者认为,"均分以利之,则民安。"(《本典》)故须"营邑制命"、"分地薄敛"(《大聚》),"救瘠补病,赋均田布"(《允文》)"爱其农时,修其等列,务其土实,差其施赋"(《程典》)。作者确是抓住了对当时农民来说最基本的三项要素:有一块能养活全家的土地,保证必要的劳动时间,赋税负担合理而不至于太重。这都是稳定农业劳动力、巩固发展村社经济,所必须具备的条件。其设利使民自至的政策,使我们联想到《商君书》的《徕民》篇;其"修其等列""差其施赋"的政策,使我们联想到春秋列国的"相地衰征","量入修赋"等项改革。总之这些经济思想都打着明显的时代烙印。

《逸周书》非常强调合理利用土地、多方开辟财源的问题。作者主张"相土之所宜",根据不同的地理环境、土壤性质及气候条件,种植不同的作物,或经营不同的生业,以达到"足民之财"的目的。如《程典》篇说:"慎地必为图,以举其物。物其善恶,度其高下,利其陂沟。"《文传》篇说:"土可犯,材可蓄。润湿不谷,树之竹苇莞蒲;砾石不可谷,树之葛木以为絺绤,以为材用。故凡土地之间者,圣人裁之,并为民利。"《大聚》篇说:"陂沟道路,蘩菣丘坟,不可树谷者,树以材木。春发枯槁,夏发叶荣,秋发实薪,冬发薪蒸,以匡穷困。"这样方作到"有生而不失其宜,万物不失其性,人不失其事,天不失其时,以成万财。"这些见解和《周礼》、《管子》等书中的许多论述完全一致。

《逸周书》作者十分看重工商业。贵农而不轻工商,这是该书突破传统观念的一大特色。工商业者与士农一样列入社会五大力量之内,工商业被视为社会经济构成中必不可少的要素。作者认为,"商厚"、"工巧"、"农力"三者具备,方可"成治",故在书中反复申说倡导:"工攻其材,商通其财。"(《程典》)"工匠以为其器,百物以平其利,商贾以通其货。工不失其务,农不失其时。"(《文传》)"工匠役工以攻其材,商贾趣市以合其用……关夷市平,财无郁废,商不乏资,百工不失其时,无愚不教,则无穷乏。"(《大聚》)特别值得一提的是《大匡》篇的这几句话:"币租轻,乃作母以行其子。易资贵贱,以均游旅,使无滞。"这是讲国家的货币发行政策:重值币与轻值币应当配合流通,才能方便民间交易,使商旅无滞。此可与《国语·周语》所载单穆公谏周景王的一段话相辉映:"民患轻,则为之作重币以行之,于是乎有母权子而行,民皆得焉。"两书中的这些话,是我国货币发展史上的珍贵资料。

《逸周书》用了不少篇幅论述灾荒问题。如何备荒,如何度荒,被视为执政者必虑的大事,这与该书通财利民、保护小农经济的主导思想分不开。书中有些篇章是专题论述有关灾荒问题的,如《籴匡》言不同年成统治者应采取不同的治民方针和生活方式;《文传》言平时即应宽政厚民,重视物资积聚,制止骄侈淫靡,避免财富的浪费;《大匡》言发生灾荒后须采取的一系列措施,诸如"藏不粥籴,籴不加均,赋洒其币,乡正保贷,成年不偿,信诚匡助,以辅殖财。""外食不赡,开关通粮。粮穷不转,孤寡不废。""无播蔬,无食种,以数度多少省用。祈而不宾,祭服漱不制。车不雕饰,人不食肉,畜不食谷。国不乡射,乐不墙合。"等等。在先秦文籍中,把备荒救灾列为国政要务,并进行如此周详的探讨,《逸周书》之外还找不到第二部著作。

(3) 军事思想

《逸周书》内容涉及面相当广泛,但有关军事方面的论述占明显的优势。在一、二类四十三篇中,篇题带有"武"字的即达十一篇,内容均为专言军事或与军事密切关联的问题。另外的许多篇中,也都不乏军事谋略。如《文酌》谈征伐之道,《允文》谈对战败国的处置,《酆保》谈外交、军事方面的权术,等等。吕思勉先生曾评论该书"综全体观之,实为兵家言。"[1]并非没有道理。《逸周书》作者一面高谈仁义礼智信,高谈顺民足财、慎德惠下,一面却又纵论征战杀伐、兼人并国,纵论种种阴计险谋和机密权变。作者的这种思想矛盾,同样具有鲜明的时代性。从春秋后期开始,急剧的社会变革和严峻的列国纷争,造成法家与兵家必然抬头的历史趋势。那是一个"儒术之士弃捐于世,而游说权谋之徒见贵于俗"的时代,[2]儒家的政治观点,在当时情势下,要么作为一种理想,向空谈义理的方向发展;要么与社会斗争相结合,向法制理论与兵谋的方向演变。《逸周书》即后一种演变的产物。《逸周书》作者无疑是个权谋之士,但他难以摆脱儒家的传统观念。他力图把关于仁义的说教同兵家的权谋结合起来,这种结合形成了该书军事思想的基本理念。

在《逸周书》作者看来,"武"也是天命的组成部分,明王是为安定天下、推行仁政而战的,即《武纪》篇所谓之"事武而义"。也就是说,敬天命、行德治的国家,有权干涉、征服那些不敬天命、不行德治,因而造成挨打局面的国家;而胜利者在被征服地区,则应推行仁政,实施德治,而不能以暴易暴。这样,《逸周书》作者便为战国时代兵谋家

[1] 《先秦史》,上海古籍出版社,1982年版,第16页。
[2] 刘向:《战国策叙录》。

们的政治道德奠定了理论基础,给残酷的征战杀伐绣制了一面正义的旗帜。《大明武》对此说得最简捷:"维四方畏威乃宁。天作武,修戎兵以助义正违。"《武称》言"并小夺乱,□强攻弱而袭不正,武之经也。"《小明武》言"上因下腾,戎迁其野。"《允文》言"民之望兵,若待父母。"都是一个意思:鼓吹用战争去推行"正义"。而这种"正义",是和"四方畏服"联结在一起的。

同先秦各兵家的观点一样,《逸周书》认为最理想的战争是不战而胜:"善政不攻,善攻不侵,善侵不伐,善伐不搏,善搏不战。"(《大武》)"胜国若化,不动金鼓。善战不斗,故曰柔武。"(《柔武》)此即兵家常说的"不战而屈人之兵"的"庙胜"。但这样的情况毕竟少有,故该书作者以更多的篇幅论述如何通过军事行动而制服敌国。一些战术细节可略而不论,从战略原则看,其军事思想可归纳为如下几个方面:

A. 战前应有充分的准备。欲战之国首先要具备坚实的政治基础。"国有本,有干,有权,有伦质,有枢体。土地,本也;人民,干也;敌国侔交,权也;政教顺成,伦质也;君臣和□,枢体也。"(《武纪》)必须加强国力,控制民众,搞好教育鼓动工作,调整好外交关系,形成安定团结、指挥有效的政治局面,这是在战争中取胜的根本前提。为此,统治集团既要有长远的战略布局,又要有平时的思想警惕性,即《程典》篇所谓之"于安思危,于始思终,于迩思备,于远思近,于老思行,不备,无违严戒。"然后是物质方面的准备:"得礼而无备,弗可成。举物不备而欲成大功于天下者,未之有也。"(《武纪》)"有十年之积者王,有五年之积者霸,无一年之积者亡。"(《文传》)有了长时期的物资积蓄,国家方能站稳脚跟,方能在仇雠敌战中称王称霸。

B. 把握住天、地、人三项基本因素尤其是人的因素。天时、地利、人和这是先秦以及后世兵家必谈的军事理论,《逸周书》也不例外。《小开武》篇言"三极":"一、惟天九星;二、惟地九州;三、惟人四佐。"又言"七顺",其前三"顺"即为"顺天得时","顺地得助","顺民得和"。《成开》篇对"三极"作了更明确的解释:"一、天有九列,别时阴阳;二、地有九州,别处五行;三、人有四佐,佐官惟明。"《武顺》篇也说:"吉礼左还,顺天以利本,武礼右还,顺地以利兵;将居中军,顺人以利阵。"必须指出,该书在军事上所讲的"天时",含义隐晦,有时似指客观存在的天体星象,有时却又分明罩一层上帝意志的神秘色彩。也许作者故意把它说得抽象渺茫,以渲染兵谋的高深莫测。其实作者更重视的还是人的因素,提出了"兵强胜人,人强胜天"(《文传》)的进步观点。《成开》篇言"五示",前两"示"即列"明位示士"、"明惠示众";言"四守",第一"守"即列"政尽人材";言"六则",第一"则"即列"和众"。此外如《大武》篇讲"五卫",《酆保》篇讲"六卫",都在极力强调人事。对于卜筮一类的把戏,该书一般说来是持否定态度的,至少对它们很不感兴趣。作者认为在战争中依赖卜筮祭祷,必将召致失败。如《命训》篇指出:"祸莫大于淫祭",《文酌》篇直言"龟从惟凶",《酆保》篇所列"十败"中即有"神龟败卜"一条,《柔武》篇将"惟势是辅,惟祷是怙"列入戎事之禁,《史记》篇总结出玄都氏亡国的教训即在于"贤鬼道,废人事天,谋臣不用,龟策是从,神巫用国,哲士在外。"由于作者将巫卜之事看作凶败因素,故主张设法使敌国迷陷其中。《酆保》篇有"四蠹"、"五落",专言破坏敌方的谋略,其中即有"神巫灵宠以惑之","厚其祷巫,其谋乃获"一类的话。在军事上旗帜鲜明地反对神秘主义,是此书的一大亮点。

C. 为了取胜,可施展各种权谋,甚至可不择手段。《逸周书》作者主张在战争中充分利用敌方的薄弱环节加深敌方的危机,挑起并扩大敌方的矛盾,瓦解敌方的意志,诱使敌方犯错误。总之,种种手段即使被视为不道德的手段,也不妨运用。《武称》篇对此有一段精要的论述:"贤者辅之,乱者取之,作者劝之,怠者沮之,恐者惧之,欲者趣之,武之用也。美男破老,美女破少,①淫图破国,淫巧破时,淫乐破正,淫言破义,武之毁也。赦其众,遂其咎,抚其□,助其囊,武之间也。饵敌以分,而照其储,以伐辅德,追时之权,武之尚也。春违其农,秋伐其穑,夏取其麦,冬寒其衣服;春秋欲舒,冬夏欲亟,武之时也。"在执行这样的方针时,是没有什么仁义道德可言的,"并小"、"攻弱"、"伐疾"、"伐疫",被称为"武之顺"。对敌方既可以"委以淫乐,

---

① 原文"少"字作"舌",据《战国策·秦策》引文改。

赂以美女",也可以"因风行火,障水水下"(《大明武》),还可以"问其疏,薄其疑,推其危,扶其弱,乘其衰,暴其约。"(《武纪》)甚至可以使用"四蠹":"一、美好怪奇以冶之;二、淫言流说以服之;三、群巧仍兴以力之;四、神巫灵宠以惑之。"战争本身是残酷的,特别是为满足统治集团的贪婪而进行的战争,相互间常常是无所不用其极。但像《逸周书》这样,作为成套的理论,坦率地形诸文字,公然大肆张扬,在流传下来的古代军事著作中还是极少见的。

D. 对战败国的处置要宽厚有节。在战争胜负决定以前,为打败对方可以不择手段,千方百计给敌国制造灾难;一旦获得胜利,则应当"偃兵兴德",严肃军纪,执行安抚政策,明智地处理善后事宜。此时,儒家的一套德教和仁治的观点便又被抬了出来。"既胜人,举旗以号令,命吏禁掠,无敢侵暴。爵位不谦,田宅不亏,各宁其亲,民服如化,武之抚也。"(《武称》)"收武释贿,无迁厥里。官校属职,因其百吏。公货多少,振赐穷士,救瘠补病,赋均田布。"(《允文》)不仅要停止抢掠等暴行,还要施舍粮食物资,赈济灾民。农民的田宅受到保护,他们可以原地安居,"庶民咸耕,童壮无辅",①生产照常进行。这样方能稳定战后秩序,取得民众拥护。对执柄者来说,战争的目的是为了兼并,是为了把敌手的最高统治权拿过来,即所谓"执彼玉圭,以居其宇";至于原有的官僚机构,则可原样保持,尽量不去触动贵族阶级的统治体制,甚至还应"咸问外戚,书其所在。选同氏姓,位之宗子。"(同上)这样做是符合统治集团的根本利益的。

从以上简略的归纳中我们不难看出,《逸周书》的军事思想与先秦其他兵家相比,主要方面有共性,但也颇具自己的特色。先秦兵书一般言战术、谋略者居多,侧重于总结、介绍攻守原则及作战方法;《逸周书》则更注重阐发战争在政治、道义上的依据,并力图将兵谋纳入儒家的思想体系之中,至少要让兵谋之学披上仁德之治的外衣。在当时那种"非威不立,非势不行"②的社会背景下,作者的视野比一般兵家要宽广得多,能够较全面地分析决定战争胜负的各种社会因

---

① 朱右曾认为"辅当为侮,音近而讹",可从。
② 刘向:《战国策叙录》。

素,并对战争结束后应当采取的措施,给予合理的关注。因此,我们不宜将《逸周书》同先秦一般兵书等量齐观。

（原载《青海师范大学学报》[哲学社会科学版]1989年第2期,中国人民大学资料中心编《图书资料》1989年第6期收载）

古语辩义(四则)

方以类聚·物以群分

"方以类取,物以群分",语出《易·系辞(上)》和《礼记·乐记》:"方以类聚,物以群分,吉凶生矣。"(《系辞》)"方以类聚,物以群分,则性命不同矣。"(《乐记》)《辞源》释"方以类聚",谓"同类事物相聚一处"。此义早已被人们普遍接受,本无须再辨;但人们对"方"、"物"二字的义缘,往往不甚清楚,从而对该语词义组合的初衷,缺乏切当的理解。所以,后来人们便把此语通俗化为:"物以类聚,人以群分"。

郑玄注《乐记》此语云:"方谓行虫也,物谓殖生者也。"殖读植,郑意"方"指动物,"物"指植物。孔疏亦说"方谓虫、禽、兽之属"。但以动物释"方",在古文献中找不到任何根据,很难令人信服。高亨先生另辟蹊径,他认为古文"人"字与"方"字形体相近,本应作"人以类聚"。① 征诸古文字形,"方"字有一颇引人注目的横划,实难同"人"字相混,他书中亦未见此二字相混之例;且《易·系辞》与《礼记·乐记》两书用此语,不大可能同误。愚谓此语义缘尚须着眼于"方"字含义的探求。《说文》:"方,并船也,像两舟省总头形。"许说不可信,因为"方"字不论何体,怎么说也不像是"两舟省总头形"。早期甲文中"方"字笔画结构,为人体与含捆扎义符号的结合,康殷先生曾分析此字谓:"极可能代表颈间有物束缚着的人,如后世之'钳'、'枷'之类。"② 其实,"方"即今日"绑"字,也即先秦"纺"字的初文;由于"方"字后来被假为他字,其上述原始义逐渐隐晦莫明了。"纺"字的纺织

---

① 《周易大传今注》,齐鲁书社,1980年版,第504页。
② 《文字源流浅说》,荣宝斋,1979年版,第141页。

义为引申义,其初义为绑(古无经唇音,方、邦音同)。《国语·晋语》载董叔与妻不合,其岳父范献子"执而纺之于庭之槐",纺即绑。《左传·昭公十九年》载齐伐莒,莒子奔纪鄣,寄居纪鄣的莒妇人为报莒子杀其夫之仇,"纺焉以度而去之,及师至,则投诸外",使齐军得以"夜缒而登"。"度"者,量城之高度也;"纺",不能理解为编织,因为短时间内是纺不出可以缒人登城的布匹来的。此处之"纺"亦用绑义,指绳索的结扎。《礼记·聘礼》:"贿有束纺",郑注:"纺,纺丝为之,今之缚也。"此数例无疑均显示了"方"字的本义。

许慎说"方"为"并船",也并不错,不过这是"方"字的假借义,他误把假借义当本义了。"方"字的"并船"义在先秦使用相当广泛,如《诗·周南·汉广》:"汉之广矣,不可泳思;江之永矣,不可方思。"《邶风·谷风》:"就其深矣,方之舟之;就其浅矣,泳之游之。"《庄子·山木》:"方舟而济于河。"《国语·齐语》"方舟设泭,乘桴济河,至于石枕。"《尔雅·释水》:"大夫方舟",郭注曰:"并两船。"此义后来孳生为"舫"字,《一切经音义》引《通俗文》:"连舟曰舫,并两舟也。""方"为并船,故亦泛用其并义。《仪礼·乡射礼》:"及物揖,左足覆物,不方足,还视侯中,俯正足。"郑注:"方犹并也。志在于射,左足至,右足还,并足则是立也。"此处之"物"谓射时所立之处,经文言射前的准备姿势,双足不能并在一起。《诗·召南·鹊巢》:"维鹊有巢,惟鸠方之。"言鸠入鹊巢而与鹊并居。《战国策·齐策》:"车不得方轨,马不得并行。"双车并行即谓之"方轨"。由并义再稍引申,事情相类似而可以放在一起比较,也谓之"方"。《论语·雍也》:"能近取譬,可谓仁之方也已。"《孟子·万章》:"故君子可欺以其方,难罔以非其道。"《礼记·内则》:"四十始仕,方物出谋发虑,道合则服从,不可则去。"皆用此义。《周礼·考工记·匠人》:"凡为防,广与崇方。"谓堤防之宽与高相等,"方"字亦用其相类、相称之义。成语"方桃譬李"亦采方字此义。《韩非子·解老》:"所谓方者,内外相应也,言行相称也。"这是对"方"字引申义的极好解释。"方以类聚"之"方",用其"并船"义。作为并船,要求两只船的形状、大小、结构、重量相仿佛,也就是说,同类型的船才能并联在一起,故曰"方以类聚"。两船并联,也要靠绑,故"并船"的假借义中仍能窥见"方"字本义的影迹。

"物"字,王国维先生有过著名的解释:"物本杂色牛之名,后推之以名杂帛。《诗·小雅》曰:'三十维物,尔牲则具',传云:'异毛色者三十也。'实则三十维物,与三百维群,九十其犉句法正同。"①陆宗达先生认为"物"字的本义为旗帜,"《周礼·司常》:'颁旗物'。'旗'、'物'连文则'物'也是旗帜。"②陆先生弄颠倒了"物"字本义与引申义的关系,《周礼·司常》用的是该字的后起义。征之甲文,物字本义与牛有关是毫无疑问的。但王氏释物为"杂色牛",显然仍受《周礼·司常》解说旗帜时所言"杂帛为物"一语的影响。"物"的本义,当指一定毛色的牛,后来泛指动物的毛色,并不必含"杂色"之义。如《诗·小雅·无羊》所言"三十维物",理解作"以某种颜色的牛三十匹为牲"较为合理,如按毛传所说"异毛色者三十",则极不可能,因为牛羊并没有那么多毛色品种,古人也不会如此异想天开,要用三十种毛色的牛羊去向神灵作奉献。《诗·小雅·六月》"比物四骊,闲之维则",也正是指四匹同颜色的马驾在一起,而不是指杂色马。《周礼·鸡人》:"掌共鸡牲,辨其物。"郑注:"物谓毛色也。"其旗帜义项肯定是后起的引申义,因为人们远在学会制作、使用旗帜之前,早就有了动物毛色的概念。"物"义由某种毛色的牛,引申为某种毛色的牲畜,再引申为动物的种类,再引申为万事万物。"物以群分"的"物",即指动物而言。动物的生活,各有自己的群体,不同种类的动物通常是难以合居在一起的,故曰"物以群分"。

"方以类聚"一语是用来比证"物以群分"的,二语的重心在"物以群分"上。《易·系辞》作者以此说明这样的道理:事物是有类别的,不同类别的事物之间必然发生利害冲突,冲突的发展必然有好的结果和坏的结果,即所谓"吉凶生矣"。《礼记·乐记》此段文字与《系辞》大同小异,"吉凶生矣"变作"则性命不同矣"。意思是说,物类之别皆由其性,性由天定,不可淆越;事物的性质不同,则其存在、发展的归宿也不同。

---

① 《观堂集林·释物》,中华书局,1984年版,第一册,第287页。
② 《训诂简论》,北京出版社,1983年版,第19页。

入 而 徐 趋

《战国策·赵策》中有一段触龙说赵太后以其子入齐为质的著名记载。"左师触龙言愿见太后。太后盛气而揖之。入而徐趋，至而自谢，曰：'老臣病足，曾不能疾走，不得见久矣。窃自恕，而恐太后玉体有所郄也，故愿望见太后。'……"对"入而徐趋"一语，人民出版社出版的《古代散文选（上）》作了这样的解释："徐趋，用快步走的姿势，一步一步向前走，徐，慢。趋，快步走。古代臣见君应该快步走，这是一种礼貌。触龙脚有毛病，只能'徐趋'"①这种解释颇具代表性，中学语文课本该处注解即完全采用此释，只把"礼貌"改作了"礼节"。

但是这种解释经不住推敲。"徐"字是用来修饰"趋"字的，"徐趋"表示的是同一时间内由同一个人作出的同一个行动过程，怎么能既慢又快呢？如果说触龙因脚有毛病而走不快，那么他入殿之后事实上只能是徐行而非徐趋；如果他按照礼节还是忍疼而"趋"了，则"趋"字之前即不宜用"徐"字修饰。只要我们释"趋"为"快步走"，这就是个无法调和的矛盾。于在春同志在其《文言散文的普通话翻译（续编）》中，将"徐趋"译为"慢条斯理地抢前几步"，便是矛盾无法调和的结果。试想，"慢条斯理"是怎样的一种情态？这种情态如何能同"抢前几步"相协调？据我了解，不少语文教师为讲"徐趋"一语而作难，不得已，只好讲作："触龙作出要快走的样子，但事实上却因脚有病而走得很慢。"如果有个学生请求做一下演示，教师便会大窘，因为这种同时既要慢又要快的动作，是谁也演示不出来的。

问题在哪里？问题在于上述对"趋"字的注释失之片面。释"趋"为"快步走"，原则上并不错，该字确含有疾速之义，这在古文籍中能找到大量不容置疑的例证。但那是指通常的情况。"趋"作为一种特定场合下表示礼节的步行姿势，"快"并不是它的主要特征。事实上，"趋"是一种小步而又有节奏的走路姿势。"趋"字从"刍"，"刍"为切

---

① 见该书第48页，注⑨。

碎的牲口饲料,本就含细小义,凡从刍之字多具此义。如"雏",乃鸟类之幼小者;如"绉",据《说文》,乃"絺之细者也";如"诹",据《广韵》,乃"阴私小言"。"趋"行,作为礼节性步姿,就是俗语所谓之走碎步。走这种碎步须按一定的节奏,《礼记》"徐趋"郑玄注:"君、大夫、士之徐行也,皆如与尸行之节也。"孔颖达《礼记》"趋以采齐"疏:"趋时歌《采齐》为节。"《淮南子·俶真》:"足蹀阳阿之舞,而手会绿水之趋。"高诱注:"趋,投节也。"这都告诉我们,"趋"行具有明显的节奏性。这种有一定节奏的小碎步,据《礼记》言,应有疾、徐之分,是可快可慢的。触龙因年迈而又患足疾,故采用了慢姿之趋行。慢就是慢,不存在什么慢而装作快的问题。由于趋行要走小碎步,故即使"疾趋",也不可能走得很快,因此,在某些匆急的情况下,人们不得不放弃这种礼节性的步姿。《礼记·玉藻》:"父命呼,唯而不诺,手执业则投之,食在口则吐之,走而不趋。"在父辈面前走路,按当时礼节是应当趋行的,但应父之呼唤又须动作迅捷,故可"走而不趋"。"走"字在这里才是疾行的意思。

趋行的姿态,具体说是究竟怎样?《礼记·玉藻》给我们提供了生动的说明:"君与尸行接武,大夫继武,士中武,徐趋皆用是。疾趋则欲发而手足毋移,圈豚行,不举足,齐如流。""接武"、"继武"、"中武"言趋行的碎步幅度。"武"是脚印,据郑玄的解释,"接武"意为"每移足半蹑之",即每个单步,移动足的足跟,落在不动足的足掌中部位置上,这种走法,事实上每个单步只前进了一个脚掌长度的距离;"继武"意为"迹相及也",即移动足与不动足的脚印相续,每个单步移动两个脚掌长度的距离;"中武"意为"迹间容迹",即两个脚印之间能容得下一个脚印,每个单步移动三个脚掌长度的距离。这就是说,尊者的步间距离小于其下属,因为"尊者尚徐",步间距小则迈步动作必然徐缓。"圈豚行,不举足,齐如流",郑注谓:"圈,转也,豚之言若有所循。不举足,曳踵,则衣之齐如水之流也。"趋行要求身体端直,手和腿都不能大幅度摆动,脚掌贴地,碎步滑行,脚掌运动轨迹略成弧形,滑出而复收至相应位置。这种步姿,人体没有大的起伏,裙裳基本保持不动之状如同流水,平衡而不显运动的形迹。

弄清楚"趋"作为一种礼仪步态的含义,以及"趋"本有徐、疾之分,我们便可从"快步走"的一般化解释中解脱出来,触龙的"入而徐趋"就不存在自相矛盾的问题了;事实上他是以缓慢的节奏,走着"趋"姿的步子。

约法三章·约定俗成

刘邦入关中与父老"约法三章"的故事,几乎尽人皆知,但"约法三章"一语的歧义,却常为人们所忽略。其实这是个很有兴味的问题。"约"字在汉语中有诸多义项,"约法三章"至少可以作出如下几种解释:

(1) 规定了三条法令(约:约束)
(2) 把法令简化为三条(约:简约)
(3) 保证作到三条(约:约定)

哪一种解释符合此语的本义呢? 说来令人难以相信,在《汉书》中,上述三种解释都能找到成立的证据。《高帝纪》载刘邦语:"吾与诸侯约,先入关者王之,吾当王关中;与父老约,法三章耳:杀人者死,伤人及盗抵罪。余悉除去秦法。"此段文字的断句问题,有过争论,现行中华书局标点本从"约"字下断,就文章的逻辑规律说,是正确的,因为"与诸侯约"同"与父老约"前后呼应。"与"字不是动词而是介词,它指明"约"的对象;动词"约"显示的只能是"约定"义。但《高帝纪》最后对刘邦作总结性评述时,却又说:"初顺民心作三章之约",此"约"则显然是"作"的宾语,乃名词无疑,指为顺应群众愿望而颁布的法令或规定。据此,"约法三章"一语表达的意思就不是与什么人相约作出三条保证,而是为争取民众拥护而对部下提出了三条要求。尽管上述两种意思并不矛盾,但在词语的表意结构中,"约"字所起的作用却有明显的区别。第一种意思,"约"字对父老而言;第二种意思,"约"字对部下而言。前者是向父老作保证,后者是对部下提要求。我们再举《汉书·刑法志》关于此语的文例:"汉兴,高祖初入关,约法三章曰:'杀人者死,伤人及盗抵罪'蠲削烦苛,兆民大说。""汉兴之初,虽有约法三章,网漏吞舟之鱼。"据此,则"约法三章"四字乃一语言单位，显然不能从"约"字下断句。此处"约"字分明表简要之义，"约法"系针对秦朝"烦苛"之法而言，"约"是形容词，是用来修饰"法"的。《汉书·文帝纪》："汉兴，除秦烦苛，约法令，施德惠。"师古注："约，省也。"此可作为"约法三章"中"约"字表简要义的辅证。《盐铁论·周秦篇》载文学语："……故高皇帝约秦苛法，慰怨毒之民，而长和睦之心，唯恐刑之重而德之薄也。"可见汉人也是以简要义理解刘邦之"约法"的。

《说文》："约，缠束也。从系，勺声。"段注："束者，缚也，引申为俭约。"《诗·小雅·斯干》："约之阁阁"，疏："谓以绳缠束之。"《周礼·考工记》"弓人"条，言制弓时以丝、胶缠束弓身："约之下皆约，疏数必佟。"意谓缠绕时每道之间留有空隙，间距相等。《左传·哀公十一年》记齐、吴艾陵之战，齐公孙挥为显其必胜信念而命其徒："人寻约，吴发短。"杜注："约，绳也。八尺为寻。吴发短，欲以绳贯其首。"《战国策·齐策》："鲁连乃为书约之以射城中。"此皆用约字之本义者。由绳索的缠束，引申为行为的约束；相互商定共同遵守某种约束，即成相约、约定之义。以绳束物，一般要束在物之中部，也即最关键之处，故约字又生简约的义项，约、要、腰音义皆通。《玉篇》："腰，音要，婴绳。"至今人们把收割庄稼时，在一束庄稼中部所作的结扎称为"缍"。缍为后起字，实即约字。

《汉书》"约法三章"一语所涉约字的三种义项，无疑均属约字本义的引申系列；但同一部著作中同一词组内的一个词，在不同语言环境中显示不同含义，这种现象在古、今汉语中都极为罕见，这有违语言规范的要求。如何解释这一现象呢？我想，这一则是由于"约"字上述三种义项的血缘关系太近，不作细致的语法分析，难以一眼看出其差别，故在该语表义尚未完全定型时，使用中"约"字义项便有可能"移位"而不被觉察。二则可能与《汉书》对《史记》的承袭有关：《史记·高祖本纪》基本上是在"约定"的意义上使用"约"字的，班固照录了《史记》原文，并未作仔细推敲；而班固本人在《汉书·刑法志》中使用"约法三章"一语时，他是着眼于约字的"简要"义项的。现行辞书解释"约法三章"，只好采取"圆滑"方式。如《辞海》，只对刘邦入关后"约法三章"的史实作客观介绍，对该语则不作界说，因而读者也便不明"约"字显示的究竟是何义;《辞源》则兼及"约"字的有关诸义项,在引用若干例句(引《史记·高祖纪》文有漏误)后说:"后来泛称订立简明的条约,使人共同遵守,称约法三章。"作者竟忍心让"约"字三义皆具,承担了所有的重量。

与"约"字关联的另一个成语是"约定俗成"。此语亦因"约"字义项含混,而被后世误解了其初意。让我们先列举最通行的、影响最大的三部辞书对"约定俗成"一语的解释:

《现代汉语词典》:某种事情的名称或社会习惯是由广大群众通过长期实践而约定或形成的。

《辞源》:指事物的名称,经人相约命定,习用既久,为社会所公认。

《辞海》:谓事物名称是依据人们的共同意向而制定的,因而为人所承认和遵守。后来把人们经长期实践而确定或形成的某种事物的名称、形式或某种社会习俗称为"约定俗成"。

上列三种解释有个共同的基本点,即认为"约定"就是人们相约而定。这种解释并不符合"约定俗成"一语的本来意思。

"约定俗成"一语始见于《荀子·正名》:"名无固宜,约之以命,约定俗成谓之宜,异于约则谓之不宜。名无固实,约之以命实,约定俗成谓之实名。"这里的"约"字,用的是其"约束"义,即限定的意思。刘师培认为:"约字当训'界',谓以人所命之义,立名为界说也。约定者,界说定也。"①此解颇为精当。荀子的本意很清楚:事物本来不存在绝对符实的名称,须有人"约之以命",即给事物立名定义;名义确定后人们即必须遵守,不允许去违背定义。人们在社会生活中共同使用,即谓之"俗成"。"约定"为一回事,"俗成"为一回事,"约定"环节中并不必然存在群体意向的因素。那么,由谁来"约定"呢?荀子说得很明确:"故王者之制名,名定而实辩,道行而志通,则慎率民而一焉。故析辞擅作名以乱正名,使民疑惑,人多辩讼,则谓之大奸,其

---

① 梁启雄《荀子简释》引,上海古籍出版社,1956年版,第315页。

罪犹为符节度量之罪也。""故知者为分别制名以指实，上以明贵贱，下以辨同异。"这里既不含"经人相约命定"的意思，更找不到"依据人们的共同意向而制定"的影踪；制名者是所谓"王者"、"知者"。在荀子看来，"名"之制定是王权的产物，是靠专制主义政权推行和维护的，就如同国家规定符节印信及度量衡制度一样，民众只有遵守的义务，而无发表意见的权利，"析辞擅作名"是被视为"大奸"的。荀子又说："今圣王没，名守慢，奇辞起，名实乱，是非之形不明，则虽守法之吏，诵数之儒，亦皆乱也。若有王者起，必将有循于旧名，有作于新名。"可见荀子是将名实问题与国家治乱问题相联系的。制名与正名，是国家政权的一项重大使命。他强调要"谨守名约"，就是要严格维护事物的定义，确立"名"的权威性，不致使它们为"奇辞"所乱。

简言之，"约定俗成"的"约"字，并非表示"相约"之义，而是指规定；"俗成"是说在社会语言使用中被肯定。今天人们已习惯使用的"约定俗成"，同《荀子》一书中的"约定俗成"，在语义内涵上是大不相同的。

礼经三百·威仪三千

《礼记·礼器》曰："礼有大有小，有显有微。大者不可损，小者不可益，显者不可掩，微者不可大也。故经礼三百，曲礼三千，其致一也。"郑注："经礼谓《周礼》也，《周礼》六篇，其官有三百六十。曲犹事也，事礼谓今礼也。礼篇多亡，本数未闻，其中事仪三千。"《礼记·中庸》有段话与此有关："大哉圣人之道，洋洋乎！发育万物，峻极于天，优优大哉！礼仪三百，威仪三千，待其人然后行。"末句孔颖达疏曰："礼仪三百，《周礼》有三百六十官司，言三百者，举其成数耳。威仪三千者，即《仪礼》行事之威仪。《仪礼》虽十七篇，其中事有三千。"孔疏全同于郑说。《汉书·艺文志》也言及此："《易》曰：'有夫妇父子君臣上下，礼义有所错。'而帝王质文世有损益，至周曲为之防，事为之制，故曰：'礼经三百，威仪三千。'"韦昭曰："《周礼》三百六十官也。三百，举成数也。"臣瓒看法不同："礼经三百，谓冠、婚、吉、凶、

《周礼》三百,是官名也。"颜师古维护了郑玄、韦昭之说:"礼经三百,韦说是也。威仪三千乃谓冠、婚、吉、凶,盖《仪礼》是也。"

上引《礼记》、《汉书》三段文字,"经礼"即"礼仪"也即"礼经","曲礼"即"威仪"。按郑玄、韦昭、孔颖达、颜师古等人的解释,前者指《周礼》的三百六十官,后者指汉代通行的《仪礼》;"三千"者,指其具体的事条。后世儒者,多从此说。但此说存在许多问题,让我们来略作辨析。

首先,《礼器》明言,经礼与曲礼的不同,只在于前者"大"后者"小",前者"显"后者"微",二者的性质和作用,并无本质区别,即所谓"其致一也"。《周礼》虽也名"礼",但它是以职官体系为中心内容的治国大典,并不直接述及社会各阶层的道德准则和日常生活中的行为规范;如果"曲礼"即汉代所行种种礼仪的话,则与《周礼》相去甚远,很难说它们是"其致一也"。而且,说"三百"这个数字,乃《周礼》六篇三百六十官的"举成数",也不符合事实,因为《周礼》六篇并不是三百六十官。三百六十官之说,显然是误信了《天官·小宰》的记述,该文言天、地、春、夏、秋、冬六官均"其数六十",但事实上并非如此。现存《周礼》冬官已阙,前五官的官职已多达三百四十八,如合以冬官,总数肯定超过四百。其次,《礼记》一书至迟成于西汉,是时"经"字的使用是很严格的;"五经"中的《礼》乃指《仪礼》而非《周礼》。《周礼》一书,王莽时代方被立于学官;作为古文经学的核心典籍,东汉时该书地位才日渐显赫。郑玄以其所生活的东汉时代《周礼》在人们心目中的高度,去附会《礼记》所言的"经礼",颜师古站在《周礼》已被官方列入"九经"的唐代视角,指《汉书》所言的"礼经"为《周礼》,都犯了同样的错误。他们忽略了这一点:《礼记》成书的时代,《周礼》不仅不称"经",它根本尚未被社会承认,甚至它是否已重新出世都还是问题,是时对它不会存在"发育万物,峻极于天,优优大哉!"之类的赞颂。此外,郑玄注文本身即有难圆之处,既言"礼篇多亡,本数未闻",又谓"其中事仪三千",这等于承认自己是在臆测:不知"本数",据何以定为"三千"?

那么,所谓"经礼"、"礼仪"、"礼经"以及"曲礼"、"威仪",这相对应的两组词语的含义,究竟各是什么?回答这个问题须先弄清当时为什么把某些书籍称之为"经"。后世儒者对此有过许多种解释,影响较大的有如下三说:(1)班固在《白虎通义》中说:"经所以有五何?经,常也,有五常之道,故曰五经。"他以"常道"释经,视经为永恒的真理。(2)许慎《说文》以纺织之纵丝释经,段注作了发挥:"织之纵丝谓之经,必先有经而后有纬,是故三纲、五常、六艺谓之天地之常经。"(3)章太炎在其《国故论衡》中认为,经就是编联竹简的丝线,故经为古代书籍的通称。经字初文为"巠",考此字在金文中的形象,确似手工织机上控制经线之构件,即所谓"综",《新华字典》有很精要的解释:"织布机上带着经线上下分开形成梭口的装置。"由于它是操作纵经线的,故经线即称经。由是观之,班、许二说相辅不悖,汉儒们基本上就是在"布之经线"这个初义上理解经书之"经"字的。既然昭示永恒真理的著作称为"经",则解释、阐发、衍蔓经籍的著作便被称为"纬",即班固所言:"圣人所经,贤人纬之。"东汉阴阳五行说泛滥之后谶、纬糅合,渐流于虚妄怪异;其实最初谶、纬是有区别的,纬是经学细密化的产物。基于这样的认识,我们再回头来看前引《礼器》、《艺文志》等文字,便不难领悟:所谓"经礼"、"礼仪"、"礼经",是指礼之"经",即礼之根本;所谓"曲礼"、"威仪",是指礼之"纬",即礼之枝叶。因此二者才有大小、显微之分。陆德明解释《礼记·曲礼》篇谓"委曲说礼之事",孔疏亦谓"曲"乃指"曲屈行事"之意,这也正是《艺文志》所说的"曲为之防,事为之制"。也就是说,曲礼实即礼经的具体化,繁琐化;曲礼为礼经的派生和蔓衍,曲礼是为礼经服务的。曲礼之所以被称作"威仪",是因为曲礼是要实际操作的,表现为贵族社会中人们的具体言行,表现为日常生活中的一举一动;而作为贵族阶层来说,每一个仪态细节都应显示出道德、礼节的严正性,摆出一副俨然可畏的样子来。东汉关于礼经的纬书,即有一部叫作《斗威仪》。

在西汉,处于"礼之经"的地位的著作,是《仪礼》而不是《周礼》。《仪礼》属今文经学,当时只传世十七篇,估计起初篇数可能要多一些,古文经学派就主张后出的《逸礼》三十九篇,也应当是《仪礼》的组成部分。仅就十七篇而言,今文经学家已认为其内涵足够"礼之经"的资格:"冠"以明成人,"昏"以合男女,"丧"以仁父子,"祭"以严鬼神,"乡饮"以合乡里,"燕射"以成宾主,"聘食"以睦邦交,"朝觐"以辨上下——此八者包括了贵族社会生活中的所有领域,故为礼之领脊。处于"礼之纬"的地位的著作,当是包括《曲礼》一篇在内的《礼记》一类的作品。今存《小戴礼记》四十九篇,《大戴礼记》三十九篇;但在西汉,这类著作远比此数要多。陆德明在《经典释文叙录》中引用晋代陈邵的《周礼论序》,谓"戴德删古《礼》二百四篇为八十五篇,谓之《大戴礼》……"可见当时至少有二百多篇。这些"记",都是对《仪礼》也即《礼经》的阐述和发挥。它们与《仪礼》的关系,南宋朱熹在其《仪礼经传集解》中有很好的说明:"《仪礼》是经,《礼记》是解《仪礼》。如《仪礼》有《冠礼》,《礼记》便有《冠义》;《仪礼》有《昏礼》,《礼记》便有《昏义》;以至燕射之类,莫不皆然。""《仪礼》,礼之根本;而《礼记》,乃其枝叶。《礼记》乃秦汉上下诸儒解释《仪礼》之书,又有他说附益于其间。"礼经的宗旨和原则,贯彻到现实生活中,必须要形成许许多多细密的条规,《礼记》便是考察记录那些条规的作品。

　　至于"三百"、"三千"之数,是虚数而非实指,行文者不过用以表示礼仪之多罢了。以郑玄、颜师古为代表的汉唐注家们,定要据数以坐实,亦正是古文经学风的拘泥之处。刘师培先生曾经指出:"古籍以'三'字为形容众多之词。其数之最繁者,则拟以'三百'之数,以见其多;其数之尤繁者,则拟以'三千'之数,以见其尤多。"①刘说甚当,此类文例多不胜举。礼之经是根本,是纲领,意味着直正、精要;礼之纬是枝叶,是网格,意味着曲蔓、细密。故前者言以"三百",后者言以"三千"。

(原载《庆阳师专学报》[社会科学版]1989年第2期)

---

① 《古书疑义举例补·虚数不可实指》,见《古书疑义举例五种》,中华书局,1983年版,第171页。

文史名篇语疑考辨

一、举　　趾

《诗·豳风·七月》："三之日于耜,四之日举趾;同我妇子,馌彼南亩。"关于"举趾"一语,本无疑义,毛传言之甚明："于耜,始修耒耜也。四之日,周之四月也,民无不举足而耕矣。"郑笺无异说,颜师古注《汉书·食货志》以及朱熹《诗集传》,训释此语皆同毛传。但五十年代出版的,由北大中国文学史教研室选注的《先秦文学史参考资料》,却解此语为："趾即足,此言二月里举足下田,开始耕种"。此后,几乎所有的注家均袭此而不细究,甚至王力先生主编的、在学界极有影响的《古代汉语》(修订本)文选部分也采此说。

毛传所云"举足而耕",能否演绎为"举足下田,开始耕种"?回答是否定的。要耕作,自然须"下田";但此处的"举足"却不是指走路,而是针对踏耜而言。在犁耕之前,古人曾长期地使用耒耜耕作。耒的下端为尖利的双叉,耜的下端为薄锐的园铲,皆有一供脚踏之横木。二者形制略有不同,而操作方法则大体无异,即用脚将其锐利部分踏入土中,然后双手握柄向后扳仰以起土。我们今天用铁锨翻地,仍用此法。每踏一次耒或耜,都要举一次趾,故"举趾"即成为耕作的代称。甲骨文"耤"字,即为双手持耒举足刺土之形。《后汉书·明帝纪》注引《五经要义》："籍,蹋也。言亲自蹋履于田而耕之也。"此亦即《淮南子·主术》、《盐铁论·未通》所言之"跖耒而耕"。跖即蹠,高诱注："蹠,蹋也。"《文选·傅武仲舞赋》注引许慎："蹠,踏也。"

古文籍确有以"举趾"言迈步行走之文例,如《左传·桓公十三年》载斗伯比语："莫敖必败。败。举趾高,心不固矣。"《左传·僖公二十六年》载展喜语齐侯:"寡君闻君亲举玉趾,将辱於敝邑,使下臣犒执事。"但这都是直接表现人的走路,前者说莫敖的趾高气扬,后者说齐侯的亲自前来。"举趾"不含走路以外的他义,也不用来表走路以外的他义。"四之日举趾"则完全不同,该句意在说明农民开始春耕,并无表现走路的需要。如一定要把"举趾"解释为走路,则"耕作"义就要因失却载体而落空。这样便只好在"行走"义之外,再把"耕作"义硬加上去;而这样作是毫无道理的,是违背训诂原则的。只有把"举趾"与"踏耜"直接联系起来,诗义方能讲顺。

二、天 诱 其 衷

"天诱其衷"一语,《左传》曾多次使用,首见于《僖公二十八年》:"六月,晋人复卫侯。甯武子与卫人盟于宛濮,曰:'天祸卫国,君臣不协,以及此忧也。今天诱其衷,使皆降心以相从也。不有居者,谁守社稷?不有行者,谁扞牧圉?不协之故,用昭乞盟于尔大神以诱天衷。自今日以往,既盟之后,行者无保其力,居者无惧其罪。有渝此盟,以相及也。'"城濮战前,卫侯欲从楚,国人欲从晋;战后晋人控制了局面,为安定卫国而成此盟。原先是"天祸卫国,君臣不协",后来君臣和好了,故曰:"天诱其衷,使皆降心以相从。""诱"意为引发,不须论证。"衷",《说文》以"裹衣"释之,这当为此字初义。由内衣引申出"中"义,再由中义引申出良心义,故古书多训为"善"。《广雅·释诂》:"衷,善也。"《书·汤诰》:"惟皇上帝,降衷于下民。"孔传释衷为"善也。"《书·皋陶谟》:"同寅协恭和衷哉!"传云:"衷,善也。"《国语·晋语》:"以君之灵,鬼神降衷,罪人克伏其辜。"韦注:"衷,善也。""天诱其衷"的衷,可引申为善心或善意。关键是"其"字。此处"其"字无疑是代词,但它指代谁呢?粗看似指卫国君臣,言上天启发了他们的善心,使他们团结一致了。新版《辞源》"天诱其衷"条,就是基于这种认识而释之为"上天开导其心意",接着便引用了上述《左传·僖公二十八年》的文例。但这种理解恰恰是错误的(且不说释"衷"弃"善"义而单言"心意"是否妥切)。"其"字并非指代别的什么人,而是指上天自身。这有下文"以诱天衷"可证,"用昭乞盟于尔大神"的目的就在于降福降善。古文献中此字常和"天"联系在一起,当指人格化天帝的内心意图。"天诱其衷"意为上天发了善心,也即俗语所谓"老天爷睁开了眼"的意思。

或曰:"以诱天衷"与"天诱其衷"句式不同,寅自寅,卯自卯,二者各有其义。那就让我们再来看看《左传》中其他"天诱其衷"的文例。《成公十三年》载晋侯使吕相绝秦,吕相历数秦之不德,中有语曰:"穆公弗听,而即楚谋我。天诱其衷,成王陨命,穆公是以不克逞志于我。"大意为"秦穆公不听我们的劝告,勾结楚国打晋国的主意;但上天有眼,对晋国发善心,使楚成王死掉了,秦穆公的如意算盘未能打成。"此处"天诱其衷"的"其"字,指天无疑,不可能作别的理解,因为只有天才能使成王殒命。《襄公二十五年》载子产献捷于晋,并述陈国之罪:"东门之役,当陈隧者,井堙木刊。敝邑大惧不竞而耻大姬。天诱其衷,启敝邑心,陈知其罪,授手于我。""天诱其衷,启敝邑心",意为:上天发了善心,开了我们伐陈的心窍。"其"字仍指上天,是"启敝邑心"的主语。《定公四年》载吴楚柏举之役,楚国战败,"斗辛与其弟巢以王奔随。吴人从之,谓随人曰:'周之子孙在汉川者,楚实尽之。天诱其衷,致罚於楚,而君又窜之,周室何罪?君若顾报周室,施及寡人,以奖天衷,君之惠也。汉阳之田,君实有之。'"此段文字语意最显。"天诱其衷"的表现就是"致罚於楚","其"字非天莫属。正因为罚楚是天之心意,故吴人劝说随人不要接纳逃亡的楚王,这才算是是"以奖天衷",即顺应上天实现其罚楚的良好愿望。《国语·吴语》载吴大夫王孙苟向周王室告劳时言及柏举之役,谓"天舍其衷,楚师败绩。"韦注:"衷,善也,言天舍善于吴。"此处"舍"表施予义,也分明以"其"指天。《哀公十六年》:"卫侯使鄢武子告于周曰:'蒯聩得罪于君父、君母,逋窜于晋。晋以王室之故,不弃兄弟,置诸河上。天诱其衷,获嗣守封焉,使下臣肸敢告执事。'"蒯聩已通过发动政变夺取了卫国君位,故曰"天诱其衷,获嗣守封焉。"他认为自己作为流亡在外的人,能"获嗣守封",完全是由于上天发了善心。此外,新版《辞源》还引《史记·外戚世家》一例,也与《左传》诸例用法相同:"高后崩,合葬长陵。禄、产等惧诛,谋作乱。大臣征之,天诱其统,卒灭吕氏。"("统"字,《集解》引徐广曰:"一作夷")言吕氏被灭,实乃上天发了善心。后世也是在这种含义上使用该词语的,如《晋书·苻坚下》载淝水战后,原前燕贵族慕容泓遣使向苻坚劝和,即言:"秦无道,灭我社稷。今天诱其衷,使秦倾败,将欲兴复大燕。"也就是说,秦之倾败是天的意志。

所有的文例都表明,"天诱其衷"的其字是己称代词而非对称代词,具体说来即指天本身而言。《辞源》释为"上天开导其心意",视"其"字为他指,是不正确的。

三、乃必有偶

《国语·越语上》载越国夫椒之役大败于吴之后,派大夫种赴吴求和,表示只要不灭亡越国,越国的一切听从吴王安排。然而,"若以越国之罪为不可赦也,将焚宗庙,系妻孥,沈金玉於江。有带甲五千人,将以致死,乃必有偶。是以带甲万人事君也,无乃即伤君王之所爱乎?与其杀是人也,宁其得此国也,其孰利乎?""乃必有偶"一语,清代学者汪远孙在其《国语发正》中解释说:"五千人人人致死,勇气自倍,一人可得二人之用,故曰带甲万人。"自从北大选注本《先秦文学史参考资料》采用汪说之后,三十多年来几乎所有的文选著作都众口一辞地附和之。如六十年代二版,后又多次重印过的《古代散文选》,在《勾践栖会稽》篇注中即谓:"偶,两个。意思是知道不免于死,拼命战斗,一人必有两人之用。所以下文说:'是以带甲万人事君也'。"周予同主编《中国历史文选·越王勾践灭吴》注此语为:"偶训对,倍。谓:将拼死决战,必定人人勇气百倍,能以一当二。"

其实汪远孙之说误解了韦昭注"偶"为"对"的含义,不足取。"偶"为后起字,初通作"耦",本义指两耜并耕,故《尔雅·释诂》谓:"耦,合也。"引申义为夫妇仪侔,以及人形雕塑品与真人的应似,故偏旁又作人字,进而可泛释为匹、配、合、对之义。人与人,物与物,能配对成双者,则谓之耦(或偶)。于射礼,两人并射以决胜负,谓之耦,《左传·襄公二十九年》:"射者三耦。公臣不足,取于家臣。家臣:

展瑕、展王父为一耦;公臣:公巫召伯、仲颜荘叔为一耦……"两人对奕,彼此视对方为耦,《左传·襄公二十五年》:"奕者举棋不定,不胜其耦"。《左传·桓公十八年》:"并后、匹嫡、两政、耦国,乱之本也。"耦国,指封邑势力强大可与中央政府相抗衡。《汉书·食货志》:"诸侯岁贡少学之异者於天子,学于大学,命曰造士。行同能偶,则别之以射,然后爵命焉。"能偶,谓才能相当。《春秋繁露·人副天数》:"唯人独能偶天地。人有三百六十节,偶天之数也。"偶天地,意为与天地之数相配。总之,"偶"的含义,在于说明两种事物的彼此对应,而不用来表述同一事物数量的加倍。"乃必有偶"之"偶",是说战士交锋时的敌手。全句意为:五千名甲士抱必死之决心,奋力作战,则每人至少拼掉一个对手,以作为自己战死的代价。故下文接着说:"是以带甲万人事君也,无乃即伤君王之所爱乎?"这"万人",即指双方合计将要拼掉的战士。大夫种强调指出:如真地走到这一步,对吴王来说,是个极其巨大的惨痛损失。因为,这将要牺牲的一万人中,吴方的五千人自不待言;越方的五千人,按越方提出的议和条件,也是可以由吴王"左右之"的。这便是"带甲万人事君"的含义。

韦昭的原注是正确的:"偶,对也。""对",说的是对手,而不是说加倍。古文籍中从来没有以"对"表加倍的文例。更有力的证据是《史记·越王勾践世家》对此事的记载:"种顿首言曰:'愿大王赦勾践之罪,尽入其宝器。不幸不赦,勾践将尽杀其妻子,燔其宝器,悉五千人触战,必有当也。'"《索隐》谓:"有当则相伤也。"简明而又确切! 此处之"当",也即韦注所说的"对"。《公羊传·庄公十三年》记鲁、齐柯之盟,当曹沫明白鲁侯已下定雪耻复仇的决心时,说:"然则君请当其君,臣请当其臣。"何休注:"当,犹敌也。将劫之辞。"敌、当、对,也就是偶,这里决不含"加倍"的意思,只是说一个对一个。《中华活页文选》(合订本两册)《史记·越王勾践世家》的注者,由于不理解"当"的含义,竟然作了"五千人一齐拼起命来,总会有些办法"的解释,这比汪远孙释偶为"一人可得二人之用"更加荒唐。

四、上　　闻

《吕氏春秋·上农》:"农不上闻,不敢私籍于庸。""上闻"一语,许维遹、夏纬英、陈奇猷诸先辈皆赞同孙诒让的看法:"'上闻'谓赐爵也。前《下贤》篇说魏文侯'东胜齐於长城,虏齐侯献诸天子,天子赏文侯以上闻。(今本作'卿',毕依《史记·樊哙传》如淳注引校正。)《史记·樊哙传》'赐上间爵',《集解》:'如淳云:间或作闻。'《索隐》本作'闻',引张晏云:'得径上闻。'晋灼云:'名通於天子也。'然则此农得'上闻'者,亦谓名通於官也(《商子·来民》篇云:'民上无通名,下无田宅。''无通名'即'不上闻'也。)'不敢私籍於庸',谓不得私养庸以代耕。"①

孙氏考证虽详,但并未弄清一个关键问题:"上闻"究竟是一种爵称呢,还是仅仅意味着"名通于官"?这两种认识对于理解《上农》文意来说,差别是显而易见的。

在回答关键问题之前,我们须先澄清孙氏考证中涉及的几个外围问题。第一个问题:《吕氏春秋·下贤》"天子赏文侯以上闻"之"闻"字,实乃毕沅之妄改,旧本"卿"字未误。毕氏校改此字的唯一根据是《史记·樊哙传》,而该传的"上间"爵,即使如张晏、如淳所说应为"上闻"爵的话,也不能用来作为校改《下贤》"卿"字的依据。樊哙的"上闻"爵,其等级有明文可查。秦行二十等军功爵制,西汉建国后完全承沿下来;在刘邦打天下的过程中,当然更是照行未易。司马迁记述樊哙历建战功而受爵赏的情况颇详;在他受"上闻"爵之前,因"攻城先登,斩首二十三级"而"赐爵列大夫",《集解》引文颖曰:"即公大夫,爵第七。"在因"斩首十六级,赐上闻爵"之后,又因"却敌,斩首十四级,捕虏十一人"而"赐爵五大夫",这是二十等爵制的第九级。显然,上闻爵就相当于第八级爵"公乘"。且不说周王室是否也采用秦国的爵制,即便采用,威势显赫的魏文侯,有"虏齐侯而献诸天子"

---

① 参见陈奇猷《吕氏春秋校释》,学林出版社,1984年版,第四册《上农》篇注27。

的大功,岂能仅仅赐一个行伍基层多斩敌首即可获得的"公乘"？因此,周王赏文候以"上卿"合乎情理,据《樊哙传》而改《下贤》的"卿"为"闻"是没有道理的,文侯事与樊哙事毫不相干。

第二个问题:《商君书·来民》所言"民上无通名",与《吕氏春秋·上农》所言"农不上闻",也完全是两回事。战国时期各国尤其是秦国,对民众有严格的户籍管理,正如《商君书·境内》所言:"四境之内,丈夫女子皆有名于上,生者著,死者雪。"与此相应,在经济领域内推行份地制(表现为国家授田的形式),"制土分民"是当时政治家们最关注的问题之一。秦国地广人稀,每户份地量高于中原各国,故《商君书·算地》曰:"为国分田,数小亩五百,足待一役,此地不任也。方土百里,出战卒万人者,数小也。"农民的份地是根据基层行政单位所掌握的户籍人口分配的,没有户口的人当然也便没有耕地,此即所谓"民上无通名,下无田宅。""通名"者,名入户籍之列也,此与爵位无关。"农不上闻,不敢私籍于庸"则是说雇工的手续问题。"私籍于庸",大家都承认"私养庸以代耕"的解释。那么,此庸主分明已有田宅,也就是说,他是有户籍即"上有通名"之人。既如此,"上闻"自不能再指"通名"而言。

"上闻"并非正式爵称。《吕氏春秋·上农》篇中的"上闻",不过是向政府呈报、申请的意思,注家将之与《樊哙传》相联系,反使问题复杂化了。农民欲雇佣工必须向政府呈报,批准后方可。秦国之所以有此规定(或者说当时的政治家之所以有此主张),是为了保护自耕农的利益,使他们不至于在农忙季节因给他人作庸而耽误了自家的农活。原文讲得很清楚:"农不上闻,不敢私籍於庸,为害於时也。""时",即指农时。"上闻"实即闻于上之意,此乃战国秦汉间的习用语。如《韩非子·难三》:"人情皆喜贵而恶贱,故季氏之乱成而不上闻,此鲁君之所以劫也。"《淮南子·主术》:"人主者,以天下之目视,以天下之耳听,以天下之智虑,以天下之力争。是故号令能下究,而臣情得上闻。"《汉书·武帝纪》元朔元年诏:"今或至阖郡而不荐一人,是化不下究,而积行之君子雍於上闻也。"《太平御览》卷 826 引东汉崔实《政论》:"诣雁门广武迎织师,使巧手作机纺车,以教民织。具以上闻。"皆可为证。

至于《史记·樊哙传》中的"上闻",如非字误,当是"公乘"爵的别称,如同《夏侯婴传》中"执帛"、"执圭"等爵号一样,皆非二十等爵制的正式称谓。果如此,则当时可能有这种规定:爵位高至第八级公乘,即须经国君亲自审批掌控,故别称"上闻"。资料缺乏,别无他证;但有一点是肯定的,它与《吕氏春秋·上农》篇的"上闻",并无内在联系。

五、一岁千酿

《史记·货殖列传》:"通邑大都,酤一岁千酿,醯酱千瓨,浆千甔,屠牛羊彘千皮,贩谷粜千锺,薪稿千车,船千丈,木千章,竹竿万个,其轺车百乘,牛车千辆……此亦千乘之家,其大率也。""酤一岁千酿",《正义》云:"酿千瓮。"颜师古注《汉书·货殖传》此语亦曰:"千瓮以酿酒"。后来注家,皆奉此说。据此,则"酿"为动词,指酿造;"千"为省略量词的数量词,指千瓮。但我们要问:何以知被省略的量词是"瓮",而非其他容量单位呢?总观整个句群,数词之后皆配物量词,为何只有首句数词后的"酿"是动词呢?

司马贞和颜师古在这里犯了以意为之的错误。事实上,"酿"字和瓨、甔、皮、钟、车、丈、章、个、乘、辆等等一样,也是个物量词,"千酿"决不能解释为"酿酒千瓮"。作为物量单位,"酿"有自己明确的数度,这在《汉书·食货志》中有具体记载:"率开一卢以卖,雠五十酿为准。一酿用粗米二斛,曲一斛,得成酒六斛六斗。"雠即售字,一卢的年销售量约在五十酿左右,"千酿"自为经营造酒业的大家,故司马迁将其列入"比千乘之家"的工商业规模。颜师古是《汉书》专家,注"一岁千酿"竟忽略了《汉书》本身的这条材料,所谓"失之眉睫"也。

六、择兵振旅

《汉书·武帝纪》元封元年十月诏:"南越东瓯咸伏其辜,西蛮北夷颇未辑睦。朕将巡边垂,择兵振旅,躬秉武节,置十二部将军,亲帅师焉。""择兵振旅"一语,颜注未涉。王先谦《汉书补注》谓:"择当为释,字之误也。案古书,释、泽通作,释、择不通作。因形近致讹耳。"杨树达《汉书窥管》对王说作了辨证:"凡同声类之字皆可通作。择、释同从睪声,自可通作,王说非。"他纠正了王氏"释、择不通作"之论,但和王氏一样,承认此处之"择"本当作"释"。《文史》第七辑求是同志《说"河海不择细流"》一文,也将《武帝纪》此语列为"择"当读"释"的例句之一。

不可否认,择与释在古文籍中确有许多"通作"之例(究系声同而通抑或形近致讹姑勿论),但二字各自的含义却早已判然有别。《说文》:"释,解也。"段注:"《广韵》曰:'舍也,解也,散也,消也,废也,服也。'按:其实一解字足以包之。"先秦两汉文籍,多在解脱、放弃、消散的意义上使用该字。如《左传·哀公八年》:"景伯负载造於莱门,乃请释子服何於吴,吴人许之。"《吕氏春秋·知分》:"以为不可为,故释之。释之,天下弗能使矣。"《新语·慎微》言伊尹"释负鼎之志,为天子之佐。"《盐铁论·散不足》:"黎民昏晨不释事,奴婢垂拱遨游。"至于"择"字,《说文》:"择,柬选也。"与柬选义相关,此字还含辨别义。如《左传·文公十七年》:"鹿死不择音","铤而走险,急何能择?"《吕氏春秋·简选》:"今有利剑於此,以刺则不中,以击则不及,与恶剑无择。"《史记·留侯世家》:"高帝曰:'运筹帷帐中,决胜千里外,子房功也。自择齐三万户。'"既然释与择的涵义有如此明显的区别,"释兵"和"择兵"的表意当然也就大不相同:释兵指放下或收起武器,择兵指拿起或选取武器。二字与"兵"组合含义完全相反。在这种情况下,不加深考便轻易断定二字相通,是很危险的。

《史记·周本纪》言武王灭商后,"纵马於华山之阳,放牛於桃林之虚,偃干戈,振兵释旅,示天下不复用也。"《集解》引《公羊传》"入曰振旅"以解"振兵释旅"一语,表明裴骃认为"振兵释旅"与"释兵振旅"同义。这可能就是王先谦、杨树达等学者视《汉书·武帝纪》之"择兵"为"释兵"的根据。但我们认真审究一下《周本纪》与《武帝记》那两段文字,便会发现,它们表达的意向竟然完全相反!迁语意在说明武王胜利后的息兵政策,显示周王朝的和平信念;固引诏语则无异于一篇在西北方发动大规模战争的宣言,目的在于炫耀武力。"振兵释旅"和"择兵振旅"分别用以表达这意向相反的两种情况,二者岂能画等号!

　　这里,我们有必要对"振旅"一词略加辨析。"振旅"为先秦习用的军事术语,是一种奋扬军威、激励士气的治兵仪式。"振"字用其奋发、昂扬之义;"旅"字用军队义。传统说法认为军队出征凯旋时方举行振旅仪式。郑玄注《周礼·夏官·大司马》:"中春教振旅"一语时,即曰"凡师出曰治兵,入曰振旅,皆习战也。"这种说法并不妥当。事实上,班师固然可以振旅,出兵也可以振旅,甚至敌我对峙时也可以振旅。试看以下文例:《诗·小雅·采芑》:"其车三千,师干之试,方叔率止。钲人伐鼓,陈师鞠旅,显允方叔。伐鼓渊渊,振旅阗阗。"全诗写方叔率师南征荆楚。本节描绘进军时阵容的威武,下一节写战斗的胜利。此处的"振旅"显然是指出兵而言。《国语·晋语五》载赵宣子请师伐宋,"宋人弑昭公,赵宣子请师于灵公以伐宋。乃使旁告于诸侯,治兵振旅,鸣钟鼓以至于宋。"治兵振旅为伐宋前的准备行动。《国语·吴语》记著名的黄池之会,为在精神上压倒晋军,吴王于阵前亲自秉枹鸣鼓,"三军哗釦以振旅,其声动天地,晋师大骇不出。"

　　总之,"振旅"已成为定型术语,其含义明确无误地指奋扬军威。司马迁决不会把它拆开来与别的词相配,而仍承认它的含义;更不会用它来表述周武王偃武修文的和平政策。《周本纪》的"振兵释旅"并不含"振旅"之义;相反,它强调的是"释旅",即收止或解散军队,也即所谓"纵马于华山之阳,放牛于桃林之虚","示天下不复用"。论及此,人们肯定要问:如何解释"振兵"?此语岂不仍与和平意向相矛盾?答曰:不矛盾,"振兵"与"释旅"表义是一致的。"振"字属古汉语中常见的那类"两端义词",它含奋扬、发动的义项,也含收止、废舍的义项。如《庄子·齐物论》:"忘年忘义,振于无竟,故寓诸无竟。"振字,《经典释文》引崔譔注谓"止也"。《礼记·中庸》:"今夫地,一撮土之多,及其广厚,载华岳而不重,振河海而不泄,万物载焉。"郑玄注:"振犹收也。"《左传·昭公十八年》:"郑子产为火故,大为社,祓禳于四方,振除火灾。"杜注:"振,弃也。"《逸周书·克殷》:"乃命南宫忽,振鹿台之钱,散巨桥之粟。"孔晁注:"振,散之以施惠也。""振兵释旅"的"振",即用此收止义。这同固定术语"振旅"不同,"振旅"的"振"字表义已凝结为奋扬、发动,不能再向其异端转移。

　　班固当然清楚,"振旅"的含义与"释旅"恰好相反。因此在他的文章中,"振兵释旅"与"择兵振旅"二语的使用有着严格区别。《汉书·郊祀志》有一段体现汉武帝和平愿望的记载:"其来年冬,上议曰:'古者先振兵释旅,然后封禅。'乃遂北巡朔方,勒兵十余万骑,还祭黄帝冢桥山,释兵凉如。""来年"即元封元年。也就是前引《武帝记》诏言武帝要率师北征的那一年。此处班固正用了司马迁曾用过的"振兵释旅"一语,因为这是封禅泰山的前提条件。封禅是报天地之功的国家大典,其神圣、隆重的程度无以复加。在边境未靖、武功未成的情况下,是不能举行的。要封禅,必先创造和平条件即实现"振兵释旅"。因此,在这里班固用"振兵"而不用"择兵";用"释旅"而不用"振旅"。《武帝纪》那段文字与此有关,但讲的却是武帝为了实现和平,而必先靖服北方边境。也就是说,为了能"振兵释旅",须先"择兵振旅"。故武帝"躬亲武节",御驾亲征,扬威于塞漠,以解决"西蛮北夷颇未辑睦"的问题。从班固的叙述看,这次大规模的军事行动达到了预期的目的,"勒兵十八万骑,旌旗经千余里,威震匈奴……匈奴詟焉。"这当然不是"释兵";这只能是"择兵",拿起武器,奋众扬威。目的达到后,任务完成后,方"还祭黄帝","释兵凉如",为明年春天封禅泰山作准备。班固一处用"释",一处用"择",泾渭分明,毫不含混。如训"择兵振旅"中的"择"为"释",不仅与"振旅"一词难以并容,与整段文意背离尤甚。

（原载《烟台师范学院学报》[哲学社会科学版]1991年第4期）

"振旅"新解

"振旅"一词,为古文献中的习用语,传统解释为军事行动回师时的治兵整众。《左传·隐公五年》:"三年而治兵,入而振旅。"《公羊》、《谷梁》庄公八年传也都说"入曰振旅"。《尔雅·释天》解释《诗·采芑》篇的"振旅阗阗":"出为治兵,尚威武也;入为振旅,反尊卑也。"《周礼·夏官·大司马》:"中春教振旅",郑注:"凡师出曰治兵,入曰振旅,皆习战也。"

一定要把"振旅"同军队的入归联系起来,这是汉儒们的迂见。其实,班师固然可以振旅,出兵亦可振旅,甚至两军对峙时也可以振旅。

试看以下文例:

《国语·晋语》:宋人弑昭公,赵宣子请师于灵公以伐宋。乃使旁告于诸侯,治兵振旅,鸣钟鼓以至于宋。

"治兵振旅"为组合语,是伐宋前的准备行动,而非回师时事。

《诗·小雅·采芑》:其车三千,师干之试,方叔率止。钲人伐鼓,陈师鞠旅,显允方叔。伐鼓渊渊,振旅阗阗。

全诗写方叔率师南征荆楚。本节描绘进军时阵容的威武,下一节写战斗的胜利。此处的"振旅"显然是指出兵。

《国语·吴语》:昧明,(吴)王乃秉枹,亲就鸣钟鼓、丁宁、錞于振铎,勇怯尽应。三军皆譁釦以振旅,其声动天地。晋师大骇不出，周军饬垒。

此即著名的"黄池之会"。是时吴、晋两国大军对峙，为在精神上压倒晋军，吴王亲于阵前振旅。

新版《辞源》摒弃了"入曰振旅"的旧说，直接释振旅为"整顿部队"。这样解释不能说没有根据，因为"振"字含奋发义，与"整顿"相去不远；而"旅"也确曾作过军队的编制单位，《周礼·小司徒》："五人为伍，五伍为两，四两为卒，五卒为旅，五旅为师，五师为军。"故《说文》云："旅，军之五百人。"引申义，凡军队皆可称旅。但释"振旅"为"整顿部队"，严格说并不确切。"振旅"实乃一种激励士气、发扬军威的仪式，有具体的操作要求，并非泛指军队的整训。《周礼·大司马》："中春教振旅，司马以旗致民。平列阵，如战之阵……；中夏教茇舍，如振旅之阵……中秋治兵，如振旅之阵。"这说明"振旅"的操作内容有别于其他几种练兵形式，但其阵列系一种标准阵列，为各类训练共同采用。举行振旅仪式时，须有军乐伴奏，即所谓"凯"。《说文》："岂，还师振旅乐也。"许慎拘泥于"还师"之说，失之片面；但他指出振旅要奏乐，则是事实。故《周礼·大司马》言"教振旅"时说："辨鼓铎镯铙之用。王执路鼓，诸侯执贲鼓，军将执晋鼓，师帅执提，旅帅执鼙，卒长执铙，两司马执铎，公司马执镯，以教坐作、进退、疾徐、疏数之节。"振旅仪式可能因情势而异，各国制度当亦有别，但其场面肯定极其壮观。这方面的材料不多，前引《国语·吴语》所记"黄池之会"时，吴军在晋军阵前所举行的那次振旅，场景比较典型：

吴王昏乃戒，令秣马食士。夜中，乃令服兵擐甲，系马舌，出火灶，陈士卒百人，以为彻行百行。行头皆官师，拥铎拱稽，建肥胡，奉文犀之渠。十行一嬖大夫，建旌提鼓，挟经秉枹。十旌一将军，载常建鼓，挟经秉枹。万人以为方阵，皆白裳、白旗、素甲、白羽之矰，望之如荼。王亲秉钺，载白旗以中阵而立。左军亦如之，皆赤裳、赤旟、丹甲、朱羽之矰，望之如火。右军亦如之，皆玄裳、玄旗、黑甲、乌羽之矰，望之如墨。为带甲三万，以势攻，鸡鸣乃定。既阵，去晋军一里。昧明，王乃秉枹，亲就鸣钟鼓、丁宁、錞于振铎，勇怯尽应。三军皆譁釦以振旅，其声动天地。

振旅仪式，用在战前是为了壮军威，励士气；用在战后是为了显战功，庆胜利。故当军队失败了的时候，尽管可以整顿，但却不举行振旅仪式。《左传·成公十六年》："韩之战，惠公不振旅；箕之役，先轸不反命。"《国语·晋语》："栾武子曰：'昔韩之役，惠公不复舍；邲之役，三军不振旅；箕之役，先轸不复命。晋国有大耻三。'"不振旅，标志着国威的丧失，这在当时被视为莫大的耻辱。

为什么要把这种奋扬军威的仪式称之为"振旅"呢？回答这个问题须先追溯一下"旅"字的本义。"旅"字的本义为军旗（旂），这在甲骨、金文中表现得极为明显。甲骨文旅字，为旗下有人（一般为双人）之形；商及早周铜器中的旅字，有些是由旗、人、车三形组合而成，意指插在战车上的旗帜。其双人形体，或向左，或向右，初无定式。但右向的双人形极易讹变为"斤"，而车形又同"单"形非常相似；这样一来，一部分旅字遂与从斤、从单的"旝"字相混，而演化出后起的"旂"字来。而双人形左向之"旅"同时并存，因其旗帜义项已被"旂"字所继承，故其引申义——军旗下的人众，也即军队，便占据了本义的位置。从甲骨文至金文的演化中，不难看出该字变异的轨迹。

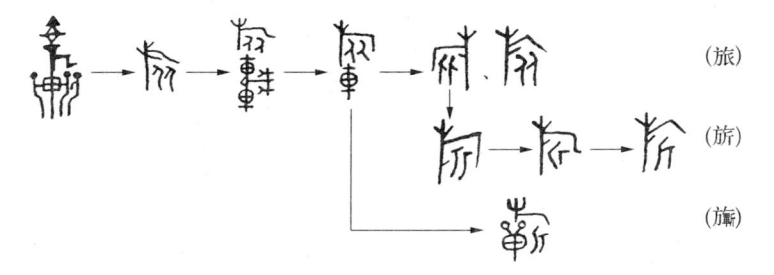

古文字学家们一般把金文中旗下双人左向的字形，隶定为"旂"，而把旗下双人右向的字形，隶定为"旂"。其实二者表义相同，都含"旗帜"义项。如《此鼎（甲）》："赐女玄衣、黹屯、赤市、朱黄、綫旅。"《即簋》："王乎命女赤市、朱黄、玄衣、黹屯、綫旅。"《王臣簋》："易女朱黄、苹亲、玄衣、黹屯、綫旅五日。"綫即鸾字。刀环上系铃之刀，谓之"鸾刀"；饰铃之辔，谓之"鸾辔"；杠端注铃之旂，即谓之"鸾旅"。

《伯晨鼎》所记赐品中有"旅五旅"之语,显然也指旗帜而言。《师克盨盖》所记赐品中有"金甬朱旅"一语,"甬"字据杨树达先生考释,即"钟"字。① 小钟为铃,"金甬朱旅"当是饰有铜铃的红旗。此亦正是《毛公鼎》所言之"朱旗二铃"。许多同类器铭作"鸾旗",可证旗、旅本为一字。陕西省扶风县博物馆藏一高约2寸、宽约1.2寸、厚约0.4寸的扁方空心铜器,有铭曰"叔赵父作旅禹其宝用"。1983年秋,宝鸡——洛阳西周史学术讨论会期间,与会者至该馆参观,杨宽先生认为该器乃旗顶之构件。如果杨先生鉴识不误,此器即为旅、旗一字说增添了一件实物证据。从先秦典籍中看,尽管旅、旗分化为二字早已定型,但旅字原始义的痕迹,还是时有显露。《仪礼·燕礼》:"宾以旅酬於西阶上",注曰:"旅,序也。以次序劝卿大夫饮酒。"这里"旅"字的"次序"义,正是旗帜义的引申。在先秦时代,旌旗是贵族身份的象征;每一个贵族,都有与自己地位相称的旗帜。《大戴礼·朝事》言朝聘之礼:"(诸侯)各执其圭瑞,服其服,乘其辂,建其旌旗,施其樊缨。""天子南面见诸侯……公、侯、伯、子、男,各以其旗就其位。"《仪礼·觐礼》:"上介皆奉其君之旗置於宫,尚左。公、侯、伯、子、男,皆就其旗而立。"贵族们的等级、地位是用旗帜显示的,故在燕酬时即据旗以定其饮酒先后之次序。《仪礼·乡饮酒礼》:"司正升,相旅曰:'某子受酬。'受酬者降席。""相旅"者,视其旗帜以定序也。《国语·越语》载勾践励众之语:"吾不欲匹夫之勇也,欲其旅进旅退也。"韦注:"旅,俱也。"此义亦与旗帜义有关。勾践希望战士们服从命令,在统一指挥下行动。当时作战指挥军队主要靠旗帜,所谓"师之耳目,在吾旗鼓"。② "旅进旅退",即指在军旗指挥下进退。《逸周书·作雒》言大庙明堂之建:"……设移旅楹,春常画旅。"孔晁训旅为"列",非是。《周礼·司常》:"日月为常","常"指绘有日、月图案的大旗,即天子之旗。《作雒》文中旅与常对应,旅亦当用旗帜义。《国语·鲁语》载曹刿批评鲁侯"齐社而往观旅",韦注释旅为"众",非是。"观旅"即《诗·小雅·采菽》"君子来朝,言观其旗",《庭燎》"君子至止,言观其旗",《鲁颂·泮水》"鲁侯戾止,言观其旗"等处所说的观旗,这

---

① 《积微居小学述林·释甬》,中华书局,1983年版,第46页。
② 《左传·成公二年》。

是当时的习用语。在贵族咸临、民众云集的聚会场合,"其旗茷茷,鸾声哕哕",无数彩旗应和着悦耳的鸾铃声随风招展,旗上各种图案绚艳夺目,长游飘拂如浪,景象确有几分壮美,颇值得一观。

"振"字义为扬举、抖动,"振旅"的原始义即指高举战旗、奋力挥扬的动作。《周礼·夏官》有"环人"之职,不仅"掌致师",还负责"扬军旅"。此处"军旅"不会是指整支军队,因为"环人"的军衔只是下士,不可能承担鼓动全军的重责。"军旅"的合理解释是"军旗",而环人的职责之一即奋扬军旗。所有的军旗,在统一指挥下,随着鼓乐的节奏在空中挥舞,必然发出有震撼力的响声,故《诗·采芑》谓之"伐鼓渊渊,振旅阗阗","伐鼓"与"振旅"同位对应。该诗又言:"钲人伐鼓,陈师鞠旅","鞠"亦有高义,此处假为"举",仍是伐鼓与举旅对应,"旅"非旗莫属。《逸周书·小明武》描述攻战场面:"……上下祷祀,靡神不下。具行冲梯,振以长旗……群振若雷,造於城下,鼓行参呼,以正什伍。"愚谓"振以长旗",实即"振以长旅"。此篇全文押"武"韵,不当有"旗"字韵脚。"旗"本当为"旅",因旅通斿,遂讹变为旂,后来又被代之以晚出的旗字。《后汉书·皇甫规传》:"徒见王师之出,不闻振旅之声。"以"声"系之振旅,亦存现了"振旅"之古义。

"振旅"作为一种奋扬军威的仪式,起源甚早。殷墟卜辞即有关于此种仪式的贞问:

丙子卜,贞,翌日丁丑,王其震旅?延过不遘大雨?兹御。(《安明》3139)

丁丑,王卜,贞,其震旅?过于盂,往来亡灾,·王占曰吉。(《佚》971)

此外,周原甲骨还有"彝文武宗,贞,王翌日乙酉,其拜禹旗……"的记载。《说文》:"禹,并举也。""偁,扬也。"《尔雅》:"偁,举也。"卜辞"禹旗",实为"振旅"的同义词。徐中舒先生认为,这段卜辞乃述周文王接受商王朝赐命西伯之事,"此言文王在师中举行禹旗大典"。① 由此联

----
① 《周原甲骨初论》,载《古文字研究论文集》,四川人民出版社,1982年版,第6页。

想西周彝铭《卫盉》:"惟三年三月既生霸壬寅,王爯旅於丰……",可知上文所言扶风博物馆所藏扁方空心铜件,铭文称"旅爯"当为实名。这些材料都明确地告诉我们,"振旅"确是一种十分古老的军事仪式。

由于"旅"字的军旗义项被"旗"字所分承,它本身只保留了军队这一引申义;又由于"振旅"仪式的目的即在于奋励军威,鼓荡士气;故后世遂径以"整治军队"解释该词,其举扬军旗的初义便渐渐隐没。但其初义在词素构成的定型上,仍显示出一定的制约性:军、师、旅、卒、族、众、徒等字,均可表示军队,但"振旅"一词中的"旅"字,却决不能用表军队义的其他任何一个字取代。原因就在于最初是采用"旅"字的旗帜义而构建"振旅"一词的,其他表示军队义的诸字都不具备这个条件。

最后,我们来澄清一个有关"振旅"的史文训释。《汉书·武帝纪》载武帝元封元年冬十月诏:"南越东瓯咸伏其辜,西蛮北夷颇未辑睦。朕将巡边垂,择兵振旅,躬秉武节,置十二部将军,亲帅师焉。""择兵振旅"的"择"字,古今学者皆认为通"释";"释兵振旅"也就是《史记·周本纪》言武王"纵马於华山之阳,放牛於桃林之虚,偃干戈,振兵释旅,示天下不复用也"文中的"振兵释旅"。乍看此解似无问题:择、释二字通借的先秦文例甚多,二语构成只有词序上的差别,用字全同,且都被用来描述军队。但如细审《史》、《汉》这两段文字,便会发现,它们的表意总旨是完全相反的。司马迁意在说明武王灭殷后的息兵政策,显示周王朝的和平愿望;班固所引诏语则意在炫耀武力,实乃将在西北进行大规模战争的宣言。显然,二语中的"择"与"释"含义绝然不同。"择"义为选取、拿起;"释"义为舍弃、放下。此处二字决不会是通借关系。

问题的症结,还在于"振"字。在先秦,振字含两端义项(我曾称这种现象为"同字反义"①),它有时表奋发、扬举、挥动之义,有时又表收止、弃置、消散之义。如《庄子·齐物论》:"忘年忘义,振于无竟,故寓诸无竟。"振字,《经典释文》引崔譔注谓"止也"。《礼记·中庸》:"今夫地,一撮土之多,及其广厚,载华岳而不重,振河海而不

---

① 参看拙文《谈谈文言文中"同字反义"现象》,载《语文学习》1984 年。

泄。"郑玄注:"振犹收也。"《周礼·天官·职币》:"振掌事者之余财,皆辨其物而奠其录,以书楬之,以诏上之小用赐予。"贾疏释振为收取。《左传·昭公十八年》:"郑子产为火故,大为社,祓禳于四方,振除火灾。"杜注:"振,弃也。"《逸周书·克殷》:"振鹿台之钱,散巨桥之粟。"振、散同义。"振"字表奋发、扬举义时,与"择"字义近;表收止、散弃义时,与"释"字义近。《汉书》"择兵振旅"与"巡边垂"、"躬秉武节"、"置将军"等语联文,且"振旅"已为习用军事术语,"振"字表奋扬之义已经定型,"择兵"只能理解为选取或拿起武器。故下文接言武帝"勒兵十八万骑,旌旗经千余里,威震匈奴。"《史记》的"振兵释旅"与"偃干戈"、"纵马"、"示天下不复用"等语联文,且"振旅"二字被有意识地拆了开来,"振"字显然用其收止义,而"释旅"无疑是指解散、舍弃军队,这与"振旅"的含义恰好相反,正如"释兵"与"择兵"的含义恰好相反一样。

(原载《人文杂志》1992 年第 3 期)

王 杖 鸠 首 说

汉代重孝尊老,故有"七十赐王杖"之制。此制为1959年甘肃武威磨咀子汉墓出土的《王杖十简》以及1981年同地汉墓出土的《王杖诏书令》所证实。"年七十以上杖王杖,比六百石,入官府不趋。吏民有敢殴辱者,逆不道。"[1]这些规定当时是认真执行了的,两份出土简册所举案例中,16个殴辱王杖主者,包括一些政府官吏,都无例外地被判了死刑。

王杖亦称鸠杖,缘杖首作鸠形。实物多有发现。1984年武威五坝山23号汉墓曾出土一根鸠杖,松木质,长2.1米,制作精细,杖端安装雕鸠一只,形象逼真。东汉学者王充曾对鸠杖提出过一系列疑问:"七十赐王杖,何起?著鸠于杖末,不著爵,何杖?苟以鸠为善,不赐鸠而赐杖,而不爵,何说?"(《论衡·谢短》)他实际上提了三个问题:一、王杖制度起于何时?二、王杖为何与爵位无关?三、王杖为何以鸠作杖首?

赐老者杖以示尊显,并不自汉代始。《周礼·秋官·伊耆氏》职下,即有"共王之齿杖"的规定,郑玄注曰:"王之所以赐老者之杖。郑司农云:谓年七十当以王命受杖者。今时亦命之为王杖。"周代王杖称齿杖,意为授于齿高者之杖。《礼记·月令》及《吕氏春秋·仲秋纪》也都有仲秋"养衰老,授几杖,行糜粥饮食"的记载。汉代的王杖制度当为先秦旧制的承袭。汉代亦重爵位,但一般吏民的爵位须通过军功、入粟,或逢重大吉庆皇室特恩赐予等渠道获取,共分二十个等级,与年龄无涉。从出土汉简中大量反映吏民身份的资料看,年龄与爵位参差错杂,政府从不因齿高而授某人以爵位。尊老属伦理道

---

[1] 《王杖诏书令》,见《汉简研究文集》所收武威县博物馆《武威新出王杖诏令册》,甘肃人民出版社,1984年版,第37页。

德范畴,颁爵乃政治措施,二者性质完全不同。爵位用以显示某人对社会贡献的大小,鼓励人们为国家多出力出钱,它与纯以年龄为断限的王杖制度没有内在联系,故王杖不著爵。至于王杖缘何以鸠为饰,倒很值得深考。

《后汉书·礼仪志》:"仲秋之月,县道皆案户比民。年始七十者,授之以王杖,餔之糜粥。八十、九十,礼有加赐。王杖长九尺,端以鸠鸟为饰。鸠者,不噎之鸟也,欲老人不噎。"这是一种说法,《文献通考》从之。但此说寓意狭陋,恐为无据之臆测。《水经注·济水》引《风俗通》提供了另一种解释:"俗说高祖与项羽战于京、索,遁于薄中,羽追求之。时鸠止鸣其上,追之者以为必无人,遂得脱。及即位,异此鸠,故作鸠杖以扶老。"但此乃《风俗通》作者应劭引述之"俗说",《艺文类聚》卷92载这段文字,下面还有话:"按:少皞五鸠,鸠者聚,聚民也。《周礼·罗氏》:献鸠养老。汉无罗氏,故作鸠杖以扶老。"显然,应劭并不相信鸠杖缘于刘邦京、索免难的传闻,他向前追寻,认为汉代王杖制度系先秦献鸠养老习俗消失后的一种变通。应说较合理。《太平御览》卷29引《三齐略》述刘邦因鸠免难之事,即不再与鸠杖相联系,而云:"后汉世元日放鸠,盖为此也。"其实,正月元日放鸠之习俗,也并不自汉代始。《列子·说符》讲了这样一个故事:"邯郸之民,以正月之旦,献鸠于简子。简子大悦,厚赏之。客问其故,简子曰:'正旦放生,示有恩也。'客曰:'民知君欲放之,竞而捕之,死者众。君如欲生,不若禁民勿捕。'"这说明正月放鸠风习,先秦即已有之。

汉代王杖制度无疑与先秦献鸠养老习俗有关。需要进一步弄清楚的是,为什么以鸠来体现养老之意呢?前述应劭所引《周礼·罗氏》原文为:"中春,罗春鸟,献鸠以养国老。"郑玄释曰:"是时鹰化为鸠。鸠与春鸟变旧为新,宜以养老,助生气。"鹰鸠互相转化的说法,最早见于《大戴礼·夏小正》,该篇言正月"鹰则为鸠",五月"鸠为鹰",此为郑玄所本。鹰鸠互变当然是不可能的,值得注意的是其象征性含义:鹰象征刑杀,鸠象征养生。《诗·曹风·鸤鸠》用鸠比喻"淑人君子",毛《传》云:"鸤鸠之养其子,朝从上下,暮从下上,平均如一。"这里,鸠又具备了对后代慈爱平等的美德。总之,人们把鸠看作是仁爱、养生的善鸟,这是个古老的传统。汉代崇鸠,决不是由于刘邦脱险的故事；实情恐怕恰恰相反，丛薄鸠鸣的传说，正是崇鸠习俗的产物。

如果我们再往前追溯，不难发现，崇鸠习俗缘于鸟图腾崇拜；而鸠杖，实即鸟图腾柱在历史折射中的影迹遗存。我国远古文明史上存在过引人注目的鸟图腾崇拜，此为学界之共识。许多在中华民族形成过程中起过重要乃至主体作用的部族，都有鸟始祖的神话传说，这在各类古文献和现代考古发现中，有极充足的证据。在盛行图腾崇拜的社会里，图腾形象具有令人敬畏的神秘性，它被显示于生活环境中最醒目的位置，表明部族保护神的无处不在。将崇拜形象雕立为石质或木质的图腾柱，乃许多原始部族之共习；而将崇拜形象装饰于杖端，为图腾柱的衍生现象，民族史上不乏其例。《后汉书·四夷传》载突厥族以狼为祖先，系狼图腾部族，其"旗纛之上施金狼头"。鸟图腾柱及其衍生物的资料更多。美国斯密生博物馆所藏良渚文化玉器，即刻有鸟立于柱状物顶端的多种形象。浙江绍兴著名的 306 号战国墓，出土物中有一座铜质房屋模型，屋顶为四角攒尖式，顶心立一图腾柱，柱端立一大尾鸠。[①] 传世青铜器中，有战国时代的鸠形、鹦鹉形杖首，鸟腹有圆銎以装长柄，与汉代王杖的基本构制相同。晋人王嘉《拾遗记》载："少昊以金德王，母曰皇娥……帝子与皇娥泛于海上，以桂枝为表，结薰茅为旌。刻玉为鸠，置于表端，言鸠知四时之候。"台湾有学者即视此桂枝玉鸠为鸟图腾柱。[②] 汉代盛行"相风"，《三辅黄图》言建章宫南之玉堂，"铸铜凤高五尺，饰黄金栖屋上，下有转枢，向风若翔。"又引郭延生《述征记》："长安宫南有灵台，高十五仞，上有浑仪，张衡所制。又有相风铜乌，遇风乃动。"这说的是宫廷建筑。民间之相风，一般是在院中或屋上立一长竿，顶端安装可以随风转动的铜鸟或木鸟，据其旋转角度以视风向。测知风向的宜用物甚多，为何一定要用鸟形作标志呢？这显然是受了鸟图腾柱的传统影响。东北地区赫哲人及萨满家，即有房外竖神杆，杆端立神鸟形象的习俗。萨满跳神祈福禳灾时，须有童子手执顶端立鸟的神杖，作为

---

① 《绍兴 306 号战国墓发掘简报》，《文物》，1984 年第 1 期。
② 文崇一《亚洲东北与北美西北及太平洋的鸟生传说》，台刊《民族学研究所集刊》，1961 年第 12 期。

神队之前导。满族立神杆于中庭的传统,直到入关后仍有一定程度的保存。清大内坤宁宫前,即树一神杆,杆顶立有神鸟。

图腾信仰与祖先崇拜常常融为一体。这种信仰和崇拜,与现实生活中对老年人的尊敬和信赖血脉相连。远古时代的尊老意识,首先是为人类文化递接的历史需要所决定的。老年人受到社会群体的特别重视,不仅因为他们在生产、战斗及日常生活中技艺纯熟、经验丰富,还由于年青一代的生产、生活实践,需要老年人的传带和指导。知识、技能的传递,不同于物质财富的继承;人类文明的世代延续,不可能以接力棒交接的方式进行。每一个社会成员都要从一无所知的阶段开始自己的生活,他必须重复走前人走过的路,于实践中向长辈学习,在此基础上才可能有新的发现和创造。没有生产、生活领域中经验、技能的教授传习,就没有知识的积累,就没有文明和进步。在这持续不断的智能递接过程中,老年人的主导作用是不言而喻的。社会愈原始,知识储存与交流的手段愈简陋,老年人的主导作用便愈具决定性。对先民来说,老年人不仅是血缘意义上的长辈,也是部族智慧和经验的载体。因此,敬老、崇老几乎是创造过人类早期文明的各民族的共同特征,在中国表现得尤为突出。

既然图腾信仰、祖先崇拜、尊老习俗三者在精神上是相融的,那么,带鸟形标志的图腾柱,衍生为部落首领及氏族长.家族长一类人物的权杖,再普及为老者手扶之杖,便是一种合乎逻辑的演化。最初,图腾柱端所立之鸟不一定是鸠,后世定型为鸠,恐怕与鸟图腾部族系列中鸠图腾族的得势有关.;我们知道,图腾信仰受当时社会组织结构形式的制约,分为若干包容性层次:有全部族共同敬奉的图腾,各部落有各部落的图腾,每个氏族又有自己的图腾。《左传·昭公十七年》所载郯子的一段话,即显示了鸟图腾层次的遗踪:"我高祖少皞挚之立也,凤鸟适至,故纪于鸟,为鸟师而鸟名:凤鸟氏,历正也;玄鸟氏,司分者也;伯赵氏,司至者也;青鸟氏,司启者也;丹鸟氏,司闭者也。祝鸠氏,司徒也;鴡鸠氏,司马也;鳲鸠氏,司空也;爽鸠氏,司寇也;鹘鸠氏,司事也。五鸠,鸠民者也。五雉为五工正,利器用,正度量,夷民者也。九扈为九农正,扈民无淫者也。"少皞氏乃一大部族,含有五个鸟部落,五个鸠部落,五个雉部落,九个扈(即"雇",亦鸟类)部落。以"鸠民"为职司的鸠部落,势力显然最为强盛,故所执掌的业务后来演化为三代政权构建之主体:司徒、司马、司空、司寇、司事。鸠图腾部落的得势,导致鸠鸟形象在人们心目中被美化和神化。因此,后世便视鸠为善鸟、养生之鸟、仁慈之鸟,以鸠比喻君子,礼器中有鸠形之尊彝,仪仗中有鸠形之啄兵。鸟图腾柱顶端之鸟,其形制具体化为杖首之鸠,实乃鸟部族中鸠图腾族发展壮大至文明社会的历史定格。

(原载《文史知识》1995年第11期)

从神判到人判
——漫谈獬豸与法

曾听一位先生讲"法"字,说此字本义指方式、方法。洪水时代,鲧治水,方法不对,故失败了;其子禹采用正确的方法,取得成功,治服了洪水。所以,"法"字从水从去,是"水去了"的意思。这位先生用的是王安石风格的汉字形释法,所说并非法字的本义。问题出在他把此字后世的省体,误认作了初体。现在通行的"法"字,是被古人简化了的,在保存古体汉字较多的先秦经籍《周礼》中,法字作"灋"。这决非《周礼》作者的故弄玄虚,有比该书问世时代更早的金文为证。如著名的盂鼎、师虎簋、叔带鬲、师酉簋等青铜器铭,法字的形体结构均与《周礼》所载大致相同。晚至战国时的《诅楚文》及秦统一后铸刻在度量衡器物上的《始皇廿六年诏》,法字仍用古体。大约到汉代,方省去"廌"而写作"法"。

法字本义乃指刑法、法律,方法为其引申义。《说文》:"灋,刑也。平之如水,从水;廌,所以触不直者去之,从去。法,今文省。"值得特别注意的是这个"廌"字,按《说文》的字形剖析,法字所含刑法意义主要靠这个'廌'字来体现。廌是一种动物,又称"解廌"或"獬豸"。汉代杨孚所著《异物志》云:"北荒之中有兽,名獬豸,一角,性别曲直。见人斗,触不直者;闻人争,咋不正者。"《说文》说它似牛:"廌,解廌,兽也。似牛,一角。古者决讼,令触不直者。象形,从豸省。"王充《论衡·是应篇》说它是羊:"解廌者,一角之羊也,性知有罪。皋陶治狱,其罪疑者,令羊触之,有罪则触,无罪则不触。斯盖天生一角圣兽,助狱为验。"另一位汉代学者则说它像鹿,《汉书·司马相如传》有"弄解廌"一语,颜注引张揖:"解廌,似鹿而一角。人君刑罚得中,则生于朝,主触不直者。"不管它像牛,像羊,还是像鹿,反正它的突出特征是有一只角，这不是一般的兽角，是用来触有罪者的。獬廌被描绘成具有"特异功能"的神兽，能辨曲直，识邪正，可充当讼狱中的法官，于是也便成为刑法的象征。故《广雅·释诂》直接说："廌，法也。"

世上当然不存在这种智慧远高于人类的神兽。但以某种动物行为或某种自然力量造成的结果，来判断争讼双方的是非曲直，确定罪犯，却决非无稽之谈。这是世界各地的原始社会都曾盛行过的一种约定俗成的法规，我们称之为"神判"。原始社会虽无阶级利益可保护，但使社会正常秩序得以维持的权力约束还是需要的。人们在自身生产与物质生产过程中，在交偶、分配、娱乐等生活领域内，不可避免地要发生种种纠纷和争执，皆须通过一定的规则、程序加以解决。因此，在长期社会实践中，形成了许多人人都须遵守的道德行为准则，它们是不能违背的。这便是民族学家和法学家们所说的"习惯法"。神判是习惯法中的一类。史前社会的先民，相信冥冥中有主宰一切的神灵存在，它掌握着自然界的所有变化，控制着包括人类在内的所有动物的命运和行为。它洞悉一切隐秘，能辨别一切善恶真伪。这个无所不在的神灵，人们是看不见、摸不到的。它也不直接与人类对话，其意志是通过各种自然现象以及动物行为来显示的，因此，当部族群体中发生争讼，而人们对导致争讼的事件真相疑难无决的时候，便要求助于神灵，让神灵作出判决。

神判的种类和施行方式多不胜举，千奇百怪，我们从古文献记载以及边远地区一些少数民族保留至今的远古习俗中，尚能窥其端倪。如云南彝族即有从开水或滚油中捞物的神判形式。康熙年间的《云南通志》卷二十七载武定彝族习俗："有争者，告天，煮沸汤，投物，以手捉之。屈则糜烂，直则无恙。"云南西盟佤族过去曾盛行过扎手的神判形式：当众削两根相同的细竹签，由争讼双方共请的证人操作，用竹签刺扎双方当事人手背上的某部位，刺入后立即拔出，如被扎处马上渗出血液，即被判输；若双方均未出血或均出血，则判双方均无罪。神判在人类幼年期为一种通行的习俗，古巴比伦施行过一种将嫌疑人抛入河中观其沉浮以定罪的判案法，他们相信河神会让无罪者浮于水面。类似的神判方式，延至中世纪欧洲的日耳曼人仍在施行。

在众多的神判类型中,动物神判是最常见最普遍的一种,这大约是因为史前居民认为动物行为最易表现神灵的旨意。清代学者屈大均在其《广东新语·二司》中言,广东有"三界神","人有争斗,多向三界神乞蛇以决曲直。蛇所向作咬人势则曲,背则直。或以香花钱米迎蛇至家,囊蛇而探之,曲则蛇蛟其指,直则已。"贵州榕江苗族历史上存在过割鸡头的神判方式:由原告买公鸡一只,由两造共请的巫师主持。巫师站在当中,争讼者分立两旁,相距约三米左右,并在立处各插木棍,用绳索贴地面联结两根木棍。在巫师与双方距离的中点上,各画一条与绳索垂直的标志线,准备就绪后,双方当众发誓,然后巫师一手持刀,一手抓鸡,对鸡声明让它识别理亏者,说完便在鸡颈上割一刀,并把它放在自己所站的中点上。鸡疼痛难忍,翻滚蹦跳,它扑腾向哪一边,并且超过了所画与绳索垂直的标志线,就表明哪方理亏。[①] 本文前面所说的獬豸决讼,是一种更典型的动物神判,它曾在华夏族生活的广大地域流行过。"神兽"之说,不过是后世对这种远古决讼方式的神秘化罢了;文献中之所以有似牛、似羊、似鹿等不同记载,正说明事实上当时就是用现实生活中的某种动物来执行判决的,獬豸实乃后人对历史传说的抽象复合。《墨子·明鬼下》有一段记载,说明直到春秋后期,仍留存着这种动物神判的遗风:"昔者,齐庄君之臣,有所谓王里国、中里徼者。此二子者,讼三年而狱不断。齐君欲兼杀之,恐不辜;欲兼释之,恐失有罪。乃使二人共一羊,盟齐之神社,二子许诺。于是剄羊出血而洒其血。读王里国之辞既已终矣,读中里徼之辞未半也,羊起而触之,折其脚。"中里徼的败诉,就这样由羊来决定了。

不论动物神判还是非动物神判,都是非常残酷、非常可怕的。其残酷与可怕,不仅仅因为这种判决方式往往要当事人的肉体遭受严重伤害,甚至让当事人冒丧失生命的危险;还在于它从本质上说是反科学的,非理性的,是愚昧、迷信的产物。神判不以事实真相为依据,而将当事人命运完全交给偶然性去摆布,其结果可能是黑白颠倒,认邪为正,指是作非。但神判盛行时代的人们却不这么看,他们基于对

---

① 夏之乾《神判》,中华书局(香港),1989年版,第49页。

神灵的崇高信念,视神判结果是绝对正确的,最具权威性的;他们无条件地接受神判结果,认为这是天经地义的。在今人看来,这实在难以理喻,甚至令人毛骨悚然。但如果我们立足于当时人们的认知水平、道德意识及处事原则等诸多因素所形成的文化背景,作一番深层次的思考,便会领悟,神判法不仅具有合理性,而且包含公正的成分。因为接受神判的双方,都不会受到人为的偏袒或压制,不论其年龄、身份、财富状况如何,在神判面前均处于绝对平等的地位。当事人和神判主持人,心中对神灵都怀有质朴而虔诚的敬仰,他们不是被迫的而是心甘情愿地接受神灵裁断。从客观结果上说,每个当事人都有被判输的可能,但这种判输概率对双方却是均等的。当然,对于真正的罪犯来说,神判对他们有利,使他们取得了一半的逃脱惩罚的机会;然而,如果没有神判法,他们便会百分之百地逃脱惩罚。因为不存在另外一种力量确定他们是罪犯。而且,神判法的种种残酷手段,对犯罪者或诬告者都是一种心理压力,会使他们的邪念有所收敛,这对社会争讼现象可起到制约作用。与后世阶级社会奸佞当道、赃官横行的状况相比,神判法要公正、高尚得多;那种富贵者任意妄为,贫贱者惨遭宰割的司法现象,才是真正的荒谬和残酷。我想,人们宁肯被一只无思无欲、完全依本能行事的动物冤判,也不愿落入一个道貌岸然、骨子里却阴险贪婪的法官之毒手。

  实施神判,程序和仪式都是很庄严、隆重的。经常被用来显示神意的动物,人们很自然地对它产生敬畏感。经过世代递接的传说渲染,神判动物便被塑造成一种人格化了的神兽。它不仅具有善于表达神意的内在灵性,还具有异于现实生活中动物的特殊外形。獬豸就是被这样创造出来的。随着社会的发展和时代的进步,神判已经消失,但獬豸的形象却保留下来,继续焕发着生命力。这突出表现在两个领域内:一是葬丧领域。獬豸是神意的执行者,它善恶分明,刚勇无畏,当然也便能驱魔避邪,守护善良。于是,獬豸的形象被置于墓门旁,充作镇墓兽。此种习俗,从两汉到魏晋曾广泛流行。青铜质或木质的镇墓獬豸,多有出土。[①] 其造型大都凶猛刚健,长角锐利,作

[①] 参看祝中熹《物华史影·镇墓辟邪独角兽》,敦煌文艺出版社,2004年版。

前冲抵刺状,显示了一种嫉恶如仇、奋勇搏击的气势。二是司法领域。在我国漫长的封建社会,獬豸一直是司法公正严明的象征。汉代司法官员头上戴的法冠,也叫"獬豸冠",后世沿袭不改。北周诗人庾信有"苍鹰下狱吏,獬豸饰刑官"之句,唐代诗人岑参有"闻欲朝龙阙,应须拂豸冠"之句。直到宋代,豸冠制度犹存,《宋史·舆服志》即明言:"御史则冠獬豸。"晚至清朝,监察御史和按察使所穿补服,其前后皆绣有獬豸图像。

一种史前社会的神判动物,为什么对后世有如此巨大的影响呢?尤其在司法领域内,为什么獬豸竟然成为历代王朝刑法和监察机构的标识,甚至成为司法人员的精神支柱呢?这不能单纯地用"历史惯性"来解释。我认为,这是由于神判法同儒家人治思想完全合拍的缘故。我国社会从先秦到清末,基本上是只有刑律而没有法律,只有人治而没有法治的。《尚书·尧典》说舜时的法官皋陶制定"五刑",《吕刑》说周穆王命吕侯"度作刑,以诘四方"。这都是刑律,即规定犯了什么罪要抽多少鞭子,犯了什么罪要砍掉手、足,犯了什么罪要杀头之类。这些刑律完全由专职贵族掌握定夺,广大民众是不知实情的。《周礼·秋官·大司寇》虽有"正月之吉,始和,布刑于邦国都鄙,乃悬刑象之法于象魏,使万民观刑象"的记载,但这恐怕只是用各类刑罚画成图像,来警告一下百姓罢了,具体条文是不公布的。这有比《周礼》更可靠的《左传》为证。据《左传》记载,晚至春秋后期,方有一些开明政治家主张正式向民众公布刑律,而且仍遭到保守派的激烈反对。《左传·昭公六年》言子产执政时,郑国决定"铸刑书"(杜注:"铸刑书于鼎,以为国之常法"),保守贵族的代表叔向即写信给子产,认为这是败亡之举,表示了严厉谴责。其主要理由是说,老百姓知道了法律,便会无所顾忌,不再害怕统治者,而只关注于法律条文,钻法律的空子,为小利而纷争,搞得社会大乱。叔向认为,只要贵族们心怀仁义,施行礼禄,教民忠信,即能治理好国家,不需要公布刑法。刑法控制在统治者手中,这是约束民众的手段,一公布便失去了威力。二十多年后的晋国,几乎上演了同样的一幕。《左传·昭公二十九年》载:"遂赋晋国一鼓铁,以铸刑鼎,著范宣子所为刑书焉。"孔子听说后,即对此举大发了一通议论。他的论调和叔向如出一辙,如说

"民在鼎矣,何以尊贵",一语道破问题的实质。

儒家人治思想的精髓,就在于保持贵贱之"序";他们反对向民众公布成文法,目的就是要保持司法的神秘性,将审判权牢牢控制在贵族手中。刑法不能客观化,不能交给民众;断案决狱也如此,依靠的不是客观规则,而是断案人的主观意识。儒家思想很早就在中国社会确定了主导地位,人治观念在司法领域内根深蒂固。正如《荀子·君道》所说:"有治人,无治法。""君子者,法之原也。故有君子,则法虽省,足以遍矣;无君子,则法虽具,失先后之施,不能应事之变,足以乱矣。"儒家中被认为最具法家思想倾向的荀子,尚且如此强调"人治",人治在儒家学说中的地位便可想而知了。《尚书·吕刑》是儒家经典中有关司法的权威性篇章。对于如何办案则说:"在今尔安百姓,何择非人?何敬非刑?何度非及?两造具备,师听五辞。五辞简孚,正于五刑。"这就是说,最首要的是"择人",要选定英明的执法人;其次是"听",听争讼双方的理由陈述;然后便是执法人的判决,识辨两造之诉辞后,确定罪犯,将其"正于五刑"。执法人的判决是否正确,在儒家看来取决于他本人的素质。因此,儒家崇奉君子(即"治人者")们的人格力量,强调执法人的品质和智慧,而不讲求破案的方式方法;倡举执法人刚直严正,明察秋毫,却不重视人证和物证。也就是说,人治思想指导下的审案断狱,决定性因素是执法者的主观认知与推理,而非能反映案情真相的客观物质依据。这在本质上和神判的观念是一样的。神判把决定权交给神,儒家的人判把决定权交给已具备神的品格的人。神事实上是不存在的,神判的决定权最后落实为一种纯粹的偶然性;具备神的品格的人也是不存在的,人判的决定权到头来还是由特定的"君子"行使。"君子"是有理性的,会思考的,这是人判比神判进步的一面;但"君子"又是打着阶级烙印的有情有欲的凡人,他一旦为私利所左右,那人判就可能比神判更可怕。

但儒家是理想主义者,他们追求那种慧眼睿心、洞察一切的境界。前引《吕刑》言"师听五辞",从这个"听"字上,我们可知儒家人判的精神与学问。《周礼·秋官·小司寇》作过这样的表述:"以五声听狱讼,求民情。一曰辞听(郑注:"观其出言,不直则烦"),二曰色听(郑注:"观其颜色,不直则赧然"),三曰气听(郑注:"观其气息,不直则喘"),四曰耳听(郑注:"观其听聆,不直则惑"),五曰目听(郑注:"观其眸子,不直则眊然")。"这里所说的"声",非单指狭义的声音,实涵受审者的表情、神态、语言、动作等方面的综合表现;这里所说的"听",也非单指狭义的听觉,实涵审案人对受审者诸种表现的全面观察与分析。受审者是否有罪,以及罪的性质和轻重,就是在这种"察言观色"中被确定的。不需要什么现场考察,不需要什么调查研究,不需要寻找什么证人目击者,不需要借助什么物质技术手段,只有审案人的明睿和正直就足够了。这样的法官,已经是獬豸的化身,他不仅身居獬豸断狱的位置,而且具备了獬豸的智慧与美德。换句话说,儒家理想的法官,就应当是一只人形的獬豸。所有的司法官员,都须向獬豸学习,以獬豸为榜样,慧眼识奸,刚正不阿,嫉恶如仇。

我国封建社会历代统治集团都倡导獬豸精神,都以獬豸形象作为司法机构和官员的标识,道理即在于此。他们能不能做到传说中獬豸所做到的,那是另一回事;他们自我标榜獬豸的神圣品格,则是儒家人治、人判司法观念的精神需要。

(原载《丝绸之路·学术专辑》2000年刊)

玉 琮 浅 说

在我国古玉体系中，琮是最引人注目的一种器型。这不仅因为琮的缘起非常久远，但在文明时代却又较早地消失；更因为琮有奇特的形制，罩有一层难以揭示的神秘面纱，为人们的探究性思考提供了宽广的空间。其原始含义及功用，从古到今众说纷纭，真谛莫辨。完全可以说，琮是所有玉器中内涵最深邃、寓意最复杂、阐释最困难的器型。

琮的基本形态为一内呈圆管状中通的方柱体，圆管两端突起于方廓，被称作"射"。（也有学者称琮之方角为射）有的方廓角棱分明，有的为圆角；有的柱体低矮单节，有的高而分若干节；有的角部雕有纹饰，有的通体素面。有一种被称为"圆筒式"的琮，没有方廓，只在圆筒四面对称地凸雕出四块长方形饰片。这种琮大都低矮，可视为方柱琮的变体或简化，可能是制作时受到玉材形体限制的变通做法。有的学者把一种纯为圆筒状的玉石器称之为"镯形琮"。这类器物有的高度可观，显然不是"镯"；有的两端径不等大，呈马蹄状，可能是具护卫性能的臂筒。它们不宜归属于琮类。①

先秦经典说琮是礼器，也是丧葬用器。引用率最高的是《周礼·春官·大宗伯》这段话："以玉作六器，以礼天地四方。以苍璧礼天，以黄琮礼地，以青珪礼东方，以赤璋礼南方，以白琥礼西方，以玄璜礼北方。"据此，璧与琮分别象征天与地。田野考古多见璧与琮伴出现象，良渚文化玉器上神秘图案也多见于璧和琮两类器物。这都表明二者确系组合相配使用的，它们担负着精神领域内的某种"使命"。《周礼·春官·典瑞》又说上述六种玉器还可以用来"敛尸"，郑玄在

---

① 祝中熹《史前遗存石臂筒》，《甘肃日报》2003年5月23日6版。

注中具体说明了各类玉型敛尸时的位置:"珪在左,璋在首,琥在右,璜在足,璧在背,琮在腹。"中国人自古有浓烈的崇玉情结,认为美玉聚天地之灵气,凝日月之光华,不仅能给人带来吉祥福瑞,而且具有特异物理性能,可以防止尸体腐烂,即《抱朴子》所谓"金玉在九窍,则死人为之不朽"。以玉敛葬就是这种信念的产物。郑玄所言六种玉的敛尸位置是否为定制,此姑勿论,但琮在古代被用作葬玉则是事实,不过有时置于腹部,有时则置于棺下腰坑中。

需指出的是,《周礼》所载乃贵族社会的礼仪,已明显带有政治色彩;而琮的出现远在《周礼》以前数千年,其原始意义究竟是什么,其形状究竟缘起于何物,仍然是个谜团。郑玄注《大宗伯》"六器",曾试图作过解释:"礼神者,必象其类。璧圆象天,琮八方象地。"注《典瑞》"疏璧琮以敛尸"一语时说:"疏璧琮者,通于天地。""琮之言宗也,八方所宗,故外八方象地之形。"尽管截至目前,还没有发现过八棱体的琮,但由于琮的外廓确为方形,且如前所述,琮多与圆形的璧相伴出现,所以郑玄的解释对后世影响很大,被许多学者认可。这是依据琮的外形阐发其寓意的最早观点,意谓琮之形仿自大地,其功能为通地之灵。同为汉代权威学者的许慎却有另外的说法,《说文·玉部》:"琮,瑞玉,大八寸,似车釭。"车釭即车毂,固着车轮与轴的部件。不过许慎只说琮"似"车釭,并未说琮缘起于车釭,事实上琮与车釭绝不会有什么内在联系。被公认书成于战国时期的《考工记》,曾介绍包括琮在内的各种玉礼器的尺寸规格,文中言及一种"驵琮",说它还有"鼻",郑玄注云:"驵读为组,以组系之,因名焉。"并引郑司农:"以为称锤,以起量。"这类有鼻钮可系组的琮,后世未见,即使存在过,恐怕性质也与琮有别,至少已非琮的原本形态;能被当作称砣用,自也非其初始含义。总之在汉代人们已全然不明琮的缘起。晚至清代,因宫中收藏有较多玉琮而激起研究兴致的乾隆皇帝,经考证后认为琮是"古之舁辇饰",即轿子抬杆的端头饰物。此说固然有些离谱,但颇倾心于中国古代礼仪文化的乾隆,竟然摈弃天地祭器的权威理念,而以日常生活用具饰件来诠说琮的本源,倒也很有点创新精神,令人刮目相看。

近半个世纪来,随着考古发现玉琮的日益增多,人们对琮的关注热度也越来越高。尤其是 20 世纪 70 年代以后,由于江浙一带良渚文化玉琮的大量出土,玉琮研究渐成文博领域的一大亮点。我曾作过粗略统计,关于琮的缘起和含义,目前已有的成说至少有十三四种,归纳起来可分为三大类。第一类着眼于社会生活中的实用物来解释琮的起源;认为由于那些器物对人的生存具有某种特殊意义,所以人们看重它们,把它们神圣化,进而玉象化,赋予它们某种神奇的性能。如纺织用具说,璇玑玉衡说,居室中霤说等,均属此类。第二类视琮为古代生殖崇拜的象征物。部落时代盛行生殖崇拜,而生殖崇拜的物化形式大都是怀孕的女性形象或男、女性器官的仿制,且以后者居多。故有象征女性崇拜的女阴说和象征男性崇拜的置祖之函说。第三类紧扣良渚文化玉琮的神秘纹饰等因素分析判断,认为琮具有图腾柱性质,或者说,琮是巫师举行宗教仪式时使用的法器。其形制的初创意念是以方形象征地,以圆形象征天,中通意味着天地神灵可自由来去;琮上的纹饰则是部族的图腾符号或标志,其中可能也有被认为能帮助人、神意愿沟通的灵性动物形象。第三类说法既不背离古代用琮、释琮的基旨,又融汇了第二类说法的合理因素,从史前社会人们的宗教意识与文化习俗方面去探索玉琮的含义,方向应当说是正确的。

最先提出琮缘起于图腾柱之说的,是台湾著名古玉专家邓淑苹女士。[1] 笔者赞同这种认识,愿在邓说基础上略作发挥。

人类社会史前期,曾普遍存在图腾崇拜。每个部族群体,都将自然界的某种生物、物体或现象(以动物居多)视为族体的保护神,视为族体的主宰,深信本部族由它始生,并由它决定祸福兴亡,它是全部族不言而喻的最高崇拜物。在图腾时代的兴盛期,图腾形象被定型化,被以绘画、雕塑、镂刻、舞蹈等多种艺术形式广泛地表现着,崇奉着。图腾形象需要出现在各种场合,以显示部族保护神的无所不在,更是巫师们举行宗教仪式时必然要庄严供祭或渲染张扬的圣物。许多部族习惯于用石质、木质、陶质乃至泥质的柱状物,通过圆雕、浮雕、镂刻或绘画等手段在上面显示图腾形象,这便是图腾柱。图腾柱

---

[1] 邓淑苹《考古出土新石器时代玉石琮研究》,台北《故宫学术季刊》,第六卷第 1 期(1988 年)。

可以高立于村头、广场、房顶,也可以做成小雕件置于祭坛、供台或随身佩带。玉琮应当就是图腾柱的精微化、玉象化。良渚文化玉琮,最常见的纹饰有两种类型。一种是以圆形巨目和阔嘴为基本特征的兽面纹,一种是戴冠有鼻的神人纹。有的学者认为前者乃后者的简略化,故统名之曰"神徽"。结合他种玉器上同类纹饰观察,可知兽面纹和神人纹确系两种图象,二者有时组成一个画面,表现华冠神人凌驾于兽面之上的情景;而在琮体上,两种图象常一上一下相配出现。所以,较多的学者认为神人纹形象是良渚文化居民崇拜的图腾神,而兽面纹表现的则是与图腾神相伴的灵兽,它有助于人、神之间的意念沟通。也有学者认为,兽面喻示向祖神献祭的牺牲,即供图腾享用的食品。[①] 总之,良渚文化玉琮上的神秘纹饰显示的是部族图腾的形象,它是玉琮灵魂之所在。崇奉、寄寓图腾精灵,应当是最初创制玉琮的基本意图。

早期的良渚文化玉琮都是低矮型,后来逐渐出现分节、加高的趋势。中国历史博物馆通史陈列中,有一种征集自山东的玉琮,高达49.7厘米,共含19节。但外形低矮并不影响其宗教性能的发挥,因为正如邓淑苹女士所指出的那样,玉琮是套在圆木柱的顶端使用的。即使后来取玉、治玉水平提高了,玉琮越作越高时,也仍然是被套装在木柱上的,这由高柱型琮的上部略大于下部的形态可以推知——上大下小重心不稳,只能套置于他物而难以独立(纹饰表明,多节琮上大下小为正)。玉琮同木柱的结合,正是图腾柱在宗教活动中的仪礼化形式。从另一个角度思考,玉琮的加高分节,以及其上大下小的形态,还可能有另外的寓意,比如说,标志族体的单元增多,族众渐次繁衍壮大,或者标志受祭祖先的世次,族裔代系的伸延承接等等。这些问题还有待于更深入的研究来解决。

从玉琮在文明社会礼仪制度中的地位,也可窥知其宗教性原始意义。前引《周礼》所载以璧、琮礼祭天地之说,仍隐含着琮能贯通天地之灵的意蕴,那正是琮最初作为图腾柱所必具的性能之一。只是由于商、周时代青铜文化蓬勃兴起,青铜器的"载礼"地位日益上升,

---

① 臧振、潘守永《中国古玉文化·神秘的神徽》,中国书店,2001年版。

并最终主导了贵族生活的各个领域,璧与琮的原始含义及其在宗教活动中的作用,才被逐渐边缘化。《周礼》只在"六器"中言琮,而在"六瑞"中只言珪、璧;琮已被完全从礼玉中挤出,珪已赫然位居礼玉之首。春秋以后琮已少见,汉代尚有以琮敛葬的考古发现,再后来,礼书上虽偶有用琮的记载,但总起来说琮已从社会生活中淡出。从文化发展规律上讲,这也是合乎情理的现象。图腾柱本来就是氏族社会的产物,在文明时代已失却生存的土壤。以政治为灵魂的更严密、更规范的宗族体系,需要寓含理念更具普世性和威严性的器物组合,来充当其意识形态的载体。琮缘起于图腾柱的历史背景,限制了它在文明时代的义理发挥;或者说,琮仅仅和某个部族相联系的复杂的图腾内涵,不利于巩固其在王朝统治体制下的受宠地位,因而很容易被含义更明朗、更能为贵族社会普遍接受的器型所取代。而当玉礼器整体走向衰落的时候,琮又因其丰大厚重的形制而不能如同璧、璜等类礼玉一样向佩饰品转化。这便是琮在文明时代最早消失的原因。

琮的名称和"琮"字的形体,也透露了琮缘起于图腾崇拜也即祖神崇拜的信息。"琮"字从"宗","琮"与"宗"形声一致而义通。"宗"字初形即为堂室中央陈置祭台之象。《说文》:"宗,尊祖庙也,从宀从示。"示即祭台,甲骨文中的示字正作祭台形,有的示字还呈现出祭品坠落血点之象。卜辞中的"宗"字也确表祖庙之义,如"祖辛宗"、"大乙宗"、"中丁宗"、"母辛宗"、"妣庚宗"之类表述,卜辞中比比皆是,"宗"字之主格皆为祭祀的对象。周代宗法体系中常见"大宗"、"小宗"、"宗子"、"宗室"等词语,"宗"乃指家族血缘嫡长继承的主干体系,其义即从上述祖庙之本义引申而出。三代礼制是以祖配天,祭祀祖神同祭祀天地常融合为一,这正和史前社会群体崇奉图腾柱的习俗一脉相承。玉琮的出现远在汉字诞生之前,但其音与义早已具备祭祀祖神的内涵。所以,琮这种器物是后来创造"宗"字的物质基础。

我们说玉琮最初是图腾柱的微型化,这只就良渚文化而言。后来琮传播到其他文化类型域内,则其图腾含义可能就要消失,而只保留了与天地祖先沟通意念的神秘性能。随着向外传播波链的加长,琮还有可能被受播地区文化赋予一些新的精神内涵。传播的时间越久,传播的地区越远,琮的图腾柱性质消失得越彻底。比如说齐家文化玉琮。

齐家文化是西北地区继马家窑文化之后兴起的一支影响较大的地域性文化,其时代距今 4 000~3 600 年,已处新石器时代晚期的金、石并用阶段。其地域涵盖比马家窑文化还要宽广,大致包括今甘肃中、东部和青海东部,北及内蒙,东涉陕西。齐家文化青铜冶铸已初具规模,而其玉器制作更以鲜明的地域特色和较丰富的类型,越来越受到海内外文博界的深切关注。学者们对齐家玉文化的源头最感兴趣。即以最重要的早期玉器璧与琮来说,它们起初只流行在以良渚文化为中心的东部沿海地区,在与齐家文化区域相邻的一些古文化类型中很少见到;即使在被视作齐家文化前身的马家窑文化遗存中,也难觅其踪。但齐家文化玉器中璧与琮的数量却相当可观。到目前为止,我们还找不到齐家玉文化是在异域玉文化影响下萌生并发展起来的依据,然而齐家玉琮同良渚玉琮在形制上又确属同一体系。这就给文物考古工作者提出了一个难度较大的问题:地域相距如此遥远的两种玉文化,是通过什么途径发生联系的?在玉文化研究领域成绩卓著的杨伯达先生,曾直言过他的困惑:"这先后两支南北玉文化在璧、琮上的联系绝非偶发事件,其中必有从未被觉察或者说根本还未想到的历史联系,现今居然展现在我们眼前,这好像天方夜谭似的,但实物俱在,是不容忽视的。"[①]后来杨先生又提出了中国古代存在三大"玉板块"说,认为三大玉板块形成的"夷玉"、"越玉"、"戎玉"三大玉文化有运动、碰撞现象,后二者的碰撞,"出现了良渚文化与土著玉文化融合的齐家玉文化"。[②] 但这也只能是一种宏观的纲领性和推测性表述,要建立起有说服力的具体论证脉络,以现有的资料条件还是十分困难的。

依笔者浅见,且不说玉文化的整体"碰撞",小而言之,一种玉器器型的传播,是要受各地人文背景制约的,其被接受的前提是受播地区已具备了玉文化土壤。也就是说,一种玉器形制并不是在任何地

[①] 杨伯达《甘肃齐家玉文化初探——记鉴定全国一级文物所见甘肃古玉》,《陇右文博》,1997 年第 1 期。

[②] 杨伯达《中国古代三大玉板块论》,《上海博物馆集刊》,第九集(2002 年)。

方都可以落地生根,它只在那些玉石之美已成群体共识,并且治玉工艺已达相当水平的区域发挥影响,在那里它才能被欣赏,被追求,被模仿。当良渚文化玉琮向外传播的势头正强劲的时候,也正是齐家玉文化开始崛起的时候;而齐家玉文化又以器型多样而著称,表明这支土著玉文化有喜爱造型多变的审美传统。在这种背景下,良渚琮型的被接纳便是顺理成章之事。齐家文化时代略晚于良渚文化,但其治玉业却比中原及关中地区的治玉业早得多。这和齐家文化地域的特殊性有直接关系。齐家文化中心区域正处在丝绸之路即时代更早的玉石之路的咽喉地带,杨伯达先生所说的三大玉板块的"球琳玉"也即昆仑玉的东向传播,齐家文化区域是必经之处。所以,齐家玉文化广泛使用和田玉最早。此外,齐家文化中心区域又是绿色蛇纹玉的盛产地,著名的祁连玉和武山玉便是这种玉石的代表。丰富的玉材以及对玉石较早酌群体认知,是齐家玉文化得天独厚的条件,这使齐家玉文化的形成期赶上了良渚玉琮的传播流。而与齐家文化相邻的一些古文化类型,则因其治玉业较晚而与良渚玉琮失之交臂。对于齐家文化的璧琮组合遥接良渚玉文化,我是这样认识的。

　　齐家文化玉琮虽然和良渚文化玉琮在形制上有渊源关系,但还是存在着明显差别,主要表现在以下两个方面。一是齐家玉琮大都为低矮型,甘肃省博物馆收藏的一件出土于定西县团结乡的齐家文化青玉琮便很具代表性。此琮有棱角分明的方形外廓,四边与射管的外缘相切,射管较短。方廓一边长5.6厘米,一边长5.5厘米,孔径4.5厘米,而高度却只有3.5厘米。目前所知齐家玉琮中难得见到可称之为高柱型者,最高一件即出土于静宁县治平乡后柳河村已被定为国宝级文物的那件绿玉琮。该琮圆角方廓,四边与射管外缘并不相切,射管高起,十分明显。边长8.2厘米、孔径6.9厘米,而高达14.7厘米。此琮虽出自齐家文化遗址附近,但系窖藏,玉质坚腻,明莹润泽,制作工艺非常精美,与齐家玉琮做工粗糙的通常风格大不相同,其性质和来源尚有可疑之处。因同坑出三璧四琮,坑上覆盖石板,故论者多以祭祀坑或祭后之瘗埋视之,认为这件高柱琮是祭玉。二是齐家玉琮大都为素面,不作任何装饰,更不用说良渚琮的那类神徽图案了。静宁所出高柱琮虽有纹饰,但同良渚琮的纹饰有本质不同。该琮属于方廓收缩为四角凸棱而圆管四面外露呈纵向弧面窄带的那种类型,方廓四棱圆角,浮雕为 13 道横式瓦垅纹,沟垅圆缓,以象分节,决不含良渚琮上神人、兽面纹的宗教意义。另一件有纹饰的齐家玉琮是出土于宁夏固原县红耀村的凤纹琮,凤纹阴线,不排除后刻的可能;即使乃原刻,也与良渚琮上的神徽无内在联系。以上两方面的区别表明,齐家文化玉琮已不再具有良渚文化玉琮的图腾柱性质,只仿袭了其外方内圆的形态。当然,这种仿袭决不是为了猎奇,为了玩赏,而很可能是接受并引申了良渚玉琮沟通天地祖先神灵的宗教义理。这实际上是把玉琮的具体部族图腾崇拜性能,抽象化为一种普遍的人、神感应观念。对于齐家文化居民来说,玉琮的功效不在其高度与多节,不在其精细怪异的纹饰,而在其外方内圆而中通的象征意义。

还有值得注意的一点:齐家文化玉琮大都出自祭祀点。这也从一个侧面告诉我们,齐家玉琮虽也同样被视为通灵之物,但其作为寄寓图腾神的护身保族作用却已经淡化。脱离开良渚文化部族土壤,而在西北地区生根的玉琮,扬弃了图腾崇拜的属性,升华为一种具有普遍意义的沟通天地祖先神灵的祭器。齐家玉琮被周文化所继承,玉琮的形态和义理继续沿着上述演变脉络发展;随着周王朝的建立,随着周文化上升为华夏主导性文化,最终确定了琮在贵族社会玉礼器体系中象征大地的位置,并在葬仪制度中展示着其通灵的特性。但如前文所述,这已经是玉琮生命力的衰竭期。在玉琮由产生到消亡的演变过程中,齐家文化玉琮是承上启下的关键环节。

(原载《丝绸之路·文论》2004 年上半年刊)

试说秦人葬圭习俗的文化渊源

在春秋及其前的秦墓中,用圭作陪葬品的现象非常突出。这当从嬴秦所属的东夷部族文化基因中探寻渊源。圭这种玉型,是由东夷部族创育而成的,圭在宗教生活中祭祀天地群神的法器地位,及其在贵族社会中标志权力等级的符瑞性能,也都是在东夷文化土壤中培树起来的。此外,圭所承担的测日、祭日使命,又是在职掌天象历法的东夷核心群体阳鸟部族首领的实践中显示的。嬴秦是东夷阳鸟部族西迁的一支,在他们的精神世界里,留存着对圭的神圣记忆,因此,葬俗中表现出强烈的崇圭意识,随葬的圭器上寄托着他们向天神、日神和祖神祈求福佑的信念。

一、嬴秦葬俗中的崇圭现象

秦人葬丧习俗中有种颇引人瞩目的现象,那就是随葬物中喜欢用圭。玉圭、石圭皆用,而以石圭具多。这在春秋及其前的秦墓中相当普遍,陇山周边地带即嬴秦早期活动地域,表现尤为突出。王学理、梁云在其《秦文化》一书的绪论里,曾提过这个问题,说周人墓葬中很少用圭,而"在西周中晚期的小型秦墓中随葬石圭却极普遍,甘谷毛家坪 8 座西周秦墓座座出圭,多者 10 件,少者 1 件。""春秋秦墓葬圭习俗依然盛行,如宝鸡福临堡 11 座墓,凡出铜陶器物的皆有石圭;长武上孟村春秋晚期至战国早期 20 座墓出石圭 110 件;凤翔高庄战国中期以前的墓共出石圭 77 件。此时,东方国家的小型墓地也开始用石圭随葬,侯马上马墓地 244 座墓,出土各种质地的圭 680 多件,大有泛滥的趋势。"①

　　需要指出,这种葬圭习俗并不只限于小型秦墓,秦贵族墓葬中也很常见,礼县嬴秦西垂陵区就是典型例证。如圆顶山墓群已正式发掘的4座贵族墓,皆有圭随葬。LDM1是个5鼎墓,LDM3是个1鼎墓,二墓共出石圭27件,后者殉人头侧也置2件石圭。② LDM2HE和LDM4均为5鼎墓,前者出土32件玉器,圭即达15件,另有石圭3件,殉人腹部置圭1件。后者出土6件玉器,圭占4件;11件石器中,圭占9件。诸墓中还出土了许多不规则的玉片,有的接近条形,当为圭的替代品。这批墓葬均曾遭到盗扰,估计原入葬的玉、石圭数量更为可观。③

　　大堡子山陵园两座秦公大墓,因被盗墓者洗劫一空,故无从判断是否有玉、石圭入葬。须加关注的是,在已知出自大墓的金饰片中,数量最多的羽瓣状饰片,因其平端两角有钉孔,可推测其为以鳞瓦叠压方式组合为成对金鸷之羽翎所用;另有一种略呈长梯形的云纹饰片,其窄端为钝三角形,发表时定名为"云纹圭形金饰片"。④ 其实此型饰片可直接视为片状金圭,因其梯形下端并无钉孔,显然与构成金鸷的那些饰片性质不同,非钉于椁面而当置于棺上,这也正同秦墓葬圭多置于棺盖的情况相合。令人惊讶不已的是,早期秦文化联合考古队于2006年发掘的大堡子山春秋秦墓1M25,竟在椁盖板上和棺内发现大小石圭124件,发掘者据其形制,区分为6种类型,真可谓规模空前。⑤

　　如何解释这种独特的崇圭葬俗?

　　我国古代有以玉器陪葬的悠久传统,这传统从玉文化萌生期即已开始。良渚文化、山东龙山文化、红山文化、齐家文化,是最具影响力的四大玉文化圈,都存在葬玉习俗。发展到周代,更形成了一整套玉敛葬制度。但秦人的葬圭,至少从现象上看,却和秦域之外的葬玉

---

① 王学理、梁云《秦文化》,文物出版社,2001年版,第13—14页。
② 甘肃省文物考古研究所、礼县博物馆《礼县圆顶山春秋秦墓》,《文物》,2002年第2期。
③ 祝中熹主编:《秦西垂陵区·圆顶山秦贵族墓地》,文物出版社,2004年版。
④ 同前注,第37页图版五、六。
⑤ 《2006年甘肃礼县大堡子山东周墓葬发掘简报》,《文物》,2008年第11期。

找不到源流关系。秦墓中的圭，以石质具多，规格有随意性，制作精粗兼存，且数量不菲。既显示不出像良渚文化葬玉那种与神灵沟通的诡秘寓意，也难觅周代各型玉器据五行理论配套护尸的置措。但秦人无疑钟情于圭这种器型，入葬时圭多放在靠近死者的位置，有的还敷以朱砂，这肯定也赋予圭某种宗教功能，在圭体上寄托着某种精神意念。

在为《嬴秦西垂文化——甘肃秦文化研究会首届学术研讨会论文集》一书所写序言中，我在简述了早期秦文化研究取得的成就之后，接着列举了一系列有待学界深入研讨争取解决的具体课题，其中即有秦人圭葬习俗的缘由一项。① 由于资料贫乏，解决这个问题并非易事。但既已提出，总望能有人作些尝试性的探索。今草成此文，略陈陋见，权作引玉之砖。

二、圭是东夷玉文化的代表性器物

玉的发现，乃史前先民在漫长岁月里选择石材制造工具和武器实践中的丰伟收获。因为只有通过长期观察、鉴别、剖割和琢磨，才能认识玉质坚腻亮丽的美。所以，最初的玉器都是工具或武器。《越绝书·宝剑》载风胡子讲不同时代使用不同质地武器的一番话，说"黄帝之时，以玉为兵"。后世公认他讲得有道理。黄帝正处新石器时代末期，是时石器制作已达异常精美的阶段，玉质武器和工具的使用已成常态。不少学者据此主张我国在石器时代与铜器时代之间，还应有个玉器时代。此固为夸张之论，但五帝时代我国玉文化已十分兴盛，则是事实。由玉质工具、武器向礼仪性玉器的演进，在东夷文化中表现最为清晰。自大汶口文化脱胎而出的山东龙山文化，就是以少昊、颛顼两大部族为代表的东夷文化，如今已成学界的共识；而圭这种玉型，就是在山东龙山文化中创育并发展为东夷玉文化标志性器物的。山东龙山文化即典型龙山文化，距今约 4 500 年～

---

① 雍际春、田佐、南玄子主编《嬴秦西垂文化》，甘肃人民出版社，2013年版，序言第6页。

3 500 年间,处于父系氏族社会的繁荣期。分布范围大致以泰山为中心形成的所谓海岱文化圈,济水、汶水、泗水、潍水流域遗址最为密集,这也正是古文籍记载中少昊、颛顼部族活动频繁的区域,实为嬴秦先祖的桑梓之地。

圭在所有玉器中形制最为简正,基样呈片状长方形或长梯形,分两种类型:一种上下两端皆平,称平首圭;一种上端角形突起,称尖首圭。前者早于后者。业界大都认为平首圭源于斧、铲、凿、锛类工具,而这类器物多出自山东龙山文化遗存,其他古玉文化圈内较为少见。这类器物虽然一端呈刃状,但琢磨精美光滑,体薄而修长,极易断碎,且刃部无缺痕,显非实用器而已进入礼仪领域,故业界通称之为圭。故宫博物院收藏一件龙山文化墨玉圭,高 21.8 厘米,上端刃部宽 5.5 厘米,厚约 1 厘米,下中部有一圆孔。圭面饰平行弦纹及绳索纹,构成图案的上下边栏,栏内雕饰变体兽面纹,两面图案相同。台北故宫博物院所藏刻有乾隆题款的那件圭,规格较大,高 30.5 厘米,刃端宽 7.2 厘米,厚约 1.05 厘米,呈牙黄色而略泛灰,中下部雕弦文、空白与奇异图文相间的装饰带,带之上雕饰主图,一面为昂首展翅而立的鹰隼类飞禽,一面为双目圆睁、鬓发上拂的怪异面纹,下部有一圆孔。此器被定为商圭,实则应归类于山东龙山文化。1969 年山东日照两城镇所出青玉圭(初定名为玉锛),为这一判断提供了确证。该圭墨绿色(上半部因土蚀而变成乳白色),高 17.8 厘米,宽 4.6 厘米,图案雕饰于最下部,一面饰双目圆大、窄冠而有嘴的怪异面纹,另一面饰墨睛圆小、阔冠无嘴的怪异面纹。器体形态和雕琢技术,尤其是图案意韵和线条风格,一望而知与台北故宫博物院藏圭脉络相通。该圭无圆孔而图案偏下且未作栏饰,应比台北藏圭更原始些。早就有学者指出,这类玉圭"两面皆饰阴线刻的复杂纹饰。这种纹饰以眼目为中心,向外放射,结成复杂的线条勾连,整个图案没有头及脸的外形轮廓线。这种纹饰在龙山文化的陶器上也出现过。另外,在国内外传世品玉器中存有一批饰纹与之类似的人面纹玉器,一些国内外学者,把这批传世品视为龙山文化玉器。"[①]平首圭起源于东夷文化,学

---

① 张广文《玉器史话》,紫荆城出版社,1994 年版,第 23 页。

者们的认识相当一致。

　　由平首圭向尖首圭演变,寻本求根,还是要追溯到东夷文化。人们通常认为尖首圭缘自玉戈,早期的戈(不论玉质还是青铜质)无胡无栏,呈长三角形,系一种短柄斫啄器,其勾杀功能是后来进化的结果。① 砍啄器显然是受了猛禽迅锐尖喙的启发而出现的,属于所谓"仿生"器。而东夷群体正是著名的以鸟为图腾的部族。东夷又称"鸟夷",其崇鸟史证文献记载俯拾即是,田野考古也有充分依据,史学界早已论定。即以陶器言,从大汶口文化晚期直到龙山文化,仿鸟形器物及部分结构仿鸟喙的现象非常普遍,代表性器物鬶即大都做成立鸟形,其流尖长前伸或上仰,对鸟喙的模仿堪称惟妙惟肖。另有一种分布甚广的"鬼脸式"陶鼎,鼎足空心而尖细,足根部呈半圆形,近根处左右各设一穿透的小圆孔以示双目,并配饰示鼻位的附加堆纹,其着意表现鸟喙的构思一目了然。半个世纪前,刘师敦愿即已注意到这个问题,他指出东夷文化陶器中这类仿鸟喙部件,易折又不合实用,应是"鸟图腾崇拜使然,否则难以解释"。②

　　由啄兵戈演变为尖首圭,大体完成于商代。商早期的长三角形玉戈和青铜戈,都给人们以深刻印象。这类戈援部加长,只在刃端呈锐三角锋,与圭实已同形。甲、金文中含戈的字如戎、伐等,多具图像性质,其形体皆为长三角形。考古发掘业已显示,商贵族墓葬多出玉戈,有的规格惊人。湖北黄陂盘龙城商墓出土一件青黄色玉戈,竟长达93厘米,最宽处13.5厘米。③ 这类巨型戈入墓,应当寓含着葬圭的原始意念。上海博物馆所藏那件商代玉戈,可看作戈向圭演化的实例。该戈色彩碧绿,长25.3厘米,前端三角锋部分约占全长的四分之一,近内部雕繁式兽面纹。该戈内中部有圆穿,援上起脊,尚保持戈的基本形制;但从工艺之精细及厚薄度观察,绝非实用器。作为仪礼或祭祀用玉,它有资格被视为尖首圭的祖型。殷墟妇好墓所出玉圭形式多样,平首、尖顶、首微隆、首弧突起、首弧凹下等形状皆有,显

---

　　① 为更适于车战需要,使之不仅能挥砍还能勾割,强化下刃而出现了胡并越来越加长,同时由短柄改为长柄。
　　② 刘敦愿《美术考古与古代文明·古史传说与典型龙山文化》,人民美术出版社,2007年版,第306页。
　　③ 杨泓《美术考古半世纪》,文物出版社,1997年版,第87页。

示出圭的形制正处在多元并存的过渡期,酝酿着平首向尖首转化的趋势。

必须阐明,商文化中有浓厚的东夷文化成分,二者的原始文化谱系极为接近。殷商和嬴姓部族均有鸟始生神话传世,《诗·商颂·玄鸟》:"天命玄鸟,降而生商。"《史记·殷本纪》载殷之始祖契之母曰简狄,"见玄鸟堕其卵,简狄取吞之,因孕生契。契长而佐禹治水有功。"这同《秦本纪》载秦之始祖大业之母女脩,吞玄鸟卵而生大业,大业之子益佐禹平水土如出一辙。还不止此,在葬丧习俗方面,殷族和嬴族也表现出许多共同因素,如墓底设腰坑,腰坑中殉犬及玉器,墓室设二层台,二层台及墓道中殉人,崇尚棺椁之饰等。刘敦愿师曾通过图腾崇拜和活动地域两方面的考察,得出"原始的商族可能是山东地区东夷之一支"的结论。① 既然殷商和东夷都是崇鸟部族,则商早期流行的啄兵戈是仿鸟喙的产物,即应属合理判断。那么,说圭之定式向仿鸟喙的戈形靠拢,无论平首尖首,圭乃东夷玉文化标志性器物,当非无据之论。张广文先生析述玉器发展史时,讲过这样一段话:"在二里头遗址的玉器中,玉刀、玉圭同龙山文化有直接的联系。玉牙璋是龙山文化铲形器的完善化和复杂化。玉琮则受良渚文化的影响。整体上看,商初玉器同山东龙山文化有某些继承关系,又融合了其它玉器的某些特点。"②我完全赞同他的意见。

至周代,尖首圭的正宗地位已经确立,不仅出土实物多为尖首,文献记载更显一致。郑玄注《周礼·春官·大宗伯》"六瑞"即曰:"圭锐,象春物初生。"《庄子·马蹄》"白玉不毁,孰为圭璋",成玄英疏曰:"上锐下方曰珪,半圭曰璋。"《礼记·杂记》言各级贵族所执圭长度不一,但均"博三寸,厚半寸,剡上,左右各寸半。"既告诉我们圭为尖首,还告诉我们尖部三角形的高度为圭宽的二分之一。郑玄注《周礼·冬官·玉人》"剡圭"也说:"凡圭,剡上寸半。"与《礼记》说同。《说文》:"圭,瑞玉也,上圜下方……"谓圭首呈圆弧状。这种圭样在商以后的实物中极为罕见,也许东汉时有此形制?综观文籍资料及考古实物,西周至战国,尖首圭已为正形,故后起的"刲"字即表刺义。以

---

① 刘敦愿《美术考古与古代文明·古史传说与典型龙山文化》,第297页。
② 张广文《玉器史话》,第33页。

秦圭论，无论玉质石质皆为尖首，而且尖部大都锐长，远超《礼记》所言剡长为博半之制。

三、圭的政治化是在东夷文化土壤中完成的

玉器从工具、武器世界里走出，进入仪礼和祭祀的天地，被赋予越来越多的精神意念，从广义角度说，这已经踏上了政治化的道路。试想，仪礼是为昭显权威而设计的场景，炫目于仪礼上的玉器，当然已在为政治服务；祭祀是为人神交流而虚拟的渠道，而政权依赖神权，肃穆于祭坛上的玉器，岂能不为政治服务！但这些服务都是间接的，隐晦的，玉器同权力的关系，尚未密切到依法规绑在一起的程度，玉器还没有作为权力的法定标志，直接参与政务运作。玉器的政治化有个逐步成熟的过程，而且也并非所有的玉器类型都能够达到同政治伦理高度结合的位势。严格说来，在公认常现身于宗教生活的一些玉型中，只有圭得天独厚，最终完成了意识形态载体的升华，荣居了象征皇王权力等级的崇高地位。

圭不仅是东夷文化孕化而生的尤物，其政治化也是在东夷文化土壤中发育成熟起来的。

圭的政治化，首先得益于其宗教功能。祭祀这条纽带把圭同王权拉得越来越紧，越来越近，特别是对天地的祭祀，起了最关键的作用。良渚文化育生的璧和琮，原本具有宗教优势，因为其形态极易同上古先民天圆地方观念相应合，而它们在良渚文化圈内长期凝结的神巫意蕴，又先天性地适用于祭祀理念。所以，在周代所总结的玉器性能体系中，璧和琮均居高位。然而，简朴无华的圭，最终还是一枝独秀，不仅在祭祀场景中与璧相配，取代了琮；而且随后更上一层楼，跨入政权高层的运作实践，成为象征权力等级的符瑞。从文明前夕各文化区系影响力之差异，以及构成华夏文明主体部族话语权之强弱的角度思考，我们不得不说，圭的崇高处位完全是靠东夷集团的能量才奠定的。

说到这里，须先简述一下我国上古时代祭天传统的形成。相

信超自然力量的存在,相信灵魂的存在,相信宇宙间有个祸福的最高主宰,这种神秘意识在人类幼年期即已产生。各种祷祀形式和五花八门的神巫活动,一直伴随着人类的成长。但社会发展是不平衡的,在同一时段内,不同群体所达到的文化高度不同,有些族体会在社会生活的某一方面,创造出自己的优势和特色,这在国家趋于形成的酝酿期,表现得尤其鲜明。在观测历象、祭祀天地的神圣领域里,东夷集团走在了其他文化区系的前面。因此,当部落联盟为强化领导体制,需要整顿散乱的宗教活动、统一祭祀权的时候,东夷部族便发挥了主导作用。在东夷文化的滋育下,经过东夷首领们的积极运作,向后延续了四五千年的天帝信仰和祭天观念,被培植起来并日益制度化。后世历代王朝都非常重视的以泰山为圣坛的封禅大典,乃东夷天神崇拜延伸至文明时代仪礼的最高规格;而王朝首都年年隆重举行的郊祀,则是其更具世俗意义的常规性简化。

泰山是海岱文化圈的依托性镇山,东夷诸族的天神崇拜活动,是围绕泰山而展开的,某种意义上说,泰山犹如沟通人间与天地神灵交往的阶梯,泰山也由此确立了"五岳之尊"的"岱宗"地位。许多古文籍讲述泰山上的历代封禅遗迹,有的记载数量多到令人难以相信,采用者较众且较为靠谱的数字是72处。姑不论数目的虚实,泰山上留存着众多往昔祭祀遗迹,肯定是事实。那都应当是五帝后期统一祭天权之前,东夷各族祭天活动的印记,反映了东夷文化中崇天重祀意识形态的浓烈和久远。

现在来看东夷族首领们在上述宗教进程中所扮演的角色。嬴秦所出的阳鸟部族,是东夷集团的核心群体,是由以少昊为首领的鸟图腾部族,同以颛顼为首领的日图腾部族组成的"两合婚姻联盟"。阳鸟部族崇天重祀、擅长历象的文化特性,在古文献记载里昭然可见。《左传》昭公十七年所载郯子那段对其先祖的著名表述,以及昭公二十九年所载晋国魏献子同太史墨的那番对话,就是引用率相当高的佳证。少昊部族所属各个族体,在部落联盟中央分别职掌天象历法的各个环节,负责测定一年四季中二分、二至、二启、二闭八个节点。《史记正义》佚文把少昊同炎、黄二帝并列,说"少昊象日月之始,能师太昊之道",①在"社稷五祀,是尊是奉"的背景下,掌管祭祀事务的"五官"中,少昊家族即占据了三官。

颛顼部族的宗教特性更为突出。《大戴礼·五帝德》说颛顼"洪渊以有谋,疏通而知事,养材以任地,履时以象天,依鬼神以制义,治气以教民,洁诚以祭祀。乘龙而至四海……动静之物,大小之神,日月所照,莫不砥励。"如此神通,显然已是宗教活动的最高掌门,神巫世界的权威领袖。颛顼最具震撼性的功业是所谓"绝地天通",《国语·楚语》曾述其事,说少昊之后,宗教生活出现乱象:"夫人作享,家为巫史,无有要质。民匮于祀,而不知其福。烝享无度,民神同位。民渎齐盟,无有严威。神狎民则,不蠲其为。嘉生不降,无物以享。灾祸荐臻,莫尽其气。"于是颛顼率领其家族成员,起来整顿这种混乱局面,"乃命南正重司天以属神,命火正黎司地以属民,使复旧常,无相侵渎。是为绝地天通。"由颛顼任总指挥,其家族成员也即部下重和黎具体操作的这次宗教肃整运动,规模相当大,力度也相当强。目的就在于消除"民神同位"、"家为巫史"、"烝享无度"的泛滥状态,将对天地祭祀权统一于部落联盟中央,实现权力核心对宗教的垄断,并张扬祭祀的神圣性,从而为政权与神权的高度结合开辟畅顺的通道。所以班固在《白虎通义》中称颂颛顼"能专正天人之道"。徐旭生先生说颛顼是个"敢作大胆改革的宗教主",说他使宗教职业者与社会管理者有了明确分工,"是宗教里面从低级向高级上级上升的一个大进步"。②

东夷部族引领着我国文明前夕宗教活动的发展方向,天神崇拜与祭天仪礼是其精神内核。从延伸至后世的两件事情上可窥其端倪。一件即上文已言及的封禅大典,一件就是本文重点阐述的圭的功能昇华。关于前者,笔者曾撰《嬴秦畤祭的东方文化渊源》予以论述,③这里我们专就后者作些梳理剖析。

《尚书·尧典》述尧禅位于舜时,于"正月上日"举行祭祀典礼,

---

① 张衍田《史记正义佚文辑校》,北京大学出版社,1985年版,第3页。
② 徐旭生《中国古史的传说时代》,文物出版社,1985年新1版。
③ 该文发表在《嬴秦文化研究》,2012年第2期;收入宋镇豪主编《嬴秦始源》一书,中国社会科学出版社,2013年版。

"肆类于上帝,禋于六宗,望于山川,遍于群神,辑五瑞"。类、禋、望皆祭名,"类"专指祭天。"五瑞"指五种玉器,先儒一致认为乃朝见尧舜时诸侯所执之瑞符。郑玄注《周礼·春官·典瑞》曰:"人执以见曰瑞,礼神曰器。瑞,符信也。"严格区分"瑞"与"器",当为某些玉器从宗教活动中提升出来直接参与政治之后的事,最初恐无这种定性化的玉器分工,故《尧典》之瑞器中当含祭玉。既为祭祀天地群神的盛典,岂能不用玉? 其实,《典瑞》讲得很明白:"四圭有邸以祀天,旅上帝;两圭有邸以祀地,旅四望;裸圭有瓒,以肆先王,以裸宾客;圭璧以祀日月星辰……"祭天地日月星辰皆用玉,而且以圭为主。何谓"四圭有邸"? 从汉至清,前贤们众说纷纭。孙诒让对郑玄注的理解,较为简明而切实:"圭上剡者为末,下连璧为本,四圭共著一璧为邸,故四末纵横歧出矣。《御览·珍宝部》引马融注云:'四圭相连,皆外向,共一邸,长尺二寸。' 与先郑说同。"①综合诸家之说可知,"四圭有邸"讲祭天时玉器的陈列状态。《尔雅》释邸为本,以璧为邸作为圭的辅基,圭璧均平置坛上,璧在中央,四圭上下左右对称而尖出,呈太阳的光芒四射状。"两圭有邸"同理,但只用2圭,系上下摆放还是左右摆放,未明。论者以为既是祭地,邸当不用璧而用琮,有道理。至于其他几种用玉的祭仪,不必一一追究;以上材料已足证,周代祭天地用玉是圭璧相配的。这种用玉方式,既秉承了早已被各大文化区系普遍接受的以璧象天的理念,又突出了东夷文化独具的崇圭崇日的传统。圭这种玉器从此拥有了高于他种玉型的品性,奠定了其与王权直接结合的基础。因为,天帝是最高神权的代表,人王是最高政权的代表;由象征最高神权转化为象征最高政权,不仅顺理成章,而且势在必行。

圭的完全政治化,也以《周礼》讲得最充分,《春官·大宗伯》:"以玉作六瑞,以等邦国。王执镇圭,公执桓圭,侯执信圭,伯执躬圭,子执谷璧,男执蒲璧。"《冬官·玉人》交代了各类圭的规格:"镇圭尺有二寸,天子守之;命圭九寸,谓之桓圭,公守之;命圭七寸,谓之信圭,侯守之;命圭七寸,谓之躬圭,伯守之。"郑玄注曰:"命圭者,王所命之

---

① 孙诒让《周礼正义》,中华书局,2000年版,第六册第1584页。

圭也,朝覲执焉,居则守之。"孙诒让疏言:"谓诸侯初封及嗣位来朝时,王命以爵,即赐以圭。"①韦昭注《国语·周语》亦云:"命,瑞命。诸侯即位,天子赐之命圭,以为瑞节。"《典瑞》经文在详述了各种瑞玉的名称、等级、配件之后,说:"以朝覲宗遇会同于王,诸侯相见亦如之。"周代贵族社会已形成强烈的崇玉情结,高级贵族们不仅祭祀用玉,葬丧用玉,佩饰用玉,在涉及政务的各种庄严场合还必须按等级身份执玉。所执之玉是经过最高宗主即国王赐予的,具有法定权利标志的性能。

古今都有学者认为,《周礼》成书较晚,所记载的一些制度不乏虚饰成分,所言用玉制度过于严整而繁琐,不尽可信。这种质疑不无道理,因为确实难以弄清楚"六瑞"、"六器"体系里那种种玉称的真正含义,更勿论其形制及附件的差别了;况且,无论传世品还是出土品,都未能同该书所言相应合。尽管如此,周代上层政治生活中用圭,圭不只具有神圣性,更兼含符瑞性,则是确凿无疑的,除《周礼》之外还有许多古文献记载可以资证。《史记·秦本纪》言禹平水土成功,舜帝赐以"玄圭"。此事很值得注意,因为舜处于五帝时代后期,部落联盟即将实现向国家的过渡。《史记·五帝本纪》业已显示,舜明确了联盟中心执事者的分工,已构建了国家中央机关的雏形,"天下明德皆自虞帝始"。舜为崇圭的东夷人,以圭作为政治权力的象征物,很可能就是自舜发端的;所赐圭为"玄"色,也正同东夷圭类玉器多深绿色的事实相合。《逸周书·允文》言攻占敌国的目的是"执彼玉珪,以居其宇",亦证圭确为国家政权的象征。《史记·晋世家》载:"成王与叔虞戏,削桐叶为珪以与叔虞,曰:'以此圭封若。'"当史官真要册封叔虞时,成王曰:"吾与之戏耳!"史官说:"天子无戏言,言则史书之,礼成之,乐歌之。"于是叔虞当即被封于唐,即晋国之前身。这故事很生动地表明天子以圭封诸侯确有其制。《易·益卦》有"中行告公用圭"语,"中行"为使者,与公相见,是外交场合,故需用圭。这也和《礼记》所言相符:"大夫执圭而使,所以申信也。"《诗·大雅·崧高》歌王命召伯事,有"锡尔介圭,以作尔宝"句;《韩奕》歌王命韩侯事,有"以其

---

① 孙诒让《周礼正义》,第十四册,第3324页。

介圭,入觐于王"句。介圭指大圭,召伯与韩侯身份甚高,故所执称"介圭"。此证公侯觐见确有受圭、奉圭的礼节。还不仅此,据《尚书大传》说,诸侯觐见天子时,诸侯奉圭,天子收圭,不单纯是简单的交接形式,还体现了对奉圭人考察的意义:"无过行者,得复其圭,以归其国;有过行者,留其圭;能改过者,复其圭。"如此说可信,则更强化了我们对圭的政治化的认识,圭确已成为是否拥有权力的标志性信物。

　　正由于圭昭示着最高宗主天子所受的权力,故贵族们都以肃穆圣洁的态度看待它,非常讲究仪礼场合执圭的姿态和神情,《礼记·曲礼下》对此作了颇细致的要求。《左传》定公十五年载邾子朝鲁:"邾子执玉高,其容仰;公受玉卑,其容俯。"所执玉即圭,主宾执圭的姿势反映了不同的心态,曾遭子贡的评议。此事既说明外交礼仪上来宾要向主君呈玉,圭具符节性质;又显示人们对执圭姿态举止的关注,圭具有神圣性。《论语·乡党》描述孔子在各种场合的行为和表情,其中有:"执圭,鞠躬如也,如不胜。上如揖,下如授,勃如战色。足缩缩,如有循。"这大概就是执圭者的标准形象了。

　　总之,圭这种器物,是东夷文化的产物,在东夷族体的宗教生活中,发育成祭祀天地的法器,并在文明时代昇华为标志权力等级的符瑞。后世封建王朝的大臣们朝会奏事时手持的笏板,某种程度承袭了瑞圭的意蕴。

四、圭是嬴秦先祖职官的物化表征

　　除了祭祀天地的神器性能和标志权力等级的符瑞性能之外,圭还有一种常被忽略的性能:它是天文历法领域里的测量用具。在《周礼·春官·典瑞》所言各类圭中,有一种"土圭":"土圭以致四时日月,封国则以土地。"《冬官·玉人》说这种圭"尺有五寸",比天子所守之镇圭还要大,非同寻常。经文中两个"土"字不是表泥土义的名词,而是动词,表度量义。郑玄注云:"以致四时日月者,度其景至不至,以知其行得失也。冬夏以致日,春秋以致月。土地,犹度地也。封诸侯,以土圭度日景,观分寸长短,以制其域所封也。"《地官·大司徒》有更详细的说明:"以土圭之法测土深,正日景,以求地中。日南则影短,多暑;日北则景长,多寒;日东则景夕,多风;日西则景朝,多阴。日至之景尺有五寸,谓之地中。天地之所合也,四时之所交也,风雨之所会也,阴阳之所和也。然则百物阜安,乃建王国焉,制其畿方千里而封树之。凡建邦国,以土圭土其地而制其域。"下文接言各级贵族封地的数量,从略。此段经文既谈了用土圭测日影以知季节寒暖的变化,又谈了用土圭测日影以知地域的方位和数量。有意思的是,天子册封贵族爵位要用圭,给贵族们规划领地也要用圭。看来贵族社会生活中的"封"字,从圭从手,设计得特切实,使它容纳了精神上和物质上的双重意义。

郑玄注《大司徒》则偏于天象季候方面的内容:"昼漏尽而置土圭,表阴阳,审其南北。景短于土圭谓之日南,是地于日为近南也;景长于土圭谓之日北,是地于日为近北也;东于土圭谓之日东,是地于日为近东也;西于土圭谓之日西,是地于日为近西也。如是则寒暑阴风偏而不和,是未得其所求。凡景于地,千里而差一寸。"孙诒让疏指出,经文所言"景",指日光照物所成之阴:"地之方位远近不同,日景有长短朝夕之异,故必测度而后乃得其正。云'以求地中'者,即求下文日至景尺五寸之地,为东西南北中也。""据《典瑞》云'土圭以致四时日月',谓立表以得景,而以土圭度其景之长短也。"①

用圭表测量日影以解决天文历法乃至方位地域的许多问题,详情我们非专业人员今已无法洞悉其要。从理论上说,由于地球自转轴并不垂直于公转轨道平面,即黄道和赤道相交会形成夹角,故同一地区太阳地平高度发生规律性变化,导致该地区出现气候温热凉寒的交替。因此,观察测量日影方位、长度、倾斜度的变化,有助于确定岁实(即一个回归年的实际天数)和四季及四季中的一些节点。这是基础性历法必须依据的信息。依诸家对《周礼》经文的解释,土圭南北向平置于观测点的地面(估计当专设一平台),在圭的南北两端各立一八尺长的标杆,即表。观测者根据白昼中午及其他事先确定时

---

① 孙诒让《周礼正义》,第三册,第715—717页。

间的日影长度及倾斜度进行计算。姑且抛开此事操作及换算的复杂程度不谈,单以圭、表两种用具而言,圭的作用只在于测量日影的长度,这是任何质地的尺子都能完成的任务,为什么非用圭不可呢?这其中必有某种宗教理念和文化传统的因素在起作用。

早期的天文历法是和天神崇拜、日神崇拜融为一体的,天象观测同祭天祭日活动,往往结合起来进行,所以,正如本文前面所阐述的那样,五帝时代崇天重祀渗透宗教特性的部族,也便是负责观测天象、制定历法的部族。那么,既然圭是祭天祀日的法器,而观天测日的人又同时是祭天祀日的人,其用圭作神圣的导具便是很自然的事了。何况,他们又正是圭的发明者和崇奉者,他们对圭与天、日通灵的性能,怀有诚挚的信仰。

我国是世界上古时代天文事业成就最辉煌的国家之一。因为在华夏文明发育历程中,很早便形成了农业与畜牧业稳定结合的生产形态,而天文历法则是农畜业生存兴旺不可或缺的知识。恩格斯曾说过:"首先是天文学——游牧民族和农业民族为了定季节,就已经绝对需要它。"[1]五帝时代我国即已设"火正",行"火历","以火纪时。"[2]"火"指大火星即心宿二,又称"辰";而辰即蜃,乃一种用大蚌壳制作的用来耨地的农具,故繁体汉字"农"即从辰。这也从侧面反映了天文学和农业发展的密切关系。《夏小正》一书那么详明地列举各种天象条件下的物候,更是天文学为农畜业服务的直接显示。所以,天文历象从萌生阶段起,就是关系世道民生的显学,备受全社会关注。顾炎武对此发表过一番感慨:"三代以上,人人皆知天文。'七月流火',农夫之辞也;'三星在天',妇人之语也;'月离于毕',戍卒之作也;'龙尾伏辰',儿童之谣也。后世文人学士,有问之而茫然不知者矣。"[3]所引数语,见于《诗经》和《左传》;所反映的天象,皆当时民众所习知。因此,观测天象,制定历法,授民以时,便是部落联盟时代领导集团的首要政举。《尚书·尧典》载尧执政后第一件大事,便是

---

[1] 恩格斯《自然辩证法·科学历史摘要》,《马克思恩格斯选集》,人民出版社,1976年版,第三卷,第523页。
[2] 《左传·襄公九年》。
[3] 顾炎武《日知录·天文》卷三十。

抓这项工作。他指派羲仲、羲叔、和仲、和叔即所谓"羲和四子",率领族众远行,分别到以联盟所在地为中心的东西南北四个标位地区,定点定时地完成测日祭日任务。那四个标位地区,实际上就是当时立足于中原对四方地理认知视野所能达到的最远点,即所谓"四极"。《韩非子·十过》载由余和秦穆公的对话,由于赞尧有天下,"其地南至交趾,北至幽都,东西至日月之所出入者",说的就是这四极。

《尧典》记载羲和四子的那段文字,如今已被学界频频征引,这里不再复录。须强调点明的是内容中的一些闪光点。所言"日中"、"宵中",指昼夜平分,实即春分、秋分;所言"日永"、"日短",指白昼长短之最,实即夏至、冬至。经文提到鸟、火、虚、昴四颗恒星,先民依据这四颗星黄昏时出现于南中天的时间,来确定"二分"和"二至",称其为"四中星"。经文提到"其三百有六旬有六日,闰月定四时成岁",表明是时已能较准确地测得"岁实",并学会用闰月方式调整太阳年同十二个月的时间差距。这些成就,不通过长期细密的圭表测算,而且要在大地的不同方位进行测算,是不可能取得的。肉眼观察只能获得感性印象,积累模糊的经验;而计算所必需的具体数据,只有依赖圭表年复一年的测定计量。当代古天文学研究已肯定《尧典》记载的一些天象,确系夏初时段内神州大地四方实测所得。也就是说,是时对圭表的运用,绝非虚言。故《宋书·律历志》云:"观天地阴阳之体,以正位辨方,定时考闰,莫近乎圭表。"

承担"钦若昊天,历象日月星辰,敬授人时"这一伟业的"羲和四子",正就是东夷集团阳鸟部族的首领。羲和是重黎的后裔,而重黎又是颛顼家族的核心成员。"履时以象天,依鬼神以制义"的颛顼,号高阳氏,他所统领的原本就是个以太阳为图腾的部族,一直以崇日祀天、精通历象而著称。前文讲过,可视为一次宗教大革命的"绝地天通"运动,就是由这个部族完成的。《国语·楚语》在记述了我前文引录的那段文字后,又说:"尧复育重黎之后,不忘旧者,使复典之,以至于夏商。故重黎氏世叙天地,而别其分主者。"由此可知,重黎可看作是其所属族体的代号,他们在颛顼时代职掌天象历法,至尧时又让他们"不忘旧"的后裔,世代从事这一业务。《楚语》所记实即《尧典》尧授命羲和四子之事,故韦昭注曰:"尧继高辛氏,平三苗之乱,绍育重黎之后，使复典天地之官，羲氏、和氏是也。"《尚书·吕刑》亦言及颛顼帝"乃命重黎，绝地天通"一事，孔传直接解释说"重即羲，黎即和"，孔颖达疏此语不得不为之圆通，说："言羲是重之子孙，和是黎之子孙，能不忘祖先之旧业。"不必细究他们的血缘辈数关系，他们同属于一个世代执掌天象历法的族体，是可以肯定的。

　　崛起于汉渭文化圈的嬴秦，本属东夷集团嬴姓部族西迁的一支，当今史学界对此似已无人再持异议。但西迁的时间和动因，则存歧说。笔者约在20年前提出过一种假说，认为《尧典》所言羲和四子中，肩负"宅西，曰昧谷，寅饯纳日，平秩西戎"使命的和仲一族，就是嬴秦的祖族；日后嬴秦赖以立足的古汉水上游地区，就是最早由和仲一族开发出来的。羲和四子所掌管的事务，同《左传》十七年郯子所述少昊一族所掌管的事务完全一致。天象测量和历法制定确系阳鸟部族世代相承的职司。所以，说和仲一族同嬴秦在族系脉络及文化特性两方面都存在源流关系，是绝无问题的。而且，他们又活动在同一地域。和仲所宅之"西"，也正是嬴秦最早的活动中心"西"邑，又名西垂或西犬丘，即今西汉水（古汉水）上游地区。尽管从和仲到嬴秦因时代相距过于遥远，中间存在论证资料上的缺环，但视嬴秦为和仲一族的后裔，还是有史影痕迹可寻的。[①]

　　尧的时代，阳鸟部族天象历法领域的文化特性及优势，获得了充分发挥。在四极标位地区测天祭日以确定历象的制度，使古代天文学迈出了极为关键的一步。孔子说过这样的话："大哉尧之为君也。惟天为大，惟尧则之。荡荡乎民无能名焉，巍巍乎其有成功也，焕焕乎其有文章。"[②]"尧则天"之说成为后儒的通识。田佐先生曾撰文指出，"尧"字本身即与土圭测日有关，此制始于尧，故尧字本作"垚"，是"土圭"二字的合文。[③]《说文》："尧，高也，从垚，在兀上，高远也。"段注进一步论说尧字含至高义，乃"生时臣民所称之号，非谥也。"细审甲、金文尧字，下部实非兀而为人形，上部为双土。甲、金文土字作地

―――――――――
　①　祝中熹《阳鸟崇拜与"西"邑的历史地位》，原载《丝绸之路》1998年学术专辑，收入《秦史求知录》，上海古籍出版社，2012年版。
　②　罗泌《路史》卷二十引文。
　③　田佐《测天、土圭、八卦、西汉水、成纪、秦人》，收入雍际春等主编《嬴秦西垂文化》，甘肃人民出版社，2013年版。

上生物之状,《汉书·律历志》注圭字引应劭语,即以土生物之义释之:"圭,自然之形,阳阴之始也。"圭字土上立土,诚如田佐所说,采土上置表测日之象。此字结构要在突显人与圭表的内在联系,愚谓当系为帝尧专设之字,高远乃后起的引申义。尧非名非谥,为民众誉称之号,当缘生自尧最显赫的功业。圭既是祭天的灵物,又是测天的神器,对于以天为"则"的最高首领来说,称号中昭示圭形,可谓实至名归。

五、结　语

源自工具与武器的平首圭,创育自海岱文化圈的东夷集团;由砍啄类武器戈演化而出的尖首圭,也是东夷鸟图腾部族仿猛禽之喙的产物。圭这种器形先天性地具有东夷文化基因。国人浓烈的崇玉情结由来已久,玉器在史前时代即已参与宗教生活,承担着现世与天地祖神之间的通灵使命。进入文明时代后,作为神秘信仰载体的几种玉器,形态日益规范化,使用日益制度化。过程中,圭的地位获得提升,成为祭祀天地群神的主要法器。在此基础上,圭又超越宗教领域,直接进入贵族社会上层的位势体系,充当了权力等级的标志性符瑞。而这一切,都是在东夷文化土壤中发育起来的。东夷部族上古时代早已盛行的以泰山为圣坛的天神崇拜,在部落联盟统一神权、垄断了天地祭祀之后,演化为最高神权与最高政权完美结合的封禅大典。作为祭祀天地群神法器的圭,由此成为昭示权势来自天命的象征物。少昊、颛顼两大群体组合而成的阳鸟部族,是东夷集团的主体成分。这个部族的核心首领,从五帝时期到夏代,一直在中央机构内职掌天象历法事务,担当着测天祭日、判分季节、制定历法,即所谓"观象授时"的重任,故圭在被用来祭天祭日的同时,又成为测天测日的工具。

理清了上述史实,我们可以合乎逻辑地得出这样的结论:秦人葬圭习俗,渊源于其东夷部族的文化基因。在秦人世代相传的群体记忆里,存留着圭器曾经辉煌过的尊贵史影,在秦人的宗教理念中,闪耀着圭器的神圣光圈,寄托着向天、向日、向祖神祈求福佑的信念。换句话说,圭在秦人的精神世界里,打上了岁月尚未完全洗尽的印记。如果说禘祭是东夷文化天神崇拜为灵魂的宗教意识,在嬴秦国家政权层面的延续;那么,崇圭葬习就是这种宗教意识在世俗生活中的余韵。论者认为原始性文化基因,在葬丧习俗中保留痕迹最为悠久,信哉是言。

秦人葬圭习俗在战国中期以后趋于消失。这可能同政治、经济大改革导致社会生活急剧变动有关。战国时期是我国由贵族社会向封建社会跃进的关键阶段,以宗法体制为纽带的贵族政治全面瓦解,自耕农阶层与新兴地主阶级势力迅速壮大,旧的思想观念和社会风习必然随之发生变化。这一质变性大动荡,在秦国表现尤为激烈。秦国的徕民政策和民族融合政策,使人口迅速增长的同时,也悄悄改变着国民的族缘成分;而宽泛的通婚实况,又会助长这种趋势。所以,葬丧习俗中一些传统因素被扬弃,一些新的因素被吸收,正如田野考古信息所呈露的那样。秦人墓葬里的圭大多为石质,有的制作非常粗糙,有的还以玉石片充代,早已显示出崇圭意识的衰退倾向。在战国时期社会大变革、大翻腾的浪潮中,在圭器上残存的东夷文化基因,由淡化而消亡,也是合乎历史前进规律的现象。

(甲午年夏成稿于古密州,原载《陇右文博》2015 年第 1 期)

古文籍语疑四题

古典文献是华夏文明的重要载体,其中的许多名篇在我国文化传承中占据光辉地位。但因时代过于久远而造成的种种障碍,导致后世对某些词语产生疑义和歧解,有些乃至成为历代学者争议不休的文字疑案。这在一定程度上影响着人们对经典著作思想内容或艺术形象的正确领会。理清并辨正这些疑案,不仅是注释、阅读文史名篇的需要,也可丰富我们对古今贤达治学门径和成就的认知,并磨炼自己的学术功力。本文是作者在这方面进行探索所迈出的几步。

一、泾 以 渭 浊

《诗·邶风·谷风》抒写一个劳动妇女被丈夫遗弃的悲苦情思,以自述口气倾诉了她的满腔愤怨,为三百篇中最受重视的名作之一。其第三章云:

泾以渭浊,湜湜其沚。宴尔新昏,不我屑以。毋逝我梁,毋发我笱。我躬不阅,遑恤我后!

此章在全诗中具有枢纽地位,而"泾以渭浊"之兴义,又直接关系到对全诗的理解。然而,说来令人难以置信,泾、渭二水之清浊,见者一目了然,却被汉后至今的许多学者作了与事实完全相反的解说,堪称古文籍训诂领域的一大"冤案"。

暂抛开诗句的比喻义不谈,单就"泾以渭浊,湜湜其沚"二语来说,事情原本很简单。《说文》:"湜,水清见底也。"沚,本作止,谓水之静澄。以,因为。诗意为:泾水由于渭水而变混浊了,但当它静止的时候,便会恢复原本的清澈状态。泾水在今西安市以北不远处注入渭河,泾清渭浊,在二水汇流处有给人印象深刻的对比显示,即成语所谓之"泾渭分明"。《毛传》曰:"泾渭相入而清浊异。"从语言习用结构上讲,泾与清对应,渭与浊对应,意亦甚明。《郑笺》释"湜湜其沚"与《说文》不同,但解"泾以渭浊"却立足于《毛传》,毫不含糊:"泾水以有渭故见渭浊。"据《经典释文》,后一个渭字有本作"谓",对此学者们作过不少讨论。阮元《毛诗注疏校勘记》在剖析了《郑笺》文意后,指出当以"谓"字为是,①近世学人多从之。愚意不论"渭"与"谓"孰当,均不影响笺文对泾清渭浊的判断。"见"乃"见笑"、"见爱"之见,表达"被"义。如本作"见渭",则全句意为:泾水因入渭水而被渭水所浊;如本作"见谓",则全句意为:泾水因入渭水而被说成浊的。

对"泾以渭浊"作与《传》、《笺》相反解释的,现知最早始于南朝后期的陆德明,他在《经典释文·毛诗音义》中说:"泾,音经,浊水也;渭,音谓,清水也。"②随后,孔颖达撰《诗经正义》,即采陆说而阐发该章:"言泾水以有渭水清,故见泾水浊,以兴旧室以有新昏美,故见旧室恶。本泾水虽浊,未有彰见,由泾渭相入而清浊异;言已颜色虽衰,未至丑恶,由新旧并而善恶别。"③朱熹《诗集传》对此说又作了进一步发挥:"泾浊渭清,然泾未属渭之时,虽浊而未甚见,由二水既合,而清浊益分。然其别出之渚,流或稍缓,则犹有清处。妇人以自比其容貌之衰久矣,又以新婚形之,益见憔悴,然其心则固犹有可取者。但以故夫之安于新婚,故不以我为洁而与之耳。"④显然,孔、朱在阐述他们所主张的泾、渭二水比喻义时,对《郑笺》作了完全扭曲的理解:"见渭"之"见"字,被视为动词,用其"显示"义;而"渭"字则被当作衍文而弃置不顾。他们增字解经,用绕弯子的方式,把"泾以渭浊"说成是:泾水因有渭水的对比而更显浑浊。孔颖达和朱熹在我国经学传承中有很高的声望,他们的看法对后世影响极深。

---

① 阮元校刻《十三经注疏(附校勘记)》,中华书局影印本,1983年版,上册第307页。
② 陆德明《经典释文》,中华书局影印本,1983年版,第58页。
③ 《十三经注疏》,第304页。
④ 朱熹《诗集传》,中华书局,1958年版,第21页。

善于寻根追底的清代经学家们,在弃妇究竟以清自喻还是以浊自喻的问题上,可谓众说纷纭,但却大都遵从陆、孔、朱等所言泾浊渭清的前提。俞正燮是个例外,他在《癸巳存稿》中指出:"今案:《释文》说非也。以水验之,当依唐初一本。《笺》申《传》解诗,言已以新人而形其丑,然本性湜湜然清。譬泾清以入渭,有渭同行而浊,古人因渭(从水)之浊,而入渭之泾亦见谓(从言)为浊。然入渭后有湜湜之止,是泾本清也。""儒生不解郑意,于《笺》字纷纷窜改。实则郑言泾水清也,渭水浊也。"①俞氏对清、浊比喻义的认识,仍未摆脱成说的影响,但他第一个注意到应当"以水验之",揭示了泾清渭浊的客观事实。遗憾的是,俞氏的辨正并未引起学界足够的重视。延及当代,一些《诗经》注析领域的文著仍采误说,坚持要把"泾以渭浊"解释成由于渭之清衬托了泾之浊,以喻新人之美衬托了旧人之衰。如游国恩先生主持的北大中国文学史教研室选注的《先秦文学史参考资料》解此诗即言:"泾水浊,以喻自己;渭水清,以喻新人。""泾水遇到渭水,就显得更浊了(犹言'旧人遇到新人,就显得更憔悴了。')"②时下有的《诗经》译本,把"泾以渭浊"直接译成"泾水搅得渭水浊"。

为什么明显违背事实的解说,竟能长期被学界认可呢? 我想有两方面的原因:一是呆板地信从了《汉书·沟洫志》"泾水一石,其泥数斗"的记载,认定泾水的含泥量特高;二是错解了该诗以泾渭起兴的本意,认定清、浊分别喻新和旧。对于第一点,俞正燮已作过论析,他说:"泾渠石地,入夏则浊,春秋冬皆清。《汉书·沟洫志》'泾水一石,其泥数斗。且溉且粪,长我禾黍',谓夏三月。《陕西通志》有明季修广惠渠议,引古碑云:'四月闭泾口,防浊水汙渠;七月启泾口,引泾水灌地。'则春秋冬皆清。……渭则出今渭原鸟鼠山,经陇州,至高陵纳泾。渭渠沙地,四时皆浊,无清时也。"③事实正如俞氏所言,已无须再论。至于第二点,欲剖明尚须略费笔墨。综观《谷风》全诗格调,弃妇自述其纯贞、善良和勤劳,断无自比浊水之理,《郑笺》说她"持正守

---

① 俞正燮《癸巳存稿》,商务印书馆,1957年版,第15—16页。
② 北京大学中国文学史教研室选注《先秦文学史参考资料》,高等教育出版社,1957年版,第39页。
③ 《癸巳存稿》,第16页。

初"是对的。值得注意的是《诗·小雅》中也有一首《谷风》,也是写弃妇愤怨,显为同一母体的作品。其意旨都是在申扬自己的有德而揭斥对方的不义,都不涉及容貌丽与衰的问题。将女性容貌问题拉扯来阐发诗义,实缘自一种陈旧而迂俗的家庭观念,是不恰当的。既着眼于容貌立论,自然是新妇美艳,应以"清"作比;旧妇老衰,须用"浊"设喻。旧妇本来即已老衰,再经新妇的对比便更加憔悴。有了这个既定前提,就非把泾水说成原本就浊,再加上清渭的衬托便得更浊了不可,否则在逻辑上就讲不通。我国传统经学研究向来存在重义理而轻真知的文化倾向,为了宣扬论者所信奉的某种观念或主张,宁肯对实存加以扭曲。《谷风》的泾渭清浊文案,为此再增一个生动的例证。

其实,该诗中的"清"与"浊",比喻的都是德行品质,而非容姿。二者皆用于弃妇自身,只不过清指的是真质,浊指的是愚见罢了。弃妇自述之意为:我本有清纯美善的品德,如今你觉得我污浊可厌,是因为你有了新欢;但我勤善守正的本质仍在,不会因你的背义而消失。如果一定要落实泾与渭的比喻对象,泾无疑为弃妇自喻,至于渭,与其说是喻新妇,不如说是喻男方喜新厌旧娶了新妇这件事。

前文说泾浊渭清误解的影响延及当代,并不意味着听不到据实持真的声音。新版《辞源》"泾渭"条下,即旗帜鲜明地改正旧说,在引录了《经典释文》的错释后指出:"按泾清渭浊,合于实际。其两水交汇之处,泾因渭入而浊(熹按:渭大泾小,渭主泾从,应说泾因入渭而浊),《诗》意甚明,《释文》说误。"更值得昭示的是黄焯先生的考辨,其《诗疏平议·谷风》曰:"案《笺》云'泾水以有渭,故见谓浊。以,用也,由也。玩《笺》文'以'字,泾清渭浊。已自显著。又《说文》:'巠,水脉也;胃,谷府也。'二水孰为清浊,即字义可判矣。"尤其可贵的是,他还交代说:"清乾隆帝尝命陕抚秦承恩由陕溯甘,亲履二水之源。旋据覆奏,实系泾清渭浊。"并将秦承恩的奏文节录附于文后(该奏文详述了实地考察经过及导致二水清浊的生态环境)。① 至此,这一文案当如黄先生所说,已经"群疑可释"了。

---

① 黄焯《诗疏平议》,上海古籍出版社,1985年版,第59—60页。

二、献　　状

《左传》僖公二十八年,载晋、楚城濮之战前,晋军伐曹:

> 三月丙午,入曹。数之以其不用僖负羁,而乘轩者三百人也,且曰献状。

传文言晋军攻入曹都,俘获曹共公,晋文公重耳对其进行谴责。"献状"一语颇费解,自古歧说纷陈。较受关注的看法有以下几种:(1)杜预说。"轩,大夫车。言其无德居位者多,故责其功状。"①按当时制度,大夫以上贵族才能乘轩车;曹为一小国,乘轩者竟达300人,足见其政风之骄奢。杜预释"状"为功状,"责其功状",即要求曹君把乘轩者的政绩讲一讲。(2)颜师古说。"昔重耳过曹,曹恭公不礼,闻其骈胁,薄而观之。晋文怀耻,以为深怨。今既乘胜,志在雪报。尚托公义,故先责不用负羁而乘轩者众。因曰:今我之来,献骈胁容状耳。斯盖虿弄之言。"②颜氏联系往事来解释"献状"。当年重耳流亡列国,至曹时遭到曹共公的无礼对待,《左传》僖公二十三年载其事:"及曹,曹共公闻其骈胁,欲观其裸。浴,薄其观之。"颜氏认为"献状"是晋文公得势后为泄愤而发的嘲弄语:你不是要看吗? 我来让你好好看看! (3)惠栋说。"献状谓观状也。先责其用人之过,然后诛观状之罪,以示非恶报也。"③这也是联系当年重耳在曹受辱事作解,不过惠氏直接释献状为观状,谓晋文明言要惩罚曹君当年的无礼行为。(4)于鬯说。"盖当是曹君日与美女三百人乘轩驰驱以为乐,故责之。然则献状之义亦可知矣,乃即使其献此与美女三百人驰驱之状也"。④于氏依《晋世家》乘轩者为美女一说,认为"献状"是令曹共

---

① 阮元校刻《十三经注疏·春秋左传正义》杜预注,中华书局影印本,1983年版,第122页。
② 颜师古《匡谬正俗》(卷四),商务印书馆,1937年《丛书集成初编》本。
③ 惠栋《春秋左传补注》,阮元编《清经解》,上海书店,1988年影印本,第718页。
④ 于鬯《香草校书·春秋左传》,中华书局,1984年版,第773页。

公把淫乐放荡的场景表演一番。(5)吴曾祺说。"谓令其自陈所应得之罪状也"。① 旧版《辞源》说与此同："谓既数其罪,又令其自呈供状也。"此说释"状"为罪状,"献状"意为让曹君交代罪行。

诸说中于鬯说最无道理。且勿论《晋世家》该处文字学界多有质疑（"美女"二字疑为衍文）,即如所言,晋文面数曹君时曹君已国破被俘,这种背景下逼令他复现率领三百美女乘轩驰乐的场面,既无此必要,更无此可能。吴曾祺与旧《辞源》说简明易解,但此说不与当年曹共公窥浴事挂钩,"献状"只表述要曹共公交代罪行的意思,难符当时情势。晋文亲率大军攻曹俘君,就是来雪愤讨罪的,何须调查取证？曹共公的罪状已经义正言辞地宣布了,还让他交代什么？何况,责令对方供认罪行的严肃语境中,是不应用"献"字作动词的。杜预说认为"献状"是由上一句谴责"乘轩者三百人"而派生的要求,是要曹君献上那些人的"功状"。这样解释前后文意虽能贯通,但中间的"且曰"二字便十分别扭。按古汉语习用规律,"且曰"之后所述应是与前述内容有别的另一项内容。

颜师古与惠栋均联系当年重耳在曹被曹共公窥浴一事来解释"献状",思路是正确的。但颜谓晋文自己声明是来"献状"给曹共公看的,颇含戏剧性,推测成分较大。惠说视"献状"为"观状",是晋文声讨曹君不用僖负羁而乘轩者三百人之外的另一桩罪行,这种认识文献依据比较充分。《国语·晋语四》亦载重耳在曹受辱事,并明言日后"文公诛观状以伐郑",注引贾侍中云："郑复效曹观公骈胁之状,故伐之。"又引唐尚书云："诛曹观状之罪,还而伐郑。"且不论郑因效曹观文公胁而遭伐,抑或晋军因伐曹返途而顺便伐郑,要在导致晋文动兵的受辱事件,已被用"观状"一词来表述。据此,"状"确实应当解释为身体的形状,而不能理解为功状、罪状、供状,或如于鬯所言的"驰驱之状"。因此惠说颇受重视,清儒多从之。如洪亮吉的《春秋左传诂》,沈钦韩的《左传补注》,李富孙的《左传异文释》等,均与惠说相应辅。当代最有影响的《左传》著作杨伯峻先生的《春秋左传注》,在介绍了有关此语的一些看法后,也认为惠说"较有据"。②

---

① 吴曾祺《国语韦解补正》,商务印书馆,1911年铅印本。
② 杨伯峻《春秋左传注》,中华书局,1983年版,第一册第453页。

然而，仔细推敲一下不难发现，惠说存在一个致命的软肋，那就是"献状"同"观状"是绝对不能画等号的。"观状"对晋文而言可视为罪行，"献状"则不能。首先要问，"且曰"的主词是什么？是谁"曰"？是承接"不用僖负羁"云云的语法层序指曹君呢？还是承接"数之"的语法层序指晋文呢？如系前者，则"且曰献状"句意指当年曹共公令重耳"献状"给他看，但这和《左》、《国》记载的事实不符。那时曹共公是"谍其将浴，设微薄而观之"，属偷看性质，且事前作了周密安排，并未声言要晋文"献状"。如系后者，解作晋文列数曹君罪状中的一条，则当如《晋语四》那样直言"观状"而不会用"献"字。须知"观"与"献"表意绝然不同，此处二者的主体正好是对立的两方：一方"观"对方之所"献"；另一方"献"给对方"观"。观与献二词决定主体的不同处境和身份，是不能混而为一的。如果说当年曹共公"观状"是一种无礼的卑劣行为的话，"献状"则是身处逆境者被迫忍受的一种耻辱。惠说的错误在于，用二词缘自同一事件的假象，掩盖了二词表义不同的实质。

我认为，如果"献状"之"状"解作形体，而且"且曰"的主词是晋文的话，"献"字便只能视为"呈露"。呈露虽为献字的引申义，但仍隐含着牺牲敬奉神灵本义中卑对尊的意蕴。正如《字汇·犬部》所言："凡以物相馈，下之于上曰献。"受献者必处尊位。《左传》昭公二十七年载吴公子光设宴招待王僚，王僚害怕被刺，戒备森严，"羞者献体，改服于门外"。杜注："羞，进食也；献体，解衣。"献体即指赤身露体。据《正字通》，状与体义通，故"献状"也就是献体。《左传》晋文伐曹那段文字的语气是一贯的，记叙了晋文攻占曹都后对曹共公的报复性惩罚。总主语是晋文，"数之"的是他，"且曰"的也是他。先从大义上指斥曹共公弃贤臣而耽淫逸的昏奢，然后命令曹共公也裸体献状，以泄当年受辱之愤。这样解释，不仅前后史事有了关联，整段文字的表意也才能圆通无隙。

虽然古文籍不乏对晋文公的赞誉，说他"文而有礼"，但他毕竟是个晋君嫡传公子哥，即使流亡在外也备受宠护，性格中有刚狠恣意的一面，坎坷时能蹈晦忍辱，得势后恩怨必报。对于当年逆境中所受凌侮，他一直是耿耿于怀的。为报经卫之五鹿向野人乞食，野人予之土块之愤,他伐卫而"取五鹿"。过郑时郑大夫叔詹谏言郑君礼遇文公,遭拒后又谏言既不能礼遇即应杀掉以防后患,为此晋文伐郑即点名索要叔詹,且"将烹之"。这样的性情,对于曹共公窥其裸体之恨,他岂能轻易放过! 对一国之君晋文不会轻动杀机,那最痛快的报复就是也让曹共公出出丑,"献"一下"状"。这种以牙还牙的泄愤方式,晋文完全做得出来。

在此我想顺便指出新版《辞源》的一处小小失误。其"献状"条下列了两个义项,一为"呈进功状",一为"呈现形状"。前一义项首举《左传》晋文伐曹之例,编者既依杜注,此自无可非议。但所举另一文例,却与"功状"无关。该例采自《文选》所载南朝刘宋颜延年的《赭白马赋》。为说明问题,我这里扩大一下引文范围:"徒观其附筋树骨,垂梢植发,双瞳夹镜,两权协月,异体峰生,殊相逸发。超摅绝夫尘辙,驱骛迅于灭没。简伟塞门,献状绛阙,且刷幽燕,昼秣荆越。"①该赋咏赞宋文帝心爱的一匹骏马,主旨即在于突显其"特禀逸异之姿",故赋文极言马之雄壮与迅疾。"简"字形容马的勇武,"塞"指边塞,"绛阙"谓宫门。"简伟塞门,献状绛阙",意谓此马高大英武的形象,一会儿驰骋于边疆,一会儿出现在御禁,同下文"且刷幽燕,昼秣荆越"相呼应。全赋纯咏马之姿态与行踪,无一句涉及对军政事务的传递。所以,"献状"仍是表"呈现形体"之义,不能做进呈"功状"的文例。

三、绘事后素

《论语·八佾》载孔子与子夏的一段对话:

> 子夏问曰:"'巧笑倩兮,美目盼兮,素以为绚兮',何谓也?"
> 子曰:"绘事后素。"曰:"礼后乎?"
> 子曰:"起予者商也! 始可与言《诗》已矣。"

---

① 萧统编《文选》,中华书局,1927年版,上册第205页。

师徒二人所谈论的,是《诗·卫风·硕人》中的句子。《硕人》一诗,《诗序》称:"闵庄姜也。庄公惑于嬖妾,使骄上僭,庄姜贤而不答,终以无子。国人闵而忧之。"诗极言庄姜姿貌的优美,被认为是《诗经》中把女性描写得最漂亮的一首。须指出的是,原诗中并没有"素以为绚兮"这一句,后儒多认为这是存世《诗经》的脱逸。此姑勿论,我们关心的是对孔子"绘事后素"一语应作何解释。此语可径直解释为:"绘画之事,应最后涂饰白的颜色。"也可视之为介词省略句,实即"绘事后于素",意为:"绘画之事,应先涂白色底子,然后再用彩色。"在《论语》注释领域,自古至今这两种理解一直并存。应当说,古汉语文法的欠严密,造成了这种反向歧义的文字疑案。

何晏《论语集解》引郑玄注曰:"绘,画文也,凡绘画,先布众色,然后以素分布其间,以成其文。"意思是说,用白颜色间隔五彩,方能形成美丽的花纹,故白色须后饰。《周礼·考工记》:"凡画缋之事,后素功。"郑玄注曰:"素,白采也。后布之,为其易渍汙也……郑司农说以《论语》曰'缋事后素'。"在此郑玄又从另一角度申说为什么要"后素":白色易污,后涂方能保持画面的鲜明洁净。为了强化自己的看法。郑玄还引用了另一位著名学者郑众的意见。清儒孙诒让在《周礼正义》中进一步阐发郑义:"白色以皎洁为上,渍汙则色不显,故于众色布毕后布之。若先布白色,恐布他色时渍汙之,夺其色也。"①

朱熹的《论语集注》对此作了与二郑、何晏相反的解释。他视"绘事后素"为"绘事后于素":"倩,好口辅也;盼,目黑白分也。素,粉地,画之质也;绚,采色,画之饰也。言人有此倩盼之美质,而又加以华采之饰,如有素地而加采色也。"对《考工记》那句话,他的理解也和郑注相反:"绘事,绘画之事也。后素,后于素也。《考工记》曰:'绘画之事后素功。'谓先以粉地为质,而后施五采。犹人有美质,然后可加文饰。"②此说显然有违《考工记》该语的本意,故朱熹的追随者曾埋怨他错用了《考工记》而忽视了《礼记·礼器》,因为该篇有支持绘事以

---

① 孙诒让《周礼正义》,中华书局,2000 年版,第十三册第 3311 页。
② 朱熹《四书章句集注·论语集注》,中华书局,1983 年版,第 63 页。

采为后的文字:"君子曰:甘受和,白受采,忠信之人可以学礼。"孔疏:"甘为众味之本,不偏主一味,故得受五味之和;白为五色之本,不偏主一色,故得受五色之采。忠信之人,不有杂行,故可以学礼。"①这种素在前、采在后,忠信在前、礼在后的主张,的确同朱熹的观点相一致。杨伯峻先生的《论语译注》即采朱熹说,将"素以为绚兮"译作"洁白的底子上画着花卉",将"绘事后素"译作"先有白色底子,然后画花"。②

　　清代学者,从汉儒者和从朱熹者皆大有人在,二说并立现象一直持续下来。从古注说者除前引孙诒让外,毛奇龄较具代表性,其《论语稽求篇》云:"绘画之事,五采并设。素之色在五采之间,素固非所先也。然而五采虽备,素反后设,若惟恐先素而汙易滋者,是必俟众采先布而后各布素以成其章。"对于《礼器》之文,毛氏分辨说:"《礼器》'甘受和,白受采',所言与《考工》绘事不同。其所云白者,以地言也,非以采言也,故曰'受采',言地可加采也。"③从朱熹说者,可以全祖望为代表,其《经史问答》言此事曰:"《论语》之说正与《礼器》相合。盖《论语》之素乃素地,非素功也,谓其有质而后可文也。何以知之? 即孔子借以解《诗》而知之。夫巧笑美目,是素地也,有此而可加粉黛簪珥衣裳之饰,是犹之绘事也,所谓绚也。故曰绘事后于素也。"④程树德《论语集释》赞同全说。⑤

　　上述二说很难以绘画技巧定是非,因为事实上先敷白底以绘彩与绘彩之后再用白粉勾勒,两种画法古今都被人使用。就拿堪称彩绘之祖的史前彩陶工艺来说,两种画法都存在。有的是先在陶面涂一层浅颜色的陶衣,然后再用深颜色绘上图案;也有的是先绘黑色线条,然后在黑线条周边镶绘白色线条,或在黑底上缀饰白色圆点。为求问题的解决,必须对孔子师徒对话作全局性析辨。应先弄明白子夏何以由诗意联想到"礼后"。好在"礼后"一语和"后素"不同,它不产生歧义,它形不成介词省略句,不论"礼"用什么来比喻,它的位置

---

① 《十三经注疏》,下册第1442页。
② 杨伯峻《论语译注》,中华书局,1988年版,第25页。
③ 毛奇龄《论语稽求篇》,阮元编《清经解》,上海书店,1988年版,第743页。
④ 全祖望《经史问答》,阮元编《清经解》,上海书店,1988年版,第三册,第517页。
⑤ 程树德《论语集释》,中华书局,1992年版,第一册,第158—159页。

在后是肯定的。何晏在引郑玄注文后云:"喻美女虽有倩盼美质,亦须礼以成之。"又引孔安国曰:"孔子言绘事后素,子夏闻而解,知以素喻礼,故曰'礼后乎?'"清儒惠士奇曰:"子夏疑'素以为绚',夫子以后素惟绘事为然,故举以示之,子夏遂因素而悟礼。盖五色之黑、黄、苍、赤,必以素为之齐;犹五德之仁、义、智、信,必以礼为之间。"①惠氏的解说比郑注更明朗,他不仅以素喻礼,又以五彩喻五德。五彩靠白素的间隔显其华美,五德赖礼乐的宣施成其功效。这种认识,符合儒家的思想观念。德是人的内在精神素质,是第一位的;礼是德的社会显示,是德的派生物。先有内在的德,才有外现的礼。因此当子夏因素后而悟礼后的时候,当即受到孔子的表扬。

朱熹一派学者无疑也是主张德在先而礼在后的,但他们以素喻德,以采喻礼。朱熹就说过:"礼必以忠信为质,犹绘事必以粉素为先。"前引全祖望的意见以巧笑美目为素地,而以粉黛装饰为彩绘,表达的也正是这个意思。这样理解素与彩的比喻对象,当然只能把"绘事后素"说成是"绘事后于素",否则便不能应合儒家"礼后"的理念。但这样阐发义理,却难以同"素以为绚"的诗意相融汇。《仪礼·聘礼》郑注:"采成文曰绚。""素以为绚"是说白颜色显示了五彩花纹,素后之意已逻辑地蕴含于句中。原诗是在描写妇女的容貌,而并非讲绘画。全祖望意识到了这一点,但却作了颠倒性的喻意理解,把美女的笑盼比作"素地"。其实恰好相反,那三句诗的本意是:倩美的酒窝,顾盼的眼波,红唇黑睛,敷了白粉愈显艳丽。唇睛是天生的,肯定先已有;白粉是妆敷品,当然乃后加。故孔子才由女性的美容联想到绘画的程序,说"绘事后素"。刘宝楠《论语正义》已别具慧眼地言及此:"'素以为绚',当是白彩用为膏沐之饰,如后世所用素粉矣。绚有众饰而素则后加,故曰素以为绚。"②刘氏所言实即人们都很熟悉的白粉定妆。联系到绘画,则众彩为先设之色,白素为后勾之文;以此喻品质,则仁义为本具之德,礼乐为辅设之教。素粉为容颜服务,白色为众彩服务,礼乐为仁义服务。粉使容美,素使彩显,礼使德成。所

---

① 惠士奇《礼说》,阮元编《清经解》,上海书店,1988年版,第103页。
② 刘宝楠《论语正义》,王先谦编《清经解续编》,上海书店,1988年版,第四册,第789页。

以我们说，孔子与子夏是以素喻礼的，"绘事后素"不能理解为"绘事后于素"。

四、饮　　器

春秋末年，晋国公室已极度衰微，世家大族权重一时，其中智氏最为强盛。智伯在灭亡了范氏、中行氏之后，又胁迫韩、魏二家合攻赵氏。赵襄子率众坚守晋阳一年多，智伯"引汾水灌其城，城不浸者三版。城中悬釜而炊，易子而食"。[①] 危急关头，襄子乘夜派人出城，秘密与韩、魏联系，争取韩、魏倒戈反攻智氏。此谋成功，最终三家联合灭掉了智氏，瓜分了晋国。这是人们熟知的一段历史故事，除了《史记》曾详述外，战国及两汉文籍如《战国策》、《吕氏春秋》、《韩非子》、《淮南子》、《说苑》等均有所载。诸书尤多言赵襄子杀智伯以泄切齿之恨，如《战国策·赵策一》即谓：

及三晋分知氏，赵襄子最怨智伯，而将其头以为饮器。

何为"饮器"？后世有两种绝然不同的说法：一说为用以小便的"溺器"，一说为用以酌饮的"酒器"。《史记·刺客列传》载此事，《索隐》云："裴氏注彼引韦昭云'饮器，榼槛也'。晋灼曰：'饮器，虎子也。'皆非。"《正义》："刘云：'酒器也。每宾会设之，示恨深也。'按：诸先儒说恐非。"司马贞和张守节并不相信他们引述的说法，而自己也提不出新的解释，这表明此语至迟在唐时已成疑案。至当代，疑犹未解。旧版《辞源》在介绍了"酒器"和"虎子"二说后云："古有二说，未知孰是。"新版《辞源》主释"饮酒之具"，辅释"一说为溺器"。其他工具书及文选注释，有的二说并陈，有的径从溺器说。朱起凤《辞通》"溲器"条下，列举许多文例后说："试思骷髅乃不祥之物，即使与其人深怒积怨，亦决无以其首为饮具之理。读书须别具眼光，不可随人言

[①] 司马迁《史记·赵世家》，中华书局，1975年版，第1795页。

下转,此类是也。"他认为"饮"乃"溲"之误字。① 这种认识颇具代表性。

朱起凤先生是据情理立论的,但他所据的是现代社会的情理。无数事例告诉我们,如无确凿史证,仅凭后世之情理揣度古人,往往会出错。我们今天视骷髅为不祥之物,先秦时人可能另有其价值观念。人头曾长期成为战争中双方将士们的猎获对象,并充当计功授爵的凭证。作为战利品,胜利者为什么不可以把使用仇敌的头骨视为一种荣耀呢?匈奴族就有用敌人头骨饮酒的习俗(下文将论及),晋国同匈奴地域邻接,赵襄子受匈奴习俗影响而为此,似无多大的悖理处。况且,溺器说表面看来好像合乎情理,事实上也未必,因为情理应以物理作基础。人的头骨可作液体容器的部分是有限的,诸书多言"破其首"为饮器,"破"者,自眉骨处截之也,所余部分呈碗状。我们在博物馆中有时能看到藏传佛教中或具法器性质的这种头骨碗。从实用角度权衡其容量,是不宜用作溺器的。

"饮器"的正解为饮酒之具,这有充分的文献根据。《周礼·考工记》:"梓人为饮器,勺一升,爵一升,觚三升。"孙诒让疏:"为饮器者,饮酒所用之器也。"②勺、爵、觚均为饮酒用具,无可置疑。"饮器"乃一类称,即使以头骨做成,既称"饮器",亦当为饮酒用具。《汉书·匈奴传》载元帝初,汉廷派韩昌、张猛入匈奴,"单于以径路刀、金留犁挠酒,以老上单于所破月支王头为饮器者,共饮血盟。"关于老上单于杀月氏王一事,《史记·大宛列传》亦有明文:"至冒顿立,攻破月氏。至匈奴老上单于,杀月氏王,以其头为饮器。"《汉书·张骞传》又从侧面述及此事:"匈奴降者,言匈奴破月氏王,以其头为饮器,月氏遁而怨匈奴。"此事之真实性不容争辩。老上单于死于汉文帝后元四年(前160年),至元帝初已历一百一十多年,而用月氏王头骨所做饮杯尚存,且用于庄严的盟会,足见其受珍视的程度。

还应注意到,一些先秦及两汉文籍载述智伯身死头破事,未用"饮器"一词,而直接谓之"饮杯"、"酒器"或"觞"。如《韩非子·难

---

① 朱起凤《辞通》卷十六,上海古籍出版社,1982年版,第1662页。
② 孙诒让《周礼正义·冬官考工记》,中华书局,2000年版,第十四册,第3358页。

三》:"知伯无度,从韩康、魏宣而图以水灌灭其国,此知伯之所以国亡而身死,头为饮杯之故也。"《吕氏春秋·义赏》:"(赵襄子)令张孟谈逾城潜行,与魏桓、韩康期而击智伯,断其头以为觞,遂定三家。"《说苑·建本》:"智伯围襄子于晋阳,襄子疏队而击之,大败智伯,漆其首以为酒器。"此皆"饮器"指饮酒用具之明证。智伯为人寡情狠戾,赵襄子以其头作酒杯,不单纯是缘自晋阳之围,怨恨的种子早在十余年前即已埋下。而且,事情不仅与饮酒有关,还与头有关。《淮南子·道应训》载赵简子死前立无卹(即襄子)为后,"董阏于曰:'无恤贱,今以为后,何也?'简子曰:'是为人也,能为社稷忍羞。'异日,知伯与襄子饮而批襄子之首,大夫请杀之,襄子曰:'先君之立我也,曰能为社稷忍羞,岂曰能刺人哉!'"①《说苑·建本》言此事则曰"智伯与襄子饮而灌襄子之首"。②《史记·赵世家》所载详于诸书:"晋出公十一年,知伯伐郑。赵简子疾,使太子毋恤将而围郑。知伯醉,以酒灌击毋恤。毋恤群臣请死之,毋恤曰:'君所以置毋恤,为能忍詢。'然亦愠知伯。知伯归,因谓简子,使废毋恤,简子不听。毋恤由此怨知伯。"③两人之间存在这么一段怨辱纠葛,故清儒梁玉绳评此事云:"断头为觞,盖以报灌酒之辱也。"④

谓"饮器"乃小便用具,主要依据以下几条材料:《韩非子·喻老》:"智伯兼范、中行,而攻赵不已。韩、魏反之,军败晋阳,身死高梁之东,遂卒被分。漆其首,以为溲器。"⑤《汉书·张骞传》晋灼注:"饮器,虎子属也,或曰饮酒之器也。"⑥《淮南子·道应训》高诱注:"饮溺器,椑榼也。"⑦《晋书·徐嵩传》载姚苌灭苻坚,苌将姚方成执坚之臣徐嵩,遭嵩厉色怒斥,"方成怒,三斩嵩,漆其首为便器"。我要指出,前三条材料都有可商之处。《韩非子·喻老》言"溲器","溲"固然可以释为小便,但也存在他释,王先慎《韩非子集解》即引《说文》及《仪

---

① 刘文典《淮南鸿烈集解》,中华书局,1989年版,上册第382页。
② 向宗鲁《说苑校正》,中华书局,2000年版,第75页。
③ 司马迁《史记·赵世家》,第1793页。
④ 陈奇猷《吕氏春秋校释》注引梁玉绳语,学林出版社,1984年版,第789页。
⑤ 梁启雄《韩子浅解》,中华书局,1985年版,上册第169页。
⑥ 班固《汉书·张骞传》,中华书局,1975年,第九册,第2687页。
⑦ 《淮南鸿烈集解》。

礼·士虞礼》"明齐溲酒"郑玄注,以证"溲器"为"酿酒之器"。姑勿论对"溲器"应作何解释,《韩非子·难三》述此事却又说智伯"头为饮杯"。同一部书讲同一件事,何以如此自相矛盾?故许多著名学者如毕沅、庄逵吉、泷川资言等,都认为《喻老》篇"溲"字乃"酒"字之讹,他们的意见不无道理。《汉书·张骞传》晋灼注谓"虎子属也",恐即受《喻老》"溲"字误说的影响;但晋灼还是有点半信半疑,故又补充了"或曰饮酒之器也"一句,表明他并不固持"虎子"之说。《淮南子·道应训》高诱注"饮溺器"之"溺"字,则肯定有误。第一,"饮溺器"三字不伦不类,古无此称,其中当有衍字或讹字。第二,前引《吕氏春秋·义赏》"断其头为觞",高诱注很明确:"觞,酒也。"《淮南子·氾论训》"智伯以三晋之地擒",高诱注颇详明地述说了这一史事,谓襄子联合韩魏,"大破智伯之军,获其首,以为饮器。"①同一个高诱,不至于这般自我抵牾。第三,高注"饮溺器"之后又接言"椑榼也",而"椑榼"为盛酒之器,古今无异议。《汉书·张骞传》颜注,即引韦昭语:"饮器,椑榼也。"说器为椑榼,则"溺"字非衍即误。第四,前引《说苑·建本》关于"智伯围襄子"那段文字,显然即取自《道应训》,只改动了一句话,即把"破其首以为饮器"改为"漆其首以为饮器"。这说明刘向也认为"饮器"即酒器。此外,古籍校勘领域有《道应训》非高诱所注,应属许慎作注篇章的说法。果如此,则高诱自我抵牾之嫌可释,"溺"乃"酒"字之讹的可能性就更大了,因为在许慎的《说文》中决找不到与"饮"或"溲"相联系的"便器"之说。

至于《晋书·徐嵩传》所言以头骨为"便器"的那条材料,如非史家误笔的话,姚方成因持"溲器"旧说而试仿效之的可能性是存在的。但即使姚方成确用人头骨作了"便器",也难以否定当年赵襄子的"饮器"为酒具,因为有大量以头骨作酒具的事例存在。《续资治通鉴·宋记》载西夏建国前策画攻宋之郦延,云:"元昊悉会诸豪,刺臂血和酒置骷髅中共饮之。"②《辽史·二国外记》亦载西夏人有盟誓时"用鸡、猪、犬血和酒,贮于骷髅中饮之"的习俗。③ 可见用人头骨作盟誓

---

① 《淮南鸿烈集解》,第440页。
② 毕沅编《续资治通鉴》,上海古籍出版社,1990年版,第197页。
③ 脱脱等撰《辽史·二国外记》,中华书局,1988年版,第1524页。

时的饮杯,不独匈奴族为之,党项族也曾盛行。

(1992年春草成于陇东古宁州,2013年春改写于鲁东古密州,原载赵逵夫主编《先秦文学与文化》第四辑)

从《尧典》"光被四表"说开去

一、戴震对"光被"语的考辨遭到批判

《尧典》居《尚书》之首,开篇即颂扬尧之功德,有"光被四表,格于上下"一语。"四表"指辽远无界的四方,"格"训至。依"光"字本义理解,句意畅明通达,意谓尧的光辉照耀天地四方,字面看并无什么歧疑之处。东汉经学家郑玄解此语,即以光耀义释"光"。① 古今阅读、研究《尚书》者都很关注相传是西汉学者孔安国所作的《传》,尽管对其真伪及缘起歧说甚多,但孔《传》的经文解说还是很受重视的。而孔《传》释"光"为"充"。此外,大家都知道《尔雅》一书是专释经文的,传统治经者皆笃信《尔雅》,而《尔雅》也训"光"为"充"。向来存在变通之论,说以充释光,意谓光芒充盈。但这种变通实在勉强,直接理解为光芒照耀多么通畅,何必增字解经,拐个大弯去以充训光呢!猜想产生这种疑惑的人自古就有,但认真思考、寻求答案并写成文章的,是清代朴学皖派代表人物戴震。

戴震对这个问题的研究,见其《与王内翰凤喈书》。② 他明言,孔《传》对"光"字的训释,引起他的怀疑:"如光字,虽不解,靡不晓者,解光为充,转致学者疑。"他提出问题:"诂训之作,远而近之,不废近索远……古说必远举光充之训,何欤?"他发现《尔雅》有"桄,充也"之训,又发现《礼记·乐记》"号以立横,横以立武",郑玄注:"横,充也。"《孔子闲居》"横于天下",郑玄注:"横,充也。"而《经典释文》云:"横,古旷反。"与桄字同音。他把这些训释联系起来,形成这样的认识:

---

① 见《诗·周颂·噫嘻》《正义》引文。
② 《戴震文集》,中华书局,2006年版。

《尧典》原文并非:"光被四表",应为"横被四表"。因横、桄音义皆同而被转写作"桄",传抄中又"脱误为光"。这样,"横被"即"广被",《尔雅》的训"充",也就不是说光芒充盈,而直接指尧德的广施。他说:"溥遍所及曰横,贯通所至曰格。四表言被,以德加民物言也;上下言于,以德及天地言也。"

　　此说一出,随即受到当时学界的赞许。如钱大昕、姚鼐、段玉裁等学者,又从古文籍中找出一些引用《尚书》此语为"横被四表"的文例,以证确如戴氏所考,《尚书》古本有"光"字作"横"字者。兹后清儒之言《尚书》者,虽也仍有不采戴说而持"光"字本义者(如王鸣盛,他坚守经学训诂"家法",忠于郑玄的"光耀"说,讥戴氏为"狂而几于妄者乎?"①),而更多学者信从戴说,有的还在戴说基础上参以己见,作了些补充和修正。如段玉裁《古文〈尚书〉撰异》,即从《尚书》今、古文本的不同立论,说古文作"光",今文作"横",并举古籍中五条用"横被"的文例,指出它们"皆用今文《尚书》也"。他认为本字应为"桄",古文用"光"乃"桄"之假借,而桄与横是通用的。郑玄释以光耀,乃就字之本义释之;孔《传》训为充,乃就假借义释之。他认从孔《传》之训,云:"桄之训充者,凡物将充满之,必外为之郭而后可充。孟子曰'扩而充之',扩即横字之异体。四面为之横而充之也。"又引《淮南·原道训》"横四维而含阴阳"高诱注:"横,读桄车之桄。"指出:"木之横者曰桄,桄车谓车之有桄者,李登《声类》作'车下横木也'。"②段玉裁为戴震的学生,却未全遵师说,他强调经文本字是"桄",光与横皆为假借。既然本字是"桄",自当以充义释之。

　　皮锡瑞《今文〈尚书〉考证》(卷一)引录了汉魏文献使用(或变通使用)此语的三种文例,用"光被"者十五条,用"横被"者七条,用"广被"者十条,然后说:"盖光、广古通用,光、横古通声亦通用……然字异而义同,光被即广被,亦即横被,皆是充塞之义。《后汉书·陈宠传》曰:'圣德充塞,假于上下'是其明证。伪孔《传》训光为充,盖本三

---

① 王鸣盛《蛾术编》,卷四"光被"条,上海书店,2012年版。
② 《古文〈尚书〉撰异》,阮元编《清经解》第四册,第567卷。上海书店,1988年影印本。

家今文旧说;郑君训为光耀,非其义也。"①王引之《经义述闻·尚书》在肯定戴震考辨的同时,指出戴氏由"横"到"桄"再脱误为"光"的说法欠妥,认为:"光、桄、横古同声而通用,非转写讹脱而为'光'也。三字皆充广之义,不必古旷反而后为充也。""光与广通,皆充廓之义。《方言》曰幅广为充是也。"他列举了许多"光"字文例,以证"光"为正字,义即训广。又说经文此语作光、作横又作广,字虽异而声义皆同,无烦是此而非彼。②

孙星衍《尚书今古文注疏》也认为,《尚书》经文此语作"光"、作"横"、作"广",义皆同,"光被即横被"。亦举《汉书·王莽传》引《书》作"横被四表"以证之。③ 牟庭《同文尚书·尧典》列示诸书训"桄"为"充"后云:"据两汉书称引经语,必知三家今文作'横被'矣。横即桄字,桄即光字,皆读若广。""《魏志》注引献帝传司马懿等劝进文曰:'至德广被,格于上下。'然则光亦训广也。光之训充,即充广之义也。"④江声的态度比较宽容,说孔《传》和《尔雅》解光为充乃"古训",而郑玄以光耀释之,"亦得为一谊",似乎主张二说可并存。但他在解说经文时认为,"光被四表"乃"横言之","格于上下"乃"纵言之",又像是倾向于戴说,因为"横言之"正合广被四方之意。⑤

尽管戴震对《尧典》此语的辨析在训诂学界得到了充分的肯定,还常被作为文字考据的佳例而举示,但其说毕竟专业性太强,且有违人们先据字面解义,句义明达即为正的通习,故当代一些通俗性《尚书》释译著作,对该语仍从传统的光芒照耀说。传统解说不影响对经文的理解,不作过多阐释读者也能自己领会句意。但好像也没有人因此就否定了戴震的考辨。本来,在此类文字疑案中,只要对文句内容理解上出入不大,完全可以新旧二说并存,一般读者不会也不必要去追究到底应以哪种说法为准。但我近来读到了张岩先生评议这桩

---

① 皮锡瑞《今文〈尚书〉考证》,中华书局,1989年版,第8—9页。
② 王引之《经义述闻》,阮元编《清经解》第六册,第282卷。上海书店,1988年影印本。
③ 孙星衍《尚书今古文注疏》,中华书局,1986年版,第5—6页。
④ 牟庭《同文尚书·尧典》,齐鲁社,1980年影印本,第6—7页。
⑤ 江声《尚书集注音疏》,阮元编《清经解》第三册,第390卷,上海书店,1988年影印本。

文字疑案的长文(以下简称张文),①是孤陋寡闻的我迄今唯一见识的一篇全面解读、驳斥戴震此项研究的力作。文章不仅质疑戴氏的论据,否定戴氏的结论,而且批判了戴氏的研究方法,指责了戴氏的治学品德。还不止此,文章笔锋进而指向戴氏学派,乃至有清一代朴学,甚至延及当代一批知名学者。认为传统考据学"过度使用"训诂,滥用"假借"训义,"不够严谨","华而不实","泥著一字","胶柱鼓瑟","主观糅合史事";甚至"强行立论","穿凿附会","望文生义","捕风捉影","隐匿证据","强横指控","指鹿为马"……

显然,张文的立意不仅仅是要澄清《尧典》中一个字的训释,而是想全面揭示传统考据学的弊病,以端正考据学风。正如张文自立的宗旨:"为清学纠谬,为疑古正误。"果真如此,实乃学界一大喜事,此举不仅指明了戴震的失误,纠正了学术史上一桩著名文字疑案的错判,还帮助我们认识朴学传统的负面影响,引导我们重新审视考据学的价值。然而,很遗憾,笔者反复读了张文之后,并未产生上述效应所引发的兴奋,倒是滋生了为戴震进而为考据学作些辨正的冲动。因为,虽然张文一再强调治学方法,批评戴震在"推理和举证"上存在问题,但自己却未遵循讨论学术问题摆事实、讲道理的通则,在主要论证环节上偷换概念,强加误于对方,颇不公允。对传统考据学的责难,也常陷于空指无处、泛言无据、以点概面的境地,不能服人。笔者非训诂学业内人士,只是由于在古史域内踯躅日久,对文字考据情有所钟,故觉得有必要对张文所论问题谈些看法,以抒胸中芥蒂。如能引起对此有兴趣的学界同仁,也赐示雅见,则就大喜过望了。

二、对戴震所遭批判的辨正

张文归纳了戴震在"光被四表"一语考辨中的八条"失误"。八条中有些内容重复,有些属枝节性问题,可以合并。通观全文,汇综一

---

① 张岩《评戴震考据"光被四表"》,收入其《审核古文〈尚书〉案》(附录三),中华书局,2006年版。

下,不外以下这几个方面:

1. 研究者须首先从经籍所用"本字本义"进行考察,这是必行的"第一步骤"。《尚书》中假借字及讹误字不到十分之一,本字用法占全部字数的90%以上。所以,戴震在研究起点上便犯了步骤错误,主动放弃了90%的成功率。

2. 由前一项失误,导致了占视野90%以上的巨大盲区,看不到经文的本字就是"光","充"义由光而来,从而颠倒了光、桄、横的顺序;而且,未能举示"桄被"句存在的证据,"桄被"环节的缺失,使其"横——桄——光"演变立论站不住脚。

3. 古文籍中引用"光被"句的例证,多于、早于引用"横被"句的例证,表明"光"为正字,"横"字乃"误写",是"两汉用字比较随便的结果"。

4. 其他问题。如不提郑玄对"光被"的解说,是在"隐瞒证据";本该说古本《尚书》的正字"必是横",而改说"必有横",是为了"巧妙地回避反证";学术品行方面:"自视过高","知错不改","逞智斗巧"。为此移用了王国维对戴氏的批评。

让我们依次作些剖辨。

先说第一项。这是张文反复强调的戴震所犯前提性大错,是作者心目中戴震的谬说之源。在我看来,这却是最令人啼笑皆非的一项指责,实乃手法低劣的偷换概念。《尚书》中假借字和讹误字的存在率,竟和戴震考辨的成功率画了等号。依此逻辑,假如一百个人中会出现一个感冒病例,医生诊断某人患了感冒为他治疗,便可以得出结论说,该医生一出诊便"主动放弃了"99%的治愈率?戴震不过是发现"光被"一语有可疑之处,便认真追究了一番,这同《尚书》中假借、讹误字所占比例有什么关系?学术讨论当然可以运用统计学和比例法,但既用之,则当严格遵守其适用律,而不能任意乱套。比方说,90颗黄豆和10颗红豆混置于碗内,让戴震取一粒红豆出来;他不作观察,偏要闭上双眼伸手在碗内瞎摸——只有在这种情况下,才能说戴震"主动放弃了90%的成功率。"难道有人交给了戴震一项任务,要他在《尚书》中找一个假借或讹误字出来,戴震闭眼不视,随手翻开《尚书》,任意指定了一个"光"字?

再打个更直接的比方：就算戴震是故意找岔，像他这种找岔的人在清代学者中有多少？就假设一百个人里面有一个吧，张文选中了戴震进行批判，是否可以说，从一开始就"主动放弃了99%的成功率"？用这种看似雷人的统计比率，把对方推到还没张口便面临百分之九十要失败的境地，是一种极为荒唐的论证手法。张文说考据应分两个步骤，第一个步骤是先确定要考据的字是否本字本义，"只有在排除其本字用法之后"，才能转入下一个研究阶段。这是一种凭空冥想的"创见"。怎么来确定"本字本义"？确定了本字本义后，还有什么可研究的？是张文真的不明白还是故意装糊涂，问题的关键不就在这本字本义的确定上吗？戴震的考辨，张文的反驳，不都是围绕所谓本字本义而展开的吗？这问题后文还将论及，这里我只想指出：张文"两个步骤"说的目的，不外是先把自己的观点定为正确的前提，然后指出，对方否认这个前提是起步即错。这是什么逻辑？

　　再看第二项。与"百分之九十"论相呼应，张文说戴震从一开始就形成了占"认识视野"90%以上的"巨大盲区"，所以看不到本字是"光"，"充"义由光而来。这是强行加误于对方，把对方不承认的东西，说成是对方看不见。《尧典》"光被四表"句清清楚楚摆在那儿，孔《传》、《尔雅》训光为充被戴震引来引去，怎么能说他看不见呢？如果看不见，他何以能做成这项考辨？事实上，这不仅不是戴震的"盲区"，恰好相反，这正是戴震聚精会神的关注区。正因为他认真观察，才发现"光"非本字而"横"是本字；正因为他认真观察，才意识到"充"义非由光而来实由横而来。你可以不信从他的考辨，但不能强说这是他"认识视野"的"盲区"。甲说地球围绕太阳转，乙说太阳围绕地球转，解决这分歧需要讲明宇宙的宏观存在，天体的运行规律，恒星与行星的区别及其相互作用，而不是靠通常的视觉效果。如果乙方首先指责甲方有视觉盲区，看不见太阳每天从东方升起，在天空运行了半圆弧后又在西方落下的现象，所以观点必然错误。这种绕过问题实质的辩术是毫无意义的。张文同戴震的论辩核心是该语中何字为正的问题，只需证明正字为"光"，用其本义，就能驳倒戴震。盛言对方视野有90%的盲区，对方就会认输？戴震之后直到当代，那么多学识深厚且治学严谨的学者赞同戴说，是因为古注训光为充的确令人困惑,而戴震的考辨消除了这一困惑,且能在文献中找到不少例证;并非如张文指斥戴震那样,是他们的认识能力都出了问题,都存在着占视野90%以上的"巨大盲区"。

张文指出戴震考辨链条中缺失"桄被"的环节,这倒的确击中了戴氏的软肋,是张文驳斥戴氏最到位、最有力的一条论据。因为戴氏所持由"横"到"光"的过渡,"桄被"的存在必不可少,它的缺位,大大影响了考辨整体的说服力。古籍引用《尧典》该语文例中未见"桄被"出现,原因尚有待深入研究(此事可能同古汉语文字形体演化传习有关),但这并不意味着戴震的推论完全错误。道理很简单,"桄"字分明存在,而且古本《尚书》必有作"桄被四表"者,《尔雅》、《说文》以"充"训"桄"即是显证。先儒治经,信奉《尔雅》,因为此经就是为解经而编撰的,所释之字,皆自经来。桄为形声字,形声字的声旁,常同字义关联,但其义涵基旨,却由形旁主导。光字加了木旁,则肯定不再表"光"之本义。同音字因形变而义变,此为常规。如《尚书·益稷》言丹朱"朋淫于家",孔《传》:"朋,群也。"孔《疏》发挥说:"言群聚妻妾,恣意淫之,无男女之别。"但《说文》引此语,"朋"作"堋",释曰:"堋,丧葬下土也。"依此释,则丹朱之罪即非"群淫",而是"丧时淫"。

如果前引段玉裁的考证可信,桄的本义是车下之横木,读如黄,故后来演变为横字。魏正始三体石经《春秋》三传可证,光、黄为今、古文,字可通用。如《左传》襄公二十三年经文"陈侯之弟黄",《公羊》、《谷梁》经文作"陈侯之弟光"。桄、横同字,后世语言实践中,横字被习用而桄字被弃置。这大约也就是在古籍引《书》文例中找不到"桄被"句的原因。若果如此,则当"桄"字在先,"横"字在后。故迮青崖评论此案时,即主张:"桄,本字也;光与横,假借字也。"他和段玉裁都认为《尚书》今文用"横"而古文用"光",但"其字皆系假借,其义正同。训'充'之义为长,训'耀'之义为短,不得以出自郑玄而泥之。"①

不管怎么说,谓古本《尚书》有"桄被四表"句,只是由《尔雅》、《说文》释"桄"为"充"而推想出的判断,到目前为止,尚未发现直接

---

① 见王鸣盛《蛾术编》(卷四)"光被"条下连青崖之按语,上海书店,2012年版。

的证据。故张文指议戴震缺失此重要环节,无可厚非。这也正是戴氏此项考辨有待完善之处,也是解决这桩文字疑案的最大难点。

再看第三项。张文认为后世引用《尧典》此语者,"光被"文例多于"横被"文例,而且,最早的"光被"文例早于最早的"横被"文例,所以"光"为本字而"横"非本字。张文甚至不无自豪地说,戴震的追随者如钱大昕、段玉裁等一批学者,"用了十余年时间"才"为戴震"查出六条"横被"文例,而张岩先生用电脑检索,"不到十天"就"完成对'光被组'八条证据和十条旁证的查找",宣称对古代学者来说,"这种效率来身就是一个奇迹"。但我们要说,这种"奇迹"无助于是非的判定。因为,《尚书》经文的被引用率和引句中某字是否为正字,是完全不同的两个概念。

谁都知道,《尚书》的产生和流传,是个非常复杂难理的问题,几乎每个环节都存在若干疑问,堪称中国文化史上的一座迷宫。从先秦到晋隋,文籍的流传全赖手抄,过程中文字讹误和变异在所难免。师承关系本就复杂,传抄情况更无从查究,后世压根没法知道何本为最古。所谓孔壁所出"真古文"早已消失,传说中的孔安国"隶古定"究竟怎么个"定"法,也无从知晓,更无论当初编撰人的原稿本了。《尚书》学界只知流传至今的包括《尧典》在内的所谓今文29篇,大致即汉初伏生所传本。据《汉书·艺文志》载,刘向、刘歆父子曾将当时所能见到的中秘古文本和今文本作过对照查核,在文字方面发现有七百多处不同,其中是否含"光"字,我们不得而知。传世的伏生本该句最初用的是何字,也难断定。但有个事实是大家都承认的:两汉至魏晋,《尚书》传世主流定型的是伏生本。而这个传本该语用的就是"光"字,其对学界的影响是不言而喻的。通常情况下,人们如需引用,照录原文即是,"光被"例句的出现较多,是十分正常的现象。但"横被"例句的出现,说明还有不同于伏生传世本的古抄本存在,哪怕只有一例,也不能忽视,这是不能用出现频率来定夺的。再打个比方,"每况愈下",如今已是习用成语,"况"字表事物的状态;但它原本正文是"每下愈况","况"字指猪腿下部细瘦少肉处,语出《庄子·知北游》。中熹无能,难以检索庄子之后此语及其变异的出现频率,但敢断定,"每况愈下"的出现率将远大于"每下愈况"。你能据此论定

"每况愈下"就是此语的原本正型?

张文说经文中"光被"为正,因两汉时代用字不规范而被"误写"成了"横被","甚至连误写也算不上"。言外之意是"横被"的存在微不足道,无须关注。这是强词夺理的论调。"光"在汉字中资历很老,其形体和义涵早已定型,人们极为熟悉,且其笔划少而易写,很难设想抄经文的人会自找麻烦,放着眼前的"光"不用,而故意写成笔划繁冗的"横"字。相反的情况倒是很可能,即因音同而把"横"字简写成了"光"字。何况,"横被"文例也并不少,用"误写"是绝对讲不通的。至于"连误写也算不上"一语,颇为费解。不算"误写",那就是正确写法了,张文也承认"横"是正字?

某个被引用文例出现时间的早晚,也不是判断正字与否的依据。除非有大时段前后明确的集群例证,个别引用时间先后参差的文例,带有很大的偶然性,不足为凭。如前所述,伏生本为《尚书》传抄的主流,而非伏传本也有存在,在不同抄本同时流传的情况下,较早引用"光被"语的那个人所使用的本子,不一定就是最古的本子。

还须指出,张文说钱、段等学者用了十年时间才为戴震查找到六条"横被"例句。这是一种故意扭曲实情的夸张性嘲弄。有什么证据表明,戴震曾交给钱、段等人这个任务,让他们停止一切工作,去为自己查找这类例证? 戴震是清代前期人,假如时下有位学者又发现并公布了一条"横被"的文例,你就可以说学界用了三百多年时间才为戴震提供了第七条证据? 作为学者,钱、段等人关注这一文字疑案,发现了相关例句便举示出来,以见戴氏之说非虚而已。其发现无疑具有阅读时的随机性,他们不是受戴震雇佣的资料查询人员,何来"用了十年时间"之说? 这种带挖苦语气的表述,不仅违背事实,也表现出对前辈学者秉正辅善精神的不够尊重。

现在来说第四项,即对戴氏的其他批评。前文提到,毛诗《噫嘻》篇《正义》曾引郑玄以光耀义释"光被"的注文。戴震在考辨中没有举示郑玄的解释,张文认为戴震不可能不知郑说的存在,知而不引,是"典型的隐瞒证据"。张文多处言及此事,意谓这是种不可原谅的行为。且不说戴震是否知道郑玄的看法,即以学术研讨而论,如实摆出与己见相异的观点,使分歧更加明朗化,使论辩更充分、更深入,这固然是一种可嘉可敬的治学风度；但只正面畅述己见，不引录自己不赞同的观点，也是学界所允许的。郑玄的解说，本即对该语的传统认知，在戴震之前，这可以说是通识，戴氏所要辨证的，就是这种通识。所以，郑玄也是"光被"句前求解的一个学者，其意见只是戴氏立意驳正的前说，不能视为坐实戴说错误的"证据"，因而也就不存在什么"隐瞒"问题，戴震有不引录的权利。如果郑玄就是《尧典》的作者，或者他早已确证了"光被"语中"光"字用的是本字本义，戴震知而不言，那才可以背"隐瞒证据"之罪名。正如王鸣盛所说，即使戴震知道郑玄的解说，以他"眼空千古"的自负，也不会把郑说当回事，而"必谓郑康成注不如已说精也。"①

张文又说戴震立论的本意应是《尧典》"古本中的正字必是横"，而写出来的文句却是"古本中的正字必有横"。张文指责戴震这样做是为了可以"巧妙回避反证"，而且，张文同样是反复揭示此事，意谓这是在用词上玩花样，给自己留后路，不够光明正大。这种指责也未免太过。戴氏此项考论的总趋向，无疑是想说明古本《尚书》该语的正字是"横"，但他只是推论，并未掌握抄本证据，所以在总结性表述时，他没有把话说死。我们应注意到，"古本"不等于原始本。两汉的传抄本都可以称"古本"，在多种抄本并行的背景下，说"必有横"字本要比说"必是横"字本正确、合理；只有对最初的原稿本，才能使用"必是"的提法。说"必有"横字本，也可证明他对以"充"释"光"的怀疑并非无据的臆想。"横"字本不一定是最古的本子，但在戴震看来却属于最古本的流传体系。他说"必有"，表明他承认"光被"、"横被"的古本都存在，这是一种实事求是的态度，有什么可责备的。张文把"古本"视作原始本，一定要让戴震说"必是"，是一种因误解而发的强求。

作为文化史上的一位代表性人物，后世对戴震当然可以研究、分析、评价。不仅针对其思想理念、治学路径和学术成就，也包括其身世经历、性格特征和道德品行，都可以据实褒贬，全面审视，乃至评头论足。可以为他写评传，著专文。但在讨论具体学术问题时，则不宜

---

① 王鸣盛《蛾术编》，卷四"光被"条。

牵扯所论问题之外的言行。我很赞同胡文辉先生的这段话："做学问最忌的是就事论事，眼光狭隘；但讨论学问则相反，最可贵的是就事论事，不涉意气。对事不对人，作持平之论，不卷入人际间的复杂关系，不夹杂个人的感情和取向，不将学问作为歌颂或攻击的工具，是最困难的事。"①假如戴震在"光被"问题的研究中，有剽窃他人研究成果，或伪造证据，或强词夺理，或构陷论敌，或有学霸式盛气凌人之处等等，完全可以揭示、谴责，因为其学术品行已渗透在所论是非中，是绕不开的。但平心而论，在"光被"个案中，戴震的行文立论基调是摆事实讲道理，遵循着朴学家考论文字的路径，没有什么越轨言行。张文所反复指斥的"隐瞒证据"、"巧避反证"之类，如上文所辨析，可谓冠不合首，言过其实。出人意料的是，张文并未就此止步，作者要超越"光被"个案的局限，站在学术品德的高度，对戴震进行鞭挞。有些鞭挞言辞虽重，但系泛言戴震所代表的朴学界，此姑勿论；有些则属直指，鞭子集中落在戴震头上。最引人瞩目的，是对王国维文章的移用。

　　王国维在《聚珍本戴校〈水经注〉跋》一文中，对戴震作过尖锐的批评。② 张文大段引录后用数语作了链接："戴震的指'光'为'横'，知错不改，隐匿证据，其原因与王国维的分析相一致，'自视过高，骛名亦甚'，故逞智斗巧，指光为横。"我觉得有两点必须指出。首先，王国维此文是专谈《水经注》校注之"戴赵疑案"的。当时学界盛言，戴震校注《水经注》窃取了赵一清的研究成果，以段玉裁为首的拥戴派起而驳之，形成了众目关注的一场火药味极浓的大论争。王国维也是研究《水经注》的专家，对该书的勘正辨误卓然有成。他觉得对此事不能默不作声，抱着对学界负责的态度，他坦言了自己对该案的认识，据实申理，客观公正。既论该案，自然涉及戴震的学术品行，王国维严肃指出，在《水经注》校注问题上，戴氏手法确有"可忌可耻"之处。其次，王国维虽然谴语很重，却并无否定戴震学术成就的意思，文中不乏对戴的誉扬和称许，显示了一个优秀学者的睿识和胸怀。而张文对王国维意见的引述却只择取其贬评之语，并特意将三处文

---

① 胡文辉《敬答越胜先生》，《南方周末》(1469期) 2012年4月12日"阅读"版。
② 王国维《观堂集林》(卷十二)，中华书局，1984年版。

字汇聚在一段引文中而不作分列标示,造成了王国维贬评一气贯通的假象。这都不太合乎王国维的本意。王国维在文末曾声言:"平生尚论古人,惟不欲因学问之事伤及其人之品格。然东原此书方法之错误,实与其性格相关,故纵论及之,以为学者戒。当知学问之事,无往而不当用其忠实也。"其与人为善的拳拳之忱跃然纸上。相比之下,张文对戴震的态度同王国维还是有距离的。王国维针对戴震《水经注》校注的批评,不宜移用于对戴震"光被"考辨的批评。

三、漫议文字考据的种种

张文对传统考据学的评判,斥语甚多,辞气苛重,但表述零散,未成条理。有些谴责乃泛言空指,不知针对何人何事,有的指名批评而未举事例,有的则人、例明确。就所指问题的性质而言,可分为两大类。一类应属学德、学识范围的事。如说从阎若璩、崔东壁到顾颉刚所形成的"疑古文风",表现为:"自作聪明,强行立论,有罪推定的论证前提,逞智斗巧,捕风捉影,酷吏般强横的指控气势,对相反证据的隐匿或悍然否定,无法自圆其说时的闪烁其词,深文周纳、牵强附会的'主观糅和史事'。"姑且不论这些罪状加在阎、崔、顾等人身上是否合适,即使存在这些罪状,那也纯系个人的卑劣行为,而非考据学本身的过失,其萌生,决不是考据学的性能所导致的。何况,此类劣行在哪一文化领域不曾存在?抵制、揭露、抨击这类现象,是全体学人的共同职责,不能独归之于考据学界。张文所举荒唐事例中,有的是作者根本不懂考据,这类缺乏学识的信笔妄言,也不能归咎于考据学;它们只是一些罕见的个例,既非对清代朴学的承袭,也不为当代学人所认可,业界是不把这类东西视作考据的。正如一个蹩脚学生把3的3次方算成9一样,人们并不因此说数学这门课有问题。

另一类不属学德、学识的范围,确由考据学实践中衍生而出,乃考据领域中的常见现象,即张文所反复指责的泥著一字、胶柱鼓瑟、滥用音训、过度训诂等等。尽管这些弊病出现与否或程度如何,也反映了考据者的学识水平;但不得不说,它们和文字考据的性能、任务有内在联系。这里所说的考据,非指为探究史事制度而进行的宏观考据,而专指为解读文献而进行的微观考据,故我称之为文字考据。既是文字考据,就必然要纠缠于字义的辨析,就必然要考察其声切韵读,就必然要运用已有定评的小学类工具书,就必然要参据或理正先贤的注疏训释。是否"泥著一字"、"胶柱鼓瑟"、"滥用音训"、"过度训诂",要看考据所面临的具体情况,要看考据的结论是否正确、合理,难以在论证手法上规定评判的尺度。许多案例头绪纷繁,其是非褒贬,往往见仁见智。

　　说简率点,文字考据不外就是为古文献阅读消除障碍。有些障碍是显性的,即某个词语含义不明,或依字面理解同句意、段意不合;有些障碍是隐性的,即字面看来如张文所说的"前后文义明朗贯通",事实上却非原著的本来面目。这隐性障碍,依张文之见即不须追究,此种主张是对复杂问题的肤浅简化,是有违考据原则的。不论显性还是隐性,消除障碍的核心工作就是确定本字本义,这也正是张文所反复强调的。只不过张文只把它视为考据的"第一步骤"(我始终不知"第二步骤"还要考据什么),而我则视之为核心。不过,在进一步梳理这个问题之前,应先澄清一下"本字本义"的义涵。"本字"即正字,指文献原作者使用的那个字,这没问题;"本义"则须放宽理解,古文字学家称造字者赋予某字的原始义为"本义",而我们这里把某字引申、变异系列中的某个义项也视为"本义"。①

　　通常情况下,确定本字本义会面对以下几种障碍:

　　1. 讹误字。在印刷术通行之前,文籍全赖手抄流传。抄写人的文化水平参差不齐,且各有其书写习惯和环境,故误写或改易现象常常发生,文本几经传抄后,情况会更加严重。所以,古文献流传本中存在许多讹误字和异体字,合乎情理。孔子的学生子夏辨正"晋师三豕涉河"为"晋师乙亥渡河",可视为因形近而讹的文字考据最早案例。《史记·郦生陆贾列传》"足下起纠合之众"一语,"纠合"可释为带贬义的集结,全句文通义顺。《史记正义》佚文却对此语这样解说:

---

① 汉字历史悠久,字义在不断引申、演化,许多字的原始义(即文字学家所说的"本义")早已被岁月淹没,而定型为今时的表义,并且还可能具有多元义项。

"言瓦合聚而盖屋,无协力之心也。"① 由此可知张守节所据《史记》本,"纠"字为"瓦"。"瓦合"比"纠合"更能表达组合体缺乏精神联系的涣散状态,而且更直感更形象,在构词方式上也和另一个词语"瓦解"有词义呼应。可以判定,"瓦"应为史文本字,而"纠"字实因其古体与"瓦"字相似而讹。又如《大戴礼记·夏小正》"黑鸟浴"一语,《传》曰:"浴也者,飞乍高乍下也。"显然,此释非来自"浴"之本义,令人莫名其妙。鸟飞忽上忽下,同"浴"有什么联系?俞樾指出:经文正字当为"俗",被误写成了"浴"。《说文》:"俗,习也。""习,数飞也。""黑鸟俗"即"黑鸟习",是说黑鸟练习飞翔,故《传》云"飞乍高乍下"。②

还可举个影响较大的案例。《尚书·尧典》言"四岳",传统解释为四方诸侯。此语后又演化为山系名,指(以中原地区为中心的)四方代表性峻峰。马叙伦先生很早即指出:"四岳"乃"太岳",因篆文形近,"大"字讹为"四"。③ 古"太"、"大"同字,其古篆形体和"四"字极似,马说是有道理的。太岳先秦又称吴岳,即今陕、甘交界处的汧陇主峰。《尚书》言四岳,明显专指姜姓部族早期活动的中心区域;而考古文化业已证明,姜姓部族的确起源于汧陇一带。考察字义,"岳"字最初确是专指吴岳而非泛指山岳。顾颉刚、刘起釪撰著的《尚书校释译论》也持"四岳"即"太岳"说,④此说似已为古史学界所认可。

2. 假借字。汉字的创造,具有自己的特性。汉字是单音节的方块形笔划组合,从其构形意图看,是在象形符号基础上配建起来的,其部件不用来表音而蕴含一定的表义性质。所以汉字从初创时起,便兼具了表音、表义的双重功能,这既是汉字的优势,也是汉字的劣势。因为,说到底文字是语言的派生物,是为语言服务的。在语言中,意义靠声音表达;在书面语言中,声音也在无形中起着灵魂作用,所谓"望形知义",不过是习用了文字之后的一种"条件反射"。声为义之源,这是铁定的事实。然而,单音节的方块字一字一音,这便先

---

① 张衍田《史记正义佚文辑校》,北京大学出版社,1985年版。
② 俞樾《古书疑义举例五种》(卷三),中华书局,1983年版,第56页。
③ 马叙伦《读书续记》,中国书店,1986年版,卷四,第33—34页。
④ 顾颉刚、刘起釪《尚书校释译论》,中华书局,2005年版,第77—78页。

天性地形成了以声表义的桎梏。人的单音节发声方式是有限的,据语言学家说,汉语言只有 1 932 个音,有限的单音节发声,当然无法与现实生活中无限的义相对应。为满足语言实践的社会需要,便只能一声对多义。因此,汉字中不仅存在大量同声而异义的字,在其家族未充分发育前,还大量出现不用某字之义唯用其声的所谓"通假"现象。这决非汉字的畸形失序,而是汉字成长过程中的必经阶段,是汉字生命力旺盛的表现。因为假借意味着新的表义需要,是新字产生的前奏。通假现象大量存在的时期,也正是新生汉字不断涌现的时期。当汉字发展到高度丰富,形、音、义结合形态完全成熟的阶段,通假现象便会自行趋于消失,最终乃至被视为写错白字了。战国到秦汉,是古文献传抄的盛行期,也正是汉字发育中的假借膨胀期。通假的泛滥,是后世文字考据绕不过的一个坎。

假借文例甚多,先儒多已指出,无须赘举。但由于上文所述汉字形义演化的复杂因素,还是有不少假借字较难判断。如大家都熟悉的《关雎》中"君子好逑"的"逑"字,传统解释为"配偶",并不视为假借。但此释同该字形体结构的表义信息距离太远,应为"仇"字的假借。"仇"指人与人相匹配,后世定型的仇敌义,即由匹配义引申而来,因为仇敌也是一种关系密切的对应。核以《鲁诗》、《齐诗》,该句正作"君子好仇"。《诗·大雅·皇矣》:"帝谓文王,询尔仇方,同尔兄弟。""仇"字亦表友伴义。佳偶、友伴,都是匹配本义的引申,可知"逑"系借字,"仇"乃正字。

有些字,是否为假借,情况相当复杂,不易识别,让我们试举一个案例。《礼记·檀弓上》载晋太子申生蒙冤自杀事,说申生告别伯氏(狐突)后,"再拜稽首乃卒"。郑玄注曰:"既告狐突乃雉经。"《正义》作进一步解说:"雉,牛鼻绳也。申生以牛绳自缢而死也。"又引《周礼·地官·封人》郑玄注所引郑司农语:"絼,著牛鼻绳,所以牵牛者。今谓之雉,与古者名同。"据此,则经文正字应为"絼",因音同而假借为"雉"。像申生这种身份的人,要自缢何必用牛鼻绳呢? 略加追索便可释然。《国语·晋语》述此事较《檀弓》近实:"申生使猛足辞于狐突,乃雉于新城庙。"原来申生是去宗庙拜祭了先祖之后而自尽的。桂馥考此事引《周礼·地官·封人》:"凡祭祀,饰其牛牲,设其楅衡,置其绖。"以证《檀弓正义》之说。① 是时宗庙祭祀极其隆重,所用牺牲畜养备用,用时须加以修饰,连牵牛之绳也是特制而专备的。申生祭祖之后,顺便用现成存置的牵牛绳自缢于祖神前,全在情理之中。但韦昭注《晋语》该文却说:"雉经,头抢而悬死也。"陆德明《经典释文》也持此说,谓"如雉之自经也"。② 前引《檀弓正义》虽采用牛绳自缢说,却又补充道:"或谓雉性耿介,被人所获,必自屈折其颈而死。《汉书》载赵贯高自绝亢而死,申生当亦然也。"下文即引《晋语》韦注以辅证。如此,则"雉"为本字,且又扯出雉这种飞禽性情刚烈、宁死不辱的问题来。论者又多引《白虎通·文质》:"士以雉为贽者,取其不可诱之以食,慑之以威,必死不可生畜。"这又牵涉到先秦礼制中士这级贵族为何以雉为贽的问题。

重义理是中国传统文化的一大特色,国人对某些事物和现象,好在主流意识形态指导下,作道义和理念上的阐发,在文字考据上也难免此习。由于对雉性的引述,能应合申生宁蒙冤而死也不愿向其父自辩以揭真相的孝义耿性,故后儒多从此释。李慈铭即针对桂馥之说,引《尧典》"二生一死"评曰:"郑注雉死,盖雉性耿介,故士以雉为挚,取必死之谊。""雉经之说,古人盖亲验之以为喻。如必作绖,则岂缢死者必用牛鼻绳乎?"③《尧典》郑注无此语,郑玄只在《周礼·大宗伯》"士执雉"注中说过"雉,取其守令而死,不失其节是也"的话,注语意在解说士为何以雉为贽,同申生的"雉经"无关。但李慈铭一定要从道义气节上论此事,便接受了《檀弓正义》的另说,并将此另说与郑玄的《大宗伯》注文结合在一起,嘲笑了牛鼻绳说。他忽视了申生自缢时的处境,正因为申生用牛鼻绳上吊较为特殊,所以经文才要交代一下,书曰"绖经",而不是说上吊必须用牛鼻绳。但这种视"雉"为正字的看法,清儒大都信从,以至于"雉经"成为一个被学界认可的词语,罕有人再去追究经文的正字是否为"绖"了,此字如今已被淘汰。其实,如不系绳于颈,人何以能"自屈折其颈"而死?何况郑注也明言"雉经",既称"经",其以绳自缢又何疑?硬把自缢这一行为同"雉"

---

① 桂馥《札朴》,中华书局,1992年版,第50页。
② 陆德明《经典释文》,中华书局,1983年版,第167页。
③ 李慈铭《越缦堂读书记》,中华书局,2006年版,"札朴"条,第1177页。

这种鸟联系起来，显然是儒家的义理化情结在起作用。清除了这层义理化翳幛，"繸"为本字，"雉"为借字，无可置疑。"雉"在古代还曾用作量度单位，《左传》隐公元年"城过百堵，国之害也"杜注："方丈曰堵，三堵曰雉。一雉之墙长三丈，高一丈。"量度与雉鸟是绝无瓜葛的，而较长的量度一般都是用绳索来测知的，所以"雉"当为"繸"字的"久假不归"。此可为前引郑司农训释的辅证。

3. 一字多义。前文言及，汉字一声一字的单音节表义的特性，导致了义无限而声有限的困局，摆脱困局的方式除了通假之外，便是一字多义，即同一个字含有多重义项。以理推之，那些义项应是由其原始义引申而出的，但引申缘由及轨迹因时代久远而往往难以理清，而其诸义项的使用情况，又常因时而异。有些字的某个义项，在古代可能被习用，而后世却已鲜为人知。这种现象，也给文字考据造成难点。如著名的"风马牛不相及"一语，公元前 656 年齐伐楚，楚国使者与管仲交涉时用此语以表楚、齐相距遥远之意。① "风"字指动物雌雄相诱而逐交，虽距离甚远也能感到对方的性情信息。"风"字这一义项今已罕用（成语"卖弄风情"中尚能微窥其踪），但在先秦此义多见，如《尚书·费誓》即言"马牛其风"。有些一字多义情况比这要复杂得多，自古注释即有歧议，形成诸家各择其一义而阐发的现象，乃至令读者眼花缭乱。让我们也举一个典型案例来辨析一下。

《诗·鲁颂·閟宫》夸言姬姓先祖之功业，其中一章曰："后稷之孙，实维太王。居岐之阳，实始翦商。"《说文》释"戬"字，曰："灭也。从戈，晋声。《诗》曰'实始戬商'。"显然，翦与戬为声义皆同的异体字，许氏所见《诗经》传本，字即作"戬"。但《尔雅·释诂》却以"福"训戬，《诗·小雅·天保》"俾尔戬穀，"《传》亦云："戬，福也。"《毛诗·閟宫》字作"翦"，《传》训"齐也"。《尔雅·释言》也训翦为齐。《閟宫》郑笺则云："翦，断也。大王自邠徙居岐阳，四方之民咸归往之，于时有王迹，故云是始断商。"孔《疏》调和《传》、《笺》之说，认为"齐"即含"斩断"义。此字诸义项差距较大，令清儒困惑，撰《尔雅义疏》的郝懿行即云："翦、戬二字容可假借，福、灭二训理难兼通。疑不

---

① 《左传·僖公四年》。

能明也。"①他抱存疑态度。王鸣盛却说："'戬'乃祓除之义,去不祥则福至;而亦训灭者,去不祥为尽灭去也。"②他认为诗之本字应作"戬",作"翦"乃唐人所改。王氏之说虽能将"戬"之二义贯通,但总有增字解经之嫌。

为《蛾术编》作评注的迮青崖,则为此案介绍了更多的信息。他引《周礼·翦氏》郑注"翦,断灭之言也"以《诗》"实始翦商"为证,谓毛、郑所据本皆作"翦"。又引惠定宇之说："毛、郑二说皆非。《尔雅·释诂》曰：'翦,勤也。'周自后稷受封以来,世有爵土;自不窋失官,社稷几不血食;至于太王,初遭玁狁之难,自豳迁岐,始能光复祖宗,修朝贡之职,勤劳王事;至于文王,三分有二,尚合六州之众,奉勤于商;武王初循服事之诚,末年然后受命。皆所谓缵太王之绪也。杨慎据《说文》引《诗》作'戬商',解云'福也',以为太王始受福于商而大其国。然《说文》训'戬'为灭,惟《尔雅》及《天保》传训为福。实始福商,其说太凿。"又引段注,强调《毛传》训翦为"齐",是因为"周至太王规模气象始大,可与商国并立,故曰'齐'，《诗》古公以下七章是也,非翦伐之谓。若不明《毛传》、许书之例,意谓太王灭商,岂不事辞俱窒碍乎？毛意谓'戬'即'翦',许说其本义以明转注,复引诗以明假借。"③迮氏所举段玉裁说,见段氏《毛诗古训传》："翦所以齐物,故释翦为齐。实始翦商,谓其气象始与商齐等。"认为《说文》释戬而引《诗》之翦,是因为"戬乃翦之假借字耳,如竹箭之为竹晋。"段氏视二字音通而义异,否定了"福"义说而持"齐等"说。④

马瑞辰《毛诗传笺通释》又出一说,他认为"翦"与"戬"古同音通用,"此诗翦商当读为践履之践。周自不窋窜居戎狄之间,及公刘迁豳,皆近戎狄;至太王迁歧,始内践商家之地,故曰实始翦商。翦商即践商也。"并引《吕氏春秋·古乐》"成王立,殷民反,王命周公践伐之"高诱注："践,往也。"谓高注甚合其践履之训,而《传》、《笺》、惠栋、段

---

① 郝懿行《尔雅义疏》,中国书店,1982年版,第86页。
② 王鸣盛《蛾术编》,上海书店,2012年版,第430页。
③ 王鸣盛《蛾术编》,第430—431页。
④ 阮元编《清经解》,上海书店,1988年影印本,第四册,第168页。

玉裁、杨慎、严可均等诸说，"与太王所处之时事不合"，"均非诗义。"①看得出来，马氏以假借训释该字，极力同《閟宫》诗旨协调起来，以纠诸说同史事的悖牾，实亦无奈之举。但他在关注太王时代历史情势时，却忽略了当时地缘政治的实际面貌。那时并没有后世那种严密的国界，除了王畿有大致明确的域限，畿外多是一些大小不等的宗属性方国部族。陕北和关中都不被视为殷商的国土，不存在什么"践履"商地的问题。

陈奂《毛诗传疏》采训奰为"齐"说："奰，齐。《尔雅·释言》文。《小宛》传：'齐，正也。'奰为齐，齐又为正，此一义引申例也。实始正商者，言大王自豳徙居岐阳，克匡戎狄以守卫中国，即其正商室之事，是大王之绪也。至于文王受命已后，武王受命已前，皆缵大王之绪也，"②他虽采训奰为齐说，却以"正"释齐，解"奰商"为辅正商室。胡承珙《毛诗后笺》谓奰字《尔雅》有齐、勤二训，他持调和态度，说"齐商、勤商，义本相通"。又说"惠定宇从《尔雅》诂奰为勤，甚合经旨"。小字夹注引《汉书·韦贤传》"总齐群邦，以翼大商"语，谓"当亦用《诗》齐商之义"。③

综上诸说，"奰商"义涵竟有六种训释：(1)伐灭商国；(2)齐正商事；(3)受福于商；(4)勤事于商；(5)与商并立；(6)践履商土。黄侃先生曾主张区分两种训诂：独立之训诂与隶属之训诂。前者如《说文》，只从形、音、义三方面释字；后者如《尔雅》，只对特定语言环境中的字释义。他由此指出："小学家之说字，往往将一切义包括无遗；而经学家之解文，则只取字义中之一部分。"④清儒对"奰商"一语的训释，印证了黄侃之说。他们是在解经，必须针对特定语言环境释字，便只能选取"奰(戲)"字多元义项中最合乎诗意的一义。只是由于对诗境的理解不同，导致了歧说并出。太王前后的那段先周史非常特殊，此后的商周关系跌宕起伏，性质多变，古来即未形成统一认

---

① 王先谦编《清经解续编》，上海书店，1988年影印本，第二册，第815页。
② 王先谦编《清经解续编》，第三册，第1203页。
③ 王先谦编《清经解续编》，第二册，第1108页。
④ 许嘉璐《黄侃先生的小学成就及治学精神》，载陆宗达主编《训诂研究》(第一辑)，北京师范大学出版社，1981年版。

识，清儒的各自为解也不为奇。太王时代固无伐商之可能，但说福商、勤商、正商、践商等等更难合诗旨。顾炎武的意见比较客观，他虽承认太王绝无翦商之事，却不摈弃断灭之训，认为《閟宫》诗作距太王时代已十分久远，乃后人对先祖的追颂，"本其王迹而侈言之，"溢美夸语，不必深求。① 翦伐之训相对合理，并不意味着诸儒的考辨毫无意义。正由于他们做了这种繁琐的工作，后人方能在畅读《閟宫》的同时，了解同音异体的翦、戬具含如此多的义项，并被引导接触复杂的商周史事，进而对该诗有更深层次的领会。

四、小　　结

戴震关于"光被"一语的考辨并不完美，论据上存在缺环，有不尽人意之处。但他的求实意念和治学门径没有错。不是戴震有"认识盲区"，他明知以光耀义释该语"前后文义明朗贯通"，但古注却以"充"训光，这引起他的怀疑。因生疑而发深究之念，这是人类的求知本能，也是考据学的原点，文字考据的生命力也正在此。对戴震的结论可以见仁见智，可以不从其说，但不能因看法不同而否定他的这项工作，更不能把空拟的"失误"强委于他而横加指斥，尤其不能把强委之过推延及清代朴学，将考据领域出现的诸种负面现象，统统归咎于考据学本身。

一字一声的单音节构字方式，使汉字标音之外又兼具标义功能，一声多义现象非常突出，字形同音、义的关系相当复杂。特别是形、音、义结合形态未完全定型的战国、秦汉时期，形变常导致声义的难以把握，异体字、假借字、多义字大量存在。而递接性手抄的文籍流传方式，不仅加重了上述现象，还又凭空增添了许多讹误字。这种状况严重影响着人们对古文献的阅读和使用。为消除障碍，先贤作了不少注释；但注释总会有不备、不足、不确和可疑之处，于是文字考据学便应运而生。

---

① 黄汝成《日知录集释》，上海古籍出版社，1985年版，第277页。

作为一门专业性极强的学问，文字考据有其独特的宗旨、原则、方法和门径，其核心任务是对古文献中的未明字与可疑字进行考究，以确定其语境中的本字本义。为此，就要不断运用训诂知识，多方征引各家见解，这类繁杂细致而又枯燥乏味的工作，往往造成反复纠缠、琐碎计较、过度申说的印象。但这都是文字考据的性能所决定的，不能视之为弊病而归咎。

中华民族有悠久的历史和深厚的文化传统，其珠光凤羽大量沉淀在语言文字中。文字考据不仅疏通了人们消化古文献的渠道，传播了一般阅读难以获得的知识，还能发掘一些文化沉淀，开阔人们的学术视野。更有意义的是，文字考据倡导了寻本求源、探索真知的精神，对文化传承发挥着不易觉察的助推作用。就其处位和能量而言，考据学只是华夏文化园林中一股涓涓细流，默默地滋润着许多草木的根系；它永远不会也不可能成为汇聚故纸堆生涯的渊薮，没有理由把它同人文学术的宏观大势对立起来。但有一点我们必须牢记：考据学立实、求真、重证、存疑的基本宗旨，正是所有人文学术的内在灵魂。

（乙未岁暮脱稿于兰州，原载赵逵夫主编《先秦文学与文化》第五辑）

嶓冢山与汉水古源
——对一桩史地疑案的梳理

今日汉水的上流,为陕西汉中勉水(古沔水),但这并非古汉水的始源。魏晋以前,今嘉陵江上游流经甘肃东南部的两大支流,乃汉水的正源。一条是纵贯徽县全境南下,曾被称作漾水的永宁河;一条是绕穿礼县、西和、成县,与永宁河相会的西汉水。二水均发源于天水市南境古称嶓冢山的齐寿山。永宁河上流白家河,源于山之东麓;西汉水上流盐官河,源于山之西麓。此即《水经·漾水注》所言:"东西两川,俱出嶓冢,而同为汉水者也。"这种水系实况,在时代较早的几部地志著作如《尚书·禹贡》、《汉书·地理志》、《华阳国志》、《水经注》等,均有明确记载。但后来自然环境发生变化,导致水道改易。在今阳平关以东地区,汉水被壅阻而中断,由东西汉水组成的原汉水上流南冲入川,形成了嘉陵江,汉中西部的沔水遂成汉水正源。

古地志记载同水系实况的背离,不可能不反映到文化认知上。《禹贡》是"经",具有权威性。为了能和《禹贡》所言相应合,人们便在嘉陵江形成后的汉水上游,傅会出一座嶓冢山和一条漾水,并以设嶓冢县或西县这类行政建置的方式,把认知确定下来。但这样做反而使问题更加复杂化,因为《汉书·地理志》、《水经注》等文献,明言嶓冢山、漾水、西县等名称地望都在陇右,怎么一下子都跑到汉中去了呢?由唐至清,学者们为此而诘辩不休。有的煞费苦心,依后世地貌实情解说《禹贡》经文,盛斥班《志》、郦《注》之谬;有的避开水道经域,坚守晋以前的古说,为班、郦申义;有的意识到古今水道有变,不可以今非古,但也只是泛言推测,并无实据。

这桩历史疑案一直延续至当代。经过学界的递接努力,如今真相业已昭然:《禹贡》、《汉志》、《水经注》等文献记载并没有错,汉水古源确发自陇右的嶓冢山。疑难的症结,正在于水道的变易。但这是个专业性特强的学术问题,熟悉这一领域并关注过这桩疑案的学者为数不多,一般读者偶涉相关山、水、地名需要查知时,通常会借助并相信几部传世名著和工具书,而它们所持或所采的,却都是疑案未澄清前流行的观点。如颇具影响力的谭其骧主编《中国历史地图集》,在先秦卷中就未将古汉源如实划出。所以,误识、误传往往仍在继续。这也是常见的文化现象,某项业已探明的学术疑案,要被社会普遍接受,往往需要时日。时下学术界尚未产生对这类史疑新证作出评估的机制,尤其是一些边缘学科,上述现象已成常态。笔者在此领域寻觅过,困惑过,深有所感,觉得有必要做点后续工作。故不自量力,据手边所有资料,对此案略作梳理,以求对正确认知的传布起一点助推作用,并为涉及此域的学人们提供些信息查阅线索。

一、南北朝以前的文献记载

1.《尚书·禹贡》

(梁州)岷嶓既艺,沱潜既道。

对于《禹贡》的叙事方式,清儒曾有过讨论。有人认为导山与导水系两条思路,不宜混一;而更多学者信从孔《传》"治山通水,故以山名之"的说法。一则水源多由山出,二则必须凭山以观水势流向,所以导山是为导水服务的,二者应结合起来考察。"岷"即今甘肃东南部的岷山,"嶓"指嶓冢山,是古代西北地区的一座名山(是时有称名山为冢的传习),《禹贡》多次言及,《山海经》也有载,连远在楚地的屈原,也吟过"指嶓冢之西隈兮,与纁黄以为期"的诗句。[①] 嶓冢山地望,古籍有一致的记载,不须赘引。大致方位在秦汉时西县与氐道交接地带,实即今天水市南境的齐寿山,对此学界已有共识。

---

① 《楚辞·思美人》。

关于"沱"、"潜",《史记集解》引郑玄说:"水出江为沱,汉为浐。"(潜、浐同音异文)视沱、潜为泛指水流现象。顾颉刚、刘起釪曾指出"各家旧释率皆以自江分出之水为'沱',自汉分出之水为'潜',因而梁、荆两州皆有沱水、潜水。由此可知,沱字、潜字原是通名,而不是专指某一水。但确也有水称为沱水、潜水,大抵是与江、汉相关的某一水。"①所言甚是。我们更关注与汉源有关的"潜"。孔颖达疏《禹贡》此文曾引郑玄注曰:"潜盖汉,西出嶓冢东南,至巴郡江州入江,行两千七百六十里。汉别为潜,其穴本小,水积成泽,流与汉合。大禹自导汉疏通,即为西汉水也。故《书》曰'沱潜既道'。"这段注文,极为重要。前数语说的是整条汉水,源出嶓冢山;后数语说"潜",实指西汉水与汉水通流受阻之处,大禹即在此处进行疏导。郑玄是在注经,故须同禹的功业挂钩,我们无须拘泥。值得特别指出的是,郑玄不仅视西汉水为潜,而且以地下水的伏流释潜。郑玄是东汉后期人,是时汉水在今陕甘交界处附近已经受到壅阻,水道已很不畅顺,水聚处成泽,而潜穴暗流。郑玄的解说,正是西汉水与沔水亦断亦通实况的写照。《史记》述《禹贡》此语,"潜"字作"浐"。《水经》记有浐水,说它"入于沔",实乃汉水的另一条小支流,并非西汉水。郑玄说潜是同西汉水的疏导相联系的,和浐水无涉。《经典释文》释"潜",引马融:"泉出而不流者谓之潜。"可与郑说相辅。

(雍州)嶓冢导漾,东流为汉。

经文只有8个字,却凝聚了此案的核心内容。漾水为汉水上流,发源于嶓冢山,讲得明确无疑。孔《传》云:"泉始出山为瀁水,东南流为沔水,至汉中东流为汉水。"瀁为漾的异体字。前引郑玄注此文亦曰:"汉水出嶓冢东南。"他注《尧典》"宅西,曰昧谷"句则云:"西者,陇西之西,今人谓之兑山。"《后汉书·郡国志》汉阳郡西县条下引郑玄此语,"兑山"作"八充山"。显然,"兑"字乃"八充"二字的误合,而"八充"乃"嶓冢"古读的音转。由郑注可知,漾水所出的嶓冢山,位处

---

① 顾颉刚、刘起釪《尚书校释译论》,中华书局,2005年版,第二册,《禹贡》篇,第657页。

秦汉时的西县。漾水即今由天水市南部流经徽县后东南入嘉陵江的永宁河,后文还将言及。

2. 班固《汉书·地理志》

> (梁州)嶓冢导漾,东流为汉,又东为沧浪之水,过三澨,至于大别,南入于江。

《志》文扩展《禹贡》语意,接述汉水的经域。颜师古注进一步阐明:"漾水出陇西氐道,东流过武关山南为汉。禹治漾水自嶓冢始也。"颜师古虽为唐代人,但他忠于班《志》,回避了《志》文同水流实况的矛盾,接受了漾水出氐道的说法。《志》文提及沧浪水,是为了更清楚地交代水之流向。沧浪水是古汉水在楚国的名称。《水经·沔水注》"武当县"下即云:"县西北四十里,汉水中有洲名沧浪洲。"又引《楚辞》"沧浪之水清兮,可以濯我缨……"文末言:"盖汉沔自下有沧浪统称耳。"

> (武都郡武都县下)东汉水受氐道水,一名沔,过江夏,谓之夏水,入江。天池大泽在县西,莽曰循虏。

班固在此点出"东汉水"之名,至关重要。表明此水与西汉水对应,乃古汉水上游两大支流东面的一支。它与沔水通流,东过江夏而入江。此处班固有所忽略,未能言明氐道水实即漾水。"氐"为先秦时期就已活动在陇右地区的一个部族,氐道为秦汉时在氐族集居地设立的县级建置,属陇西郡(晋代改属武都郡)。其境与西县相接,在西县之东北,含今徽县北部及天水东南部。20世纪80年代出土于天水放马滩战国秦墓中的木板地图,图一中部二水合流处用方框标注"邸"字,同墓所出竹简文字中又言及"邸丞"。邸有丞,表明是一级行政建置。李学勤先生曾撰文指出,此处之邸,就是西汉时陇西郡的氐道所在。① 氐字加邑旁,以示地名。该图显示,战国时期秦已置氐道,

---

① 李学勤《放马滩简中的志怪故事》,《文物》,1990年第4期。

汉承秦制。通过对诸图的对照参比、细加析察可知,标示"邸"字的区域正在今天水市之东南方。① 清儒王先谦在《汉书补注》中说,氐道故域在上邽之东南,并与西县接壤,其说确当不移。

西汉武都郡治武都县,在今西和县南部的洛峪,也即《水经注》所言洛谷。《志》文所谓"天池大泽",指今礼县南部地区古时的一大片水域。那一带地势较低,西汉水流经该地,当东行水道受阻而壅滞时,流水必然在低处分注汇聚。古时以水多处称"都",故颜注云"以有天池大泽故谓之都"。后来南冲入川的嘉陵江形成,武都地区的水势方渐消退,但低洼处湖泽仍多。那一带保留于后世的地名,武都之外如大潭、潭坪、雷坝、王坝、潭水、滔山、太塘、仇池、河池等等,尚能透露出往昔水多的信息。后人未明西汉时武都之所在,以今之武都释班《志》此文,误将文县北部的"天池"视为"天池大泽"。

《志》文说"东汉水受氐道水",表述同《禹贡》微有不合,似乎氐道水非东汉水主流。核之水系,同氐道水并列组成东汉水的,乃流经今两当县境的红崖河,古称故道水。《禹贡》明言漾水(即氐道水)为汉水之源,理应为东汉水主流,是时氐道水应大于故道水。

(陇西郡氐道下)《禹贡》养水所出,至武都为汉。莽曰亭道。

颜注已交代,养或作瀁,实即漾,即《禹贡》所言"东流为汉"的漾水。结合上录武都县下文字可知,此置于氐道下的漾水就是氐道水,班固不过是因地而分隔表述罢了。前文已言及,漾水即今发源于天水市南部齐寿山而纵贯徽县全境南入嘉陵江的永宁河,永宁之名缘自漾字,乃漾字的缓读。《诗·汉广》"江之永矣",《说文》引之即作"江之羕矣"。综上诸条,《禹贡》所言汉源的漾水,出于陇西氐道,又称氐道水,属东汉水水系。至此,班《志》已将汉水上游的东部源流交代得十分清楚。

(陇西郡西县下)西,《禹贡》嶓冢山,西汉所出,南入广汉白

---

① 祝中熹《对天水放马滩木板地图的几点新认识》,原载《陇右文博》2001年2期,收入《秦史求知录》,上海古籍出版社,2012年版。

水,东南至江州入江,过郡四,行二千七百六十里。莽曰西治。

这是班《志》受后儒非难较多的一处文字。论者批评班固擅变《禹贡》经意,《禹贡》只说嶓冢导漾,未说导西汉水。实事求是地说,班固把西汉水同嶓冢山联在一起,开汉水东西二源说之先河,的确一定程度上加重了后世的认识混乱,因为后世水系明示西汉水并非汉源。但依笔者愚见,这段文字实为班固的一大贡献。他以求实精神释说《禹贡》却不泥著《禹贡》,指明了同样出于嶓冢山的漾水之外的另一支汉源。后文我们将提到,郦道元《水经注》之所以重点讲述西汉水,无疑是受了班《志》的影响。清儒曾反复追究嶓冢山的方位,多数学者最终弄清楚了此山横跨西县和氐道的事实,明白了漾水、西汉水同出嶓冢的道理。

汇入西汉水的广汉白水,当指今由礼县白河乡东流、在雷坝乡与西汉水相会的清水河(今地图标洮水河,误)。《史记·樊哙列传》载哙"入汉中,还定三秦,别击西丞白水北",《索隐》:"案:西,谓陇西之西县。白水,水名,出武都,经西县东南流。言哙击西县之丞在白水之北耳。"广汉郡与武都郡相邻,白水为西汉水中游最大的一条支流。此水曾被误认为白龙江,而白龙江自古与汉水无瓜葛。

3. 常璩《华阳国志·汉中志》

汉有二源,东源出武都氐道漾山,因名漾。《禹贡》"导漾东流为汉"是也。西源出陇西西县嶓冢山,会白水,经葭萌入汉。始源曰沔,故曰"沔汉"。

葭萌,《方舆纪要》云:"在保宁府广元县西北",位于汉中西部。东、西汉水合流后东经该县地域而与沔水通流。常氏此文将汉源古说综合起来,作了简明、切当的概括,弥补了班《志》因分散表述,诸文缺乏联系而导致误解的缺憾,汉水二源说获得了东西分明的归结。常氏未把沔水看成是汉水的一条支流,而看作是汉水上流的全称,包含了东、西二源。《志》文最大的失误是在嶓冢山问题上,背离了《禹贡》文意,不认为漾水出自嶓冢,另外傅会出了一座漾山。对此,曾引用常氏此文的郦道元也不以为然,认为这是常氏附而为之的"殊目"。常氏何以不言嶓冢而另出漾山呢?我想原因在于他既信从班《志》西汉水源于嶓冢山之说,却又不明嶓冢山的具体位置,认为此山既归了西汉水,就不可能再归漾水。是时氐道行政上已改属武都郡,这更促成了他将汉水东西二源远远分开的判断。

4. 郦道元《水经注》

（漾水经文：漾水出陇西氐道县嶓冢山,东至武都沮县为汉水）（熹按：《注》文先引《华阳国志》文,此略。接下来引刘澄之、郭景纯、庾仲雍诸说）……是以《经》云：漾水出氐道县,东至沮县为汉水,东南至广魏白水。诊其沿注,似与三说相符,而未极西汉之源矣。然东西两川俱受沔汉之名者,义或在兹矣。班固《地理志》、司马彪、袁山松《郡国志》并言,汉有二源,东出氐道,西出西县之嶓冢山。阚骃云：汉或为漾,漾水出昆仑西北隅,至氐道,重源显发而为漾水。又言陇西西县嶓冢山,西汉水所出,南入广魏白水。又云漾水出獂道,东至武都为汉水,不言氐道。然獂道在冀之西北,又隔诸州,无水南入,疑出獂道之为谬也。又云：汉,漾也,东为沧浪水,《山海经》曰：嶓冢之山,汉水出焉,而东南流入江。然东西两川俱出嶓冢,而同为汉水者也。孔安国曰：泉始出为漾,其犹濛耳。而常璩专为漾山、漾水,当是作者附而为山水之殊目矣。

应注意,时代更早的《水经》,已把漾水、嶓冢山和陇西氐道联结在一起。郦《注》广引包括常《志》、班《志》在内的诸家之说,除了指出獂道之谬和对漾山的不认可外,郦氏对诸说基本上是赞同的,结论是汉有二源,俱出嶓冢。獂道在今陇西一带,与汉水绝对扯不上边,其为氐道之误无疑。阚骃说漾水出昆仑西北隅,如非笔误,当牵扯对昆仑山的认识问题,古人常说的昆仑山,有可能指陕甘交界处的陇山,说来话长,此姑勿论。也不排除阚氏误把嶓冢山说成昆仑山的可能。郦道元也有点小失误,他把广汉白水说成了"广魏"白水。而且,《经》文只说漾水东至沮县为汉水,并未说又东南至广汉白水,他把班

《志》文误用于此。

最令人刮目的是,郦《注》意识到了诸家偏重于阐述汉水之东源即氐道漾水,"而未极西汉之源"。所以郦氏集中笔力用大量篇幅叙述西汉水,内容之系统、详尽,给人以深刻印象。尤须特加指出,他述此水系,最初用"西汉水"领句,言至"盐官水南入焉"之后,便改称西汉水为"汉水",直到文末。这表明郦道元视西汉水为汉水上游主流。他把西汉水内容置于《水经》漾水目下,一则是因为该《经》未立西汉水之目;二则就因为他要纠前人"未极西汉之源"的缺憾,强调西汉水之主流位置,而漾水在会西汉水之后,方称汉水。在郦道元时代,想必是西汉水大于、长于东汉水。

还须交代一下,郦《注》述汉水(实指西汉水)过了阳平关之后,言及通谷水,说"通谷水出东北通溪,上承漾水,西南流,为西汉水"。此处西汉水的"西"字显系"东"字之误。因为这支水是从东北方南下的,而且是"上承漾水"。能同漾水即氐道水合流而南的,只能是故道水,合流后即为东汉水。如此理解,郦《注》所言纷繁水系中,汉水东西二源的处位便更加明朗化了。

在《水经》"潜水"目下,郦《注》完全采信郑玄之说,并以"伏水"说补充了郑说。为避重复这里不再引录。

5. 许慎《说文·水部》

("漾"字下)水出陇西豲道,东至武都为汉。从水,养声。
("汉"字下)漾也,东为沧浪水。从水,难省声。
("潜"字下)涉水也。一曰藏也,一曰汉水为潜。
("沔"字下)水出武都沮县东狼谷,东南入江,从水,丏声。或曰入夏水。

《说文》是字书,但所提供的零散信息,可以辅证史志著作中的一些说法。据之可知,漾、潜、沔、沮诸水均与汉水通流。许氏释潜之一义为"藏",并介绍"汉水为潜"之说,可同前引郑玄的看法相呼应,再一次印证了东汉时尚存在汉水受阻后,水聚成泽、伏流仍通的现象。说沔水出沮县东狼谷,表明此水即沮水,本为汉水的一条支流。说漾水出獂道(郦道元可能即误采此说),段玉裁注文已纠其误,应作氐道。段注着意指出许说同于班《志》,"皆释《尚书》禹时汉源也。不言嶓冢山者,言氐道嶓冢在其中,与《志》同也"。此语也透露了段氏对此疑案的看法,其潜语言是:《禹贡》和班《志》讲的是"禹时汉源",后来的水道发生了变化。

6. 其他文籍

除了上述几部古文献外,魏晋以前言及汉源的著作还有不少,虽非专论,但反映了那时学界较一致的认识。如郦氏引用过的《山海经·西山经》即云:"嶓冢之山,汉水出焉,而东南流注于沔。"这是《禹贡》之后最早述及此事的文字,直言汉水源于嶓冢山,可证《禹贡》说之非孤。说汉水流注于沔,不严谨,事实为沔水流注于汉。但嶓冢所出之水与沔通流,则语意分明。又如《淮南子·地形训》说洋水出昆仑山"西北陬"(《水经注》引阚骃之说,当本于此),高诱注曰:"洋水经陇西氐道,东至武都为汉阳,或作养水也。"庄逵吉:"洋或作养,养应作瀁,亦作漾,即汉水也。'东至武都为汉阳',阳字疑衍。"该篇后文又言"汉出嶓冢",高诱注:"嶓冢山,汉阳县西界,汉水所出,南入广汉,东南至雒州入江。"前后文对应审视可知,上文所言昆仑山应指嶓冢山。高、庄皆认为,源出氐道嶓冢山的洋水即漾水,乃汉水上流。此外,张华《博物志·山水总论》亦谓"汉出嶓冢"。看来,汉源确已同嶓冢山紧紧联为一体了。

范晔《后汉书·郡国志》陇西郡下:"氐道,养水出此。"汉阳郡下:"西,故属陇西,有嶓冢山,西汉水。"与班《志》相承接,但未言汉源问题,只将漾水归氐道,西汉水归西县,如实显示两支水系。刘昭注则进一步引《巴汉志》说指出"汉有二源",东源为养水,西源为会白水的西汉水,"经葭萌入汉",称"汉沔",二源均出陇西嶓冢山。此外,《汉唐地理书钞》所辑袁山松《续汉书·郡国志》亦载此说,郦《志》已引,此略。张华《博物志》言有八条水流出"名山",其二即谓"汉出嶓冢"。蔡邕《汉津赋》咏汉水,说它"上控陇坻,下接江湖",亦明示其源。

综上十余部文籍提供的材料可知,对于汉有东西二源皆出嶓冢的史实,南北朝以前人们的看法总体说是一致的,并无根本性的异见歧说。

二、南北朝之后的学界认识

当汉水受阻中断,嘉陵江完全形成后,随着时间的推移,古籍记载同水系实况的严重背离,必然引起越来越多学者的关注,人们试图对此作出解释。我国传统文化以经、史研究为主线,在这类疑难问题上,先儒总是围绕文献记载思考,罕有人去作实地考察,所以很难避免主观性。依那时的文化理念,《禹贡》作为经典不会出错,错便出在班《志》、郦《注》等书上,对它们的评议与非难也便层出不穷。但对《禹贡》"嶓冢导漾,东流为汉"的定说,总要有所交代;最彻底的解决方式是在当时人们熟悉的汉水上游,找出一座嶓冢山和一条漾水来。中国的行政建置,向来是中央集权体制的产物,是依执政者的意图而变动的。北魏时期,为应合《禹贡》所言,在汉水上游的沔阳(今陕西勉县)析置嶓冢县,属梁州华阳郡。《魏书·地形志》载此:华阳郡所属三县中有嶓冢县,"有嶓冢山,汉水出焉"。此志奠定了后儒论说此疑案的正史记载依据,可视为汉源认知历程中文化分野的标志线。至隋代,又有了更完善的演变,《隋书·地理志》载汉川郡统县八,其中有"西县":"旧曰嶓冢,大业初改焉。有关官,有定军山、百牢山、街亭山、嶓冢山。有汉水。"古文献均言嶓冢山在西县,所以北魏所设的嶓冢县便被改称作西县了。此县后来又经多次变易,至清代称宁羌(今宁强)。

隋唐时代对汉源的认知,可以杜佑的《通典》为代表,其突出特征是认定有两座嶓冢山,一在天水,一在汉中。《州郡四》"天水郡(治上邽)"下云:"……又有汉西城县,城一名始昌,在今县西南。嶓冢山,西汉水所出,今经嘉陵曰嘉陵江。"其"金牛县"下云:"汉葭萌县地,有嶓冢山,禹导漾水至此为汉水,亦曰沔水。颜师古云:汉上曰沔。"《州郡五》言古梁州时也说,"岷嶓既艺"的嶓冢山,在汉中郡金牛县。上邽的嶓冢山是嘉陵江之源,金牛的嶓冢山是汉水之源。这样,便既合乎水道实情,又印证了《禹贡》之说。《元和郡县图志》山南道兴元府下有文曰:"嶓冢山,县东二十八里,汉水所出。"山的具体点位已很明确。《新唐书·地理志》承接二书之说,既言天水郡上邽县境有嶓冢山,又言汉中郡有西县,谓山南道的"名山"中也有嶓冢山。

延至宋代,人们讲汉源,均已把目光聚集在汉中西部,而不再关注陇右之嶓冢山了。如郑樵,已对隋唐定说深信不疑,其《通志·地理略》云:"汉水名虽多而实为一水,说者纷然。其源出兴元府西县嶓冢山,为漾水,东流为沔水,故地曰沔阳,又东至南郑为汉水。有褒水从武功来入焉。南郑,兴元治;兴元,故汉中郡也。"他据《开元十道图》介绍唐时的陇右道,名山列秦岭、陇坻、西倾、朱圉、积石、合黎、崆峒、三危、鸟鼠同穴,而不见嶓冢,大川列洮水、弱水、羌水而不见漾水和西汉水。因为是时西县、嶓冢、漾水的配套体系,已在汉中西部完全奠定;陇右的相关山、水、地名已被排斥在视野之外了。

经学和考据学空前兴盛的清代,自不会忽略汉源这一重大疑案,认真进行探讨、论述的学者甚多。主流看法沿袭了唐宋时代已形成的定说,但不同的声音也一直存在,且出现过不少辨误纠偏、弥合古说与今说差距的睿见。有人已意识到古今水道有变,不能以今水非古说。肯定唐宋定说而批评班《志》、郦《注》等古著的学者,可以胡渭和顾祖禹为代表。

胡渭在其《禹贡锥指》的序文中,即已旗帜鲜明地指出:"氐道之漾水,非嶓冢之所导;西县之嶓冢,非漾水之所出。"认为南北朝以前诸说都是"沿袭旧闻不可尽信者也"。他在列述了不同时代嶓冢山所在地名多有变化之后,批评《汉志》:"地名六变而山则一,要在今宁羌州北与沔县交界处也。至若嶓冢在汉中而班固谓在陇西之西县……此又谬误之大者。"在梁州"嶓冢既艺"条下,胡氏释嶓冢山,举《魏书·地形志》和《括地志》,而不提《汉书·地理志》、《华阳国志》和《水经注》,认为潜水即西汉水,为嘉陵江之源,与汉水无涉。在雍州"嶓冢导漾,东流为汉"条下,胡氏以大量篇幅论述西汉水从来没有沔、漾之名,沔、漾俱为东汉水,而氐道同武都脉络不通,"武都受漾水为不可据",谓桑钦徙氐道漾水为西汉水之源,"由是愈纷杂",而"郦道元委曲迁就,通之以潜伏之流证之以难验之论,更觉龃龉。"他主张"尽废诸说而一之以经文",肯定了《通典》所言上邽嶓冢山所出西汉水为嘉陵江,而汉中金牛县嶓冢山所出为《禹贡》导漾东流为汉的漾水。他否定常璩的汉水东西二源说，强调嶓冢有二，一在天水上邽一在汉中金牛说："知嶓冢有二，则东西二汉源流各自了然。漾之与沔，本为一流，与陇西之嶓冢无交涉。常氏之误，可不辨而明矣。"也就是说，在他看来，存在东、西两条汉水，而非汉水有东西二源。

胡渭乃史地学名家，其《禹贡锥指》不乏精当之论，序言中且云："地志水经之后，郡县废置不常，或名同而实异，或始合而终离，若不一一证明，将有日读其书而东西南北茫然莫辨，不知今在何处，亦有身履其地目睹其形而不知即古之某郡某县某山某水者。"这堪称睿见卓识。遗憾的是，在汉水古源问题上，胡氏却未达自倡的境界，而囿于《通典》之成说，不能深察郑玄、郦道元潜流说之缘由，进而悉悟西汉水原本之流向，竟把常璩之功判为过。奇怪的是，胡渭既然认真考察过嶓冢山的来历，而且甚明"郡县能乱其疆域，山川亦能变其疆域"的道理，何以无视文献中比汉中嶓冢出现早千余年的陇右嶓冢，却坚定认为汉中的嶓冢是真正的嶓冢？此误令人百思莫解。但应当指出，胡氏力辨西汉水并非漾水，值得肯定。自古至今混此二水为一水者，不乏其人，尤其在《水经注》"漾水"目下详述西汉水之后。前几年新版的《甘肃省地图集》，把向来标名西和河（古建安水）的那条西汉水支流，无缘无故地改标为漾水，就是上述现象的反映。

顾祖禹的《读史方舆纪要》是比《禹贡锥指》影响更大的著作。在该书《凡例》中，和胡渭一样，顾氏也表达过被誉为不刊之论的精辟见解："水道既变，小而城郭关津，大而古今形势，皆为一易矣。余尝谓：天至动，而言天者不可不守其常；地至静，而言地者不可不通其变。"然而心识至而实践难，顾氏对古汉源的认知，也和胡渭一样，终未能贯彻其"通其变"的宗旨，仍难脱基于后世地貌而成说的桎梏。在陕西"嶓冢"条下，他说："嶓冢山在汉中府宁羌州东北四十里，《禹贡》嶓冢导漾是也。《山海经》以为鲋嵎山。《水经注》沔水出武都沮县东狼谷中，狼谷即嶓冢之异名矣。薛氏曰：陇东之山皆嶓冢也。《唐六典》山南道名山曰嶓冢。"文下有小字注文："又秦州西南七十里有嶓冢山，则西汉水所出。"显然，顾氏不怎么在意此案的古说，而轻率地认从后世既成状态，认定《禹贡》导漾的嶓冢山在宁羌，乃至毫无根据地把《水经注》所言沮县的东狼谷，说成是嶓冢山的"异名"。在嶓冢山问题上,顾氏言辞犹豫含混,似乎心中无底。他此处引用薛氏"陇东之山皆嶓冢"之说,在《川渎四》再述嶓冢山时,他更直接表述此说,以作"狼谷亦嶓冢支裔"的依据。其实,此说正反映了魏晋以后人们认识上的混乱。汉中本来就不存在什么嶓冢山,为应合《禹贡》硬要找一座出来,最初必然表现为论者各有所指、异见并出的局面。说陇东之山皆嶓冢,本即虚诞悬河之见,顾氏却信从之。他忘了,事实上宁羌并不在陇东。

在"汉水"条下,顾氏明确地说"汉水有二",一条是出自汉中宁羌嶓冢山而东流,也即《禹贡》导漾为汉的汉水;一条是出自"秦州西南九十里嶓冢山",为嘉陵江上游的西汉水。把西汉水说成与汉水并列的另一条汉水,是顾氏的创见。此说既可以彰显东、西二汉水名称的对应(因为东汉水即漾水被视为汉水上游正流),又可以解释《水经注》何以直称西汉水为汉水。但此说的要害是彻底切断了西汉水曾经与汉水通流的史影线索。在"《禹贡》山川"条下,顾氏把自己的意见讲得最充分:"嶓冢山在陕西汉中府宁羌州东北三十里,汉水出焉,亦曰漾。一名沮水,以其初出沮洳然也。一名沔水。孔安国曰:泉始出为漾,东南流为沔,至汉中东行为汉。如淳曰:北人谓汉为沔,汉沔通称也。"顾氏引孔国安之说,却没有意识到孔说实际上否定了他前面的叙述。正因为漾水出自北方的陇右嶓冢山,所以说它"始出",须"东南流","至汉中",才"东行为汉"。依顾氏所述,汉、漾、沮、沔,一股脑全出自汉中宁羌,这哪里是孔安国的意见!

顾祖禹在其书《川渎四》部分,批评《水经》只言沔水出沮县东狼谷,"而不详汉所自出,舛矣!"这是在睁眼说瞎话。《水经》"漾水"下明言"漾水出陇西氐道县嶓冢山,东至武都沮县为汉水",这不就是"汉所自出"吗?白纸黑字,何"舛"之有?症结在于顾氏专注于沔,认定沔为汉源,已把氐道嶓冢出漾水的话题抛在脑后,《水经》言沔而不及汉源,他表示很不理解,故谓之"舛",意谓《水经》也把东狼谷说成嶓冢山才合适。这种荒唐,顾氏难以自察。张之洞在《书目问答》中评论《读史方舆纪要》乃"专为兵事而作,意不在地理考证",言不为过。

清儒中对此疑案持客观慎重态度,尊重古地志记载而不为成说所惑的学者,也大有人在。如金榜,其《礼笺》①"汉水所出"条下即提出,《汉志》所言乃"《禹贡》汉水故道","盖潆水辍流,不与汉相属,由来久矣"。批评"后儒考《汉志》,不详于汉源,求嶓冢不得,因旁汉水之山强名之为嶓冢,亦近诬矣。"此确为击中要害之论。金氏为《汉志》作了很有说服力的剖辨,指出《汉志》分述西汉水出嶓冢而漾水出氐道,都是在解释《禹贡》"嶓冢导漾,东流为汉"一语。既知漾出嶓冢,则氐道必有嶓冢,"是山峰岫延长,西、氐道皆其盘迴之地。准之地望,氐道当在西县东。《志》已于西县著嶓冢山,氐道例不重出。"金榜的判断十分准确。我们前文已做交代,氐道方位今已辨明;西县域含今礼县东部、西和县北部及天水市南部偏西地区;嶓冢山即今齐寿山,位处西县与氐道的交接地带。齐寿山并非一座孤峰,它是秦岭西展的一脉山系,正如金氏所言,"峰岫延长",势接二县。从自然地理角度说,这带山陵不仅是东西汉水的分水岭,也是汉水、渭水即长江流域和黄河流域的分水岭。② 嶓冢山在先秦有那么高的名望,这是原因之一。

　　金榜对班《志》的辨正,尤其是对嶓冢山位置的判定,在学界颇有影响,许多学者受他的启发,开阔了此案所涉地域的视野。如成蓉镜的《禹贡班义述》,③观点就和金榜相当一致。在"嶓冢导漾东流为汉"句下,成氏简述自宋至清初有关嶓冢山的种种记述,指出汉中宁羌之嶓冢山,始于《魏书·地形志》,这以前,只存在秦州之嶓冢。他认为班《志》所言西汉水所出的嶓冢山,也就是《禹贡》"导漾"的嶓冢山。在引述漾水出氐道的诸条文字之后,成氏说:"盖《禹贡》嶓冢有东西二水分流,其西流者即《汉志》西县之西汉水;其东流者即《汉志》氐道之养水。故《华阳国志》云汉水有二源……《汉中记》云嶓冢以东,水皆东流;嶓冢以西,水皆西流。故俗以嶓冢为分水岭。"这种认识,清晰切实,毫无含混之处。和金榜一样,成氏不仅主张《禹贡》时代水系不同于后世,而班《志》是针对《禹贡》而立说的;也承认汉水上流有过原通后阻的"寝绝"现象,氐道水不与汉水通流之后,出东狼谷

---

① 阮元编《清经解》,第三册,第554卷,上海书店,1988年影印本。
② 祝中熹《魅力秦源·序二》,赵文慧《魅力秦源》,中国文史出版社,2011年版。
③ 王先谦编《清经解续编》,第五册第1410卷,上海书店,1988年影印本。

的沮水便被视为汉水上流了。在嶓冢山"盘回"西县、氐道两县之地的问题上,成氏也完全认同金榜的判识。

王鸣盛亦应属不轻从成说的学者之列。在其名著《蛾术编·说地》中,有相当篇幅论说此案。他阐释《禹贡》"嶓冢导漾,东流为汉"时,综合诸说,认为"漾、汉、沔、沮,四名同实,东狼谷虽别源,实一水也"。他信从郑玄的注文,说郑玄意在"欲见此水随地异名,以证始为漾,东为汉也"。王氏摒拒《通典》之说,乃至直斥胡渭等人两座嶓冢、两条水流,一为汉源一为嘉陵的观点曰:"此等野文,何堪阑入经义!"语气虽近轻狂,但从严守《禹贡》本义的角度说,他是对的,因为两座嶓冢这一前提本来就荒诞。

王鸣盛对郑注"潜"义的阐发,最值得称道。在《说地九》"荆州沱潜"条下,有段专言潜水的文字:"潜水性与沛同,伏流涌出,隐显不常。北水善决者河,南水善决者汉。自襄阳以下,沔阳以上,上去发源处既远,下去入江处亦遥,众流委输,泛滥常有,潜水或为所夺,在汉世不著,至三国及唐、宋始显。此亦足备一解。"王氏此论抓住了郑注的要义,增强了郑说的影响力,而且强调了水系变迁的时代性和地域性,所言非常切合汉水源流的实情。

三、水道变易的真相

对这桩地志学上的历史疑案,我们今天已能大致辨明。《禹贡》所言不错,班《志》也未误释,郦《注》更没有妄袭。问题的症结,确如几位清代学者所推测的,在于古今水道的不同。最早明确揭示答案的,是《华阳国志校注》的作者刘琳先生。在《汉中志》"汉有二源"那段文字内,他有一条长注:

> 很多学者指出《禹贡》与《汉志》乃反应古河道,汉以后河道变迁,不能以今说古。按此说甚是。嶓冢山跨西县、氐道等县界,所出之水非一。西县在西,氐道在东,古人以发源于西县者为西汉水,而发源于氐道境之永宁河为漾水或东汉水。永宁河

南流至今陕西略阳西北与西汉水合。此地盖曾属汉武都县,故《汉志》云漾水至武都为汉。此水今直南流入四川,而在古代,此水至阳平关附近曾东流入汉中。《地理知识》杂志一九七八年第七期载李健超《我国第一条电气化铁路——阳安铁路》一文,谈到阳平关至汉江中源一带地形时说:"列车由阳平关(车站)出发,跨过嘉陵江后,沿着它的支流黑水河向东。不到三十公里的路程即可越过分水岭(按即陕西嶓冢山)到达汉江流域。……车过戴家坝,穿过一条近两千米的分水岭隧道,就到了汉江中源青泥沟。奇怪的是从戴家坝到青泥沟,不像一般河流的上源谷地那样的幽深,而是一条宽敞的谷道,宽谷中流水潺潺。就是在分水岭上也有合流堆积的卵石层。表明这里过去曾经发生过河流'袭夺现象'。原来嘉陵江上源由北向南流到阳平关附近,不是继续南流入四川,而是东流入汉江的。如今铁路所经过的地方,就是一条被遗弃的河床。"此说可以解开千古之谜。盖在战国以前嘉陵江至阳平关附近东流入汉中,故《禹贡》云:"嶓冢导漾东流为汉。"而至西汉,嘉陵江至此分为二水,一水东流入汉中,一水南流入四川,故《汉志》有东、西二汉之说。进而至东汉,嘉陵江不再东流入汉中,故三国人所著《水经》专以出于嶓冢者为西汉水。①

我在《早期秦史·都邑篇》中引用刘先生这段注文后,写过这样的话:"这段注文真是太重要了,把围绕嶓冢山、西汉水、漾水和嘉陵江千余年的聚讼纷纭,全部给予了澄清。明确了嘉陵江形成以前的陕、甘交界地区的水道关系,一切便都豁然贯通,西汉水为什么被直称为汉水,也便不再是疑问。"②注文所引李健超文章的昭示,无疑属地理学领域的重大发现;但将这一发现以古文献注释形式公之于史界,却要归功于刘琳先生。此举使我们对此疑案产生了"顿悟",久积的疑霾一扫而光。须略加分辨的是,说西汉时嘉陵江"分为二水,一水流入汉中,一水南流入四川,"似仍囿于嘉陵江自古即有的思路,未

---

① 刘琳《华阳国志校注·汉中志》注四。巴蜀书社,1985年版,第105—106页。
② 祝中熹《早期秦史·都邑篇》,敦煌文艺出版社,2004年版,第117—118页。

全合《禹贡》《汉志》本意。事实是,东汉以前,东、西汉水会合后,南流一段即在略阳西北地区与沔水通流,那就是汉水,是时不存在嘉陵江。班《志》所谓东、西汉水说的是汉水上游一东一西两大支流,汉水受阻至中断后,这两大支流合而南冲入川,才形成了嘉陵江,并非嘉陵江的一支中断了入汉的水道。《水经》虽只言嶓冢山所出为西汉水,但郦《注》却明确交代:西汉水与沔水通流,实即汉水。

  刘琳先生的注文随后讲,晚至晋代"二汉水在阳平关附近有时还相通,故《水经注·江水》载庾仲雍说:'汉水自武遂川南入蔓葛谷,越野牛,径至关城(今阳平关)合西汉水。'古今河道的变迁与史籍的记载一一吻合,后人不明此理,徒致聚讼纷纷。"这表明刘先生也认识到,汉水的中断经历了较长的时间过程,存在过时断时通的现象。这种认识同当年郑玄对潜水的记述有内在联系,印证了汉水古道变易中的一个关键环节。庾仲雍言汉水南下至阳平关附近"合西汉水",显示他把漾水也即氐道水(班《志》称东汉水)视为汉水上游主流,这和郦道元的主张相异。如前文所述,《水经注》是把西汉水视为汉水上游主流的。对于《汉中志》凭空冒出一座"漾山",刘先生也不认同,说"漾山别无所见,疑是附会"。

  由于充分认识到李健超、刘琳两位先生这一卓越发现的意义,我在一系列文章中都曾引述、阐发、张扬过。此项成就已融汇在我对早期秦史和汉渭文化圈的研究中,成为一些重要论点的地域性基石。我坚信,一项史证新知,只有在人文领域被适当运用,同学术探求凝结在一起,才能焕发其生命力。我之所以着意于此,除了研究课题本身的需要外,还蕴含着人生旅途中一个小小的情结。十几年前,有位朋友在谬赞我为嘉陵江"正本清源"后,又用调侃口吻说:"这是你研究嬴秦历史的副产品。"若认真追究,此语不确。我关注这个问题,远在涉猎秦史之前。1961年我大学毕业分配至礼县工作,天水至礼县公路的后半段,一直沿一条河流的北岸前行,同车人告知这河名西汉水。到岗位后翻查地图,知该水是嘉陵江的一条支流。当时就纳闷:此水与汉水毫无瓜葛,何以名西汉水?那时当然不可能也无条件考究此事,但西汉水名缘这颗种子,却已深埋在心中。20世纪90年代,因工作性质有变,我开始踏入秦史、秦文化领域,随着古地志阅读量的增大,西汉水名缘的种子迅速萌发,产生了获知答案的强烈愿望。然而,面对文献记载的纷乱和抵牾,我长时间苦思冥想而终未获解。直到读了刘琳先生的《华阳国志校注》,才豁然开朗,疑雾顿消。如同"阳平关"嘉名所喻示的那样,我的学思似乎一下子进入明亮的坦途。

所谓早期秦史,主要指原属海岱文化圈东夷集团的一支嬴姓部族,西迁后在陇右发展壮大的那段历史。其早期活动地域,就在西汉水中上游一带,其中心居邑名"西"(又称西垂或西犬丘),据古文献记载,就是《尚书·尧典》所言五帝后期部落联盟中央派往西方负责测日、祭日的和仲一族定居的"西",也即秦汉时期陇西郡西县的县治所在。依《汉书·地理志》、《史记》三家注等史籍提供的线索,该邑地望主要就靠嶓冢山和西汉水来确定。所以,研究嬴秦历史,掌握其早期活动地域,寻找其第一个都邑,了解其为何选居此地,就离不开对嶓冢山方位及西汉水经域的考察。嶓冢山是不是一带山系?它同当今的什么山相对应?西汉水为何又被称为汉水?相关地名如汉阳、汉中和它有没有关系?西汉水流域有什么性质的考古发现?这些问题都应在探究之列。

嬴秦在陇右一直和诸牧猎部族邻接并处,乃至交侵错居,既有友好交往,也有矛盾冲突。考察陇右诸戎的存在及其与嬴秦的关系,是研究早期秦史的一项重要内容。氐族是与羌族同源异流的一个有悠久历史的部族,自先秦至南北朝,一直活跃在西汉水流域。战国时期秦国在氐族集中区域设置氐道,其地望的确定,也离不开古地志对汉源问题的表述。嶓冢导漾,但漾水出氐道,又称氐道水。那么,嶓冢山是在西县呢还是在氐道?漾水和西汉水是不是一条水?如果不是,它和当今的什么水相对应?氐道和西县在位置上是什么关系?这都是必须回答的问题。

所谓汉渭文化圈,是我近些年新提出来的一个人文地理概念,概括说指以陇山为依托,以今天水市为中心,汉、渭二水上游众多支流邻厕密布的那片地域。这里是仰韶文化母源之一的大地湾文化起源地和衍育区,也是大地湾文化之后兴盛起来的马家窑文化、齐家文化、寺洼文化的密集区。这里还是被视为华夏始祖的伏羲、女娲,以及时处文明前夕、位居五帝之首的黄帝神话传说沛涌流布的地带。

这里又正是嬴姓族体的早期活动区域,经过世代相继的开发经营,嬴秦在此域内奠定了崛起的基础。完全可以说,这个文化圈是华夏文明主要发源地之一。文化圈内先民的生存繁衍和社会发展,充分受益于汉、渭两大水系河谷川原所形成的生态网络。黄河、长江同为中华民族的母亲河,她们虽皆源于青海省南境的巴颜喀拉山谷麓,但成流后却一北一南分道扬镳,且有渐行渐远之势,只在甘肃省东部亲密拢近了一下。今天水市南境西秦岭,以齐寿山即古嶓冢山为主峰的一脉山系,造成了水域的分野:北流水汇入黄河主要支流之一的渭河;南流水汇入长江主要支流之一的嘉陵江。嘉陵江上游两条最大支流,即东面的永宁河和西面的西汉水,也就是本文反复论说的古汉水上流的二源:东、西二汉水,它们分别发源于齐寿山即古嶓冢山的东、西两麓。所以前文曾言,嶓冢山不仅是汉、渭二水的分水岭,也是古汉水东、西二源的分水岭。因此,在我对于汉渭文化圈的思考中,嶓冢山与古汉源同样是必设之鹄。

除了将有关古汉源的史疑新证纳入自己从事的研究课题之外,我还试图探索一下汉水中断、河道变易的时间和原因。依据郑玄、郦道元等人对汉中西部水聚成泽、伏流潜通状况的表述,可以推想,汉水受阻的时间不会晚于东汉后期,原因很可能是一次规模较大的地震,引发了山体大滑坡,导致了河道的壅堵。东汉中期以后,地震多发。我曾对《后汉书》诸帝纪所载地震情况,作过粗略统计。和帝以前,很少发生地震;从和帝时起,我国进入地震多发期。特别是安帝、顺帝二世,几乎每年都发生多次乃至数十次地震。史载太史令张衡发明的候风地动仪,就"始作"于顺帝阳嘉元年(132年)。这绝非偶然,该仪是当时实际情况需要的产物。从安帝永初元年(107年)到顺帝汉安二年(143年),在不到40年的时间里,全国共发生大小地震535次。其中特别严重的几次,大都发生在西北地区。如顺帝永和三年的金城、陇西大地震,史言"二郡山岸崩,地陷",朝廷曾派员到震区开展视察救济工作。汉安二年陇西、汉阳、武都以及河西诸郡,发生了180次地震,"山谷坼裂,坏败城寺,杀害民庶",朝廷再次颁诏救济抚恤。如此频繁的强势地震,在多山地带造成崖崩坡滑,泥石流阻塞河道的情况,是常见现象。如遇附近另有山谷低地,则势必导致河流改道。①

泥石流壅阻河道,疏松处会有伏水潜流;且山坡滑动常有变化,水流时断时通也在情势之中。当时汉水上流水势颇盛,主河道受阻后只能四溢漫流,而新河道须经长时间的冲击涌泻方能形成,过程中低洼地区必然成片聚水,今礼县、西和南部及武都北部想必到处是湖泊,所谓"天池大泽"就是这样形成的。这种局面可能一直延续到魏晋时期。后来南冲入川的嘉陵江完全定型,情况才渐改观,"天池大泽"也随之消失。

四、古汉源澄清后的衍生课题

汉水古源疑案探究过程中及真相明确之后,衍生出的一些枝节性问题,还有待于作更深层次的研讨。在此我择举两项已被学界关注的课题,略加述说。

1. "嘉陵"含义

嘉陵江是汉水中断后其上源东、西二汉水合流南冲入川所形成的一条新的长江支流,晚至北宋《元和九域志》才第一次称此水为嘉陵江。熊会贞疏《水经·漾水注》已指出该志视故道水为嘉陵江之误。② 此水名实缘自西汉水,乃西汉水中后段别名的移用。西汉水中后段名嘉陵水,这在《水经·漾水注》、《通典·州郡四》、《元和郡县图志·绵谷县》诸书中皆有明确记载。那么,我们要问:西汉水何以拥有此名?"嘉陵"何义?

"嘉"作为形容词,意为美善,这没问题;"陵"含丘陵和陵墓两个义项,区别很大。"嘉陵"之陵使用何义?如无其他人文信息作参证,很难作出判断。值得庆幸的是,文献资料为我们提供了许多线索。礼县古称"天嘉",几乎所有的礼县县志及含涉礼县的州志、府志,都有这种记载。乾隆年间的《直隶秦州新志》乃至说"由来称礼县曰天

---

① 祝中熹《"西"邑衰落原因试析》,原载《丝绸之路》2000 年学术专辑,后收入《秦史求知录》,上海古籍出版社,2012 年版。
② 杨守敬、熊会贞《水经注疏·漾水》,江苏古籍出版社,1989 年版。

嘉"。康熙年间的《礼县新志》(手抄本),时任礼县知县王揄善在《序言》中称"卑职不敏,备员天嘉",其县学之匾额已题"天嘉书院",可见天嘉已成礼县之别名。诸方志还众口一辞地说,在今县城东40华里处,曾经有座城邑,名"天嘉古郡",元、明两代都曾在那里设置过军政机构。而天嘉古郡所在的那段西汉水川原,就叫"天嘉川"(即今东起盐官镇西至大堡子山脚的永兴川,俗称店子川)。这有比诸方志时代更早也更可靠的碑文为证:

元至正十一年(公元1351年)所立《礼店东山长生观碑》:

是郡也,东北掖乎秦巩,西南跨彼阶文。汉阳长道之清流,夹涤污染;红岫湫山之茂麓,两助祯祥。郡之震方有川曰天嘉,四顾则秀入画图,六仪则合乎地理。

元至元五年(公元1339年)所立《大元崖石镇东岳庙之记碑》(文记元李店文州军民元帅府之初设):

上命秦国忠宣公按竺尔镇抚三方,开帅阃于西汉阳天嘉川冲要。①

"震方"即东方,此为西汉水上段称天嘉川的确证。"汉阳"即西汉水(古汉水上源)之阳,在古代陇右这是个大地名。东汉改天水郡为汉阳郡,曹魏复天水郡名,至北魏又把天水郡南部分出,再设汉阳郡,郡治就在天嘉川南岸的长道。西魏改郡名长道而县曰汉阳,隋又改汉阳县为长道县。后来汉阳地名渐缩小范围,指今长道、永兴一带。元末明初这一地区政治、文化中心西移至今礼县城区,"汉阳"这一地理概念也便随之西移,县城以西的西汉水便有了汉阳川之称。后人未察此历史演变,晚出的方志遂把元代军民元帅府在县西所设的分支机构,误认为帅府所在,以至于东西并言,矛盾百出。其实,至元碑文明言"开帅阃于西汉阳天嘉川冲要",所谓"冲要",指西汉水与

---

① 以上两碑实物均在,碑文见礼县老年书画协会与礼县博物馆合编的《礼县金石集锦》,2000年。

西和河的合流处（古河口在今河口以东五、六华里处），该地是扼控西和峡（古称塞峡，又称鹫峡，乃陇右南通汉中、巴蜀的必经要道）的咽喉，史称"当蜀陇之冲"。① 李店后来改称礼店，乃"天嘉古郡"消失后在其附近新兴起的邑镇，故俗称天嘉川为店子川。元帅府在大地名"文州"前冠以小地名"李店"，就是为了标示其府址。

须特加注意的是，所有言及"天嘉"的方志，都把此称和秦联系起来，说它是由秦设立的或县或郡的行政建置。康熙二十七年依明代天启年间稿本修成的《巩昌府志》，其"古迹"目下甚至说天嘉古郡"在礼县东四十里，秦武公所置"。秦武公是秦国第一个推行郡县制的国君，陇右的邽、冀二县就是由他首创的。天嘉郡或县不见于史载，但后世如此一致地把"天嘉"邑名同秦国，尤其是同创立郡县制的秦君紧相联结，不可能是一种凭空编造，其中必隐含某种历史影迹。我曾详考过嬴秦早期都邑"西"（也即秦汉西县治所）的地望，它应在永兴川也即古天嘉川的最开阔处，今永兴与祁山堡之间西汉水北岸红土嘴一带，实际上也就是方志盛言县东40华里处的"天嘉古郡"之所在。20世纪90年代面世的大堡子山秦公陵园，西距此处不过10余华里；以生产井盐著称于史的天嘉川东大门盐官，东距此处也不过10余华里。这里面临西汉水与西和河交汇形成的肥美川原，背依上有祭祀先祖宗庙古称"人先山"的祁山，确为枢纽要路、襟带山河的立都胜地。② 这一区域，从魏晋到宋金，长期陷于战乱，军阀割据，政权频仍，文化凋敝，曾经作为嬴秦活动中心的辉煌，早已被岁月积尘所掩埋，人们已全然忘却。甚至连两汉时礼县地境为西县的史实，在民国年间所修《礼县新志》中也予以否认，其《凡例》声言这是旧志之误说，故"削而不书"。所以，"天嘉古郡"实乃遥远的秦都史影在群体记忆中唯一被保留下来的痕迹，其意义不论怎么高估都不过分。

辨明了这一历史线索，"天嘉"之名的立意即可昭然，当为秦人遵持先秦主流意识形态天命观理念，对祖邑故都的颂誉之称，意为天赐

---

① 近读彭小峰《同知哈石公遗爱碑相关问题研究》一文（载《陇右文博》2015年第3期），提出了元代军民元帅府初建于长道附近的李家店子，后于元代中后期在今礼县城东的"旧城"兴建了元帅府。此说很值得重视。

② 参读中熹《秦人早期都邑考》、《再论西垂地望》，二文收入《秦史求知录》，上海古籍出版社，2012年版。《早期秦史·都邑篇》，敦煌文艺出版社，2004年版。

福地。沿此思路,"嘉陵"则可理解为天嘉之陵,实指天嘉川最西端的大堡子山陵园。这就是嬴秦第一处国君陵园,两座大墓的墓主很可能就是嬴秦开国之君襄公,和奠定了嬴秦崛起基石的文公。所以,古地志把流经大堡子山之后南下的那段西汉水,称之为嘉陵水,西汉水由此有了嘉陵水的别名。此别名,后被移用为汉水中断后其上源南冲入川水流的全称,因为西汉水实为此水上游主流。

2. "天水"名缘

"天水"一名,通常认为是汉武帝元鼎三年(前114年)从陇西郡分置出的新郡名。为何采"天水"二字,后世说法很多,引用率较高的是《水经·渭水注》的记载。《注》文言耤水流经上邽县故城,"北城中有湖水,有白龙出是湖,风雨随之,故汉武元鼎三年,改为天水郡"。此说神话色彩太重,难以凭信。何况,正如马建营先生所指出的,天水郡初建时郡治在平襄(今甘肃省通渭县西),上邽仍留陇西郡而不属天水郡,上邽城内湖出白龙,和天水郡的创设扯不上关系。[①]

1981年礼县永兴乡蒙张村出土了一件鼎,高22.5厘米,口径22厘米,圆腹圜底,腹正中一周凸弦纹,三蹄足,宽厚附耳,浅弧盖,盖面三鞍形鼻纽。盖表及上腹部各刻同文篆隶13字:"天水家马鼎容三升并重十九斤"。[②] 从形制及字态看,当为秦器(不排除战国后期器的可能),而"家马"为秦官,系掌舆马的"太仆"所属三令之一。《汉书·百官公卿表》颜注云:"家马者,主供天子私用,非大祀、戎事、军国所需,故谓之家马也。"秦都东迁后,故都西邑仍是族基腹地,祖茔宗庙在斯,故有公室高级贵族留守。与大堡子山公陵隔西汉水相望的圆顶山贵族墓地,即是显证。该墓地跨时甚久,从春秋至西汉,在已发掘的墓葬中,即不乏五鼎墓和车马坑,而家马鼎的出土地就在这片区域之内。嬴秦向有畜马传统,西邑地区又有优越的畜马条件,故家马令之设顺理成章。据说铭含天水的秦鼎民间也有收藏。总之,出土实物已确证,"天水"地名在天水郡创设之前早已存在。

另一件文物的出现,则为"天水"名称的初始地望,提供了可靠线

[①] 马建营《"天水"地名渊源考辨》,收入其《秦西垂史地考述》一书,敦煌文艺出版社,2010年版。

[②] 该鼎现藏甘肃省礼县甘肃秦文化博物馆。

索。田佐先生在《话说西汉水》一书中告诉我们,礼县红河乡草坝村向有传说,谓古时村内有座规模极大的寺院,有5华里长廊,300多僧人。有块寺碑留存到文革时期,当地群众怕被毁掉,将它砌在一农家墙内。1990年墙颓碑出,知为宋代的《南山妙胜廨院碑》。碑文称"南山妙胜廨院在天水县茅城谷,有常住土田"。先是"唐贞观二十三年赐额昭玄院、天水湖",宋太祖建隆元年赐敕改称昭玄院为"妙胜院",改称天水湖为"天水池"。该寺有天水池佛殿,朝廷曾多次降旨,初赐名"惠应殿",最终改名为"法祥殿"。① 草坝村正处秦州南山一带,宋代的天水县治在今天水市秦州区天水镇,俗称小天水,其辖境含草坝地区。小天水是西汉水出齐寿山后流经的第一个邑镇,此邑即三国时颇受兵家关注的天水关。民国年间刻印的《天水县志》"古迹"目下曰:"天水故城:在县城西南七十里,汉上邽地。唐初置天水县,属秦州,旋废,宋复置。……即今之天水镇是。"此为"天水"一名最早的实地归属,是时后世的天水尚称上邽。

碑文所言天水湖,当为前引郦《注》出白龙之湖的历史因子,此湖在传说中被移位到了上邽,因为后来上邽有了天水之名。碑文所言"茅城谷",即《水经·漾水注》所言杨廉川,也就是今礼县与天水接界地区流经红河乡全境的峁水河(今地图莫名其妙地改为冒水河),为西汉水上游第一条大支流。别看此水当今很不起眼,在上古它的名望却不同寻常。20年前我提出一个假说,认为《尚书·尧典》所载肩负测日、祭日使命而"宅西"的和仲一族,是西汉水中上游地区最早的开发者,《禹贡》谓"和夷厎绩"即对此而言。而嬴秦就是和仲一族的后裔。② 《尧典》说测日、祭日具体地点为"昧谷",孔《传》:"昧,冥也。日入谷而天下冥,故曰昧谷。"《史记·封禅书》:"东北,神明之舍;西方神明之墓也。"《集解》引张晏:"神明,日也。日出东北,舍为阳谷;日没于西,故曰墓。墓,濛谷也。"此"濛谷",也即《淮南子·天文》言羲和御日黄昏时"沦入"之蒙谷。蒙、昧同声,蒙古即昧谷,古人视为日落所入之处。赵逵夫先生提出,蒙、昧、峁乃一音之转,蒙谷、昧谷

---

① 田佐《话说西汉水·"天水"渊于西汉水流域考》,中国文联出版社,2007年版。
② 祝中熹《阳鸟崇拜与"西"邑的历史地位》,载《丝绸之路》1998年学术专辑,后收入《秦史求知录》,上海古籍出版社,2012年版。

实即峁谷,也就是礼县东部的峁水河。① 所言甚是。《尧典》昧谷,郑玄以"柳谷"释之。《尚书大传》述和仲居西,亦云:"曰柳谷"。柳字从卯,虞翻所见郑注古文本即作"卯谷",王应麟《困学记闻》对此已有考辨。② 峁水河中流川原,正是近些年来田野考古在礼县境内发现的三个秦文化中心区之一;而峁水河源出的朱圉山,又是清华战国简《系年》所言一支嬴族西迁陇右的居地。何况,《尚书大传》、《山海经》皆有嬴秦始祖少昊之神主司"日入"的文字。结合文献记载与考古发现双重因素考察可知,当年和仲测日祭日之地,确同嬴秦活动中心区域重合,而西汉水最上流的峁水河,上古时代就已经和太阳运行即"天"结了不解之缘,象征着日之归宿。

天水家马鼎出土于西汉水上流之畔,天水故城高据西汉水近源处,天水湖坐落在西汉水上游最大支流即被视为日入之地的古"昧谷"。这一切都在昭示:西汉水上流古称"天水"。东汉改天水郡为汉阳郡,陕西汉中为何称"汉中",均可作辅证,因为那时西汉水就是汉水,"汉阳"就是汉水之阳,"汉中"就是汉水中游地区。最早认识到天水地名缘自西汉水的是夏阳先生,③随后赵文会、马建营、田佐等学者,又据家马鼎和妙胜院碑文作了更深入的考辨。④ 他们的立论依据比较可靠,为此课题的研究开拓了新视野。

先秦时期人们非常尊崇汉水,把它与长江并称"江汉",把它与黄河并称"河汉"。《尔雅·释水》谓江、淮、河、汉古称"四渎"。《禹贡》述荆州云:"江汉朝宗于海。"《左传》昭公十七年蔡墨言孔甲时,"帝赐之乘龙,河、汉各二"。更引人瞩目的是,天上的银河被称作"汉"。《尔雅·释天》:"箕斗之间,汉津也。"注云:"箕,龙尾;斗,南斗。天汉之津梁。"称银河为"天汉"。《古诗十九首》有"皎皎河汉女"、"河汉清且浅"等句,也以"河汉"喻银河。《诗经》中崇汉例句更多,如《小

---

① 赵逵夫《论秦史研究与秦人西迁问题——读祝中熹先生〈秦史求知录〉》,《天水师范学院学报》,2013年第1期。
② 王应麟《困学记闻》,辽宁教育出版社,1998年版,第27页。
③ 夏阳《天水名考》,载霍想有编《伏羲文化》,中国社会科学出版社,1994年版。
④ 赵文会《天水家马鼎考释》,初刊于《天水日报》1998年7月27日和8月3日;马建营《"天水"地名渊源考辨》,初刊于《陇右文博》2004年第1期。二文后来均收入张俊宗主编《陇右文化论丛》(第一辑),甘肃人民出版社2004年。田佐文见前注。

雅·四月》:"滔滔江汉,南国之纪。"视江、汉为南中国的命脉。《大雅·云汉》:"倬彼云汉,昭回于天。"《大雅·大东》:"惟天有汉,监亦有光。"皆把天中银河名之为"汉"。汉水既和天上的银河对应,它也便是地上的银河。天汉为天上之水,汉水为地上的天汉,天水之名即缘此而来。汉水发源于古嶓冢山,水源之最高处可与天比齐,故汉水上流便被泛称天水,汉水最高支流便被视为日入之处称之为昧谷,所形成的湖泊便被称作天水湖,而近靠汉水之源的居邑也便有了天水之邑名。后来,行政级别更高的上邽占用了天水之名后,天水成为域含更广、名声更大的地理概念,原天水故城便被加了个"小"字称为小天水了。

(乙未岁暮成稿于兰州,原载《天水师范学院学报》2016年第三辑)

后　　记

继《秦史求知录》之后，赵逵夫先生又把这部《古史钩沉》纳入了他主持的"先秦文学与文化研究丛书"的出版系列。为此我要向赵先生表示双层意义的感谢，既感谢他对我治学生涯的垂青和关护，又感谢他不在乎或者说愿意承受一种隐性压力。因为和《秦史求知录》一样，本书仍是一部文集，而不是什么专著；而如今文集的市场价值，似乎先天性地低于专著。

不知从什么时候开始，我国人文领域通行起重专著轻文集的潜规则。是否成文，草根如我辈寡闻陋识，不敢妄言；但此则已被业界共遵，则是事实。这有高校及科研机构学术著作的资助原则，以及出版社纳、拒出版物的宽严尺度为证。称之为"隐性"，是因为未闻有关部门对此作过公开宣布，也未见学界对此发表过什么评议。原因倒很简单，此类"潜则"没必要张扬，无须去跨那道常识性的坎：衡量一部著作的核心标准是看它的质量，而不是看它的形式。

从作品的社会功能方面说，专著和文集自然不同；但二者各有侧重，都是传递知识的文化平台。一篇出色的论文，其实也就是一部微型的专著。而同一作者在同一领域撰写的一系列论文，犹如围绕中心课题拍摄的多角度镜头，其综合性学术效应，绝不低于同类课题的所谓专著。且不说无人能窥其涯的存世书海，即以区区敝庐架上所陈而言，高品位的文集并不比高品位的专著少；而泛论喋喋空言堆砌，有负梨枣的专著，恐怕比同质的文集还要多。就是同一位作者，其专著的学术水平也不一定必然高过其文集。罗泌在《路史》所附《发挥》，无疑是部文集，各文独立成篇，内容充实，观点犀锐，含金量远高于《路史》正文。王国维在我国文化史上影响最大的，还当首推其文集《观堂集林》，因为集中许多文章就是我所谓的"微型专著"。

潜心于先秦史的学者,从《徐中舒历史论文选辑》中的受益,恐怕也会超出从徐先生的专著中所得。

事实上,学界也并不以重专著轻文集的潜则为然,但形成潜则的因素是强势的,你无可奈何。我就有不止一位朋友,为争取出版资助,违心的将论文题目强行改为章节,而内容一字未动,魔术般的变文集为"专著"。这种现象也从另一个侧面显示了潜则的有违事理。中熹不愿学这种自欺欺人的瞒天过海术,又幸遇不畏隐性压力的赵逵夫先生,《古史钩沉》终得面世。借句瑞语来说,可谓天诱其衷!

依写作时间而言,集中文章跨时三十八年,多为"旧货"。好在史学论著不同于政见时评,学界重视特定领域的学述脉络,并不因为有些思考出现在往昔便弃而不顾。任何学问都具有时代性,而史学的时代性尤其鲜明,因为每一个时代都对史学提出异于前代的要求;任何学问都具有传承轨迹,而史学传承轨迹的意义最为深切,因为史学原本就是研究传承轨迹的学问。历史是群体记忆的物化,历史不能假设,历史更不能缺断。每一个时段的史学,都是那个时段社会体貌的清晰镜面。我欣赏并信奉爱因斯坦的那句名言:"我们所走的每一步,都像是前一步遗留下来的不可避免的后果"。那前一步或前几步,虽已成为历史,我们却必须给以充分的关注。汤因比说:"现在行动的发生,不仅预示着未来,而且也依赖于过去。"这话和爱因斯坦所言异曲同工。往昔的史学是文化传承经历的不可或缺的环节,不能因其"陈旧"而被扬弃。国人喜欢也善于算账,算这种账,算那种账,但往往忽略算历史账;对于重视算历史账的人们来说,往昔的文著自会呈现其价值。

"不忘初心"一语,时下已成为全民遵行的信念,因为此语接地气,在简明通俗中容含着哲思、政理、情范和史魂。立足于史学角度解析,此语展示的就是前文所言对文化传承脉络的尊重。人类智慧的传递,不是竞赛中的接力棒式,每个人、每代人的成长都要从零开始,这是人类生理和意识的本性,是上帝给人类划定的唯一一条共同的起跑线。所以人类思考问题总要从起点开始,寻迹探究,步步深入。这是求知的正规,"初心"是不能忘的。要把握文化传承的脉络,往昔的脚印永远有意义。人们珍视某一张老照片,因为它留存了社会生活中哪怕是极其微观的某个场景,引发你的某种情怀。一篇有功力的昔日史论,所传递的社会信息肯定多于一张老照片,因为它在论题之外还反映了写作时代的主流意识形态、价值取向和作者的史观史识,从而在较深层次上,让后人了解了那个时段的文化土壤。人们关注的重心不在它的结论是否正确,而在于它是否能启动对某些问题的思考。

王辉先生是我素来敬重的古文字学专家,在长期学术交往中我受益匪浅。王先生治学辛勤,一丝不苟,常有重任在身,能百忙中赐以长序,为拙著显色增辉,中熹深怀感念。序中王先生多有过誉之辞,但也秉承立实求真的宗旨,对某些问题坦陈了己见,精论纷呈,发人深省。

庸身今年有幸步入"八零后"行列。大块赐逸未及息,然明、聪却在加速衰退。此书从搜文汇辑至今已五年有余,其间电脑运作,选文增撤,结构调整,反复校印,以及同有关方面联系沟通,全由次子力泳承担,耄耋之躯只能静候其成。睹其操劳奔波之情态,慰藉中也涌动些不安。

责任编辑祝伊湄女士,精心审阅了全稿,提出了不少宝贵意见。集中旧文在注释和词语使用上多有不合后行规范之处,祝女士都一一给予纠正,为保证拙著质量做了大量工作,为此我表示诚挚的谢意。

祝中熹
戊戌深秋写于诸邑摩碏庐